Hellmut Flashar

ARISTOTELES

Hellmut Flashar

Aristoteles

Lehrer des Abendlandes

C.H.Beck

Den Freunden
Wolfgang Kullmann
und
Klaus Oehler
gewidmet

Mit neun Abbildungen und einer Karte

Gesetzt aus der Bembo bei ottomedien, Darmstadt
Druck und Bindung: Druckerei C.H.Beck, Nördlingen
Umschlaggestaltung: Geviert – Büro für Kommunikationsdesign, München,
Christian Otto
Umschlagabbildung: Raffael, Schule von Athen (Detail); ca. 1510
Photo: akg-images/Erich Lessing, Berlin
Gedruckt auf alterungsbeständigem, säurefreiem Papier
(hergestellt aus chlorfrei gebleichtem Zellstoff)
Printed in Germany
ISBN 978 3 406 64506 8

www.beck.de

Inhalt

Anhang

Vorwort

Fast könnte man meinen, das Werk des Aristoteles sei ‹überforscht›, so wie Meere ‹überfischt› sind und dann nichts mehr hergeben. Und in der Tat ist seit der Antike nicht mehr so viel über Aristoteles geschrieben worden wie heutzutage, und zwar im internationalen Rahmen. In meiner in zweiter Auflage 2004 erschienenen Darstellung des Aristoteles im *Grundriss der Geschichte der Philosophie* (Überweg) sind im Literaturverzeichnis etwa 2000 Titel verzeichnet. Es sind Ausgaben, Übersetzungen, Kommentare, Monographien, auch nicht annähernd vollständig aufgeführt, aber doch einigermaßen repräsentativ. Seitdem sind wieder Hunderte von Arbeiten dazugekommen. Es ist völlig ausgeschlossen, mehr als nur eine kleine Auswahl in diesem Buch zu nennen.

Denn das vorliegende Buch wendet sich nicht allein an den (die) Fachwissenschaftler(in), sondern auch an den interessierten Laien, für den die Darstellung wirklich verständlich sein soll.

Die neueren deutschen Taschenbuch-Einführungen zu Aristoteles (Höffe 1996, Buchheim 1999, Rapp 2001, Detel 2005) stammen aus philosophischer Hand und sind daher in der Form der Darstellung mit Recht problemorientiert. Der Autor dieses Buches ist Philologe. Das heißt nicht, dass er den philosophischen Problemen aus dem Wege geht, aber deren Erörterung stärker auf das Werk und dessen Eigenarten bezieht. Der Leser soll erfahren, wie eine Schrift des Aristoteles strukturiert ist und in welchem Kontext ein bestimmtes Problem auftaucht.

Ich war 40 Jahre lang Herausgeber der Deutschen Aristoteles-Gesamtausgabe. In den bislang erschienenen 26 Bänden dieser Reihe finden sich neben den Übersetzungen ausführliche (gelegentlich zu ausführliche) Kommentare, in denen wahre Schätze erhellender Erklärungen ‹vergraben› sind, die in diesem Buch ans Licht gezogen werden, soweit dies sinnvoll und möglich ist. Dass ich einige wenige Passagen aus meiner eigenen Darstellung von 2004 in das Ganze integriere, dürfte kaum als Plagiat gewertet werden können.

Anders als in den meisten philologischen Arbeiten steht in diesem Buch die Problematik der Datierung aristotelischer Schriften oder von

Teilen dieser Schriften nicht im Vordergrund. Denn die Bemühungen in dieser Richtung standen und stehen mangels zuverlässiger Datierungskriterien auf relativ schwachen Füßen. Ob zum Beispiel einzelne Bücher der *Metaphysik* oder der *Politik* früher oder etwas später geschrieben sind, ist – falls darüber im Einzelfall überhaupt ein Konsens vorliegt – für das Verständnis von Gedanken und Problematik nicht von zentraler Bedeutung. Gleichwohl wird dieser Aspekt der Interpretation nicht ganz vernachlässigt, sondern einbezogen, wo immer es angezeigt ist. Auf Polemik wird weitgehend verzichtet.

Für Hilfen und Hinweise bin ich Dagmar Adrom, Martin Flashar, Phanis Kakridis, Peter von Moellendorff, Oliver Primavesi, Christof Rapp und Charlotte Schubert sehr dankbar. Um die Herstellung des Typoskriptes hat sich Evanthia Tsigkana überaus verdient gemacht. Die Fritz Thyssen Stiftung hat für die Vorbereitung des Textes einen Zuschuss zur Verfügung gestellt, für den ich ebenfalls sehr danke. Mit besonderer Gründlichkeit, Sachkunde und Kritik hat sich Stefan von der Lahr vom Verlag des Manuskriptes angenommen, umsichtig unterstützt von Andrea Morgan. Zu danken ist auch Agnes Luk, die das Manuskript durchgesehen und die Indizes erstellt hat.

München, im Sommer 2012

1.
Das Leben – wechselnde Wege

Die Grundlagen

Aus den Schriften des Aristoteles erfährt man über das Leben des großen Philosophen nichts, auch nicht in den Abhandlungen zu Ethik und Politik, in denen eine autobiographische Bemerkung oder Anspielung am ehesten zu erwarten gewesen wäre.

Doch gibt es ein reiches biographisches Material.[1] Am wichtigsten ist die Biographie des Diogenes Laertius (2. Jahrhundert n. Chr.), die sich im fünften Buch seines Werkes *Leben und Meinungen berühmter Philosophen* findet. Darin sind uns anderweitig nicht erhaltene Quellen und wiederum Quellen dieser Quellen (die Diogenes gelegentlich auch nennt) verarbeitet, die letztlich bis auf die Zeit des frühen Hellenismus zurückgehen und damit bis auf ein bis zwei Generationen an Aristoteles heranreichen. Daneben liegen noch drei weitere Biographien aus der Spätantike vor, unter ihnen die wertvolle, weil altes, zum Teil aus dem 3. Jahrhundert v. Chr. stammendes Material enthaltende *Vita Marciana*. Sie heißt so, weil sie nur auf zwei Blättern des Codex Marcianus Gr. 227 aus dem 13. Jahrhundert erhalten ist und bis heute in der Bibliotheca Marciana in Venedig aufbewahrt wird. Diese Handschrift, im Laufe der Zeit stark verwittert und durch Löcher beeinträchtigt, ist zum ersten Mal 1861 ediert worden. Hinzu kommen zahlreiche Mitteilungen über das Leben des Aristoteles von verschiedenen Autoren, deren Werke meist nur in Fragmenten greifbar sind.

Das ganze biographische Material ist mit großer Vorsicht zu behandeln, weil es neben zuverlässigen Nachrichten auch viele unseriöse Anekdoten enthält, teils mit aristotelesfreundlicher, teils mit aristotelesfeindlicher Tendenz. Es gab seit dem Hellenismus, jener kulturell so bedeutsamen Epoche etwa vom Tode Alexanders (332 v. Chr.) bis zum Untergang des Ptolemäerreiches in Ägypten (30 v. Chr.), ein starkes literarisches Unterhaltungsbedürfnis. Insbesondere fingierte Briefe und Biographien galten als willkommene Gattungen, deren Inhalte ein solches Unterhaltungsbedürfnis zu befriedigen vermochten.

Herkunft und Familie

Aristoteles wurde im Jahre 384 v. Chr. in der kleinen, aber nicht ganz unbedeutenden Stadt Stageira (lat. Stagira) auf der nordgriechischen Halbinsel Chalkidike geboren. Am Eingang der heutigen Ortschaft Stageira steht seit 1985 in einem kleinen Park auf einem ziemlich hohen Sockel ein Denkmal, das Aristoteles mit einer Papyrusrolle in der rechten Hand zeigt. Diese auf 500 m Höhe gelegene kleine Siedlung ist aber gar nicht das antike Stageira und trägt überhaupt erst seit 1924 diesen Namen. Das antike Stageira und damit der Geburtsort des Aristoteles liegt an der Küste, 9 km (Luftlinie) von dem heute so genannten Ort entfernt, und zwar südöstlich der heutigen Gemeinde Olympiada, auf der Halbinsel Liotope, gegenüber der Insel Kapros (heute Kafkanas), mit einem Hafen, der auch Kapros (= «Eber») hieß. Der Eber war als heiliges Tier das Wahrzeichen der Stadt und erscheint auch auf kunstvoll gestalteten Silbermünzen, von denen nur wenige erhalten sind.[2]

Systematische Grabungen gibt es erst seit 1990. Sie gestalten sich schwierig, weil das Areal ein starkes Gefälle aufweist und dicht bewachsen ist. Als Aristoteles dort geboren wurde, hatte die Stadt, wie die Ausgrabungen inzwischen ergeben haben, eine Akropolis, einen Tempel, eine Agora (Marktplatz) und auch ein kleines Theater, vor allem aber eine ziemlich starke, landeinwärts gerichtete Befestigungsmauer mit einer Höhe von bis zu vier Metern.

Stageira hatte zu dieser Zeit bereits eine wechselvolle Geschichte hinter sich. Die erste Besiedlung (vorher war die Gegend unbewohnt) erfolgte im Zuge der großen griechischen kolonisatorischen Bewegungen im Jahre 656/5 v. Chr. von der Insel Andros aus. Etwas später landeten dort Siedler aus Chalkis auf Euboea, weshalb die Halbinsel bis heute Chalkidike heißt. Stageira entwickelte sich bis zu den Perserkriegen (490–479), auch dank der im Bereiche der Stadt gelegenen Silberminen, zu einer blühenden Polis. Der Perserkönig Xerxes hat auf seinem Marsch nach Akanthos (südlich von Stageira in Richtung Athos) Stageira umgangen (Herodot VII 115,1) und offenbar nicht zerstört. Nach dem Ende der Perserkriege wurde Stageira Mitglied des attischen Seebundes und hatte, solange es das Bündnis gab, eine gleichbleibend niedrige Tributzahlung von 1000 Drachmen an die Bundeskasse zu entrichten, womit die Behörde (erst auf Delos, dann in Athen) die Tributzahlungen festgelegt und damit die wirtschaftliche Kraft der Polis Stageira wohl unterschätzt hatte.

ABB. 1: Modernes Standbild des Aristoteles vor der heutigen Ortschaft Stageira

ABB. 2: Sonderbriefmarken zum 2300. Todesjahr des Aristoteles.
2a: Herme einer verlorenen Aristoteles-Statue (römische Kopie) mit einer Inschrift, in deutscher Übersetzung: «... ihn, den Sohn des Nikomachos, kundig in jedem Wissensbereich, hat Alexander aufstellen lassen, den göttlichen Aristoteles.» Die Herme, gefunden in der Attalos-Stoa auf der Agora, steht heute im Epigraphischen Museum in Athen (Inv. 10425). Der Text auch in: Epigrammatum Anthologia Palatina III, 1890, ed. E. Cougny (dort epigr. dedicat. 101). Abbildung mit Text bei Gisela Richter, The Portaits of the Greeks, II, London 1965, 171 und Abb. 1014. Am oberen Rand des Sockels ist ein Mantelrest erkennbar, der als Bausch wohl über die linke Schulter lief und auf eine Sitzstatue deuten könnte (Hinweis von Martin Flashar). Der Inhalt der Inschrift ist historisch unzutreffend, römische Fiktion, um die Bedeutung des Aristoteles zu erhöhen.
2b: Platon und Aristoteles aus dem Fresco *Schule von Athen* von Raffael (ca. 1510)

ABB. 3: Stageira, Heiligtumsbezirk

ABB. 4: Stageira, Stoa

ABB. 5: Stageira, Festungsmauer

Die Stadt fühlte sich autonom und agierte durchaus eigenwillig. Im Peloponnesischen Krieg (431–404) fiel sie 424 von Athen ab und schloss sich kurzerhand dem erfolgreichen spartanischen Feldherrn Brasidas an. Ein Jahr später hat der Feldherr Kleon vergeblich versucht, Stageira durch eine Belagerung für Athen zurückzugewinnen.[3] Der sogenannte Nikiasfriede von 421 beließ Stageira mit fünf weiteren Städten der Chalkidike einen relativ unabhängigen und neutralen Status, auch wenn diese weiterhin gegenüber dem attischen Seebund tributpflichtig blieben. Nach dem Ende des Peloponnesischen Krieges schloss sich Stageira mit anderen Städten zum Chalkidischen Bund unter Führung von Olynth, der größten Stadt auf der Chalkidike, zusammen. Die einzelnen Städte behielten jedoch ihre Autonomie, so dass von einem Bundesstaat zu sprechen übertrieben wäre.[4]

Auf der anderen Seite erfuhr das benachbarte Königreich Makedonien einen starken Machtzuwachs. Die Makedonen, deren Herkunft nicht völlig klar ist, waren lange Zeit von den Griechen als «Barbaren» bezeichnet worden, und zwar durchaus in polemischer Absicht, noch bis ins 4. Jahrhundert hinein. Sie lebten anders als die Griechen. Es fehlte ihnen die für die Polis charakteristische Struktur des Gemeinwesens. Doch vom Beginn des 5. Jahrhunderts an suchten sie Kontakt mit der griechischen Kultur. Die Zulassung zu den Olympischen Spielen

Abb. 6: Olynth

(bald nach 495) war ein wichtiger Schritt auf dem Weg zu diesem Ziel. Die Annäherung an die Griechen war vor allem das Verdienst des Königs Archelaos I., der eben deshalb den Beinamen «Philhellenos» – Griechenfreund – bekam. Man suchte bedeutende griechische Künstler und Dichter an den makedonischen Hof in Pella zu binden; der Tragiker Euripides (480–406) hat hier seine letzten Lebensjahre verbracht und die *Bakchen* sowie das (verlorene) Drama *Archelaos* gedichtet, das in mythischer Rückprojektion von einem (erfundenen) Archelaos als Ahnherrn der Makedonen handelt. 44 Fragmente aus diesem Werk sind erhalten; es stellte natürlich zugleich eine Huldigung für den König Archelaos dar, dessen Regentschaft von 414 bis 399 den Höhepunkt in der Annäherung Makedoniens an die griechische Kultur markiert. Er hatte den Hof von Vergina nach Pella verlegt, und die Ausgrabungen an beiden Orten seit der Mitte des 20. Jahrhunderts haben eindrucksvolle Zeugnisse einer hochstehenden Kultur ans Licht gebracht.[5] Eine weitere Sicherung der Macht brachte die Regentschaft von Amyntas III. (393–370), der durch ein Bündnis mit den Chalkidiern eine weitere Annäherung an die Griechen betrieb.[6] Er war makedonischer König, als Aristoteles 384 in Stageira geboren wurde.

Der Vater des Aristoteles, Nikomachos, war Arzt und führte seinen Stammbaum bis auf den berühmten, bei Homer (Ilias II 732; IV 429) erwähnten Arzt Machaon zurück, der seinerseits Sohn des Heilgottes Asklepios war. Nikomachos soll medizinische Schriften verfasst haben. Auch die Mutter Phaestis entstammte einer Medizinerfamilie aus Chalkis auf der Insel Euboea, wo sie noch ein Haus besaß. Dort sollte Aristoteles die letzten Monate seines Lebens verbringen. Phaestis' Herkunft dürfte mit der ursprünglichen Besiedlung durch die Chalkidier zusammenhängen. Die Eltern gehörten also zu den vornehmsten Familien der Stadt.

Der Vater war Leibarzt von Amyntas III. und muss sich daher längere Zeit – nicht nur zu gelegentlichen Visiten – am Hofe aufgehalten haben. Demnach war er kontinuierlich nicht in Stageira; der makedonische Königshof in Pella ist mehr als 100 km von Stageira entfernt. Es ist ausdrücklich überliefert, dass Nikomachos mit Amyntas «zusammengelebt» habe (Diogenes Laertius V 1, 1). Daher ist es wahrscheinlich, dass Aristoteles einen Teil seiner Jugend ebenfalls am makedonischen Hof zugebracht hat. Er dürfte also schon als Kind mit Polis und Königreich zwei trotz gewisser Gemeinsamkeiten doch in der Struktur unterschiedliche politische Systeme kennengelernt haben.

Aristoteles hatte noch einen Bruder namens Arimnestos und eine (vermutlich ältere) Schwester Arimneste. Seine Eltern starben früh, wahrscheinlich vor 370, dem Todesdatum von Amyntas III. Aristoteles war damals noch minderjährig. So wurde ein Vormund für ihn bestellt, ein gewisser Proxenos aus Atarneus, einer Stadt an der kleinasiatischen Küste gegenüber der Insel Lesbos. Er war ein Freund des Nikomachos, verkehrte gleichfalls am makedonischen Hof und heiratete später die Schwester des Aristoteles. Dieser Proxenos also kümmerte sich um Aristoteles. Ob er ihn förmlich adoptiert hat, ist nicht sicher, aber wahrscheinlich. Wenig wahrscheinlich ist indessen, dass Aristoteles in jungen Jahren durch die Beziehung zu Proxenos auch schon in dessen Heimatstadt Atarneus gewesen ist. Proxenos war bestrebt, seinem Zögling eine möglichst gute Bildung zukommen zu lassen. Das war in Stageira und am makedonischen Hof bis zu einem gewissen Grad möglich. Es gab längst einen über die ganze griechische Welt sich erstreckenden regelrechten Buchhandel. Papyrusrollen mit Abschriften der Werke Homers, der Tragiker und der frühen Philosophen waren dem Heranwachsenden sicher zugänglich. Gern wüsste man, was im Theater von Stageira zu dieser Zeit aufgeführt wurde, vielleicht Tragödien des Euripides.

Frühe Erfahrungen

Als Aristoteles 17 Jahre alt wurde, endete die förmliche Vormundschaft. Doch Proxenos fühlte sich weiterhin für seinen Zögling verantwortlich und schickte ihn zur Vervollkommnung seiner Bildung an die seinerzeit beste Adresse, zur Akademie Platons. Demnach hatten sich der Ruf Platons als eines bedeutenden Philosophen und die Kunde von seiner nun schon fast 20 Jahre bestehenden Akademie immerhin bis nach Nordgriechenland verbreitet. Vielleicht pflegte Proxenos sogar persönliche Verbindungen zu Platon oder einzelnen Mitgliedern der Akademie und wird Aristoteles in irgendeiner Weise dorthin empfohlen haben.

Aristoteles machte sich nun auf den Weg nach Athen. Wahrscheinlich hat Proxenos ihn begleitet. Ob er mit dem Schiff gefahren ist oder den Landweg genommen hat? Beides war möglich. Es existierte schon ein gut ausgebautes Straßennetz,[7] denn die Griechen, so sehr sie sich an ihre Polis gebunden fühlten, reisten viel, so zu den großen Spielen nach Olympia, Delphi, Nemea und auch zu vielen anderen Zielen und Anlässen. Schließlich erforderten – damals wie heute – auch militärische Erwägungen intakte Verkehrswege. Unterwegs konnte Aristoteles nach den ungeschriebenen Gesetzen der Gastfreundschaft damit rechnen, allenthalben Aufnahme zu finden. Vermutlich aber ist er zu Schiff gereist, dem im Zweifelsfall schnelleren und komfortableren Verkehrsmittel. Stageira hatte ja einen Hafen.

Wo er nach seiner Ankunft in Athen gewohnt hat, wissen wir nicht, sicher nicht von Anfang an in der Akademie. Vermutlich hat Proxenos dafür gesorgt, dass er zunächst bei Freunden in Athen Unterkunft fand. Aristoteles wird sich mit der ihm eigenen Wissbegierde Athen genau angesehen haben. Aber wie sah Athen im Jahre 367 aus? Es hatte seit der perikleischen Glanzzeit (460–429) sein Gesicht verändert. Jedoch kann keine Rede davon sein, dass mit der verheerenden Niederlage im Peloponnesischen Krieg im Jahre 404 zugleich auch die attische Demokratie zu Grabe getragen worden sei. Athen hatte zwar im Vergleich zu Sparta und Theben erheblich an Macht verloren. Auf die jetzt kurzlebigen militärischen Auseinandersetzungen hatte Athen nur begrenzten Einfluss. Aber es traten Entwicklungen ein, die frappante Analogien zur Nachkriegssituation unserer eigenen Zeit aufweisen: Athen erholte sich nach der Niederlage wirtschaftlich erstaunlich schnell und nachhaltig. Die politischen Organe und Einrichtungen der Demokratie gelangten wieder zur Geltung, die Polis kam ihren kultischen Verpflichtungen in vollem Umfang nach und durch die Errichtung neuer Gebäude zeigte die demokratisch verfasste Bürgergemeinde wiedergewonnenes Selbstbewusstsein.[8] Ein neuer Emanzipationsprozess des Bürgertums hatte dann aber eine Verbreiterung der Schere von Arm und Reich und ferner eine Lockerung religiöser Bindungen zur Folge; neue Tempel von Bedeutung wurden nicht mehr gebaut. Stattdessen blühten Bildungs- und Kultureinrichtungen, zu denen auch die Rhetorenschule des Isokrates und letztlich auch die platonische Akademie zu rechnen sind.

Im Dionysostheater am Südostabhang der Akropolis wurden weiter Tragödien aufgeführt; sie hatten ihren Platz im kultischen Rahmen des Dionysosfestes uneingeschränkt bewahrt. Es ist eine weit verbreitete Fehleinschätzung, dass die griechische Tragödie mit dem fast gleichzeitigen Tod des Euripides und des Sophokles 406/5 und der bald darauf eingetretenen Niederlage Athens im Peloponnesischen Krieg ihre produktive Kraft eingebüßt hätte und ihrer kultischen und politischen Funktion beraubt worden sei. Die Tragödie war keineswegs tot, sondern gelangte im 4. Jahrhundert zu neuer Blüte. Ein paar Jahre bevor Aristoteles attischen Boden betrat, war im Jahre 386 durch ein offizielles Dekret die Wiederaufführung von Werken der sogenannten alten Tragödie legitimiert worden. Es entstanden auch viele neue (uns leider ganz verlorene) Dramen. Wir kennen etwa 40 Tragödiendichter des 4. Jahrhunderts mit Namen, unter denen Astydamas mit 140, Karkinos sogar mit 160, Theodektes mit 50 und Aphareus mit 35 Stücken hervorragen. Da wir kaum über Datierungsmöglichkeiten verfügen, können wir nicht wissen, was Aristoteles bald nach seiner Ankunft wohl in Athen gesehen haben mag, falls er überhaupt schon Zutritt zu den Dionysien gehabt hatte. Aber natürlich ging er später immer wieder zu den Großen Dionysien ins Theater; in seinem Werk (*Poetik* und *Rhetorik*) werden auch zahlreiche Dichter, Stücke und vereinzelt sogar Schauspieler seiner Zeit genannt.[9] Neu gegenüber der klassischen Zeit war das Bewusstsein von einer durch Aischylos, Sophokles und Euripides geprägten großen Tradition, der gegenüber man bestehen wollte, und vor allem aber sah man in der Tragödie nicht länger das Korrelat zur athenischen Demokratie, nicht mehr ein Organ des Durchspielens politischer Möglichkeiten; man verstand sie nicht mehr als Organ, das dazu diente, verschiedene politische Handlungskonzepte ins Bild zu setzen, sondern sah sie als Ausdruck einer kulturellen Manifestation griechischen Geistes an.

Zudem war in der Rhetorik eine in die Öffentlichkeit wirkende Macht erwachsen, die vor allem in Gestalt des jetzt fast 70-jährigen

Redners Isokrates Aristoteles sogleich entgegentrat. Isokrates hatte schon vor einigen Jahren (etwa 390) eine einflussreiche Rhetorenschule gegründet und dürfte mit seiner makedonenfreundlichen Gesinnung Aristoteles vermutlich zugesagt haben. Aber da Aristoteles sich als Schüler Platons verstand und dessen Verdikt einer nicht philosophisch untermauerten Rhetorik teilte, lagen die Unterschiede klar zu Tage. Aristoteles hat sich dann später in seiner *Rhetorik* ausführlich und kritisch mit Isokrates auseinandergesetzt. Demosthenes hingegen, der große athenische Staatsmann, Makedonengegner und Rhetor, konnte bei der Ankunft des Aristoteles noch nicht öffentlich präsent sein; er ist im gleichen Jahr wie Aristoteles geboren (und gestorben).

Alles in allem: Aristoteles konnte sich gleich nach seiner Ankunft in Athen einen Eindruck davon verschaffen, wie eine große Polis in ihren einem jungen Mann aus der ‹Provinz› bis dahin unbekannten Dimensionen funktionierte.

Aristoteles in der Akademie

Bald nach seiner Ankunft in Athen wird Aristoteles sich in die Akademie Platons begeben haben. Er musste die Stadt verlassen, das große Dipylon-Tor passieren, um dann auf der geschichtsträchtigen ‹Gräberstraße› – rechts und links die staatlichen und privaten, zum Teil sehr aufwändigen Grabmonumente – nach 1,6 km einen wunderbaren, schon etwa einhundert Jahre zuvor von dem athenischen Politiker Kimon angelegten lieblichen Hain mit schattigen Plätzen, Laubengängen und vielen schönen Bäumen zu erreichen. Diese Gegend galt von alters her als dem Heros Akademos (ursprünglich Hekademos) heilig und war nach ihm benannt worden, so wie der benachbarte Bezirk Kerameikos – das Töpferviertel – nach dem Heros Keramos heißt. Es gab dort schon seit dem 5. Jahrhundert eine Statue der Nymphe Akademeia.[10] Von diesen örtlichen Gegebenheiten leitet sich das Wort «Akademie» ab. Heute liegt die Gegend in einem wenig anmutigen Vorstadtquartier. Neuerdings hat man wieder einen kleinen Park angelegt, ein dürftiger Abglanz des einzigen Haines, der von Touristen jedoch kaum besucht wird.

Auf diesem Gelände hatte Platon, der nicht unbegütert war, ein Grundstück erworben oder geschenkt bekommen (die Quellen schwanken in dieser Frage) und dann ein Haus – in dem er als Junggeselle auch wohnte –, mehrere andere Gebäude und wohl auch eine Bibliothek errichten lassen. Ganz klar wird die Anordnung der Gebäude nicht, weil die Ausgrabungen bis heute unvollständig und im Ergebnis unbefriedigend sind. Die Situation ist so unübersichtlich und überraschend, dass man neuerdings den Bau im Süden des Geländes, der früher als das Gymnasion angesehen worden war, als Bibliothek erkannt hat. Diese Bibliothek war ausgestattet mit einem Lesesaal, der über ca. 40 Arbeitsplätze in Form von gemauerten Sockeln verfügte, auf denen jeweils eine Arbeitsplatte zum Ausbreiten der Papyrusrollen montiert war.[11] Neben einem Bücherdepot lässt sich zudem ein Vortragssaal rekonstruieren, den eine Statuengruppe der neun Musen mit einem Altar der Musen zierte. Hinzu kamen zwei mit sogenannten Klinen (Speisesofas) ausgestattete Räume für gemeinsame Mahlzeiten des engeren Schülerkreises.

Als Aristoteles den Boden der schon 20 Jahre bestehenden, aber wohl erst nach und nach gewachsenen Akademie betrat, war Platon gar nicht da. Er war gerade auf der zweiten von drei Reisen nach Sizilien, weil die Machthaber in Syrakus die Nähe des großen Philosophen suchten. Platon hatte sich drängen lassen müssen und seine Skepsis war berechtigt. Jedes Mal musste er erleben, dass die Herrschenden (jetzt Dionys II.) nicht wirklich bereit waren, sich der Philosophie zu öffnen, um in ihrem Herrschaftsbereich größere soziale Gerechtigkeit walten zu lassen.

Während Platons Abwesenheit hatte vielleicht (die Bezeugung ist nicht ganz sicher) der als Astronom und Mathematiker berühmt gewordene, gerade erst ca. 33-jährige Eudoxos von Knidos (ca. 400–ca. 347) die Schule stellvertretend geleitet. Aristoteles traf sogleich auf eine ganze Reihe von Schülern aus Platons nächstem Umfeld, unter denen Speusipp (ca. 410–ca. 339) und Xenokrates (ca. 397–315) hervorragten.

Der zu dieser Zeit also schon 43-jährige Speusipp war der Neffe Platons – ein Sohn seiner Schwester Potone –, Xenokrates, gerade 30 Jahre alt, war ein besonders enger und vertrauter Weggefährte Platons. Es sind zwei weitgehend übereinstimmende, allerdings unvollständige Listen von 17 bzw. 19 Platonschülern überliefert,[12] von denen die meisten älter als Aristoteles, einige gleich alt waren. Sie bildeten den engeren Kreis, der wohl auch in der Akademie wohnte, zu dem bald auch Aristoteles gehören sollte. Die Älteren unter ihnen waren bereits mit eigenen Schriften und Vorträgen hervorgetreten.

Für die auf dem Akademiegelände wohnenden Schüler hatte Platon eine «Nachtuhr» erfunden, die ähnlich einer Wasserorgel durch eine mit Wasserdruck betriebene Pfeife am Ende einer seitlich montierten

ABB. 7: Das Akademiegelände während der Ausgrabung

Röhre einen durchdringenden Pfiff von sich gab, mit dem Platon in früher Morgenstunde (er war Frühaufsteher, vgl. *Gesetze* VII 808 A ff.) seine Schüler zu wecken pflegte. Der technisch-handwerklich überaus begabte Klassische Philologe Hermann Diels (1848–1922) hat diese «Nachtuhr» auf der Grundlage eines Textes des Peripatetikers Aristokles von Messene (Ende des 1. Jh.s v. Chr.) mit Hilfe seines Sohnes, des Chemikers Otto Diels (Nobelpreisträger für Chemie 1950), nachgebaut und in einer Sitzung der Preußischen Akademie der Wissenschaften zu Berlin am 18.11.1915 vorgeführt, wobei der laut vernehmbare Pfiff die anwesenden Gelehrten erstaunt und amüsiert haben soll. Auf derselben Sitzung hat übrigens Albert Einstein zentrale Aspekte seiner Relativitätstheorie vorgetragen.[13]

Aristoteles war zunächst natürlich einige Jahre lang nur Schüler, ehe er mit Vorträgen und Schriften hervortreten konnte. Platon hatte in seinem zu dieser Zeit gerade fertiggestellten Hauptwerk *Politeia* (*Staat*) ein Erziehungsprogramm für angehende Philosophen entworfen, das erst einmal ein intensives Studium der Arithmetik, Geometrie, Stereometrie, Astronomie und Grammatik vorsah (Rep. VIII 525 D-535 A). Platon wollte damit ein Verharren an den bloßen Erscheinungen vermeiden und den Blick sofort auf allgemeingültige Begriffe und Sätze lenken. Dabei war ihm die Mathematik der große Vergewisserungsbe-

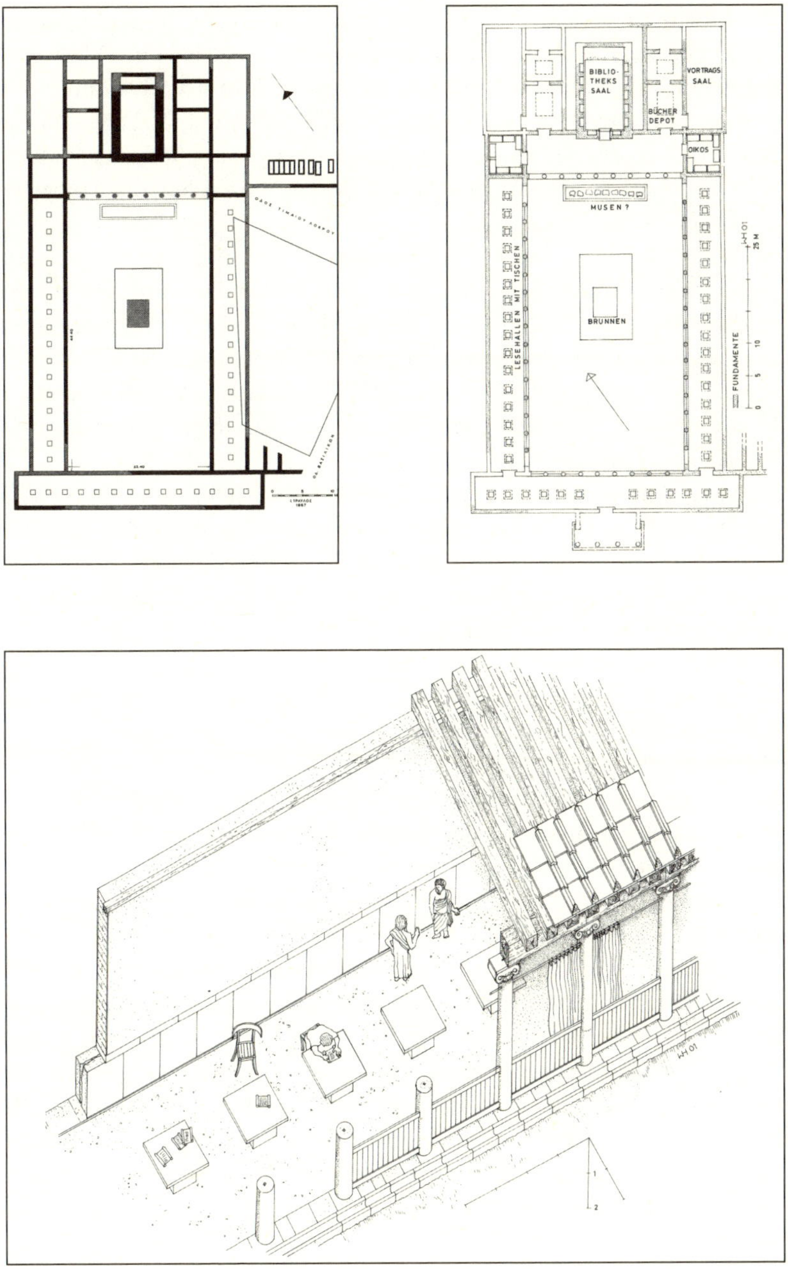

ABB. 8 a, b, c: Der Lesesaal im Bibliotheksgebäude der Akademie (Rekonstruktion von Wolfram Hoepfner)

reich für die Konzeption der Ideenlehre. Nun kann man gewiss davon ausgehen, dass Platon das für das utopische Staatsmodell der *Politeia* gedachte Erziehungsprogramm nicht 1:1 in die Realität hätte umsetzen wollen. Aber die Richtung ist deutlich und galt grundsätzlich auch für die Lehrjahre des Aristoteles. Im Übrigen hat Aristoteles unermüdlich in der Bibliothek gelesen. Schon bald bekam er den Spitznamen: «Der Leser» (ὁ ἀναγνώστης).

Nach einigen Jahren war er dann so weit. Er nahm an Diskussionen mit anderen Mitgliedern der Akademie teil und konnte auch bald eigene Vorlesungen halten. Ihm stand ein Hörsaal zur Verfügung, dessen Ausstattung aus Andeutungen in seinen Schriften erkennbar wird.[14] Danach gab es dort eine weiße Tafel für Aufzeichnungen und zwei Wandgemälde, die Szenen aus platonischen Dialogen (*Protagoras* und *Phaidon*) wiedergaben.

Man muss sich das Leben in der Akademie vielfältig vorstellen. Es gab Diskussionen im engsten Kreis der Vertrauten, gelegentlich auch im Garten der Akademie, dann aber auch im großen Vortragssaal, zu dem Hörer aus der Stadt kamen. Der Unterricht selbst war kostenlos. Platon setzte sein privates Vermögen ein.

Platon war weltoffen und tolerant. Unter seinen engeren Schülern waren nur wenige Athener. Wie die Herkunftsnamen in den Listen der Platonschüler belegen, kamen die Auswärtigen aus der Peloponnes, aus Thrakien, Phrygien, Mysien, der Troas, der Schwarzmeergegend, aus Syrakus und mit Amphipolis auch aus dem östlichen Teil Makedoniens. Diese Schüler genossen entsprechend der autonomen Struktur der griechischen Polis keine vollen Bürgerrechte in Athen. Sie waren (wie Aristoteles selber) «Metoeken» – steuerpflichtige «Mitbewohner» mit einem geringeren Rechtsstatus.

Tolerant zeigte sich Platon vor allem in der Respektierung anderer Meinungen. Alle Platonschüler, die wir kennen, wichen in entscheidenden Fragen von Platon ab. Speusipp räumte dem Einzelnen vor dem Allgemeinen den ontologischen Vorrang ein; Xenophanes leugnete die Differenz zwischen Ideenzahlen und mathematischen Zahlen, auf die Platon großen Wert legte. Der schärfste Kritiker war aber Aristoteles. Er hatte sich von Anfang an von der Ideenlehre als einer unnötigen Verdoppelung der Welt distanziert, wonach es von allen Einzeldingen eine immaterielle Idee gibt. Er konnte sogar in einer seiner frühen, in der Akademie entstandenen Schriften die Ideenlehre Platons in Bausch und Bogen als «Trällerei» oder «Grillengezirpe» bezeichnen (Anal. Post. II 22, 83 a 33) ohne deshalb die Akademie verlassen zu müssen. Gewiss war dieser Aristoteles für Platon unbequem, aber Platon ertrug ihn nicht nur, sondern ließ sich von ihm auch anregen.

Natürlich hat Platon seine Philosophie in der Akademie zur Diskussion gestellt. Dies gilt auch für seine der reinen Mündlichkeit vorbehaltene, in den Dialogen nicht explizierte Prinzipienlehre, die schon von Aristoteles so genannte «ungeschriebene Lehre» (ἄγραφα δόγματα, *Physik* III 2, 209 b15), die in der Platonforschung der Gegenwart eine außerordentliche, auch kontroverse Rolle spielt.[15] Es handelt sich dabei um eine Letztbegründung allen Seins in der Reduktion auf zwei letzte Prinzipien, die den Ideen gegenüber ontologisch noch höherrangig sind, auf die «Eins» (ἕν) und die «unbegrenzte Zwei» (ἀόριστος δυάς) als Prinzip der Vielheit, wobei die «Eins» zugleich «das Gute selbst» darstellt, der ontologische Aspekt also mit dem agathologischen – das Wesen des Guten betreffenden – zusammenfällt. Berühmt geworden ist die Anekdote, die der Aristotelesschüler und Musiktheoretiker Aristoxenos unter Berufung auf Aristoteles berichtet. Danach hatte Platon eine auch für eine breitere Öffentlichkeit zugängliche Vorlesung *Über das Gute* gehalten. Die meisten Hörer seien in der Erwartung gekommen, sie würden etwas über die üblichen Güter wie Reichtum, Gesundheit, Kraft und Glück erfahren. Als Platon aber über Zahlen, Mathematik und Geometrie sprach und schließlich ausführte, das Gute sei die Eins, da seien die meisten Hörer enttäuscht, ja geradezu entrüstet gewesen. Das war die Reaktion nicht der eigentlichen Platonschüler, sondern der philosophisch unvorbereiteten Hörer. Es wird ferner berichtet, dass einige Schüler Platons, darunter auch Aristoteles, von dieser Vorlesung wörtliche Nachschriften angefertigt hätten. Aristoteles hat diese Konzeption Platons in einer umfangreichen, drei Bücher umfassenden, doch bis auf ganz wenige Fragmente verlorenen Schrift *Über das Gute* referiert und diskutiert.[16]

Platon hatte diese Lehre streng von der Schriftlichkeit ausgeschlossen, weil in der leichten Handhabung bloße Formeln unverstanden zu Floskeln herabsinken können. Die meisten Platonschüler haben die ontologische Grundkonzeption Platons nicht unkritisch rezipiert. So hat man immer wieder nach Spuren der Antwort Platons in seinen Dialogen auf die Kritik seiner Schüler gesucht. Dafür ist vor allem der Dialog *Parmenides* in Anspruch genommen worden, der in der Tat Diskussionen über Platons Ideenlehre widerspiegeln dürfte. In komplizierter Fiktionalität werden Einwände gegen die Ideenlehre diskutiert, die vor allem den möglichen oder nicht-möglichen Zusammenhang von Idee und Erscheinung und damit von Einem und Vielem betreffen. Im zweiten Teil des Dialoges wird eine dialektische Übung vorgeführt, die in acht Hypothesen die Folgerungen aus der Annahme zieht, dass «Eines» ist (Hypothese 1–4) oder dass «Eines» nicht ist (Hypothese 5–8). Gesprächspartner sind in diesem Teil des Dialoges der alte Parmenides und ein junger Mann namens Aristoteles, der als bloß Antwortender eine ganz blasse Figur bleibt. Ein großer Teil der Forschung sieht in ihr unseren Aristoteles,[17] jedoch zu Unrecht. Denn Platon sagt ausdrücklich, dass dieser Aristoteles zu den «Dreißig» gehört, die – nach der Niederlage im Peloponnesischen Krieg – im Jahre 404 in Athen vorübergehend die Macht an sich rissen. Es handelt sich also um eine Figur aus der Lebenswelt des Sokrates wie alle anderen Dialoggestalten Platons auch. Im Übrigen war der Name Aristoteles keineswegs singulär. Diogenes Laertius (V 1, 35) nennt acht Träger des Namens Aristoteles, darunter auch den im *Parmenides* erwähnten athenischen Politiker, ferner zwei weitere Philosophen, einen Redner, drei Grammatiker und einen Turnlehrer. Platon hätte aber im *Parmenides* den Politiker Aristoteles nicht mehr unbefangen einführen können, nachdem sich der Philosoph gleichen Namens in der Akademie profiliert hatte. Da nun auch ganz andere Überlegungen zur chronologischen Abfolge der platonischen Dialoge eine frühere Datierung des *Parmenides* nahelegen,[18] dürfte der Dialog vor dem Eintritt des Aristoteles in die Akademie verfasst, gleichwohl von Diskussionen in der Akademie beeinflusst sein, nur nicht von Einwänden unseres Aristoteles. Eine kritische Diskussion der Lehre Platons war also in der Akademie schon im Gange, bevor sich Aristoteles an ihr beteiligte.

Dialoge

Als Aristoteles in die Akademie eintrat, lag das uns erhaltene Werk Platons erst etwa zur Hälfte vor. Auch gehörten Aristoteles und andere prominente Mitschüler der Akademie schon an, als Platon die Dialoge *Sophistes*, *Politikos*, *Philebos*, *Timaios*, *Kritias* und vor allem das große Alterswerk *Gesetze* verfasste.

Auch einige seiner Schüler haben Dialoge geschrieben, darunter Aristoteles. Der grundlegende Unterschied ist, dass Platon nur Dialoge geschrieben hat, während bei den anderen Akademiemitgliedern Abhandlungen, zumeist als Lehrschriften, die weitgehend auf Vorlesungsskripten basierten, hinzukamen und dann so im Mittelpunkt ihres Œuvres standen, dass die Dialoge zunehmend einen popularisierenden

Charakter gewannen. Ihre ‹eigentliche› Lehre und Philosophie steckte dann aber in den Abhandlungen. Platon hingegen – und darin ganz dem sokratischen Primat der Mündlichkeit verpflichtet – misstraute der Schriftlichkeit und damit der Fixierung der Philosophie nach außen hin so sehr, dass er seine Philosophie schriftlich nur in der Form des Dialoges und damit eines Abbildes der Mündlichkeit explizierte. Platon ist damit zum Schöpfer des literarischen Dialoges als eigenständiger Kunstform geworden. Der Dialog als Schriftwerk war dazu bestimmt, nach außen zu wirken, und stellte so eine Brücke zwischen den innerakademischen Vorträgen, Forschungen, Diskussionen einerseits und der Außenwelt andererseits dar.

Keiner der Dialoge aus dem Kreise der unmittelbaren Platonschüler ist erhalten geblieben. Es gibt nur ganz wenige Splitter wörtlicher Überlieferung in Form von Zitaten späterer Autoren. Meist sind es mehr oder weniger genaue Berichte, die der Dialogform entkleidet sind und die Abgrenzung zwischen den einzelnen Dialogpartnern verwischen, so dass man die Namen der Dialogpartner meist gar nicht kennt und überhaupt die Lebendigkeit des Dialoges nur ungefähr erahnbar ist.

Besonders beliebt waren offenbar die Dialoge des Herakleides Ponticus wegen der Lebendigkeit ihrer Szenerie und der Phantastik der darin behandelten Themen. Am stärksten hat sein Dialog *Über die Scheintote* gewirkt. Einer der Gesprächspartner in diesem Dialog war Empedokles, der mit einer Gruppe von Ärzten am Lager einer seit Tagen im Koma liegenden Frau über das Wesen des Scheintodes diskutiert. Empedokles, mit wunderbaren Kräften begabt, gelingt es, die Frau wieder zum Leben zu erwecken, und sie berichtet nun, was ihre Seele auf ihrer ekstatischen Fahrt in das Jenseits erlebt hat. Im Hintergrund steht natürlich das in der Akademie diskutierte Problem der Unsterblichkeit der Seele, das auch Platon in einigen Dialogen (*Phaidon*, *Phaidros*) mit mythischen Bildern poetisch ausgestaltet hat. Herakleides hat eine ganze Reihe lebendiger Dialoge geschrieben, wie viele, lässt sich indes nicht mehr feststellen, weil die überlieferten Titel der Schriften nicht verraten, ob es sich dabei um einen Dialog oder eine Abhandlung handelt. Ähnliches gilt für Speusipp und Andere, während Xenokrates keine Dialoge geschrieben zu haben scheint.

Für Aristoteles sind es 18 oder 19 Dialoge, die aufgrund der Titelangaben in den Schriftenverzeichnissen erschlossen werden können. Die Vita des Diogenes Laertius enthält ein ausführliches Verzeichnis der Titel seiner Schriften einschließlich der Dialoge. Auf der Grundlage der in diesem Verzeichnis erhaltenen Buchangaben (d.h. der Anzahl der Papyrusrollen) lässt sich für die Dialoge des Aristoteles ein Umfang von über 1000 Seiten im Format einer modernen Ausgabe errechnen, also etwa drei stattliche Bände. Das entspricht mehr als einem Drittel des ganzen platonischen Werkes, aber nur etwa 10 % des aristotelischen Corpus insgesamt. Aristoteles hat also schneller geschrieben als Platon, aber dessen Intensität der künstlerischen Gestaltung des Dialoges nicht erreicht, vielleicht auch gar nicht erreichen wollen. Denn Aristoteles wollte die Tradition des sokratisch-platonischen Dialoges nicht gleichsam epigonal fortsetzen, wie es spätere Akademiker noch nach Platons Tod wirklich taten. Bei ihnen handelt es sich um die Verfasser der sog. Spuria, d.h. der unter Platons Namen überlieferten Dialoge wie *Axiochos*, *Eryxias*, *Sisyphos*, die im Anhang der tetralogischen Ordnung des platonischen Werkes (dessen als echt angesehene Texte seit den ersten antiken Ausgaben in neun Vierergruppen eingeteilt werden) stehen und in denen nach wie vor Sokrates der Hauptunterredner ist. Aristoteles hat hingegen von Anfang an eine Aufsehen erregende Neuerung eingeführt: Er hat sich selber zum Dialogpartner gemacht – ein Zeichen hohen Selbstbewusstseins, mit dem er in der Akademie allein stand. Niemand ist dieser Neuerung gefolgt; erst 400 Jahre später hat Cicero sie aufgegriffen, der sich dafür ausdrücklich auf Aristoteles beruft.[19]

Mit dieser Neuerung hat Aristoteles der Gattung Dialog eine ganz neue Wendung gegeben. Platon konnte (dem nicht mehr lebenden) Sokrates Gedanken in den Mund legen, die über das hinausgehen, was Sokrates hätte sagen können. Das war aber nicht mehr möglich, wenn der Hauptunterredner im Dialog zugleich der Autor ist. Der fiktive Aristoteles kann nur das sagen, was der wirkliche Aristoteles denkt. Die Neuerung des Aristoteles, als Dialogperson selber aufzutreten, bedingt also einen geringeren Grad an Fiktionalität, eine direktere Fixierung der Aussage – die nicht mehr quasipoetisch in der Schwebe bleiben kann – und eine stärkere Bindung der verteidigten und kritisierten Positionen an die unmittelbare Realität.

Aristoteles hat verschiedene Typen des Dialoges ausgearbeitet.[20] Sicher ist, dass er in größeren Dialogwerken die von Cicero ausdrücklich als aristotelisch bezeichnete Methode des in utramque partem disserere (in Rede und Gegenrede konträre Standpunkte vertreten) eingeführt hat, wodurch der Dialog Thesencharakter gewann und zu einer zusammenhängenden Darlegung verschiedener Standpunkte führte. Ob dabei in jedem Fall Aristoteles selber als Vertreter einer These aufgetreten ist, wissen wir nicht. Darüber hinaus soll Aristoteles auch das literarische Verfahren praktiziert haben, den einzelnen Büchern größerer Dialoge gesonderte Prooemien (Vorreden) voranzustellen, wie wir es aus Ciceros Dialogen kennen.

Grundsätzlich konnte Aristoteles in allen Phasen seines Lebens Dialoge schreiben, denn die Tradition des philosophischen Dialoges riss mit Platons Tod nicht ab. So hat der Aristotelesschüler Klearchos einmal Aristoteles zur Dialogfigur gemacht; der aus Megara stammende Stilpon schrieb einen Dialog mit dem Titel *Aristoteles*; Praxiphanes, ein Schüler Theophrasts, ließ Platon im Dialog auftreten. Es spricht aber doch alle Wahrscheinlichkeit dafür, dass die meisten Dialoge des Aristoteles in seiner Zeit an der Akademie entstanden sind. Hier war der Dialog in ein natürliches Umfeld eingebettet; hier hatte Aristoteles ein Publikum und eine lebendige Konkurrenz, die in der unruhigen Zeit seiner Abwesenheit von Athen fehlte. Und während seines zweiten Aufenthaltes in Athen wird Aristoteles zum Schreiben von Dialogen kaum noch Zeit gehabt haben.

Von den überlieferten Titeln seiner Dialoge sind vier mit Titeln platonischer Dialoge identisch: *Symposion*, *Sophistes*, *Politikos*, *Menexenos*. Über den aristotelischen *Menexenos* weiß man nichts; es ist kein Fragment enthalten. Die beiden Dialoge *Sophistes* und *Politikos* sind wohl als Reaktionen auf die gleichnamigen Dialoge Platons geschrieben worden. Genaueres lässt sich angesichts der ganz wenigen Fragmente kaum sagen. Im *Sophistes* hat Aristoteles die für Platon zentrale ontologische Problematik (Schein, Sein, Nicht-Sein, wahre – falsche Rede) offenbar ganz ausgeklammert, dafür aber Begriff und Sache der Sophistik geschichtlich entwickelt und zur Dialektik und Rhetorik abgegrenzt. Aus dem *Politikos* ist – selten genug – ein wörtliches Zitat überliefert: «Das Gute ist das genaueste Maß von allem» (Frgm. 79 R^3). Das klingt platonisch, ist aber als Zitat aus dem Kontext herausgerissen und meint offenbar, dass der gute Politiker sich genau an das Gute zu halten hat und von dieser Norm nicht abweichen darf, mithin weder Macht noch Gewinnstreben oder Ähnliches in seine Handlungen einfließen lassen darf. Das ist aristotelisch. Der relativ umfangreiche Dialog (zwei Bücher) enthielt wohl auch eine Diskussion der Regierungsformen (Königtum, Tyrannis, Demokratie usw.) im Hinblick auf den Politiker. Mit dem *Symposion* (Nebentitel: *Über die Trunkenheit*) bleibt Aristoteles dem gleichnamigen Werk Platons ganz fern. Es ist im Unterschied zu Platon (und Xenophon) gar kein literarisches Symposion, sondern eine Art Meta-Symposion mit Anweisungen über Weingenuss, Bekränzung, Körperpflege, Auswirkungen des Betrunkenen auf die menschliche Physis und auf sein Verhalten im Hinblick auf das Symposion.[21]

Erkennbar als Gegenstück zu Platons *Phaidon* ist der Dialog *Eudemos* konzipiert, in der Gemeinsamkeit der Fragen nach Eigenart, Schicksal und Unsterblichkeit der Seele, verfasst zwischen 353 und 347 (354/3 war Eudemos von Zypern, nach dem der Dialog benannt ist, verstorben). Ob Eudemos als Hauptunterredner König Philipp II. als Gesprächspartner hatte und demgemäß das (fiktive) Gespräch am makedonischen Königshof stattfand,[22] muss Hypothese bleiben. Es entspräche dann der Dialog dem geläufigen Typ von Anekdoten, wonach ein Weiser (Eudemos) einem Herrschenden (Philipp II.) zu verstehen gibt, dass das wahre Glück nicht im irdischen Prunk, sondern in einer Lebenshaltung besteht, die ein «besseres Leben» der Seele im Jenseits erhoffen lässt. Doch lässt sich gegen diese Konstruktion einwenden, dass eine solche Dialogszenerie angesichts der Bindungen des Aristoteles an den makedonischen Hof und der gerade beginnenden Eroberungszüge Philipps einigermaßen riskant gewesen wäre. Die wenigen Fragmente erlauben keine sichere Entscheidung, zeigen aber, dass Aristoteles in diesem Text sowohl populäre als auch in der Akademie diskutierte Topoi über die Seele in reicher Metaphorik und mythischen Bildern behandelt hat, und zwar hinsichtlich der Darstellungsweise gattungsbedingt in methodischer Differenz zu der Lehrschrift *Über die Seele,* die mit dem Konzept der Seele als Inbegriff all ihrer Funktionen auch in biologischer Hinsicht abweicht von der Sichtweise Platons, der so stark die Konflikte betonte, die mit dem Gegensatz von Leib und Seele verbunden sind.

Jedenfalls zeigen die Dialoge, dass Aristoteles umfassend bestrebt war, alle in der Akademie diskutierten Themen und Probleme auch nach außen hin in der für ein breiteres Publikum angemessenen Form darzustellen. Wie einst Platon selber, so wird auch er mit kleinen Dialogen und gängigen Themen angefangen haben, wie sie die Dialogtitel *Über Liebe, Über Lust, Über Reichtum* anzeigen, von denen jedoch außer den Titeln fast nichts überliefert ist. Etwas mehr weiß man von dem vielleicht frühesten Dialog *Gryllos*, den Aristoteles um 360 als knapp 25-Jähriger verfasst hat. Gryllos (oder Grylos) war ein Sohn des Sokratesschülers Xenophon und fiel bei einem Reitergefecht am Vorabend der Schlacht von Mantineia im Jahre 362. Sein Tod hat, zumal der Vater Xenophon noch lebte, in Athen eine Welle von literarisch konstruierten, also fiktiven Lob- und Grabreden ausgelöst (Frgm. 68 R^3), so dass der Tod des Gryllos nachgerade ein rhetorischer Topos wurde. Auch der Redner Isokrates hat eine (verlorene) Lobrede auf Gryllos verfasst. Aus diesem Anlass hat sich Aristoteles ein erstes Mal mit Isokrates auseinandergesetzt. Denn das Thema des Dialoges ist die Rhetorik, genauer: die Frage, ob die Rhetorik eine auf Regeln beruhende, erlernbare Kunst sei oder nicht. Wahrscheinlich trat Aristoteles nur in einem Rahmengespräch auf, während er das Pro und Contra durch möglicherweise gar nicht individualisierte Dialogpersonen darstellte. Aristoteles griff damit ein Thema auf, das ihm von Anfang an in der Akademie (und auch außerhalb) entgegentrat und das Platon im *Gorgias* und im *Phaidros* behandelt hatte. Für den jungen Aristoteles war dies in erster Linie, wie ausdrücklich bezeugt ist (Frgm. 69 R^3), eine Argumentationsübung. Gern wüsste man mehr über den immerhin vier Bücher umfassenden Dialog *Über die Gerechtigkeit*. Auch die engsten Vertrauten Platons, Speusipp und Xenokrates, haben Dialoge über das gleiche Thema verfasst, aber jeweils in nur einem Buch. Angesichts des bezeugten Umfangs dieses Dialoges ist die Annahme unausweichlich, dass darin eine große Auseinandersetzung mit Platons *Staat* und damit der platonischen Konzeption der Gerechtigkeit vorgetragen wurde. Leider sind für den Dialog *Über die Gerechtigkeit* nur ein paar belanglose Anekdoten überliefert, doch wird Aristoteles natürlich die zentralen Fragen der Gerechtigkeit behandelt und vor allem die platonische Konzeption einer transzendent verwurzelten Gerechtigkeit als Zusammenwirken der Seelenteile im Einzelnen kritisch hinterfragt haben. Wie das dialogisch gestaltet war, wissen wir angesichts der dürftigen Überlieferung nicht.

Besonders interessant muss der Dialog *Über das Gebet* gewesen sein, von dem nur ein Fragment als Resümee des Dialoges durch den Neuplatoniker Simplikios (frühes 6. Jh. n. Chr.) erhalten ist: «Gott ist entweder Denken oder noch Etwas jenseits des Denkens.» Es ging in diesem Dialog offensichtlich um die Frage nach dem Verhältnis des Gebetes zu einem philosophisch gefassten Gottesbegriff. Das Gebet stand im Zentrum des griechischen Lebens. Jede wichtige private und öffentliche Handlung war mit Gebeten verbunden, insbesondere wurden Kulthandlungen und Opfer wie selbstverständlich von in der Regel laut gesprochenen Gebeten begleitet. Das Gebet ist die reale Brücke des Menschen zur Gottheit. Noch im Gebet des Sokrates «an Pan (den Gott der Hirten) und die anderen Götter» am Ende des platonischen Dialoges *Phaidros* ist diese Tradition spürbar. Doch kommen mit der Philosophie Reflexionen darüber auf, wie man richtig beten soll, was man im Gebet überhaupt erbitten soll. Das ist Thema des unter Platons Namen überlieferten, aber unechten Dialoges *Alkibiades II*, in dem Alkibiades nach einem Gespräch mit Sokrates ein Gebet aufschiebt, bevor er nicht weiß, worum er eigentlich bitten soll. Denn Gebet und Bitte – im

Griechischen ein und dasselbe Wort (εὐχή, euché) – gehören zusammen. Problematisch wird diese natürliche Relation bei einem philosophischen Gottesbegriff. Zu dem «Unbewegten Beweger», den Aristoteles als reines Denken konzipiert und im 12. Buch der *Metaphysik* «Gott» nennt, kann man nicht beten, auch nicht bei der (platonischen) Annahme eines Gottesbegriffes «jenseits des Denkens». Das alles wird in diesem Dialog in unterschiedlichen Positionen der Dialogpartner diskutiert gewesen sein.

Neben Rhetorik, Philosophie sowie Einzelthemen ethischer Natur ist auch der Bereich der Kultur- und Literaturwissenschaft in aristotelischen Dialogen vertreten. Hervorzuheben ist in diesem Zusammenhang der immerhin drei Bücher umfassende Dialog *Über Dichter*,[23] der mit vielen Einzelheiten auch anekdotischer Natur zu einzelnen Dichtern, aber auch mit Ausführungen zur Geschichte des Dialoges als literarischer Gattung, zu den Ursprüngen von Dithyrambus, Tragödie und Komödie das exoterische Pendant zur *Poetik* darstellt.

Überblickt man das wegen der trümmerhaften Überlieferung nur unvollkommen erkennbare Dialogwerk des Aristoteles im Ganzen, so gewinnt man den Eindruck, dass Aristoteles mit ungeheurem Fleiß viele Bereiche seines Denkens und Wirkens, vor allem auf den Gebieten Ethik, Politik, Poetik, Rhetorik, nicht nur in dem uns erhaltenen Werk, sondern eben auch in den Dialogen dargestellt hat. Der Ort, auf diese Weise nach außen zu wirken, war Athen und die Akademie. Wir werden daher nicht fehlgehen in der Annahme, dass Aristoteles zumindest die meisten Dialoge (von dem Dialog *Über die Philosophie* abgesehen) in den 20 Jahren, die er in der Akademie zubrachte, geschrieben hat. Bei der engen Verzahnung der Themen zwischen Dialog und Pragmatie (Lehrschrift) ist dann aber auch der Schluss unausweichlich, dass Aristoteles in seinem Aufenthalt in der Akademie einen großen Teil seines Gesamtwerkes zumindest in einem ersten Durchgang fertiggestellt hat.

Politische Aktivitäten

Die politischen Aktivitäten Platons und seiner Schüler, die von der Akademie ausgingen, haben schon die antiken Berichterstatter beschäftigt, aber in reicher anekdotischer Ausschmückung und daher von zweifelhafter Zuverlässigkeit.[24] Gewiss: Die Akademie war kein Kloster, deren Mitglieder sich in Abgeschiedenheit wissenschaftlichen Grübeleien hingegeben hätten, wie es der Spott der zeitgenössischen Komödie nahelegen könnte. Aber sie war in ihrer Weltoffenheit auch keine Bildungsanstalt für angehende Politiker. Das war eher die Rhetorenschule des Isokrates, die das Ziel verfolgte, Politiker in dieser demokratisch verfassten «Advokatenrepublik» (Werner Jaeger) mit dem nötigen oratorischen Rüstzeug auszustatten.

Was die Akademie angeht, so hat Platon durchaus auf die zeitgenössische Politik mit den Mitteln der Philosophie einzuwirken versucht, aber nicht in Athen, sondern in dem fernen, und nach der gewiss lange zurückliegenden, für Athen katastrophal verlaufenen Sizilischen Expedition (415–413) immer noch gefährlichen Syrakus. Auf der letzten (361/360) der drei Sizilischen Reisen hatte der damals 68-jährige Platon den treuen Xenokrates mitgenommen. Aber die philosophische Mission scheiterte wie auch die beiden vorangegangenen Unternehmungen. Fast wäre Platon mit 74 Jahren noch ein viertes Mal nach Syrakus gefahren, als im Jahre 352 die Freunde des ermordeten Dion von Platon Unterstützung «in Wort und Tat» erbaten. Die Gründe für Platons Absage sind in dem berühmten *Siebenten Brief* dargestellt.[25] Einen nennenswerten Einfluss auf irgendein realpolitisches Geschehen hat Platon jedenfalls nicht bewirkt.

Anders verhält es sich bei einigen seiner Schüler. Spektakulär ist die Aktion des glühenden Platonanhängers Dion (409–354), der sich seit Platons erster sizilischer Reise dem großen Philosophen angeschlossen hatte. Dion, Schwager von Dionys I., bleibt als Platoniker eine zwielichtige Gestalt.[26] Über die eigenwillige Befreiungsaktion seiner Heimatstadt Syrakus, an der neben einem angeworbenen Heer mindestens fünf uns namentlich bekannte Platonschüler teilgenommen haben, war Platon im Voraus unterrichtet. Platon hat das Vorgehen Dions – wie jede Gewaltanwendung – missbilligt, aber toleriert. Dion war sicher von platonischem Geist erfüllt, aber in der Praxis war das Unternehmen alles andere als die Einführung der platonischen Prinzipien von Gut und Gerecht in ein Gemeinwesen. Zunächst einmal ging es um die Vertreibung der Tyrannen, artete dann aber in eine Abfolge von Mord und Gegenmord aus, wobei Dion selber Opfer eines Mannes (Kallippos) wurde, der seinerseits «aus dem Umkreis der Akademie hervorgegangen» ist.[27]

Kleinere Aktionen anderer Platonschüler sind in der antiken biographischen und historiographischen Tradition so sehr der anekdotischen Übertreibung ausgesetzt, dass ein wahrer Kern schwer auszumachen ist.

Auch im Hinblick auf Aristoteles wuchert die Legende. Aus der athenischen Politik wird er sich als Metoeke (Eingewanderter ohne volles Bürgerrecht) herausgehalten haben. Er hatte natürlich weiterhin Verbindungen zum makedonischen Hof. Insofern war Aristoteles wohl auch für Platon und dessen ‹Netzwerk› nicht uninteressant, wenn auch gar keine Rede davon sein kann, dass er in Athen oder später in Assos eine Art ‹Geheimagent› gewesen oder überhaupt nur deshalb von seinem Vormund nach Athen geschickt worden sei, um Informationen zu sammeln und sich Kenntnisse anzueignen, die für die ‹Gräzisierung› Makedoniens hätten wichtig sein können.[28] Schwerer zu beurteilen sind die Vorgänge um Stageira im Zuge der Eroberung durch Philipp II. und die Rolle, die Aristoteles dabei gespielt haben könnte. Zu Beginn seines Eroberungszuges gegen die griechischen Städte hat Philipp II. im Sommer 348 die für die Chalkidike wichtige Stadt Olynth erobert. Olynth hatte sich von Athen losgesagt, dann ein Bündnis mit Philipp geschlossen, sich aber schließlich in der Sorge vor einer Bedrohung durch Philipp wieder an Athen mit der Bitte um Unterstützung gewandt. Die Hilfe aus Athen kam jedoch zu spät; Philipp war schneller.

Der Universalgelehrte Diodor (1. Jh. v. Chr.) berichtet, dass Philipp bei seinem Feldzug gegen die chalkidischen Städte auch Stageira zerstört habe (XVI 52, 9). Allerdings ist im Text die erste Silbe des Namens der Stadt, «Sta» (Στα), ergänzt. Überliefert ist also nur, Philipp habe die Stadt «Geira» zerstört. Da aber eine solche Stadt unbekannt ist, dürfte die Ergänzung wohl richtig sein. Auch wird die Nachricht als solche einen wahren Kern haben.[29] Ausdrücklich steht im Text, Philipp habe «die Festung belagert». Und tatsächlich hatte Stageira starke Festungsmauern. Die Stadt, die sich ja mit anderen Städten unter der Führung von Olynth zum chalkidischen Bund zusammengeschlossen hatte, bestand sicher nicht nur aus Makedonenfreunden. Philipp wird die Stadt zwar eingenommen, aber schwerlich ganz dem Erdboden gleichgemacht haben. Immerhin konnte Philipp sich mit der Eroberung von Stageira mit dem gut ausgebauten Hafen Zugang zum Meer verschaffen. Das Haus der Eltern des Aristoteles blieb jedenfalls stehen; es wird im Testament erwähnt, und zwar als in Funktion befindlich. Doch muss ein gewisser Wiederaufbau stattgefunden haben, über den künftige archäologische Grabungen vielleicht Aufschluss geben können. Auch sollte man nicht von vornherein die anekdotenhaft ausgeschmückte Nachricht völlig verwerfen, Aristoteles habe sich bei Philipp zugunsten des Wiederaufbaus von Stageira eingesetzt. Aber natürlich geschah dies nicht, solange Aristoteles sich noch in der Akademie befand, sondern aus nachvollziehbaren Gründen in der Zeit, in der er sich ohnehin am makedonischen Hof zur Erziehung Alexanders aufhielt.

Aristoteles hatte als Fremder jedenfalls Grund genug, sich in der Akademie politischer Aktivitäten zu enthalten. Allenfalls den berühmt gewordenen *Protreptikos* an einen kyprischen Fürsten kann man als Versuch einer Einflussnahme auf einen regierenden Politiker verstehen, doch sind die in dieser Schrift enthaltenen Mahnungen zu einem Leben im Geiste der Philosophie noch abstrakter und allgemeiner gehalten als die Ratschläge, die Platon im *Siebenten Brief* den Herrschern in Syrakus angedeihen lässt.[30] Aristoteles bleibt in diesem Text, soweit aus den wenigen Fragmenten und aus den Berichten überhaupt rekonstruierbar, ganz im Theoretischen. Er ermahnt den uns sonst unbekannten, in Zypern (das in neun «Königtümer» eingeteilt war) regierenden Fürsten Themison, seinen Reichtum und seinen Einfluss in den Dienst der Philosophie zu stellen.

Auf der anderen Seite ist sein Interesse an allen Fragen des Politischen evident. Er sammelt zunächst Material über die Funktionsweise vieler griechischer Städte; er macht sich Gedanken über die Vor- und Nachteile verschiedener Regierungsformen und über das Zusammenleben der Bürger in einer Polis. Die ersten Teile seiner später in acht Bücher zusammengefassten *Politik* sind sicher in der Akademie entstanden.

Zwischen 351 und 348 hatte der berühmteste Redner seiner Zeit, Demosthenes, vier (die erste philippische und drei olynthische) Reden vor der Volksversammlung in Athen gehalten, die alle dem gleichen Zweck dienten, der Expansionspolitik Philipps von Makedonien Einhalt zu gebieten und die Athener aus ihrer Lethargie wachzurütteln. Demosthenes wurde sehr konkret. Er forderte nicht weniger als eine Mobilmachung, die Aufstellung eines Bürgerheeres, einer Flotte und zur Finanzierung der militärischen Anstrengungen die Erhebung einer Vermögenssteuer. Athen solle sich an seine glorreiche Vergangenheit erinnern, Philipp sei nicht unbesiegbar, seine Macht stünde auf unsicherem Boden. Demosthenes hatte zwar die tatsächlichen Machtverhältnisse in Griechenland falsch eingeschätzt, aber durch sein Eingreifen auch in die aktive Politik in Athen eine gereizte antimakedonische Atmosphäre erzeugt, in der Makedonenfreunde – und solche, die man dafür halten konnte – nicht gern gesehen waren.

Platons Tod

Nur einige Monate nach der Einnahme Olynths und wohl auch Stageiras starb Platon im Mai 347 im Alter von 80 Jahren. Dieses Ereignis markiert einen Einschnitt von enormer geistesgeschichtlicher Bedeutung.

Platon hatte 40 Jahre lang die Geschicke der Akademie geprägt; Aristoteles gehörte ihr 20 Jahre lang an. Was zunächst nur als Abrundung einer Erziehung für ein paar Jahre gedacht war, hat sich für ihn zu einem beständigen Lebensraum entwickelt. Die Akademie war im Laufe der Zeit zu einem Zentrum der bedeutendsten Denker und auch Wissenschaftler geworden. In der Akademie wurden bahnbrechende Entdeckungen vor allem auf dem Gebiet der Mathematik und der Astronomie gefördert und gewonnen. Einige hervorragende Gelehrte wie Eudoxos von Knidos, die der Akademie nicht förmlich als Mitglied angehörten, genossen einen Gaststatus. Das schien nun über Nacht weggebrochen.

In dieser Situation verlässt Aristoteles Athen. Den Grund dafür in der Enttäuschung darüber zu sehen, dass er nicht zum Nachfolger Platons bestimmt wurde, ist ein signifikantes Fehlurteil der älteren Forschung aus einer modernen Perspektive. Philosophiegeschichtlich sehen wir rückblickend Aristoteles als den geistigen Nachfolger Platons und mögen uns darüber wundern, dass dies nicht auch in der Funktion des Schuloberhauptes der Akademie seinen Ausdruck gefunden haben soll. Aber Platon konnte gar nicht anders als seinem nächsten Verwandten und vor allem einem Athener (der allein kraft seines vollen Bürgerrechtes in Athen Eigentum an Grund und Boden besitzen durfte) die Immobilien auf dem Akademiegelände und damit die Schule zu vermachen. Diese Eigenschaften erfüllte sein Neffe Speusipp, der Sohn von Platons Schwester Potone, der jetzt schon etwa 63 Jahre alt und von angegriffener Gesundheit war. Ihn konnte Platon offenbar als Nachfolger bestimmen; von einer förmlichen Wahl ist in der Überlieferung keine Rede. Man wird Speusipp aber nicht gerecht, wenn man in ihm nur den kränkelnden Übergangspräsidenten sieht. Seine beträchtliche philosophische Leistung, die vor allem auf dem Gebiete der Botanik und im Aufweis des inneren Zusammenhanges der Wissenschaften besteht, können wir nur deshalb nicht angemessen würdigen, weil sein Werk verloren ist.

Das schließt nicht aus, dass Platon in Aristoteles die größere philosophische Potenz gesehen hat. Aber Aristoteles war auch der schwierigste

Platonschüler. Die klatschsüchtige antike Legende berichtet von unangenehmen Eigenschaften des Aristoteles, die Platon abgestoßen haben sollen. So soll sich Aristoteles auffällig gekleidet und mit Fingerringen geschmückt haben, er sei vorlaut gewesen und es sei sogar zu einem offenen Konflikt gekommen, als Aristoteles Platon den Ort der Lehre (Garten, Hörsaal) streitig machen wollte.[31] Es mag dahingestellt sein, ob irgendetwas von diesem Klatsch einen wahren Kern hat. Evident ist, dass Aristoteles der wohl schärfste Kritiker Platons war, ihm aber als Person mit Ehrfurcht begegnete.

Ein bewegendes Zeugnis dafür ist ein uns nur teilweise erhaltenes Gedicht, das Aristoteles einige Jahre später verfasst hat – ein «well educated gentleman» konnte damals dichten[32] – und in dem er noch einmal die Atmosphäre eingefangen hat, die nach Platons Tod entstanden war. Als Eudemos von Rhodos, Schüler Platons und später des Aristoteles, von einer Reise nach Athen zurückkam, stiftete er auf dem Gelände der Akademie einen Altar für die personifizierte, göttlich gedachte Philia, die Freundschaft, als Ausdruck der Freundschaft mit Platon. In dem von Aristoteles dazu verfassten Gedicht in elegischen Distichen heißt es:

> Angekommen im berühmten Land des Kekrops,
> hast du in Ehrfurcht einen Altar der heiligen Freundschaft gestiftet,
> für einen Mann, den noch nicht einmal zu loben dem Schlechten erlaubt ist.
> Der hat als erster, wenn nicht als einziger Sterblicher deutlich gezeigt,
> durch sein eigenes Leben und in den Wegen seines Denkens,
> dass ein Mensch gut und glücklich zugleich werden kann.
> Jetzt ist keiner mehr imstande, dies zu erreichen.[33]

Ob dies der Schluss des Gedichtes war, wissen wir nicht; man möchte es annehmen. Am griechischen Text (er stammt aus dem Kommentar des Neuplatonikers Olympiodor zu Platons *Gorgias* aus dem 6. Jh. n. Chr.) haben Philologen allerlei Änderungen vorgenommen. Man hat daran Anstoß genommen, dass einerseits Platon gezeigt hat, der Mensch könne «gut» und «glücklich» zugleich sein, und andererseits dies «jetzt» niemand mehr solle erreichen können. Aber das ist banal gedacht. Aristoteles wollte in der Art eines Lobgedichtes (Enkomion) die einzigartige Größe Platons zum Ausdruck bringen. «Jetzt» meint: nach Platons Tod. Platon hat in der völligen Übereinstimmung von Leben und Denken ein Ideal verwirklicht, das «jetzt» niemand mehr erreichen kann. Stärker kann ein Schüler die Verehrung für seinen Lehrer nicht zum Ausdruck bringen.

Griechenland zur Zeit des Aristoteles

Der Weggang aus Athen war also nicht Ausdruck eines Bruchs mit Platon oder einer Enttäuschung über die Nachfolgeregelung in der Akademie, sondern in allererster Linie der antimakedonisch aufgeheizten Stimmung in Athen geschuldet, durch die eine Situation entstanden war, in der Aristoteles sich nicht mehr frei und sicher fühlen konnte, zumal die schützende Hand Platons jetzt fehlte. Aristoteles begab sich zu dem Fürsten Hermias von Atarneus nach Assos (heute: Behramkale) an der kleinasiatischen Küste gegenüber von Lesbos und es spricht manches dafür, dass Platon diesen Schritt für Aristoteles zu dessen Schutz vorbereitet hatte. Denn kurz vor Platons Tod verließen drei weitere Platonschüler – alle Nicht-Athener – die Akademie in Richtung Kleinasien, nämlich Xenokrates und die langjährigen Platonschüler Erastos und Koriskos, zwei Brüder, die aus dem kleinasiatischen Skepsis stammten und sich nach Ausweis des (wohl unechten, aber informativen) *Sechsten* platonischen *Briefes* zunächst in ihre Heimatstadt begaben, um bald darauf nach Assos überzusiedeln. Beide sind als Philosophen kaum hervorgetreten. Merkwürdigerweise erwähnt Aristoteles in seinem Werk Erastos nie, Koriskos hingegen oft (14-mal), und zwar meist als Demonstrationsexempel für einen Menschen schlechthin («Dieser Koriskos ist ein Mensch ...» usw.), im Zusammenhang mit seiner Lehrtätigkeit in der Akademie. Dass sich vier bekannte Platonschüler teils kurz vor, teils kurz nach Platons Tod von der Akademie und damit von Athen abwandten, um sich in Assos wiederzufinden, dürfte kein Zufall sein. Dabei hatte Platon, der sein Ende kommen sah, seine Hand im Spiel. Die Schüsselfigur dabei war Hermias von Atarneus.

Aristoteles und Hermias

Aristoteles und die drei anderen Platoniker folgten also einer möglicherweise noch durch Platon vermittelten Einladung des Herrschers Hermias aus dem kleinasiatischen Atarneus nahe Pergamon. Vielleicht hatte dabei auch der einstige Vormund des Aristoteles, Proxenos, mitgewirkt, der aus Atarneus stammte. Zu der Frage, ob Hermias selbst zuvor in Athen und gar Schüler Platons in der Akademie gewesen war, widersprechen sich die Angaben in der antiken biographischen Tradition. Wahrscheinlich war dies nicht der Fall, aber Hermias gehörte wohl zum ‹Netzwerk› Platons. Wer Hermias war und was für einen Charakter er hatte, wird bei den antiken Gewährsmännern völlig unterschiedlich dargestellt. Es gibt zwei diametral entgegengesetzte Überlieferungsstränge, wonach Hermias von der einen Seite als maßvoller, weiser Herrscher, von der anderen als skrupelloser Tyrann dargestellt wird.[34] Beides stimmt in der jeweils extremen Ausprägung gewiss nicht. Aber aus dem Gestrüpp der widersprüchlichen Quellenangaben ein zuverlässiges Bild zu gewinnen, ist kaum möglich. Der Historiker Theopomp, ein jüngerer Zeitgenosse des Aristoteles, der als Schüler des Isokrates in einem scharfen Pamphlet gegen Platon und seine Schule durchaus auch Skandalgeschichten verbreitet hat, nennt Hermias einen Eunuchen, Barbaren und zudem einen Sklaven des Euboulos, in dessen Diensten er in jungen Jahren «am Geschäftstisch als Bankgehülfe den Leuten das Geld gewechselt habe».[35] Euboulos war ein reicher Bankier und Hermias zunächst sein Angestellter. Andere behaupten, Hermias müsse Grieche gewesen sein; anders ließe sich das vom panhellenischen Bewusstsein getragene Gedicht des Aristoteles nicht erklären. Letzte Klarheit ist in diesem Punkte nicht zu gewinnen. Einigermaßen sicher ist, dass Euboulos dank seines Reichtums ein beträchtliches Territorium als Herrscher gewinnen konnte, das er ca. 350 an Hermias vererbte, der es dann noch zu erweitern verstand. Hermias wurde im Laufe der Zeit Alleinherrscher eines Gebietes, das den gesamten kleinasiatischen Küstenbereich gegenüber der Insel Lesbos sowie die Städte Atarneus und Assos umfasste, die allein 100 km (Luftlinie) auseinander liegen, und weit ins Landesinnere reichte.

Der *sechste* platonische – wie schon erwähnt: unechte, aber informative – *Brief* ist an Hermias, Erastos und Koriskos gemeinsam gerichtet. Sein Autor geht davon aus, dass die beiden Platoniker sich in Skepsis, 60 km von Assos entfernt, befinden, zugleich aber als «Nachbarn» gemeinsame Sache machen sollen. Tatsächlich zogen sie bald nach Assos. Hermias war den philologischen Ideen Platons gegenüber aufgeschlossen, ohne indes im engeren Sinne Platonschüler gewesen zu sein. Der ‹Platon› des *sechsten Briefes* teilt mit, dass er mit Hermias noch nicht persönlich zusammengekommen sei. Zugleich aber habe er Kenntnis von der praktischen Klugheit des Hermias, die dieser sich kraft seiner natürlichen Anlage und durch Erfahrung angeeignet habe (322 E). Andere Quellen (Strabon) berichten von einem Aufenthalt des Hermias in Athen bei Platon. Als Fazit bleibt: Platon wusste offenbar so viel von und über Hermias, dass er vier seiner Schüler angesichts der prekären Situation in Athen in dessen Obhut geben konnte.

Was die vier nun bei Hermias in Assos getrieben haben, ist Gegenstand lebhafter Phantasie in antiken und modernen Darstellungen. Dass sich Aristoteles überhaupt nach Assos begeben hat, ist schon heftig und gehässig kritisiert worden. Ein Theokrit aus Chios (nicht zu verwechseln mit dem großen hellenistischen Dichter Theokrit) hat ein Epigramm verfasst, in dem es in Anspielung auf den Kenotaph, den Aristoteles nach dem Tode des Hermias in Delphi errichten ließ, heißt:

> Dem Eunuchen Hermias, der zugleich Sklave des Euboulos war, hat Aristoteles leeren Kopfes ein leeres Grabmal (also einen Kenotaph) errichtet, er, der es wegen der Unersättlichkeit seines Bauches vorzog, anstatt in der Akademie an den Gewässern des Borboros (eines schmutzigen Flusses bei Assos) zu wohnen.[36]

Dieser faktenverdrehenden Gehässigkeit stehen andere Berichte entgegen, in denen die Philosophengesellschaft um Aristoteles den klugen Hermias dahin brachte, sich auch in seiner Politik von philosophischen Prinzipien leiten zu lassen. Ein Teil der modernen Forschung sieht darin geradezu die Verwirklichung der platonischen Konzeption vom Philosophenherrscher. Zumindest hätten die Philosophen bewirkt, dass Hermias seine Tyrannenherrschaft in eine aufgeklärte Monarchie verwandelt habe, und demnach das erreicht, was Platon in Sizilien vergeblich versucht hatte.[37]

Das ist alles ganz unwahrscheinlich, wie überhaupt ein nennenswerter Einfluss der Platoniker – die ja ihrerseits unterschiedliche Auffassungen vertraten – auf die Politik des Hermias sich höchstens in dem ganz allgemeinen Sinne eines humaneren Regierungsstiles bemerkbar gemacht haben dürfte. Ebenso wuchert die antike Legende in der Ausmalung der Wohltaten, die Hermias den platonischen Philosophen zuteil werden ließ. In einem Bericht (in dem sogenannten Didymos-Papyrus)[38] heißt es sogar, Hermias habe der Philosophengruppe nicht nur ein Haus, sondern gleich die ganze Stadt Assos geschenkt, was ja die Erteilung erheblicher politischer Vollmachten bedeutet hätte. Analog dazu sind die Vorstellungen übertrieben, die man sich von den philosophischen Aktivitäten der Platonschüler gemacht hat, denen zufolge sie eine Art Exilakademie in Assos etabliert hätten. So heißt es: «Eine Tochterniederlassung der athenischen Akademie war es, was in Assos damals sich bildete. Hier wurde der Grund für die Schule des Aristoteles gelegt».[39]

Schrauben wir die Übertreibungen zurück, so bleibt etwa Folgendes: Hermias gab den Platonikern die Möglichkeit zu wissenschaftlicher Arbeit und philosophischer Diskussion, aber es bleibt unklar, in welcher Form dies geschah. Ein regelrechter Vorlesungsbetrieb im Stile der

Akademie wird nur in kleinem Umfang möglich gewesen sein, schon weil die intellektuelle Atmosphäre Athens in der Kleinstadt Assos nicht gegeben war. Wahrscheinlich wird man zunächst einmal Bilanz gezogen und die Frage erörtert haben, wo man eigentlich stehe und wie es weitergehen könne.

In diese Atmosphäre passt der Dialog *Über die Philosophie*, den Aristoteles jetzt verfasst haben dürfte, zumal darin offenbar der Tod Platons erwähnt wurde.[40] Dieser Text hatte wahrscheinlich nicht die Lebendigkeit im Gespräch wie die meisten Dialoge aus der Akademiezeit, sondern eher die Gestalt der zusammenhängenden Erörterung in der Form von These und Gegenthese, zumindest im zweiten und dritten Buch. Der Dialog bestand aus drei Büchern, und durch den Zufall der Überlieferung ist für jedes der drei Bücher je ein Fragment mit genauer Werk- und Buchangabe erhalten. Daraus kann man die Gliederung des Dialoges rekonstruieren. Weitere Fragmente kann man in dieses grobe Raster einordnen. Im ersten Buch hat Aristoteles Begriff und Sache der Philosophie von den Anfängen bis zu Sokrates dargelegt. Im zweiten Buch hat er sich umfassend mit der Lehre Platons beschäftigt und im dritten Buch seine eigene Konzeption entwickelt.

Demnach hat Aristoteles in den beiden ersten Büchern dieses Dialoges die gleiche Thematik behandelt wie (früher oder später?) im ersten Buch der *Metaphysik*, nur ungleich ausführlicher und mit einem gewichtigen Unterschied: Lässt er in der *Metaphysik* – modellhaft für viele Philosophiegeschichten bis in die Gegenwart – die Philosophie mit Thales von Milet beginnen, so hat er im Dialog die präphilosophischen Strömungen im altorientalischen Bereich einbezogen, die in der Tat auch in der Akademie Gegenstand der Diskussion waren. Aristoteles begann mit persischen Magiern (Areimanios, Oromasdes, Zoroaster), ging dann zu den alten Orphischen Gedichten über und ließ seine – uns unbekannten – Dialogpartner eine Diskussion über das Alter der Inschrift: «Erkenne dich selbst» am Apollontempel in Delphi führen, wobei Aristoteles sich als profunder Kenner der Baugeschichte des Tempels erwies. Die Berücksichtigung der ältesten Ausprägungen der Philosophie hängt mit der Auffassung des Aristoteles zusammen, dass dieselben Wahrheiten im Verlaufe von Weltperioden immer wieder auftauchen. Aristoteles sah vor allem in den Sprichwörtern (von denen er eine Sammlung angelegt hatte) kondensierte Überbleibsel einer vorliterarischen Philosophie aus einer vorsintflutartigen Zeit, vor einer großen Menschheitskatastrophe (Frgm. 13 R^3). Schließlich hat Aristoteles sich im ersten Buch des Dialoges über Sokrates und die Sophisten geäußert, wobei er die bedeutende Bewegung der Sophistik von ihrer negativen Beurteilung durch Platon befreit hat und ganz unbefangen die Sieben Weisen als «Sophisten» bezeichnen konnte. Das zweite Buch war der Darstellung und Kritik der Lehre Platons in ihrer ganzen Breite gewidmet. Entsprechend hat sich Aristoteles sowohl mit der Ideenlehre in ihrer zunächst einfachen Form wie auch mit der Lehre von den Ideenzahlen kritisch auseinandergesetzt. Wie nahezu alle anderen Platonschüler leugnete er die Existenz von «Ideenzahlen» neben den normalen Zahlen als unerfahrbar. Platon hatte im Kontext seiner «Ungeschriebenen Lehre» inoperable Ideenzahlen angenommen, die jedoch nur von «Eins» bis «Zehn» reichen. Die ersten vier Zahlen bezeichnen zugleich die Dimensionenfolge: Monas (Einheit), Linie, Breite, Tiefe als immaterielle, allem Materiellen zugrundeliegende mathematische Strukturen, durch deren Halbierung oder Verdoppelung Strukturgebilde wie Dreieck und Pyramide entstehen. Diesen Ansatz und darin besonders die Trennung der Ideenzahlen von den mathematischen Zahlen hat Aristoteles hier, aber auch an anderen Stellen seines Werkes, scharf kritisiert. Aber im Dialog müssen natürlich auch Befürworter dieser Lehre, also Platoniker, aufgetreten sein. Wahrscheinlich haben zunächst die Platoniker im Zusammenhang ihre These entwickelt, woran sich dann die Widerlegung und danach möglicherweise ein dialogischer Schlagabtausch angeschlossen haben. Will man nicht ein literarisches Duell zwischen Platon und Aristoteles selber annehmen – was unwahrscheinlich ist –, dürften die Dialogpartner nicht individualisiert, sondern nur mit A und B (oder ähnlich) gekennzeichnet gewesen sein. Das ist ein Verfahren, das später auch Cicero gelegentlich angewendet hat.

Im dritten Buch des Dialoges *Über die Philosophie* hat Aristoteles dann seine eigene Konzeption vorgestellt. Wiederum wissen wir nicht, wer die Dialogpartner waren und wie die dialogische Bewegung ausgesehen hat. Dargestellt waren die aristotelische Kosmologie und die dazu gehörige – also kosmisch orientierte – Theologie als Gegenentwurf zur platonischen Ideen- und Prinzipienlehre. Dieses Buch enthielt denn wohl auch das aristotelische Höhlengleichnis (wobei die Zuweisung des Fragmentes nicht ganz sicher ist), in dem sich Aristoteles geradezu provozierend von Platon absetzt: Die Menschen leben nicht, wie bei Platon (Rep. VII 514A–517D) in der Höhle, sondern außerhalb derselben. Das normale Leben der Menschen wird nicht durch ein Leben in der Höhle symbolisiert. Menschen in der Höhle gibt es nur in einem irrealen Gedankenexperiment. Wenn die hypothetisch in der Höhle lebenden Menschen die Möglichkeit hätten, ihre unterirdische Behausung zu verlassen und dorthin zu gelangen, wo wir ohnehin sind, dann würden sie die Schönheit des Kosmos mit seinen Gestirnen als ein Werk der Götter begreifen. Die dem platonischen Gleichnis innewohnende Spannung in der Licht- und Schattensymbolik (der Mensch in der Höhle sieht nur Schatten, die er für die Wirklichkeit hält) ist also der Darstellung des unmittelbar Sicht- und Erfahrbaren gewichen. Aristoteles lässt im Dialog das platonische Gleichnis in Wortwahl und Symbolik anklingen, verkehrt aber den Sinn in leichter und folgenreicher Abwandlung.

Was das persönliche Verhältnis zu Hermias angeht, so hat Aristoteles mehr als die drei anderen Platoniker die Freundschaft des Herrschers gewonnen. Und er hat sich vor allem in dessen Nichte und Adoptivtochter Pythias verliebt, die er schließlich auch geheiratet hat. Gern würde man annehmen, er habe gleich während seiner relativ kurzen Zeit in Assos die Ehe geschlossen. Aristoteles war jetzt 38 Jahre alt und hatte in seiner *Politik* (VII 1, 1335a 29 f.) festgelegt, dass das ideale Heiratsalter für die Frau 18, für den Mann aber 37 Jahre «oder etwas abweichend» sei.[41] Das würde sehr gut zu seiner Lebenssituation passen. Man müsste dann aber mindestens acht Jahre einer kinderlosen Ehezeit annehmen, da die beiden Kinder im Testament (also gegen 322) als noch unmündig angesehen werden, die Tochter (sie war die ältere) demnach frühestens im Jahre 338 geboren sein konnte. Auch das wäre mit dem unsteten Wanderleben des Aristoteles erklärbar, doch steht dem eine antike biographische Notiz[42] entgegen, wonach Aristoteles erst nach dem Tode des Hermias im Jahre 341 geheiratet habe. Diesen Ansatz hat die moderne Forschung weitgehend aufgenommen. Aristoteles befand sich zu dieser Zeit bereits wieder im weit entfernten Makedonien. Im Übrigen wissen wir über Pythias nur so viel, dass sie früh gestorben ist und Aristoteles ihrem eigenen Wunsch entsprechend testamentarisch verfügt hat, neben ihren Gebeinen bestattet zu werden. Ein Teil der Überlieferung (Diogenes Laertius; Vita Marciana) berichtet, der Sohn Nikomachos stammte gar nicht von Pythias, sondern von der (späteren) Haushälterin Herpyllis. Einige Forscher (Wilamowitz, Gigon) sind dieser Version gefolgt, andere sehen darin eine anekdotische Erfindung, die dem Ansehen des Aristoteles abträglich sein sollte.[43] Letzte Sicherheit ist nicht zu gewinnen.

Aufs Ganze gesehen war aber Assos für Aristoteles doch nicht der richtige Ort, an dem er seinen Plänen und Studien nachgehen konnte. Auch wird sich der Kreis mit den anderen Platonikern bald aufgelöst haben. Ob Xenokrates noch länger in Assos blieb, ist ungewiss, und von den Brüdern Erastos und Koriskos hört man nur noch, dass Koriskos einen Sohn namens Neleus hatte, der später Schüler des Aristoteles und des Theophrast wurde. Aristoteles verlegte nun nach knapp dreijährigem Aufenthalt in Assos seinen Wohnsitz für einige Zeit nach Mytilene auf der Assos vorgelagerten Insel Lesbos. Dort blieb er mit Hermias, seinem künftigen Schwiegervater, in Verbindung.

Einige Jahre später wurde Hermias Opfer einer Intrige, an deren Einfädelung Hermias selbst beteiligt war. Sie hängt mit der stärkeren Bedrohung zusammen, die jetzt wieder von den Persern ausging. Sie hatten im Jahre 343/2 Ägypten zurückerobert und ihr Augenmerk richtete sich jetzt auch auf das dort beträchtlich angewachsene Territorium und den damit verbundenen Machtzuwachs des Hermias an der kleinasiatischen Küste. Hermias seinerseits fühlte sich in seiner Unabhängigkeit bedroht und nahm Kontakt mit dem makedonischen König auf, zu dessen Hof er ohnehin gute Beziehungen unterhielt. Es wurden geheime Absprachen getroffen; ein makedonischer Stützpunkt sollte im Gebiet von Hermias eingerichtet werden. Der persische Großkönig erfuhr davon; der in persischen Diensten stehende (ursprünglich aus Rhodos stammende) Feldherr Mentor versuchte vergeblich, die Stadt Atarneus, in der Hermias sich aufhielt, zu belagern. Da griff man zu einer List. Man lud Hermias zu einer Besprechung mit dem Ziel eines Friedens ein; Hermias wurde verhaftet, an den persischen Königshof nach Susa gebracht und dort hingerichtet. Diese Vorgänge sind auf 342/1 zu datieren.

Die näheren Umstände sind lückenhaft und tendenziös berichtet. Sicherheit ist schon deshalb nicht zu gewinnen, weil es für die letzten Tage des Hermias keine griechischen Augenzeugen gab. Theopomp berichtet später von grausamen Foltern, die dieser schreckliche Tyrann auch verdient habe. Kallisthenes, der Neffe des Aristoteles, hat in einem Lobgedicht auf Hermias (von dem nur eine knappe Paraphrase in dem sog. Didymos-Papyrus überliefert ist) in hymnischen Worten dargetan, dass Hermias über seine Absprachen mit dem makedonischen König Philipp nichts verraten habe. Da hätte der persische Großkönig den so standhaften Hermias schon begnadigen wollen, doch hätten die Heerführer Mentor und Bagoas auf der Hinrichtung bestanden. Die letzten Worte des Hermias seien gewesen, er habe nichts getan, was der Philosophie unwürdig oder unehrenhaft gewesen sei.[44] Aristoteles selber war vom Tode seines Freundes tief betroffen. Er verfasste ein Epigramm, das auf der Basis einer Statue des Hermias in Delphi zu lesen gewesen sein soll:

Diesen hat frevelhaft, übertretend das heilige Recht der glückseligen Götter,
der König der bogentragenden Perser getötet.
Nicht offen mit einer Waffe hat er ihn in tödlichem Kampf besiegt,
sondern nachdem er sich dessen Vertrauen auf einen listigen Menschen
zunutze gemacht hatte.[45]

Ein weiteres, umfangreiches Gedicht des Aristoteles über die Tugend mündet in einen Hymnus auf Hermias:

Um deiner (der Tugend) lieblichen Gestalt willen ist der Mann aus Atarneus
der Sonnenstrahlen beraubt worden.
Seine Taten leben fort im Liede und unsterblich machen ihn die Musen,
die Töchter der Mnemosyne (Erinnerung). Sie werden mehren die Ehrfurcht
vor Zeus, dem Gott der Gastfreundschaft, und die Gabe der festen Freundschaft.

Die Wärme des Tones in der Bekundung der festen Freundschaft ist in ihrem Ethos nur vergleichbar mit den ehrfürchtigen Versen über die Einzigartigkeit Platons in der Elegie, die Aristoteles zu der Stiftung eines Altares der Freundschaft durch Eudemos (S. 35) verfasst hat.

Wir wissen nicht, ob Aristoteles anlässlich des Todes seines Freundes in das kleinasiatische Krisengebiet gereist ist und ob er in diesem Zusammenhang die nun ganz schutzlos gewordene Adoptivtochter Pythias geheiratet hat, die vielleicht aus Atarneus oder Assos hatte fliehen müssen.

Aristoteles und Theophrast

Neben Platon und Hermias ist Theophrast die dritte das Leben des Aristoteles maßgeblich mitbestimmende Gestalt. Ob er in jungen Jahren noch Platon gehört hat, wie Diogenes Laertius schreibt (V 36), ist unsicher, eher unwahrscheinlich. Sicher aber ist, dass Theophrast im Alter von etwa 24 Jahren zu Aristoteles nach Assos gekommen ist. Die Philosophenschule in der kleinen Stadt hatte wohl doch eine gewisse, wenn auch eher regionale Anziehungskraft. Denn Theophrast stammte aus Eresos auf der Assos vorgelagerten Insel Lesbos. Von dort wird er nach Assos gekommen sein. Theophrast war von Haus aus kein metaphysischer Grübler, sondern ein Beobachter der Natur, der Pflanzen und Mineralien zumal. Programmatisch hat er in seiner Schrift *Über das*

Feuer formuliert: «So wollen wir denn das Größere und Ursprünglichere zurückstellen und versuchen, über das Geringere zu sprechen» (*De igne* 10). Aus eben dieser Schrift *Über das Feuer* geht nun deutlich hervor, dass Theophrast in Assos war.[46] Denn er erwähnt darin den berühmten «Assischen Stein» (46–47), der für Steinsarkophage verwendet und auch aus Assos exportiert wurde. Es handelt sich dabei um eine ganz besondere Beschaffenheit des Steines, der bewirkt, dass Leichen besonders schnell und vollständig (mit den Knochen) bis auf die Zähne verbrennen, viel schneller als in Sarkophagen aus herkömmlichem Stein oder gar bei einer offenen Feuerbestattung. Theophrast erklärt dies mit der besonderen, gerade diesem Vulkanstein innewohnenden Wärme.

Theophrast hat sicher mit dem so beschriebenen Stein den – allerdings erst bei späteren Autoren, so bei Plinius namentlich genannten – «Assischen Stein» gemeint, war also in Assos und hat wahrscheinlich dann auch den ganzen Traktat *Über das Feuer* dort vor Aristoteles und den anderen Philosophen vorgetragen, was bei dem relativ kurzen Text in einer guten Stunde auch möglich war. Der Text selber trägt Merkmale des mündlichen Vortrages, vor allem in der Schlussbemerkung, in der es heißt, ein anderes Mal solle detaillierter auf das Thema eingegangen werden. Aristoteles war von den Darlegungen über die verschiedenen Aspekte des Feuers, z.B. der Feuererzeugung durch Brenngläser, und überhaupt von der Leben teils erhaltenden, teils vernichtenden Fähigkeit des Feuers begeistert. Es war der Anfang einer dauernden Freundschaft zwischen Aristoteles und dem etwa 15 Jahre jüngeren Theophrast, die durch die Gleichartigkeit der Ziele und Interessen noch tiefer ging als die Freundschaft mit Hermias.

Die nun beginnende Zusammenarbeit zwischen beiden gewann bald eine solche Intensität, dass Aristoteles im Jahre 345 Assos verließ und nach Mytilene auf Lesbos, also in die Heimat Theophrasts, übersiedelte. Aristoteles war jetzt frei von allen Bindungen und Verpflichtungen, die er doch in Assos hatte beachten müssen.

Während Theophrast sich vorzugsweise Pflanzen und Mineralien widmete, richtete sich das ganze Augenmerk des Aristoteles auf die Tierwelt. Doch arbeiteten beide Hand in Hand. Theophrast kannte die Gegend; so beobachteten sie gemeinsam, legten gemeinsam Versuchsreihen an, deren Auswertung zu systematischen Ordnungen und Gliederungen führte. Diese Forschungen haben ihren Niederschlag in dem großen Werk *Historia animalium* gefunden. Von den 38 Erwähnungen von Orten im nordwestlichen Kleinasien entfallen 14 auf die Gegend um Lesbos, so z.B. wenn Aristoteles von Fischen berichtet, die um die

Insel Lesbos laichen, und zwar sowohl auf hoher See als auch in der Meerenge (Hist. anim. IX 621b 22 ff.). Entsprechend der geographischen Situation hat sich Aristoteles in diesen Jahren auf Lesbos also auch mit Meeresbiologie beschäftigt.

Aber bald wurde ihm dieses Betätigungsfeld zu eng und er kehrte in seine Heimat Stageira zurück, wohin ihm Theophrast folgte. Wann dies genau war, wissen wir nicht. Hier wurde die gleiche Forschungsgemeinschaft fortgesetzt; Orte in Makedonien und Thrakien, also der Heimat des Aristoteles, werden in der *Historia animalium* 93mal erwähnt.[47] Der wissenschaftliche Ertrag ist außerordentlich. Er basiert auch auf langfristig angelegten Versuchen und Forschungsunternehmungen, zu deren Realisierung Aristoteles neben Theophrast auch noch andere Helfer gehabt haben muss. Natürlich konnte er sich verschiedene Informationen von Jägern, Fischern und Köchen beschaffen, manches auch aus literarischen Quellen erfahren haben, aber über die Autopsie hinaus musste er Spezialisten an der Hand gehabt haben, z.B. Tierhalter, wenn er Tiere abmagern ließ, um das Adersystem besser ertasten zu können (Hist. anim. III 3, 511a 12 ff.), wenn er eine trächtige Fledermaus geliefert bekommen haben muss, um deren Placenta zu erforschen (Hist. anim. III 1, 511a 31 ff.), oder um Tiere aller Arten zu sezieren.[48] All dies ließ sich in Stageira, wo Aristoteles sich auskannte, besser organisieren als an irgendeinem ihm fremden Ort.

Aristoteles und Alexander

Aristoteles war noch nicht lange wieder in seiner Heimat, als ihn im Jahre 343/2 die vielleicht durch Hermias vermittelte Einladung König Philipps II. erreichte, die Erziehung seines damals dreizehnjährigen Sohnes Alexander zu übernehmen.

Kein Aspekt im Leben des Aristoteles ist so von der antiken Legende überwuchert wie sein Verhältnis zu Alexander. Retrospektiv wird ein Bündnis von politischer Macht und philosophischem Wissen konstruiert. Ein berühmter Philosoph tritt an die Seite des künftigen Welteroberers. Vor allem Plutarchs *Biographie des Alexander* stimmt diese Töne an. Je später die Quellen, desto hymnischer und farbenreicher ist die Darstellung.[49] Von diesem hymnischen Ton war auch die moderne Forschung stark geprägt. Werner Jaeger pries in seinem epochemachenden, heute aber in weiten Teilen überholten Aristotelesbuch von 1923 «die Gedankengemeinschaft der beiden Männer» als «sehr eng» (123) und formulierte: «Aristoteles wusste, dass ein solcher Mann ein Geschenk der Götter ist». Für Aristoteles sei in Alexander ein «Retter im Chaos» erschienen, der «einer in ihren Formen überalterten politischen Welt das Gesetz der unerbittlichen Ananke vorschrieb» (122). Durch die Vermittlung einer umfassenden literarischen Bildung durch Aristoteles sei Alexander geradezu zu einem Griechen geworden. Und noch im Jahre 1996 heißt es: «Es ist die einzigartige Situation, dass einer der größten Philosophen Verantwortung für einen der später bedeutendsten Staatsmänner übernimmt.»[50] Auf der anderen Seite wird die Rolle des Aristoteles in einem Teil der neueren Forschung auf «some occasional instructions» reduziert.[51]

Suchen wir auf dem Hintergrund der Quellen die Wahrscheinlichkeiten abzuwägen (wirkliche Gewissheit ist nicht zu erzielen), so ergibt sich folgendes Bild: Es ist eigentlich ausgeschlossen, dass Aristoteles drei Jahre lang (bis zur Übernahme der Regentschaft durch Alexander) als ‹full-time job› mit der Erziehung Alexanders am makedonischen Hof beschäftigt war. Sein Mitarbeiterstab mit Theophrast an der Spitze hielt sich in dem – wohl doch nicht sehr stark zerstörten – Stageira auf. Die Studien der Tier- und – und im Falle Theophrasts – Pflanzenwelt gingen weiter und all das wird nicht ganz ohne Aristoteles gegangen sein.

Aristoteles wird also wohl nur phasenweise, aber insgesamt doch kontinuierlich für die Dauer von etwa drei Jahren an der Erziehung Alexanders maßgeblich beteiligt gewesen sein. Der Unterricht soll im Übrigen nach einer von Plutarch (*Alexander*, Kap. 7) überlieferten Notiz in einer Nymphengrotte in dem bis heute nicht identifizierten Ort Mieza (wohl in der Nähe von Pella) stattgefunden haben. Plutarch berichtet, dass die steinernen Sitze und schattigen Wege zu seiner Zeit noch gezeigt würden. Der spätere Flottenkommandant Alexanders, Peukestas, stammte aus Mieza. Wollen wir diese Überlieferung nicht ganz als pure Erfindung beiseite schieben, so kommt eine sinnstiftende Komponente von hohem Symbolwert dazu. Denn einst, in mythischer Vorzeit, soll der weise Kentaur Chiron (Cheiron) in einer Nymphengrotte am Fuße des Berges Pelion am Olymp Achill, den Haupthelden der *Ilias*, erzogen haben. Alexander fühlte sich als zweiter Achill. Als solcher zog er später nach Kleinasien – wie Achill nach Troia – und in Ilion (Troia) suchte er das (angebliche) Grab des Achill auf. Das war das Ergebnis der Erziehung durch Aristoteles. Denn zur allgemeinen Bildung gehörte auch im Zeitalter der Tragödie und der Philosophie als unerschütterliches Fundament Homer. Es ist glaubhaft überliefert, dass

Aristoteles, der selbstverständlich von Kindheit an mit Homer vertraut war, für Alexander eine Abschrift der *Ilias* anfertigen ließ, die dieser später auf seinen Feldzügen mitnahm. Übrigens steht in allen antiken Diskussionen über den Bildungswert Homers (insbesondere auch in der Dichterkritik Platons) die *Ilias* stets stärker im Vordergrund als die *Odyssee.* Darüber hinaus hat sich Aristoteles in verschiedenen Bereichen seines Werkes *(Poetik, Über Dichter)* mit Homer auseinandergesetzt und dabei namentlich in den *Aporemata Homerica*[52] in einer Diskussion, die zu seiner Zeit im Gange war, zu verschiedenen vorwiegend historisch-antiquarischen und religiösen Fragen der homerischen Epen Stellung bezogen. Dabei hat er durchweg ungerechtfertigte Angriffe gegen Homer zurückgewiesen. Aus der additiven Sammlung derartiger ‹Probleme› sind 40 Fragmente erhalten. Aristoteles hat also energisch und im Detail in die damalige Homerphilologie im Einzelnen eingegriffen.

Natürlich hat er Alexander auch über Homer hinaus mit der gesamten griechischen Kultur vertraut gemacht. Gern wüsste man, wie der Unterricht in den Fragen der politischen Ordnung gewesen ist und ob die Anschauungen des Aristoteles zu Form und Funktion politischer Strukturen bei Alexander Spuren hinterlassen haben. Denn es ist seltsam, dass die mit den makedonischen Expansionsbestrebungen verbundene Überwindung der engen Grenzen der Polis von Aristoteles in seinem Werk nicht reflektiert werden. In den acht Büchern *Politik* ist die griechische Polis herkömmlicher Art der oberste Bezugsrahmen, in dem alles politische Handeln und Denken stattfindet.

Bei einem im Ganzen doch erheblichen und intensiven Engagement des Aristoteles in der Erziehung Alexanders sind die Nachrichten darüber, dass der Vater Philipp II. bei dem Wiederaufbau der teilweise zerstörten Stadt Stageira Hilfe geleistet habe, nicht ganz unglaubwürdig.[53] Einen historischen Kern haben vielleicht auch Angaben über Hilfen, die Alexander später bei seinen Feldzügen Aristoteles zukommen ließ, so zum Beispiel, dass er Forschungsteams mitnahm oder Forschungsexpeditionen ausrüstete, etwa um im Zusammenhang mit seinem Zug gegen Ägypten die Quellen des Nil zu erkunden und damit zur Lösung des alten Problems beizutragen, warum anders als bei allen Flüssen Griechenlands der Nil im Sommer anschwillt und im Winter einen niedrigen Pegelstand aufweist. Es sind ein paar Fragmente und eine lateinische Übersetzung aus dem 13. Jahrhundert einer ansonsten verlorenen Schrift des Aristoteles *Über die Nilschwelle* (*De inundatione Nili*) erhalten, worin auf eine solche, auf Bitten des Aristoteles ausgerüstete Expedition Bezug genommen wird. Aristoteles hat in dieser Schrift ausführlich die Ansichten früherer Denker unter Erwägung aller Möglichkeiten referiert, um dann triumphierend auszurufen – diese Worte sind im griechischen Original erhalten: «Jetzt ist es kein Problem mehr, denn man hat es (die Quellen des Nil) deutlich gesehen» (Frgm. 246 R^3). Die ohne die Hilfe Alexanders kaum zu erreichende Autopsie bringt die Lösung: starke Regengüsse im Quellgebiet des Nil sind die Ursache.

Weiterhin gibt es allerlei Material über Briefe und Sendschreiben, die Aristoteles an Alexander gerichtet haben soll. Unter dem Titel *Über das Königtum* sind nur ganz wenige Fragmente überliefert,[54] die kaum Rückschlüsse darüber gestatten, ob Aristoteles in dieser Schrift Alexander politische Ratschläge erteilt oder sich nur allgemein über das Phänomen des Königtums geäußert hat.

Überblicken wir den ganzen Zeitraum von immerhin drei bis vier Jahren der Erziehung Alexanders durch Aristoteles, so bleibt schon der Eindruck von einer intensiven Vermittlung griechischer Bildung. Zugleich aber hat man Aristoteles offenbar viel Zeit für seine eigenen Interessen und Forschungen gewährt. Schließlich fällt in diesen Zeitraum die Ermordung des Freundes Hermias (341) und wohl auch die Hochzeit mit dessen Adoptivtochter Pythias. Das alles erfordert Aufwand, Reisen, Zeit über die eigentlichen Forschungsarbeiten hinaus und losgelöst von der Erziehungsarbeit für Alexander. Diese erzieherische Tätigkeit fand ihr natürliches Ende, als Alexander mit knapp 17 Jahren die Regentschaft antrat, zunächst während der Abwesenheit Philipps auf Feldzügen und dann in vollem Umfang nach dessen Ermordung vier Jahre später (336).

Aristoteles in Delphi

Wir wissen nicht, wie viele Forschungsreisen Aristoteles unternommen hat. Aber eine Reise ist gut dokumentiert, die ihn in Begleitung seines Neffen (Sohn einer Cousine) Kallisthenes nach Delphi geführt hat. Diese Reise fand aller Wahrscheinlichkeit nach statt, als Aristoteles von den Pflichten am makedonischen Hof frei war und Kallisthenes noch nicht als Begleiter Alexanders auf dessen Feldzügen in Anspruch genommen war, vermutlich bald nach der Schlacht bei Chaironeia (ca. 50 km östlich von Delphi), die im Sommer 338 die entscheidende Wende zugunsten der Makedonen brachte. Kallisthenes stammte aus Olynth, gewann Zugang zum makedonischen Hof und freundete sich bald mit dem mehr als zehn Jahre jüngeren Alexander an. Aristoteles dürfte während seiner Erziehertätigkeit für Alexander mit Kallisthenes in Verbindung getreten sein. Kallisthenes gehörte dann zur Begleitung Alexanders vor allem bei dessen Feldzug gegen Persien. Seine Aufgabe war es, die Taten Alexanders literarisch zu verbreiten. Sein nur in Fragmenten greifbares Werk mit dem Titel *Die Taten des Alexander* erfüllte diese Aufgabe in hymnischem Stil mit vielen Wundererzählungen und Übertreibungen und verbreitete den Ruhm Alexanders bald über die ganze griechisch sprechende Welt. Auch sonst war Kallisthenes literarisch tätig. Er schrieb eine Geschichte Griechenlands und auch einen Nachruf auf Hermias, in dem er dessen Standhaftigkeit in den letzten Lebensjahren rühmte.[55] Er gehörte also zu dem Freundeskreis von Hermias und damit zu dem ‹Netzwerk›, das ihn auch mit Aristoteles und dem makedonischen Hof verband. Im Sommer 327 fiel Kallisthenes bei Alexander in Ungnade, angeblich weil er sich weigerte, die sogenannte Proskynese (Kniefall) vor Alexander auszuführen. Er wurde zudem beschuldigt, an einer Verschwörung teilgenommen zu haben, wurde daraufhin verhaftet und im Alter von gerade 33 Jahren hingerichtet.

Mit ihm also unternahm Aristoteles eine Reise nach Delphi mit dem Ziel, aus den dortigen Archiven die Liste der Sieger in den pythischen Spielen – die in Delphi ausgetragen wurden, das ursprünglich Pytho hieß – zusammenzustellen. Aristoteles wurde dafür mit einem Ehrendekret ausgezeichnet, das auf einer Inschrift erhalten ist.[56] Es lautet (in deutscher Übersetzung):

> Beschluss der für die heiligen Angelegenheiten zuständigen Beamten. Da Aristoteles, Sohn des Nikomachos, aus Stagira und Kallisthenes, der Sohn des Damotimos aus Olynth, auf Bitten der Amphiktyonen eine Liste der Sieger bei den pythischen Spielen und derer, die von Anfang an den Wettkampf ausgerichtet haben, zusammengestellt haben, sollen Aristoteles und Kallisthenes belobigt und bekränzt werden. Die Tempelverwalter sollen die Liste, aufgezeichnet auf steinerne Säulen, im Heiligtum aufstellen. Dieser Beschluss soll … (hier bricht der Text ab).

Diese Inschrift ist der früheste sichere Beleg über das Leben des Aristoteles. Sie ist angebracht auf einer 25 Zentimeter hohen und 26 Zentimeter breiten Marmorplatte, die der französische Archäologe Theodore Homolle 12 Meter westlich vom Heiligtum am 30. Juni 1895 an einem Brunnen gefunden hat.

Auffällig ist die Formulierung «auf Bitten der Amphiktyonen», wörtlich: «herbeigerufen von den Amphiktyonen» (παρακληθέντες ὑπὸ τῶν Ἀμφικτυόνων). Demzufolge ging die Initiative von den Amphiktyonen aus, einem Gremium, das zweimal im Jahr zur Beratung religiöser und politischer Angelegenheiten in Delphi zusammentrat und also die Herstellung der Siegerliste beschlossen haben muss. Warum gerade jetzt? Eine Antwort ist kaum möglich. Es müssen politische Gründe eine Rolle gespielt haben. Im Rat der Amphiktyonen saßen bereits seit einiger Zeit zwei makedonische Vertreter und vielleicht wollte man nach der für Athen und Theben so bitteren Niederlage bei Chaironeia gegen die Makedonen im Zusammenhang mit der großen panhellenischen Vereinigung anlässlich des «gemeinsamen Friedens» unter der Hegemonie Makedoniens im «Korinthischen Bund» (Winter 338/7) die Erinnerung an die siegreichen Athleten in Delphi wachrufen, die ja aus ganz Griechenland kamen. Und mit Aristoteles und Kallisthenes waren zwei Makedonenfreunde mit dieser Aufgabe betraut. Mögen dies hypothetische Spekulationen sein, so ist doch nicht zu bezweifeln, dass die ganze Aktion in politischem Lichte zu sehen ist. Das zeigt sich auch darin, dass das Ehrendekret im Jahre 322 (im Todesjahr des Aristoteles) im Zuge der antimakedonischen Stimmungsmache, an der dann auch Delphi beteiligt war, widerrufen wurde. Aristoteles soll in einem Brief an Antipatros geschrieben haben, dass ihm der Entzug der Ehrung weder gar nichts noch viel ausmache.[57] Wahrscheinlich ist in diesem Zusammenhang die Marmorplatte aus dem Heiligtum entfernt und dahin gebracht worden, wo sie von den Archäologen gefunden wurde. Eine zweite Inschrift enthält die Kostenbewilligung für die Ehreninschrift und das Verzeichnis der Kosten, worin mitgeteilt wird, «dem Deinomachos werden für die Aufzeichnung der Pythioniken (der Sieger bei den delphischen Spielen) auf Geheiß der Hieromnemonen (Abgeordnete einer für das Heiligtum zuständigen Behörde) zwei Minen bewilligt». Das ist ein erheblicher Betrag nur für die technische Ausführung der Inschrift durch einen uns sonst unbekannten Deinomachos. Man hat daraus in Umrechnung von Arbeitslohn und Materialkosten (soweit überhaupt feststellbar) eine Länge der Inschrift von etwa 21 000 Buchstaben erschlossen.[58] Erhalten ist von dieser von Aristoteles angefertigten Liste der pythischen Sieger nichts. Lediglich zwei Titel im Schriftenverzeichnis des Diogenes Laertius geben Zeugnis von dieser Arbeit: *Kataloge der pythischen Sieger. Pythisches (Verzeichnis).*[59]

Aristoteles ist für diese Aufgabe in Delphi engagiert worden nicht als der große Denker, sondern als der blitzschnelle Organisator und Sammler, der in der Lage ist, eine riesige Datenmenge zu überblicken und zu verarbeiten. Denn er hat, ganz abgesehen von der enormen Sammeltätigkeit für zoologische Zwecke, zahlreiche weitere Sammlungen angelegt:[60] eine Liste der Sieger bei den olympischen Spielen und eine Liste der Uraufführungen von Tragödien und Komödien im Dionysostheater zu Athen. Es sind dies die so genannten *Didaskalien*, in denen die Sieger und kurze Inhaltsangaben von ca. 1580 Tragödien und ca. 970 Komödien verzeichnet waren und die über mehrere Zwischenquellen hinweg die Grundlage unserer Kenntnis von den verlorenen Dramen, zumindest ihrer Titel, bilden. Schließlich gehört zur Sammeltätigkeit auch die Zusammenstellung der 158 Verfassungen griechischer Städte, von denen die *Verfassung der Athener* als wichtigstes Stück durch einen 1891 publizierten Papyrusfund wieder ans Licht gekommen ist. Dieses Werk bildet die Grundlage unserer Kenntnis der frühen Verfassungsgeschichte Athens.[61] Daneben ist die *Verfassung der Lakedaemonier* (Spartaner) von Interesse, zu der immerhin 13 Fragmente vorliegen, während es zur Darstellung der Verfassungen der vielen kleineren Städte kein nennenswertes Echo gibt. Selbst wenn man in Rechnung stellt, dass Aristoteles Mitarbeiter und Hilfskräfte hatte, ferner dass er bei den *Politien* vermutlich sogar die Ausarbeitung und Formulierung bis zu einem gewissen Grad Mitarbeitern überlassen hat, so ist die ungeheure Leistung allein der Sammeltätigkeit, die ja sozusagen nebenbei erfolgte, neben der Arbeit an den philosophischen und zoologischen Werken, unbegreiflich.

Wieder in Athen

Trotz aller Aktivitäten, Ehrungen und Anerkennungen vermisste Aristoteles das intellektuelle Klima Athens. Dort fanden die philosophischen Auseinandersetzungen statt, dort gab es ein Publikum für Vorträge und Vorlesungen aller Art. An eine Rückkehr war aber zunächst nicht zu denken. Das lag vor allem an den politischen Verhältnissen, die uns nicht zuletzt durch die vier *Philippischen Reden* des Demosthenes bekannt sind. Bei ihm liegt der gar nicht so seltene Fall vor, dass ein Redner, der als Ankläger oder Verteidiger mit glänzenden Reden auftritt, aktiver Politiker wird, und zwar mit diesen Reden selber, aber auch darüber hinaus in offiziellen Ämtern und Missionen.[62] Die Analyse der Politik Athens findet sich in diesen Reden. Aber Demosthenes war nicht nur Analytiker der Situation, sondern bestimmte weitgehend die Richtlinien der Politik und brachte in leidenschaftlichen Aufrufen an alle Griechen zu gemeinsamem Kampf gegen Philipp zeitweilig die Mehrheit der athenischen Bürger auf seine Seite. Demosthenes als Exponent der athenischen Politik setzte seine antimakedonische Politik auch nach der für die Athener (und Thebaner) so schmerzlichen Niederlage in der Schlacht bei Chaironeia (338) fort, die Athen seiner außenpolitischen Handlungsfreiheit beraubte. Erst als König Philipp von Makedonien 336 ermordet wurde und ein Jahr später Alexander den thebanischen Aufstand gegen die seit der Niederlage von Chaironeia in Theben stationierte makedonische Besatzung niederschlug und die Stadt vernichtete, kippte die Stimmung in Athen. Der Erzfeind Philipp lebte nicht mehr, und Widerstand gegen Alexander erwies sich als zwecklos, jedenfalls nicht opportun. Das Beispiel Thebens wirkte abschreckend.

Erst in einer solchen Lage konnte Aristoteles an eine Rückkehr nach Athen denken. Aber wie sah die Akademie aus? Speusipp, der Nachfolger Platons, war 339/8 in Alter von 72 Jahren gestorben. Von dem Werk des Geschichtsschreibers Philochoros (um 300 v. Chr.) ist ein Fragment erhalten,[63] aus dem hervorgeht, dass es für die Nachfolge Speusipps als Leiter der Akademie eine regelrechte Wahl mit förmlicher Abstimmung gegeben hat: «Die jungen Leute, die darüber abstimmen sollten, wer von ihnen die Schule leiten würde, wählten Xenokrates aus Chalkedon. Aristoteles war abwesend in Makedonien, Menedemos, der Sohn des Pyrrhaios, und Herakleides, der Sohn des Herakleotos, waren um nur wenige Stimmen unterlegen.»

Dieser Text zeigt, dass – anders als bei der Nachfolge Platons – eine förmliche, nicht schon vorher entschiedene Wahl stattfand, bei der Anwesenheitspflicht bestand. Immerhin: Wenn Speusipp, der keine Kinder hatte, Xenokrates (wie berichtet wird) eigens nach Athen kommen ließ, so war dieser sein Kandidat. Seine Wahl – er war wie Aristoteles Metoeke – wäre wohl auch im Sinne Platons gewesen. Dass Aristoteles nicht gewählt werden konnte, wird nur mit dessen Abwesenheit begründet. Er hätte also bei Anwesenheit gewählt werden können, das heißt: Er galt zu dieser Zeit noch als Mitglied der Akademie. Ferner ist interessant, dass Xenokrates die Wahl nur sehr knapp gewonnen hat. Von den beiden anderen, die in der engeren Wahl standen, war Herakleides ein ernsthafter Konkurrent dank seiner – leider fast ganz verlorenen – Werke auf allen Gebieten der Philosophie und besonders wegen seiner lebendigen Dialoge, während man von Menedemos nichts weiß und man sich wundern kann, dass er überhaupt in Betracht gezogen wurde. Aristoteles aber wollte und konnte jetzt nicht wieder in die Akademie zurück, die nun von seinem Weggefährten Xenokrates aus früherer Zeit geleitet wurde, der ihm doch geistig bei weitem unterlegen war. So sah er sich nach einer anderen Möglichkeit um und begann seine Lehr- und Forschungstätigkeit in einem öffentlichen, für jeden zugänglichen Gymnasion, im Lykeion, benannt nach Apollon mit dem Beinamen «Lykeios» in seiner Funktion als Unheil abwehrender (wörtlich: «wolfsabwehrender») Gott. Eine Schule im förmlichen Sinne gründete er nicht; als Metoeke konnte er in Athen auch keinen Grundbesitz erwerben. Da stellt sich die Frage, wie Aristoteles mit seiner für die damaligen Verhältnisse außerordentlich großen und sich ständig vergrößernden Bibliothek und einer beträchtlichen apparativen Ausrüstung die Organisation von Forschung und Lehrbetrieb leiten und durchführen konnte. Es gab in Athen auch keine ‹Staatsbibliothek›, aus der man, wie später aus der Bibliothek von Alexandria, Bücher (Papyrusrollen) hätte entleihen können. Und was die Bibliothek der Akademie angeht, so gibt es zwei antike Zeugnisse, wonach Aristoteles nach dem Tode Speusipps dessen Bücher gekauft habe.[64] Aristoteles, der einmal (*Topik* I 14, 105 b 12) wissenschaftliche Arbeit auf der Grundlage von Büchern empfohlen hat und der den Spitznamen «der Leser» trug, besaß also eine riesige Bibliothek. Er hätte auch nicht so häufig Bezug nehmen können auf Dichter, Philosophen – allein in der *Metaphysik* werden über 30 Philosophen genannt – und Rhetoren, wenn er nicht über deren Werke verfügt hätte. Hinzu kommen die von ihm selbst angelegten Sammlungen der Verfassungen, Sprichwörter usw. Wie war das alles unter den damaligen Verhältnissen in Athen in einem öffentlichen Gymnasion unterzubringen? Da hilft auch der Ausweg nicht, Aristoteles habe seine Bibliothek nicht im Lykeion, sondern in seinem Haus in Athen untergebracht.[65] Dann wäre die Bibliothek nicht an der Stätte seines Lehrens und Wirkens gewesen. Denn dass er analog zur Akademie einen Lehrbetrieb aufnahm, darf als sicher gelten. Theophrast, der mit Aristoteles nach Athen gegangen war, und sicher mit nun etwa 35 Jahren auch selber mit eigenen Lehrveranstaltungen begann, soll (später als Nachfolger des Aristoteles) zeitweilig bis zu 2000 Hörer gehabt haben.[66] Soll er jedes Mal für eine aus Büchern zu gewinnende Information in das Privathaus des Aristoteles – von dessen Existenz wir im Übrigen gar nichts wissen – gegangen sein?

Zwei ineinander greifende Überlegungen können eine Lösung bieten: Die relativ dichte moderne Bebauung des zum Lykeion gehörenden Areals hat bislang archäologische Grabungen kaum zugelassen. Aber durch die Auflassung eines Reit- und Exerzierplatzes ergab sich neuerdings (seit ca. 2000) die Möglichkeit großflächiger Ausgrabungen, die von griechischer Seite durchgeführt werden. Zu Tage traten Ruinen eines Baus aus dem 4. Jahrhundert v. Chr., der eine frappante Ähnlichkeit mit dem Bau aufweist, der in der Akademie als Bibliothek anzusehen ist und früher fälschlich als Gymnasion gedeutet wurde (vgl. S. 19). «Hier (im Lykeion) war die größte wissenschaftliche Bibliothek der späten Klassik untergebracht».[67] Die Analogien zur Akademie reichen aber weiter. Der Ort, an dem sich Aristoteles niedergelassen hat, liegt genau an der gegenüberliegenden Seite von Athen, im Südosten der Stadt. Das kann kein Zufall sein. Aristoteles hatte bei seinem Neuanfang ständig die Akademie im Kopf, von der er sich absetzen wollte. Aber wie kommt Aristoteles, der Nicht-Athener, zu einem solchen Bibliotheksgebäude?

Hier kommt die Gestalt des Redners und Politikers Lykurg ins Spiel, der in jenen Jahren eine zentrale Rolle in Athen spielte. Lykurg, aus altem Priestergeschlecht stammend, hatte in Athen nacheinander eine Reihe von sakralen und politischen Ämtern inne. Als Redner war er Demosthenes unterlegen. Von seinen 16 Reden ist nur eine überliefert. Es handelt sich um eine Anklagerede gegen einen gewissen Leokrates, der nach der Schlacht bei Chaironeia vorsorglich sein Vermögen aus Athen an einen sicheren Ort (wir würden sagen: nach Liechtenstein) gebracht hatte. Lykurg sah darin ein im höchsten Maße unpatriotisches Verhalten. Leokrates wurde übrigens freigesprochen, wenn auch nur mit einer Stimme Mehrheit.

Lykurg war ein konservativer Patriot, ein geschickter Politiker, besonders als Finanzbeamter, bedeutend aber vor allem durch seine kulturpolitischen Maßnahmen. Es spielte in diesen Jahren in Athen die Rückbesinnung auf die große Vergangenheit eine Rolle. De facto war Athen außenpolitisch machtlos, wollte aber den alten Glanz auch nach außen hin zur Schau stellen. Daher veranlasste Lykurg eine rege Bautätigkeit zur Verschönerung der Stadt. Er ließ die Anlagen auf der Pnyx (dem Platz der Volksversammlung) erneuern, Baudenkmäler auf der Agora errichten und vor allem das Dionysostheater umbauen.[68] Jetzt entstand das steinerne Amphitheater, wie es heute noch erkennbar ist, und löste den einfachen, rectilinearen (geradlinigen) Bau ab. Lykurg ließ Statuen der drei großen Tragiker Aischylos, Sophokles und Euripides aufstellen, deren Texte er in einem authentischen ‹Staatsexemplar› festhielt, um sie vor willkürlichen Interpolationen zu schützen. Ohne diese Maßnahme hätten wir nicht einmal die wenigen uns noch erhaltenen Tragödien. Nun ist bezeugt, dass die Bautätigkeit des Lykurg sich auch auf das Lykeion und dort auch auf den Bau oder Umbau des Gymnasion erstreckt hat. Bei Pausanias heißt es: «Lykurg vollendete das von anderen begonnene Theater und das Gymnasion beim sogenannten Ly-

ABB. 9: Das Lykeion. Im Vordergrund wahrscheinlich das für Aristoteles errichtete Bibliotheks- und Lehrgebäude

keion».[69] Sieht man diese Nachricht im Lichte der neuen Ausgrabungen, so liegt die Vermutung nicht fern, dass Lykurg diese Baumaßnahme gezielt für Aristoteles veranlasst hat. Das würde auch die Ähnlichkeit des Gebäudes im Lykeion mit dem Bau auf dem Gelände der Akademie erklären. Nun war Lykurg ein dezidierter Feind der makedonischen Politik. Seine Pläne für eine militärische Rüstung und die restaurativen Baumaßnahmen dienten einer herbeigesehnten Erneuerung des alten Glanzes der Stadt. Aber er muss die Größe des Aristoteles als Chance erkannt haben, diesen ‹Makedonenfreund› für seine Ziele zu vereinnahmen. Und die historische Entwicklung hat ihm recht gegeben.

Das war auch deshalb leichter vertretbar, weil die politischen Theorien des Aristoteles ausschließlich auf die griechische Polis und ihre Institutionen konzentriert sind, während er eine durch die makedonischen Expansionen sich eröffnende Perspektive eines großräumigen politischen Gebildes nicht im Blick hatte. Für Aristoteles entfaltet der Mensch seine Möglichkeiten im Raum der Polis. Ihr intaktes Funktionieren ist das Anliegen der aristotelischen *Politik*. Darin dürfte Aristoteles mit Lykurg übereingestimmt haben.

Trotz dieser großzügigen Unterstützungen war das Leben und Wirken für Aristoteles im Lykeion nicht leicht. Denn er konnte die eigene

Schule als Nicht-Athener juristisch nicht gründen, ihr keine verbindlichen Regularien geben. Dem entspricht auch die Überlieferung, dass erst Theophrast die Liegenschaften im Lykeion erwerben konnte. Zwar war auch er Nichtathener, aber er erhielt eine Sondererlaubnis durch den promakedonischen Politiker Demetrios von Phaleron, der seit 317 Statthalter Athens in makedonischem Auftrag war. Doch muss die Lehr- und Forschungstätigkeit des Aristoteles im Lykeion schon Organisationsformen gehabt haben, die der Struktur einer Schule analog waren. Vorbild dafür war die platonische Akademie.

Die Aufgaben, die Aristoteles jetzt in Athen zufielen, waren vielfältig. Neben den öffentlichen Vorlesungen war er damit beschäftigt, frühere Entwürfe zu überarbeiten und zu redigieren. Die verschiedenen Fassungen derselben Thematik, wie sie in den uns erhaltenen Lehrschriften greifbar sind, legen davon Zeugnis ab. Die Auswertung der umfangreichen Materialsammlungen kann er unmöglich allein bewältigt haben, ebensowenig Recherchen an Ort und Stelle, die in vielen Fällen nötig gewesen sein müssen. Obwohl dazu eine gewisse Anzahl von Mitarbeitern unentbehrlich war, hatte Aristoteles – im Unterschied zu Platon – nur wenige Schüler im engeren Sinne. Allen voran ist der bis heute unterschätzte Theophrast zu nennen; Eudemos von Rhodos gehört dazu, der sich besonders auf dem Gebiet der Wissenschaftsgeschichte, aber auch in Fragen der Theologie ausgewiesen hat, und ein gewisser Menon, der im Auftrage des Aristoteles eine Geschichte der Medizin geschrieben hat, von der Teile seit 1893 durch einen Papyrusfund bekannt sind.[70] Schließlich ist auch Dikaiarch aus Messene zu erwähnen, der mit geographischen (Erdbeschreibung) und kulturgeschichtlichen Arbeiten sich einen Namen machte, während Aristoxenos wohl Schüler des Aristoteles war, dessen Philosophie aber nicht fortgesetzt hat, sondern grundlegende Bedeutung auf dem Gebiete der Musiktheorie gewann. Seine Werke zu diesem Thema sind erhalten.

Im Laufe der Zeit hat sich Aristoteles, wie er selber einmal bekannt hat, einsam gefühlt;[71] seine Frau Pythias war gestorben. Er stürzte sich in die Arbeit. Der Umfang seiner Schriften ist riesig. Die echten Schriften in dem uns erhaltenen Corpus Aristotelicum umfassen ca. 875 500 Wörter.[72] Hinzu kommen 19 Dialoge, Sammel- und Mahnschriften. Rechnet man diese hinzu, so kommt man auf mindestens den doppelten Umfang der Schriften Platons (mit 600 000 Wörtern), wobei noch zu bedenken ist, dass Platon fast 20 Jahre länger gelebt hat und in erheblich gesicherteren Verhältnissen in Athen arbeiten konnte als Aristoteles.

Für Aristoteles kamen erschwerend äußere Umstände hinzu. In den Jahren 330 bis 326 kam es zu zwei rasch aufeinander folgenden, erheblichen Versorgungskrisen in Athen, weil sich die Lage in den Getreide exportierenden Städten, auf deren Lieferungen Athen angewiesen war, verschlechterte. Der Getreidepreis stieg um das Dreifache; eine Hungersnot stand vor der Tür.[73] Wie weit Aristoteles davon betroffen war, wissen wir nicht.

Einschneidender war der Tod Alexanders am 10. Juni 323. Sofort kamen wieder antimakedonische Strömungen in Athen auf, von denen auch Aristoteles betroffen war. Die antike biographische Überlieferung[74] berichtet, ein Priester namens Eurymedon habe eine Klage wegen Asebie (Gottlosigkeit) gegen Aristoteles angestrebt, entweder – in diesem Punkt schwankt die Überlieferung – weil Aristoteles seiner verstorbenen Frau Opfer dargebracht habe, wie sie nur einem Gott geziemen, oder wegen des wie auf einen Gott verfassten Hymnos auf Hermias. Ob dies stimmt, ist ungewiss. Sicher ist nur, dass Aristoteles sich Angriffen ausgesetzt sah, die ihn veranlassten, ein zweites Mal Athen zu verlassen. Er soll gesagt haben, er wolle den Athenern nicht zweimal (nach dem Prozess gegen Sokrates) die Möglichkeit geben, sich gegen die Philosophie zu vergehen.[75] So verlegte er gegen Ende des Jahres 323 seinen Wohnsitz nach Chalkis auf der Insel Euboea, wo seine Mutter ein Haus hatte, das sich noch im Familienbesitz befand. Wahrscheinlich war Aristoteles bereits schwer krank.

Tod und Testament

Aristoteles war erst wenige Monate in Chalkis, als er im Alter von nur 63 Jahren im Oktober 322 starb. Über die Todesursache gibt es in der antiken biographischen Tradition verschiedene, sich widersprechende Mitteilungen, die sich in zwei Gruppen einteilen lassen, je nachdem ob er sich das Leben genommen hat oder nicht. Aulus Gellius (2. Jh. n. Chr.) berichtet in seinen *Attischen Nächten (Noctes Atticae)*, Aristoteles habe in der Sterbestunde seine Schüler um sich versammelt, einen unzuträglichen (vergifteten?) Wein getrunken und sei daran gestorben. Sichtlich ist diese Anekdote nach der Schilderung vom Tode des Sokrates in Platons *Phaidon* stilisiert. Die Version, wonach Aristoteles sich ins Meer zwischen Chalkis und Euboea gestürzt habe, weil er die unregelmäßige Strömung des Euripos nicht erklären konnte, ist zuerst bei christlichen Autoren (Justinus Martyr im 2. Jh. n. Chr., Gregor von Nyssa um 400 n. Chr.) bezeugt und ebenfalls ins Reich der Anekdoten zu verweisen. Glaubhafter sind die Nachrichten über eine natürliche Todesursache, wobei die Version, er sei an einem Magenleiden (wir würden heute wohl sagen: Magenkrebs) gestorben, eine gewisse Wahrscheinlichkeit für sich beanspruchen kann.[76]

Sein Testament ist im Wortlaut erhalten; Diogenes Laertius hat es bewahrt. Auch die Testamente Platons sowie die der Aristoteles-Nachfolger in der Leitung der Schule, Theophrast, Straton und Lykon, sind bei Diogenes Laertius aufgezeichnet.

> Möge alles sich zum Besten wenden, doch für alle Fälle treffe ich folgende letztwillige Bestimmung: Vollstrecker des Testaments soll für alles und durchgängig Antipater sein. Bis Nikanor das Erbe antritt, liegt die Fürsorge für die Kinder, für Herpyllis und den Nachlass in den Händen des Aristomedes, Timarchos, Hipparchos, Dioteles und, falls er es wünscht und dazu in der Lage ist, des Theophrast. Wenn das Mädchen [die Tochter Pythias] heiratsfähig ist, soll man sie dem Nikanor zur Frau geben. Sollte ihr etwas zustoßen (es möge und wird ja nicht geschehen), bevor sie sich verheiratet oder nach ihrer Verheiratung, noch bevor Kinder vorhanden sind, so soll Nikanor das Recht haben, sowohl über den Jungen wie auch über alles andere zu verfügen und zu bestimmen so, wie es seiner und unser würdig ist. Nikanor soll sonst sowohl für das Mädchen wie für den Knaben Nikomachos sorgen, wie er es in ihrem Interesse für richtig hält, wie ein Vater und Bruder. Sollte vorher jedoch dem Nikanor etwas zustoßen (was nicht geschehen möge), sei es, bevor er das Mädchen zur Frau genommen hat, oder nach der Heirat, aber bevor Kinder da sind, so sollen seine eigenen Bestimmungen gelten, soweit solche vorhanden sind. Wenn dann Theophrast das Mädchen zu sich nehmen will, so sollen für diesen Fall dieselben Bestimmungen wie für Nikanor gelten. Andernfalls sollen die von mir oben benannten Vormünder im Einvernehmen mit Antipater die Angelegenheiten des Mädchens und des Jungen nach bestem Ermessen regeln. Die Vormünder und Nikanor sollen um meines Andenkens willen auch für Herpyllis sorgen, weil sie gut gegen mich gewesen ist. Insbesondere für den Fall, dass sie einen Mann nehmen will, sollen sie dafür sorgen, dass sie keinem meiner Unwürdigen zur Frau gegeben wird. Sie sollen ihr zu dem, was ich ihr früher durch Schenkung gegeben habe, noch ein Talent Silber aus meinem Nachlass und drei Dienerinnen geben, wenn sie will, ferner das junge Mädchen, das sie jetzt bei sich hat, und als Bedienten den Pyrrhaios; dazu, falls sie in Chalkis wohnen bleiben will, das Fremdenlogis am Garten, wenn sie dagegen lieber in Stageira wohnt, mein elterliches Haus. Dasjenige der beiden Häuser, welches sie haben will, sollen die Vormünder so möblieren, wie es ihnen hübsch und der Herpyllis für ihre Ansprüche genügend erscheint. Nikanor soll auch für den kleinen Myrmex sorgen und darauf sehen, dass er unser würdig den Seinen zurückgegeben wird samt allem, was

ihm gehört und was uns einst übergeben worden ist. Ambrakis soll frei sein, man soll ihr, wenn Pythias sich verheiratet, 500 Drachmen als Mitgift geben sowie das Mädchen, das sie zur Bedienung hat. Der Thale soll man außer dem Mädchen, das sie als Bedienung hat und das für sie gekauft worden ist, noch 1000 Drachmen und eine Dienerin geben. Dem Simon kaufe man außer dem ihm früher zum Kauf eines Sklaven geschenkten Gelde entweder noch einen Sklaven oder gebe ihm stattdessen einen Geldbetrag hinzu. Tychon sei frei, wenn sich meine Tochter verheiratet, desgleichen Philon, Olympios und sein Kindchen. Von den Leuten, die mich bedient haben, soll keiner verkauft werden, sondern sie sollen im Hause bleiben. Wenn sie in das erforderliche Alter kommen, soll man sie nach Verdienst freilassen. Man soll ferner dafür sorgen, dass die bei Gryllion in Arbeit gegebenen Porträtstatuen nach Fertigstellung als Weihgeschenke aufgestellt werden, die des Nikanor sowie die des Proxenos, die ich noch in Arbeit zu geben beabsichtigte, und die von Nikanors Mutter. Die des Arimnestos, die fertig ist, soll man zum Andenken an ihn weihen, denn er ist kinderlos gestorben. Das Standbild meiner Mutter möge man als Weihgabe der Demeter in Nemea oder sonst irgendwo aufstellen. Wo man mich begräbt, dahin sollen auch Pythias' Gebeine überführt und sie sollen dort beigesetzt werden, wie sie es selbst angeordnet hat. Wenn Nikanor glücklich heimkehrt, so soll er zur Erfüllung des Gelübdes, welches ich für ihn gegeben habe, vier Ellen hohe Steinbilder zum Danke weihen Zeus dem Retter und Athena der Retterin in Stageira.

Einzelerläuterungen

Zum Testamentsvollstrecker wird Antipater bestimmt. Er war Vertrauter Philipps II. und des Aristoteles. In den Jahren 336–335 führte er Verhandlungen mit Athen. Alexander ließ ihn bei seinem Asienfeldzug in Griechenland zurück. Unter seinem Kommando wurden die antimakedonischen Erhebungen griechischer Städte nach dem Tod Alexanders niedergeschlagen. Aristoteles war wohl mit ihm befreundet und man sieht sogleich, warum sich Aristoteles genötigt sah, Athen zu verlassen.

Als Haupterbe wird Nikanor eingesetzt. Er war der Sohn von Aristoteles' Vormund Proxenos. Aristoteles hatte ihn adoptiert.[77] Er war vermutlich eine halbe Generation jünger als Aristoteles und gehörte ebenfalls zu den Vertrauten Alexanders. Aristoteles geht davon aus, dass Nikanor das Erbe nicht sofort antreten kann. Aus dem Schluss des Testaments geht hervor, dass Nikanor sich auf einer offensichtlich gefährlichen Reise befindet; bei seiner erhofften glücklichen Heimkehr sollen Statuen für Zeus und Athena errichtet und geweiht werden. Vorausgesetzt ist, dass Nikanor sich mit Alexander auf dem Feldzug nach Asien befindet. Die Verfügungen über Nikanor zeigen, dass Aristoteles das Testament wohl in Chalkis abgefasst hat und sein Ende kommen sah; denn es ist ja einkalkuliert, dass Nikanor zum Zeitpunkt der Testamentseröffnung von seiner Reise noch nicht zurückgekehrt ist. Nikanor war zugleich der Neffe des Aristoteles, Tochter seiner Schwester Arimneste. Er war somit das älteste noch lebende Mitglied der Familie und daher der nächste Erbe, weil die beiden leiblichen Kinder noch unmündig waren.

Für die Zeit bis zu Nikanors Rückkehr werden allein fünf Freunde eingesetzt, die sich um die Familie und den Nachlass kümmern sollen. Besonders hervorgehoben wird Theophrast; von den vier anderen ist nur Hipparchos als Schüler des Aristoteles, der aus Stageira stammt und ein Buch über theologische Fragen geschrieben haben soll, schemenhaft bekannt, von den beiden anderen weiß man überhaupt nichts. Sie sollen in Aktion treten, falls Aristoteles vor der Rückkehr des Nikanor stirbt oder falls Nikanor vorzeitig stirbt und keine entsprechenden testamentarischen Verfügungen hinterlassen haben sollte. Dieser Fall ist dann auch eingetreten. In Wirklichkeit hat sich, soweit erkennbar, nur Theophrast um die Familie und die Hinterlassenschaft gekümmert.

Anschließend werden Bestimmungen getroffen, die sich auf die beiden Kinder Pythias – sie heißt wie ihre Mutter – und Nikomachos beziehen. Nikanor soll ihnen wie ein Vater und Bruder sein. Darüber hinaus aber soll er die Tochter Pythias zur Frau bekommen, was übrigens tatsächlich auch eingetreten ist.[78] Die Ehe war jedoch kurz und kinderlos; Nikanor starb nach kurzer Zeit. Pythias war danach noch zweimal verheiratet, zuletzt mit dem berühmten Arzt Metrodoros, mit dem sie einen Sohn namens Aristoteles hatte.

Aus den Bestimmungen über die Kinder hat man Gegensätzliches herauslesen wollen – einerseits, dass Nikomachos aus der Verbindung des Aristoteles mit Herpyllis hervorgegangen sei, und andererseits, dass er der Sohn aus der Ehe mit Pythias sei. Der Text gibt für keine der beiden Versionen einen sicheren Anhalt.

Einen relativ breiten Raum nehmen die Bestimmungen über Herpyllis ein. Sie war nach dem Tode der Gattin Pythias die ‹Wirtschafterin›, heute würde man sagen: Partnerin oder Lebensgefährtin des Aristoteles. Wie lange das ‹Verhältnis› gedauert hat, wissen wir nicht, da das Todesdatum der Pythias unbekannt ist. Aber angesichts dessen, was ihr zugesprochen wird, muss es schon eine Reihe von Jahren, schätzungsweise acht bis zehn, gedauert haben. Sie stammte aus Stageira, wie überhaupt das ganze Testament auf Stageira hin orientiert ist. Wie und wo Aristoteles in Athen gewohnt hat, erfährt man weder in noch außerhalb des Testamentes.

Herpyllis wird reichlich bedacht. Neben einer erheblichen Barschaft kann sie wählen, ob sie das elterliche Haus in Stageira oder den Gästetrakt des (offenbar größeren) Hauses in Chalkis bewohnen will (ob es ihr als Schenkung zugedacht war, wird nicht ganz klar). Auch eine (offenbar neue) Möblierung nach ihrem Geschmack und Anspruch soll durchgeführt werden. Allein fünf Diener und Dienerinnen werden ihr zugesprochen.

Wer der kleine Myrmex war, wissen wir nicht, auf keinen Fall ein gemeinsamer Sohn von Herpyllis und Aristoteles, eher ein Pflegekind, denn er soll ja den Seinen zurückgegeben werden. Auch wird Aristoteles einem Sohn kaum den Namen Myrmex («Ameise») gegeben haben. Das wäre nicht standesgemäß gewesen.

Im weiteren Verlauf des Testamentes werden sechs Dienerinnen und Diener erwähnt, für drei Sklaven die Freilassung verfügt, für weiteres Personal bestimmt, dass es im Hause bleiben soll.

Der letzte Teil des Testamentes betrifft sakrale Obliegenheiten – Fertigstellung von Weihgeschenken und Aufstellung von Ehrenstatuen.

Aristoteles lässt offen, wo er bestattet werden soll. Praktisch kommt nur Stageira in Frage, allenfalls Chalkis. Auf jeden Fall sollen die Gebeine von Pythias neben seinen liegen, wie sie es selber verfügt hat. Die früh verstorbene Pythias hatte offenbar ihr Ende kommen sehen und entsprechende Verfügungen getroffen. Wo sie bislang bestattet war, ist unbekannt, wahrscheinlich in Stageira.

Überblickt man das ganze Testament, so fällt zunächst auf, dass Aristoteles nicht gerade arm war. Die Realisierung der testamentarischen Verfügungen setzt ein stattliches Vermögen voraus. Auffallend ist ferner, dass von den Angelegenheiten der Schule überhaupt nicht die Rede ist. Der Grund ist der, dass Aristoteles rechtlich nicht Eigentümer der Liegenschaften und Einrichtungen der Schule war – anders im Testament von Theophrast, in dem die Hinterlassenschaft der Schule einen breiten Raum einnimmt.

Schließlich ist erkennbar, wie stark das Testament des Aristoteles mit seinen rein privaten Verfügungen von einer Warmherzigkeit geprägt ist, die angesichts der Nüchternheit seiner Schriften überraschen mag, aber nur auf den ersten Blick. Wer darauf achtet, wird überall im Werk dort, wo es angebracht ist, das gleiche Ethos finden.

2.
Das Werk und seine Überlieferung

Die Grundlagen

Das Werk des Aristoteles, wie es uns heute vorliegt, hat ein ganz eigenartiges Schicksal erfahren.[1] Zunächst einmal handelt es sich dabei nur um die, wenn auch größere, Hälfte dessen, was Aristoteles geschrieben hat. Die andere Hälfte ist verloren. Zu dieser gehören die ca. 19 Dialoge, ferner Sammelschriften wie die *Verfassungen der griechischen Städte*, Siegerlisten und Mahnschriften wie der *Protreptikos* an einen kyprischen Fürsten. Aristoteles bezeichnet diese Schriften, insbesondere die Dialoge, selber an mehreren Stellen seines Werkes als «exoterische Schriften», weil sie publiziert und somit einem größeren Kreis von Außenstehenden zugänglich und bekannt waren. Aristoteles kann sich für bestimmte Themen auf diese Schriften berufen, etwa in der Form: «Das haben wir schon in den exoterischen Schriften behandelt.» Das alles ist bis auf wenige Fragmente verloren.

Die erhaltenen Werke, die «Lehrschriften» oder «Pragmatien», hängen mit dem Schulbetrieb zusammen und sind aus dem Unterricht hervorgegangen. Aus ihrem Vorlesungscharakter erklären sich kleinere darstellerische Risse, argumentative Unebenheiten und ein zuweilen notizenhafter Stil. Es handelt sich bei den uns überlieferten Fassungen in der Regel aber nicht um Aufzeichnungen oder Nachschriften von Schülern, sondern um den Wortlaut des Aristoteles selber. Dafür spricht, dass offenbar auch nicht alle Schriften für Hörer, sondern einige auch für Leser gedacht sind, so die *Historia animalium* und wohl auch die Schrift *Über die Seele.* In einer Reihe von Schriften sind ganze Partien stilistisch sorgfältig durchgearbeitet, so als habe Aristoteles selber die Schriften auf eine künftige Publikation hin redigieren wollen. Die aristotelischen Schriften als ‹Literatur› zu lesen und zu analysieren, ist eine erst ansatzweise in Angriff genommene Aufgabe.

Beim Tode des Aristoteles blieben diese Schriften im Besitz der Schule. Sein Nachfolger Theophrast hatte sie in seinem Testament dem einzigen damals noch lebenden Aristotelesschüler, Neleus von Skepsis, vermacht. Der nahm sie, nachdem er nicht zum Nachfolger Theophrasts in der Leitung des Peripatos bestimmt wurde, mit in seine Heimat Skepsis, in der Troas gelegen, hatte aber kein tiefgehendes philosophisches Interesse und ließ die Papyrusrollen im Keller vermodern. Das bedeutet zunächst, dass die Schriften in Athen nicht generell zugänglich waren. Zwar zirkulierten einzelne Abschriften in einem schwer abzuschätzenden Ausmaß in philosophischen Insiderkreisen, aber im Ganzen machte man sich doch im Hellenismus ein Bild von der Philosophie des Aristoteles aus den publizierten Dialogen. In diesem Zusammenhang kommt die berühmte Kellergeschichte ins Spiel. Es ist der anekdotisch ausgeschmückte, im Kern aber zutreffende Bericht des Geographen Strabon aus dem 1. Jahrhundert n. Chr. (XIII 1). Danach hat Neleus die aristotelischen Schriften nicht der Schule, sondern seinen Privaterben vermacht, die sich um die Sachen nicht weiter kümmerten. Zu Anfang des 1. Jahrhunderts v. Chr. hat dann ein Liebhaber von Büchern, Apellikon aus Teos, die stellenweise lückenhaften und stark verwitterten Manuskripte aufgespürt, gekauft und nach Athen gebracht. Dort wurden sie neben anderen Bücherschätzen und Kunstwerken zur Beute des römischen Feldherrn Sulla, der im Jahre 86 v. Chr. die Stadt brutal eroberte und plünderte. Sulla ließ die Bibliothek Apellikons mit den aristotelischen Manuskripten nach Rom bringen und vermachte sie seinem Sohn Faustus. Der beauftragte den griechischen Gelehrten Tyrannion, der als Kriegsgefangener nach Rom gelangt war, mit der Sichtung und Ordnung der gesamten Bibliothek. Nach dieser Vorarbeit hat dann der aus Rhodos stammende Andronikos unter Hinzunahme auch noch weiteren Materials aus anderen Quellen um 40 v. Chr. eine Gesamtausgabe der Werke des Aristoteles hergestellt. In dieser Ausgabe waren aber die allgemein zugänglichen Dialoge nicht enthalten.

Diese Ausgabe bildet die Grundlage der gesamten Aristotelesüberlieferung. Unklar bleibt, in welchem Ausmaß Andronikos aristotelische Schriften ausfindig machen konnte, die nicht im Keller von Skepsis lagerten, sondern etwa aus der alexandrinischen Bibliothek – die durch den Brand im Jahre 47 v. Chr. entgegen anekdotischer Überlieferung allenfalls leicht beschädigt war – oder aus der Bibliothek des Cicero-Freundes Lucullus stammten; Cicero seinerseits war mit dem Grammatiker Tyrannion befreundet, der für Andronikos vorbereitende Arbeit geleistet hat.[2]

Andronikos war als anerkannter Gelehrter und Schulhaupt des Peripatos mit der Philosophie des Aristoteles vertraut. Und er war ein Systematiker. Er stellte Einzelschriften zu Pragmatien zusammen, so die *Physik*, *Metaphysik* und *Meteorologie*, die es als zusammenhängende Werke vorher nicht gegeben hatte.[3] Seine Ausgabe begann mit einer umfangreichen Einleitung, einem Verzeichnis der Schriften, die in vier Gruppen eingeteilt und entsprechend ediert wurden: 1. Die logischen Schriften, mit den *Kategorien*, den *Analytiken* und erst danach der *Topik*; 2. die ethischen und rhetorischen Schriften einschließlich der *Poetik*; 3. die naturphilosophischen, biologischen und psychologischen Schriften; 4. die *Metaphysik* als Zusammenschluss mehrerer Einzelabhandlungen in der Anordnung «nach den physikalischen Schriften».[4] Damit war der Grundstein einer reichen, schon im 1. Jahrhundert n. Chr. einsetzenden Kommentatorentätigkeit gelegt, die einen ersten Höhepunkt bei Alexander von Aphrodisias (um 200 n. Chr.) erreichte, im Neuplatonismus blühte und sich bis zu den byzantinischen Gelehrten in der Zeit vom 9. bis zum 14. Jahrhundert erstreckte. Nimmt man die syrischen und arabischen (bis nach Spanien gedrungenen) Übersetzungen, Paraphrasen und Kommentare hinzu, so ergibt sich: Aristoteles ist der am meisten kommentierte und paraphrasierte griechische Autor überhaupt. Ebenso ist Aristoteles auch der durch über 1000 Handschriften am meisten verbreitete profane Autor der Antike.[5] Dabei hat sich die Überlieferung des Textes entsprechend den vier Gruppen, in die Andronikos das Werk eingeteilt hatte, in vier verschiedenen Zweigen getrennt vollzogen, wobei die meisten Handschriften auf das sogenannte *Organon* mit den logischen Schriften entfallen, die als Einführung in die Philosophie überhaupt galten.

Die erste gedruckte Ausgabe (die sogenannte editio princeps) stammt von Aldus Manutius und ist in Venedig zwischen 1495 und 1498 entstanden. Ihre handschriftlichen Vorlagen kamen aus den verschiedensten Vorlagen, so auch von den Kopisten aus Kreta, das damals (nach dem Vierten Kreuzzug 1202–1204) zum Herrschaftsbereich von Venedig gehörte.[6] Sie besteht aus fünf Bänden mit einer etwas anderen Einteilung als bei Andronikos und enthält zusätzlich einige Schriften Theophrasts. Sie wird nach ihrem Schöpfer «Aldina» genannt und blieb dann vorbildlich für alle weiteren Ausgaben bis hin zu der auf Kollationen der erst danach bekannten besten Handschriften beruhenden Gesamtausgabe, die der gelehrte, aber überaus schweigsame Immanuel Bekker (Schleiermacher: «Bekker schwieg in sieben Sprachen») im Auftrage der Preußischen Akademie der Wissenschaften zu Berlin herausgegeben hat.[7] Diese Ausgabe, nach der international zitiert wird, ist noch nicht im Ganzen, aber durch zahlreiche Ausgaben einzelner

Schriften ersetzt. Mit der Angabe der Seiten, Spalten (a und b) und Zeilen der Bände I und II, die das *Corpus Aristotelicum* (einschließlich der unechten Schriften) enthalten, sind auch nahezu alle neueren Ausgaben, Übersetzungen und Zitate aus der Sekundärliteratur versehen.

3.
Ethik – Wege zum Glück

Die Grundlagen

Die Ethik des Aristoteles liegt in drei verschiedenen Fassungen vor, die sich nicht etwa gegenseitig ergänzen, sondern je für sich eine in sich abgeschlossene Darstellung der ethischen Probleme darstellen: *Eudemische Ethik* (EE), *Nikomachische Ethik* (EN = *Ethica Nicomachea*) und *Große Ethik* oder *Magna Moralia* (MM), die entgegen dem Titel die kürzeste Fassung bietet.

Die Titel sind ungeklärt. Ob mit der *Eudemischen Ethik* auf Eudemos von Kypros oder Eudemos von Rhodos verwiesen werden sollte, ob der im Titel genannte Name Adressat, Herausgeber oder Redaktor war, entzieht sich unserer Kenntnis. Ebenso bleibt ungewiss, ob der Namensgeber der *Nikomachischen Ethik* der Vater oder der Sohn oder eine andere Person namens Nikomachos gewesen ist.

Über das sachliche und chronologische Verhältnis dieser drei Fassungen gibt es eine lange und kontroverse Diskussion, seitdem Friedrich Schleiermacher im Jahre 1835 als Erster den Versuch gemacht hat, diese Sachlage, «welche einzig in der gesamten hellenischen Literatur ist», zu erklären. Als Konsens kann heute festgehalten werden, dass die *Nikomachische Ethik* als das reife Werk anzusehen ist, in dem Aristoteles seinen ethischen Anschauungen gültigen Ausdruck verliehen hat. Ferner spricht eine große Wahrscheinlichkeit dafür, dass die *Große Ethik* – was immer der Titel bedeuten mag – auf einen nacharistotelischen Peripatetiker zurückgeht, der aus der *Eudemischen* und *Nikomachischen Ethik* eine eigene Fassung hergestellt hat. Die *Eudemische Ethik* galt der Forschung des 19. Jahrhunderts ebenfalls als unecht, während die meisten Interpreten seit Werner Jaeger (1923) in diesem Werk mit unterschiedlicher Argumentation eine frühe Fassung des Aristoteles selber sehen.[1] Doch ist auch dagegen Skepsis angebracht. Es bleibt noch Vieles unklar.

Im Folgenden orientieren wir uns weitgehend an der *Nikomachischen Ethik*.

Ethik vor Aristoteles

Aristoteles ist der Erste, der eine «Ethik» als abgegrenztes Teilgebiet der Philosophie verfasst hat. Auch seine Mitschüler in der Akademie (Speusipp, Xenokrates) und Nachfolger im Peripatos (Theophrast, Straton) haben im Wesentlichen nur Teilbereiche einer Ethik (Lust, Freundschaft usw.) zum Gegenstand von Abhandlungen gemacht.

Gleichwohl gab es von alters her ethische Ideale menschlichen Verhaltens in der Gesellschaft, die in der Dichtung reflektiert werden.[2] Im Vordergrund stehen zunächst die Tapferkeit, wörtlich: «Mannhaftigkeit» (ἀνδρεία), und Vortrefflichkeit in Verbindung mit Ruhm und Ehre, wie sie sich im Heldenideal manifestiert, das uns im homerischen Epos (ca. 700 v. Chr.) entgegentritt. «Immer der Beste sein und hervorragend von den anderen», so formuliert es Homer in der *Ilias* (VI 208). Eine Generation später kommt durch die Gestalt des Odysseus in der *Odyssee* mit der Klugheit ein heldisches Verhaltensideal auf, dessen Träger sich nicht nur durch Kraft und Stärke auszeichnen, sondern auch durch rationale Planung, zu der auch das Moment der bewussten Täuschung gehören kann. So hält Odysseus in der *Odyssee* nicht weniger als zwölf Trugreden, um ans Ziel zu gelangen. Erstmals wird sichtbar, was Klugheit vermag und bedeutet. Wenig später tritt bei Hesiod die Gerechtigkeit als Norm menschlichen Handelns hinzu, noch nicht in der substantivischen Form (δικαιοσύνη), sondern in dem einfachen, auch in der *Odyssee* schon belegten Wort «Dike» (δίκη) und in der Wendung: «das Gerechte sagen» (τὰ δίκαι' ἀγορεῦσαι, *Erga* 279). Mit dieser Handlungsmaxime ist bei Hesiod die Arbeit, genauer gesagt: die Landarbeit verbunden, nicht mehr kriegerisches Heldenideal. Ethische Maximen wie Recht, Fleiß, Gastfreundschaft, Aufrichtigkeit, Ehrlichkeit werden auf den einfachen Menschen bezogen, lösen sich innerhalb der Dichtung dann auch von einer bestimmten Handlung und werden in Form aneinander gereihter Mahnungen reflektiert. Mahnungen und Sprüche dieser Art blühen in der archaischen Dichtung. Ihre ethische Relevanz erhellt auch daraus, dass Aristoteles aus dem Schatze dieser Spruchweisheiten in seiner *Ethik* zitiert, so zum Beispiel die Verse Hesiods (*Erga* 293–296):

> Der aber ist der Allerbeste, der selber alles bedacht hat, der wohl überlegt, was später und bis zum Ende das Bessere ist. Edel ist aber auch jener, der einem gut Ratenden vertraut. Wer aber weder selber denkt noch auf einen Anderen hört und (dessen Rat) im Herzen bewegt, der ist ein ganz unnützer Mann (EN I 4, 1095 b 10–14).

Oder er zitiert das Epigramm, das auf dem Propylaion (Eingang) des Letotempels in Delos zu lesen war, um die Einheit der Tugend in ihren verschiedenen Teilaspekten zu betonen:

> Am schönsten ist das Gerechteste, nutzbringend ist es, gesund zu sein, am erfreulichsten ist es, wenn jemand erreicht, was er erstrebt (EN I 1, 1099 a 27 f.; EE I 1, 1214 a 5 f.).

Derartige Mahnungen bestimmen weiterhin die Form, in der Recht und Gerechtigkeit gefordert und Ungerechtigkeit missbilligt werden, so in den Elegien Solons (um 600), in dem Ideal der «Wohlgesetzlichkeit» (εὐνομία), worin zum ersten Mal der Bezug ethischer Werte auf die Polis sichtbar wird, während in den etwa gleichzeitigen Gedichten des Theognis der Verlust der alten Werte als Inbegriff archaischer Adelsethik angesichts einer sozialen Nivellierung beklagt wird. Nehmen wir noch die in den Siegesliedern (Epinikien) eingebettete Gnomik des schon in das 5. Jahrhundert hineinragenden Pindar hinzu, so rundet sich das Bild einer archaischen, vorphilosophischen Ethik. In ihr schälen sich neben vielen einzelnen Mahnungen und Warnungen zur Lebensführung vier Kardinaltugenden heraus: Tapferkeit, Besonnenheit (gelegentlich mit Klugheit verknüpft), Gerechtigkeit und Frömmigkeit. Alle vier Tugenden finden sich in einem Vers der 467 v. Chr. aufgeführten Tragödie *Sieben gegen Theben* des Aischylos geradezu zusammengepresst, in dem es über den Seher Amphiaraos heißt, er sei ein «besonnener, gerechter, guter, frommer Mann» (610). Dieses Viererschema mit gewissen Variationen (hier: «gut» statt «tapfer») wirkt weiter; Platon widmet diesen Tugenden je einzeln einen Dialog (*Laches* – Tapferkeit; *Euthyphron* – Frömmigkeit; *Charmides* – Besonnenheit; *Staat* – Gerechtigkeit) und behandelt alle zusammenhängend im *Staat*, und zwar in der Spezifizierung: Weisheit, Tapferkeit, Besonnenheit, Gerechtigkeit (IV 428 B–434 A).

Die Hinwendung zu einer dieser Kardinaltugenden oder zur «Tugend» prinzipiell wird dann als bewusste Entscheidung für eine bestimmte Lebensform verstanden. Charakteristisch dafür ist die berühmte Geschichte über Herakles am Scheidewege, wie sie unter Berufung auf den Sophisten Prodikos (Frgm. B 2) der Sokratesschüler Xenophon (Mem. II 1, 21–34) erzählt. Herakles war an der Schwelle des Erwachsenseins vor die Alternative gestellt, ob er den Weg der Tugend oder des lustvollen Müßiggangs einschlagen soll. Es erscheinen ihm zwei Frauen, Personifikationen von Laster (Κακία) und Tugend (Ἀρετή), die ihn für die jeweils von ihnen repräsentierte Lebensform gewinnen wollen. Natürlich entscheidet sich Herakles für den Weg der Tugend.

Parallel, zunächst noch nicht oder nur locker verbunden mit den ethisch orientierten Reflexionen über Tugenden als Normen für menschliches Verhalten, wird die im Grunde alte Frage nach dem Glück des Menschen reflektiert, und zwar hauptsächlich am Beispiel des Reichtums. Kann der mythische König Midas, der alles in Gold verwandelte, glücklich sein? Kann der historische König Kroisos aus Phrygien mit seinem unermesslichen Reichtum der glücklichste aller Menschen sein oder ist es, wie Solon, einer der Sieben Weisen, dem mächtigen Herrscher entgegnet, ein einfacher athenischer Bürger namens Tellos, der in der Polis seine Pflicht erfüllte, blühende Kinder hatte und ein ruhmreiches Ende fand, oder können die Jünglinge Kleobis und Biton glücklich genannt werden, die den Wagen der Herapriesterin von Argos in das ca. 10 km entfernte Heiligtum zogen und dann tot zusammenbrachen (Herodot I 30–32)?

Spätestens um die Mitte des 5. Jahrhunderts v. Chr. laufen die beiden Fäden zusammen: Glücklich ist, wer die Tugenden (oder eine von ihnen) verwirklicht. An dieser Stelle ist eine Bemerkung zur Terminologie erforderlich. Areté (ἀρετή) heißt wörtlich übersetzt «Bestheit», «Bestform». Wir übersetzen es mit «Tugend», wohl wissend, dass dabei Nuancen der Sittsamkeit des 18. und 19. Jahrhunderts mitschwingen. Was wir mit «Glück» übersetzen, heißt im Griechischen Eudaimonia (εὐδαιμονία) und ist nahezu unübersetzbar. Das Wort enthält den Bestandteil eu (d.h. gut) und Daimon (eine göttliche Macht). «Glücklich» in diesem Sinne ist einer, dessen Daimon es gut mit ihm meint, der mit dem Göttlichen, das in ihm wohnt, im Reinen ist. In dem Moment des Göttlichen liegt etwas, das – jedenfalls in der frühen Verwendung des Wortes – nicht ganz in der Hand des Menschen ist. Platon und Aristoteles gehen bei Beibehaltung der Terminologie darüber hinaus.

Die Anschauungen über ethische Werte in der archaischen Zeit erfahren eine radikale Umorientierung in der gegen Mitte des 5. Jahrhunderts aufkommenden Bewegung, die man Sophistik nennt, und zwar in doppelter Hinsicht. Zum einen gilt die «Tugend», oder besser: die Anlage für den Erwerb der Tugend nicht mehr als ererbt, nicht mehr als an einen Stand oder eine bestimmte Naturanlage gebunden, sondern als lehrbar und für jeden erlernbar, und zwar nicht durch Taten oder Vorbilder, sondern durch das Wort, durch die Kraft der Rede. Zum anderen birgt die Rede bei entsprechender Ausübung ein so ungeheures Kraftpotential in sich, dass sie in der Lage ist, «das schwächere Argument zum stärkeren zu machen» (Protagoras) und damit eine Relativierung aller Werte einzuleiten.

Nicht zuletzt vor diesem Hintergrund sind die ethischen Anschauungen Platons (bzw. des platonischen Sokrates) zu sehen. Platon greift durchaus unter Verwendung der traditionellen Begriffe und Anschauungen (Tugenden, Glück usw.) auf die archaische Wertewelt zurück. Aber er will deren Relativierung durch die Sophistik überwinden, indem er sie radikal hinterfragt. Damit ist ein ethischer Anspruch verbunden, der den ganzen Menschen in seinem Innersten betrifft. In einem seiner frühesten Dialoge lässt Platon den bekannten Politiker Nikias zu Lysimachos sagen:

> Du scheinst mir gar nicht zu wissen, dass, wer einmal im Gespräch Sokrates ganz nahe gekommen ist und sich auf eine Unterredung mit ihm eingelassen hat, unvermeidlich, mag er auch am Beginn der Unterredung von etwas ganz anderem ausgegangen sein, unentwegt von ihm im Gespräch herumgeführt wird, bis er dahin gerät, über sich selber Rechenschaft abzulegen, auf welche Weise er jetzt lebt und auf welche Weise er sein bisheriges Leben verbracht hat, und dass, wenn er einmal dahin geraten ist, Sokrates ihn nicht eher loslassen wird, bis er das alles gut und gründlich geprüft hat (*Laches* 186 E).

Was hier über Sokrates gesagt wird, gilt auch für Platon selber. Das wirklich gute Leben hat einen Prozess der Selbstprüfung durchlaufen. Was man für Tapferkeit, Besonnenheit und Gerechtigkeit hielt, wird auf den Prüfstand gestellt. Diesen Prozess führt Platon in den frühen Dialogen immer wieder vor; er führt die Tugenden auf ein Wissen zurück, diskutiert die sophistische Frage der Lehrbarkeit der Tugend (*Menon*) und gibt unter allen Tugenden der Gerechtigkeit eine umfassende Vorrangstellung, auch hierin eine alte Tradition aufgreifend: «In der Gerechtigkeit ist zusammengefasst die ganze Tugend» (Theognis 147). Die zentrale Stellung der Gerechtigkeit, wie sie in dem großen Werk *Staat* (*Politeia*) analysiert wird, liegt bei Platon darin begründet, dass alle äußeren Bekundungen dieser Tugend zurückgeführt werden auf die innere Ordnung der Seele und die Harmonie ihrer einzelnen Teile und damit auf ein Gefüge des inneren Menschen. Zugleich hat die Gerechtigkeit als Ordnung der Seele eine ontologische Grundlage. Sie ist «eine einzige Idee» (ἓν μὲν εἶναι εἶδος, Rep. 445D); ihr stehen unendlich viele Entartungen gegenüber, aber auch Formen der Annäherung.[3] Da die Tugenden auf Wissen beruhen, hängt ihre Kenntnis von der Einsicht nicht nur in die Struktur der Seele, sondern des Seins im Ganzen ab. Nur wer – im Bilde des Höhlengleichnisses formuliert – aus der Höhle durch eine Umkehr von den gewohnten Erscheinungen heraustritt und Sein von Schein, Licht von Schatten unterscheiden kann, tritt in eine Sphäre ein, in der es sich zu leben lohnt (*Symposion* 211D). Denn dann sieht er «das Gute selbst» oder die «Idee des Guten», die zugleich als «das Eine» die höchste ontologische Instanz darstellt. Nur von daher lassen sich einzelne Bekundungen von Tugenden in der Welt der Erscheinungen angemessen erfassen. Die sokratische Maxime eines geprüften Lebens (*Apologie* 38A: «ein ungeprüftes Leben ist nicht lebenswert») mit der emphatischen Forderung: «Du musst dein Leben ändern» findet bei Platon ihre Fortsetzung und Abrundung in der ontologischen Fundierung der Ethik, die zur vollen Verwirklichung der Tugenden dem Einzelnen eine geradezu philosophische Einsicht abverlangt. Die platonische Ethik steht so auf einer metaphysischen Grundlage. Dieser ganze – hier nur andeutend skizzierte – Traditionsstrom ethischer Anschauungen im frühen Griechentum und bei Platon fließt in die aristotelische Ethik wie in ein Sammelbecken ein und wird dabei neu geformt, auch unter Einschluss einer stupenden Fülle an unmittelbaren Beobachtungen über das Leben des Menschen im Zusammensein mit anderen Menschen.

Die Konzeption

Die Grundkonzeption ist einfach und natürlich. Es ist keine Pflichtethik, keine Ethik, die die Umkehr von allen gewohnten Anschauungen fordert, sondern eine Ethik ohne Metaphysik für den normalen Bürger, der ohne allzu große materielle Sorgen einfach aufzufindende Tugenden verwirklichen kann.

Aristoteles formuliert eine aus der Erfahrung und der communis opinio gewonnene Voraussetzung: Der Mensch ist ein strebendes Wesen. Jedes Können, jede Handlung und Entscheidung ist zielgerichtet, und zwar auf ein Gutes. Das Gute muss nicht ein wirkliches, sondern kann auch ein scheinbar Gutes sein. Der Einbrecher strebt auch nach einem Gut, aber seine Beute ist nicht Ergebnis ethisch relevanten Handelns. Überlegtes und planvolles Handeln ist zielgerichtet. Das Ziel ist ein Produkt des Handelns oder liegt im Handeln selber. Es gibt eine Vielzahl von Zielen, je nach der Art der Tätigkeit. Bei der Medizin ist es die Gesundheit, bei der Schiffsbaukunst das Schiff usw. Aristoteles fragt nun, ob es ein oberstes Gut gibt, ein Endziel, das nicht partikular durch Ausübung einer berufsmäßigen Tätigkeit und auch nicht als Mittel für einen noch übergeordneten Zweck erstrebt wird, sondern das das oberste Ziel für den Menschen als Menschen ist.

Zuständig für eine darauf gerichtete Untersuchung ist die «Politikwissenschaft» (EN I 1, 1094 a 27), weil das oberste Ziel menschlichen Handelns zwar für den Einzelnen und für das Gemeinwesen identisch ist, aber am Gemeinwesen (Aristoteles sagt: an der Polis) in größerem Maßstab und vollständiger in Erscheinung tritt. Insofern stimmt Aristoteles mit Platon überein, er fügt aber das Wort «für ein Volk» hinzu, um mit diesem einen Wort einen bei ihm ganz seltenen Schritt über den Horizont der Polis hinaus zu gehen. In aller Regel bindet Aristoteles die praktische Philosophie an das Gebilde der griechischen Polis. ‹Ethik› ist für Aristoteles jedenfalls praktische Philosophie, und es kommt ihm nicht nur auf das Erkennen, sondern auf das Handeln an (II 2, 1103 b 26).

Vor Eintritt in die Sacherörterung macht Aristoteles zwei methodische Bemerkungen, die im Übrigen zeigen, dass der Darstellung eine Vorlesung zugrunde liegt, denn es ist vom «Hörer» und vom «Aufnehmen der Einzelheiten des Gesagten» die Rede (I 1, 1094 b 22; 1095 a 2). Es geht um das Zurückweisen eines unangemessenen Exaktheitsanspruches. Der Grad der Genauigkeit hat sich nach dem Gegenstand zu richten, und im Bereiche der Ethik gibt es so viele Schwankungen, dass die Darstellung nur umrisshaft sein kann, so wie man vom Redner keine wissenschaftlichen Beweise fordern darf, sich umgekehrt aber im Bereich der Mathematik nicht mit bloßen Überredungen begnügen wird. Die aristotelische Ethik ist jedenfalls keine Ethik *more geometrico* (Spinoza), sondern Vermittlung von Grundriss-Wissen,[4] wobei alles Schematische sich angesichts der Fülle der Exempla aus Tradition und Leben nicht aufdrängt.

Die zweite methodische Bemerkung betrifft den Hörer. Die Vorlesung über Fragen der Ethik richtet sich nicht an den jungen und den unreifen Hörer, wobei die Zahl der Jahre nicht so entscheidend ist wie der Grad der Reife und der Lebenserfahrung. Eine bloße Belehrung kann also im ungünstigen Fall ohne Gewinn bleiben, wie umgekehrt unter den entsprechenden Voraussetzungen «das Wissen um diese Gegenstände von vielfältigem Nutzen sein dürfte», wie Aristoteles selbstbewusst und durchaus auch werbend innerhalb des Schulbetriebs ausführt (I 1, 1095 a 11).

Gleich zu Beginn der Sacherörterung benennt Aristoteles das eingangs als gesucht bezeichnete Ziel allen menschlichen Handelns mit dem einen Wort: Eudaimonia, «Glück», wobei dieser Begriff, wie Aristoteles hinzufügt, gutes Leben und gutes Handeln einschließt. Das bloße Wort aber bleibt inhaltsleer, und eine nähere Bestimmung dieses «Glücks» sucht Aristoteles, wie er es auf allen Wissensgebieten zu tun pflegt, durch eine Musterung der in der Tradition vorgegebenen Antworten. Und in der Tat ist ja mit dem Wort «Eudaimonia» der Inbegriff aller ethischen Überlegungen von der archaischen Dichtung an bezeichnet. Aber die verschiedenen Antworten (Lust, Wohlstand, Ehre) befriedigen nicht, auch nicht die Ableitung des für den Menschen zu erstrebenden Ziels allen Handelns aus einer Idee des Guten im Sinne Platons, wohl aber stecken in den gängigen «Lebensformen» (I 3, 1095 b 15) mögliche Antworten, zwar nicht im Genussleben und im dem Erwerb von Reichtum gewidmeten Leben, aber sowohl in der politischen wie in der theoretischen Lebensform. Aristoteles lässt jedoch diesen Faden der Erörterung liegen, um sich einer ausgedehnten Platonkritik zuzuwenden,[5] in der fünf Argumente gegen die platonische Lehre und anschließend Einwände gegen die Kritik diskutiert werden. Berühmt geworden ist die Einleitung zu dieser Kritik:

> Es wird vielmehr zweckdienlich sein, das oberste Gut, sofern es als allgemeine Wesenheit gedacht wird, zu betrachten und zu zergliedern, wie dies gemeint sei. Freilich wird dies eine peinliche Aufgabe, weil es Freunde von uns sind, welche die Ideen eingeführt haben. Und doch ist es zweifellos besser, ja notwendig, zur Rettung der Wahrheit sogar das zu beseitigen, was uns ans Herz gewachsen ist, zudem wir Philosophen sind. Beides ist uns lieb – und doch ist es heilige Pflicht, der Wahrheit den Vorzug zu geben (I 4, 1096 a 11–1097 a 14).

Diese Zeilen sind Ausdruck einer inneren Nähe, die Aristoteles Platon gegenüber immer bewahrt hat, erkennbar an einer Warmherzigkeit des Tones, wie sie bei Aristoteles nicht oft zu finden ist. Zugleich ist die so persönlich klingende Bemerkung über die Freunde, die die Ideen eingeführt haben, literarisch stilisiert. Es ist eine Anspielung auf einen Passus, mit dem Platon im 10. Buch des *Staates* (595 BC) seine vornehmlich an Homer geübte Kritik an den Dichtern einleitet: «Eine gewisse Liebe und Ehrfurcht von Kindheit an» habe Platon Homer gegenüber bewahrt. Homer sei «der erste Lehrer und Wegbereiter für alle tragischen Dichter» gewesen. Auch in der Fortsetzung knüpft Aristoteles an Platon an. Bei Platon heißt es: «Man darf einen Mann nicht höher schätzen als die Wahrheit. Vielmehr muss, was ich zu sagen habe, gesagt werden.» Diesen Satz greift Aristoteles erkennbar auf, um die Aussage noch zu steigern. Später ist daraus das lapidare Dictum: «Amicus Plato, sed magis amica veritas» geworden («Platon ist ein Freund, aber eine größere Freundin ist die Wahrheit»), in der lateinischen Form zuerst belegt bei Roger Bacon im 13. Jahrhundert.

Die im Folgenden vorgetragenen Einwände gegen die Ideenlehre laufen darauf hinaus, dass eine Idee des Guten oder der Allgemeinbegriff «das Gute selbst» für die Beschreibung einer handlungsorientierten Ethik unbrauchbar sind. Kompliziert wird die Darlegung dadurch, dass Aristoteles anschließend einen offenbar aus dem Schulbetrieb erwachsenen Einwand gegen seine Kritik der platonischen Lehre diskutiert (1096 b 8: «Gegen das bisher Gesagte taucht ein Einwand auf» ...), derart, dass die Idee des Guten sich im Sinne Platons nicht auf jede Erscheinungsform von «gut» beziehe, sondern nur auf die Güter, die um ihrer selbst willen erstrebt werden. Aristoteles trägt dem Einwand Rechnung und kommt schließlich auch dann zu dem Ergebnis, dass es «das Gute» als etwas Gemeinsames im Sinne einer einzigen «Idee» nicht gibt und wenn es das gäbe, es für das Handeln unbrauchbar wäre.

Im weiteren Verlauf schält sich allmählich heraus, was das «Glück» als Endziel menschlichen Strebens ist. Selbstverständlich beruht es nicht auf einer temporären Hochstimmung, auf irgendeiner Form von Wellness oder auf etwas, das einem in Passivität zufällt. Ein «Glückslos» gibt es nicht. Darin ist sich Aristoteles mit Platon auch ganz einig. Vielmehr ist die dem Menschen eigentümliche Leistung im Streben nach dem spezifisch menschlichen Guten eine Aktivität, Energeia (ἐνέργεια), wie Aristoteles es mit diesem von ihm geprägten (vorher nicht belegten), für seine ganze Philosophie zentralen Ausdruck bezeichnet. Näherhin ist diese Energeia – wörtlich: «am Werke sein» – auf das rationale Moment im Menschen, also auf die Seele, bezogen und so gelangt Aristoteles schließlich zu der Definition: «Das spezifisch menschliche Gut stellt sich dar als ein Tätigsein der Seele im Sinne der ihr eigenen Tüchtigkeit» (Tugend, ἀρετή), und zwar, wie gleich hinzugefügt wird, «in einem vollen Menschenleben», denn «eine Schwalbe macht noch keinen Frühling» (I 6, 1098 a 16–18). Später (I 10, 1100 a 8) führt Aristoteles dafür als Beispiel den troischen König Priamos an, den im Alter ein schweres Unheil traf und den man demzufolge nicht glücklich nennen kann.

Damit ist eine erste Skizze in Rohform erarbeitet, und Aristoteles sagt selber, dass dann die weitere Ausarbeitung zu folgen habe, wobei «die Zeit für derartige Fragen eine Finderin und gute Mitwirkende» ist (I 7, 1098 a 24), womit Aristoteles einen Einblick in seine eigene Arbeitsweise gibt. In der Tat ist der ganze weitere Aufriss der Ethik eine Explikation und Erweiterung der hier gegebenen Definition. Das gilt insbesondere für die beiden Bestandteile der Definition «Seele» und «Tüchtigkeit» bzw. «Tugend».

Was den Begriff «Seele» betrifft, so nimmt Aristoteles – platonische Lehren modifizierend – eine Differenzierung der Seelenteile dahingehend vor, dass sowohl der irrationale als auch der rationale Teil noch einmal untergliedert werden. Beim irrationalen Teil wird unterschieden zwischen einem rein vegetativ-ernährenden Glied und einem begehrenden und strebenden, auf den rationalen Teil hinhörenden Glied, insoweit in Übereinstimmung mit Platon. Dann aber wird auch der rationale Teil unterteilt in ein «hinhörendes» Glied und den rationalen Teil im eigentlichen Sinne. Dabei fließen offenbar das höhere Glied des irrationalen und das niedere Glied des rationalen Teiles ineinander.

In dem so entstehenden Mittelfeld siedelt Aristoteles die ethischen Tugenden an. Über Platon hinausgehend, für den alle Tugenden Formen des Wissens sind, differenziert Aristoteles zwischen zwei Arten von Tugenden, den ethischen und den dianoetischen, rein intellektuellen Tugenden, welche dem obersten Seelenteil entsprechen. Damit ist der weitere Aufbau der Ethik skizziert. Die Bücher II bis V handeln von den ethischen, das Buch VI von den dianoetischen Tugenden.

Zwischen diese Distinktionen stellt Aristoteles noch im ersten Buch der *Nikomachischen Ethik* einige zusätzliche Elemente, die das volle Glück im Sinne der Ausübung der Tugenden erweitern, zum Teil unter ausdrücklichem Rückgriff auf traditionelle Meinungen (I 8, 1098 b 10). Es sind vor allem zwei Aspekte, die eine Rolle spielen: Lust bzw. Freude und ein gewisses Maß an äußerer Ausstattung. Aristoteles ist dabei bemüht, seine Definition von Glück als oberstem Gut möglichst stark mit traditionellen Anschauungen in Einklang zu bringen. Bei der «Lust» bzw. «Freude» (das griechische Wort ἡδονή bezeichnet beides) ist dies evident. Aristoteles integriert dieses Moment – über die Lust wird er später ausführlich handeln –, indem er es in die Handlungen gemäß der Tugend hineinnimmt und die sittlich wertvollen Handlungen als solche lustvoll nennt (I 9, 1099 a 21). Wer keine Freude an gerechten Taten hat, wer lustlos großzügig ist, den kann man nicht glücklich nennen. Dahinter steckt eine für Aristoteles angesichts seines eigenen Schicksals erstaunliche Lebensbejahung, wie sie sich pointiert ausgedrückt findet in den Worten: «Es ist auch das Leben in sich selbst lustvoll» (I 9, 1099 a 7), ganz im Unterschied zu der pessimistischen Attitüde Platons, das irdische Leben in der Orientierung am Jenseits zu relativieren.

Fern jedem Rigorismus gesteht Aristoteles dann durchaus zu, dass zum Glück auch ein gewisses Maß an äußerer Ausstattung gehört (I 9,

1099 a 31–b 8). Wer völlig mittellos ist, ganz einsam lebt, nicht Freunde oder Familie hat, den kann man nicht glücklich nennen. Es gehören günstige Umstände, wörtlich: «gutes Wetter» (εὐημερία, I 9, 1099 b 7) dazu.

Schließlich greift Aristoteles noch einmal die Bestimmung auf, von einem glücklichen Leben könne nur in einem vollen Lebensverlauf die Rede sein. Soll man wirklich das Ende abwarten, ehe man einen Menschen glücklich nennen kann? Aristoteles ist pragmatisch genug, dieses strenge Postulat zu lockern, zumal das Glück sich doch gerade nach seiner Definition im Handeln und damit nicht erst angesichts des Todes ergeben soll. Offenbar hat es gerade über diese Frage eine lebhafte Diskussion gegeben. Wiederholt weist Aristoteles darauf hin, dass in dieser Hinsicht Einwände und Aporien bestehen (I 11, 1100 a 18 und 21).

Damit ist die Grundkonzeption der Ethik vorgestellt und begründet. Im vollen Sinne kann man von einer Ethik aber erst sprechen, wenn der Hauptbegriff Arete («Tugend», «Tüchtigkeit») näher expliziert ist.

Ethische Tugenden I

Was Tugend (*Arete*) wirklich ist und unter welchen Voraussetzungen sie dem Menschen zu Gebote steht, wird anschließend erörtert. Dabei erfahren wir auch, was Aristoteles unter Ethos (als Grundwort für Ethik) versteht: eine feste Grundhaltung des Charakters, die sich aus Gewöhnung ergibt. Das lässt sich im Griechischen einleuchtender zeigen, da das griechische Wort für «Gewöhnung» ethos (ἔθος, mit kurzem e) heißt und «Ethos» (ἦθος, mit langem e) dazu die Dehnstufe darstellt, so dass der Weg von der Gewöhnung zum Ethos derjenige von ĕthos zu ēthos ist.

Gewöhnung ist, so argumentiert Aristoteles, eine anthropologische Kategorie, die sich nicht im Bereiche der Natur findet. Ein in die Höhe gehaltener Stein wird immer fallen; keine Gewöhnung bringt ihn dazu zu steigen. Naturgegeben für den Menschen ist lediglich, die Anlage zu haben, durch unablässige Gewöhnung zu einer Fähigkeit zu gelangen, etwa beim Erlernen eines Instrumentes. Man wird also durch gerechtes Handeln in einer Folge von Einzelhandlungen gerecht und analog durch besonnenes Handeln besonnen im Sinne einer gefestigten Grundhaltung als Ergebnis einer Gewöhnung. Dieser Prozess, der sich inmitten der Gesellschaft vollzieht, erfordert – so argumentiert Aristoteles – eine Darstellungsweise, die sachangemessen der Schwankungsbreite im Bereiche des menschlichen Handelns Rechnung trägt.

In der näheren Bestimmung der ethischen Tugend geht Aristoteles in mehrfacher Hinsicht über Platon hinaus. Zum einen ist die Tugend von jeglicher ontologischen Begründung frei. Die Ethik des Aristoteles ist eine Ethik ohne Metaphysik. Zum anderen ist die Darstellung nicht mehr konzentriert auf die vier Kardinaltugenden, sondern auf eine größere Zahl von Tugenden aus ganz unterschiedlichen Bereichen. Schließlich liegt das Besondere der ethischen Tugend darin, dass sie eine Mitte zwischen zwei Extremen darstellt, wobei die Mitte nicht ein Mittelmaß im Sinne einer Zurückhaltung der Kräfte und Möglichkeiten, sondern zugleich ein Höchstmaß darstellt. Aristoteles erläutert dies am Beispiel der Gesundheit, die durch die beiden Extreme Unterernährung und Völlerei zerstört wird. Alles, was einen Wert hat, steht demnach in einem Gegensatz zu den Extremen, die ihrerseits auch untereinander im Gegensatz stehen. Dabei ist die Mitte nicht die geometrisch genau errechnete Mitte. Wenn Tapferkeit die Mitte zwischen den Extremen Feigheit und Tollkühnheit ist, dann steht sie der Tollkühnheit doch etwas näher als der Feigheit. Aristoteles hat mit dieser Konzeption die Volksethik des Maßes wie die ontologische Begründung Platons von der Mitte als Höchstwert zwischen Extremen verwandelt in ein eigenes, in sich konsistentes ‹System›, das die Theorie der Mitte in Einklang mit dem Unschärfecharakter menschlichen Handelns bringt. Dabei findet das Konzept der Mitte nicht auf jedes Handeln Anwendung, so z.B. nicht auf Mord, Diebstahl und Ehebruch, wo es keine erstrebenswerte Mitte gibt, sondern nur auf Handlungen, die einen Wert darstellen. Auf diese Weise gelangt Aristoteles schließlich zu einer Definition der ethischen Tugend:

> Es ist aber die Tugend eine auf Entscheidung gegründete Haltung, die in einer Mitte liegt, und zwar in der Mitte in Bezug auf uns, festgelegt durch (richtige) Überlegung und so, wie der Umsichtige sie festlegen würde (II 6, 1106 b 36).

Bei dieser Formulierung ist (auch in der Übersetzung) das Bestreben zu spüren, jede starre, dem Bereich menschlichen Handelns unangemessene Festlegung zu vermeiden, ohne in vage Unverbindlichkeit zu verfallen. Konkret wird diese Definition mit Inhalt gefüllt durch Nominierung von zwölf ethischen Tugenden mit den dazugehörigen Extremen in Form einer Tabelle.

Mitte	Zu wenig	Zu viel
Tapferkeit (ἀνδρεία)	Feigheit	Tollkühnheit
Besonnenheit (σωφροσύνη)	Stumpfsinn	Zügellosigkeit
Großzügigkeit (ἐλευθερία)	Kleinliches Knausern	Verschwendungs-sucht
Großgeartetheit (μεγαλοπρέπεια)	Engherzigkeit	banausische Geschmacklosigkeit
Hochsinnigkeit (μεγαλοψυχία)	Kleinmut	Aufgeblasenheit
Sanftmut (πραότης)	Jähzorn	Zornlosigkeit
Aufrichtigkeit (ἀλήθεια)	Prahlerei	Ironie
Gewandtheit (εὐτραπελία)	Steifheit	Possenreißerei
Freundschaft (φιλία)	Schmeichelei	Streitsucht
Scham (αἰδώς)	Schüchternheit	Unverschämtheit
Entrüstung (νέμεσις)	Missgunst	Schadenfreude
Gerechtigkeit (δικαιοσύνη)	–	–

Dieser Tabelle ist kaum anzumerken, dass Aristoteles mit dem Ausdruck ringt. Mehrfach sagt er, dass in einigen Fällen zur Bezeichnung der Mitte und vor allem der Extreme noch keine gängigen Begriffe zur Verfügung stünden, um dann selber einen Vorschlag zu machen.[6] Zudem zeigt der Text deutlich die Spuren mündlichen Vortrages. Aristoteles geht von einer Tabelle (διαγραφή, II 7, 1107 a 33) aus, die offenbar seine Hörer vor sich hatten. Die einzelnen Ausführungen sind aber so von Rand- und Zwischenbemerkungen durchzogen, dass die Übersichtlichkeit beeinträchtigt ist, wie es bei einer schriftlich konzipierten Form nicht denkbar wäre. Damit ist zugleich deutlich, dass die *Nikomachische Ethik* nicht die glättende Hand eines Redaktors erfahren hat, sondern in der vorliegenden Form den genuinen Wortlaut des Aristoteles wiedergibt.

Dieser erste Durchgang durch die ethischen Tugenden wird abgeschlossen durch einige generelle Bemerkungen, die wiederum stark auf den Sprachgebrauch rekurrieren. So unterliegen die zueinander und zur Mitte stehenden Extreme einer Relativierung durch die Sprache. Der Tapfere erscheint im Sprachgebrauch dem Feigen als Draufgänger; der Großzügige dem Knausrigen gegenüber als Verschwender. Zudem steht tatsächlich manchmal die Mitte einem der Extreme näher als dem anderen, so dass die Gegensätze im Verhältnis zur Mitte unterschiedlich ausgeprägt sein können. Daher ist es schwer, im Einzelfall die Mitte im Hinblick auf Person, Ausmaß, Zeit und Zweck festzulegen und zu finden.

Freiwilligkeit, Entscheidung, Verantwortung

Ergänzende Analysen zur Verwirklichung der Tugend entwickelt Aristoteles im dritten Buch der *Nikomachischen Ethik*. An erster Stelle steht das Problem der Freiwilligkeit.[7] Es ist klar, dass eine tugendhafte Handlung nur dann vorliegt, wenn sie freiwillig vollzogen wird. Wer nur unter Zwang oder Gewalt etwas Gutes tut, handelt nicht tugendhaft. Aristoteles belässt es aber nicht bei dieser einfachen und einleuchtenden Maxime, sondern dringt zu einer grundsätzlichen Analyse des Phänomens vor, das komplexer ist, als man zunächst denkt. Denn es gibt Grenzfälle. Ein Tyrann, der Kinder oder Eltern in seiner Gewalt hat, befiehlt ein Verbrechen. Soll man es ausführen, um Kinder oder Eltern zu retten? Wie ist eine solche Handlung zu bewerten? Oder: Ein Kapitän lässt eine wertvolle Ladung ins Meer werfen (was normalerweise kein Vernünftiger tun würde), um in einem Seesturm das Schiff zu retten. Ist die Handlung freiwillig oder durch Umstände herbeigeführt? Offenbar gibt es Mischformen, deren Freiwilligkeitscharakter von Zeitpunkt und Umständen der Handlung abhängig ist. Jedenfalls gilt eine Handlung als unfreiwillig, wenn der Ursprung außerhalb des Handelnden liegt.

Eine besonders hoch zu bewertende Handlung liegt vor, wenn der Handelnde dabei Schmerzen oder andere Unannehmlichkeiten bewusst und freiwillig in Kauf nimmt. Neben der Einschränkung der Freiwilligkeit durch Gewalt sieht Aristoteles auch eine Form der Unfreiwilligkeit im Unwissen, zum Beispiel darüber, dass ein vermeintlicher Heiltrunk aus Gift besteht oder der Feind der eigene Sohn ist. Nicht gelten lässt Aristoteles die Lockungen der Lust als mildernden Umstand der Zurechenbarkeit. Kurz: Im Bereiche von Freiwilligkeit und Unfreiwilligkeit gibt es nicht nur die reine Alternative, sondern Mischhandlungen, freiwillige Handlungen mit unfreiwilligem Anteil und umgekehrt. Aristoteles illustriert die verschiedenen Optionen mit Beispielen aus dem täglichen Leben und Zitaten aus der Tragödie. Dabei erhält die Frage der Zurechenbarkeit auch eine juristische Dimension, die jedoch nicht die Oberhand in der Argumentation gewinnt. Vielmehr geht es bei der Differenzierung zwischen freiwilligen, nicht-freiwilligen und unfreiwilligen Handlungen immer um den Rückschluss auf das Ethos des Handelnden. Deshalb spielen auch bei der Erörterung der Freiwilligkeit Gefühle eine Rolle, und zwar nicht nur vor, sondern auch nach der Handlung. Stellen sich nach einer Tat Gefühle des Bedauerns oder gar des Schmerzes ein, so ist die unabsichtlich eingetretene Situation nicht Ergebnis eines freiwilligen Handelns im vollen Sinne.

Eine nähere Präzisierung des Handelns im Verhältnis zum Ethos bringt die Erörterung des Begriffes «Entscheidung» (προαίρεσις, wörtlich: «Bevorzugung», III 4–5). Ein ethisch relevantes Handeln ist stets Ergebnis einer Entscheidung. Diese ist freiwillig, aber nicht alles Freiwillige ist Gegenstand einer Entscheidung, sondern nur das «was in unserer Macht» (ἐφ' ἡμῖν, III 4, 1111 b 30) steht. Das aber ist bei weitem nicht alles, was den Menschen betrifft, sondern nur das, was der Mensch gestalten kann, also nicht mathematische Sachverhalte wie die Kommensurabilität von Diagonale und Quadratseite, auch nicht Naturgesetze wie Sonnenwenden und Gestirnaufgänge, auch nicht Naturgewalten wie Dürre und Regenfälle oder reine Fügungen des Zufalls. Die Entscheidung bezieht sich auch nicht auf alles, was man wollen kann, etwa die Gesundheit, sondern auf die Schritte dahin und die Mittel dazu, und zwar mit planender Überlegung. Kein Arzt überlegt sich, ob er überhaupt heilen soll, sondern er wählt die Mittel, die zum Ziel, zur Heilung, führen. Ebenso überlegt sich kein (vernünftiger) Staatsmann, ob er überhaupt einen wohlgeordneten Staat schaffen soll, sondern er entscheidet sich für bestimmte Maßnahmen, um das Ziel zu erreichen. Die «Entscheidung» bezieht sich also auf die Wahl der Mittel, nicht der Ziele. Aber auch dabei schränkt Aristoteles noch weiter ein. Eine Entscheidung ist nur da am Platze, wo sie auch ausführbar ist. Es gibt vernünftige und ethisch wertvolle Vorhaben, zu deren Verwirklichung man Geld braucht, das man nicht herbeischaffen kann; dann können solche Vorhaben nicht Gegenstand einer Entscheidung sein. Die Hilfe von Freunden jedoch ist bei einer Entscheidung einplanbar; Freunde sind wie das Eigene. Insgesamt gilt: Der Ursprung des Überlegens, das zu einer Entscheidung führt, muss in uns selber liegen. Dabei muss das einer Entscheidung vorausgehende Überlegen auch einmal ein Ende finden. Wer endlos hin und her überlegt, kommt nie zu einer Entscheidung. So definiert denn Aristoteles die «Entscheidung» als «ein überlegtes Streben nach dem, was in unserer Macht steht, wobei wir auf Grund von Überlegungen eine Entscheidung treffen und dann entsprechend der (vorausgegangenen) Überlegung danach streben» (III 5, 1113 a 12).

Wenn das Entscheiden, das zum Handeln führt, immer nur die Mittel zum Ziel betrifft, so könnte der Eindruck entstehen, Aristoteles meine, die Ziele selbst seien der Verfügung des Menschen entzogen und der Mensch sei für die Ziele seines Handelns letztlich nicht verantwortlich. Das kann nicht gemeint sein. Dass der Mensch sich für eine bestimmte Lebensform und damit ein fundamentales Ziel seines Lebens entscheidet (EN I 3, 1095 b 20), gehört zu den Grundvoraussetzungen der aristotelischen Ethik. Aber auf dem Wege zum Endziel setzt sich der Mensch Zwischenziele für jeweils einzelne konkrete Handlungen und entscheidet sich dann für bestimmte Schritte, dieses Ziel zu erreichen, das damit gesetzt ist und nicht noch einmal in Frage gestellt wird. Für das Ziel als ein Gewolltes ist der Mensch sehr wohl ebenso verantwortlich wie für die Schritte zum Ziel der einmal getroffenen Entscheidung (III 7, 1113 b 3–5). Von ungeheurer, von Aristoteles in seiner Tragweite nur angedeuteter Bedeutung ist dabei der Satz: «Überall, wo es in unserer Macht steht, zu handeln, steht es auch in unserer Macht, nicht zu handeln» (III 7, 1113 b 7–8). Das Nicht-Handeln in einer Situation, die ein Handeln erfordert, nennt Aristoteles «schändlich», und es lohnt sich, über diese Wertung, die ganz folgerichtig im ethischen System des Aristoteles begründet ist, nachzudenken.

Die ethischen Tugenden II

Nachdem Aristoteles die Tugend als Mitte zwischen den Extremen definiert, die ethischen Tugenden im Einzelnen aufgezählt, kurz skizziert und zusätzliche Bestimmungen getroffen hat, geht er nun dazu über, die ethischen Tugenden und ihre Extreme des Zuviel und des Zuwenig ausführlich zu analysieren (III 9–V 14). Dabei finden sich einige Merkmale der Analyse immer wieder. So unterscheidet Aristoteles sowohl bei den Tugenden selbst als auch bei ihren Extremformen jeweils mehrere Unterarten, so zum Beispiel bei der Tapferkeit die Tapferkeit im Felde (die herausgehoben an erster Stelle steht) und die Zivilcourage sowie deren Unterarten. Bei der Behandlung der ‹Kardinaltugenden› (hier also Tapferkeit, Besonnenheit und Gerechtigkeit) steht die Auseinandersetzung mit Platon nicht im Vordergrund, sondern wird nur andeutungsweise spürbar. Ferner: Die einzelnen Tugenden werden veranschaulicht durch Charakterskizzen von «Situationstypen»,[8] wie wir sie so bei Platon nicht finden. Sie stehen aber in Übereinstimmung mit einem Trend der Zeit, wie er sich etwa in der gleichzeitigen Mittleren und bald danach in der Neuen Komödie findet (Menander, *Dyskolos* = «der Schwierige», 2. Hälfte des 4. Jh.s v. Chr.). Auch die *Charaktere* Theophrasts nehmen von der Skizzierung der Extremformen der ethischen Tugenden ihren Ausgang. Manches bleibt nur Andeutung. Völlig unvermittelt erscheint die geradezu erschreckende Bemerkung, es gebe «Furchterregendes, das über Menschliches hinausgeht» (III 10, 1115 b 7), also was furchtbarer ist, als es ein Mensch ertragen kann. Woran Aristoteles gedacht hat, sagt er nicht. Die antiken Kommentatoren nennen Naturkatastrophen wie Erdbeben, Sintfluten oder Ähnliches. Wir können es heute nachfühlen.

Herausragend ist die Charakteristik des «Hochsinnigen» oder «Großgesinnten» (μεγαλόψυχος), die einst Werner Jaeger (1931) übersetzt und in der «beispielhaften Bedeutung dieses Stückes ... für das Wesen des antiken Menschen und der antiken Kultur überhaupt» gewürdigt hat.[9] Und in der Tat kumuliert im «Großgesinnten» die Essenz aller Tugenden.

> Wenn er wirklich des Größten würdig ist, so muss der Großgesinnte der Mann höchster Vortrefflichkeit sein ... In keiner Weise würde es zu ihm passen, Hals über Kopf zu fliehen, ebensowenig Unrecht zu tun ... Gegenüber Reichtum, Macht und jeglichem Glück oder Unglück, wie es auch kommen mag, wird sein Verhalten das richtige Maß wahren, und er wird weder in guten Tagen allzu froh sein noch in schlechten Tagen allzu traurig ... Gerne erweist er Wohltaten, doch solche zu empfangen schämt er sich, denn jenes ist ein Zeichen der Überlegenheit, dieses von Abhängigkeit ... Der Großgesinnte steht auch in dem Ruf, ein gutes Gedächtnis zu haben für Menschen, denen er Wohltaten erwiesen hat, nicht aber für empfangene Wohltaten ... Zur Art des Großgesinnten gehört es auch, niemanden zu bitten oder nur ungern, aber bereitwillig zu helfen. Gegenüber Menschen in hoher Stellung und glücklicher Lage ist er der große Mann, gegen gewöhnliche Leute macht er seine Überlegenheit nicht geltend. ... Offen muss er im Hass sein und offen in der Liebe, denn Heimlichkeit ist ein Beweis von Furcht. ... Er ist auch nicht nachtragend, denn es passt nicht zum Großgesinnten, sich an alles zu erinnern, zumal an das Böse, sondern eher darüber hinweg zu sehen. Er liebt nicht den Klatsch, denn er spricht weder gern über sich selbst noch über einen anderen ... Der Großgesinnte hat eine ruhige Art, sich zu bewegen, eine tiefe Stimme und eine gemessene Sprache, denn wer sich für Weniges ernstlich einsetzt, braucht sich nicht zu übereilen (IV 7, 1123 b 1–1125 a 25, übers. W. Jaeger).

Es tritt uns ein ideales und zugleich wirkliches Menschenbild entgegen. Das Ideal ist nicht mehr ein mythischer Held wie Aias oder Achill, nicht mehr der an Stand und Besitz gebundene Angehörige der archaischen Adelsschicht, auch nicht der Polisbürger der perikleischen Zeit, sondern ein weltoffener Repräsentant einer zivilen Gesellschaft, dessen Wesenszüge die anderen ethischen Tugenden, wie sie Aristoteles darstellt, zu überragen scheinen.

Aber die Großgesinntheit ist auch ein Zeugnis für das Bestreben des Aristoteles, den Kreis der ethischen Tugenden auszuweiten in Richtung auf den geselligen Verkehr, wie dies in den Tugenden «Aufrichtigkeit», «Freundschaft» und «Gewandtheit» besonders deutlich wird. Auch hier spürt man das allgemein Menschliche, losgelöst von jeglicher Begrenzung auf ein bestimmtes Staatsmodell. Bei der Tugend der «Gewandtheit» kommt dies besonders zum Ausdruck.

> Tätiges Leben wird durch Zeiten der Erholung unterbrochen, in denen Muße und Kurzweil ihren Platz haben. Und auch hierbei gibt es einen gewissen Takt der Umgangsformen, ein richtiges Gefühl für das, was man da redet oder anhört, und auch für das Wie. Dabei wird es auch nicht gleichgültig sein, in welcher Gesellschaft man etwas zum Besten gibt oder etwas zu hören bekommt. Klar ist jedenfalls, dass es auch hier ein Überschreiten und ein Nichterreichen der rechten Mitte gibt. Wer die Grenzen des Lustigen überschreitet, gilt als Hanswurst und als grobschlächtig. Er hascht um jeden Preis nach dem Lächerlichen. Es kommt ihm mehr darauf an, die Leute zum Lachen zu reizen, als einen Scherz in netter Form vorzubringen und zu vermeiden, dass der Betroffene sich gekränkt fühlt. Den Gegensatz dazu bilden solche, die keinen Scherz von sich zu geben vermöchten und die ein Gesicht ziehen, wenn ein Witz fällt. Das sind Holzklötze und steife Gesellen (IV 14, 1127 b 33–1128 a 9).

Bei derartigen Analysen menschlicher Befindlichkeiten gerät leicht der übergeordnete Gesichtspunkt, die Frage nach dem Glück, das erreicht wird durch die Verwirklichung der Tugenden, aus dem Blick. Und in der Tat geht der Trend in der nacharistotelischen Philosophie in Richtung auf eine Verselbständigung der Teilaspekte, wofür die *Charaktere* Theophrasts ein sinnfälliges Beispiel bieten. Ein reiches Reservoir derartiger Charakterisierungen von Typen bildet auch die zeitgenössische Komödie – deren Werke weitgehend verloren sind –, auf die sich Aristoteles ausdrücklich beruft: «Man kann dies auch an den alten und neuen Komödien sehen» (IV 14, 1258 a 22).

Merkwürdigerweise behandelt Aristoteles die im älteren griechischen Denken fest verwurzelte und auch bei Platon voll integrierte Tugend der «Frömmigkeit» (εὐσέβεια) nicht, obwohl sie sich der Bestimmung als Tugend als Mitte zwischen Gottlosigkeit und Frömmelei durchaus eingliedern ließe. Aber der diesseitige, aufgeklärte Charakter der aristotelischen Ethik lässt die Eusebeia beiseite. Das Wort (in der substantivischen Form) kommt im gesamten Werk des Aristoteles nicht vor.

Gerechtigkeit

Mit dem Thema Gerechtigkeit, das das ganze fünfte Buch der *Nikomachischen Ethik* füllt, sind wir wieder im Bereich der traditionellen Kardinaltugenden.[10] Man könnte erwarten, dass Aristoteles nun eine große Auseinandersetzung mit Platons Begriff von Gerechtigkeit führt, wie sie vor allem im *Staat* (*Politeia*) entfaltet wird. Das geschieht aber nicht. Es ist geradezu auffällig, wie jeder Bezug zu dieser für die platonische Philosophie zentralen Thematik vermieden wird. Wohl knüpft Aristoteles an die alte Tradition an, wonach die Gerechtigkeit der Inbegriff aller Tugenden ist. Er zitiert den Vers des Theognis: «In der Gerechtigkeit ist jede Tugend zusammengefasst» (147) und das Sprichwort: «Weder der Abend- noch der Morgenstern ist so wunderbar» (V 3, 1129 b 28–30). Und auch selber bestimmt er die Gerechtigkeit als «vollendete Tugend». Aber gerade damit beginnt das Problem. Wenn die Gerechtigkeit in das Gesamtsystem der ethischen Tugenden eingeordnet werden soll, dann muss sie eine Mitte zwischen zwei Extremen darstellen und als Teilerscheinung gegen die anderen ethischen Tugenden abgrenzbar sein. So sagt denn Aristoteles ausdrücklich, er wolle bei der Behandlung der Gerechtigkeit «nach der gleichen Methode verfahren wie im Vorangegangenen» (V 1, 1129 a 3). Entsprechend bezeichnet er auch die Gerechtigkeit als eine «Mitte», aber er nennt hier zunächst nur ein Extrem, die Ungerechtigkeit, während man sich das andere Extrem, das Aristoteles nicht nennt, etwa im Sinne einer spitzfindigen Paragraphenreiterei doch durchaus vorstellen könnte. Das Hauptproblem liegt aber in der Integration der Gerechtigkeit in das Gesamtsystem der ethischen Tugenden. Zu diesem Zweck unterscheidet Aristoteles zwischen einer allgemeinen und einer partikularen Gerechtigkeit. Über die allgemeine Gerechtigkeit sagt er: «Diese Gerechtigkeit ist nicht ein Teil der Tugend, sondern die Tugend in ihrem ganzen Umfang.» Diese allgemeine Gerechtigkeit wird auffallend kurz in den ersten drei Kapiteln des fünften Buches der *Nikomachischen Ethik* behandelt. Über ihren Inhalt wird kaum mehr mitgeteilt, als dass sie in einer Achtung der Gesetze besteht, da die Gesetze dazu anleiten, sich tapfer, besonnen und milde zu verhalten und überhaupt alle ethischen Tugenden zu verwirklichen. Auf die philosophische Dimension dieses umfassenden Gerechtigkeitsbegriffes lässt sich Aristoteles hier nicht näher ein, zumal ihm die platonische Konzeption einer transzendent verwurzelten Gerechtigkeit im Zusammenwirken der Seelenteile beim einzelnen Menschen und analog dazu der Stände im Staat ganz fernliegt.[11]

Umso mehr interessiert ihn die partikulare Gerechtigkeit: «Wir suchen die Gerechtigkeit, insofern sie eine Teilerscheinung der (umfassenden) Tugend ist» (V 4, 1130 a 14). Diese partikulare Gerechtigkeit gliedert Aristoteles in eine austeilende und eine ausgleichende Gerechtigkeit. Die «austeilende» (oder: distributive) Gerechtigkeit betrifft die Austeilung von Ämtern und Machtbefugnissen sowie von Geld aus öffentlichen Mitteln unter den Bürgern. Dass dabei die Gerechtigkeit als Mitte erscheint, ist durchaus plausibel, gibt es doch gerade beim «Austeilen» ein Zuviel (beispielsweise Ämterhäufung) und ein Zuwenig (Vorenthalten von Zuwendungen). Aristoteles sieht diese Form der Gerechtigkeit als eine «Gleichheit» an im Sinne eines proportionalen Verhältnisses. Geber und Nehmer sowie das zu vergebende und das empfangene Gut stehen in einem Analogieverhältnis zueinander, und zwar im Sinne der «Angemessenheit» (V 6, 1131 a 24), wobei eine Schwierigkeit darin liegt, dass in den verschiedenen Staatsformen unter Angemessenheit jeweils etwas Verschiedenes verstanden wird.

Die zweite Grundform der partikularen Gerechtigkeit, die ausgleichende Gerechtigkeit, betrifft vertragliche Beziehungen zwischenmenschlicher Art. Dabei unterscheidet Aristoteles zwischen freiwilligen und unfreiwilligen Geschäftsbeziehungen. Zu den freiwilligen zählen Kauf, Verkauf, Miete, Leihgeschäfte und Bürgschaften, zu den unfreiwilligen die Verletzung vertraglicher und vertragsähnlicher Beziehungen durch Diebstahl, Ehebruch, Mord, Meineid usw. Die freiwilligen Geschäftsbeziehungen handeln von der Tauschgerechtigkeit. Gerechtigkeit herrscht bei einer fairen Beziehung zwischen Bedürfnis und Befriedigung des Bedürfnisses auf der Basis der Gleichheit nicht der Personen (sie müssen ungleich sein; zwei Ärzte bilden keine Bedarfsgemeinschaft), sondern von Leistung und Gegenleistung. Um dieses Verhältnis messbar zu machen, hat man das Geld erfunden (V 8, 1133 b 12), das trotz schwankenden Kurswertes Garant (wörtlich: Bürge, ἐγγυητής) für die Messbarkeit der Waren darstellt mit dem zusätzlichen Vorteil, dass der Austausch von Leistung und Gegenleistung im Unterschied zum unmittelbaren Warenaustausch nicht gleichzeitig stattfinden muss. Es wird deutlich, dass Aristoteles mit diesen Gedankengängen mehr an die Tatbestände von Recht und Rechtsverletzung als an die Gerechtigkeit als tugendhafte Gesinnung denkt. Das ist auch der Fall bei den «unfreiwilligen» Geschäftsbeziehungen. Dabei gibt es eine korrigierende Gerechtigkeit durch die Justiz. Der Richter, als Mann der Mitte und Inbegriff der Gerechtigkeit, muss einen Ausgleich vornehmen, indem er die ungerechte Verteilung von Gewinn oder Schaden durch Strafen oder andere Verfügungen wieder zu einer Gleichheit und damit Gerechtigkeit führt. Es fällt auf, dass Aristoteles diesen relativ leicht verständlichen Gedanken durch komplizierte Berechnungen sehr umständlich ausdrückt, wie überhaupt das ganze fünfte Buch der *Nikomachischen Ethik* von Zwischen- und Nebenbemerkungen durchsetzt ist, zum Schaden der Lesbarkeit. So wird auch die wichtige Unterscheidung von Naturrecht und geschriebenem Recht (der Polis) nur eben gestreift (V 10, 1134 b 18–1135 a 15).

Jedenfalls ist Aristoteles bemüht, alle Facetten von Geschäften und Verträgen aller Art sowie deren Verletzung zu erfassen, wobei er auch Spezialfragen einbezieht, beispielsweise, ob man sich selber Unrecht tun kann, ob man freiwillig Unrecht leiden kann usw. Das alles wird gebündelt und subsumiert unter die Kategorie der ethischen Tugend als Mitte, und so ist ihm die «Verwirklichung der Gerechtigkeit die Mitte zwischen Unrechttun und Unrechtleiden» (V 9, 1133 b 3).

Schließlich fügt Aristoteles ein Kapitel über die «Billigkeit» (ἐπιείκεια) hinzu (V 14), wobei die deutsche Übersetzung mit «Billigkeit» nicht ganz unproblematisch ist (Dirlmeier: «Güte in der Gerechtigkeit»). Die Sache selbst ist von enormer Bedeutung und Wirkung auf das römische und damit das europäische Rechtsdenken geworden. Cicero hat für dieses Phänomen das offenbar sprichwörtliche Dictum: «summum ius summa iniuria» (das strengste Recht kann das größte Unrecht sein) überliefert (*De officiis* I 33), das Kant als «Sinnspruch der Billigkeit schlechthin» in seinem *Anhang zur Einleitung in die Rechtslehre* bezeichnet hat.[12] Aristoteles kennt durchaus diese Form der «Billigkeit», die sich gegen die pedantische und buchstabengetreue Auslegung des Gesetzes absetzt (V 14, 1138 a 1). Im Ganzen aber möchte er den Spielraum der «Billigkeit» eher eng halten. Die «Billigkeit» kommt in der Art einer Generalklausel zur Anwendung bei Lücken im Gesetz, das nicht alle Einzel- und Sonderfälle voraussehen kann. So gilt die Billigkeit als «Berichtigung des Gesetzes, da wo es wegen seines allgemeinen Charakters lückenhaft ist» (V14, 1137 b 26–27). Sie verwirklicht die Absicht des Gesetzgebers und ist insofern das bessere Recht.

Die dianoetischen Tugenden

Aristoteles hatte im ersten Buch der *Nikomachischen Ethik* die dem rationalen Seelenteil zugeordneten Wesensvorzüge «dianoetische Tugenden» (I1 3, 1103 a 5) genannt und sie zu Beginn des zweiten Buches den ethischen Tugenden an die Seite gestellt. Entsprechend erwartet man jetzt eine Analyse der dianoetischen (verstandesmäßigen) Tugenden. Das erfolgt auch, jedoch anders als bei den ethischen Tugenden. Zunächst bestimmt Aristoteles die dianoetischen Tugenden nicht als Mitte zwischen zwei Extremen, obwohl man sich das im Einzelfall vorstellen könnte (Dummheit – Klugheit – Einbildung). Ferner behandelt er die dianoetischen Tugenden relativ kurz; nur der «Klugheit» (φρόνησις, Phronesis) wird viel Raum gegeben. Das hängt damit zusammen, dass Aristoteles nicht eigentlich die dianoetischen Tugenden nur aufzählen möchte, sondern unter ihnen diejenige Tugend sucht, die ethisches Handeln zu dirigieren vermag. Dazu trifft er eine Unterscheidung innerhalb des rationalen Seelenteiles dahingehend, ob das Vermögen der Seele sich auf das Ewige, Unveränderliche oder auf das Veränderliche und damit auf die Welt des Handelns bezieht. So zählt er fünf dianoetische Tugenden auf:

Praktisches Können (τέχνη) –	auf das Veränderliche gerichtet
Wissenschaftliche Erkenntnis (ἐπιστήμη) –	auf das Unveränderliche gerichtet
Klugheit (φρόνησις) –	auf das Veränderliche gerichtet
Weisheit (σοφία) –	auf das Unveränderliche gerichtet
Denken (νοῦς) –	auf das Unveränderliche gerichtet

Die deutschen Übersetzungen dieser Begriffe sind nur als Annäherungen zu verstehen, so wird τέχνη auch mit «Kunst», φρόνησις mit «sittliche Einsicht» oder «praktische Umsicht», νοῦς mit «intuitiver Verstand» usw. wiedergegeben.

Das Verfahren des Aristoteles besteht nun in immer wieder neuen Anläufen und gelegentlich unübersichtlichen Darstellungen darin, diejenigen dianoetischen Tugenden als Vermögen des rationalen Seelenteiles auszuscheiden, die nicht Ausgangspunkt und Norm ethischen Handelns sein können. Das betrifft zunächst die Gruppe: «wissenschaftliche Erkenntnis», «Weisheit», «Denken», die sich auf das Ewige, Unveränderliche und gelegentlich auch auf Vergangenes beziehen. Ethisches Handeln hat es aber mit der Gegenwart zu tun, «niemand nimmt sich vor, Troia zerstört zu haben» (VI 2, 1139 b 6). Besonders interessant sind in der Argumentation die blitzartig aufleuchtenden Zwischenbemerkungen wie: «das Vergangene kann unmöglich nicht geschehen sein» (VI 2, 1139 b 8) oder: «Es gibt Dinge, die ihrer Natur nach göttlicher sind als der Mensch» (VI 7, 1141 b 1) oder: «Junge Leute können in Geometrie, Mathematik und ähnlichen Fächern wissend, aber gleichwohl nicht klug (im Sinne der Verwirklichung der ethischen Tugenden) sein» (VI 5, 1142 a 12). Auffallend wenig wird übrigens in diesem Buch über das «Denken» (νοῦς) gesagt, obwohl dieser Begriff in anderen Zusammenhängen eine enorme Rolle bei Aristoteles spielt. Gerade in diesem Buch würzen Dichterzitate (Homer, Euripides, Agathon) die Argumentation; gelegentlich wird der Stil erhaben: «So ist denn Weisheit Denken und Wissenschaft zusammengenommen eine wie ein Haupt über die andere gestellte Wissenschaft von den ehrwürdigsten Dingen» (VI 7, 1141 a 18–20).

Nach Ausscheiden dieser erhabenen, auf das Ewige gerichteten Formen des Wissens bleiben nur noch zwei dianoetische Tugenden übrig, die sich auf das Veränderbare und damit auf die Welt des Handelns beziehen: «Praktisches Können» (τέχνη) und «Klugheit» (φρόνησις). Hier greift nun die wichtige Unterscheidung zwischen «Handeln» (πρᾶξις) und «Herstellen» (ποίησις). «Herstellen» ist kein Selbstzweck, sondern ist immer Gestalten von etwas. Es wird geleitet von dem «praktischen Können», welches in einer festen Grundhaltung besteht, die mit richtiger Planung auf ein Herstellen abzielt (VI 4, 1140 a 10). Modell für diesen Bereich ist das Handwerk und alles, was wir heute «Technik» nennen, wie denn auch diese Form des Wissens als «Fachwissen» Techne (τέχνη) heißt.

Diese auf ein technisches Teilziel gerichtete dianoetische Tugend kann aber nicht die oberste Instanz für ethisch wertvolles Handeln sein. Technik ist, für sich genommen, ohne moralische Dimension – das ist der Gedanke, der der Argumentation des Aristoteles zugrunde liegt.

Es bleibt daher nur eine einzige dianoetische Tugend übrig, die für das ethisch wertvolle Handeln zuständig ist, die «Klugheit» (φρόνησις).[13] Sie ist ein Leitbegriff der aristotelischen Ethik von enormer Tragweite. Die Schwierigkeit der Interpretation beginnt mit einer adäquaten Übersetzung. «Sittliche Einsicht» oder «praktische Umsicht» sind teils zu eng, teils missverständlich. Bei «Klugheit» muss die Bedeutungspalette der gerissenen Cleverness ausgeblendet und die ethische Komponente mitgedacht werden. Hinzu kommt, dass der Begriff Phronesis sowohl bei Platon als auch bei Aristoteles je nach Kontext die auf das Ewige bezogene theoretische Schau als auch die auf das Ethos gerichtete praktische Klugheit bedeuten kann.[14] Platon hat sogar einmal Phronesis als Oberbegriff für beide Aspekte gebraucht.[15] Dabei ist «die schönste Phronesis» auf die Organisation von Staats- und Hauswesen bezogen, wobei als Träger der Phronesis im platonischen Sinn der gilt, der die Idee des Guten geschaut hat.

Aristoteles legt aber im sechsten Buch der *Nikomachischen Ethik* allen Nachdruck darauf, dass die durch Phronesis bezeichnete Klugheit sich ausschließlich auf den Bereich des Handelns bezieht, in dem die ethischen Tugenden angesiedelt sind. So definiert er denn die Phronesis als «mit richtiger Planung verbundene Grundhaltung, die sich auf das Handeln im Bereiche der menschlichen Güter bezieht» (VI 5, 1140 b 20 f.). Fragt man aber nach einer objektivierenden Instanz als Letztbegründung für diese Phronesis, wie es für Platon die Idee des Guten ist, so erhält man bei Aristoteles Antworten, die einigermaßen vage klingen. Man muss es so machen, wie es «der richtige Logos» oder «der wahre Logos», also die richtige Planung oder Überlegung festlegt. Diese «richtigen Planungen bzw. Überlegungen» durchwalten wie «graue Eminenzen»[16] die ganze aristotelische Ethik.[17] Es sind nicht weiter hinterfragbare, aus Erfahrung und Tradition gewonnene Regeln, deren Beachtung zu richtiger Entscheidung für die Verwirklichung der ethischen Tugenden führt. Aristoteles meint, dass die Fähigkeit des Verwirklichens der ethischen Tugenden keine Steigerung durch ein Wissen von transzendentalen Wesenheiten erfährt (VI 13, 1143 b 24). Gleichwohl steht die Phronesis als praktische Klugheit nicht über der Weisheit (σοφία), die dem wertvollsten Seelenvermögen in uns entspricht.

Das sechste Buch der *Nikomachischen Ethik* ist in der Gegenwart philosophisch bedeutsam geworden als einer der Grundpfeiler der Hermeneutik, wobei wiederum der Begriff «Phronesis» im Mittelpunkt steht. Der Ausgangspunkt liegt in einem offenbar aufregenden Seminar, das Martin Heidegger im Sommersemester 1923 in Freiburg hielt (kurz bevor er im folgenden Semester nach Marburg berufen werden sollte), an dem unter anderem Hans-Georg Gadamer und Joachim Ritter als Studenten teilnahmen.[18] In diesem Seminar habe man auch um die Übersetzung der Begriffe für die dianoetischen Tugenden gerungen. Heidegger habe bei der Phronesis die «Augenblickbestimmtheit» betont und sie als «sorgende Umsicht» bezeichnet. Schließlich habe er zur Verwunderung der Seminarteilnehmer emphatisch ausgerufen, Phronesis sei das «Gewissen», allerdings in einem ganz bestimmten Sinne, nämlich als «das rufend zu Verstehen Gebende» und damit als das Erschließen des Daseins durch den Modus der Rede.[19] Grundlage für Heideggers Seminar dürfte ein lange Zeit unbekannt gebliebenes, erst 1989 veröffentlichtes 50 Seiten umfassendes Manuskript aus dem Jahre 1922 mit dem Titel *Phänomenologische Interpretation zu Aristoteles (Anzeige der hermeneutischen Situation)* sein,[20] in dem es ein kurzes Kapitel mit der Überschrift *Eth. Nic. VI* gibt. Darin übersetzt Heidegger die fünf dianoetischen Tugenden mit: (1) «verrichtend herstellendes Verfahren» (τέχνη); (2) «hinsehend-besprechend-ausweisendes Bestimmen» (ἐπιστήμη); (3) «fürsorgliches Sichumsehen» und an anderer Stelle «das handelnde, fürsorgliche Behandeln» (φρόνησις); (4) «eigentlich-sehendes Verstehen» (σοφία); (5) «reines Vernehmen» (νοῦς), während die Übersetzung von Phronesis mit «Gewissen» hier (ein Jahr vor dem Freiburger Seminar) noch nicht vorkommt.

Heidegger meinte mit diesen Interpretationen ausdrücklich die «Klärung der hermeneutischen Situation», und in der Tat dürfte dieses Seminar der Ausgangspunkt für die in der zweiten Hälfte des 20. Jahrhunderts so einflussreiche Hermeneutik Hans-Georg Gadamers gewesen sein, wie sie in dem zuerst 1960 veröffentlichten Buch *Wahrheit und Methode* ihren Ausdruck findet. Darin heißt es in dem Kapitel *Wiedergewinnung des hermeneutischen Grundproblems*: «Wo nicht näher vermerkt, folgen wir künftig dem 6. Buch der *Nikomachischen Ethik*».[21] Die Spannung zwischen Verstehen und Anwenden in der mit dem Begriff Phronesis gegebenen Bemessung der Rolle, die die Vernunft im sittlichen Handeln zu spielen hat, die Anwendung von etwas Allgemeinem auf das Besondere, die methodische Überwindung der Isolierung von Subjekt und Objekt, indem beide Seiten dialektisch integriert werden, weil der Handelnde, von dem, was er erkennt und entscheidet, selbst betroffen ist, und wie dadurch das Problem der Methode eine moralische Dimension bekommt – das alles sind Grundsätze der aristotelischen Ethik, die für Gadamer Modell und Analogie für das hermeneutische Problem der modernen Geisteswissenschaften darstellen. Dies erweist sich bei der juristischen, theologischen und historischen Hermeneutik in der Spannung zwischen dem zu verstehenden Text (etwa einem Gesetz) und dem in einer konkreten geschichtlichen Situation stehenden und in der Anwendung mitbetroffenen Verstehenden und Auslegenden. Die Auslegung von Texten ist dabei immer schon mitbedingt von vorangegangenen Interpretationen, die aus der jeweiligen konkreten Situation neu zu verstehen und zu deuten sind, und zwar so weit, dass sich zwischen dem Interpreten und seinem Objekt eine Art «Horizontverschmelzung» ereignet. Man hat in diesen Ausführungen Gadamers mit gewissem Recht einen romantischen Antirationalismus gesehen und im Gegenzug dazu einer Rehabilitation des Realismus das Wort geredet, in dem der auszulegende oder anzuwendende Text wieder eine Größe für sich ist, zu der der Interpret ein sich dem Text annäherndes, approximatives Verhältnis gewinnt.[22] Aber das geht dann schon über Aristoteles hinaus.

Beherrschtheit und Unbeherrschtheit

Klar ist: Der Unbeherrschte kann nicht glücklich sein. Aber Aristoteles zieht diese einfache Folgerung aus seinem Ansatz nicht explizit, sondern will einen anderen Anfang als Ausgangspunkt (VII 1, 1145 a 15) nehmen und legt im Umfang von immerhin elf Kapiteln (ca. 18 Seiten) eine Analyse der Beherrschtheit und Unbeherrschtheit vor, die in den meisten neueren Aristoteles-Monographien übergangen wird.[23] Zunächst setzt Aristoteles den Tugenden drei Arten von schlechten Charaktereigenschaften entgegen, die «Schlechtigkeit» (κακία) als bloßen Gegensatz zur Tugend, die «Unbeherrschtheit» (ἀκρασία) und das «tierische Wesen» (θηριότης). Während die Schlechtigkeit als den einzelnen Tugenden jeweils entgegengesetzte Extremformen des Zuviel und des Zuwenig schon behandelt worden war und im Folgenden die Unbeherrschtheit zur Sprache kommt, wird das «tierische Wesen» nur in Andeutungen deutlich. Es fällt sichtlich aus dem Tugendschema heraus als etwas ‹Inhumanes›, Unter-Menschliches, dessen Gegensatz etwas Heroisches, eine Art ‹Übermensch› ist mit einem menschliches Maß übersteigenden Grad an Vollkommenheit. Menschen, die an Schlechtigkeit alles übertreffen, werden mit dem «entehrenden Namen» (VII 1, 1145 a 33) «tierisch» bezeichnet, was wir aus eigenen Erfahrungen von Brutalität oder Bestialität nachvollziehen können. Verstörend mutet es uns an, dass Aristoteles auch verkrüppelte und von Krankheit gezeichnete Menschen in diese Kategorie einreiht (VII 1, 1145 a 31).

Aber im Folgenden geht es um die Beherrschtheit und Unbeherrschtheit. Das Thema hat seine besondere Relevanz in den akademischen Schuldiskussionen im Gefolge des sokratischen Satzes, niemand würde bei vollem Wissen falsch handeln und demzufolge sich nicht von etwas Anderem beherrschen lassen. Danach könne es eine Unbeherrschtheit bei einem Menschen, der ein Wissen um den Sachverhalt hat, eigentlich gar nicht geben. In der Tat erwähnt Aristoteles zweimal namentlich Sokrates (VII 3, 1145 b 23, 25), wobei er immer den Sokrates meint, wie Platon ihn darstellt. Aristoteles zitiert in diesem Kontext geradezu Platons Dialog *Protagoras*[24] und dabei eine Erörterung darüber, ob Wissen (bzw. Erkenntnis) etwas Leitendes und Beherrschendes sei oder von Unbeherrschtheit verdrängt werden könne (*Protagoras* 352 B–353 B). Das Problem ist also, ob jemand etwas tut, von dem er weiß, dass es schlecht ist.

Die sokratische Position, wonach Unbeherrschtheit ein Handeln aus Unwissenheit darstellt, wird von Aristoteles kritisiert. Sie widerstreitet jeglicher Erfahrung und Sokrates hätte näher differenzieren müssen, um was für eine Art von Wissen es geht und wie im Falle der Unbeherrschtheit die (angebliche) Unwissenheit zustande kommt. Aber auch die etwas abgemilderte Version, wonach das Wissen des Unbeherrschten nur schwach, nur eine «Meinung» (δόξα) sei und diese von der andrängenden Versuchung zur Unbeherrschtheit übermächtigt werde, überzeugt nicht, zumal der nur «Meinende» glaubt, er habe ein sicheres Wissen. Wer unter diesen Gegebenheiten unbeherrscht handelt, kann allenfalls Nachsicht finden, sofern es sich nicht um eine ganz verderbte Natur handelt. Letztlich aber macht es keinen Unterschied, geht es doch nicht um den objektiven Wahrheitsgehalt des Gewussten, sondern um den «Grad der subjektiven Überzeugung» des Handelnden.[25]

Einen Schritt weiter kommt Aristoteles durch eine Differenzierung des Begriffs «Wissen» in einen aktiven und einen passiven Aspekt. Wer ein Wissen hat und es im konkreten Handeln auch wirksam werden lässt, kann in der Tat nicht unbeherrscht handeln, wohl aber der, der sein Wissen in Schlaf, Wahnsinn oder Trunkenheit, also wenn er nicht zurechnungsfähig ist, ruhen lässt und nicht aktiviert (VII 5, 1146 b 31–1147 a 14). Eine weitere Differenzierung des Wissensbegriffes besteht darin, dass unter den genannten Bedingungen Menschen im Zustande der Unbeherrschtheit den Anschein von Wissen erwecken können.

> Dass man Sätze ausspricht, die so klingen wie Sätze, die aus Wissen stammen, ist kein Zeichen dafür, dass man Wissen wirklich hat. Denn auch die Menschen, die in den genannten Leidenschaften verfangen sind, sprechen wissenschaftliche Deduktionen aus oder rezitieren Verse des Empedokles. Und wer eben begonnen hat, etwas zu lernen, der reiht die Lehrsätze zwar aneinander, aber er hat noch kein Wissen. Vielmehr muss der Gegenstand erst ganz mit dem Menschen verwachsen und das braucht Zeit. Was also ein Mensch im Zustand der Unbeherrschtheit spricht, braucht nicht anders aufgefasst zu werden als die Rede eines Schauspielers (VII 5, 1147 a 18–24).

Analog zur Differenzierung des Wissens werden nun auch verschiedene Formen der «Unbeherrschtheit» unterschieden, im Wesentlichen zwei, eine allgemeine und eine nur auf bestimmte Gebiete bezogene Unbeherrschtheit (VII 6, 1147 b 20 ff.). Dazu rechnet Aristoteles «alles Körperliche», übermäßigen Nahrungs- und Liebesgenuss, auch schlechte Gewohnheiten wie das Kauen von Nägeln oder das Rupfen an den Haaren, dann aber auch die Päderastie (VII 6, 1148 b 28), die Aristoteles als eine Form der Unbeherrschtheit ansieht, die teils auf Naturanlage beruht, teils auf Gewohnheit, so bei denen, die «von Kindheit an missbraucht worden sind» (τοῖς ὑβριζομένοις ἐκ παίδων) und für die diese Praxis dann zur Gewohnheit und von Aristoteles als Form der Unbeherrschtheit abgelehnt wird.

Es gibt aber auch eine Form der Unbeherrschtheit, die sich nur auf ein Teilgebiet, auf einen an sich vorwurfsfreien Bereich bezieht wie Geld, Gewinn und Ansehen. Hier ist nur das Übermaß verwerflich; übertriebene Geldgier, Gewinnsucht und Reputationsgehabe sind als Übermaß guter Ziele Ausprägungen partieller Unbeherrschtheit.

Zu den nur auf ein Gebiet bezogenen Unbeherrschtheiten gehört auch die «heftige Aufwallung» (θυμός, in den Übersetzungen oft nicht ganz zutreffend mit «Zorn» wiedergegeben), bei der man auf den «Logos» zwar hört, aber infolge von Hitzigkeit und Übereiltheit der Natur nicht richtig hinhört. Aristoteles nennt als Beispiele voreilige Diener, die, noch ehe sie alles gehört haben, was man ihnen sagt, davonrennen und ihren Auftrag durcheinanderbringen, und Hunde, die bei jedem Geräusch sofort bellen, noch bevor sie merken, ob das Geräusch von einem Bekannten kommt (VII 7, 1149 a 25–1149 b 3). Derartige mildere Formen der Unbeherrschtheit finden Nachsicht.

Nicht so anmutig sind die Beispiele, die Aristoteles für das eingangs erwähnte in der Diskussion jetzt (VII 6, 1148 b 19–24) noch einmal aufgegriffene «tierische Wesen» – hier eher verstanden als «Bestialität» – in die Formen der Unbeherrschtheit einordnet, wie Kannibalismus in den schlimmsten Abartigkeiten (Aufschlitzen von Schwangeren und Verzehr von Kindern), wofür sich Aristoteles auf «verwilderte Stämme am Schwarzen Meer» beruft.

Insgesamt hat man den Eindruck, Aristoteles ringt mit dem Phänomen der Unbeherrschtheit des Menschen. Er argumentiert[26] logisch und psychologisch. Logisch insofern, als er versucht, typische Verhaltensmuster in die Form eines Syllogismus zu bringen. Zugrunde liegt die Annahme, der Unbeherrschte habe ein langfristiges, rationales, auf Vorsatz beruhendes Handlungsziel, zum Beispiel süße Nahrungsmittel als gesundheitsschädlich zu betrachten. Er kommt aber von diesem Ziel ab und legt sich einen neuen logischen Schluss als Trick zurecht: Alles Süße muss man kosten, diese Speise ist süß, also muss ich diese Speise kosten (VII 5, 1147 a 29–34). Auf diese Weise kann der Unbeherrschte sogar in gewisser Weise aufgrund von logischem Kalkül unbeherrscht werden (VII 5, 1147 b 1).

Psychologisch argumentiert Aristoteles unter Verwendung zahlreicher lebensnaher und auch lebensferner Beispiele, die die Kraft einer unmittelbaren Evidenz haben. Beide Formen der Argumentation laufen auf das Ergebnis hinaus: Der Besonnene kann nicht gleichzeitig unbeherrscht sein. Besonnene Klugheit (φρόνησις) und Unbeherrschtheit schließen sich aus. Dieses Ergebnis hätte Aristoteles natürlich auch einfacher erzielen können. Aber er wollte im Rahmen seiner Fragestellung und mit seinen methodischen Mitteln eine Analyse der Probleme vorlegen, die mit den Vorgängen im Innern des Menschen zusammenhängen, welche auf minderwertigem Handeln wider besseres Wissen beruhen. Die Tragweite dieser Probleme ist enorm und in vollem Ausmaß wohl erst durch die Tiefen- und Gerichtspsychologie des beginnenden 20. Jahrhunderts erkannt worden.

LUST

Dass die Lust ein wesentlicher Faktor zum Erreichen des spezifisch menschlichen Glücks ist, ergibt sich aus dem Ansatz des Aristoteles ganz natürlich. Wer die Tugenden ohne jede Lust verwirklicht, kann nicht glücklich werden. Dabei ist zu bedenken, dass der Begriff Hedoné (ἡδονή) als «Lust» das Wortfeld «Freude» zu einem guten Teil mitumfasst. Dadurch wird noch sinnfälliger, dass das Glück im Sinne der tugendhaften Tätigkeit nur erreicht werden kann, wenn Freude dabei ist.

Nun belässt es Aristoteles nicht bei dieser Feststellung, sondern gibt eine systematische Analyse des ganzen Phänomens, was innerhalb der Darstellung einer Ethik auch erwartet werden konnte. In der *Nikomachischen Ethik* finden sich aber nun gleich zwei Lustabhandlungen, a) in Buch VII 12 bis 15 und b) in Buch X 1 bis 5. Die zweite Abhandlung ergänzt nicht die erste, vielmehr sind beide voneinander unabhängig, wobei die zweite Fassung die spätere, weil reifere Form darstellt. Eine mögliche Erklärung für diesen Befund kann darin liegen, dass die erste Lustabhandlung in den sogenannten kontroversen Büchern steht, deren Text gleichzeitig auch für die *Eudemische Ethik* überliefert ist.[27] Würde man diese erste Lustabhandlung der *Eudemischen Ethik* zuweisen, hätte jede der beiden Ethiken je eine Lustabhandlung. Aber das alles ist in hohem Maße umstritten.

Nehmen wir in der Besprechung beide Abhandlungen zusammen, so wird zunächst klar, dass Aristoteles auf eine reiche Diskussion über das Thema Lust zurückblickt.[28] In der Philosophie ist es Demokrit (ca. 460–ca. 370), der als Erster verschiedene Formen der Lust differenziert und mit dem «Guten» in Verbindung gebracht hat, indem er die maßvolle Lust für ein gelungenes Leben zulässt und ein Unmaß an Lust verwirft. Bei ihm finden wir den Maßgedanken zuerst philosophisch reflektiert. Gleichzeitig wird die Lust ein Gegenstand der Erörterung in der Sophistik (Prodikos, Kallikles) und im Sinne der Lustfeindschaft bei den Kynikern (Antisthenes); insbesondere aber wird die Lust diskutiert in der platonischen Akademie. An erster Stelle ist der berühmte Mathematiker und Astronom Eudoxos von Knidos (ca. 400–ca. 347) zu nennen, der die Lust überhaupt zum höchsten Gut erklärt, weil er der Auffassung war, dass alle Lebewesen unabhängig von einem bestimmten Zweck nach Lust streben. Aristoteles lehnt diese These zwar ab, begegnet ihr aber mit Hochachtung, weil Eudoxos wegen seines edlen Charakters frei von dem Verdacht sei, als Lüstling in eigener Sache zu argumentieren (X 2, 1172 b 15). Ebenso hat Speusipp eine Schrift über die Lust geschrieben; Aristoteles erwähnt ihn (VII 14, 1153 b 5) und lehnt seine These ab, es gebe einen lust- und schmerzlosen mittleren Zustand. Auch von Herakleides Ponticus ist ein Titel *Über die Lust* (Diogenes Laertius V 6, 88) überliefert (über den Inhalt dieser Schrift wissen wir nichts), vor allem aber ist Platons Dialog *Philebos* zu erwähnen, der gleichsam unter den Augen des Aristoteles in dessen Zeit an der Akademie entstanden ist.[29]

Der *Philebos* ist ein komplizierter Dialog mit einer seltsamen Szenerie. Denn Philebos, nach dem der Dialog benannt ist, spricht nur wenige Worte am Anfang und zieht sich dann ermüdet zurück, und zwar aus einer offenbar schon in Gang befindlichen Debatte, aber noch vor der eigentlichen Erörterung des Themas. Er ist ein schöner junger Mann (*Philebos* 11 C), der sein Leben der Lust weiht, dem aber Debatten über dieses Thema lästig sind. Es geht nun im Gespräch zwischen Sokrates und Protarchos um das Verhältnis der Lust zum Guten. Sokrates stellt sogleich die These auf, Vernunft, Erkennen und Sich-Erinnern seien besser als die Lust, während Protarchos mehr auf der Seite des Philebos, also auf der Seite der Lust, steht. Im Laufe des Gespräches werden beide Standpunkte einer differenzierteren Lösung weichen, wobei es in der Argumentation um komplizierte Sachverhalte der platonischen Ontologie geht, um das Eine und das Viele, um Entstehung, Wahrheit, Reinheit und Unreinheit der Lust mit dem Ergebnis, dass ein aus Lust und Vernunft (bzw. Klugheit) gemischtes Leben das beste sei, die Vernunft aber dem Guten doch viel näher stehe als die Lust, beide allein aber der Selbständigkeit ermangeln. Die drei Prinzipien: Maß, Schönheit und Wahrheit sind die Normen, nach denen die Lust bewertet und in ihrer maßvollen Form zugelassen wird.

Aristoteles kannte natürlich alle, insbesondere die innerakademischen Diskussionen über die Lust. Auf den platonischen *Philebos* geht er allerdings allenfalls indirekt ein; vielleicht standen ihm die aktuellen mündlichen Diskussionen in der Akademie unmittelbarer vor Augen. Überhaupt hat er die Debatte weitgehend entpersonalisiert; in seiner ersten Lustabhandlung wird allein Speusipp kurz mit Namen erwähnt (VII 14, 1153 b 5), in der zweiten Lustabhandlung nur Eudoxos (X 1, 1172 b 9), dessen Lehre allerdings etwas ausführlicher diskutiert wird. Aristoteles geht zunächst ganz schematisch vor. Er teilt die verschiedenen Standpunkte ein in 1. Keine Lust ist gut, 2. Die Mehrzahl der Lustarten ist schlecht, 3. Die Lust kann nicht das höchste Gut sein. Dann folgt eine Analyse der Argumente für und gegen diese Standpunkte, die nur gelegentlich durch plastische Vergleiche untermauert wird, wie:

> Wenn aber manche sagen, der Mensch auf der Folter oder der von schwerem Missgeschick Getroffene sei glücklich, sofern er nur tugendhaft sei, so reden sie, gewollt oder ungewollt, Unsinn (VII 14, 1153 b 19–23).

Die eigene Auffassung des Aristoteles ergibt sich konsequent aus dem Ansatz, das Glück liege in der Tätigkeit (Energeia) im Sinne des ethisch wertvollen Handelns zu begreifen. Denn dabei stelle sich die Lust von selbst ein; sie kann sogar die Vollendung der Tätigkeit sein. Aristoteles teilt mit Eudoxos die Richtigkeit des Befundes, wonach alle Lebewesen, vernunftbegabte und vernunftlose, überall und in allen Lebensphasen den Schmerz zu meiden suchen und nach Lust streben, die doch dann etwas Gutes sei. Er teilt aber nicht die Auffassung, dass die Lust demzufolge das oberste Gut sein müsse. Die um ihrer selbst willen erstrebte Lust kann in Zügellosigkeit und Unersättlichkeit und damit in das Gegenteil von Lust umschlagen. Mit der Verwirklichung der ethischen Tugend schleicht sich die Lust ganz natürlich ein – als «List der Lust»[30] – und ihr Wert bemisst sich nach dem Wert der Handlung. Dass alle ethisch relevanten Handlungen mit Lust (bzw. Freude) und Unlust verbunden sind, stand für Aristoteles von Anfang an fest (II 2, 1104 b 8). Wer wirklich großzügig oder gerecht im konkreten Handeln ist, handelt mit Freude, und insofern ist Lust die Vollendung des Tätig-Seins und damit ein positiver Wert.

Freundschaft

Auch bei diesem Thema ist die Verbindung zur Leitidee der aristotelischen Ethik evident. Glücklich in vollem Sinne kann nur sein, wer Freunde hat. Dass Freundschaft für Aristoteles wohl auch persönlich einen hohen Stellenwert hat, ergibt sich schon aus dem Umfang der Darstellung. Zwei Bücher der *Nikomachischen Ethik* (VIII und IX) sind der Freundschaft gewidmet,[31] die gleich eingangs hymnisch gepriesen wird:

> Ohne Freunde möchte niemand leben, auch wenn er die übrigen Güter alle zusammen besäße: gerade auch den reichen Leuten und denen, die Amt und Herrschaft haben, tun Freunde bekanntlich ganz besonders not. Denn wozu ist solcher Wohlstand nütze, wenn die Möglichkeit des Wohltuns genommen ist, das doch vor allem und in seiner preiswürdigsten Form dem Freunde gegenüber sich entfaltet? Oder wie ließe der Wohlstand sich behüten und bewahren ohne Freunde? Je größer er ist, desto gefährdeter ist er. Und in Armut und sonstigem Missgeschick gelten Freunde als die einzige Zuflucht. Freundschaft ist Hilfe: den Jüngling bewahrt sie vor Irrtum, dem Alter bietet sie Pflege und Ersatz für die aus Schwäche abnehmende Leistung, den Mann auf der Höhe des Lebens spornt sie zu edlen Taten an: «Zwei miteinander voran» (Homer, *Ilias* 10, 224): dann gewinnt das Erkennen wie das Handeln an Kraft (VIII 1, 1155 a 5–16).

Mögen wir in diesen Worten ein persönliches Bekenntnis zum Wert der Freundschaft erblicken, so muss andererseits festgehalten werden, dass das Thema Freundschaft Gegenstand vielfältiger akademischer Diskussionen gewesen ist. Speusipp, Xenokrates, Philipp von Opus (4. Jh. v. Chr., der Autor des pseudoplatonischen *Epinomis*) und später Theophrast haben Schriften mit dem Titel *Über die Freundschaft* verfasst. Auch der platonische Dialog *Lysis* steht im Hintergrund, in dem in schwer zu überblickender Gedankenführung und aporetischem Schluss die Fragen diskutiert werden, ob es unter Ungleichen Freundschaft geben kann (was verneint wird) oder ob es im Grunde nur eine Form der Freundschaft geben kann, die sich auf ein metaphysisch verankertes «erstes Liebes» (πρῶτον φίλον) bezieht.

Bei all diesen Diskussionen ist zu beachten, dass die Bedeutung der griechischen Wörter «philos» und «philia» weiter reicht als unsere Wörter «Freund» und «Freundschaft». Zum einen ist der Übergang zwischen Freundschaft und Liebe fließend. Freundschaft ist die mildere Form von Liebe oder, wie Aristoteles selber sagt, Liebe ist eine «Übersteigerung der Freundschaft» (VIII 7, 1158 a 12). Zum anderen schließt das griechische Wort «philia» auch die Verwandtschaft ein. Es ist ja ein sehr sympathischer Gedanke, dass man mit einigen Verwandten «befreundet» ist, mit anderen weniger.

Wie stets bei derartigen Diskussionen steht am Anfang eine Prüfung der bereits vorhandenen Meinungen zum Thema. Zunächst grenzt Aristoteles wiederum die nicht zum menschlichen Handeln gehörigen Naturphänomene aus. Dass nach Empedokles (ca. 483 – ca. 423) sich alles kosmische Geschehen aus dem Gegeneinander von Liebe und Hass ergibt, gehört für Aristoteles nicht zum Thema. «Philia» bezeichnet ein personales Nahverhältnis, das wohl gesteigert werden kann zu politischen Freundschaften, sei es in dem Sinne, dass Bande der Freundschaft politische Stabilität garantieren, sei es, dass eine Polis mit einer anderen «befreundet» ist – wir sprechen mit gewiss etwas anderer Nuancierung von «Städtepartnerschaften» –, wie es übrigens griechischer Realität entspricht und dabei in Verträgen und auf Münzen zum Ausdruck kommt. Aristoteles hat sogar eine allgemeine Menschenliebe im Blick, die offenbar einem Naturinstinkt entspricht und z.B. erlebt werden kann, wenn in den Widrigkeiten der Fremde jeder Mensch dem anderen nahesteht und mit ihm dann nahezu befreundet ist (VIII 1, 1155 a 17–31).

Aber im Wesentlichen geht es um die Sphäre der persönlichen Freundschaft. Zu den bereits vorliegenden Diskussionen gehören insbesondere zwei Fragen, nämlich erstens ob Freundschaft zwischen allen Menschen möglich ist, auch zwischen ungleichen und minderwertigen (was Platon verneint hatte), und zweitens ob es nur eine (wie Platon meinte) oder mehrere Arten von Freundschaft gibt.

Dabei grenzt Aristoteles das Phänomen Freundschaft nicht nur gegen das kosmische Geschehen ab, sondern auch gegen Lebloses – man kann nicht mit einem Gegenstand befreundet sein – und gegen bloßes Wohlwollen, welches man gegenüber Menschen empfinden kann, die man nie gesehen hat und die gar nichts davon wissen, dass ihnen Wohlwollen entgegengebracht wird. Aristoteles unterscheidet sodann drei Arten von Freundschaft aufgrund der Motive, die Freundschaften entstehen lassen: 1. Lust, 2. Nutzen, 3. das Gute. Die Freundschaft zwischen Guten ist die wahre Freundschaft (für Platon war es die einzige), die beiden anderen Freundschaftsformen sind es nur «akzidentiell» (κατὰ συμβεβηκός, VIII 3, 1156 a 17). Aristoteles steht damit der Auffassung Platons durchaus nahe, nur will er den beiden anderen Nahverhältnissen das Prädikat Freundschaft nicht aberkennen, aber insofern einschränken, als die Dauer der Freundschaft auf die Dauer der zugrundeliegenden Motive (Lust oder Nutzen) begrenzt wird. Aber dass es sich dabei um Freundschaften handelt, will Aristoteles im Hinblick auf einfache Erfahrungen doch gelten lassen:

> Freundschaft unter jungen Menschen hat erfahrungsgemäß die Lust zum Ziel, denn die Jugend lebt der Leidenschaft und strebt vor allem nach dem für sie Lustvollen und nach dem, was sie unmittelbar reizt. Mit den zunehmenden Jahren wechselt aber, was ihnen Lust bereitet. Daher schließen sie rasch Freundschaften und machen ebenso rasch wieder ein Ende: mit der Lust wechselt die Freundschaft und bei solcher Lust ist rascher Wechsel. Jugend neigt auch sehr zur Sinnesliebe, denn sinnliche Liebe ist vorwiegend Leidenschaft und Jagd nach Lust. Daher verlieben sich die jungen Menschen – und machen rasch wieder ein Ende: das ändert sich nicht selten am gleichen Tag. Dagegen möchten sie den ganzen Tag beisammen leben, denn so verwirklicht sich für sie der Sinn der Freundschaft (VIII 3, 1156 a 31–b 6).

Die Freundschaft um des Nutzens willen kann in jeder Altersstufe entstehen – Geschäftsbeziehungen aller Art fallen darunter –, besonders aber im Alter, wo einer den anderen braucht, ohne sich unbedingt sympathisch finden zu müssen. Ganz anders die wahre Freundschaft unter Guten:

> Solche Freundschaft ist natürlich selten, denn Menschen dieser Art gibt es nur wenige. Ferner braucht sie auch Zeit und gegenseitiges Vertrautwerden. Denn wie das Sprichwort sagt, lernt man sich erst kennen, wenn man den bekannten Scheffel Salz miteinander gegessen hat ... Menschen, die rasch die äußeren Formen der Freundschaft bekunden, möchten zwar Freunde sein, sind es aber nicht ... Der Wunsch nach Freundschaft entsteht rasch, die Freundschaft aber nicht (VIII 4, 1156 b 27–32).

Die «Guten» als Partner der wahren Freundschaft sind natürlich diejenigen, die die ethischen Tugenden verwirklichen, also die Großzügigen, Besonnenen, Gerechten usw. Insofern findet Freundschaft unter Gleichen statt und überdies sind die Komponenten Lust und Nutzen eingeschlossen (VIII 8, 1158 b 8). Darüber hinaus führt Aristoteles Formen der «Freundschaft» an (wir müssen den Begriff hier mit «Liebe» übersetzen), die auf der Dominanz des einen Partners, also auf Ungleichheit, beruhen, wie die Liebe des Vaters zum Sohn, überhaupt des Älteren zum Jüngeren, ferner des Mannes zur Frau. Die eingangs gestellte Frage, ob es Freundschaft nur unter Gleichen gibt, wird also von Aristoteles verneint.

Im weiteren Verlauf der Erörterung tritt die durch die Überlieferung vorgegebene Frage, ob es nur eine oder mehrere Formen der Freundschaft gibt, in den Hintergrund zugunsten einer Fülle von Fragen, bei denen ganz selbstverständlich Freundschaft in den verschiedensten Konstellationen als gegeben vorausgesetzt wird, so in den verschiedenen Gemeinschaftsformen zunächst des «Hauses» (im Griechischen gibt es kein Wort für «Familie»), von Kultgemeinschaften und im Polisverband, wobei Aristoteles unterschiedliche Freundschaftsformen für die einzelnen Verfassungstypen (Königtum, Aristokratie, Timokratie) und deren Entartungsformen (z.B. Tyrannis) zugrunde legt. In der Tyrannis gibt es nur wenig Freundschaft, in der Demokratie mehr, weil die Bürger unter dieser Verfassung gleichgestellt sind und viele Gemeinsamkeiten haben (VIII 13, 1161 b 8–10).

Zu den weiteren Themen gehören Freundschaften unter Blutsverwandten, Freundschaften, die sich aus einer Reise ergeben, bei Sport und Spiel, bei der Jagd und bei gemeinsamem Philosophieren (IX 1172 a 1–2). Ferner geht es um Abgrenzung zu bloßer Kameradschaft, von Liebe zwischen Eltern und Kindern («die Eltern haben ein tieferes Bewusstsein von dem Zusammenhang mit ihren Kindern als umgekehrt», VIII 14, 1161 b 20–22), Bedingungen für die Auflösung einer Freundschaft, Möglichkeit der «Selbstliebe», die Aristoteles zugesteht unter der Voraussetzung, dass sich darin die Freundschaft nicht erschöpft, ferner um Hilfeleistungen im Rahmen der Freundschaft.

> Freundeshilfe sollte man dann erbitten, wenn sie den Freund nur wenig belastet ... Umgekehrt erscheint es angebracht, den Freund dann aufzusuchen, wenn er im Unglück ist, und zwar ungerufen und mit freudiger Bereitschaft – denn zum Wesen des Freundes gehört das Wohltun und zwar besonders dann, wenn jemand in Not ist; ferner das Wohltun, wenn der andere die Hilfe gar nicht verlangt hat. Denn dies ist für beide Seiten edler und angenehmer (IX 1171 b 17–23).

Die Abhandlung über die Freundschaft gehört zu dem Schönsten, was Aristoteles geschrieben hat. Die Wärme des Tones ist vergleichbar dem Ethos des Gedichtes, das Aristoteles anlässlich der Stiftung eines Altars der personifizierten «Freundschaft» verfasst hat (vgl. S. 35), wie es doch auch «befreundete Männer» (EN I 4, 1096 a 13) waren, die die Lehre von den Ideen eingeführt haben, die von Aristoteles so stark bekämpft wird. Freundschaft steht über Schulstreit, wie denn auch hier in dem Traktat über die Freundschaft doxographischer Schematismus und Systemcharakter im Hintergrund bleiben, um der unmittelbaren Beobachtung und Erfahrung des Menschenlebens einen Raum zu geben, der dann unter Rückgriff auf die in Dichtung und Sprichwörtern kondensierte Tradition ausgefüllt wird.

Ein vergleichbarer, aber doch ganz anders orientierter Preis der Freundschaft findet sich eine Generation nach Aristoteles bei Epikur, der die Themen «Lust» und «Freundschaft» enger aneinander bindet, als es bei Aristoteles der Fall ist. Seiner Meinung nach soll die Freundschaft zur Beseitigung der Furcht und zur Erhöhung der Sicherheit beitragen, also durchaus nutzdienlich sein, wobei sich im Laufe des freundschaftlichen Verkehrs dann auch eine uneigennützige Freundschaft einstellen kann, die ihren Ausdruck in der als Freundschaftsbund konzipierten epikureischen Schule selber findet, der aber ein bloßes Surrogat einer politischen Gemeinschaft darstellt, von der sich der Mensch fernhalten soll, während für Aristoteles die Verankerung der Freundschaft im politischen Kontext unverzichtbar ist. Epikurs Freundschaftsbegriff ist ein privater und letztlich egoistischer.[32]

Brocken der aristotelischen und der hellenistischen Freundschaftstheorien erscheinen im lateinischen Gewand in dem gegen 44 v. Chr. verfassten, früher auch in unseren Gymnasien viel gelesenen Dialog Ciceros *Laelius, De amicitia*. Die drei Arten der Freundschaft, die wahre Freundschaft unter Guten – das alles erscheint in die römische Welt transponiert, angereichert durch Exempla aus der römischen Dichtung und Geschichte. An Kraft der Beobachtung und Intensität der gedanklichen Durchdringung bleibt jedoch die Abhandlung in der *Nikomachischen Ethik* unübertroffen.

Die theoretische Lebensform

Das wahre Glück des Menschen ist für Aristoteles ein anspruchsvolles Ziel. Dem, der es erringen will, wird einiges abverlangt. Er muss im Sinne des ethisch wertvollen Handelns tätig sein, und zwar kraft freiwilliger Entscheidung, mit Lust und Freude, mit abwägender Besonnenheit, unter Freunden in politischer Verantwortung. Jetzt muss er erfahren, dass es eine noch höhere Lebensform gibt als die praktisch-politische, auf die Verwirklichung der ethischen Tugenden gerichtete.

Aristoteles musste auf die theoretische Lebensform zu sprechen kommen, weil die drei Lebensformen (Lust, Praxis, Theorie) vorgegeben waren und weil er eine Behandlung der theoretischen Lebensform angekündigt hatte: «Die dritte Lebensform ist die theoretische; darüber werden wir die Untersuchung später führen» (I 1, 1096 a 5).

Diese Untersuchung folgt jetzt (EN X 7–9) und darin wird dem «theoretischen Leben» der höchste Rang zuerkannt, während die praktisch-politische Lebensform ausdrücklich als «zweitrangig» (δευτέρως, X 8, 1178 a 9) bezeichnet wird. Die Argumentation geht davon aus, dass die oberste Form menschlichen Wissens, der «Geist» (νοῦς), sich auf die obersten Erkenntnisobjekte beziehen muss. Ein solches, der Philosophie geweihtes Leben bietet größere Stetigkeit, Reinheit, Unabhängigkeit, vollendete Lust und ein hohes Maß an «Muße» (σχολή). Dass Denken traurig machen könnte, wie es der so anregende Kulturkritiker und Literaturwissenschaftler George Steiner durch «zehn (mögliche) Gründe» glaubhaft machen möchte,[33] wäre Aristoteles wohl nicht in den Sinn gekommen.

> Jedenfalls gilt von der Philosophie, dass sie dank ihrer Reinheit und Beständigkeit wunderbare Lust gewährt und es wohlbegründet ist, dass für die Wissenden das Dasein lustvoller ist als für die Suchenden (X 7, 1177 a 19–21).

Es ist dies ein Satz, den Platon so nicht geschrieben hätte, der aber auch im Sinne eines Selbstporträts die jederzeit nachvollziehbare Lust beschreibt, die der Wissenschaftler empfindet, wenn er eine Erkenntnis gewonnen hat. Und in der Tat ist der Begriff von Philosophie, den Aristoteles hat, dem der Wissenschaft angenähert. Es geht dabei um die Erkenntnis, die «um ihrer selbst willen» (X 7, 1177 b 1) geschätzt wird, ohne Hinblick auf Zweck und Nutzen und die eben deshalb an oberster Stelle steht.

Ähnliches gilt für die «Muße» als Element des Glücks.

> Denn wir arbeiten, um dann Muße zu haben, und führen Krieg, um dann in Frieden zu leben … Das Handeln im öffentlichen Bereich verträgt sich aber erfahrungsgemäß nicht mit der Muße, kriegerisches Tun schon gar nicht. Niemand wählt ja den Krieg um des Krieges willen, und niemand rüstet deshalb zum Krieg. Denn als durch und durch blutrünstig müsste der gelten, der sich Freunde zu Feinden machen wollte, damit Kampf und Blutvergießen entstehe (X 7, 1177 b 6–12).

Mögen die Argumente für den obersten Rang der «theoretischen Lebensform» unmittelbar überzeugen, so ist doch deren Verknüpfung mit der praktisch-politischen Verwirklichung der ethischen Tugenden für Aristoteles ein schwieriges Problem.[34] Für Platon war die Sache einfach und bruchlos. Man verwirklicht die Tugenden im Hinblick auf die Idee, deren Erkenntnis im ontologischen Sinne Quelle für ethisch wertvolles Handeln ist. Für Aristoteles gibt es aber keine «Idee des Guten». Das Band zwischen Ontologie und Ethik ist zerrissen und Aristoteles hat alle Mühe, die praktisch-politische Lebensform, der ja der allergrößte Teil der Ethik gewidmet ist, als nunmehr zweitrangig nicht zu stark abzuwerten. Er tut dies in einer Schichtung der drei überkommenen Lebensformen in Korrespondenz zu den drei Ebenen: Tier – Mensch – Gott. Die nur auf Lust und Genuss zielende Lebensform ist ein animalisches, auch Tieren zugängliches Dasein (I 3, 1095 b 19–22). Die praktisch-politische Lebensform ist das dem Mensch adäquate und erstrebenswerte Dasein; das theoretische, der Philosophie gewidmete Leben ist dem Menschen erreichbar, insofern «etwas Göttliches» in uns wohnt, es ist eigentlich «übermenschlich» (X 7, 1177 b 24–30). Diese höchste menschliche Fähigkeit ist eine «Überbietung der dem Menschen spezifischen Form des Glücks»[35] und entsprechend ist das Leben ausschließlich in Lust eine Unterbietung menschlicher Möglichkeiten. Es mag eine Verschränkung einzelner Elemente zwischen den drei Haupttypen geben. So ist allen drei Lebensformen eine jeweils spezifische Form der Lust eigen, es ist aber nicht so (wie von einem Teil der Forschung behauptet), dass die theoretische Lebensform alle erstrebenswerten Güter und Vortrefflichkeiten schon in sich enthielte.[36] Wohl aber wird die Grenze zwischen der praktischen und der theoretischen Lebensform durchlässig. Denn da der Mensch nicht nur aus Geist besteht, sondern eine aus Seele und Körper zusammengesetzte Natur hat, muss auch der, der sein Leben der Philosophie widmet, den rein menschlichen Bedürfnissen und Erfordernissen Rechnung tragen. Er braucht nicht nur Nahrung und Gesundheit (X 9, 1179 b 33), sondern wird im Zusammenleben mit anderen seiner Verantwortung gerecht werden müssen. Nur die Götter sind frei von den menschlichen Verbindlichkeiten. Geld in den Händen von Göttern ist unvorstellbar (X 8, 1178 b 8–20).

Die hier vorgelegte knappe Skizze ist eine systematisierende Zusammenfassung von Gedanken, die Aristoteles eher assoziativ entwickelt, wobei spürbar wird, dass er mit dem Problem ringt, wonach seine Ethik, von vier Kapiteln auf wenigen Seiten abgesehen, der zweitbesten Lebensform gilt. Der Aristotelesschüler Dikaiarch hat daraus die Konsequenz gezogen, indem er ohne Umschweife das aktive Leben (bezeugt bei Cicero als *vita activa*) an die erste Stelle gesetzt und folgerichtig auch die Unsterblichkeit der Seele geleugnet hat.[37] Doch bleibt unklar, ob er in die Vorrangstellung der aktiven Lebensform die politische Dimension überhaupt einbezogen hat.

In der abschließenden Erörterung über die Notwendigkeit einer nur bescheidenen äußeren Ausstattung (X 9, 1178 b 33–1179 a 18) wird denn auch der einfache Bürger in seinem praktisch-politischen Handeln mit Anaxagoras (der den Himmel betrachtete) auf eine Stufe gestellt, jedenfalls hinsichtlich der Möglichkeit, zu einem glücklichen Leben zu gelangen. Auffallend dabei ist die Distanz zu der Vorstellung vom ethisch wertvollen Handeln des Machthabers.

> Auch ohne Herrschaft über Land und Meer ist edles Handeln möglich ... bekanntlich handelt der einfache Bürger nicht minder rechtlich als der Machthaber; er übertrifft ihn sogar (X 9, 1179 a 4–8).

Aristoteles als Vertrauter am makedonischen Königshaus wusste, wovon er sprach.

Übergang zur Politik

Es ist für den Charakter der *Nikomachischen Ethik* bezeichnend, dass sie nicht mit dem Preis des theoretischen Lebens endet, sondern zu der zuvor schon gestellten Frage zurückkehrt, wie man ein sittlich wertvoller Mensch wird (X 10, 1179 b 1 ff.). Am Beginn der Untersuchung über die ethischen Tugenden (II 1, 1103 a 14 ff.) hatte Aristoteles das Moment der Gewöhnung angeführt und daraus seinen Begriff des Ethos abgeleitet. Jetzt fragt er, wie eine Gewöhnung überhaupt vor sich gehen kann. Eine Naturanlage als nicht in unserer Macht stehend und die bloße Belehrung als für die Bildung des Ethos unzureichend kommen nicht in Frage, zumal darin eine vorangehende Gewöhnung schon vorausgesetzt ist. Leider reicht das gesprochene Wort bei den meisten Menschen ebensowenig aus wie die Vorbildfunktion trefflicher Menschen. Man braucht daher Gesetze, und zwar solche, die das ganze Leben erfassen. Derartige Gesetze gibt es aber kaum, allenfalls in Sparta, ansonsten ist die ‹Bildungspolitik› auf gesetzlicher Grundlage völlig vernachlässigt (X 10, 1180 a 25–28). Man kann aber nicht beliebige Gesetze durch bloße Rhetorik zusammenstellen, wie es die Sophisten meinen (X 9, 1181 a 12–17), vielmehr erfordern geeignete Gesetze kluge und erfahrene Gesetzgeber. Aristoteles steht damit vor dem gleichen Problem wie Platon in seinem gewaltigen Alterswerk *Gesetze*, dessen Entstehung Aristoteles in der Akademie mitverfolgen konnte. Aber er erwähnt es hier, am Schluss der *Nikomachischen Ethik*, mit keinem Wort und bemerkt seltsamerweise sogar, dass «die Früheren (sc. Denker) die Frage der Gesetzgebung unerforscht hinterlassen» hätten,[38] um wenige Zeilen später eine Untersuchung darüber anzukündigen, was frühere Forscher schon an richtigen Einsichten herausbekommen haben (X 9, 1181 b 16), die dann im zweiten Buch der *Politik* auch die Kritik an den platonischen *Gesetzen* einbezieht.

Wenn Aristoteles am Schluss auf die (von ihm selbst angeregte und mitgestaltete) *Sammlung der Polisverfassungen* und auf eine (in den Büchern IV–VI der *Politik* ausgeführte) Untersuchung über die einzelnen Verfassungstypen verweist, dann hat er mit diesem Übergang von der Ethik zur Politik noch einmal den Zusammenhang beider Bereiche betont.

Und in der Tat hat Aristoteles diesen Zusammenhang immer wieder hervorgehoben. Er hatte auch noch kein Wort für «Ethik» als substantivische Werkbezeichnung[39] und er macht von vornherein klar, dass seine Untersuchung über die ethischen Fragen zur «politischen Wissenschaft» gehört (I 1, 1094 a 27), sodass sich Ethik und Politik (im engeren Sinne) zur «praktischen Philosophie» zusammenschließen und damit den Charakter einer Handlungstheorie bekommen.[40]

Seltsamerweise hat die *Eudemische Ethik* einen etwas anderen Schluss. Im Ganzen sind Aufbau und Thematik zwischen den beiden Ethiken ganz analog gestaltet. Auch mündet die *Eudemische Ethik* in einen Preis der theoretischen Lebensform, doch ohne einen Übergang zum praktischen Handeln und zur *Politik*. Stattdessen wird die «Schau des Gottes» als höchste Norm menschlicher Aktivität gepriesen, die näherhin darin besteht, «dem Gott zu dienen und der Schau (Gottes) zu leben» (VIII 3, 1249 b 20). Damit endet die *Eudemische Ethik*. Man hat die Seltsamkeit der Formulierung zu mildern versucht, indem man in dem «Gott» nicht den kosmischen Gott, sondern den «Gott in uns», also den menschlichen Geist als göttliches Element gesehen hat. Aber das überzeugt nicht, und ob dieser Schluss und damit wohl die ganze *Eudemische Ethik* als Werk des Aristoteles angesehen werden kann, bleibt weiterhin umstritten.[41]

4. POLITIK – DER MENSCH IM RAUM DER POLIS

DIE GRUNDLAGEN

Die wichtigste Grundlage ist die in acht Bücher eingeteilte Schrift *Politik*. Andere Schriften zum gleichen Themenkreis sind verloren; nur von der *Sammlung der 158 Verfassungen griechischer Städte* ist als wichtigstes Stück durch einen 1891 publizierten Papyrusfund die *Verfassung der Athener* wieder ans Licht gekommen. Sie enthält einen geschichtlichen Teil (Übergang von Monarchie zu Oligarchie, die Reformen Solons aus dem frühen 6. Jh. v. Chr., Entstehung und Verfall der Tyrannis, Entstehung und Entwicklung der Demokratie) und einen systematischen Teil (Organisation, Befugnisse und Tätigkeit der Verwaltungsbehörden einschließlich der Gerichtshöfe).

Die acht Bücher *Politik* sind nicht in einem Zug geschrieben, sondern bilden eine nachträgliche Zusammenstellung mehrerer Blöcke, deren Entstehungszeit Gegenstand von Kontroversen ist.[1] Doch hat die nachträgliche Redaktion einen durchaus sinnvollen Aufbau der Thematik ergeben. Buch I enthält zunächst eine grundsätzliche Einleitung in die Grundformen der Herrschaft und dann eine Ökonomik, d.h. eine Theorie der Hausgemeinschaft und ihrer Herrschaftsstrukturen. Buch II bietet einen kritischen Überblick über frühere Theorien zur Funktion der Polis, Buch III beginnt mit einer allgemeinen Erörterung über Grundbegriffe der Politik und geht dann über zu einer Charakterisierung der Haupttypen von Verfassungen, die dann in Buch IV bis VI einschließlich ihrer Verfallsformen im Einzelnen behandelt werden. Die Bücher VII und VIII haben den aristotelischen Entwurf eines Wunschstaates zum Inhalt.

Die unter dem Namen des Aristoteles überlieferte, in drei Bücher eingeteilte *Ökonomik* stammt nicht von Aristoteles. Ihr erstes Buch ist vom ersten Buch der *Politik* abhängig.

Der Mensch – ein politisches Lebewesen
(*Politik* I 2)

Die Politik handelt von der öffentlichen Sphäre des Menschen im Raum der Polis und von den Institutionen der Polis. Aristoteles beginnt mit der Skizzierung einer aufsteigenden Skala des Zusammenlebens. Der Mensch kann nicht isoliert für sich leben, sondern bedarf der Gemeinschaft, 1. der Verbindung zweier Menschen (Mann und Frau), 2. der Hausgemeinschaft, 3. des Dorfes, 4. der Polis. Die Skala ist nach dem Grad der Autarkie gestaffelt. 1. Die Verbindung von Mann und Frau sieht Aristoteles (wie die gesamte Antike) im Hinblick auf die Nachkommenschaft und damit auf die Arterhaltung. Kinderlosen Ehen haftete nach allgemeiner Überzeugung ein Makel an. Zu den elementaren Gegebenheiten des Zusammenlebens gehört für Aristoteles auch die Arbeitsteilung zwischen einem herrschenden und einem dienenden Element (Herr – Sklave). 2. Aus diesen beiden Verbindungen entsteht das «Haus» (meist mit «Haushalt» übersetzt). Es ist eine Gemeinschaft, deren Glieder für die Befriedigung der täglichen Bedürfnisse sorgen. Das «Haus» meint hier nicht das Gebäude, sondern das Zusammenleben ungleicher Glieder mit gemeinsamem Ziel. Es umfasst die Familie (für die erst die Römer das Wort *familia* geprägt haben) und das (wie man früher sagte) ‹Gesinde›. Es ist durch Aristoteles zu einer festen Größe in der alteuropäischen Sozialordnung geworden[2] und war bis tief ins 20. Jahrhundert eine soziologische Gegebenheit vor allem im ländlichen Raum, bevor die für die Gegenwart signifikante Dissoziierung von Haus und Familie einsetzte. 3. Aus mehreren Häusern geht das Dorf hervor, in dem sich unterschiedliche Berufsgruppen bilden können, «so dass nun im Dorfverband schon Dinge erhältlich sind, die man nur von Zeit zu Zeit einmal braucht».[3] Zur vollen Autarkie bedarf es aber (4.) der Polis, die zugleich der eigentliche Entfaltungsraum des Menschen ist. Hier findet sich nun der berühmte und viel diskutierte Satz:

> Der Mensch ist von Natur aus ein politisches Lebewesen (Pol. I 2, 1253 a 2).

Diese fundamentale Feststellung meint, dass der natürliche Lebensraum des Menschen die Polis ist. Der hier verwendete Naturbegriff hat einen teleologischen und einen biologischen Aspekt. Der teleologische Aspekt kommt in dem Sprachgebrauch zum Ausdruck, wonach man die

Beschaffenheit eines Dinges, dessen Entwicklung abgeschlossen ist, «Natur» nennt, so die Natur eines Menschen oder eines Pferdes (Pol. I 2, 1252 b 32). Die Polis ist Ende und Erfüllung eines zielgerichteten natürlichen Prozesses. Außerhalb oder oberhalb der Polis findet ‹Politik› nicht statt. Man hat sich darüber gewundert, dass Aristoteles seine politischen Theorien und Ansichten so ausschließlich an das Gebilde der griechischen Polis bindet. Aber er wollte damit nicht eine angeblich zum Untergang bestimmte Institution konservieren.[4] Vielmehr war die Polis wie selbstverständlich der im 4. Jahrhundert auch historisch voll funktionsfähige Rahmen des griechischen Lebens. Auch waren alle politischen Theorien, die Aristoteles vorfand, am Modell der Polis orientiert. Dass grundsätzlich gleichwohl die politischen Anschauungen des Aristoteles vom konkreten Gebilde der Polis ablösbar und damit verallgemeinerungsfähig sind, zeigt der biologische Aspekt des in diesem Kontext verwendeten Naturbegriffs.[5] Denn sowohl die (auf der ersten Stufe) als natürlich angesehene Verbindung von Mann und Frau mit dem Ziel der Arterhaltung durch Nachkommen als auch der Hinweis auf Bienen und Herdentiere (Pol. I 2, 1253 a 8), die in einem quasipolitischen Verband leben, zeigen eine Allgemeingültigkeit an, die eine enge Bindung an den Stadtstaat transzendiert. Das kommt auch in der Betonung der entscheidenden Differenz zum Ausdruck, die den Menschen von den höchstentwickelten Herdentieren trennt. Während diese mit ihrer Stimme situationsbedingt zwar Lust und Schmerz anzeigen können, ist allein der Mensch im Besitze des «Logos», hier als «Sprache» verstanden, womit er Recht und Unrecht bezeichnen und überhaupt argumentieren kann. Dabei geht es nicht allein um die Organisation der Lebensbedürfnisse, sondern um das «gut leben» (εὖ ζίν, Pol. I 2, 1252 b 30). Damit ist kein «es sich gut gehen lassen» gemeint; vielmehr strömt der ganze Komplex der ethischen Tugenden ein, die in einer entsprechenden ‹Wertegesellschaft› nur im Verband der Polis realisierbar sind. Wer außerhalb des Polisverbandes steht – der «apolis» (I 2, 1253 a 3) –, ist, sofern er nicht als Verbannter ausgestoßen ist, entweder weniger oder mehr als ein Mensch, entweder Tier oder Gott (I 2, 1253 a 29).

Mit der engen Bindung von Ethik und Politik im Raum der Polis steht Aristoteles grundsätzlich in der Tradition Platons. Er distanziert sich implizit von zu seiner Zeit geläufigen Theorien, wonach der Mensch völlig bedürfnislos (wie die Kyniker meinten) oder umgekehrt ein durch den Staat und seine Gesetze mühsam gebändigtes wildes Tier (so der Sophist Kritias, 460–403 v. Chr.) ist oder wonach der Staat eine reine, nur auf Verabredungen beruhende Konvention sei (Sophisten).

Aristoteles wusste sehr wohl, dass es zu seiner Zeit Königreiche und Flächenstaaten gab, die nicht nach dem Modell der Polis strukturiert waren. Diese stehen für ihn auf der Stufe des «Dorfes», da sie «unter königlicher Herrschaft» stehen, so wie die Häuser von einem Herrn nach der Art eines Königs regiert werden. Aristoteles sagt nur andeutend, es sind «die Völker»,[6] die so regiert werden. Unter diesen Herrschaftsstrukturen kann sich die für die Polis bezeichnende Bürgerbeteiligung an der politischen Verantwortung nicht entfalten. Man wird aber auch festhalten können, dass Alexander und seine Nachfolger bei der Eroberung Griechenlands die Polisstruktur nicht antasteten, ja sich in ihr einzurichten suchten, ganz unabhängig allerdings von dem völligen Verlust außenpolitischer Macht der griechischen Städte.

Freie und Sklaven
(*Politik* I 4–6)

Der Text über das sensible Thema der Stellung und Eigenart des Sklaven ist nicht leicht verständlich und durchaus Missverständnissen ausgesetzt. Die Schwierigkeiten beginnen mit dem Wort «Sklave», das ganz unwillkürlich einen überaus negativen Klang hat. Es ist jedoch erst im 7. Jahrhundert n. Chr. als *slavus* belegt.[7] Was wir mit «Sklave» übersetzen, heißt im Griechischen δοῦλος (*doulos*) und im Lateinischen *servus*. Damit assoziieren wir eher Begriffe wie «Diener», «Gesinde», allenfalls «Knecht» oder «Magd». Tatsächlich waren «Sklaven» in der gesamten antiken Welt in einer Fülle unterschiedlichster Funktionen tätig: im Bergwerk, im Haus, in der Landwirtschaft, im Handwerk, als Pädagogen und demnach in Bereichen, in denen zumindest in der griechischen Polis immer auch freie Bürger fungierten. Gemeinsam sind all diesen «Sklaven» das Moment der persönlichen Unfreiheit und damit der Umstand, dass sie im Besitze eines Anderen sind.[8] Das führt leicht dazu, sie nur als eine ‹Sache› anzusehen, und so bezeichnet Aristoteles den Sklaven als ein «lebendiges Werkzeug» (I 4, 1253 b 32), was als «schlichtes Ärgernis» empfunden wurde.[9] Nun ist aber Aristoteles an der Institution der Sklaverei[10] nicht eigentlich interessiert. Er hat sie weder verteidigt noch angeklagt. Sie war einfach eine Gegebenheit, ohne die das Wirtschaftssystem der antiken Polis zusammengebrochen wäre und deren Abschaffung bis in die Spätantike hinein formell von niemandem gefordert wurde, auch nicht von einigen Sophisten (Alkidamas, um 400

v. Chr.) und Dichtern (Euripides; Theodektes, 4. Jh. v. Chr.), die für die Gleichheit aller Menschen plädierten.

Indes hat Aristoteles eine Sonderlehre entwickelt, die, zu Ende gedacht, das bestehende System der Sklaverei bis zu einem gewissen Grade in Frage gestellt hätte. Dabei sind zwei Momente von Bedeutung. Zum einen bestimmt Aristoteles den Sklaven rein von seiner Funktion her als ausführendes Organ der Anordnungen seines Herrn, sozusagen als dessen «verlängerten Arm».[11] Denn für jede handwerkliche Tätigkeit und für das Funktionieren eines Haushaltes muss das passende Werkzeug zur Verfügung stehen und das ist entweder «belebt» oder «leblos». Auf diese Differenz kommt es Aristoteles aber nicht so sehr an, denn in kühner Vision einer modernen Technik sieht er die Möglichkeit des Verzichtes auf Sklaven, wenn Maschinen die gleiche Arbeit leisten könnten:

> Wenn nämlich jedes Werkzeug auf Anordnung oder mit eigener Voraussicht seine Aufgabe erledigen könnte, wie man es von den Standbildern des Daidalos und den Dreifüßen des Hephaistos berichtet, die, wie der Dichter sagt, «von selbst zur Versammlung der Götter sich einfinden» – wenn die Weberschiffchen von allein die Webfäden durcheilten und die Schlagplättchen Kithara spielten, dann brauchten die Meister keine Gehilfen und die Herren keine Sklaven (I 4, 1253 b 33–38).

Aristoteles zitiert eine erstaunliche Stelle der *Ilias* Homers (XVIII 376), wo in märchenhafter Spielerei von der Kunst des Hephaistos die Rede ist, der in seiner Schmiede 30 dreirädrige ‹Autos› konstruiert hat – eine erste Serienproduktion –, die von allein ohne sichtbare Kraft zur Versammlung der Götter und wieder zurück fahren. Diese kühne Utopie bleibt zwar auch für Aristoteles noch irreal, doch ist der Gedanke ganz konkret, der seine Erfüllung erst im 20. Jahrhundert finden sollte. Das Ersetzen der Handarbeit durch Maschinen ist denn auch ein wesentlicher Faktor zur wenn auch nur teilweisen Reduzierung abhängiger Arbeit, die es als solche immer geben wird. Aristoteles ist also überhaupt nicht an einem ‹Sklavenstaat› interessiert, sondern nur am Funktionieren des wirtschaftlichen Geschehens.

Eine andere Überlegung führt noch weiter. Aristoteles ist der Meinung, dass ein derartiges Gegenüber einer anordnenden und einer ausführenden Instanz naturgegeben sei. Das ist der Kern seiner Lehre vom «Sklaven von Natur aus». Er hatte von Anfang an alle Stufen des menschlichen Zusammenlebens als «von Natur aus» gegeben angesehen, die Verbindung von Mann und Frau zur Arterhaltung, die Dorfgemeinschaft zur Befriedigung der Grundbedürfnisse und die Polis als

Raum zur Entfaltung der dem Menschen eigenen Anlagen und Fähigkeiten in der Gemeinschaft. Aristoteles hat dabei in eine von den Sophisten entfachte Diskussion über den Gegensatz von Nomos (Gesetz, Übereinkunft) und Physis (Natur) eingegriffen.[12] Die Sophisten standen überwiegend auf der Seite des Nomos. Alles beruht auf Übereinkunft, schon in der Sprache. Was man «gut» nennt, kann auch «schlecht» heißen, wenn man dies nur verabredet; Gesetze beruhen auf Übereinkunft und der Staat ist nur eine verabredete Interessengemeinschaft. Dem setzt Aristoteles sein Konzept von den (durchaus biologisch verstandenen) Gegebenheiten «von Natur aus» entgegen.

Es ist eine bis heute anhaltende Streitfrage, ob alle Menschen gleich sind und die Ungleichheit nur durch Bildungschancen und Umwelteinflüsse zustande kommt oder ob es doch von Geburt an eine Ungleichheit der Anlagen und Fähigkeiten gibt. Eben das ist die Position des Aristoteles, der davon ausgeht, dass es einen Menschentyp gibt, der mehr zum Dienen und zum Ausführen geeignet und der auch damit zufrieden ist, nicht in der ersten Reihe zu stehen. Und er sieht das Miteinander zweier gegensätzlicher Typen als nützlich für beide Seiten, zum wechselseitigen Wohlergehen. Diese Konzeption des «Sklaven von Natur aus» impliziert aber die Ablehnung des «Sklaven dem Nomos nach», also dessen, der mit Gewalt, etwa als Kriegsgefangener, Sklave geworden ist. Aristoteles sieht dieses Problem auch ganz klar und nimmt Bezug auf eine uns nicht mehr greifbare kontroverse Diskussion zu seiner Zeit (I 6, 1235 a 4 ff.), wobei er seine Position nur indirekt zum Ausdruck bringt. Noch zurückhaltender ist er in einer viel tieferen Konsequenz seiner Konzeption: Wenn der Sklave dadurch bestimmt ist, dass er «Sklave von Natur» ist, dann müssten zahlreiche rechtlich und politisch Freie, insofern sie eine Sklavennatur haben, eigentlich Sklaven sein. Diese im Grunde unabweisbare Konsequenz zieht Aristoteles nicht explizit, weil er systemimmanent argumentiert und dabei seine Sonderlehre im Rahmen der überkommenen Struktur vorträgt, weshalb sie so kompliziert dargestellt ist. Aber eigentlich würde diese Konzeption die vorgefundene Institution der Sklaverei sprengen. Doch dieser Schritt wird nicht vollzogen.

Auffallend ist, dass Aristoteles in diesem Kontext die zwischen Herr und Sklave stehende, in Athen nicht kleine Bevölkerungsgruppe der Metoeken, der Aristoteles selber angehört, nicht erwähnt. Aber es kommt ihm auf die binären Oppositionen und Analogien: Herr – Sklave, Seele – Körper, Anordnen – Ausführen an und offenbar haben die Metoeken in den theoretischen Diskussionen, auf die sich Aristoteles bezieht, keine Rolle gespielt. Aristoteles erwähnt die Metoeken mehrfach im dritten Buch der *Politik* (III 1, 1275 a 7; 1275 a 28; III 2, 1275 b 37; III 5, 1277 b 35; III 5, 1278 a 38) eher beiläufig und ohne auf deren Rechtsstellung – sie waren ausgeschlossen von Ämtern und Grundbesitz – näher einzugehen. Es kommt hinzu, dass die Grenze zwischen Bürgern und Metoeken in den verschiedenen Verfassungen der Städte unterschiedlich markiert ist, wie Aristoteles selber ausführt; für ihn aber steht die anthropologische Begründung für die Notwendigkeit zweier Komponenten zum Funktionieren der Polis im Vordergrund. Wer «Sklave von Natur» ist, ist es überall.

Wir urteilen heute auf der Basis des modernen demokratischen Egalitarismus, sollten aber nicht vergessen, dass die proklamierte förmliche Abschaffung der Sklaverei eine Angelegenheit des 19. und 20. Jahrhunderts war und dass bis heute eine unvorstellbar große Zahl (2006 waren es ca. 12 Millionen Menschen) als Unfreie im Zustande der Sklaverei in den schlimmsten Erscheinungsformen leben,[13] mit deren Inhumanität die Theorie des Aristoteles, die man kritisieren mag, nichts zu tun hat.

Erwerb und Besitz
(*Politik* I 8–13)

An die Besprechung der personalen Zweierrelation (Mann – Frau; Herr – Sklave) schließt Aristoteles, noch bevor er sich der Polis im Ganzen zuwendet, die Ökonomik an, die Lehre also, die das ‹Haus› betrifft. Er entwickelt dabei eine systematische Skizze einer Ökonomik, die als «Haushaltslehre» gleichwohl tief in den politischen Bereich hineinragt. Für Teilbereiche dieses Komplexes hatte er Vorläufer oder zumindest Anregungen, die bis auf die älteste griechische Literatur zurückreichen. Reflexionen über das Haus, über die Rolle des Hausherrn, über Haus- und Landarbeit gibt es seit Hesiods Epos *Werke und Tage* (um 700 v. Chr.), wobei von Anfang an die wirtschaftlichen Überlegungen mit ethischen Fragestellungen etwa über die gute Lebensführung des Hausherrn, über die Relationen Mann – Frau, Herr – Sklave und über den Umgang mit Reichtum und Vermögen verknüpft waren.[14]

Als Aristoteles schon in der platonischen Akademie war, erschien die *Ökonomik* des alten Xenophon (430–ca. 354), der Fiktion nach ein Bericht über ein Gespräch, das Sokrates mit dem reichen Kritoboulos geführt hat. Zwar werden darin alle Themen der Ökonomik berührt, das Innere des Hauses (Mann, Frau, Ehe, Sklaven) sowie die Führung des Hauses im Sinne eines landwirtschaftlichen Betriebes, wofür Sachkenntnis und Sorgfalt als nötig erachtet werden. Doch die Form des sokratischen Gesprächs setzt die Akzente gleich zu Beginn mit der typisch sokratischen Frage, ob zur Führung eines Haushaltes ein spezifisches Wissen erforderlich sei. Im Übrigen ist der fiktive Dialog stark didaktisch ausgerichtet. So ist denn die erste von jeglichem Beiwerk befreite, systematisch durchgeformte Ökonomik die des Aristoteles. Er fand die Stichworte für die Themen vor und auch uns verlorene Spezialliteratur zu Einzelfragen. So erwähnt er Schriften uns völlig unbekannter Autoren wie Charetides von Paros und Apollodor von Lemnos über Aussaat und Obstanbau. Wie immer ist Aristoteles auch hier durch Literatur auf dem neuesten Stande und hat alles verarbeitet, was er erreichen konnte.

Sein Ansatz ist wiederum ein biologischer. Er führt Erwerb und Besitz auf einen ganz einfachen Ursprung zurück, auf die Ernährung. Sie ist die Grundbedingung des Lebens überhaupt und damit die ursprünglichste Form des Erwerbs, nämlich des Erwerbs von Nahrungsmitteln. Sogleich systematisierend führt er aus, dass es angesichts der Vielfalt der Lebensformen auch eine Vielzahl von Arten der Ernährung gibt. In biologischer Betrachtungsweise sind die Tiere einbezogen. Sie leben im Hinblick auf die Sicherung der Nahrung teils vereinzelt, teils in Herden und sind teils Fleischfresser, teils Pflanzenfresser, teils Allesfresser, je nachdem wie es «die Natur» festgelegt hat. Die Natur, die, wie Aristoteles immer wieder betont, «nichts umsonst macht», ist der regulative Faktor, nicht irgendeine mythische Begebenheit (z.B. Feuerraub durch Prometheus), wie es in den sophistischen Kulturentstehungslehren heißt, und erst recht nicht eine religiöse Instanz (Zeus), die die frühe Dichtung für die Entwicklung der menschlichen Kultur und Lebensweise verantwortlich macht. Tier- und Menschenwelt greifen ineinander. Da die Herdentiere wegen der Weiden weiterziehen müssen, müssen auch die Nomaden weiterziehen. Dass sie ihre Nahrung ohne viel Arbeit erhalten und demnach Zeit zur Muße haben, hebt Aristoteles in offenbar positiver Wertung hervor. Der Aspekt ist aber kein historischer etwa im Sinne eines Urzustandes als eines goldenen Zeitalters, sondern ein systematischer. Denn gleichgewichtig werden andere Gruppierungen danebengestellt, so Menschen, die von der Jagd leben, teils von bloßem Raub, teils von Fischfang (sofern sie in der Nähe von Meer, Flüssen und Teichen leben), teils von Jagd auf wilde Tiere und dann vor allem die größte Gruppe, die von den Erträgen der Erde und dem Anbau von Früchten lebt. Dies alles sind naturgemäß Formen der Erwerbstätigkeit, mit der zugleich eine gewisse Vorratswirtschaft verbunden ist.

> Wenn nun die Natur nichts unvollendet und nichts umsonst tut, dann folgt daraus zwingend, dass die Natur dieses alles um der Menschen willen geschaffen hat ... Die Form der Erwerbskunst ist von Natur ein Teil der Kunst der Haushaltsführung; denn ein reichlicher Vorrat an Gütern, die für das Leben unerlässlich und für die staatliche und häusliche Gemeinschaft nützlich sind, muss vorhanden sein, oder die Erwerbskunst muss diesen Vorrat bereitstellen, damit er vorhanden ist (I 8, 1256 b 20–30).

Während auf dieser ersten als natürlich angesehenen Stufe das Anlegen eines Vorrates dem eigenen Bedarf dient und daher begrenzt ist, kommt die Gefahr einer unangemessenen Gewinnsucht mit dem Tauschhandel auf, bei dem ein über den unmittelbaren Bedarf hinaus produziertes Gut doppelt verwendet werden kann, zum eigenen Gebrauch und zum Tauschen. Die damit gegebene Erwerbsweise durch Handel resultiert aus einer Überproduktion in einer Gemeinschaft aus einer größeren Zahl von Mitgliedern, die getrennt voneinander leben. Solange sie dazu dient, im Tausch nützliche Dinge (Getreide, Wein usw.) zur unmittelbaren Versorgung mit lebensnotwendigen Gütern zu beschaffen, gilt der Tauschhandel nicht als «gegen die Natur» (I 9, 1257 a 29). Als nicht mehr naturgegeben sieht Aristoteles die «gewinnsüchtige Erwerbskunst» und damit das Streben nach unbegrenztem Reichtum an.

Diese Form der Erwerbskunst wird vor allem mit der Einführung des Geldes gefördert, das in Form von Münzen in Griechenland vom 7. Jahrhundert v. Chr. an in Gebrauch kommt. Dabei geht Aristoteles nicht auf prämonetäre Formen der Wertmessung ein, wie es in der homerischen Gesellschaft das Rind als Werteinheit darstellte, und auch nicht auf mögliche sakrale Ursprünge von «heiligem Geld»,[15] sondern er begründet die Erfindung des Geldes mit der aus Ungenügen an regionalen Produkten aufgekommenen Import- und Exportwirtschaft, die einen reinen Warentausch über große Strecken unmöglich macht und eines neutralen Wertmessers bedarf, wie es das Geld darstellt, zunächst orientiert an Größe und Gewicht des reinen Metallwertes und dann garantiert mit einem Prägestempel zur Bezeichnung des Wertes. Das so allgemein verwendete Geld ist für Aristoteles nicht «naturgegeben», sondern steht im Rahmen der großen Antithese von Physis (Natur) und Nomos (Satzung) auf der Seite des Nomos, der reinen Festlegung also, wie ja auch das griechische Wort für «Geld», νόμισμα (*nomisma*), wörtlich «Festlegung» heißt. Aristoteles sieht auch sofort die Willkürlichkeit des Geldes angesichts von möglichen Währungsveränderungen:

> Bisweilen scheint Geld ein leeres Wort zu sein von ganz und gar (willkürlich) festgesetzter Geltung, überhaupt nicht von Natur, denn wenn diejenigen, die es benutzen, (ihre Währung) ändern, ist es nichts mehr wert (I 9, 1257 b 10–12).

Mit dem Handel auf Geldbasis ist für Aristoteles die Gefahr verbunden, unbegrenzt Reichtum als reinen Selbstzweck anzuhäufen. Das sei nicht die Aufgabe der Ökonomie (I 9, 1257 b 31). Er sieht in der Vermehrung des Geldes bis ins Unendliche eine systemimmanente Konsequenz dieser Art von «Erwerbskunst» und muss das Missverständnis abwehren, er sei überhaupt gegen Reichtum, den in vernünftigem Umfang zu erwerben und zu bewahren Aufgabe einer sinnvollen Erwerbskunst ist. Während jene nur dem Leben überhaupt und dabei vor allem der Befriedigung der körperlichen Genüsse dient, kann diese zu einem «guten» (d.h. ethisch wertvollen) Leben verhelfen. So ist es auch nicht Aufgabe der Medizin, Geld zu machen, sondern Gesundheit wiederherzustellen (I 9, 1258 a 1–13). Die grenzenlose Bereicherung gilt als soziale Fehlentwicklung.

Auf diesen mehr theoretischen Teil der Ökonomie folgt (ab Kapitel 11) ein Abriss der mit der Ökonomie verbundenen praktischen Fragen. Mit den Einzelheiten will Aristoteles sich aber nicht lange aufhalten, das sei im Rahmen seiner Darstellung «lästig» (I 11, 1258 b 35). So beschränkt er sich auf eine wiederum systematisch angelegte Übersicht über die erforderlichen praktischen Kenntnisse in den einzelnen Bereichen. Denn praktische Kenntnis ist unabdingbar, nicht nur in der Frage der Rentabilität bei der Haltung von Pferden, Rindern und Schafen oder bei Bodenbestellung, Pflanzungen von Bäumen und Sträuchern, bei Bienenzucht und Tierhaltung aller Art, sondern auch auf dem Gebiet des Handels im Geschäftsverkehr, bei Fernhandel und Warentransport, beim Feilbieten von Waren, bei der Anstellung von Fachkräften und Ungelernten, bei der Gewinnung und Vermarktung von Rohstoffen. Für die inhaltliche Ausfüllung dieses eindrucksvollen Katalogs verweist Aristoteles auf Spezialliteratur und auch auf die schon zu seiner Zeit berühmt gewordene Geschichte, wie sich Thales von Milet (erste Hälfte des 6. Jh.s v. Chr.) das Monopol über die Ölpressen sicherte, weil er aus der Berechnung der Gestirne auf eine große Olivenernte schloss und daher im Voraus alle Ölpressen der Umgebung noch im Winter billig mietete, um sie zur Zeit der Ernte teuer zu vermieten (I 11, 1259 a 7–20). Aristoteles wollte Thales eigentlich nicht als gerissenen Geschäftsmann charakterisieren, sondern nur zeigen, dass der Philosoph auch in der praktischen Geschäftswelt erfolgreich sein könne, wenn er nur wolle – erkennbar ein Gegenzug zu der von Platon (*Theaetet* 174 A) verbreiteten Anekdote, wonach der von der Lebenswelt abgewandte Thales bei der Betrachtung der Gestirne in einen Brunnen fiel und sich von einer thrakischen Magd verspotten lassen musste.[16] Für Aristoteles ist die Anekdote, wie er sie berichtet, ein Exempel für die Möglichkeit der Gewinnmaximierung in Zeiten des größten Bedarfs.

Überblickt man die von Aristoteles skizzierte Darstellung der Themen und Probleme des praktischen Teiles der Ökonomik, so gewinnt man den Eindruck, dass dieser Bereich als «Chrematistik» (Kunst der Geldvermehrung) sich schon zu einer «bereits weitgehend ethosfreien Fachkunst»[17] verselbständigt hatte, die weit über den Rahmen des «Hauses» hinausgeht. Das kommt auch darin zum Ausdruck, dass Aristoteles auch den Politikern zur Erschließung von staatlichen Einnahmequellen die Kenntnis und Anwendung der Monopolisierung von Produktionsmitteln und deren Vermarktung ausdrücklich empfiehlt (I 11, 1259 a 32–36).

Zugleich lässt die Darstellung des Aristoteles darauf schließen, dass als Grundlage und Voraussetzung der Verselbständigung der «Chrematistik» die agrarische Produktionsweise ihrerseits bereits bis zu einem gewissen Grad technisiert,[18] wenn nicht industrialisiert war.

Die Ökonomik des Aristoteles hat gleichsam zwei Gesichter. Zum einen sind es die natürlichen Relationen von Personen (Herr – Sklave usw.) im Hause sowie eine natürliche Bedarfswirtschaft, eingebunden in die Grundsätze der Ethik. Auch in diesem Zusammenhang denkt Aristoteles nicht an das «Haus» im Sinne eines in den griechischen Städten im 5. und 4. Jahrhundert anzutreffenden kleinen Reihenhauses,[19] sondern eher an das, was wir als ein «Gut» mit Herr, Frau und Gesinde bezeichnen würden. Auf der anderen Seite steht ein umfassendes Wirtschaftsgeschehen, das Aristoteles auch deshalb in die Ökonomie (des Hauses) einordnet, weil er die politische Sphäre von wirtschaftlichen Erwägungen möglichst freihalten wollte. Der moderne Begriff der Ökonomik[20] umfasst indessen als «Volkswirtschaft» den gesamten Bereich der Wirtschaft von der kleinsten Einheit bis zur internationalen Globalisierung. Es bleibt aber festzuhalten, dass Aristoteles als Erster eine systematische «Ökonomie» verfasst hat, die diesen Namen verdient.

Kritik an den Vorgängern
(*Politik* II)

Bevor Aristoteles sich der Erörterung der Gestalt der Polis und ihrer Bürger zuwendet, mustert er – wie er es auf allen Gebieten zu tun pflegt – im zweiten Buch der *Politik* die vorhandenen Theorien und Entwürfe. Als Leitfrage formuliert er eingangs das Problem des Besitzes, der Möglichkeiten und Grenzen einer Gütergemeinschaft, wobei immer die ethische Frage nach dem «guten Leben» im Hintergrund steht. Er setzt sich mit den Anschauungen von drei Denkern (Platon, Phaleas aus Chalkedon, Hippodamos von Milet) und drei Verfassungen (Sparta, Kreta, Karthago) auseinander, um dann (Kap. 12) noch die Entwürfe von neun verschiedenen Gesetzgebern kurz zu besprechen. Nahezu die Hälfte des ganzen Buches ist der Kritik an Platons staatstheoretischen Schriften gewidmet. Wir haben es dabei mit der ersten von zahlreichen, bis in die Gegenwart reichenden Kritiken vor allem an Platons *Staat* (*Politeia*) und in zweiter Linie an den *Gesetzen* zu tun. Dabei unterstellt Aristoteles Platon die Möglichkeit und Absicht der unmittelbaren Realisierung einzelner Aussagen in der Umsetzung eins zu eins. Er kümmert sich nicht um die Kautelen, die Platon selber angebracht hat, und demnach auch nicht um den fiktionalen, metaphorischen und utopischen Charakter des Staatsmodells, das Platon ausdrücklich nicht im Hinblick auf die Realisierbarkeit entworfen hat (Rep. V 472D), das vielmehr «vielleicht im Himmel», aber «nirgendwo auf Erden» (Rep. IX 592 AB) angesiedelt ist. Mit spürbar mokanter Nuance, geradezu an den Komödienspott erinnernd, kritisiert Aristoteles den Gedanken der Frauen- und Kindergemeinschaft.

> Denn da bezeichnet einen und denselben Menschen der eine als seinen Sohn, der andere als seinen Bruder, (ein Dritter) als seinen Neffen oder (mit weiteren Ausdrücken) entsprechend einem anderen Verwandtschaftsverhältnis der Familienzugehörigkeit oder Verschwägerung (II 3, 1262 a 9–11).

Unmöglich könne so eine natürliche Liebesbeziehung entstehen, und schließlich komme doch heraus, wer mit wem wie verwandt ist.

Ernsthafter ist die Erörterung über gemeinsamen oder privaten Grundbesitz, die sich – wie Aristoteles selber sagt (II 5, 1262 b 40) – auch losgelöst von den platonischen Bestimmungen über die Frauengemeinschaft führen lässt. Und in der Tat geht es um die bis in die

Gegenwart brisante Frage, ob landwirtschaftlich genutzter Boden vergesellschaftet oder in Privatbesitz sein soll. Unter der Annahme gemeinsamen Besitzes ergibt sich dann die zusätzliche Frage, ob auch der Ertrag der Bewirtschaftung des Bodens allen gehört oder nicht. Aristoteles votiert – höchst modern – für den Privatbesitz, aber mit einer Verpflichtung gegenüber der Allgemeinheit dergestalt, dass der Eigentümer unter bestimmten Bedingungen die Nutzung des Bodens auch Anderen zur Verfügung zu stellen und ihn im Falle der eigenen Nutzung so zu bewirtschaften habe, als gehöre er der Allgemeinheit. Grundsätzlich steht er auf der Seite des Privatbesitzes, wobei er ganz anthropologisch argumentiert.

> Aufs Ganze gesehen ist es überhaupt schon schwierig, miteinander zu leben und menschliche Dinge jeglicher Art miteinander zu teilen, und am schwierigsten ist das in solchen Dingen. Das zeigen auch Reisegruppen. So ziemlich die meisten Teilnehmer verfeinden sich, weil sie aus ganz alltäglichen und geringfügigen Anlässen miteinander in Streit geraten (II 5, 1263 a 15–19). Außerdem trägt es auch unbeschreiblich viel zum Wohlbefinden bei, wenn man etwas als sein Eigentum betrachten kann (II 5, 1263 a 40 f.).

Ferner, so führt Aristoteles fort, könne man nur bei eigenem Besitz (welcher Art auch immer) bestimmte Tugenden wie Gastfreundschaft, Großzügigkeit und Selbstbeherrschung verwirklichen, zum Beispiel im Hinblick auf Gemeinschaft mit Frauen:

> Denn es ist ein rühmenswertes Verhalten, aus Selbstbeherrschung die Frau eines anderen nicht anzurühren (II 5, 1263 b 10).

Diese (und andere) Argumente dienen als Einwände gegen die Vorstellung der Vereinheitlichung aller Lebensbereiche, die Aristoteles an der platonischen *Politeia* kritisiert, in der keiner glücklich werden könne.

Anschließend (II 6) unterzieht er das platonische Alterswerk *Gesetze* (*Nomoi*) einer ähnlich gearteten, wenn auch etwas milderen Kritik. Sie ist adäquater, weil die einzelnen gesetzlichen Bestimmungen in den *Gesetzen* realitätsnäher und nicht unter der Prämisse eines abstrakten Modells stehen. Aristoteles kritisiert Einzelheiten in der Gesetzgebung über Grundbesitz und Ämterverteilung. In diesem Zusammenhang findet sich eine grundsätzliche Charakterisierung der Dialoge Platons.

> Außergewöhnliche Ideen, geistreiche Erfindung, Kühnheit der Neuerungen und eindringendes Forschen weisen alle Gespräche des Sokrates auf. Dass dies alles aber auch richtig ist, wird sich wohl schwer erweisen lassen (II 6, 1265 a 10–13).

Mit «Gespräche des Sokrates» sind die Dialoge Platons gemeint, und zwar «alle» (wie es ausdrücklich heißt), auch die *Gesetze*, in denen Sokrates nicht mehr auftritt. Aristoteles sieht ganz einfach in dem «Athener» (dem Hauptunterredner der *Gesetze*) Sokrates. Diese Gesamtcharakterisierung des platonischen Werkes dürfte Aristoteles kaum noch in der Akademie zu Lebzeiten Platons verfasst haben, zumal Platon an den *Gesetzen* als letztem Alterswerk bis kurz vor seinem Tod gearbeitet haben wird, das also kaum vor dem Weggang des Aristoteles aus Athen zur Verfügung gestanden haben kann.

Über Phaleas von Chalkedon (einer Stadt am Südausgang des Bosporos), den Aristoteles als nächsten kritisiert, wissen wir fast nichts. Er wird sonst nirgends erwähnt und gehört wohl noch ins 5. Jahrhundert. Es geht wiederum um die Forderung nach Gleichheit des Grundbesitzes, die nach Meinung des Phaleas bei Städtegründungen, die bei den Griechen bis ins 4. Jahrhundert eine enorme Rolle spielten, leichter zu verwirklichen sei als bei Städten mit einer anderen sozialen Ordnung. Es ist dies eine Problematik, die dann auch Platon im fünften Buch der *Gesetze* aufgegriffen hat. Aristoteles erwähnt Phaleas wohl deshalb, weil er als «Erster» (II 6, 1266 a 39) in seinem Staatsentwurf Besitzverteilung als politisches Instrument berücksichtigt hat. Wer etwas «als Erster» getan hat, spielt im griechischen Denken eine große Rolle. Alle Errungenschaften werden auf einen «ersten Erfinder» zurückgeführt.

Mit Hippodamos von Milet, der «als Erster» (II 8, 1267 b 29) nicht aktiver Politiker einen Entwurf über die «beste Verfassung» vorgelegt hat, werden ein berühmter und prominenter Mann und sein Werk zum Gegenstand der Kritik. Obwohl Hippodamos' Wirken mehr als hundert Jahre zurückliegt, Aristoteles ihn also nicht mehr gesehen haben kann, beschreibt er seine äußere Erscheinung mit üppiger Haartracht, kostbarem Schmuck und warmem Mantel, den Hippodamos auch im Sommer als Ausdruck eines eigenwilligen Lebensstils trug. Hippodamos war Architekt und Städteplaner. Die «neuere hippodamische Art» (Pol. VII 11, 1330 b 24) der Stadtplanung ist berühmt geworden. Sie bestand in einer Anlage von gleichförmigen Privathäusern in parallelen, rechtwinklig sich schneidenden Straßen, die auf einen Markt in der Mitte hinführten. Hippodamos soll in diesem Sinne Piraeus beim Wiederaufbau nach den Perserkriegen, Thurioi bei der Neugründung im Jahre 440 und Rhodos angelegt haben; andere Städte (Olynth) waren ebenfalls nach dem Hippodamischen System gegliedert. Man hat darin den städtebaulichen Ausdruck der im 5. Jahrhundert erstarkten Demokratie gesehen[21] und so ist denn Hippodamos ein frühes Beispiel in einer langen, bis in die Gegenwart reichenden Kette rühmlicher und unrühmlicher Verbindungen von Architektur und Politik.[22]

Ob indes die an dieser Stelle von Aristoteles referierte Staatstheorie mit einer Dreiteilung der sozialen Gruppen (Handwerker, Bauer, Krieger) und des Bodens (Tempelland, Gemeindeboden, Privatbesitz) sowie der Gesetze mit der Wahl der Beamten durch das Volk eine Entsprechung zu den architektonischen Entwürfen aufweist, ist schwer erkennbar. Aristoteles jedenfalls sieht eine solche Verbindung nicht und behandelt beide Seiten des hippodamischen Wirkens getrennt (über den Städtebau nur kurz Pol. VII 11). Er kritisiert Einzelheiten der Gesetzgebung, nicht jedoch den Kern der Konzeption, wie er es Platon gegenüber tut, und tritt schließlich in eine Erörterung darüber ein, ob und unter welchen Bedingungen man geschriebene Gesetze ändern soll.

Mit dem Überblick über die Regelungen in drei verschiedenen Verfassungen schließt die Analyse bestehender Staatsentwürfe ab (Pol. II 9–11). Ob dafür der Hintergrund die bereits ausgearbeitete oder in Entstehung befindliche *Sammlung der 158 Politien* ist, wird unterschiedlich beurteilt und ist auch von geringer Bedeutung. Deutlich ist, dass Aristoteles an eine bestehende Diskussion anknüpft, deren Teilnehmern die Zusammenstellung der spartanischen mit der kretischen (nicht aber mit der karthagischen) Verfassung geläufig ist, wie denn auch in den platonischen *Gesetzen* ein spartanischer und ein kretischer Gesprächspartner dem «Athener» gegenüberstehen. So erwähnt Aristoteles ausdrücklich Platons Alterswerk – diesmal zustimmend (II 9, 1271 b 1) – und zwar insbesondere in der Kritik an der Ausrichtung der spartanischen Gesetzgebung ausschließlich auf die kriegerische Tüchtigkeit. Er kritisiert die Stellung der Frau als Kriegerin und bemerkt, die Spartaner hätten es nicht verstanden, ein ruhiges Leben ohne Krieg zu führen, und sie hätten auch im Frieden nichts Wichtigeres zu tun gehabt als Übungen für den Krieg zu veranstalten (II 9, 1271 b 5–7). Er findet die Besitzverteilung unausgewogen und unzweckmäßig geregelt und übt Kritik an der Einrichtung der Ämter und der obligatorischen gemeinsamen Mahlzeiten.

Die anschließende Besprechung der kretischen Verfassung (II 10) enthält keine neuen Aspekte. Sie ist der spartanischen Verfassung ähnlich, der gegenüber einige Einrichtungen als besser, einige als schlechter angesehen werden. Ein wesentlicher Unterschied besteht darin, dass in der kretischen Verfassung von der Ausrichtung des ganzen Gemeinwesens – und das gilt auch für die Frauen – auf den Krieg nicht die Rede ist.

Überraschend ist zunächst, dass Aristoteles mit der karthagischen eine nicht-griechische Verfassung zum Gegenstand der Untersuchung macht, die entsprechend in der *Sammlung der 158 Politien* auch nicht vorkommt, die er aber den griechischen Verfassungen als gleichwertig und der spartanischen als ähnlich an die Seite stellt und auch ähnlich beurteilt. Dem Leser oder Hörer der aristotelischen Vorlesung steht die karthagische Verfassung, obschon ein paar Mal bei den Rednern (Isokrates 3, 24) und bei Platon (*Gesetze* I 637D; II 674A) erwähnt, wohl etwas ferner. Aristoteles findet alle drei Verfassungen eng miteinander verwandt und hebt sie als diejenigen heraus, die im Rufe einer guten politischen Ordnung stehen.

Anhangsweise werden einzelne Gesetzgeber genannt (und kaum kritisiert), so Solon für Athen (auffallend kurz), Zaleukos für das epizephyrische Lokroi (im heutigen Kalabrien), Charondas für Katane (in Sizilien), Philolaos für Theben.

Bürger, Polis und Verfassung
(*Politik* III)

Mit dem dritten Buch der *Politik* beginnt eine Erörterung über die grundsätzlichen Fragen: Wer ist überhaupt ein Bürger, was ist eine Polis und was ist eine Verfassung? Die Argumentation ist sehr kompliziert und verschlungen. Soviel ist klar: Bürger ist nur, wer in einer staatlichen Gemeinschaft lebt («Staat» meint hier stets: «Polis»); eine Polis ist nicht ein von einer Mauer umschlossenes Territorium, sondern bezeichnet ein Zusammenleben der verschiedensten Menschengruppen im Rahmen einer Verfassung. Die Schwierigkeit in der Bestimmung, wer ein Bürger ist, besteht darin, dass die verschiedenen Verfassungen über das Bürgerrecht ganz unterschiedliche Bestimmungen enthalten, so dass es vorkommen kann, dass bei einer Verfassungsänderung ein und derselbe Mann (von Frauen ist nicht die Rede) vom Nicht-Bürger zum Bürger mutieren kann und umgekehrt. Das gilt auch für die Gruppe der Metoeken, über die Aristoteles einige Bemerkungen macht (III 1, 1275 a

7–19), ohne zu erkennen zu geben, dass er selber zu dieser Gruppe gehört, die «in gewisser Hinsicht» Bürger sind, aber nicht in vollem Sinn.

Bei dem Versuch einer allgemeinen Bestimmung, wer ein Bürger ist, orientiert sich Aristoteles weitgehend an der in Athen geübten Praxis. Bürger sind die, die Zugang zu den öffentlichen Ämtern in Beratung oder Rechtsprechung haben. Das sind – jedenfalls in Athen – die, deren Eltern Bürger waren und die demzufolge in den einzelnen Demen (den jeweiligen Polisbezirken) in die Bürgerlisten (in Athen mit 18 Jahren) eingetragen waren, unter Ausschluss merkwürdigerweise der Alten, die von der aktiven Gestaltung der Politik entbunden, sozusagen ‹emeritiert› sind, über die übrigens die attische Rechtsprechung nichts sagt, die jedoch als «Geronten» in den platonischen *Gesetzen* eine ganz wichtige Rolle spielen. Ausgeschlossen sind natürlich auch die Verbannten – eine solche Strafe wurde bei Tötungsdelikten verhängt –, ferner die rechtskräftig Verurteilten, die in Athen jedoch gewisse Bürgerrechte behielten.

Aber auch diese allgemeine Bestimmung gilt nicht überall, so dass die Einzelheiten letztlich vage bleiben. Wichtig ist für Aristoteles, dass die Polis im Zusammenleben verschiedener Menschengruppen besteht, von denen nur ein Teil Bürger in vollem Sinne sind. Da aber bei alledem das ethische Moment mitspielt, schließt Aristoteles eine kurze Erörterung darüber an, ob die Trefflichkeit (Arete) des guten Mannes mit der des guten Bürgers identisch ist. Aristoteles verneint diese Frage. Der gute Mensch (im Sinne der Verwirklichung der ethischen Tugenden) ist es immer und überall. Eine Polis kann aber nicht so zusammengesetzt sein, dass sie aus lauter guten Menschen besteht (III 4, 1276 b 16–30). Wohl aber soll dies bei den Herrschenden so sein, wie denn den guten Bürger auszeichnet, dass er in der Lage ist, zu herrschen und sich beherrschen zu lassen. Befehlen kann nur, wer zu gehorchen gelernt hat. Der Herrschende muss Klugheit (φϱόνησις) besitzen, beim (nur) Beherrschten ist «richtige Meinung» ausreichend.

Weil aber in bestimmten Verfassungen (in der Demokratie vor allem) die Herrschaft den Charakter des ‹Reihendienstes›[23] hat, fallen dann Mannes- und Bürgertugend zusammen. Da Aristoteles grundsätzlich von der Prämisse der Ungleichheit der Menschen ausgeht, wonach es einen planenden und einen mehr ausführenden Typ gibt, der Mensch sich aber nicht auf beiden Ebenen gleichmäßig verwirklichen kann, müssen bei Verfassungen mit ‹Reihendienst› entweder Mischformen zugelassen oder der Kreis der Bürger stark eingeschränkt werden. Ganz klar wird die Sache bei Aristoteles nicht, ist doch seine Darstellung in hohem Maße aporetisch gehalten. ‹Reihendienst› ist ein moderner soziologischer Ausdruck; er meint, dass alle Bürger abwechselnd Staatsämter wahrnehmen, als Ratsherren, Richter und Inhaber anderer Beamtenstellen, deren Zugang in der Demokratie durch ein ausgeklügeltes Lossystem geregelt wurde, das Manipulationen bei der Ämterbesetzung weitgehend ausschließen sollte.

Da die Polis nicht allein durch das Zusammenleben hinreichend definiert ist, sondern durch das Vorhandensein einer Verfassung, prüft Aristoteles im Folgenden (III 6–17) die einzelnen, in der Realität vorzufindenden Verfassungstypen, die er nach einem Sechserschema gliedert, je nachdem, ob die Regierung in den Händen von Einem, Einigen oder Vielen liegt (III 7):

	Einer	**Einige**	**Viele**
richtige Verfassungen:	Königtum	Aristokratie	Politie
verfehlte Verfassungen:	Tyrannis	Oligarchie	Demokratie

Die wertende Einteilung in «richtige» und «verfehlte» Verfassungen bedeutet, dass die «richtigen» Verfassungen auf das Allgemeinwohl, die «verfehlten» Verfassungen dagegen auf das Wohl nur der Regierenden ausgerichtet sind.

Einteilungen von Verfassungen in Typen und deren Bewertungen sind nicht neu. Vielmehr hat es von der Mitte des 5. Jahrhunderts an vor allem in Athen eine lebhafte Debatte über die Vorzüge und Nachteile verschiedener Verfassungstypen gegeben, die wir zuerst in der berühmten Verfassungsdebatte bei Herodot (III 80–82)[24] greifen können, in der ein Dreierschema – Monarchie, Oligarchie, Demokratie, bei Herodot noch Isonomie (gleicher Anteil am Gesetz) genannt – nach Maßgabe von Vor- und Nachteilen diskutiert wird. Einteilungen von Verfassungen finden sich bei Platon und Xenophon an verschiedenen Stellen ihrer Werke, wobei ein ausgeprägtes Sechserschema im platonischen *Politikos* (300 E – 303 D) mit der Gliederung nach der Herrschaft Eines, Mehrerer und Vieler in gute (Königtum, Aristokratie, gesetzliche Demokratie) und schlechte (Tyrannis, Oligarchie, gesetzlose Demokratie) Verfassungen anzutreffen ist. Dieses Schema hat Aristoteles von Platon übernommen mit dem Unterschied, dass statt der «gesetzlichen Demokratie» jetzt das Wort «Politie» eingesetzt ist. Man mag sich darüber wundern, dass Aristoteles die Demokratie unter die verfehlten Verfassungen stellt, aber es ist ein Streit um Worte. Denn was wir Demokratie nennen, entspricht der aristotelischen «Politie», insofern das Wohl des

Ganzen das Ziel ist. Überdies ist das Sechserschema kein Dogma, wird es doch der Fülle der Erscheinungen in der Realität nicht gerecht. Aristoteles löst sich denn auch alsbald von diesem Schema, richtet sein Augenmerk nur noch auf die Oligarchie und die Demokratie und findet selber seine Abgrenzung der Verfassungen nicht ganz zutreffend (III 8, 1279 b 25). Die Zahl der Regierenden gilt ihm nur noch als ein nebensächliches Kriterium. Auch gibt es Mischverfassungen und Verfassungsänderungen bei ein und derselben Polis, die sich einem Schematismus entziehen.

Grundsätzlich favorisiert er eine Verfassungsform, in der Viele regieren und begründet dies mit seiner gänzlich unplatonischen Summierungstheorie (III 11, 1282 b 1–22). Sie ist die erste theoretische Begründung des Teamwork und besagt, dass, selbst wenn ein Einzelner nicht tüchtig genug ist, in der Summierung einer größeren Zahl die Gesamtheit besser ist als jeder Einzelne allein, weil sich Klugheit und charakterliche Vortrefflichkeit so potenzieren, als sei dies «ein einziger Mensch mit vielen Füßen und vielen Händen und vielen Wahrnehmungen».

Aristoteles denkt dabei an die Summierung von Teilaspekten bei politischen Beratungen und Entscheidungen, schränkt aber seine Theorie auch gleich wieder ein, insofern eine ganz überragende Persönlichkeit doch besser sei als eine Summe von Intelligenzen und andererseits eine Summierung von minder Qualifizierten nicht den sonst zu erwartenden positiven Effekt erzielt.

In immer neuen Anläufen sucht Aristoteles darzutun, wie in der Polis Recht und Gesetz im Verein mit ethischer Trefflichkeit zum Zuge kommen können, um sich schließlich (III 14–17) dem Königtum und seinen Unterarten zuzuwenden, dabei aber auch Fragen einzubeziehen, die alle Verfassungen betreffen. Eine Andeutung oder gar Erwähnung des makedonischen Königtums findet sich nicht.

Die Verfassungen in der Realität (*Politik* IV–VI)

Mit einem Neuansatz beginnt eine möglicherweise ursprünglich selbständige Abhandlung, die die sachlich zusammengehörigen Bücher IV–VI der *Politik* umfasst. Der erste Eindruck ist der einer kaum zu überblickenden Fülle empirischen Materials. Das Schema der sechs Verfassungsformen wird weiter aufgebrochen; zusätzlich zu den Grundtypen werden zahlreiche Unterformen und Zwischenformen benannt, darunter vier Unterarten der Oligarchie und fünf Unterarten der Demokratie, die in ihren Vorzügen und Nachteilen ausführlich dargestellt werden. Oligarchie und Demokratie gelten als die beiden Haupttypen, auf die man fast alle real existierenden Verfassungen zurückführen kann. Die Fragen nach dem Verhältnis von Verfassung und Gesetz, von den Faktoren, die für Erhaltung und Untergang von Verfassungen verantwortlich sind, nach den verschiedenen Gruppierungen, nach gesellschaftlichen Schichtungen, nach Reichtum und Armut, nach Missbrauch von Ämtern (Ämtererschleichung, Diätenzahlungen), nach den Funktionen beratender, richterlicher und regierender Gewalt werden anhand einer ungeheuren Materialfülle aus den verschiedenen griechischen (Stadt-)Staaten untersucht. Dahinter steht sicher die *Sammlung der 158 Verfassungen griechischer Städte*, die jedoch nirgends zitiert wird und vielleicht noch nicht abgeschlossen war.

Eindrucksvoll sind einzelne Charakterisierungen, so die Wirkungsweise der Tyrannis; wir würden sagen Diktatur[25]:

> Die Erniedrigung überragender und die Beseitigung selbstbewusster Menschen; keine Tischgenossenschaften, keinerlei politische Gruppierung, keine Bildung oder anderes Derartiges zu dulden, sondern alles zu verhindern, wodurch Selbstbewusstsein und Vertrauen entstehen könnte, ferner keine Zusammenkünfte zu erlauben, die der Bildung oder der Geselligkeit dienen, vielmehr alles zu tun, dass die Menschen sich möglichst nicht näher kennenlernen; denn Bekanntschaft bewirkt, dass sie eher zueinander Zutrauen fassen; ferner, dass sie sich stets in der Öffentlichkeit und vor den Türen aufhalten. So können sie ihr Tun am wenigsten verheimlichen und gewöhnen sich langsam daran, stets unterwürfig zu sein … Ferner gehört es hierher, dafür zu sorgen, dass nichts verborgen bleibt, was ein Untertan sagt oder tut, sondern dass es Spitzel und Lauscher gibt, wo immer eine Versammlung stattfindet. Denn aus Angst vor ihnen reden die Menschen weniger frei, und wenn sie es tun, dann bleibt es weniger verborgen… Es ist auch typisch für einen Tyrannen, dass er keinen Gefallen finden kann an Männern, die Würde und Freiheit bewahren; denn der Tyrann beansprucht diese Qualität allein für sich. Wer aber ihm gegenüber Würde und Freiheit zeigt, der mindert den überlegenen Rang und den absoluten Anspruch der Tyrannis. Solche Leute werden von Tyrannen mit Hass verfolgt, als wollten sie sein Regime stürzen (V 11, 1313 a 40–1314 a 10, mit Auslassungen).

Der Text ist von erschreckender Aktualität. Er ist so stark typisiert und verallgemeinert, dass die Frage irrelevant erscheint, an welche historischen Tatbestände Aristoteles gedacht hat. Er vermeidet jeden direkten Hinweis auf Platons Begegnungen mit der Tyrannis in Syrakus, aus der er eine Einzelmaßnahme (Einführung von Spitzeln) erwähnt, die er auf den mehr als hundert Jahre zuvor wirkenden Hieron zurückführt (V 11, 1313 b 14). Wohl aber kennt er Platons Charakterisierung der Tyrannis (Rep. VIII 565 A–569 C), aus der er keine Details, wohl aber die gleiche Gesinnung übernimmt. Platon hatte – ebenso allgemeingültig – als charakteristische Züge der Tyrannis herausgestellt, dass der Tyrann zunächst alle so freundlich begrüßt, als wäre er gar kein Tyrann. Aber er zettelt dann immer irgendeinen Krieg an und entledigt sich seiner Kritiker, die ihn ursprünglich unterstützt hatten, durch eine «Säuberung». Platon sah die Entstehung der Tyrannis als eine notwendige Konsequenz einer zügellosen Demokratie an. Aristoteles ist dieser Auffassung und damit der Theorie vom Kreislauf der Verfassungen nicht gefolgt.

Die unter den realpolitischen Bedingungen beste Verfassung nennt Aristoteles «Politie» (Politeia, daraus lat. *res publica*, Republik, IV 8–9). Er charakterisiert sie als eine «Mischung von Oligarchie und Demokratie» (IV 8, 1293 b 34), wobei er drei verschiedene Arten der Mischung von oligarchischen und demokratischen Elementen annimmt. Legen wir die beste der vier Arten der Oligarchie, der vier Arten der Demokratie und das beste Mischungsverhältnis zugrunde, dann ergibt sich eine Verfassungsform, die der Demokratie, wie sie in Athen im 5. und 4. Jahrhundert bestand, relativ nahe kommt. Ihre Grundlage sind die Freiheit und rechtliche Gleichheit der Bürger sowie der ‹Reihendienst› in der Bekleidung der Ämter aufgrund von Wahlen oder Losverfahren. Aristoteles sieht in der schrankenlosen Freiheit ohne Bindungen eine gewisse Gefahr, wenn Freiheit bedeutet, so leben zu können, wie man wolle, ohne sich überhaupt von jemandem regieren zu lassen (VI 2, 1317 b 10–16).

Ganz wichtig ist ihm die Stärkung des Mittelstandes (IV 11). Eine starke Kluft zwischen Reich und Arm führt zu sozialen Spannungen. Die Reichen werden übermütig und wollen sich am liebsten überhaupt nicht regieren lassen, wie man schon im Elternhaus sehen kann, wenn verzärtelte Kinder sich nicht einmal daran gewöhnen, ihren Lehrern zu gehorchen. Umgekehrt sind die Armen oft allzu unterwürfig, neidisch und dann auch boshaft. Eine starke Mittelschicht verhindert, dass die Extreme sich durchsetzen und dass es zu Aufständen und Spaltungen unter den Bürgern kommt. Eine Demokratie mit einer starken Mittelklasse ist stabiler und dauerhafter als andere Verfassungsformen (IV 11, 1295 b 1–22).[26]

Es ist deutlich, dass diese Überlegungen in der Bestimmung der ethischen Mitte zwischen den Extremen verwurzelt ist, wie Aristoteles selber ausdrücklich vermerkt (IV 11, 1295 a 36). So sehr diese Bücher der *Politik* empiriegesättigt sind, so zieht sich doch wie ein roter Faden durch die ganze Erörterung die ethische Maxime eines guten Lebens, die überdies die Auseinandersetzung mit Platons im *Politikos* und in den *Gesetzen* dargelegter Lehre von Maß und Mitte im Kontinuum der Verfassungen und im schon platonischen Gedanken der Mischverfassung nicht verleugnet.

So wölbt sich über die auf Empirie basierenden Charakterisierungen der realen Verfassungen eine philosophische Schicht, weil für Aristoteles der Staat nicht «einfach nur die Organisation zum Zwecke eines funktionierenden Zusammenlebens, sondern der Ort der Selbstverwirklichung des Menschen» ist.[27]

Die beste Verfassung – der Wunschstaat (*Politik* VII–VIII)

Die beiden letzten Bücher der *Politik* stellen eine in sich geschlossene, ursprünglich selbständige Abhandlung dar, wahrscheinlich eine öffentliche Vorlesung, geschrieben und gehalten vielleicht noch in der Akademie, vermutlich noch vor der Konzeption der mittleren Bücher der *Politik* mit ihrer Untersuchung der empirisch bestehenden Verfassungen.

Mehr oder minder konkrete Idealstaatsentwürfe waren seit der platonischen *Politeia* in der Akademie Mode geworden. Speusipp schrieb Bücher *Über den Bürger* und *Über Gesetzgebung*; Xenokrates über die *Kraft der Gesetze* und über den *Staat*. Und natürlich ist Platons monumentales Werk *Gesetze* zu erwähnen, das deutliche Spuren in der Untersuchung des Aristoteles hinterlassen hat.

Während die Idealstaatsentwürfe, vor allem Platons *Politeia*, zumeist utopischen Charakter haben und die *Gesetze* der Form nach die literarische Fiktion einer Polisneugründung auf Kreta darstellen, nimmt die aristotelische Abhandlung Rücksicht auf die bestehenden Verhältnisse. Der Wunschstaat des Aristoteles besteht zwar nirgends in der Realität, ist aber unter den historisch gegebenen Bedingungen unter bestimmten Voraussetzungen herstellbar. Er ist gekennzeichnet durch eine völlige Durchdringung der politischen mit den ethischen Aspekten. Vor allem betont Aristoteles die enge Verbindung von Ethik und Politik als Ausprägungen einer umfassenden praktischen Philosophie. Denn die Staatsform muss so eingerichtet sein, dass es «mit jedem Einzelnen aufs beste bestellt ist und ein jeder glücklich lebt» (VII 2, 1324 a 24). Mit «Glück» ist natürlich die Verwirklichung der ethischen Tugenden und der praktischen Klugheit im Sinne der Ethik gemeint. Der Staat (d.h. immer: die Polis) muss demnach analog zur Trefflichkeit (Tugend usw.) des Einzelnen konstruiert sein; das Glück eines jeden einzelnen Menschen muss mit dem der Polis als identisch angesehen werden (VII 1, 1324 a 5). Es gibt keine von der Polis getrennte Individualmoral.

Die einleitenden (VII 1–3) Erwägungen und Begründungen über das Verhältnis von Polis und Einzelnem sind voller Schwierigkeiten und Kontroversen, auf die Aristoteles selber verweist. Dazu gehört die Stellung der theoretischen (philosophischen) Lebensform innerhalb der Polis (VII 2, 1324 a 26–34). Wenn das Glück der Polis wie des Einzelnen im praktisch-politischen Handeln besteht, wie kann dann der Vertreter des theoretischen Lebens, zumal wenn er die Bekleidung politischer Ämter ablehnt, der Polis zum Glück, d.h. zum richtigen, auf ethischen Grundsätzen basierenden Funktionieren verhelfen? Aristoteles löst die Problematik durch eine Erweiterung des Begriffs der Handlung dergestalt, dass die Theorie eine höhere Form der Handlung ist (VII 3, 1325 b 17–30; VII 14, 1333 a 11), Philosoph und Wissenschaftler also nicht außerhalb der Polis und ihrer Bezüge stehen.

Auf der anderen Seite gibt es für Aristoteles auch ein Zuviel an politischem Handeln, nämlich dann, wenn die Inhaber von Macht ihre Grenzen überschreiten und aggressiv auf Nachbarstaaten ausdehnen (VII, 1324 b 23–25). Aufgabe der Polis ist vielmehr eine umfassende Friedenssicherung:

> Man muss zwar die Fähigkeit haben, Krieg zu führen, mehr noch aber Frieden zu halten und in Muße zu leben (VII 14, 1333 b 1).

Diese Bestimmung ist ausdrücklich gegen Sparta gerichtet (VII 14, 1333 b 12), kein Wort über die makedonischen Eroberungen.

Bei der Erörterung der äußeren Bedingungen für die Einrichtung des besten Staates (VII 4–13) geht Aristoteles sehr ins Einzelne. Er äußert sich über die wünschenswerte Größe und Lage der Polis. Sie muss eine bestimmte Größe haben, um autark zu sein, aber es darf keine ‹Megastadt› werden, sondern sie soll überschaubar bleiben, auch damit der Überblick über die für Ämter und Regierung qualifizierten Bürger nicht verloren geht (IV 4). Der Vergleich mit Lebewesen, Pflanzen und Werkzeugen, die alle eine natürliche Begrenzung haben, zeigt, dass Aristoteles auch hier von der Natürlichkeit aller Verhältnisse ausgeht.

Was die Lage der Polis angeht, so wird eine Verbindung zum Meer trotz gewisser Gefahren bevorzugt, ferner gilt eine nach Osten abfallende Stadt als besonders förderlich für die Gesundheit. Für einwandfreies Trinkwasser, ökonomische Wasserentnahme und Abwasserbeseitigung soll ebenso gesorgt werden wie für eine schützende Mauer und eine sinnvolle Anlage der Straßen, Plätze und der öffentlichen Gebäude. Aristoteles argumentiert hier so, als ginge es nach dem bekannten Muster um die Pläne für die Neugründung einer Polis wie etwa in den platonischen *Gesetzen*.

Von besonderem Interesse ist das für die ideale Polis vorgesehene Erziehungsprogramm (VII 16–VIII), für das der Gesetzgeber die nötigen Grundlagen schaffen soll. Es beginnt mit Bestimmungen über die Ehe im Hinblick auf die Gesundheit der Neugeborenen. Als die beste Zeit für die Zeugung sieht Aristoteles ein Alter von 37 bei Männern und von 18 Jahren bei Frauen an. Er greift diese Zahl nicht aus der Luft, auch nicht aus der Tradition, sondern begründet sie physiologisch mit dem Argument, dass so die beste Zeugungs- und Empfängnisfähigkeit gegeben ist und bei erheblich jüngerem oder älterem Lebensalter die Nachkommen schwächlich werden. Im Übrigen müsse man dem Rat der Ärzte folgen (VII 16, 1335 a 29–b 19).

Aristoteles setzt sich durchaus für eine Begrenzung der Geburten durch Schwangerschaftsverhütung ein, wendet sich aber scharf gegen die Praxis der Aussetzung unerwünschter Kinder. Er lässt jedoch in einem solchen Fall eine Abtreibung zu, wobei er eine Fristenlösung empfindet, bei der die Abtreibung erfolgen muss, bevor der Embryo Leben und Wahrnehmung hat (VII 16, 1335 b 20–27). Zusätzlich wird bestimmt, dass die Eltern zum Zeitpunkt der Zeugung in möglichst guter körperlicher Verfassung sein sollen, dass der Winter die beste Jahreszeit für die Zeugung sei, und zwar möglichst bei Nordwind, und dass die werdende Mutter sich zur Zeit der Schwangerschaft sinnvoll ernähren und bewegen soll. Sexueller Verkehr zu purem Wohlbefinden auch ohne Zeugungsabsicht wird als ganz normal angesehen, außereheliche Beziehungen von Verheirateten hingegen verworfen (VII 16, 1335 b 38–42).

Das eigentliche Erziehungsprogramm tritt gleich nach der Geburt in Kraft zunächst mit der Verabreichung der richtigen (vor allem milchreichen) Ernährung und dann mit einer Gewöhnung des Körpers an die Umwelt, insbesondere an Kälte. Bis zum Alter von fünf Jahren steht das Spielen im Vordergrund; für irgendein Lernen oder Anstrengen ist es noch zu früh. Das Schreien und Weinen von kleinen Kindern darf man nicht verbieten, denn es fördert das Wachstum, weil die damit verbundene Anstrengung Kraft verleiht. Wenn man Kinder durch Geschichten und Erzählungen unterhält, so soll dies altersgemäß sein. Dass die kleinen Kinder – Aristoteles denkt durchweg an die Kinder von Bürgern – möglichst wenig mit Sklaven Umgang haben sollen, klingt inhuman, zielt aber auf das Fernhalten eines rüden Umgangstones und vulgärer Ausdrücke. Denn auf eine reine Sprache legt Aristoteles großen Wert. Alles Obszöne in Wort und Bild soll von Kindern ferngehalten werden. Komödien dürfen sie sich erst ansehen, wenn sie volljährig geworden sind (VII 17).

Die eigentliche Erziehung darf keine Privatangelegenheit sein, sondern muss vom Gesetzgeber geregelt werden, zumal wenn – nach der aristotelischen Konzeption – das Ziel des Einzelnen (Wege zum Glück) mit dem der Polis zusammenfällt. Es sind vier Fächer, die vor allem gelehrt werden sollen: Lesen und Schreiben, Sport (Gymnastik), Musik und Zeichnen (VIII 3, 1337 b 24), und zwar im ausgewogenen Verhältnis zueinander. Eine Überbetonung des Sportes – wie bei den Spartanern – führe zur Körperkonstitution von Athleten und mache die jungen Menschen zu «wilden Tieren» (VIII 4, 1338 b 13). Aristoteles urteilt auch in dieser Hinsicht als Biologe. Es liegt ihm daran, alles zu unterlassen, was ein natürliches Wachstum behindern könnte. Deshalb soll man mit leichteren Übungen beginnen, alles Gewaltsame fernhalten und sich auch keiner Zwangsdiät unterwerfen. Man könne ja bei den Olympischen Spielen sehen, dass nur ganz wenige als Männer wie zuvor schon als Jugendliche gesiegt haben. Die Meisten, die in ihrer Jugend an der Spitze waren, haben durch übermäßiges Training später ihre Kraft verloren (VIII 4, 1339 a 1–4). Aristoteles sieht die sportliche Betätigung weniger als Erziehung zur Tapferkeit an, wie es in Sparta der Fall ist, sondern als eine Komponente zur ausgeglichenen Vorbereitung auf alle Tugenden, deren Verwirklichung das Ziel gleichermaßen für die Polis wie für den Einzelnen ist.

Von allergrößter Bedeutung ist für Aristoteles die musische Erziehung. War schon die vorangegangene Darstellung nicht im luftleeren Raum entstanden, sondern in Auseinandersetzung mit teils genannten, teils ungenannten Quellen (Platon, *Staat* und *Gesetze*; Verfassungen griechischer Städte, vor allem Spartas; Sitten und Gebräuche anderer Völker), so steht Aristoteles mit dem Thema der musischen Erziehung in der Tradition der Akademie, vor allem Platons selber. Während Platon jedoch in der Hauptsache die Musik im Kontext des mit ihr verbundenen Textes untersucht hat, geht es Aristoteles «um die im engeren

Sinne musikalischen Elemente».[28] Experte in diesen Fragen wurde später der zwölf Jahre jüngere Aristotelesschüler Aristoxenos, dessen zum größten Teil erhaltene Werke *Elemente der Harmonie* und *Elemente der Rhythmik* unter den Augen des Aristoteles entstanden sind. Aber Aristoteles war nicht an den mehr technischen Fragen, sondern an der Bedeutung der Musik als Mittel der Erziehung interessiert.

Aristoteles unterscheidet zunächst (VIII 5) drei Ziele der Musik: 1. reine Unterhaltung, 2. Mittel der sinnvollen Lebensgestaltung, 3. Charakterbildung. Bei näherer Betrachtung fließen die drei Ziele aber ineinander. Denn die durch die Musik erzielte Charakterbildung trägt später zur Lebensgestaltung bei und das Moment der Unterhaltung stellt sich bei den beiden anderen Zielen als Nebeneffekt ein. Im Rahmen der Erziehung aber gesteht Aristoteles der Musik in der Differenzierung der verschiedenen Tonarten (phrygisch, dorisch, mixolydisch) und Rhythmen eine auf die Seele wirkende, charakterbildende Kraft zu. Einige Melodien bringen eine ruhige, feste Haltung hervor, andere versetzen in einen traurigen Zustand, wieder andere in Ekstase. Zur Ausbildung der verschiedenen Seelenregungen trägt die Musik demnach viel bei, wie denn überhaupt die Begriffe Seele und Harmonie nach Meinung einiger Philosophen entweder identisch oder verwandt sind. Ausdrücklich empfiehlt Aristoteles, dass Jugendliche Musik nicht nur anhören, sondern auch ausüben sollen, indem sie entweder singen oder ein Instrument spielen.

> Bekanntlich fördert es erheblich die Ausbildung einer bestimmten Charakterqualität, wenn jemand selber aktiv musiziert. Es ist ja unmöglich oder jedenfalls schwierig, kundig zu urteilen, wenn man nicht selber die Kunst ausgeübt hat. Zugleich gilt, dass Kinder irgendwie die Zeit ausfüllen müssen, und man muss anerkennen, dass die Rassel, die man kleinen Kindern gibt, eine willkommene Erfindung ist: sie sollen damit spielen anstatt die Dinge im Haus zu zerbrechen; ein Kind kann ja nicht Ruhe halten. Die Rassel ist als Spielzeug wie geschaffen für Kleinkinder, während für die älteren Kinder musikalische Erziehung ist, was für jene die Rassel war. Aus solchen Überlegungen wird deutlich, dass Musikunterricht auch die praktische Ausübung einschließen muss (VIII 6, 1340 b 22–33).

Allerdings soll man im Rahmen einer allgemeinen Erziehung nicht zu professioneller Perfektion ausbilden, denn der Musikunterricht soll die später wahrgenommene Tätigkeit nicht beeinträchtigen. Es geht nicht um virtuose, bei Wettbewerben vorzuführende Kunst, sondern um die Freude an schönen Melodien und Rhythmen. Entsprechend soll man für die generelle Musikerziehung auch nicht Instrumente vorsehen, die allzu hohe technische Anforderungen stellen.

Bei der abschließenden Einteilung der Melodien in ethische, praktische und enthusiastische (ekstatische) beruft sich Aristoteles für die Einzelheiten auf schon vorliegende Spezialliteratur und will sich daher kurz fassen (VIII 7, 1341 b 27–32). Im Unterschied dazu hat die moderne Forschung Berge an Literatur aufgehäuft, die vor allem die enthusiastischen Melodien und den dabei viel diskutierten Begriff Katharsis («Reinigung») betreffen.[29] Dies ist eigentlich nur ein Nebenthema, denn für die Charakterbildung im Rahmen der Erziehung kommen nur die ethischen Melodien in Frage, während die praktischen Melodien dem Vergnügen dienen (warum sie die «praktischen» heißen, bleibt unklar). Die enthusiastischen Melodien dagegen wirken stark auf die Affekte, bei den verschiedenen Menschen in unterschiedlicher Stärke. Sie können Affekte wie «Furcht» («Schauder»), «Mitleid» («Rührung») und «Begeisterung» und damit eine Erschütterung hervorrufen, von der die Menschen ganz ergriffen sind. Aristoteles demonstriert die starke emotionale Wirkung der enthusiastischen Musik zunächst an «heiligen Liedern» (VIII 7, 1342 a 10), unter deren Einfluss Menschen in Verzückung und Ekstase geraten, dann aber schließlich auch wieder zur Ruhe kommen, so «als ob sie eine medizinische Behandlung, und zwar eine Reinigung empfangen hätten» (VIII 7, 1342 a 10).

Das zeigt auch die allgemeine Erfahrung. Rührselige und furchtsame Menschen wie überhaupt die zu Affekten Geneigten erfahren nach einer Steigerung der Affekte, zu denen sie disponiert sind, am Schluss «eine Art Reinigung und angenehme Erleichterung» (VIII 7, 1342 a 14). Diese Beobachtung ist ohne weiteres nachvollziehbar. Wer sich sehr stark aufgeregt hat, kann sich auch wieder abreagieren und angenehm erleichtert fühlen. So ist es auch bei den kathartischen Melodien. Sie bieten den Menschen im Durchlaufen einer emotionalen Spannungskurve eine «unschädliche Freude» (1342 a 16). Aristoteles bezieht diese Erfahrung dann auf «Theatermusik» (θεατρική μουσική, VIII 7, 1342 a 18), wobei offen bleibt, ob dieser im Werk des Aristoteles singuläre Ausdruck sich auf eine reine Konzertveranstaltung im Theater oder um Musik bei den Aufführungen von Tragödie (weniger Komödie) und Dithyrambos (einer Gattung der griechischen Chorlyrik) bezieht. Deutlich ist jedenfalls, dass es musikalische Mittel sind, die auch im Theater bei einer entsprechenden Disposition Affekte wie «Rührung» (ἔλεος) und «Furcht» (φόβος) erregen und dann in eine erleichternde «Reinigung» (κάθαρσις) münden. Es wird sich bei der Analyse der *Poetik* zeigen, dass der dort verwendete Katharsis-Begriff nicht ganz kompatibel mit demjenigen in der *Politik* ist. Denn bei den mittels der Musik erzeugten Affekten geht es ja nicht um «Furcht» oder «Mitleid» in der Relation zu einer Bühnenhandlung, sondern um unspezifizierte ‹Elementaraffekte›.[30] Daher kündigt Aristoteles an, in der *Poetik* genauer zu untersuchen, was er unter «Katharsis» versteht (VIII 7, 1341 b 39); diese Untersuchung ist aber nicht erhalten und vielleicht auch nie geschrieben worden.

Der ganze Fragenkomplex gewinnt an geistesgeschichtlichem Interesse, weil Joseph Breuer und Sigmund Freud die von ihnen so genannte «kathartische Methode» in den *Studien über Hysterie* (1895) indirekt sowohl im Begriff als auch bis zu einem gewissen Grade im Vorgang aus Aristoteles ableiten und damit der modernen Psychoanalyse den Weg weisen. Die vermittelnde Instanz war der Philosoph Jacob Bernays,[31] der in *Zwei Abhandlungen über die aristotelische Theorie des Dramas* (1880) bei dem Versuch, die (angeblich) verlorene Abhandlung des Aristoteles über die Katharsis zu rekonstruieren, diesen Begriff von der moralischen Befrachtung in der Tradition (Corneille, Lessing, Goethe) befreit und als quasi-medizinische Purgation verstanden hat.[32] Freud kannte diese Abhandlung; seine Frau war eine Nichte von Bernays, den Freud allerdings nicht persönlich kennengelernt hat. Der Weg lief vielmehr in der Hauptsache über den Wiener Professor für Klassische Philologie Theodor Gomperz, in dessen Haus Breuer und Freud ein und aus gingen, weil sie beide die nervenkranke und schwermütige Elise Gomperz (die Frau des Philologen) behandelten. Gomperz hatte sich in einer Publikation von 1897 (zweisprachige Ausgabe der *Poetik* mit einer Abhandlung über die Katharsislehre von Alfred von Berger[33]) der Deutung von Bernays angeschlossen. Der ganze Katharsis-Streit hat sich jedoch hauptsächlich an der *Poetik* entzündet (wegen der moralischen Dimension der Tragödie), obwohl Aristoteles in der *Politik* die kathartische Wirkungsweise am Beispiel der Musik näher erläutert hat. Aber als Erziehungsmittel für den Bürger – und das ist das Thema – kommt sie nicht in Frage.

Resümee und Ausblick

Der aristotelische Entwurf einer besten Verfassung für eine Polis ist ein eindrucksvolles Gebilde. Viele Einzelheiten wie die städtebaulichen Richtlinien mit Rücksicht auf Gesundheit und Sicherheit, die Ablehnung militärischer Aggression, die Absage an jegliche Gewalt, Schwangerschaftsregelungen, die Gesundheitsfürsorge, die Bedeutung von Spiel, Schreien, Weinen, Lesen und Schreiben, die Empfehlungen für sportliche Betätigung in Hinblick auf die Gesundheit, die passive und aktive Beschäftigung mit der Musik als Mittel der Entspannung und Erziehung sind auch heute ohne weiteres einleuchtend und applizierbar.

Dabei darf jedoch nicht übersehen werden, dass das politische Denken des Aristoteles in mehrfacher Hinsicht in einer Tradition steht, die den Rahmen vorgegeben hat und in die sich Aristoteles auch ausdrücklich stellt. So erwähnt er wiederholt zustimmend oder ablehnend einzelne Regelungen verschiedener Polisverfassungen und vor allem ist es das politisch-philosophische Denken Platons, wie es im *Staat* und in den *Gesetzen* zum Ausdruck kommt, das bei aller Kritik prägend auf Aristoteles gewirkt hat (mehr als hier dokumentiert werden konnte). Alle diese Faktoren und dazu die gesellschaftliche Realität der Zeit sind am Modell der Polis orientiert. Eine ethische oder gar politische Philosophie, die sich außerhalb dieses Rahmens stellt, ist erst im Hellenismus mit Epikur und der Stoa – immerhin nur eine Generation nach Aristoteles – möglich geworden. So ähnelt innerhalb dieses vorgegebenen Rahmens der aristotelische Entwurf einer bestmöglichen Polis weitgehend der im vierten Buch der *Politik* beschriebenen «Politie» und diese bis zu einem gewissen Grade der athenischen Demokratie in ihrer im 4. Jahrhundert erreichten Form, mit dem grundlegenden Unterschied allerdings, dass in ihr de facto die für Aristoteles so wichtige ethische Komponente fehlt.

Auf der anderen Seite gibt es in dem aristotelischen Entwurf einzelne, sich dann aber auch auf das Ganze auswirkende Bestimmungen, die uns befremden, ja sogar befremdlich erscheinen müssen. Das betrifft vor allem die überaus starke Einschränkung des Kreises der Bürger. Zwar finden sich wiederholt Formulierungen wie «alle», «jeder», «der Mensch», «alle Menschen», doch sind damit immer nur die «Bürger» gemeint. Bürger aber sind nicht Sklaven, Frauen, Jugendliche, Bauern, Handwerker, Gewerbetreibende. Das ist rigoroser als in der attischen

Demokratie, in der es eine breite Schicht von Handwerkern als freie Bürger gab, und es ist im Grunde kontraproduktiv zu der eigenen Absicht des Aristoteles, die Mittelschicht verbreitern zu wollen (Pol. IV 11). Aber es ist die Konsequenz der als naturgegeben angesehenen Differenzierung zwischen einem planenden und einem ausführenden Typus. Wer Bürger ist, wird rein von der Funktion her gedacht; es ist der planende, von jeglicher Handarbeit befreite, zum Regieren fähige Typ, der dann im ‹Reihendienst› als Freier über Freie (aber natürlich auch Unfreie) herrscht. Da diese ganze Konstruktion mit der ethischen Frage nach dem Glück zusammenhängt, ist Aristoteles ferner der Meinung, dass so im politischen Handeln und Planen der Bürger zum ‹Glück› kommt, dass aber auch alle anderen Menschen damit nicht nur einverstanden sind, sondern auch ihrerseits ihr ‹Glück› finden. Entsprechend differenziert ist auch die Erziehung eingerichtet. Der «Freie» bildet seinen Charakter an ethischen Melodien, während für die Masse die orgiastischen Tonarten zu Ekstase und Abreagieren «zugelassen» (Pol. VIII 7, 1342 a 17) sind, strukturell vergleichbar mit der Massenhysterie bei Pop-Konzerten einerseits und dem Besuch von Symphoniekonzerten durch die Krawattenträger andererseits.

Bei aufmerksamer Lektüre drängt sich jedoch der Eindruck auf, dass Aristoteles sich mehr als einmal über seine selbstgeschaffene Dichotomie hinweggesetzt hat, vor allem in den ethischen Fragen. Denn die Ausübung von Gerechtigkeit, Tapferkeit usw. ist ja nicht an einen bestimmten Stand gebunden und so kann die Ethik und Politik umgreifende, praktische Philosophie des Aristoteles weiterwirken, abstrahiert sowohl von den Gegebenheiten der Polis als auch von der rigorosen Einteilung in zwei Menschentypen.

So ist denn auch die praktische Philosophie des Aristoteles vom 12. Jahrhundert an in mancherlei Rezeptionsstufen, vor allem auch an den europäischen Universitäten vom 16. bis zum 18. Jahrhundert, präsent gewesen. Sie galt als *Philosophia practica universalis* gegliedert in *philosophia moralis sive ethica, Oeconomica* und *philosophia civilis* als «die gesellschaftlich-politische Normalphilosophie des vorrevolutionären Europa».[34]

Mit der französischen Revolution und dem Aufkommen einer modernen bürgerlichen Gesellschaft ist dieser Traditionszusammenhang zerrissen. Gleichzeitig tritt mit Kant eine Pflichtethik in den Vordergrund, die ihre Wurzeln in der hellenistischen Stoa hat und von Anfang an sich sowohl von einer Glücks- wie von einer Lustethik abgesetzt hatte. Inzwischen ist die Frage nach dem Glück zu Lotterie und Wellness verkommen, die Ökonomik ist nicht mehr eine Theorie vom «Hause», sondern eine globale Wirtschaftswissenschaft und die Politikwissenschaft ist weitgehend entteleologisiert.

Die in der zweiten Hälfte des 20. Jahrhunderts unternommenen Versuche einer Rehabilitierung der praktischen Philosophie, wie sie mit Namen wie Joachim Ritter, Leo Strauss und Eric Voegelin verbunden sind,[35] haben diesen Traditionsbruch zwar nicht rückgängig machen können (oder wollen), sind aber in der Verbindung der Frage nach dem guten und richtigen Leben mit der politisch-öffentlichen Sphäre Aristoteles wieder ein Stück näher gekommen. Diese Verbindung klingt heute in einem allgemeinen Weltverständnis nach, so zum Beispiel in der Erarbeitung von Lebensqualitätskonzepten in kulturübergreifenden Diskussionen, in der Herstellung und Sicherung eines Mindeststandards an Lebensunterhalt, in sozialem Miteinander sowie in der Verantwortung den natürlichen Ressourcen gegenüber (Wasser und Luft als Grundbedingung für die Gesundheit) und damit für ein gutes Leben im Sinne des Aristoteles (Pol. VII 12, 1330 b 12).[36]

Auf der anderen Seite ist die Frage nach dem Glück hochaktuell.[37] Dass Glück in der seelisch-körperlichen Verankerung, in der Verflochtenheit sozialer Beziehungen, in erfülltem Leben über punktuelle Glücksmomente hinaus als etwas Erlernbares erfahren werden kann, wird heute lebhaft diskutiert. Der Gefahr, dass dabei eine allgemeine Strebensethik aus dem Gesamtverbund der Philosophie ausgegliedert wird, sucht man durch die Konzeption einer «integrativen Ethik» zu begegnen, die durch eine irreduzible Mehrdimensionalität der Ethik gekennzeichnet ist.[38]

5.
Rhetorik – Theorie der öffentlichen Rede

Die Grundlagen

Grundlage sind die drei Bücher *Rhetorik*, die nicht in einem Zug geschrieben, aber doch wohl, von einigen Zusätzen abgesehen, in der Zeit entstanden sind, in der Aristoteles in der platonischen Akademie lebte und wirkte.

Denn «Rhetorik» gehörte zu den Themen, die in der Akademie von Anfang an diskutiert wurden. Aristoteles hat sich damit in einem seiner frühesten Dialoge, dem *Grylos*, auseinandergesetzt, von dem fast nichts erhalten, aber so viel erkennbar ist, dass es um die damals virulente Frage geht, ob die Rhetorik eine erlernbare «Kunst» sei oder nicht. Eine solche «Kunst» liegt nun in den drei Büchern *Rhetorik* vor.[1] Die beiden ersten Bücher bilden eine weitgehende Einheit; Buch I handelt über die Formen und Gattungen der Rede, Buch II über die Überzeugungsmittel und die Wirkungen der Rede. In dem ursprünglich wohl selbständigen Buch III werden sprachliche Form, Stoffanordnung der Redeteile sowie Fragen des Vortrags von Reden behandelt.

Zwei weitere Werke des Aristoteles zum Thema sind nicht erhalten, die *Theodekteia* (eine *Sammlung rhetorischer Lehrstücke* des Isokratesschülers Theodektes) und eine in zwei Bücher eingeteilte *Sammlung rhetorischer Lehrsätze* (*Synagoge*), die eingangs eine Geschichte der Rhetorik enthielt. Einzelheiten sind aus den spärlichen Fragmenten kaum zu gewinnen.

Eine unter dem Namen des Aristoteles überlieferte *Rhetorik an Alexander* ist nach übereinstimmender Meinung der Forschung unecht. Als ihr Verfasser gilt ein durch einige Fragmente historischer Werke nur unvollkommen bekannter jüngerer Zeitgenosse des Aristoteles namens Anaximenes von Lampsakos. Das Werk (39 Kapitel) ist stark von der *Rhetorik* des Aristoteles abhängig.

Rhetorik vor Aristoteles

Erfindung, Entstehung und Entwicklung der Rhetorik sind eine Leistung der Griechen.[2] In den altorientalischen Kulturen und Literaturen findet sich kein entsprechender Ansatz, wohl aber in den ältesten Zeugnissen der griechischen Literatur, in den homerischen Epen. Schon in der *Ilias* wird ein Heldenideal aufgestellt, in dem sachgerecht erlerntes Reden den Taten gleichgewichtig an die Seite gestellt ist: «Ein Redner von Worten zu sein und ein Täter von Taten» (*Ilias* IX 443), so hat es Phoinix, der Erzieher Achills, als Ideal formuliert. Und über Odysseus heißt es, er sei alles andere als eine ideale Heldengestalt, klein, untersetzt, von linkischen Bewegungen. Aber wenn er zu reden beginnt, dann zieht er mit seinen Worten, die winterlichen Schneeflocken gleichen, alle in seinen Bann (*Ilias* 3, 216–224). Sieht man sich die Reden des Odysseus und anderer Helden in der *Ilias* und erst recht die Trugreden des Odysseus in der *Odyssee* näher an, so gewinnt man den Eindruck, es stehe hinter ihnen schon so etwas wie eine vorrhetorische Rhetorik, wofür die in ihren Argumentationsketten kunstvoll aufgebauten Reden im 9. Buch der *Ilias* mit dem Ziel, Achill wieder zum Teilnahme am Kampf der Griechen gegen die Troer zu bewegen, besonders eindrucksvolle Beispiele sind. Noch der römische Rhetoriklehrer Quintilian (35–100) empfiehlt dem angehenden römischen Redner gerade diese Reden zum Studium (*Institutio oratoria* X 47: «nonus liber quo missa ad Achillem legatio continetur»). Jedenfalls waren von den frühesten Zeiten an, noch unter den geschichtlichen Bedingungen der Königs- und Adelsherrschaft, die positiven wie die negativen Möglichkeiten der Rede als Mittel der Beeinflussung des Menschen durch den Menschen erkannt und reflektiert.

Eine gewaltige Steigerung erfuhr die kunstgerecht geformte Rede im Austragen der Interessen und Konflikte der Bürger unter der politischen Konstellation der attischen Demokratie des 5. Jahrhunderts. Die unmittelbare Beteiligung des Bürgers an den politischen Entscheidungen verlangte eine neue, geschliffenere Art des Redens im Hinblick auf die Institutionen der Polis, die Volksversammlung, die Gerichtshöfe mit ihren verschiedenen Zuständigkeiten und den Rat der Fünfhundert. Das Fehlen eines Berufsbeamtentums und von Berufsrichtern, die Bestellung der Amtsinhaber zum Teil durch das Los, die Zusammensetzung der Gerichte aus Laien, das Fehlen von Anwälten, die den prozessierenden Bürger vertraten, der Umstand, dass das Gericht sich nicht nach den Plädoyers zur Beratung zurückzog, sondern sein Votum unter dem unmittelbaren Eindruck der vorangegangenen Reden abgab – das alles gab der öffentlich gesprochenen Rede ein ganz neues Gewicht. Damit ergab sich auch die Notwendigkeit einer stärkeren Differenzierung in einzelne Redetypen (Gerichtsrede, Staatsrede, Gelegenheitsrede) und einer Beachtung von Redetechniken (der richtige Beginn, Wecken von Aufmerksamkeit und Wohlwollen, Redeschmuck), woraus dann organisch aus dem Leben und Wirken des Bürgers eine Rhetorik erwuchs. Da nicht jeder Bürger ein guter Redner war, konnte man sich von einem «Rhetor» eine Rede verfertigen lassen. Es entwickelte sich so eine gewisse Professionalität, die auch in Musterreden (zu Werbezwecken) ihren Ausdruck fand. Hand in Hand damit ging die Aufstellung allgemein gültiger Regeln, die auf verschiedene Einzelfälle immer wieder angewandt werden konnten.

In diesem Sinne gelten in der antiken rhetorischen Tradition die beiden Sizilianer Korax (von Aristoteles in der *Rhetorik* II 14, 1402 a 17 einmal genannt) und Teisias (beide 1. Hälfte des 5. Jh.s v. Chr.) als Begründer der Rhetorik. Von beiden weiß man fast nichts; Teisias soll der Lehrer des ebenfalls aus Sizilien stammenden Gorgias gewesen sein, der als der eigentliche Schöpfer der Rhetorik als erlernbarer und tradierbarer Kunst anzusehen ist.

Mit dem Namen Gorgias verschränkt sich die Rhetorik mit der Sophistik, die sich um die Mitte des 5. Jahrhunderts v. Chr. in Athen bemerkbar zu machen beginnt. In dieser schwer zu fassenden Bewegung spielt die Rede eine zentrale Rolle, aber nicht im Sinne einer geradlinigen Überzeugungsstrategie, sondern als Kunst der Eristik, der Fähigkeit «die schwächere Sache zur stärkeren zu machen» und umgekehrt. So gibt es zahlreiche Titel von uns verlorenen, nur in Fragmenten greifbaren Schriften wie *Antilogien* (mit der These, über jeden Gegenstand seien zwei entgegengesetzte Behauptungen möglich) und *Doppelte Reden* (*Dissoi Logoi*; alle Dinge sind gleichzeitig gut – schlecht, gerecht – ungerecht, wahr – falsch usw.). Gorgias selbst, der im Jahre 427 als Anführer einer Gesandtschaft seiner sizilischen Vaterstadt Leontinoi in Athen durch die Kunst seiner Rede einen überaus starken Eindruck gemacht haben soll, hat in der Ausbildung und Systematisierung der rhetorischen Mittel die Ansätze der älteren Sophistik und seiner sizilischen Vorgänger so gesteigert, dass nun eine regelrechte Rhetorik das Ergebnis war. Er soll ein (verlorenes) Handbuch der Rhetorik geschrieben haben, in dem insbesondere die Mittel der psychologischen Beeinflussung des Hörers durch den Redner dargestellt waren. An zwei erhaltenen (fiktiven) Reden (*Helena*, *Palamedes*) wird dies besonders deutlich. Die Rede, von Gorgias als «Werkmeisterin der Überredung» bezeichnet, wird zu einem Mittel nicht nur der Überredung und Überzeugung, sondern auch einer Verzauberung, Täuschung und Verzückung dank der Verwendung raffiniertester Klangmittel und Redefiguren; sie wird zu einem «Pharmakon», Heilmittel und Gift zugleich, und in die Sphäre des Magischen erhoben.

Diese so ausgebildete Rhetorik traf in Athen auf eine tiefe politische Krise. Als Gorgias in Athen zu wirken begann, befand sich die Stadt im Anfangsstadium des langen Peloponnesischen Krieges (431–404), an dessen Ende die völlige Niederlage Athens stand. In diese Krisensituation trat Gorgias mit seinem System der Rhetorik, dessen Regeln erfüllt waren von sophistischem Relativismus, der dazu angetan war, die traditionellen Werte der Gesellschaft in ihrer verpflichtenden Kraft zu erschüttern. Der Historiker und Zeitzeuge dieses Geschehens, Thukydides, beschreibt die durch Sprache und Rede bewirkte Umwertung der Werte: Tollkühnheit gilt als Tapferkeit, Besonnenheit als Feigheit, Tücke als Klugheit; wer sich aufbrausend ereifert, wird glaubwürdig, das Böse triumphiert (III 82).

Diese Entwicklung ist der Hintergrund für Platons scharfe Kritik gegen die Rhetorik generell, welche immerhin auch dazu beigetragen hatte, dass die Verurteilung des Sokrates möglich geworden war. Aber die Kritik ist prinzipiell und findet ihren schärfsten Ausdruck in dem Dialog, dessen Titel den Namen des Schöpfers der Rhetorik als Kunstlehre trägt, im *Gorgias* (ca. 385 v. Chr.).

Darin wird die Rhetorik gorgianischer Prägung radikal deklassiert zu einer auf bloßer Routine beruhenden «Schmeichelkunst» analog zur «Kochkunst» (von der Platon keine hohe Meinung hatte). Wie die Kochkunst sich zur Medizin verhält, so die Rhetorik zur Wissenschaft von wahrer Politik und Gesetzgebung. Sie ist nur ein «Schattenbild» einer auf wirklichem Wissen beruhenden Tätigkeit.

Als Platon diesen Dialog schrieb, war der erste Impetus der sophistischen Rhetorik, die die Polis erschütterte, vorbei. Aber angewandte Rhetorik gab es mehr denn je. Jetzt traten die später als Gruppe im kanonischen Rang zusammengefassten zehn Redner auf. Die ersten, Lysias und Antiphon, hatten ihre Hauptwirksamkeit noch im 5. Jahrhundert, sie starben etwa um die Zeit, als Platon den *Gorgias* schrieb. Aber sie waren schon Zeugnisse einer Rhetorisierung aller Lebensbereiche, einer Überschwemmung des Lebens mit Tausenden von Reden. Allein unter dem Namen des Lysias kursierten mehr als 400 Reden, von denen 34 erhalten sind, und zwar durchweg zu praktischen Anlässen vor Gericht. Aus ihnen ließe sich die gesamte Geschäftswelt Athens in der Vielfalt des privaten und öffentlichen Lebens rekonstruieren. Zu den einflussreichsten Rednern zählte zweifellos Isokrates, der sich als Objekt der Auseinandersetzung mit der Rhetorik sowohl für Platon als auch für Aristoteles auch deshalb eignete, weil er mit einer Lebenszeit von fast 100 Jahren (ca. 436–337) beider Zeitgenosse war. Alle diese Redner hatten ihre in die Praxis umgesetzten Programme. Isokrates gründete eine einflussreiche Rhetorenschule und nannte sein Credo «Philosophie», insofern nicht ganz zu Unrecht, als die Normen seiner Wirksamkeit – weit entfernt von der sophistischen Radikalität – Redlichkeit und Anstand waren, dazu eine panhellenische Gesinnung, mit der dieser zur Einigkeit aller Griechen aufrief. Politisch brisanter waren die Reden des Demosthenes, der von dem genau gleichaltrigen Aristoteles indes nur ein einziges Mal (*Rhetorik* II 24, 1401 b 33) erwähnt wird. Die Reden von Isokrates und Demosthenes bildeten zugleich in ihrer Klarheit und differenzierten Kunst des Periodenbaus den Höhepunkt in der Entwicklung der griechischen Kunstprosa und wurden später eben deshalb bewundert. Die Reden dieser Zeit waren nicht mehr von der sophistischen Schärfe geprägt, die alle Werte und Normen umkehren wollte, sondern waren dazu angetan, den Menschen in seiner Normalität zu treffen und sich in die Gesellschaft zu integrieren. In diesem Sinne hat insbesondere Isokrates über die Alltagssphäre der praktischen Privatprozesse hinaus durch seine politischen Reden den Anspruch einer allgemeinen Bildung und Erziehung erhoben.

Unter dem Eindruck von Ausbreitung und Anspruch der Rhetorik hat Platon ca. 20 Jahre nach dem *Gorgias* sich im *Phaidros* erneut mit dem Wesen der Rhetorik auseinandergesetzt, ungefähr zu der Zeit, in der Aristoteles in die platonische Akademie eintrat. Entsprechend entzündet sich die Diskussion jetzt nicht mehr an den sophistischen Wurzeln der Rhetorik, sondern an einer Rede des Lysias, die der sonst wenig bekannte Phaidros nach dem (fiktiven) Manuskript des Lysias vorträgt. Im zweiten Teil entwickelt dann Platon (bzw. der im Dialog Platons auftretende Sokrates) drei Postulate für eine eigentliche, auf Wissen gegründete Rhetorik. Es sind dies erstens: Der Redner muss ein Wissen von seinem Gegenstand haben; er muss diesen definieren. Seine Rede muss wie ein lebendiger Organismus sein, deren einzelne Elemente der Redner begrifflich zusammenfassen und auch wieder zergliedern können muss. Platon versteht darunter aber etwas ganz anderes als die Gliederung der Rede in Eingang, Erzählung, Beweise, Wahrscheinlichkeiten usw., wie sie die traditionelle Rhetorik vornimmt. Vielmehr geht es bei einer wirklichen Rhetorik um Dialektik und dialektische Methode, d.h. um Erkenntnisstufen und -formen im philosophischen Sinne. Zweitens fordert Platon vom Redner eine Kenntnis der Seele, ihrer Teile und derer Funktionen. Anders als bei der geläufigen Redner- und Zuhörerpsychologie geht es darum, was in der platonischen Philosophie «Seele» heißt, die bestimmte Teile mit bestimmten Funktionen hat, die man kennen muss, was aber nicht möglich ist, ohne «die Natur des Ganzen zu kennen» (*Phaidros* 270 C), wobei offen bleibt, ob mit diesem Ausdruck das Weltganze oder das Ganze der Seele gemeint ist. Rhetorik wird so zur Chiffre oder zur Metapher für Philosophie und in ihrem traditionellen Sinn eigentlich aufgehoben. In einem dritten Postulat wendet sich Platon radikal und prinzipiell gegen die schriftlich fixierte Rede. Die durch die Schrift überlieferte Mitteilung ist tot, lässt sich nicht befragen, ist schutzlos dem Missverständnis und dem Missbrauch ausgeliefert. Nur als Erinnerungsstütze sei die schriftliche Abfassung zulässig. Das für die Philosophie Platons im Ganzen signifikante Problem des Verhältnisses von Schriftlichkeit und Mündlichkeit steht im Hintergrund. In der Anwendung auf die Rhetorik trifft sie deren Kern. Die Rhetorik des 4. Jahrhunderts basiert auf Schriftlichkeit. Die Reden wurden in der Regel schriftlich abgefasst, kursierten wie die (allerdings fiktive) Rede des Lysias im *Phaidros* und wurden förmlich publiziert. Mit diesen drei Postulaten Platons wird die Rhetorik selber zur Philosophie.

Die Konzeption

> Die Rhetorik ist ein Pendant zur Dialektik; beide handeln nämlich von solchen Dingen, die zu erkennen auf gewisse Weise allen gemeinsam und nicht Sache einer begrenzten Wissenschaft ist (Rhet. I 1, 1354 a 1–3). So ergibt sich, dass die Rhetorik so etwas wie ein Seitenzweig der Dialektik und der Ethik ist, welche zu Recht auch als politische Wissenschaft bezeichnet wird (Rhet. I 2, 1356 a 25–27).

Das klingt platonisch, so als wollte Aristoteles die Postulate Platons an eine philosophisch fundierte Rhetorik konkret erfüllen. Aber Aristoteles versteht unter Dialektik etwas anderes als Platon, nämlich nicht die Erkenntnis des Seienden und dessen Struktur im Bereich der Ideen, sondern das in der *Topik* entwickelte Verfahren des «dialektischen Syllogismus», der aus dem Vorrat an Gemeinplätzen einen Argumentationszusammenhang aufbaut, welcher im Bereiche des Wahrscheinlichen bleibt. Das Verhältnis der Rhetorik zu einer so verstandenen Dialektik bezeichnet Aristoteles mit dem Wort «antistrophos» (ἀντίστροφος), so wie in den Chorliedern der Tragödie eine Antistrophe zur Strophe gehört, hier mit «Pendant», meist aber (etwas missverständlich) mit «Gegenstück» wiedergegeben. Die eigentliche Pointe liegt indes darin, dass es sich um eine Anspielung auf den *Gorgias* handelt, in dem Platon mit dem gleichen Wort die Rhetorik als Pendant, Gegenstück oder Analogie zur Kochkunst ansieht. Rhetorik in der Seele verhält sich so wie Kochkunst im Körper (465 D).[3] Die deutliche Anspielung zeigt, dass der *Gorgias* mit der radikalen Rhetorik-Kritik noch präsent war, als Aristoteles in der Akademie zuerst seine *Rhetorik* vortrug. Auch die Einbeziehung der Ethik in eine Rhetorik als «Nebengewächs» (also wie ein Teil eines Organismus in biologischer Sicht) ist durchaus platonisch, nur ist auch hier eine ganz andere Ethik gemeint als diejenige Platons mit ihrer ontologischen Verknüpfung im transzendentalen Bereich.

Zwar muss auch für Aristoteles der Redner ein das technische Regelwerk der Rhetorik übergreifendes Wissen haben, aber er muss nicht selbst Philosoph sein. Er muss die wichtigsten Themen und Probleme der Ethik und die auf ethischen Grundsätzen ruhenden Gegebenheiten des politischen Lebens kennen und sie nach dem Kriterium von Gut und Schlecht beurteilen können. Insofern grenzt sich Aristoteles auch von den rhetorischen Lehrbüchern und der rhetorischen Praxis seiner Zeit ab. Neu in der aristotelischen Konzeption ist auch die Forderung, der Redner müsse nicht nur gerecht urteilen, sondern selbst von einem bestimmten Ethos, einer ethischen Grundhaltung erfüllt sein, die der Hörer einer Rede auch bemerken und akzeptieren soll. Insofern steht Aristoteles zwischen Platon und der zeitgenössischen Rhetorik. Gegen Platon gibt er der nun einmal vorhandenen Rhetorik ihr Existenzrecht wieder, hebt sie aber auf ein über das Technische weit hinausgehendes Niveau bei gleichzeitiger Bereicherung ihrer inneren Systematik.

Die Redegattungen

Das erste Buch der *Rhetorik* ist nach einleitenden Bemerkungen der offenbar ganz genuinen Einteilung in drei Arten der Rede und den damit gegebenen Problemen gewidmet. Aristoteles will damit die einseitige Orientierung an der Gerichts- bzw. Prozessrede, die er an seinen Vorgängern kritisiert (Rhet. I 1, 1354 b 22–29), sowie die mit ihr verbundene sachfremde Pathoserregung (Rhet. I 1, 1354 a 13 ff.) überwinden, indem er der Gerichtsrede die Ratsrede (symbouleutische Rede) und die aus der Lobrede entwickelte Festrede (epideiktische Rede) zuordnet und ihr Verhältnis zueinander nach Ziel, Bereich, Zeitstufen und Gegenstand systematisch bestimmt.

Redegenus	**Ziel**	**Bereich**	**Zeitstufe**
Gerichtsrede	das Gerechte	Anklage/ Verteidigung	Vergangenheit
Ratsrede	das Gute	Mahnung/ Warnung	Zukunft
Festrede	das Schöne	Lob/Tadel	Gegenwart, gelegentlich andere Zeitstufen

In allen Fällen geht es um die drei Komponenten der Rhetorik: Redner, Sache, Hörer. Bei der Einzelbehandlung der verschiedenen Redearten wird eine Fülle von Material ausgebreitet und vor allem werden die erforderlichen Kenntnisse aufgeführt, über die der Redende verfügen und dann seine Argumentation aufbauen muss. Zunächst geht es um die beratende (symbouleutische) Rede (I 4–8). Ganz im Sinne der Ethik hält Aristoteles fest, dass es nicht um Naturnotwendigkeiten oder Zufälligkeiten geht, sondern um den Bereich des Gestaltbaren. Es handelt sich bei dieser Redegattung um die eigentlich politische Rede. So werden als Beratungsgegenstände politische und ökonomische Sachverhalte genannt: Finanzen, Krieg und Frieden, Fragen der Landesverteidigung, der Versorgung, Sicherheit und Gesetzgebung. In all diesen Fragen muss der Redende eine gewisse Kenntnis, aber kein detailliertes Fachwissen haben. Da es um Zu- und Abraten geht (Rhet. I 4, 1360 b 2), dieses aber nach dem Kriterium von ‹gut› und ‹schlecht› zu erfolgen hat, kommen die ethischen Grundlagen und Ziele wie Eudämonie, Tugend, äußere Güter, Reichtum, Ehre, Lust, Freundschaft, Gesundheit umrisshaft in den Blick.

Bei der Gattung der Festrede (epideiktische oder vorführende Rede) ist der Zusammenhang mit der Ethik naturgemäß noch enger gestaltet (Rhet. I 9). Da es um Lob oder Tadel geht, erhebt sich die Frage nach dem, was lobens- und tadelnswert ist. Entsprechend der Einteilung in Lob und Tadel kommen die Tugenden und ihre Gegenformen der

Schlechtigkeit ins Spiel. Genannt werden: Gerechtigkeit, Tapferkeit, Besonnenheit, Großgeartetheit, Großgesinntheit, Freigebigkeit, Sanftmut, Klugheit, Weisheit. All diese ethischen Werte (und ihr Gegenteil) hat der Redner zu beachten. Aus dem Umstand, dass diese Tugenden im Kontext der Rhetorik nicht als Mitte zwischen den Extremen erscheinen, wird man keine noch unvollständige Vorform einer Ethik erschließen dürfen, sondern das aristotelische Prinzip erkennen, nur so viel mitzuteilen, wie für das Thema jeweils erforderlich ist. Die Rhetorik hat es zwar auch mit ethischen Fragestellungen zu tun, ist aber keine Ethik.

Das zeigt sich auch bei der Behandlung der traditionellen Gerichtsrede (Rhet. I 10–15). Zwar wird auch hier eine Fülle ethischen Materials entfaltet, aber es ist im Thema begründet, dass dabei mehr von Unrecht als von Recht die Rede ist, denn es geht ja darum, ob jemandem Unrecht geschehen ist oder nicht. Wichtig dabei ist auch das in der Ethik behandelte Moment der Freiwilligkeit bzw. Vorsätzlichkeit. So wird hier eine umfassende Psychologie des Unrecht-Tuns und Unrecht-Leidens entwickelt, indem die Motive für ein solches Tun beschrieben werden: Gewohnheit, Habgier, Zorn, Begierde, Lust und Lustbefriedigung, die Hoffnung, verborgen oder straffrei bleiben zu können. Ebenso werden unbeabsichtigte Fehler mit einer Skala von Entschuldigungsgründen berücksichtigt, wie überhaupt die psychische Verfassung des Täters eine große Rolle spielt, so dass man in alledem «den frühesten Abriß einer Kriminalpsychologie» gesehen hat.[4]

Die Überzeugungsstrategien

Die Rede, gleich welcher Gattung, steht nicht für sich allein. Sie ist an den Redner und an den Hörer gebunden. So entwickelt Aristoteles im zweiten Buch der *Rhetorik* eine umfassende Redner- und Hörerpsychologie. Während Platon vom wahren Redner eine wirkliche Kenntnis der Seele und ihrer Teile fordert, erscheint der psychologische Bereich bei Aristoteles als Mittel zum Zweck innerhalb der Systematik der Überzeugungsgründe. Diese liegen 1. in der ethischen Haltung des Redners, 2. in einer bestimmten emotionalen Verfassung des Hörers, 3. in der Rede selbst, d.h. in den Argumentationsformen des Überredungsvorganges. Damit ergibt sich eine dreiteilige Beziehung: Redner – Hörer – Sache. Der Hörer lässt sich überzeugen 1. durch die Vertrauenswürdigkeit des Redners, 2. in seiner vom Redner beeinflussten emotionalen Einstellung der Sache gegenüber, 3. durch die Beweismittel und Überzeugungsgründe selbst. Die Abhandlung über die Affekte (Rhet. II 2–11) gibt dem Redner Material für die Erzeugung einer bestimmten emotionalen Verfassung an die Hand. Die Affekte werden teils als Gegensatzpaare angeordnet (Zorn – Geringschätzung; Liebe – Hass; Furcht – Zuversicht; Frechheit – Schüchternheit; Dank – Undank; Mitleid – Entrüstung), teils stehen sie für sich (Neid, Eifersucht). Es handelt sich dabei nicht um die allgemeinen in der Ethik behandelten Tugenden und Untugenden, sondern um emotionale Haltungen. Sie werden jeweils definiert und in die rhetorische Praxis und Pathoserregung integriert, mit reichem Material für die praktische Ausgestaltung durch den Redner.

Dem gleichen Ziel dienen die Darlegungen über ethische (charakterliche) Grundgegebenheiten, die der Redner zu berücksichtigen hat (Rhet. II 12–17). Dazu entwirft Aristoteles eine glänzende Psychologie der Lebensalter (II 12–14), die man in ihren nuancenreichen Differenzierungen auch für sich lesen kann, beispielsweise in der interessanten Bemerkung, dass der Körper seine Blütezeit zwischen dem dreißigsten und fünfunddreißigsten Lebensjahr, die Seele um das neunundvierzigste Lebensjahr erreicht (II 14, 1390 b 10–12), wobei die Altersangaben (35 und 49) als das jeweils Vielfache der heiligen Siebenzahl in einer Tradition der Einteilung von jeweils sieben Entwicklungsschritten stehen, wie wir sie zuerst bei Solon fassen können.[5] Auch die hier vorliegende Phänomenologie menschlicher Verhaltensweisen in typischen Situationen stellt kein bloßes Supplement der Ethik dar, sondern ein differenziert aufbereitetes Material für die Praxis des Redners.

Schließlich erörtert Aristoteles diejenigen Überzeugungsgründe, die in der Rede selber liegen (Rhet. II 20–26). Er führt verschiedene Argumentationsformen an (Gebrauch von Fabeln, Sentenzen, Volksweisheiten), unter denen das «Enthymem» eine besondere Bedeutung hat. Über die Frage, was ein Enthymem ist, gibt es komplizierte Theorien.[6] Aristoteles bezeichnet es als einen «rhetorischen Beweis» (Rhet. I 1, 1355 a 6) und als «eine Art Syllogismus» (Rhet. I 1, 1355 a 8). Da es die Rhetorik mit Dingen zu tun hat, die sich auch anders verhalten können, sind die rhetorischen Prämissen nicht notwendiger Natur, sondern beziehen sich auf das «Wahrscheinliche», auf «das, was in der Regel eintritt» (Rhet. I 2, 1357 a 14 ff.). Das Enthymem ist demnach die Zusammenfügung von Sätzen in Form eines Syllogismus, und zwar entweder als «beweisendes Enthymem» – im Bezug auf anerkannte Sätze – oder als «widerlegendes Enthymem» – im Bezug auf nicht anerkannte Sätze (Rhet. II 22, 1396 b 23–28). Dabei empfiehlt Aristoteles dem Redner, nicht immer die volle Form des Schlussverfahrens zu formulieren, sondern um einer besseren Wirkung des Enthymems willen sich mit der Anführung der Prämissen zu begnügen und es dem Hörer zu überlassen, den Schluss auf den vorliegenden Einzelfall zu ziehen oder gelegentlich auch eine der Prämissen wegzulassen. Bei alledem muss der Redner zuallererst ein Faktenwissen haben, aus dem man das Enthymem überhaupt bilden kann. Wenn man den Athenern raten will, Krieg zu führen, muss man zunächst die einschlägigen Fakten (Stärke der Seemacht, Verbündete) kennen, aus denen man wie mit Bausteinen das Enthymem und damit das Überzeugungsmittel in der Rede zusammensetzen kann (Rhet. II 22, 1391 a 4–23). Einen solchen Baustein als «Element» des Enthymems nennt Aristoteles im Rückgriff auf die ausdrücklich erwähnte Schrift *Topik* (Rhet. II 22, 1396 b 4) «Topos», also einen «Ort» oder «Gemeinplatz». Im Folgenden führt Aristoteles 38 Topoi (Topen) an, und zwar 28 zur Konstruktion von beweisenden und widerlegenden Enthymemen (II 23) und 10 zur Konstruktion von nur scheinbaren Enthymemen (II 24). Er beschreibt dabei jeweils den Bereich, in dem sich ein Topos bewegt, und nennt diesen dann selber. Wenigstens ein Beispiel soll die Methode veranschaulichen: Ein Topos ergibt sich aus dem «Mehr (Eher) und dem Weniger» (Rhet. II 23, 1397 b 12), nämlich: Wenn das weniger zu Erwartende zutrifft, dann trifft auch das eher zu Erwartende zu. Das bedeutet als konkrete Folgerung: Wer seinen Vater schlägt, ist auch in der Lage, seinen Nachbarn zu schlagen. Aus der Fülle derartiger Topoi, die Aristoteles aus der Analyse der Reden seiner Zeit gewonnen haben wird, kann der Redner, mit dem nötigen Faktenwissen ausgestattet, die Enthymeme und damit die Rede aufbauen. Aus dem Reservoir der teils allgemein gehaltenen, teils inhaltlich ausgefüllten Topoi wählt der Redner die für den Einzelfall zutreffenden Sätze aus und fügt das Enthymem ein, das eine Deduktion vom Allgemeinen auf das Besondere darstellt, wie es am häufigsten in der Gerichtsrede vorkommt. Umgekehrt liefert das «Beispiel» Einzelfälle, aus denen ein allgemein gültiger Rat abgeleitet werden kann, wie es für die symbouleutische (ratende) Rede charakteristisch ist.

Sprache, Stilistik, Vortragsstil

Was wir als drittes Buch der *Rhetorik* lesen, war ursprünglich eine selbständige Schrift.[7] Es ist unwahrscheinlich, dass Aristoteles sie selber den beiden *Rhetorik*-Büchern angehängt hat, denn die Schrift wiederholt einige Ausführungen der *Rhetorik*, kann aber ihrerseits nicht spät, d.h. während des zweiten Athenaufenthaltes des Aristoteles verfasst sein, weil chronologische Anspielungen im Text auf ca. 355 weisen, als Aristoteles noch in der platonischen Akademie war.[6] So wird denn wohl erst Andronikos von Rhodos diese Schrift hinter die beiden *Rhetorik*-Bücher gestellt haben.

Der erste Teil des Buches (III 1–12) ist eine Stilistik, aber kein systematisches Lehrbuch der Stilarten, wie es zuerst der Freund und Nachfolger Theophrast geschrieben hat. Aristoteles berührt sehr viel weitergehende Fragen wie Stimme, Tonlage, Sprachmelodie, ohne sie indes im Einzelnen weiterzuverfolgen, zumal es darüber, wie er ausdrücklich anmerkt, noch kein Lehrbuch gibt (III 1, 1403 b 36), auf das er sich stützen könnte. Aristoteles begnügt sich mit einigen Hinweisen über die Geschichte des mündlichen Ausdrucks bei Dichtern, Rhapsoden und Schauspielern, über die Bedeutung der sprachlichen Form in Dichtung und Prosa mit durchaus aktuellem Bezug, denn «jetzt» (III 1, 1403 b 33) würden nach einer langen Entwicklung die Schauspieler über die Dichtung und analog die Redner über die (schlechten) Verfassungen, d.h. über die Gesetze, dominieren.

Von besonderem Interesse sind die Ausführungen über den spontanen und den (schriftlich) vorbereiteten Vortrag. Denn in einer Zeit, in der die Verschriftlichung in allen Bereichen vorangeschritten ist, und zugleich auf dem Hintergrund der platonischen Schriftkritik führt Aristoteles den Begriff der «Rededeklamation» (ὑπόκρισις, hypokrisis) als Terminus in die Rhetorik ein. Das Wort heißt ursprünglich «Antwort» und wurde dann für den Vortrag des Schauspielers im Theater gebraucht. Aristoteles verwendet das Wort einerseits für die Deklamation, die eine gezielte Vorbereitung und die Beachtung des richtigen Einsatzes der Stimme einschließlich der Lautstärke einschließt (so III 1), andererseits aber auch für die spontane, improvisierte Rede, der die schriftlich ausgefeilte Rede mit ihrer geringeren Lebendigkeit, aber größeren Präzision entgegengesetzt wird (III 12).[9]

Von der Sprechweise geht Aristoteles zur Sprache über, und wir bewegen uns im Grenzgebiet von Rhetorik und Poetik, auf die auch mehrfach verwiesen wird. Stilistik und Grammatik waren noch keine selbständigen Disziplinen.

Was den Stil der Rede angeht, so ist «Klarheit» die vornehmste Forderung (Rhet. III 2). Der aristotelische Grundsatz der «Mitte» wird in der Empfehlung spürbar, die Rede solle nicht zu «niedrig» (im sprachlichen Ausdruck) und nicht zu erhaben, sondern «angemessen» sein. Gleichwohl kann und soll der Redner die Sprache «verfremden» (III 2, 1404 b 10), wozu vor allem die Metapher und ihr verwandte bildliche Formen des sprachlichen Ausdrucks wie z.B. das Gleichnis gehören (III 2–4). Jedenfalls sieht Aristoteles die Möglichkeit, durch die Anwendung verschiedener Stilmittel und durch die Vermeidung «frostiger» und daher abschreckender Redemerkmale die Kraft der Rede in Ausdruck und Wirkung zu erhöhen. Bei alledem sind die vier später kanonisch gewordenen Stilqualitäten, nämlich Sprachrichtigkeit, Klarheit, Schmuck, Angemessenheit genannt, aber noch nicht in der systematisierten Form, die Theophrast diesen Elementen eines vortrefflichen Stiles gegeben hat.

Ferner fordert Aristoteles von der Prosarede einen gewissen Rhythmus, ohne dass sie dadurch zum Gedicht werden darf (III 8), wobei Aristoteles die verschiedenen Metren im Einzelnen im Hinblick auf ihre Eignung für die Verwendung in der Rede prüft. Für den Satzbau der Rede favorisiert er den der attischen Kunstprosa eigenen Periodenbau gegenüber dem reihenden, parataktischen Stil nach der Art des Historikers Herodot (dessen Nennung 1409 a 28 vielleicht eine spätere Einfügung ist) mit dem Argument, der periodische Satzbau sei «eine gut überschaubare Größe mit Anfang und Ende in sich» (III 9, 1409 a 35), die angenehm und fasslich ist, wie ähnlich die Tragödie als eine Größe mit organischem Anfang, Mitte und Ende angesehen wird (*Poetik* 7, 1450 b 26) entsprechend dem aristotelischen Grundgedanken des organisch Strukturierten.

Weit über alles Technisch-Rhetorische hinaus gehen auch die Ausführungen über Witz und geistreiche Formulierungen, die sich teilweise mit dem Begriff der Metapher überschneiden. Das Erkennen einer Pointe, einer Beziehung, mit der man eine Bedeutung assoziiert, wird einer philosophischen Leistung gleichgestellt (III 11, 1412 a 12) und bedeutet einen Erkenntnisgewinn, gewährt Freude und Belehrung (III 10, 1410 b 10–17; III 11, 1412 a 24).

Dabei ist für die verschiedenen Arten von Reden ein jeweils unterschiedlicher Stil angemessen, wie entsprechend der Exaktheitsgrad zwischen geschriebener und gesprochener Rede nicht der gleiche ist (III 12). Schließlich wendet sich Aristoteles den Teilen der Rede (Einleitung, Darstellung, Beweisführung) zu (III 13–19), vermeidet aber auch dabei jeden starren Schematismus, sondern bettet die Formen und Regeln der Rhetorik in eine anthropologische Fundierung.[10]

Resümee und Ausblick

Man könnte aus der *Rhetorik* des Aristoteles ein System von Techniken der Rede mit der Gliederung nach Redearten, Redeteilen, Beweisarten, Überredungsstrategien, Stilarten und Stilqualitäten, ebenso aber auch eine auf die Rede bezogene philosophische Ethik besonders der (im 2. Buch analysierten) Affekte herauspräparieren. Beides würde der *Rhetorik* nicht gerecht. Das Bedeutende und Einmalige der aristotelischen *Rhetorik* ist die Einbettung des rhetorischen Regelwerkes – sowohl in Ausgestaltung wie auch in Reduzierung – in einen durch die produktive Auseinandersetzung mit Platon gewonnenen neuen Zusammenhang, in dem die Rhetorik zur adäquaten Theorie der öffentlichen Rede des Bürgers nach den Kategorien der in Ethik und Politik entwickelten praktischen Philosophie geworden ist. Insofern hat Aristoteles doch bis zu einem gewissen Grade die Forderung Platons nach einer philosophischen Rhetorik erfüllt, nur ganz anders, als Platon sich das gedacht hatte. Für Aristoteles soll der Redner über ethische Grundgegebenheiten informiert sein, diese in seine Rede einbeziehen und vor allem selber eine bestimmte ethische Haltung verkörpern, ohne die philosophischen Prämissen selber ableiten zu müssen. Damit geht Aristoteles in seinen Forderungen weit über alle rhetorische Praxis und Theorie seiner Zeit hinaus. Diese auf Wissen, Einsicht und Ethos gegründete Rhetorik ist noch ganz hineingesprochen nicht nur in den akademischen Zuhörerkreis, sondern in eine lebendige Szene der politischen Beredsamkeit in Athen.

Nach Aristoteles ist der Zusammenhang von Rhetorik und praktischer Philosophie nicht mehr als Postulat empfunden oder gar befolgt worden. Denn mit der Schlacht von Chaironeia (338 v. Chr.), dem Sieg der Makedonen über die griechischen Städte und dem damit verbundenen Verlust der politischen Autonomie der Polis, war die Möglichkeit stark reduziert, Politik durch Beredsamkeit zu gestalten oder auch nur zu beeinflussen. Natürlich gab es weiterhin Privatprozesse und Gerichtsreden, aber in den hellenistischen, gleichsam ‹entseelten› Traktaten zur Rhetorik dominierte der technisch-formale Aspekt. Mit der Lehre von den Stilqualitäten (bei Theophrast) wird der Stil zur obersten Instanz der Rhetorik.

Die Entwicklung der Rhetorik in Rom vollzog sich vor allem durch die Umformung der griechischen Terminologie des rhetorischen Lehrgebäudes ins Lateinische, die dem altrömischen Ideal des redekundigen guten Mannes (vir bonus dicendi peritus) einen theoretischen Unterbau gab. Vor allem Cicero war es, der unter gewandelten Bedingungen die einseitige Orientierung an die rhetorische Technologie überwand und wieder philosophische und nun auch literarische Postulate an den Redner stellte, eigentlich ganz im Sinne des Aristoteles, der in dem außerordentlich einflussreichen Werk *De oratore* auch genannt wird (II 160). Darin fordert Cicero vom perfectus orator eine Sachkenntnis in Dichtung, in den Künsten, in Rechts- und Staatskunde mit dem Ziel einer allgemeinen Bildung, deren Inhalt in erster Linie die griechische Geistesgeschichte ist. Von da aus ist es nur ein Schritt zur Pädagogisierung einer so verstandenen, vorwiegend auf Literatur bezogenen Rhetorik. Diesen Schritt hat im 1. Jahrhundert n. Chr. Quintilian in seiner *Institutio oratoria* in einer Zeit vollzogen, in der durch den Untergang der römischen Republik die Rhetorik ein nur sehr beschränktes Bezugsfeld der politischen Beeinflussung hatte. So beklagt etwa gleichzeitig Tacitus in seinem bedeutenden *Dialogus de oratoribus* den mit dem Verlust der Freiheit (libertas) einsetzenden Verfall der Beredsamkeit.[11] Doch konnte die Rhetorik insgesamt in Rhetorenschulen, in unzähligen Handbüchern, Schul- und Übungsreden als höhere Allgemeinbildung überleben und in der frühen Neuzeit als eine der «sieben freien Künste» (septem artes liberales) eine besondere Blüte entfalten. Neben der Tradierung in unzähligen Handbüchern war die *Rhetorik* des Aristoteles seit der Mitte des 13. Jahrhunderts in zwei verschiedenen lateinischen Übersetzungen und später natürlich auch im griechischen Original präsent, bis etwa zum Ende des 18. Jahrhunderts, stärker als in den anderen europäischen Ländern übrigens in Frankreich, dort allerdings eher in der römischen Prägung mit der Betonung des Literarischen, der Affinität von Stil und Bildung, des rhetorischen Regelwerkes als Bestandteil des Erziehungs- und Bildungssystems.

Die Skepsis gegen die *Rhetorik*, ja sogar ihre Missbilligung (mehr in der Theorie als in der Praxis) geht von der deutschen Philosophie des Idealismus aus, insbesondere von Kant, dessen Charakterisierung der Rhetorik als «Kunst zu überreden, d. i. durch den schönen Schein zu hintergehen» (*Kritik der Urteilskraft*, II § 53) Platons Verdikt der sophistischen Rhetorik wieder aufleben lässt.

Seit etwa der Mitte des 20. Jahrhunderts erlebt die Rhetorik in der Theoriebildung einen neuen Aufschwung, der vor allem durch die von Chaim Perelman (1912–1984) inaugurierte «Nouvelle Rhetorique» (New Rhetoric) geprägt ist. Sie ist wieder stärker an Aristoteles orientiert, insofern sie als persuasive Kommunikationsstrategie den von Aristoteles begründeten Bezug des Redners zum Hörer im Sinne der Erzielung eines Einverständnisses zwischen Redner und Hörer besonders betont. Aber sie geht (mit verwandten Erscheinungen anderer Autoren) weit über Aristoteles hinaus, weil mit dem «rhetorical turn» eine Dekonstruktion von Objektivitätsansprüchen der Geisteswissenschaften verbunden und so die Rhetorik als Durchdringungsmodell eine alle Bereiche umfassende universale Erscheinung geworden ist, während sie bei Aristoteles an die institutionell vorgegebenen Redeanlässe und -gattungen gebunden bleibt und nicht selber Philosophie zu sein beansprucht.

Daneben gibt es zahlreiche andere Entwürfe einer hermeneutisch, literaturtheoretisch, semiotisch oder politisch orientierten Rhetorik, die nicht einfach die Praxis des Redens widerspiegelt, sondern in einer «Grammatik des vernünftigen Redens» (Josef Kopperschmidt) bürgerliche Humanität erneuert, wofür vor allem das von Walter Jens im Jahre 1963 an der Universität Tübingen gegründete «Seminar für Allgemeine Rhetorik» einen Kristallisationspunkt darstellt.[12] Das alles steht Aristoteles durchaus nahe.

6.
Poetik – Handeln im Drama

Die Grundlagen

Über Fragen der Dichtung hat Aristoteles drei Werke verfasst, von denen zwei verloren sind. Verloren sind die *Aporemata Homerica* und der Dialog *Über Dichter.*[1] Die *Aporemata Homerica* waren in sechs Bücher eingeteilt; erhalten sind 40 Fragmente, von denen die meisten aus der Schrift *Quaestiones Homericae* des Porphyrios (um 300 n. Chr.) stammen, von der umfangreiche Exzerpte in den Scholien zur Handschrift B der homerischen *Ilias* erhalten sind. Erkennbar ist, dass diese Schrift eine unzusammenhängende Reihung von scheinbaren oder wirklichen Aporien einzelner Aussagen in *Ilias* und *Odyssee* zum Inhalt hat. Dabei greift Aristoteles in eine schon bestehende, umfangreiche und kritische Homerphilologie ein. Seine Aussagen haben den Charakter einer apologetischen Antwort auf kritische, mitunter ganz banale Einwände gegen Homer. Wenigstens ein Beispiel sei genannt: Homer sagt, jeder andere hob den Becher mit Mühe vom Tisch, wenn er voll war; Nestor aber, der Greis, hob ihn ohne Mühe (*Ilias* XI 636). Kritik: Jeder junge Mann müsste doch den Becher müheloser heben können als der Greis Nestor. Antwort des Aristoteles: Der Vergleich bezieht sich nur auf die Altersgenossen.

Von dem in drei Bücher eingeteilten Dialog *Über Dichter* sind vier Fragmente mit Angabe der Schrift überliefert; ein Dutzend weiterer Fragmente können mit großer Wahrscheinlichkeit der Schrift zugeordnet werden.[2] Leider wissen wir nichts über die Dialogpartner. Deutlich wird, dass Aristoteles sich über die Erfindung des Dialogs als Kunstform, über den Stil Platons, über Homer und die Tragiker und über den tragischen Chor, über Dithyrambos und Mimos als Gattungen der Dichtung geäußert hat. Vieles bleibt unklar.

So beruht unsere Kenntnis von den poetologischen Anschauungen des Aristoteles im Wesentlichen auf der, gemessen an ihrer Bedeutung und Wirkung, knapp gehaltenen *Poetik* (in unseren Ausgaben ca. 50 Seiten), von der auch nur die erste Hälfte erhalten ist. Nach dem Schriftenverzeichnis von Diogenes Laertius (Nr. 83) hat Aristoteles eine Schrift *Über die Dichtkunst* in zwei Büchern verfasst, und verschiedene Hinweise (vor allem eine Ankündigung im Codex Riccardianus) führen darauf, dass das (verlorene) zweite Buch eine Untersuchung über die Komödie und vielleicht über die Jambendichtung enthielt. Versuche, den Inhalt dieses Buches zu rekonstruieren,[3] konnten naturgemäß nur in bescheidenem Umfang gelingen. Sicher dürfte sein, dass Aristoteles sich – analog zu seinen Bestimmungen über die Tragödie – über die Wirkung auch der Komödie geäußert und dabei als Wirkungsziel das Lachen genannt hat. In spannender Fiktion hat Umberto Eco (ursprünglich Linguist und Klassischer Philologe) es in seinem Erfolgsroman *Il nome della rosa* (1980) so dargestellt, dass der Klosterbruder und Bibliothekar Jorge von Burgos die angeblich einzige noch erhaltene Handschrift dieses Buches als gefährlich hütet (weil Lachen die Furcht und damit den Glauben tötet) und schließlich in einer italienischen Benediktinerabtei im Jahre 1327 dieses Manuskript zerkaut und mit ihm die Klosterbibliothek in Flammen aufgehen lässt und so in den Tod geht, um die Handschrift nicht in andere Hände fallen zu lassen. Das ist eine raffinierte Fiktion. Die wirklichen Gründe für den Verlust des Buches kennen wir nicht.

Das erhaltene erste Buch beginnt mit einer allgemeinen Grundlegung der Dichtung nach ihren Wesensmerkmalen (Kap. 1–3); es folgen eine Darstellung der historischen Entwicklung der Dichtung (Kap. 4–5) und im Hauptteil eine Poetik der Tragödie (Kap. 6–22), dem sich eine kurze Behandlung des Epos (Kap. 23–25) anschließt. Die Gattungen der Dichtung werden also nicht in ihrer historischen Abfolge und auch nicht gleichgewichtig erörtert. Den Schluss bildet ein Vergleich zwischen Epos und Tragödie.

Poetik vor Aristoteles

Ob es vor Aristoteles überhaupt eine regelrechte und umfassende Poetik gegeben hat, ist ungewiss. Überliefert ist davon nichts. Wohl aber gab es von den frühesten Zeiten an literaturimmanente Äußerungen poetologischer Art. Es sind vor allem drei Themenkreise, die dann auch theoretisch reflektiert wurden und Eingang in systematische Poetiken gefunden haben. Das ist zum einen die innere Verfassung des Dichters und dann auch seines Interpreten. Der Dichter, bei Homer ein Handwerker wie jeder andere, aber irgendwie «göttlich», dann Seher, Künder, im heiligen Enthusiasmus dichtend, im «furor poeticus», wie es Marsilius Ficino 1561 im Kontext der Renaissance-Poetiken formuliert hat und wie ihn theoretisch zuerst Demokrit (noch vor Platon) mit den Worten beschrieben hat: «Was ein Dichter mit Enthusiasmus und göttlichem Anhauch geschrieben hat, das ist gewiss schön» (Frgm. B 18). Platon hat diese Vorstellung in einem seiner frühesten Dialoge, im *Ion*, in das berühmte Gleichnis von der Magnetkette gekleidet. Die Gottheit ist der Magnetstein, an dem eine Kette mit mehreren Gliedern hängt, die alle vom Gott ergriffen sind, zuerst der Dichter, dann sein Interpret – im Epos der Rhapsode, im Drama der Schauspieler – und am Schluss der Hörer, der ebenfalls von der Erfahrung der göttlichen Kraft ganz gebannt ist.[4] Diese auch für alle nacharistotelischen Poetiken relevante Thematik wird in der aristotelischen *Poetik* ganz beiseite gelassen. Nur das letzte Glied der Kette, der Rezipient der Dichtung und die Wirkung, die er von der Dichtung erfährt, ist bei Aristoteles Gegenstand der Diskussion.

Die Wirkung der Dichtung als zweiter, für Aristoteles wichtiger Themenkreis, wird von den frühesten Zeiten an reflektiert. Im homerischen Epos zeigt sich der Hörer vom Vortrag des Sängers «betört», «gebannt», «bezaubert», in stummer Ergriffenheit.[5] Wie bei der Rhetorik stellt auch für die Vorstufen einer regelrechten Poetik die Sophistik insbesondere in der Ausprägung durch Gorgias eine wichtige Stufe dar. Die Nähe zur Rhetorik ergibt sich daraus, dass die Dichtung für Gorgias dem Allgemeinbegriff «Rede» untergeordnet ist, unter der sie sich nur durch die metrische Form hervorhebt, was Aristoteles scharf kritisiert. Die entscheidende Passage lautet:

> Ich nenne und bezeichne alle Dichtung als eine Rede in Versform. Aus ihr dringt in die Zuhörer ein schreckhafter Schauder, tränenreiche Rührung und ein die Trauer liebendes Verlangen. Und die Seele erfährt bei Glück und Unglück fremder Geschehnisse und Menschen durch die Reden (d.h. in der Dichtung) ein gewisses eigenes Leid (Gorgias, *Helena* 9).

Es ist evident, dass hier die aristotelische Tragödiendefinition (vgl. S. 163) präformiert ist. Das betrifft den Gedanken einer seelischen Affektion des Hörers/Zuschauers beim Erfahren fremden Leids und vor allem die genannten drei Affekte, von denen zwei kanonisch geworden sind, nämlich «Furcht» und «Mitleid». Beide werden hinsichtlich ihrer äußeren Wirkungsweise beschrieben als «Schauder» (φόβος) und «Rührung» (ἔλεος). Aristoteles hat diese Affekte aufgenommen und in ihrer poetologischen Relevanz vertieft. Der dritte von Gorgias genannte Affekt umschreibt ein gewisses Verlangen nach Trauer und ist vielleicht aus dem alten Motiv der Klage erwachsen. Aristoteles hat diesen Komplex in seine Poetik nicht aufgenommen. Im Übrigen bezieht sich Gorgias auf «alle Dichtung», während es bei Aristoteles um die spezifisch tragischen Affekte geht. Doch ist die Nähe der aristotelischen Distinktionen zu Gorgias mit Händen zu greifen.

Aber zwischen Gorgias und Aristoteles steht Platon. In dem frühen Dialog *Ion* hat Platon die gorgianische Lehre von der Wirkung der Dichtung in das Gleichnis von der Magnetkette eingebaut in dem Sinne, dass sowohl der Vortragende als auch der Zuhörer als Glieder der Kette die von Gorgias beschriebenen Affekte erfahren, jetzt vor allem die beiden fortan stereotypen Affekte «Schrecken» und «Rührung». Platon lässt den Rhapsoden Ion sagen:

> Wenn ich nämlich etwas Rührendes (ἐλεεινόν τε) vortrage, füllen sich mir die Augen mit Tränen, wenn aber etwas Schreckliches (φοβερόν) oder Furchtbares, dann sträuben sich mir die Haare vor Schrecken und das Herz bebt (*Ion* 535 E).

Diese und andere Brocken einer Poetik werden bei Platon unter philosophische Prämissen gestellt und nach ihnen bewertet. Zunächst ist es die Frage nach dem Wissen, die Platon an alle (Handwerker, Politiker, Sophisten) und eben auch an die Dichter anlegt, die über ihre Dichtung nicht nur keine Rechenschaft ablegen können, sondern auch von ihren Gegenständen nichts verstehen (*Apologie* 22 A–C). In der Tat gibt es im *Ion* eine Diskussion darüber, wer von einzelnen Fachgebieten mehr versteht, der Fachmann oder der Dichter. Wir würden diese Frage für inadäquat halten und doch nicht ernsthaft verlangen wollen, der Dichter müsse einen Wagen lenken, ein Heer führen, einen Stuhl herstellen können, wenn er von diesen Dingen spricht. Platon lässt den Rhapsoden Ion auf solche Überlegungen die einzig richtige Antwort geben: Dem Dichter kommt die Fähigkeit zu, das jeweils Angemessene (πρέπον) die Figuren in seiner Dichtung sagen zu lassen (*Ion* 540 B 3–6). Hier scheint die Kategorie des «Angemessenen» auf, die bei Aristoteles, vor allem aber in der nacharistotelischen Poetik ebenso wie in der Rhetorik von Bedeutung ist.

Der zentrale Begriff in der platonischen Dichterkritik ist indes das Wort «Mimesis», das wir je nach Bedeutungsnuance mit «Nachahmung» oder «Darstellung» übersetzen müssen. Damit ist der dritte Themenkreis einer schon voraristotelischen Poetik benannt. Dazu finden sich die ersten Belege in der Dichtung. Dass ein Musikinstrument eine menschliche Stimme «nachahmt», steht bei Pindar in einem Gedicht aus dem Jahre 490 (*Pythien* 12, 21) und wenig später hat der im weitesten Sinne der Sophistik zuzurechnende Damon (Mitte des 5. Jh.s v. Chr.) in pythagoreischer Tradition die starke Wirkung der Musik auf die Regungen der Seele als «Mimesis» bezeichnet und damit Platon stark beeinflusst. Platon verwendet den Begriff «Mimesis» oft und unterschiedlich, in Bezug auf die Dichtung im zweifachen Sinne. Vor allem in drittem Buch des *Staates* wird der Begriff «Mimesis» im Wesentlichen als tänzerische, musikalische oder dramatische Darstellung von Handlungen in dem unmittelbaren Sinn verwendet, dass das Mimetische das Annehmen einer Rolle bedeutet, um einen anderen durch den eigenen Mund sprechen zu lassen und diesen darzustellen, im Unterschied zur auktorialen Erzählung. Im zehnten Buch des *Staates* hat das Wort einen viel weiteren Geltungsbereich, der die gesamte Dichtung umfasst (Rep. 606 D) und diese mit Hilfe des Mimesis-Begriffes ontologisch einordnet. Der Handwerker arbeitet mimetisch im Hinblick auf die Idee (als Beispiel werden Bett und Tischler genannt) während der Dichter gleichsam mit einem Spiegel die bereits mimetisch gestaltete Welt der Erscheinungen wie der Maler eines Bildes noch einmal mimetisch gestaltet und so die Wahrheit aus dritter Hand empfängt.[6] Damit ist der Mimesis-Begriff durch Platon aus dem eigentlich poetologischen Kontext herausgelöst und als Stufe einer philosophischen Seinsordnung bestimmt. Es gilt, diese Vorgeschichte des Begriffs Mimesis im Hinblick auf die *Poetik* des Aristoteles im Auge zu behalten.

Im Übrigen sind alle mit einer Poetik zusammenhängenden Fragen in und außerhalb der Akademie lebhaft diskutiert worden. Aristoteles verweist in der *Poetik* und mehr noch in den *Aporemata Homerica* wiederholt auf Spezialliteratur zu einzelnen Fragen, eine eigentliche *Poetik* scheint es aber vor Aristoteles nicht gegeben zu haben.

Die Grundkonzeption

Die *Poetik* des Aristoteles[7] ist ebensowenig eine Regelpoetik wie sich die *Rhetorik* in einem technischen Regelwerk erschöpfen würde. Aber als «Techne» (Fachschrift) richtet sie sich zunächst an den Dichter, so wie sich die *Rhetorik* an den Redner wendet. Und so heißt es auch gleich zu Beginn, Aristoteles wolle nicht nur darlegen, was Dichtkunst ist, sondern auch «wie man die Mythen (d.h. die Handlungen) zusammenfügen muss, wenn die Dichtung gut sein soll» (I 1, 1447 a 9). Aber eigentlich wendet sich nur ein Kapitel (Kap. 17) an den angehenden Dichter mit Anweisungen zur Ausarbeitung einer Handlung in der Dichtung, während der größte Teil der *Poetik* eine Analyse und Bewertung von vorhandener Dichtung mit nur sporadischen Postulaten, wie man es machen soll, darstellt. Insofern ist das Verhältnis von *Poetik* und *Rhetorik* hinsichtlich des Adressatenbezugs etwas unterschiedlich.

Die wichtigste Bestimmung steht gleich am Anfang. Der größte Teil aller Dichtung (epische, dramatische und Dithyrambendichtung) ist «Nachahmung» (Mimesis). Über diesen Begriff gibt es eine endlose Diskussion seit Jahrhunderten. Gemeint ist damit nicht die Abschilderung von Realität (obwohl das Wort Mimesis das auch heißen kann), sondern die kunstgerechte Darstellung von menschlichen Handlungen bzw. handelnder Menschen, weshalb z.B. die sokratischen (d.h. platonischen) Dialoge und auch bestimmte Formen der Musik (Aulos, Kithara) und des Tanzes (‹Ausdruckstanz›) in dem aristotelischen Begriff von Poiesis (also etwas weiter gefasst als unser Begriff «Poesie») eingeschlossen sind, nicht aber z.B. das Lehrgedicht des Empedokles (das keinen mimetischen Charakter hat). Gegen den Sophisten Gorgias argumentiert Aristoteles, dass das Versmaß nicht das entscheidende Kriterium für Dichtung ist. Aristoteles kannte, wie seine Hörer und Leser, Platons Abwertung der Dichtung im Namen der Mimesis. Er befreit den Begriff Mimesis aus dieser ontologischen Verklammerung und restituiert damit die Autonomie der Dichtung. Es ist im Grunde der gleiche Schritt, den er auch auf dem Gebiet der Rhetorik vollzieht.

Mimesis bezieht sich immer auf handelnde Menschen, die unterschiedliche Charaktere haben, teils überdurchschnittlich gute, teils schlechtere. Analog dazu vollzieht sich die Mimesis vorzugsweise in der Tragödie. Handlung meint dabei im Sinne des Aristoteles kein beliebiges äußeres Tun, «sondern die auf die konkrete Durchführung einer Entscheidung lenkende innere Aktivität».[8] Insofern ist das, was Aristoteles «Dichtung» (Poiesis, Poesie) nennt, immer bezogen auf den Menschen in seinen Handlungsmöglichkeiten und deren Verwirklichung. Dabei sind es Handlungen von ethischer Relevanz, die Gegenstand der Mimesis sind. Diese Mimesis kann innerhalb der Dichtung (jetzt im engeren Sinne) teils im Bericht eines Erzählers, teils in der Autorperspektive (so bei Homer) vollzogen werden, teils in direkter Rede der handelnden Personen, wie im Drama.

Die Entstehung der Dichtung

Die Entstehung der Dichtung überhaupt führt Aristoteles auf zwei naturgegebene anthropologische Grundgegebenheiten zurück, und zwar in biologischer Betrachtungsweise, analog der Betonung der Natürlichkeit menschlicher Verhältnisse im Zusammenleben in der Polis, wie es Aristoteles in der *Politik* darstellt. Die erste Ursache hängt mit dem Konzept der Mimesis zusammen. Dem Menschen ist von Kindheit an ein Trieb zur Nachahmung angeboren. Der Mensch ist das «nachahmungsfähigste» Lebewesen und jedes Lernen vollzieht sich zuerst in der Form der Nachahmung. Der zweite Grund ist die Freude an Nachahmungen bzw. Darstellungen. Aristoteles führt als Beispiel das Bild an, das einen realen Vorgang oder Sachverhalt als Mimesis «darstellt». Dabei geschieht es, dass der Anblick selbst hässlicher Objekte (unansehnliche Kreaturen, Leichen), die wir als solche mit Widerwillen ansehen, im Bild, also auf der Ebene der Mimesis, Vergnügen bereitet. Man muss sich dieses Verhältnis für die Dichtung hinzudenken (Aristoteles sagt es nicht direkt), und in der Tat lässt sich die so beschriebene Erfahrung auch heute an den verschiedensten Medien (Theater, Film, Fernsehen) nachvollziehen. Zu dem Vergnügen an mimetisch Dargestelltem kommt dann noch eine ebenfalls dem Menschen naturgegebene, in der Erfahrung beobachtbare Anlage zu Melodie und Rhythmus.

Am Anfang steht die Improvisation. Dass aber aus improvisatorischen Anfängen wirklich Dichtung wird, dazu bedarf es nach Aristoteles besonderer Begabungen, die in kleinen Schritten von den Anfängen an in allmählichem Fortschritt «die Dichtkunst» hervorgebracht haben. Dabei geht Aristoteles von vorneherein davon aus, dass schon die früheste Dichtung inhaltlich und formal differenziert ist, nämlich in Hymnen einerseits und Rügelieder andererseits, und er nimmt ferner an, dass die Dichter sich entsprechend ihrer eigenen Charaktereigenschaften für die eine oder die andere Gattung entschieden haben, die Ernsthafteren (Edleren) für Hymnen und Preislieder, die Leichtfertigeren für Spott- und Rügelieder. Aristoteles kann, wie er selber sagt (4, 1448 b 27) diese Frühformen nicht durch entsprechendes Material belegen, sondern erschließt sie aus anthropologischen Wahrscheinlichkeiten. Wie für uns begann auch für Aristoteles die nachprüfbare Entwicklung mit Homer, dem ein Kristallisationspunkt und damit eine Übergangsfunktion von den beiden Frühformen (Hymnen und Spottliedern) zur Ausbildung sowohl der Tragödie als auch der Komödie zugeschrieben wird. Denn Homer habe in den beiden Bereichen «dramatische Nachahmungen» (4, 1458 b 35), d.h. in sich geschlossene Handlungen, in denen Personen auftreten, hervorgebracht. Auf diese Weise haben *Ilias* und *Odyssee* der Tragödie und das unter Homers Namen überlieferte Gedicht *Margites* der Komödie vorgearbeitet. Diese handlungskonstituierende Leistung ‹Homers› kann aber nur eine unterstützende gewesen sein, denn Komödie und Tragödie haben jeweils ihren eigenen Ursprungsbereich, der seinerseits mit improvisatorischem Spiel beginnt, das im Falle der Tragödie über den Dithyrambos, im Falle der Komödie über die Phalloslieder führt. Darauf folgen wiederum allmähliche Veränderungen und Verbesserungen, bis beide dramatischen Gattungen die ihr jeweils eigentümliche ‹Wuchsform› (Physis) erreicht haben, also zur Vollendung gelangt sind.

Margites ist der Titel eines nur in Fragmenten greifbaren Spottgedichtes in epischen Hexametern mit eingestreuten iambischen Trimetern, das Homer (zu Unrecht) zugeschrieben wurde.[9] ‹Homer› vereinigt also sowohl den Strang der hohen Dichtung in heroischen Hexametern als auch denjenigen der niederen Dichtform in den der Alltagssprache geläufigen iambischen Trimetern.

Die weitere – nachhomerische – Entwicklung, so sieht es Aristoteles, vollzieht sich dann so, dass nach den improvisatorischen Anfängen und der handlungskonstituierenden Leistung ‹Homers› sowohl für die Tragödie als auch für die Komödie eine Zwischenstufe anzusetzen ist, die für die Tragödie aus den «Vorsängern» des Dithyrambos, für die Komödie aus den «Vorsängern» der Phalloslieder besteht.[10] Dieser wie jeder Satz der aristotelischen Darstellung der Entwicklung von Tragödie und Komödie ist sehr umstritten und bereitet dem Verständnis nicht geringe Schwierigkeiten.

Der Dithyrambos ist ein chorisches Kultlied, das seine Wurzeln im Dionysoskult hat, dann aber (vor allem bei den chorlyrischen Dichtern Pindar und Bakchylides, um 500 v. Chr.) auch auf andere Mythen bezogen wurde. Es war zur Zeit des Aristoteles noch fester Bestandteil im Festprogramm der Großen Dionysien in Athen. Das bis heute von Touristen viel besuchte Lysikrates-Monument am Rande der Altstadt von Athen bezieht sich auf einen Sieg im Dithyrambos-Agon des Jahres 335 v. Chr. (als Aristoteles in Athen war). Der Dithyrambos bestand, jedenfalls in der frühen Form, aus dem Vortrag eines «Vorsängers», dem der Chor refrainartig antwortet.[11] Analog dazu waren die Gesänge bei den Phallophorien gestaltet, Umzügen, bei denen ein großer Phallos als Symbol der Fruchtbarkeit getragen wurde, ebenfalls im Dionysoskult beheimatet. Aristoteles bemerkt (4, 1449 a 13), dass derartige Phalloslieder noch zu seiner Zeit in vielen Städten fester Brauch waren. Ein solches Lied mit der Anrufung des «Phallos» als Symbol der Liebesfreuden findet sich, allerdings in literarischer Sublimierung, in der Komödie *Acharner* (425 v. Chr.) des Aristophanes (Vers 263–279).

Das Interesse des Aristoteles richtet sich dabei nicht auf die kultischen Ursprünge, sondern auf die Strukturelemente. Dithyrambos und Phalloslied gelten ihm als Zwischenstufe in der Entwicklung von Tragödie und Komödie, weil mit dem «Vorsänger» ein Einzelner in prädramatischer Figuration dem Chor gegenübertritt, wenn auch noch nicht (wie der spätere Schauspieler) in einer eigenen, vom Chor abgegrenzten Rolle. Da Aristoteles aber nicht mitteilt, wer im technischen Sinne den ersten Schauspieler in die Tragödie eingeführt hat (es war um 533 v. Chr. der Dichter Thespis), sondern gleich bemerkt, dass Aischylos den zweiten und Sophokles den dritten Schauspieler der schon bestehenden Tragödie hinzugefügt haben, scheint Aristoteles im «Vorsänger» die Urform des ersten Schauspielers gesehen zu haben.[12] Dabei bedeutet die Einführung des zweiten und dritten Schauspielers nicht, dass die Tragödie nur zwei bzw. drei Rollen aufgewiesen hätte, sondern meint, dass jeweils nur zwei bzw. drei Schauspieler gleichzeitig auf der Bühne in jeweils mehreren Rollen agieren, was an den erhaltenen Tragödien leicht überprüfbar ist.

Ganz besondere Schwierigkeiten bereitet dem Verständnis die Angabe, die Tragödie sei «aus dem Satyrhaften» entwickelt und erst später zu Erhabenheit (Ernsthaftigkeit) gelangt. Aristoteles sagt nicht, die Tragödie sei aus dem Satyrspiel entstanden; er bezieht sich überhaupt nicht auf Inhalte, sondern auf Sprache und Versmaß. Wenn er dabei neben einer noch ungehobelten Sprache den trochäischen Tetrameter (viermal – ∪ – x) als ein dem Tanze nahestehendes Metrum «satyrhaft» nennt, so mag er an diejenige Vorstufe der Tragödie denken, die durch die Ausgestaltung des Dithyrambos gekennzeichnet ist, welche Arion von Methymna (7. Jh. v. Chr.) durch die Einführung von Satyrn in rollenspielhafter Form als Erster vorgenommen hat.[13]

Die übrigen Merkmale, die Aristoteles als Schritte auf dem Wege zur Vervollkommnung der Tragödie anführt, leuchten sofort ein: die durchgängige Verwendung des iambischen Trimeters (dreimal ∪ – ∪ x) als Sprechvers, die Ausdehnung der Handlung der Tragödie «auf nur einen einzigen Sonnenumlauf» (5, 1449 b 13), die Einführung von Bühnenbildern durch Sophokles (ca. 496–406 v. Chr.). Überhaupt sind durch Sophokles alle Elemente der Tragödie voll ausgebildet, die nun ihre Blüte erreicht hat.

Die knappe Skizze des Aristoteles über die Entstehung der Dichtung, insbesondere der Tragödie (über die Komödie stehen in diesem Zusammenhang nur wenige Bemerkungen), ist viel kritisiert worden. Vor allem hat man bemängelt, dass Aristoteles die Bindung der Tragödie an den Dionysoskult und überhaupt an Kult und Religion gar nicht erwähnt hat. «Können wir den Mann als authentischen Erklärer der attischen Tragödie ansehen, der kein Wort darüber verliert, daß sie ein Teil des Gottesdienstes ist und in der Heroenwelt spielt, daß sie am staatlichen Fest aufgeführt und der Dichter als Beauftragter des Volkes zu seinem Volke spricht?»[14] Aber einen solchen Anspruch hat Aristoteles nicht erhoben. Die *Poetik* ist eine Fachschrift, die zwar den gesamten Gegenstand vorstellt, aber nicht primär historisch orientiert ist, sondern Material und Bewertungsmaßstäbe für den Dichter (wie die *Rhetorik* für den Redner) aufarbeitet und bereitstellt. Dass dabei die einzelnen Angaben richtig (wenn auch nicht vollständig) sind, hat die moderne Forschung gegenüber früheren Zweifeln bestätigt.

Im Übrigen hat Aristoteles nichts über einen wirklichen oder vermeintlichen Niedergang der Tragödie nach dem durch Sophokles erreichten Höhepunkt gesagt. Es gibt keine explizite Deszendenzkurve wie in einem großen Teil der modernen Forschung angenommen, vielfach unter dem Einfluss Nietzsches, der in der *Geburt der Tragödie* die Tragödie durch «Selbstmord» (bei Euripides) enden lässt. Aber nicht die Tragödie endet nach (oder bei) Euripides, sondern unsere Überlieferung über die vielfältige Tragödienproduktion des 4. Jahrhunderts v. Chr. Für Aristoteles ist die Tragödie des 5. Jahrhunderts keine in sich geschlossene Epochenerscheinung. Der Gedanke, dass damit eine unwiederbringlich vergangene, klassische Epoche gegeben sei, liegt ihm fern.

Wesen und Wirkung der Tragödie

Es ist also die Tragödie die nachahmende Darstellung (Mimesis) einer ernsthaften Handlung, die in sich abgeschlossen ist und eine gewisse Ausdehnung hat, in poetisch geformter Sprache – wobei ein jedes dieser Kunstmittel in den einzelnen Teilen verschieden angewandt wird – von Handelnden und nicht durch Bericht, im Durchgang durch Mitleid (Rührung) und Furcht (Schrecken) schließlich eine Reinigung von derartigen Affekten bewirkend (6, 1449 b 24–27).

Wohl kaum ein Satz im aristotelischen Werk ist öfter und kontroverser diskutiert worden als diese Definition der Tragödie. Dabei bezieht sich die Kontroverse gar nicht auf die Hauptmerkmale der Definition, sondern auf die Wirkung. Denn dass die Tragödie Darstellung einer ernsthaften Handlung (im Gegensatz zur spaßhaften Handlung der Komödie) ist, dass sie eine gewisse Größe haben muss, dass sie in spezifischer Anwendung auf die Teile der Tragödie (Sprechpartien, Chorlieder) in einer kunstgerechten Sprache formuliert ist, dass handelnde Personen auftreten und nicht ein bloßer Bericht (wie im Epos) gegeben wird, ist weitgehend Folgerung aus dem bisher Dargestellten und ganz unumstritten. Die Kontroverse bezieht sich darauf, was mit Mitleid (ἔλεος) und Furcht (φόβος) gemeint ist und was es mit der Reinigung (κάθαρσις) auf sich hat.

Die Vielzahl der Deutungen von der Wiederentdeckung der aristotelischen *Poetik* (erster Druck 1498) an bis heute ist selbst ein Stück Geistesgeschichte geworden. Dabei lassen sich in grober Einteilung zwei Hauptlinien unterscheiden, die moralische und die medizinische Interpretation. Die Ausdifferenzierung dieser beiden Interpretationsrichtungen und ihrer Untergruppen ist schon in der italienischen Renaissance erfolgt, zuerst bei Lorenzo Giacomini in seinem Traktat *De la purgazione de la tragedie* (1586), in dem zwischen einer ‹Abhärtungstheorie›, einer ‹Verdrängungstheorie› und einem moralisierenden Ansatz unterschieden wird.[15] Die Vertreter der moralischen Interpretation verstehen den von «Katharsis» abhängigen Genitiv als genitivus objectivus und übersetzen: «Reinigung der Affekte», während die Vertreter der medizinischen Richtung im Sinne eines genitivus separativus die Übersetzung: «Reinigung von den Affekten» bevorzugen. Bis tief ins 19. Jahrhundert war die moralische Deutung vorherrschend. Für die französische Tradition einer klassizistischen Regelpoetik war lange Zeit die Deutung wirksam, die der Dramatiker Pierre Corneille (der neben vielen Dramen auch einen *Oedipe* geschrieben hat) in seinen *Trois discourses* (1660) entwickelt hat. Sein Ausdruck «rectificier les passions» meint ein ‹Zurechtrücken› der Leidenschaften, und «Katharsis» bewirkt dann eine Läuterung und Umwandlung der Affekte in Tugenden. Im Einzelnen sieht Corneille es als Dramatiker und daher auch immer im Hinblick auf das Theater seiner Zeit so, dass der Zuschauer mit dem Unglück einer Bühnenfigur Mitleid empfindet und ihm daraus die Furcht erwächst, es könne ihm ebenso ergehen. Diese Furcht erweckt die Begierde, einem solchen Unglücke auszuweichen, und dieser Vorgang führt zu Reinigung, zu Mäßigung der Begierden und damit zur moralischen Läuterung. Lessings Auseinandersetzung mit der aristotelischen Tragödiendefinition (*Hamburgische Dramaturgie*, 74.–78. Stück, Januar 1768) steht Corneille nicht so fern, wie es nach der Polemik Lessings den Anschein hat. Für Lessing steht im Zeitalter der Empfindsamkeit und der Philanthropie das «Mitleid» ganz im Vordergrund. Die «Furcht» ist das auf uns bezogene «Mitleid» in dem Sinne, dass «unser Schicksal gar leicht dem seinigen (dem des tragischen Helden) ebenso ähnlich werden könne, als wir ihm zu sein uns selbst fühlen: und diese Furcht ist es, welche das Mitleid gleichsam zur Reife bringt» (75. Stück). Die «Reinigung» ist dann «die Verwandlung der Leidenschaften in tugendhafte Fertigkeiten». Die Tragödiendefinition des Aristoteles wird sowohl bei Corneille als auch bei Lessing zu einer moralischen Zweckbestimmung.

Dagegen wendet sich Goethe in der *Nachlese zu Aristoteles Poetik* (1827) und in einigen Briefen mit der klassisch-harmonisierenden Deutung, Katharsis sei eine «Versöhnung solcher Leidenschaften», und zwar der tragischen Gestalten selber, nicht des Zuschauers. «Wie konnte Aristoteles ... an die entfernte Wirkung denken, welche eine Tragödie vielleicht auf den Zuschauer machen würde? Keineswegs!» Es ist also das Kunstwerk der Tragödie selber, das mit einer «versöhnenden Abrundung» endet, während der Zuschauer «um nichts gebessert nach Hause gehen» wird. Fast gleichzeitig hat der Berliner Professor für Staatswissenschaften, Friedrich von Raumer, eine umfangreiche Abhandlung *Die Poetik des Aristoteles und sein Verhältniß zu den neueren Dramatikern* verfasst und zuerst am 18. Januar 1828 in der Preußischen Akademie der Wissenschaften vorgetragen.[16] In der offenbar weitgehend schon vorher fertiggestellten, umfassend dokumentierenden Abhandlung (Raumer zählt 21 Übersetzungen des aristotelischen Tragödiensatzes auf) konnte er noch kurz auf Goethe eingehen, dessen Bezug der Katharsis auf die Dramengestalten zurückweisen und wieder auf den Zuschauer beziehen. Er hat dann seine Abhandlung an Goethe geschickt, der sie «verdienstlich» nennt und zugesteht, dass Raumer «gute und annehmbare Folgen entwickelt» habe. Goethe fährt fort: «Ich aber muß bey meiner Überzeugung bleiben, weil ich die Folgen, die mir daraus geworden, nicht entbehren kann» (an den Musiker Zelter 31.12.1829).

Die wenigen hier aufgeführten Beispiele mögen in der Mischung philologischen Bemühens und produktiver Aneignung die geistesgeschichtlichen Dimensionen zeigen, in die dieser Satz des Aristoteles über die Jahrhunderte gestellt worden ist.

Mit dem Aufkommen einer kritischen klassischen Philologie im 19. Jahrhundert wird der Tragödiensatz wieder und wieder unter die Lupe genommen. Mit den beiden Abhandlungen von Jacob Bernays (S. 134) gewinnt die medizinische Deutung die Oberhand, verstärkt durch eine einflussreiche Abhandlung von Wolfgang Schadewaldt,[17] der die beiden von Aristoteles genannten Affekte φόβος und ἔλεος durch unsere deutschen Begriffe «Furcht» und «Mitleid» nicht adäquat wiedergegeben sieht, sondern sie als Elementaraffekte des Schauderns (oder Schreckens) und der Rührung (oder des Jammerns) versteht, die durch die Tragödie allererst fast schockartig erregt werden und von denen der Zuschauer schließlich «gereinigt» wird. Also eine Reinigung von den Affekten, ohne jede moralische Zweckbestimmung.

Wenn in der neuesten Übersetzung (2008): «Durch Mitleid und Furcht bewirkt sie eine Reinigung eben dieser Gefühle» der Gräzist Arbogast Schmitt scheinbar auf Lessing zurückgeht, so meint Schmitt doch nicht einen bloßen Läuterungsprozess im Sinne einer Umwandlung von Affekten in Tugenden. Vielmehr insistiert er (in mehreren Arbeiten) auf dem den Affekten anhaftenden kognitiven Aspekt einer vorgängigen rational bestimmten Wahrnehmung beispielsweise dessen, was zu fürchten und zu bemitleiden ist.[18] Damit stimmen die näheren Bestimmungen, die Aristoteles über die Affekte insgesamt im zweiten Buch der *Rhetorik* gibt, überein. «Furcht» wird bestimmt als «eine Art von Schmerz oder Beunruhigung, herrührend aus der Vorstellung eines bevorstehenden verderblichen oder schmerzlichen Übels» (Rhet. II 5, 1381 b 22) und «Mitleid» als «eine Art von Schmerz aufgrund eines vermeintlichen Übels, der verderblich und schmerzlich ist bei jemandem, der es nicht verdient hat, dass ihm Derartiges widerfährt» (Rhet. II 8, 1385 b 13). Das sind keine bloßen Elementaraffekte, sondern komplexe Erscheinungen die über die ‹Gänsehaut› und das ‹nasse Taschentuch› hinausgehen.

Wenn ich dennoch an der medizinischen Variante der Reinigung von den Leidenschaften festhalten möchte, so geschieht dies in Übereinstimmung mit der einzigen Stelle, an der Aristoteles das Verfahren der Katharsis erläutert (Pol. VIII 7, 1342 a 11), und weil auf diese Weise der Charakter der Antwort auf Platon am deutlichsten wird. Platon hatte die Gefährlichkeit der tragischen Dichtung mit der verderblichen Stärkung der Affekte begründet. Aristoteles ist bestrebt zu zeigen, dass der Zuschauer diese Affekte am Schluss auch wieder loswird, die Tragödie also eine «unschädliche Lust» und die Katharsis eine «lustvolle Erleichterung» (Pol. VIII 1342 a 14) bedeutet. Im Übrigen ist der Begriff Katharsis über die Jahrhunderte mit einem Gewicht beladen worden, das in keinem Verhältnis zu dessen nur spärlicher Verwendung durch Aristoteles steht.

Umso wichtiger sind die Affekte. Und hier reicht ihre Charakterisierung als «Elementaraffekte» nicht aus. Die elementare Empfindung oder gar Erschütterung ist nur die Außenseite des Affektes, von der man durchaus auch ohne «Furcht» und «Mitleid» ergriffen sein kann, auch ohne jeden inhaltlichen Bezug zur Tragödie, wohl aber z.B. von der Musik. Dieser Unterschied ist in den ganzen Diskussionen kaum gesehen worden. Im Schlussteil der *Politik* hatte Aristoteles eine emotionale und dann auch kathartische Wirkung bestimmter Melodien und Tonarten für bestimmte Personengruppen «zugelassen» (vgl. oben S. 133 f.), während in der *Poetik* der Katharsis-Begriff von derartigen Beschränkungen befreit ist und gleichzeitig das Auftreten der Emotionen wie «Furcht» und «Mitleid» an die Bedingung einer entsprechenden Gestaltung der Tragödienhandlung gebunden wird.[19] Das bedeutet, dass die tragische Katharsis weder ein medizinisches Abführmittel noch eine rituelle Verzückung ist, sondern eine der Tragödie «eigene Lust» (οἰκεία ἡδονή, Poet. 14, 1453 b 11), die in einer Erleichterung darüber besteht, dass die mitempfundene Bedrohung keine reale, sondern eine gespielte ist. Wie stark eine solche Wirkung sein kann, erhellt aus dem Postulat, dass die emotionale Wirkung sich unabhängig von einer Aufführung auch durch bloße Lektüre der Tragödie ergeben soll (Poet. 14, 1453 b 1–8), was wohl im Falle der Musik durch reines Partiturstudium nur in Ausnahmefällen möglich wäre.

Wie schon bei der Erörterung der Entstehung der Tragödie ist Aristoteles auch in der Diskussion um Wesen und Wirkung danach gemessen und beurteilt worden, ob er das Phänomen der Tragödie nicht nur zutreffend, sondern auch zureichend beschrieben habe. Hätte er nicht noch ganz andere Wirkungsweisen als die rein emotionalen mit der befreienden ‹Reinigung› ins Auge fassen müssen, etwa eine identitätsstiftende Funktion in der Polis? Der große Philologe Ulrich von Wilamowitz-Moellendorf hielt den aristotelischen Satz über die Katharsis für entbehrlich und glaubte, Aristoteles dafür entschuldigen zu müssen: «Dieses Kleinod der Aristotelischen Lehre können wir nicht brauchen … Nun mag Aristoteles entschuldigt sein, denn er hatte für religiöse Hingabe nicht viel Mitgefühl, und Patriotismus hatte der Heimatlose nicht. Aber die alten Athener hatten beides.»[20] Umgekehrt neigen die Vertreter der medizinischen Interpretationsvariante dazu, auch der Tragödie selbst jede moralische Wirkungsabsicht zu bestreiten, wobei dann unter der «Reinigung von den Affekten» mit einem etwas problematischen Begriff eine «hochgedachte Staatshygiene»[21] gesehen worden ist, die in der Polis ihren Platz habe.

Mit der grundsätzlichen Entscheidung für die medizinische Deutung und den genitivus separativus (Reinigung von den Affekten) ist dann aber auch die Auffassung verbunden, dass die Affekte Furcht und Mitleid in der Tragödie allererst erzeugt werden und nicht eine allgemeine emotionale Verfassung des Menschen betreffen, die durch die Katharsis auf ein Normalmaß temperiert würde. Vielmehr soll der Zuschauer die Furcht so intensiv und bedrohend erleben, als sei die Bedrohung auf ihn selbst gerichtet mit der Folge der gleichen physiologischen Reaktionen wie bei einer echten Bedrohung (Schauder, Beschleunigung des Pulses usw.). Zugleich muss im Stück selber eine angenehme, Vergnügen bereitende Reinigung von diesen Affekten angelegt sein. Ich habe noch in den sechziger Jahren des 20. Jahrhunderts in Griechenland Aufführungen antiker Tragödien gesehen, als das Publikum überwiegend noch nicht aus Touristen und Theaterwissenschaftlern, sondern aus Griechen bestand und der Emotionshaushalt der Menschen noch nicht durch Fernsehen und andere Medien abgestumpft war. Man konnte genau beobachten, was da vor sich ging. Ungeheure Emotionen, Mitempfinden mit den Schauspielern und damit den Tragödienfiguren in Furcht, Mitleid und ähnlichen Emotionen und am Schluss ruhige Erleichterung und wohl auch Nachdenklichkeit über Charakter, Schuld und Schicksal. Ob man das Katharsis nennt, ist sekundär.

Handlung, Charakter und tragische Schuld

Die weiteren Bestimmungen des Aristoteles zur Tragödie haben nicht im gleichen Maße wie die Katharsis-Frage die allgemeine Aufmerksamkeit erregt, sind aber über den zeitbedingten Bezug hinaus für die gesamte europäische Poetik bedeutsam geworden.

Dabei geht die Beschreibung dessen, was eine Tragödie ausmacht, über in Postulate. Aristoteles stellt Forderungen, teils an jede, teils an eine besonders gute, an die «schönste Tragödie» (Poet. 13, 1452 b 31; 1453 a 22). Der Grad der «Schönheit» bemisst sich nach der Qualität der Wirkung; die rezeptionsästhetische Kategorie ist dominant. Das gilt vor allem für den zentralen Begriff der Handlung. Auch hier – wie überall – geht Aristoteles von den natürlichen Gegebenheiten aus und urteilt als Biologe. Eine gut strukturierte Tragödie ist wie ein Lebewesen, das man auf einmal anschauen kann. Seine Schönheit beruht darauf, dass es weder winzig noch riesig ist, denn «das Schöne gründet in Größe und Ordnung» (Poet. 7, 1450 b 37). Die Tragödie muss also eine bestimmte zeitliche Ausdehnung nach Maßgabe der Überschaubarkeit der Handlung haben. Aristoteles lehnt es aber ab, die zeitliche Begrenzung der Länge nach der Wettkampfsituation zu bemessen (Poet. 7, 1451 a 8) – die die Dramendichter für die Zulassung ihrer Werke zur Aufführung bei den dionysischen Festen zweifellos beachten mussten. Überhaupt gilt ihm die Inszenierung (die zumindest bei der Tragödie – im Unterschied zur Komödie – die Dichter selber vornahmen) ebenso wie die Tätigkeit von Masken- und Bühnenbildnern als «kunstlos», gerade auch im Hinblick auf die Wirkung. «Denn die Wirkung der Tragödie kommt auch ohne Aufführung und Schauspieler zustande» (Poet. 6, 1450 b 18); sie stellt sich beim guten Dichter durch bloßes Hören (wir würden sagen: Lesen; gedacht ist an die antike Praxis des Vorlesens) stärker ein als bei einer Aufführung (Poet. 14, 1453 b 1–7). Bei derartigen Urteilen spürt man den kulturellen Kontext des 4. Jahrhunderts mit einer schon gängigen Praxis des Lesens und Vorlesens. Für Aischylos, Sophokles und Euripides verwirklichte sich die Tragödie in der Aufführung.

Neben der angemessenen Größe muss die Handlung der Tragödie in sich einheitlich, ein Ganzes mit Anfang, Mitte und Ende sein im Sinne eines notwendigen oder wahrscheinlichen Kausalzusammenhanges. Die Tragödie muss ferner zugleich allgemeingültige Handlungen zum Gegenstand haben, die geschehen könnten. Das unterscheidet den Dichter vom Historiker, der an Einzeldinge und Einzelfakten gebunden ist (Kap. 9). Das Geschichtswerk Herodots bleibe, so argumentiert Aristoteles, auch wenn man es in Verse setzte, Geschichtsschreibung, während die Dichtung dank ihrer Konzentration auf das allgemein Mögliche philosophischer und ernsthafter als die Geschichtsschreibung sei (Poet. 9, 1451 b 1–6). Diese erstaunliche Bemerkung hat viel Kritik hervorgerufen, ist doch der Geschichtsschreiber, Thukydides noch mehr als Herodot, kein faktenreihender Chronist, sondern wählt aus, disponiert seinen Stoff, wertet und erreicht damit auch einen gewissen Grad an Allgemeinheit. Aber Aristoteles wollte die Geschichtsschreibung nicht abwerten, sondern zum Ausdruck bringen, dass die für die Tragödie geforderte Einheit der Handlung in der Geschichte nicht einfach vorzufinden ist, sondern aus der Fülle von Taten und Erlebnissen Vieler allererst hergestellt werden muss.[22]

Die von Aristoteles für die Tragödie geforderte Handlungsstruktur weist einige unverzichtbare Merkmale auf. Sie muss einen Wendepunkt

(Peripetie) und ein Erkennen bzw. Wiedererkennen (Anagnorisis) enthalten und zwar als notwendige Folge des Handlungsganges. Aristoteles betont wiederholt den Vorrang der Handlung vor den Charakteren; er nennt sie «Prinzip und Seele der Tragödie» (Poet. 6, 1450 a 37), denn «die Tragödie ist nicht Nachahmung (Darstellung) von Menschen, sondern von Handlung und Lebensweise» (Poet. 6, 1450 a 16). Ohne durchorganisierte Handlung gibt es keine Tragödie. Die Aneinanderreihung von Erlebnissen eines Helden (z.B. des Herakles) ergibt keine Tragödie. Da es aber im Wesentlichen menschliche Helden sind, die die Handlung tragen, kommen die menschlichen Charaktere und Verhaltensweisen in den Blick (Kap. 13–15), und zwar immer in Relation zur Handlung. Zunächst geht es um die Frage, welcher Grundcharakter sich für die Verkörperung des ‹tragischen Helden› eignet. Es ist weder der sittlich Vollkommene, der Makellose, noch der Schuft, der sittlich Verkommene, sondern der zwischen den Extremen stehende ‹mittlere Held› (Poet. 13, 1453 a 7), und natürlich nur dann, wenn die Verlaufskurve der tragischen Handlung von Glück in Unglück führt, wie Aristoteles einigermaßen schematisch formuliert. Dieser ‹mittlere Held› ist kein Durchschnittstyp, sondern ein starker Charakter von hohem Ansehen, der eine «Verfehlung» (ἁμαρτία, hamartia) begeht, und zwar ohne Vorsatz oder Böswilligkeit, in affektbedingtem Unwissen über die Umstände des Handelns mit der Konsequenz des Scheiterns. Der mit diesem Verhalten bezeichnete Begriff «Hamartia» (Poet. 13, 1453 a 10) bildet den Ausgangspunkt aller neuzeitlichen Diskussionen um die tragische Schuld, deren Bestimmung zwischen einem sittlich indifferenten, rein intellektuellen Fehler, einer moralisch anrechenbaren oder gar metaphysischen Schuld schwankt.[23] Das Wort «Hamartia» nimmt in der griechischen Literatur ein weites Bedeutungsspektrum ein; Aristoteles grenzt es in der *Nikomachischen Ethik* ab gegen «Unglück» einerseits und «Unrecht» andererseits und bestimmt es näher als Fehlverhalten, dessen Ursprung im Fehlenden selber liegt, während das «Unrecht» im vollen Wissen um die Tat vollzogen wird (EN V 8, 1135 b 16–22). Die Begriffe Schuld und Unrecht sind also fernzuhalten, wohl aber hat die tragische Hamartia durchaus eine ethische Komponente.

Indessen dürfte es schwierig sein, eine derartige Hamartia in allen Tragödien (z.B. in der *Antigone* oder im *Philoktet* des Sophokles) wiederzufinden.[24] Aristoteles selber bezieht sich in diesem 13. Kapitel der *Poetik* auch wieder auf die «schönste Tragödie» (13, 1452 b 31), d.h. auf diejenige Tragödie, die am stärksten Furcht und Mitleid bewirken kann. Sie ist ferner dadurch gekennzeichnet, dass in ihr der Schicksalsumschwung (Peripetie) und das Erkennen zusammenfallen, sie also «verschlungen» (Poet. 13, 1452 b 32) und doch einsträngig, d.h. auf eine Zentralfigur bezogen ist. Es ist klar, dass diese Bedingungen nicht auf alle Tragödien zutreffen, in vollem Maße jedoch auf den *König Oedipus* des Sophokles, der zur Mustertragödie wurde. Aristoteles hat so im Rückbezug auf eine ca. 80 Jahre zuvor gedichtete Tragödie ungewollt klassikbildend gewirkt, wie denn in der Tat in allen in der Tradition der aristotelischen *Poetik* stehenden Dichtungstheorien und dann auch weithin im öffentlichen Bewusstsein vor allem in den romanischen Ländern der *König Oedipus* als Norm und Muster einer Tragödie galt und gilt, während in der Philosophie des deutschen Idealismus, aber auch bei Goethe, der *Oedipus auf Kolonos* im Vordergrund stand, «denn es gibt wohl keine höhere Katharsis als der Ödipus von Colonus, wo ein halbschuldiger Verbrecher ... zuletzt noch aussöhnend ausgesöhnt ... wird» (Goethe, *Nachlese zu Aristoteles Poetik*, 1827). Erst gegen Mitte des 19. Jahrhunderts gelangte die *Antigone* an die erste Stelle sowohl in dichtungstheoretischen Überlegungen als auch im Rahmen der nun auf die Bühne gelangten antiken Tragödie, während die *Antigone* im Bezugssystem der aristotelischen *Poetik* keine Rolle spielt (sie wird nur einmal für eine Nebensächlichkeit eher kritisch erwähnt, 1454 a 1), wohl aber in der *Rhetorik*, wo die Übertretung des Bestattungsverbotes als ein Beispiel für das Gerechte von Natur aus gilt.[25]

Aristoteles sieht das Vorbild des *König Oedipus* nicht als das Ideal einer versunkenen Epoche an, sondern argumentiert und wertet unterschiedslos mit zahlreichen Beispielen aus Tragödien aller Zeiten. So stellt er z.B. den *Alkmeon* des Astydamas (4. Jh. v. Chr.) neben den sophokleischen *Oedipus* und lässt ihn in einer Einzelheit (ob das Furchtbare sich außerhalb oder innerhalb der Bühnenhandlung abspielt) diesem sogar überlegen sein (Poet. 14, 1453 b 33). Er nennt nicht Sophokles, sondern Euripides den «tragischsten Dichter» (Poet. 13, 1453 a 29), offenbar im Hinblick auf die Wirkung im Theater («auf der Bühne und bei den dramatischen Wettkämpfen», 1453 b 27), wie denn Euripides zu den meist wiederaufgeführten Tragikern zur Zeit des Aristoteles gehört. Zwar formuliert Aristoteles gelegentlich einen Unterschied (kaum einen Gegensatz) zwischen den «Alten» und einem «Jetzt» (13, 1453 a 17), doch in der Sachargumentation stehen die Tragödien eines Astydamas, Theodektes und Karkinos auf der gleichen Stufe wie diejenigen des Sophokles und Euripides (Aischylos spielt keine Rolle). Dabei bemerkt Aristoteles durchaus einen Wandel und Trends in der Tragödie, aber sie deuten nicht auf einen Verfall der Gattung, auch nicht in der

Notiz, die Reden (in den Tragödien) folgten früher dem Gesetz der Politik, jetzt dem der Rhetorik (Poet. 6, 1450 b 8), wobei offen bleibt, ob Euripides in die rhetorische Richtung inbegriffen ist oder nicht.

Eine Tendenz zum Negativen in der Entwicklung der Tragödie sieht Aristoteles in der Behandlung des der Tragödie eigenen Chores. Er fordert, dass man den Chor «wie einen der Schauspieler» (Poet. 18, 1456 a 26) ansehen müsse, dass er Teil des Ganzen und «am Agon beteiligt» sein soll, was nicht meint, dass er eine konsequente Rolle verkörpern müsse, sondern dass er sich in den Gesamtzusammenhang der Tragödie integrieren und nicht etwa «der ideale Zuschauer» (August Wilhelm Schlegel) sein soll. Hier konstatiert Aristoteles eine von Sophokles über (den späten) Euripides und dann besonders in der darauf folgenden Tragödie fortschreitende Desintegration des Chores bis hin zu austauschbaren Liedern (Poet. 18, 1456 a 25–32).

Aristoteles belegt jedes Detail seiner Analysen über den Primat der Handlung, über die Einheit, Länge, Überschaubarkeit der Handlung, über die Gestaltung der Charaktere, der Erkennung, des Verhältnisses von Wissen und Erkennen, über die ideale Tragödie und ihre Konstellation durch eine stupende Fülle an Material aus zahlreichen alten und (zu seiner Zeit) neuen Tragödien, die er teils gelesen, teils gesehen hat. So setzt zum Beispiel die Bemerkung, der *Amphiaraos* des Karkinos (ca. 420–341) sei beim Theaterpublikum deshalb durchgefallen, weil das Hervortreten des Amphiaraos für einen Teil der Zuschauer nicht sichtbar gewesen sei (Poet. 17, 1453 a 26–29) unmittelbare Theatererfahrung voraus.[26] Die Alternative zwischen der öffentlichen theatralischen Darbietung und dem nicht-öffentlichen Lesen wird in der *Poetik* ausdrücklich reflektiert (6, 1450 b 16–20; 14, 1453 b 1–10) und ist so mit dem Ausbreiten einer Lesekultur erst im 4. Jahrhundert möglich geworden. Das Ausmaß dessen, was Aristoteles gelesen hat, ist ungeheuer, denn er war ja mit Hunderten von Tragödien konfrontiert, die uns nicht erhalten sind.[27]

Sprache und Stil

Zur vollen Erfassung des Phänomens der Tragödie gehört für Aristoteles auch eine Untersuchung über Gedankenführung (Kap. 19), Sprache (Kap. 20–21) und Stil (Kap. 22). Was die Gedankenführung betrifft, so verweist er auf die *Rhetorik* und fordert eine den Handlungen adäquate

Kohärenz der Reden im Drama entsprechend den Redetypen als Befehl, Bitte, Drohung, Frage, Antwort.

In der bemerkenswerten Untersuchung über die Sprache – noch ein bis zwei Generationen, bevor die Stoa eine systematische Grammatik entwerfen sollte – löst sich Aristoteles ein Stück weit von dem Bezug auf die Tragödie, ja sogar von der Dichtung überhaupt, und untersucht die Sprache als solche, und zwar als Sprachphysiologe. Er beginnt mit dem kleinsten Bestandteil sprachlicher Äußerung, mit dem Buchstaben. Er ist «unteilbar», aber nicht ein beliebiger Laut, wie ihn auch Tiere von sich geben können, sondern er muss sich dazu eignen, mit anderen Buchstaben zusammengesetzt werden zu können. Die Unterscheidung zwischen Vokal, Halbvokal und Konsonant erläutert er rein physiologisch nach Anstoßen von Lippe und Zunge, nach Formung des Mundes, nach Aspiration oder deren Fehlen, nach Länge, Kürze, Höhe und Tiefe des Lautes.

Die Silbe ist ein aus Konsonant und Vokal zusammengesetzter Laut, der für sich genommen keine Bedeutung hat. Unter den Wörtern als Bedeutungsträgern nennt Aristoteles Nomen und Verb, Verbindungspartikel, Satz mit oder ohne Verb. Unter den Ausdrucksformen unterscheidet er zwischen dem üblichen Ausdruck, sodann zwischen Glosse, Metapher, Rätsel und Schmuckwort, ferner Neubildung, Erweiterung, Verkürzung oder Abwandlung des sprachlichen Ausdrucks und deren Eignung für die Verwendung in der Dichtung. Obwohl sich diese Passagen streckenweise wie reine Linguistik lesen, verliert Aristoteles dann doch den für die *Poetik* zentralen Aspekt, wie man dichten solle, nicht aus den Augen. Insbesondere die Erörterung der Metapher und ihrer verschiedenen Arten (unter anderem Aspekt auch behandelt in der *Rhetorik* III 2 bis 5 und 10 bis 11) hat im Hinblick auf ihre semantische Leistung der uneigentlichen Rede als Verfremdungseffekt viel Beachtung gefunden. Der Aspekt ist auch hier die Forderung an den Dichter, durch Erkennen der Ähnlichkeiten «gute Metaphern zu bilden» (Poet. 22, 1459 a 8).

Aristoteles erörtert diese Fragen sehr komprimiert auf nur wenigen Seiten mit gleichwohl vielen Beispielen aus Epos und Tragödie. Deutlich wird, dass dahinter ein umfassendes Wissen über alle Teile der Grammatik und Stilistik steht. Doch konnte Aristoteles nicht (wie wir heute) in einer Grammatik einfach nachschlagen, um sich über sprachliche Phänomene zu unterrichten, wenn wir auch nicht genau abschätzen können, ob und in welchem Ausmaß es schon einschlägige Spezialliteratur gegeben hat. Als eine Schrift des Gorgias ist der Titel eines seinem Inhalt nach völlig unbekannten Begriffslexikons *(Onomasticon)* überliefert; Gorgias konnte sicher die verschiedenen Sprach- und Stilmittel wohl auch schon systematisch gliedern und unterscheiden. Für Platon ist die Sprache verankert in den philosophischen Bezügen hinsichtlich ihrer Leistung und Begrenzung. Insbesondere aus seinem Dialog *Kratylos* lässt sich eine zeitgenössische Diskussion über die Differenz zwischen Lautgestalt und Bedeutungsgehalt, über die Richtigkeit der sprachlichen Benennung und über Fragen der Etymologie erschließen. All das hat Aristoteles wie selbstverständlich verarbeitet.[28]

Das Epos

Da das Epos neben der Tragödie und der (im zweiten, verlorenen Buch behandelten) Komödie zu den mimetischen Dichtungen gehört, musste es im Rahmen einer *Poetik* natürlich behandelt werden, wenn auch sehr viel kürzer als die Tragödie (Kapitel 23–26). Im Unterschied zu dem Tragödienteil fehlen hier fast alle Hinweise darauf, was man beim Dichten eines Epos zu beachten habe. Das Epos war keine aktuelle Dichtungsgattung (jedenfalls im produktiven Sinne) mehr; die späte Blüte eines Apollonios Rhodios (3. Jh. v. Chr.) stand noch bevor. Entsprechend bezieht sich Aristoteles auf Homer und auf die sogenannten ‹kyklischen Epen›, die die Geschehnisse um Troia im Ganzen behandeln. Homer war im Bewusstsein der Zeit allgegenwärtig; er war *der* Dichter schlechthin, Pflichtlektüre im Schulunterricht. Aristoteles zitiert ihn außerhalb der *Poetik* und den *Aporemata Homerica* etwa einhundert Mal und belegt Fragen in Ethik, Politik, Psychologie und sogar Metaphysik (Met. XII 10, 1076 a 4) breitgestreut mit Homerstellen. Das Gleiche macht Platon, der größte Kritiker Homers, an ca. 150 Stellen. Der frühe platonische Dialog *Ion* zeigt, dass es noch im 4. Jahrhundert öffentliche Rezitationen Homers in Form des Wettkampfes gegeben hat. Aristoteles erwähnt selber zwei uns ganz unbekannte Rhapsoden bzw. Sänger im Zusammenhang mit öffentlicher Epenrezitation (Poet. 26, 1462 a 7). So wird auch jetzt Homer überschwenglich gelobt; er sei der einzige Epiker, der wisse, wie zu verfahren ist (Poet. 24, 1460 a 5). Als «göttlicher Homer» wird er den anderen Ependichtern als vorbildlich gegenübergestellt (Poet. 23, 1495 b 29).

Ungeachtet der Tatsache, dass die Epen, auf die sich Aristoteles bezieht, Jahrhunderte vor der Tragödie entstanden sind, beurteilt er sie nach den Kriterien, die er für die Tragödie erarbeitet hatte. Die Formulierung, man muss die Handlung des Epos so zusammensetzen «wie bei den Tragödien» (Poet. 23, 1459 a 18), will dann wohl auch weniger einen künftigen Epiker ermuntern als vielmehr Maßstäbe für die Beurteilung des Epos liefern. So gilt für das gute Epos, dass seine Handlung ein Ganzes mit Anfang, Mitte und Ende sein soll «wie ein Lebewesen» (Poet. 23, 1459 a 20). Auch soll es die «spezifische Lust» bewirken; es soll sich von der faktenreihenden Geschichtsschreibung unterscheiden, Schicksalsumschwung und Wiedererkennung haben, die Charaktere in sich einheitlich darstellen, kurz: alles so machen, wie es für die Tragödien angemessen ist.

Das hat Homer, so argumentiert Aristoteles, vorbildlich verwirklicht. Er hat nicht den ganzen troischen Krieg dargestellt, sondern mit der Auswahl nur eines Teiles mit einer 51 Tage währenden Handlung das richtige Maß gewahrt. So könne man aus *Ilias* und *Odyssee* auch nur eine, höchstens zwei Tragödien machen, aus der *Kleinen Ilias* aber mindestens acht, die Aristoteles im Einzelnen auch aufzählt. Die vielen Teile ergeben aber dort kein durchgestaltetes Ganzes, das Homer mit der Konzentration auf eine überschaubare Handlung erreicht hat, wobei er die für das Epos charakteristischen Nebenhandlungen (wie den berühmten Schiffskatalog im zweiten Buch der *Ilias*) geschickt als Episoden einzuflechten verstehe.

Bei derjenigen Epik, von der sich Aristoteles kritisch absetzt, handelt es sich um den sogenannten «epischen Kyklos». Das sind nachhomerische, aber auf vorhomerischen Quellen beruhende, uns nur in wenigen Fragmenten und in den Inhaltsangaben des Neuplatonikers Proklos (5. Jh. n. Chr.) greifbare Epen, die in reihender Darstellung die Ereignisse des gesamten troischen Krieges vor und nach der Handlung der *Ilias* darstellen.[29] Aristoteles erwähnt aus diesem Epenkreis die *Kyprien* (Vorgeschichte der *Ilias*) und die *Kleine Ilias* (Geschehnisse zwischen der Iliashandlung und der Zerstörung Troias). Aus dem Wenigen, was man über diese Epen weiß, geht doch so viel hervor, dass die additive Vielteiligkeit der Einzelhandlungen sich stark von der Konzentration der Handlungsführung in der *Ilias* unterscheidet. Der Niveauunterschied ist beträchtlich.

Näherhin untersucht Aristoteles die gattungsspezifischen Differenzen zwischen Epos und Tragödie (Kapitel 24).[30] Was die Länge des Epos angeht, so soll es, wie die Tragödie, überschaubar sein und einen Umfang so vieler Tragödien haben, wie bei ein und derselben Aufführung bei den Dionysien (also drei Tragödien) gegeben werden können. Das entspricht nur knapp einem Viertel der *Ilias*, doch muss man bedenken, dass Aristoteles von Aufführungen spricht und sich das Epos naturgemäß schneller rezitieren als die Tragödie aufführen lässt. Es bleibt jedoch bei aller Bewunderung für Homer eine beträchtliche Differenz zwischen der faktischen Länge der homerischen Epen und der Idealvorstellung des Aristoteles. Gleichwohl sieht Aristoteles in der Länge des Epos auch einen Vorzug. Es kann im Unterschied zur Tragödie gleichzeitig ablaufende Teilhandlungen im Bericht der Erzählung zur Darstellung bringen. Dieses Verfahren verleiht dem Epos eine gewisse «Großartigkeit» (Poet. 24, 1459 b 28) – warum, sagt Aristoteles nicht – und die Abwechslung, die in der Verflechtung verschiedener Episoden liegt, beugt einem sich bei der Einsträngigkeit der Tragödie leicht einstellenden Gefühl des Überdrusses vor. Deshalb fallen Tragödien im Theater (bei der Wertung im Zusammenhang mit den Aufführungen) auch durch, wie Aristoteles einigermaßen rätselhaft bemerkt, würden wir doch eine gleichmäßig auf eine Handlung konzentrierte Tragödienaufführung für spannender halten als den Vortrag oder die Lektüre eines Epos. Zur Erhabenheit des Epos trägt auch das «heroische Versmaß» bei (der daktylische Hexameter also), das dem iambischen Trimeter in seiner Nähe zur Alltagssprache entgegengesetzt ist und sich daher besonders für eine Ausdrucksweise eignet, die in der Verwendung etwa von Metaphern vom gewöhnlichen Sprachgebrauch abweicht und dafür die passende Form für die Darstellung des Außergewöhnlichen ist.

Der zweite Vorzug des Epos gegenüber der Tragödie liegt für Aristoteles darin, dass es das Wunderbare und Staunenerregende besser erzeugen und damit die Aufmerksamkeit steigern kann. Man kann im Epos auch besser Täuschungen anbringen. Jeder Erzähler von Geschichten übertreibt, zuweilen bis ins Märchenhafte, während man in der Tragödie sieht, was vor sich geht und was daher so nicht ganz unmöglich sein kann. Das Fehlen der visuellen Dimension (die in der Tragödie auch dann angelegt ist, wenn man sie nicht unmittelbar vor sich aufgeführt sieht) erweist sich so als ein Vorteil für das Epos.

Gerade in der Frage der richtigen Darstellung des Unmöglichen im Epos greift Aristoteles in eine lebhafte Debatte seiner Zeit ein (Kapitel 25). In der für den Austrag von Kontroversen typischen Form des Aufwerfens eines Problems und dessen Widerlegung diskutiert Aristoteles zwölf Einwände gegen Homer, insbesondere gegen die Darstellung von Unrichtigem und Unwahrem und widerlegt sie, aber auch Fragen des Sprachverständnisses kommen zur Sprache. Die Einzelheiten sind recht spitzfindig und lassen erkennen, dass es zur Zeit des Aristoteles eine durchaus kritische Homerexegese gab, für die die verlorene

Schrift *Aporemata Homerica* ein deutliches Zeugnis ist.[31] Vielleicht ist der hymnische Lobpreis der Vortrefflichkeit Homers auch die Rechtfertigung eines großen Mannes gegen kleine Kritiker.

Ging es hier um die Kritiker Homers, so muss sich Aristoteles im Schlusskapitel der *Poetik* (Kap. 26) umgekehrt mit einer Strömung seiner Zeit auseinandersetzen, die Homer über die Tragödie stellt. Das Epos sei doch etwas Vornehmes für gebildete Leute, während sich die Tragödie an die Masse wendet. Daher stünde das Epos über der Tragödie.

Aristoteles entkräftet diese Einschätzung durch den Hinweis auf Aufführungspraktiken seiner Zeit, durch die der Rang der Tragödie zu Unrecht abgewertet sei. Wieder gewinnen wir einen Einblick in das Theaterwesen der Zeit. Die Schauspieler befinden sich, so beklagt Aristoteles, in ständiger Bewegung in der Annahme, das Publikum könne nicht folgen, wenn sie nicht von sich aus etwas dazu tun. Flötenspieler drehen sich während des Spielens wie ein fliegender Diskus im Kreise; alles wird übertrieben. Was hätte Aristoteles zum modernen Regietheater gesagt? Jedenfalls wehrt er sich dagegen, von der Art der Aufführung auf die Qualität der Dichtung zu schließen.

Bei der Betrachtung nur der Dichtung in ihrer inneren Struktur und unter Absehen von den äußeren Umständen der Vorführung (auch beim Epenvortrag könne man übertreiben) steht für Aristoteles die Tragödie über dem Epos. Ein Vergleich sei deshalb statthaft, weil die Thematik und konstitutiven Teile der Dichtung beiden Gattungen gemeinsam sind. Hinsichtlich der Kohärenz und Überschaubarkeit der Handlung (wofür Aristoteles in der *Poetik* wiederholt das Wort «Mythos» verwendet) steht die Tragödie an erster Stelle. Sie ist überschaubarer und kann eine vollendete Handlung bei geringerem Umfang darstellen. Aristoteles führt als Beispiel an, man stelle sich die Oedipus-Handlung in der Länge der *Ilias* vor und sogleich würde der Vorzug der Tragödie einleuchten, die in strafferer Handlung die spezifische Wirkung besser erzielen könne. Denn der Rang der Dichtung bestimmt sich nach dem Vermögen, beim Verfolgen einer ernsthaften Handlung Furcht und Mitleid zu empfinden, das als Ziel offenbar auch dem Epos unterstellt wird. Jedenfalls, so heißt es in einem abschließenden Resümee, kommt der Tragödie ein Vorzug vor dem Epos zu.

obersten Instanz für die Qualität der Dichtung geworden ist. Dabei ist es die Auffassung des Aristoteles, dass diese spezifische Wirkung der Dichtung keine nur äußere Begleiterscheinung, sondern in der Dichtung selber angelegt ist, bei einer entsprechenden Gestaltung der Handlung durch den Dichter.

Daher geht die Beschreibung der Entstehung der Dichtung, ihrer Teile und deren Anordnung über in Wertungen und Postulate. Aristoteles will Maßstäbe zur Beurteilung vor allem der Tragödie an die Hand geben und dann auch ganz konkrete Forderungen an Dichter stellen, denn die Produktion von Tragödien war ja noch in vollem Gange. Insofern ist die *Poetik* trotz ihres Anspruches auf allgemeine Gültigkeit in eine ganz aktuelle Situation hinein gesprochen, in der sich Tragödie, Epos und Theater befanden. Darin richtet sich die *Poetik* nicht nur, vielleicht nicht einmal in erster Linie an den angehenden, imaginären Dichter, sondern gleichermaßen an den Polisbürger, dem für seinen Umgang mit Dichtung Information und Orientierung geboten wird, war er doch mit einer Fülle von Eindrücken konfrontiert. Er konnte alte wie neue Tragödien lesen und im Theater sehen – Sophokles und Euripides auch im Rahmen der nun zugelassenen Wiederaufführungen. Wie die öffentliche Rede hatte das Theater eine soziale und damit auch politische Funktion.

Dieser aktuelle Bezug ging mit dem Niedergang der Tragödie und der alten Poliskultur nach Aristoteles – nicht vorher – verloren. Entsprechend sind die (uns nur ganz unvollkommen bekannten) Dichtungstheorien des Hellenismus kraft- und saftlos. In ihnen wird die Dichtung mit der Rhetorik vermischt, die Lehre von den Stilarten steht im Vordergrund, Dichterbiographien kommen hinzu; der ganze Komplex wird ins rein Literarische gewendet. Immerhin ist aus dem Umkreis des Peripatos Neoptolemos von Parion (3. Jh. v. Chr.) zu nennen, der in seinem (verlorenen) Werk *Über die Dichtkunst* die später von Horaz übernommene Formel, der Dichter solle «nützen und erfreuen», geprägt hat. In die gleiche Richtung geht die Schrift *Über Dichtungen* des Epikureers Philodem in der ersten Hälfte des 1. Jahrhunderts v. Chr., von der umfangreiche Papyrus-Fragmente in Herculaneum aufgefunden wurden und in der die aristotelische Frage nach der Qualität der Dichtung aufgenommen und nach dem Kriterium der bewirkten Freude (τέρψις, terpsis) unter Ablehnung der Kategorie des Nutzens beantwortet wird, ohne dass Philodem die *Poetik* des Aristoteles gekannt haben dürfte, die im Keller von Skepsis verschwunden war (vgl. S. 64).

In dieser Tradition steht die *Ars poetica* (ursprünglicher Titel: *epistula ad Pisones*) des Horaz (65–8 v. Chr.), die im Unterschied zu allen theoretischen Traktaten über die Dichtung ihrerseits Dichtung ist, eine in Hexametern gehaltene Versepistel. Sie nimmt Themen der aristotelischen und hellenistischen Dichtungstheorie auf, versetzt sie in die römische Welt. In einem ersten Teil geht es um das Werk, um Wortmaterial, Fragen des angemessenen Stiles, der Handlung (nicht mit dem gleichen Nachdruck wie bei Aristoteles) und Charaktere. Im zweiten Teil stehen der Dichter, seine Verfassung (Genie, Stellung des von Enthusiasmus erfüllten Dichters zur Gesellschaft) und seine Wirkungsabsicht (Forderung nach Verbindung von Nutzen und Vergnügen) im Vordergrund. Es ist eine Regelpoetik mit zahlreichen Geboten und Verboten. Folgenreich ist eine Verschiebung der aristotelischen Mimesiskonzeption im Begriff der imitatio. Sie ist nicht nur Darstellung von Wirklichkeit, sondern stilistisches Wetteifern mit einem literarischen und das heißt: griechischen Vorbild, mit den exemplaria Graeca, die der römische Dichter «Tag und Nacht wälzen soll» (*Ars poetica* 269). Dieser letztlich aus der Rhetorik stammende Begriff der imitatio ist mit der aristotelischen Mimesis in der Rezeption der *Poetik* vermischt worden, wie denn überhaupt die nie in Vergessenheit geratene *Ars poetica* neben die in der Renaissance neu entdeckte *Poetik* des Aristoteles als die beiden Hauptsäulen antiker Dichtungstheorie gestellt worden ist.

Die erste produktive Rezeption der aristotelischen *Poetik* fällt nach der Wiederentdeckung des Textes in die italienische Renaissance des 16. Jahrhunderts. Jetzt entstanden nicht nur Kommentare zur *Poetik*, sondern auch eigene Poetiken, in denen das Regelwerk der *Ars poetica* des Horaz in die aristotelische *Poetik* hineingetragen wurde, etwa die bei Aristoteles so nicht vorhandene Lehre von den drei Einheiten (Zeit, Ort, Handlung) und der veränderte Mimesis-Begriff im Sinne einerseits einer literarischen imitatio und andererseits einer poetischen Nachahmung der Natur. Dadurch ist eine Ablösung dieses Begriffes und seiner Anwendung von den aristotelischen Prämissen einer durchstrukturierten Handlung eingetreten.[32] Auch die Lehre von der Katharsis wird jetzt lebhaft diskutiert (vgl. S. 164). Eindrucksvolle Zeugnisse dieser Aneignung sind die Poetiken von Marco Girolamo Vida (1520), Julius Caesar Scaliger (1551) und Lodovico Castelvetro (1570), um nur die wichtigsten zu nennen.

Die nächste Stufe der Aneignung der aristotelischen *Poetik* ist mit den dichtungstheoretischen Schriften der französischen Frühklassik gegeben, von Jean Chapelain, der im Jahre 1630 einen poetologischen

Traktat über die drei «Einheiten» unter Berufung auf Aristoteles geschrieben hat, über Hédelin, Abbé d'Aubignac mit seiner die Pariser Diskussionen zusammenfassenden Schrift *Pratique du Théâtre* (1657) bis zu den *Trois Discours* von Pierre Corneille (1660). Es geht wiederum um die noch strenger gefassten drei Einheiten, um Mimesis, Katharsis und die anderen Leitthemen der *Poetik*, nur jetzt nicht mehr zum Zwecke der Erklärung der aristotelischen Schrift, sondern zur Anwendung auf die eigene Produktion, und um den Aufweis der darin zu erzielenden moralischen Besserung. Die meisten Theoretiker der Dichtung im französischen Klassizismus waren selbst Dichter von Dramen. Darin steht der *Oedipus* an der Spitze, dessen Wertschätzung durch Aristoteles noch überboten und so zur Mustertragödie in der französischen Tradition wird.

Hundert Jahre später hat Gotthold Ephraim Lessing seine aus 104 «Stücken» bestehende *Hamburgische Dramaturgie* (1769) als Ergebnis seiner Kritiken von 52 Theaterabenden am Hamburger Nationaltheater in seiner Funktion als «Dramaturg und Konsulent» veröffentlicht. Die «Stücke» enthalten durchweg nicht nur Kritiken, sondern in Auseinandersetzung mit dem französischen Theater theoretische Überlegungen, die zur Etablierung eines bürgerlichen Trauerspiels und analog dazu eines dem Niveau der schauspielenden Wandertruppen enthobenen Nationaltheaters führen.[33] Die theoretische Fundierung dazu war die *Poetik* des Aristoteles. Im Namen des Aristoteles polemisiert Lessing sowohl gegen das christliche Märtyrerdrama wie auch gegen die französischen Dramatiker, die in falscher Auslegung des Aristoteles ihre Tragödien nachträglich durch Aristoteles theoretisch zu legitimieren suchten. Die Leitthemen der *Poetik* sind wiederum in der Diskussion, vor allem die (schon besprochene) Lehre von der Katharsis. Im Mittelpunkt steht das Mitleid als zentrale Kategorie des Trauerspiels, verstanden als christlich-humanes und zugleich ästhetisches Phänomen. Beeinflusst war Lessing dabei von der Theorie der «gemischten Empfindungen» von Moses Mendelssohn (wie der Briefwechsel Lessing – Mendelssohn zeigt), die Lessing auf die Tragödie im Zeichen der Aufklärung anwendet.

Dazu gehört das Bewusstsein von der Stärke des human aufgeklärten Menschen, der sich zugleich seiner Verantwortung in der Gesellschaft stellt. In Übereinstimmung mit der Lehre des Aristoteles soll der Held der Tragödie «mit uns von gleichem Schroth und Korne» sein (75. Stück). Auch in der Polemik gegen die mechanische und sinnwidrige Anwendung der drei Einheiten (44.–46. Stück) ist Lessing Aristoteles näher als die Franzosen, wohl auch in der Überwindung einer engen Auffassung von der moralisch-bessernden Wirkung der Tragödie. Denn das tragische Mitleiden als Teilnehmen am Geschick des Anderen stellt nicht den Abbau von Lastern und Schwächen im Zuschauer dar, sondern betrifft den ganzen Menschen in seiner aus der Gleichgültigkeit herausgehobenen Mitleidsfähigkeit. Dass die so verstandene «Verwandlung der Leidenschaften in tugendhafte Fertigkeiten» (78. Stück) mit der Aussage des aristotelischen Satzes über die kathartische Wirkung der Tragödie nicht übereinstimmt, mindert die Tiefe der Auseinandersetzung mit der *Poetik* des Aristoteles nicht.

Konnte Goethe sich produktiv mit der *Poetik* des Aristoteles auseinandersetzen (vgl. S. 165), so ist die Grundlage der im Titel so aristotelisch klingenden Abhandlung Schillers *Über den Grund des Vergnügens an tragischen Gegenständen* (1792) nicht oder allenfalls mittelbar die aristotelische *Poetik*. Mit dem etwa gleichzeitig eintretenden Verschwinden einer Nachahmungsästhetik überhaupt und dem Vordringen einer neuen, auf die Dichtung bezogenen Hinwendung zu Genie, Originalität und subjektivem Erleben verliert die *Poetik* an Boden. Nur die aus der aristotelischen «Hamartia» entwickelte Schuldproblematik bewegt die Dramatik des 19. Jahrhunderts, und die Katharsisfrage erregt die Gemüter bis heute auch ohne konkreten Bezug auf eine Dichtung.

Bertolt Brecht entwickelte in verschiedenen theoretischen Entwürfen und dann zusammengefasst in der aphorismenartig gestalteten Schrift *Kleines Organon für das Theater* (1948) das Gegenmodell einer «nichtaristotelischen Dramatik» im Sinne eines neuen dialektischen Theaters. Zwar wendet er sich weniger gegen Aristoteles selber als vielmehr gegen eine in der Tradition der aristotelischen *Poetik* stehende Illusionsdramatik, die durch das Gebanntsein vom Bühnengeschehen und dem Sichidentifizieren mit der Bühnengestalt charakterisiert ist. Doch diese ganze Diskussion vollzieht sich in den Kategorien und der Begrifflichkeit der aristotelischen *Poetik*. Die schon voraristotelische Antithese zwischen «Vergnügungstheater oder Lehrtheater», zwischen «Einfühlung» und «Verfremdung» und vieles Andere sind Beispiele dafür. Brecht bezieht sich gelegentlich auch auf Aristoteles selbst. Er kennt und paraphrasiert den berühmten Satz über die Wirkung der Tragödie und bezeichnet dabei die Katharsis als eine «Waschung»: «Und jene Katharsis des Aristoteles, die Reinigung durch Furcht und Mitleid, oder von Furcht und Mitleid» – Brecht kennt also die Diskussion um den Genitiv – «ist eine Waschung, die nicht nur in vergnüglicher Weise, sondern recht eigentlich zum Zwecke des Vergnügens veranstaltet wurde» (*Kleines Organon* 4). Die mit allen Eigenarten des Illusionstheaters überfrachtete aristotelische *Poetik* wird zur Reibefläche, an der Brecht seine Konzeption eines epischen Theaters zu begründen sucht.[34] Aber auch diese Diskussion ist Geschichte und für die Dramatik der Gegenwart irrelevant.

Umso bemerkenswerter ist es, dass Ari Hiltunen, Chefredakteur des finnischen Fernsehens YLE, in seinem Buch *Aristoteles in Hollywood* (2001) ein universelles Geschichtenschema auf der Basis der aristotelischen *Poetik* mit Organisation der Handlung, Peripetie, Anagnorisis (Erkennung) und tragischem Vergnügen entwickelt, das er in der Struktur zahlreicher Filme, TV-Serien und sogar Computerspiele in eingehender Analyse nachzuweisen sucht. Dabei ist der Bezug auf Aristoteles kein nebulöser, sondern ein ganz konkreter. Offenbar kennt man in Hollywood die *Poetik* und so berichtet Christopher Vogler, Leiter der Stoffentwicklungsabteilung von *Twentieth Century Fox*, im Vorwort: «Als ich in der Filmindustrie zu arbeiten begann und für Filmstudios in Hollywood Drehbücher begutachtete, lernte ich viele professionelle Autoren und Regisseure kennen, die mit den aristotelischen Ideen vertraut waren» (11). Hiltunen selbst entwirft die Vision einer Nach-Informationsgesellschaft für das 21. Jahrhundert, die in Überwindung einer auf reinen Daten basierenden Kommunikation auf der Suche nach emotionaler Erfüllung eine neue Welt der «Geschichten» eröffnet, die nach den Prinzipien der aristotelischen *Poetik* einschließlich einer als Befreiung *von* Mitleid und Furcht verstandenen Katharsis gestaltet sind.[35]

7.
Logik, Sprache, Dialektik – Argumentationsstrategien

Die Grundlagen

Die Schriften *Kategorien*, *Hermeneutik* (*De interpretatione*), *Erste Analytiken* (*Analytica Priora*), *Zweite Analytiken* (*Analytica Posteriora*), *Topik* und *Sophistische Widerlegungen* bilden eine Gruppe, die von den spätantiken Autoren an, vermutlich aber schon bei Andronikos von Rhodos, unter dem Oberbegriff «Organon» zusammengefasst worden sind. Aristoteles gebraucht das Wort «Organon» in einem sehr weiten Anwendungsbereich. Es kann das Sinnesorgan eines Lebewesens, Handwerkszeug wie die Axt, aber auch das Musikinstrument bedeuten und eben auch «Hilfsmittel» zur Gewinnung von logischen Schlüssen (*Topik* I 13–18). Davon ist die Bezeichnung der logischen Schriften als «Organon» ausgegangen. Damit ist die Auffassung verbunden, diese Gruppe von Schriften sei den philosophischen Werken vorgeordnet und bilde das «Werkzeug» des wissenschaftlichen Denkens. Dies ist sicher nicht die Konzeption des Aristoteles. Werke wie *Ethik*, *Politik* und *Poetik* lassen sich auch ohne diese logische Vorschule verstehen. Aber indem Andronikos diese (logischen) Schriften an die Spitze seiner Ausgabe gestellt hat, wollte er (und dann auch alle spätantiken und frühneuzeitlichen Kommentatoren) dem Gedanken des Systems Ausdruck verleihen, das dem aristotelischen Werk innewohne.

Nach übereinstimmender Meinung der Forschung ist diese Gruppe von Schriften in ziemlich rascher Folge zwischen den einzelnen Texten in der Zeit entstanden, in der Aristoteles in der platonischen Akademie wirkte, aber nicht in der Reihenfolge, in der die einzelnen Schriften von Andronikos angeordnet waren und dementsprechend auch in den Handschriften stehen. Während die Einwände der älteren Forschung gegen die Echtheit der *Kategorien* verstummt sind, gibt es hinsichtlich der chronologischen Abfolge der Schriften verschiedene, in den Details umstrittene Theorien. Konsens besteht darüber, dass die Kategorien nicht in einem Zug geschrieben sind und dass die *Topik* nicht nach, sondern vor den *Analytiken* verfasst sein muss, wobei die Meinungen darüber auseinander gehen, ob einzelne Bücher der *Topik* teils noch vor den *Kategorien*, teils zwischen Teilen der *Analytiken* anzusetzen seien. Wahrscheinlich ist, dass das erste Buch der *Topik* vor den *Kategorien* entstanden ist, weil es die allem Anschein nach früheste Fassung der Kategorienlehre enthält.

Die genuine Reihenfolge der Schriften des «Organon» spiegelt das Fortschreiten vom Einfachen zum Zusammengesetzten wider, derart, dass die *Kategorien* von den Aussageformen einzelner, noch nicht in Sätzen verbundener Wörter, die *Hermeneutik* vom Urteil, das im Satz seinen Ausdruck findet, die *Topik* sodann vom dialektischen Syllogismus, die *Sophistischen Widerlegungen* von Trugschluss, die *Analytica Priora* vom Syllogismus in seiner vollkommenen Form und die *Analytica Posteriora* schließlich vom apodiktischen Syllogismus handeln.

Aber das ist von einem modernen Logik-Verständnis her gedacht. Ob Aristoteles mit der Reihenfolge dieser Schriften an eine organische Entfaltung der logischen Probleme gedacht hat, ist durchaus zweifelhaft. Keine dieser Schriften enthält einen Verweis auf eine andere Schrift der gleichen Gruppe. Die *Topik* wie die *Analytiken* repräsentieren einen je eigenen Entwurf einer Logik.

Kategorien

Das Wort «Kategorie» heißt wörtlich: «Rede gegen jemanden», «Vorwurf», «Beschuldigung», als Terminus der Gerichtssprache «Anklage». Es kommt zuerst im Geschichtswerk des Herodot (2. Hälfte des 5. Jh.s v. Chr.) vor (VI 50 und öfter). Es wird bei den Geschichtsschreibern und Rednern des 5. und 4. Jahrhunderts und dann auch bei Platon häufig in diesem Sinne gebraucht. Erst Aristoteles hat es zu einem philosophischen Terminus gemacht.[1]

Merkwürdigerweise kommt das Wort «Kategorie» zur Bezeichnung der zehn Kategorien in der Schrift mit dem (vermutlich gar nicht von Aristoteles stammenden) Titel *Kategorien* nur beiläufig vor, vor allem nicht dort, wo die Tafel der zehn Kategorien eingeführt wird.[2] Es ist offenbar wie selbstverständlich schon vorausgesetzt. So beginnt dann die Schrift mit Erörterungen, die auf den ersten Blick mit der Kategorienlehre nichts zu tun haben, aber doch deren Vorbereitung dienen. Am Anfang steht die Unterscheidung zwischen homonymen, synonymen und paronymen Bezeichnungen von Dingen.

Homonym sind Dinge mit gleichem Namen und verschiedener Bedeutung und demzufolge auch verschiedener Definition. Ein (fingiertes) Beispiel ist «Bank» als Sitzgelegenheit oder als Geldinstitut. (Das von Aristoteles verwendete Beispiel lässt sich in der deutschen Übersetzung nicht adäquat wiedergeben.) Synonym sind im Einzelnen zwar verschiedene Dinge, die aber einen gemeinsamen Namen und eine gemeinsame Definition haben. Aristoteles nennt als Beispiel «Rind» und «Mensch», auf die beide die Bezeichnung «Lebewesen» und damit «die Definition ihres Seins» (Cat. 1, 1 a 10) zutrifft. Unter paronym versteht man Dinge (oder Wesen), die im grammatischen Sinne von einem Begriff abgeleitet sind. So heißt der Tapfere so nach der Tapferkeit, der Gesunde nach der Gesundheit. Durch die bloße Veränderung der Endung kann aus dem abstrakten Substantiv ein konkretes Adjektiv entstehen. Aristoteles will mit diesen Unterscheidungen zeigen, dass es drei verschiedene Relationen (homonym, synonym, paronym) zwischen Dingen und ihren Benennungen und damit Definitionen gibt. Dabei hat er hier zunächst nur das einzelne Wort im Blick.

Im Folgenden (Kap. 2–3) geht es um die Verbindung von Wörtern zu Aussagen. Das Wort für «Verbindung», wörtlich «Verflechtung» (συμπλοκή), war schon durch Platon als technischer Terminus geprägt. Platon hat in seinem Dialog *Sophistes*, entstanden in der Zeit, in der Aristoteles schon in der Akademie war, die ontologischen Fragen analysiert, die bei der Kombination, also «Verflechtung» von Wörtern zu Sätzen entstehen (*Sophistes* 262–264). Platon unterscheidet dabei richtige und falsche Verbindungsmöglichkeiten. Der falsche Satz bezeichnet «Nicht-Seiendes», das als «Seiendes» vorgetäuscht wird, worin Platon ein Wesensmerkmal der Sophisten sieht. Diese (hier nur angedeutete) Diskussion steht hinter der Erörterung bei Aristoteles. Er lässt die platonischen Prämissen ganz beiseite und argumentiert mit dem – wie es scheint – noch tastend gebrauchten Begriff «das Zugrundeliegende» (ὑποκείμενον, hypokeimenon), von dem etwas prädiziert wird oder auch nicht. Aristoteles skizziert (mehr ist es nicht), dass und wie ein allgemeines, nicht individuelles Substantielles von einem Zugrundeliegenden oder in einem Zugrundeliegenden ausgesagt werden kann. Davon zu unterscheiden sind Einzelsubstanzen, die mit dem «Zugrundeliegenden» insofern identisch sind, als die einzelne Substanz, z.B. der individuelle Mensch, die universelle Bestimmtheit der Gattung «Mensch» erfüllen muss. Es geht um die Möglichkeit, von einem Subjekt alle Artbestimmungen und alle charakteristischen Differenzen aussagen zu können. Das alles dient der Vorbereitung der Kategorientafel, die nun (in Kap. 4) eingeführt wird.

Kategorien:	im Text angeführte Beispiele:
1. Substanz (οὐσία)	Mensch, Pferd
2. Quantität. «Wie groß»	zwei oder drei Ellen lang
3. Qualität. «Wie beschaffen»	weiß, des Lesens und Schreibens kundig
4. Relation. «In welchem Verhältnis steht etwas zu etwas»	doppelt, halb, größer
5. Ort. «Wo»	im Lykaion, auf dem Marktplatz
6. Zeit. «Wann»	gestern, voriges Jahr
7. Position	sitzen, liegen
8. Haben	beschuht, bewaffnet
9. Wirken	schneiden, brennen
10. Erleiden	geschnitten werden, gebrannt werden

Diese Tafel der zehn Kategorien taucht im aristotelischen Werk nur noch an einer weiteren Stelle vollständig auf, nämlich in der *Topik* (I 9, 103 b 20–29), und zwar eher untergeordnet als Einteilungssystem, das auf die verschiedenen Arten von Aussagemöglichkeiten (Prädikabilien) angewendet wird, ohne dass hier die ontologische Relevanz der Kategorien sichtbar würde, die Aristoteles sonst (von der *Kategorien*-Schrift an) stets betont. Daher hat man in der *Topik* die früheste Form der Explikation der zehn Kategorien gesehen. In der *Metaphysik* (V 7, 1017 a 25–30) werden acht Kategorien (unter Weglassung von «Position» und «Haben») aufgezählt, an anderen Stellen sechs oder vier, oder es wird ganz allgemein auf die kategoriale Vielfalt des Seienden und der Aussagemodi verwiesen.

Was Kategorien sind und was sie leisten, hat Aristoteles nicht nur in den folgenden Kapiteln (5–9), sondern an verschiedenen Stellen seines Werkes expliziert. Wir fassen zusammen. Bei der sprachlichen Formulierung der zehn Kategorien vermeidet Aristoteles mit Ausnahme der Bezeichnung der ersten Kategorie als «Substanz» (οὐσία) die Verwendung von substantivischen Begriffen. Er sagt nicht «Qualität» oder «Quantität», sondern «Wie beschaffen», «Wie groß». So haben in der Aufzählung der Kategorien sechs (Was, Wie groß, Wie beschaffen, Worauf bezogen, Wo, Wann) die Form der Frage (auch für die erste Kategorie wird neben «Substanz» das einfache «Was» verwendet), während vier (Haben, Wirken, Erleiden, Position) leicht als Antwort auf eine Frage erklärbar sind. Es zeigt sich hier, wie dann auch bei den logischen Schriften im engeren Sinne, dass die Konzeption des Aristoteles nicht das Ergebnis einsamen Grübelns ist, sondern in einem Diskussionszusammenhang steht, wie er in der platonischen Akademie gegeben ist.

Aristoteles will mithilfe der Kategorien einen Gegenstand (bzw. ein Lebewesen) sprachlich benennen und dabei die grammatische und logische Struktur der Aussage bestimmen. Die Erörterung bleibt aber nicht im Bereich der Sprache, sondern hat zugleich eine ontologische Relevanz. Die Kategorien betreffen Sprache und Wirklichkeit zugleich. Sie sind Fixpunkte für eine Aussage, insofern von einem bestimmten Subjekt X die Prädikation Y ausgesagt wird. Die Kategorien stellen aber zugleich ein begriffliches Instrumentarium zur Analyse der seienden Dinge selbst dar. Zwar hat Aristoteles in der Schrift *Kategorien* keine Ontologie entwickelt, die nach dem Schema der Kategorien gegliedert wäre, aber bei der Anwendung der Kategorienlehre auf den Bereich des Seienden betont Aristoteles stets, dass es sich dabei um eine Analyse der seienden Dinge handelt, insofern sie ausgesagt werden.

> Das Sein an sich wird ausgesagt in so vielen Bedeutungen, wie es Formen der Kategorien gibt: denn so viele Bedeutungen des Seins bezeichnen diese (*Metaphysik* V 7, 1017 a 22–24).

Wenn also Aristoteles die kategoriale Differenziertheit des Seins bezeichnen will, dann hebt er hervor, dass das Sein in den verschiedenen Kategorien «ausgesagt» wird. Die Frage nach dem Sein erscheint im Horizont der Sprache.

Zugleich ist die Lehre von den Kategorien eine von mehreren Antworten auf die platonische Ideenlehre und wird so als kritisches Argument ins Feld geführt. Während bei Platon das Sein eines Dinges durch seine Teilhabe an der Idee bestimmt ist, liegt für Aristoteles das Sein, die «erste Substanz» (πρώτη οὐσία), im Einzelding selbst, das durch die erste Kategorie bezeichnet wird. Dabei ist diese «erste Substanz» nicht durch eine bloße Klassifizierung nach Gattungen (Mensch = Lebewesen) hinreichend bestimmt, sondern durch die übrigen Kategorien, die nicht voneinander ableitbar sind. Aristoteles bedient sich in mehreren Schriften dieser Argumentation in kritischem Sinne, z.B. bei der Ablehnung einer Idee des Guten als Norm für die Ethik. Es gibt nicht «das Gute selbst» (wie Platon annahm), sondern «gut» existiert nur in den jeweils einzelnen guten Dingen bzw. Menschen in der kategorial differenzierten Aussage (EN I 4, 1096 a 34–b 2; EE I 8, 1217 b 25 ff.).

Im folgenden Verlauf der *Kategorien*-Schrift (Kap. 5–9) gibt Aristoteles sehr detaillierte Erklärungen über die einzelnen Kategorien, ohne indes auf die Kategorien «Wann», «Wo» und «Haben» einzugehen, die als nicht weiter erklärungsbedürftig bezeichnet werden. Es folgen mit den

Resümee und Ausblick

Die Eigenart der aristotelischen *Poetik* lässt sich in einem ersten Schritt auch durch den Aufweis dessen bestimmen, was in ihr nicht behandelt oder an den Rand gedrängt ist. Es ist zunächst die zu seiner Zeit auch schon theoretisch ausgebildete Lehre von der Inspiration des Dichters, vom Enthusiasmos, von der psychischen Verfassung des Dichters selber. Damit hängt zusammen die Nichtberücksichtigung von Fragen wie der religiösen Weltsicht, der kultisch-religiösen, aber auch der unmittelbar politischen Funktion der Tragödie. Das gehört für Aristoteles, den reinen Analytiker der Sache, nicht in eine Poetik. Dabei steht seine Konzeption in Analogie zu Entwicklungen der Zeit. Eine gewisse ‹Säkularisierung› der Tragödie im 4. Jahrhundert v. Chr. erlaubt es Aristoteles, das Wort «Mythos» nur noch als organisierte Handlung im Sinne eines ‹plot› zu verwenden.

Ganz singulär ist auch der Mimesis-Begriff, den Aristoteles einschränkt auf die Nachahmung bzw. Darstellung handelnder Menschen, also auf Drama und Epos, die allein als «Dichtung» gelten, unter Ausschluss aller Formen der Lyrik und Panegyrik (Hymnen), in denen zwar auch handelnde Menschen vorkommen können, aber nicht im Sinne des durchorganisierten Handlungsbegriffs, wie ihn Aristoteles expliziert. Mimesis und Handlung sind die Grundkategorien der aristotelischen Dichtungstheorie. Tragödie und Epos konservieren in der Hülle des Mythos archaische Handlungsstrukturen, die – insbesondere in den Formen möglichen Scheiterns – in eine moderne, politische Welt hineinragen, in der die Frage nach dem richtigen Handeln des Menschen Gegenstand der Analyse in der *Ethik* ist. Formen des Handelns in *Poetik* und *Politik* (einschließlich der *Ethik*) stehen so in einem komplementären Verhältnis zueinander. Hier zeigt sich, wie stark Grundsätze der *Poetik* in der Philosophie des Aristoteles im Ganzen verankert sind.

Das gilt auch für den dritten großen Komplex der *Poetik*, die Lehre von der Wirkung der Tragödie. Die einfache Alternative, ob der Dichter belehren bzw. nützen oder erfreuen soll (prodesse aut delectare, wie es später Horaz formuliert), wird durch die spezifische Konzeption der Katharsis und vor allem der Affekte überwunden und auf eine ganz andere Ebene gebracht. Die sophistische und platonische Affektenlehre in ihrer Anwendung auf die Dichtung ist zur allgemein-anthropologischen Beziehung von Tragödie und Rezipient geworden und so weit gesteigert, dass die Erzielung der der Tragödie eigenen Wirkung zur

Kapiteln 10 bis 15 die sogenannten «Postprädikamente», deren Echtheit lange umstritten war. Sie haben auch mit der Kategorienlehre unmittelbar nichts zu tun und sind später der *Kategorien*-Schrift angehängt worden. Aristoteles (er ist wohl der Verfasser) unterscheidet darin verschiedene Arten von Gegensätzen, von Bewegung und von «Haben» (einen Mantel haben, eine Frau haben usw.), ohne dabei auf die Kategorie «Haben» im Sinne der Kategorienlehre Bezug zu nehmen.

Die kleine Schrift *Kategorien* gehört zu den am meisten gelesenen und kommentierten Werken des Aristoteles. Dabei verschränkt sich vielfach die Auslegung des Textes mit einer Weiterentwicklung der Kategorienlehre.[3] Mehrfach wird auch die Zahl der Kategorien abgewandelt. So kannte die hellenistische Stoa nur vier Kategorien. Bei den spätantiken Aristoteles-Kommentatoren, im Neuplatonismus, in den Renaissancetraktaten, bei Thomas von Aquin und späterhin bis zu Kant standen alle Diskussionen um Kategorien in der Tradition der aristotelischen Schrift. Im Mittelpunkt der Diskussionen stand vor allem die Frage einer rein sprachlich-logischen oder ontologischen Herleitung der Kategorien. Mit Kant ist diese Diskussion in ein neues Stadium getreten. In der *Kritik der reinen Vernunft* urteilt er über Aristoteles: «Es war ein eines scharfsinnigen Mannes würdiger Anschlag des Aristoteles, diese Grundbegriffe aufzusuchen. Da er aber kein Principium hatte, so raffte er sie auf, wie sie ihm aufstießen, und trieb deren zuerst zehn auf, die er Kategorien (Prädikamente) nannte» (B 107). Kant erstellte in metaphysischer und systematischer Deduktion eine vollständige Tafel der als Urteile verstandenen Kategorien. Es sind vier Hauptkategorien mit jeweils drei Einzelkategorien, also insgesamt zwölf: 1. Quantität mit den Kategorien Einheit, Vielheit, Allheit, 2. Qualität mit den Kategorien Realität, Negation, Einschränkung, 3. Relation mit den Kategorien Substanz, Ursache, Wechselwirkung (Handeln und Leiden) und 4. Modalität mit den Kategorien Möglichkeit, Existenz, Notwendigkeit. Seit Kant gibt es so zwei Traditionslinien einer Kategorien-Philosophie mit Vermittlungsversuchen und Neuprägungen. Einen wichtigen Einschnitt bedeutet die Kategorienlehre von Charles S. Peirce (1839–1914), der in Auseinandersetzung mit Kant nur noch drei Kategorien annahm: 1. «Erstheit» (Firstness), 2. «Zweitheit» (Secondness), 3. «Drittheit» (Thirdness) und darunter 1. das Sein als bloße Möglichkeit, 2. die konkrete Bestimmung eines Seienden und 3. eine mit den Erscheinungen verbundene Gesetzmäßigkeit (z.B. dass eine Tür zu öffnen ist) als triadische Relation verstand, die irreduzibel sei, woraus Peirce dann seine Relationenlogik und Semantik entwickelt hat.

Diese wenigen Beispiele und Andeutungen mögen eine Ahnung von der heuristischen Kraft zeigen, die von der Konzeption der Kategorien durch Aristoteles ausgeht.[4]

Hermeneutik

Unter Hermeneutik versteht man die Kunst (oder Lehre) des Verstehens, der Auslegung zumal von Texten. Es gibt eine theologische, eine juristische und dann (seit Schleiermacher) auch eine allgemeine Hermeneutik. Mit diesem ganzen Komplex hat die Schrift des Aristoteles nichts zu tun, deren (wohl nacharistotelischen) Titel Aristoteles auch sonst nicht verwendet. Das Wort ἑρμηνεία (hermeneia) kommt im Werk des Aristoteles gelegentlich vor und bedeutet in einem ganz allgemeinen Sinne «Verständigung» der Menschen (und übrigens auch der Tiere) untereinander.

In der *Hermeneutik*[5] geht es um den Satz als Bedeutungsträger und zwar sowohl im sprachlichen wie im logischen Sinne. Die Bereiche Sprache und Logik sind noch nicht getrennt. Im ersten Teil der Schrift (Kap. 1–5) dominiert der sprachliche, im zweiten Teil (Kap. 6–14) der logische Aspekt.

Am Beginn stehen prinzipielle Bestimmungen über die Funktion sprachlicher Äußerungen.

> Es sind die (sprachlichen) Äußerungen unserer Stimme ein Symbol für das, was unserer Seele widerfährt, und das, was wir schriftlich äußern (ist wiederum ein Symbol) für die sprachlichen Äußerungen unserer Stimme. Und wie nicht alle (Menschen) mit denselben Buchstaben sprechen, so sprechen sie auch nicht alle dieselbe Sprache. Die seelischen Widerfahrnisse aber, für welche dieses (Gesprochene und Geschriebene) an erster Stelle ein Zeichen ist, sind bei allen (Menschen) dieselben; und überdies sind auch schon die Dinge, von denen diese (seelischen Widerfahrnisse) Abbildungen sind, (für alle) dieselben (De int. 1, 16 a 3–8).

In diesem sprachtheoretischen Modell ist das Wichtigste der Begriff des «Symbols», des «Zeichens», mit dessen Hilfe Aristoteles die akademischen Diskussionen über die Funktion der Sprache auf eine neue Ebene bringt. Denn diese Diskussionen stehen im Hintergrund. Das wird exemplarisch deutlich an Platons Dialog *Kratylos*, der die sophistische Antithese von Nomos (Festlegung, Übereinkunft) und Physis (Natur) im Hinblick auf die Leistung der Sprache für die Erkenntnis der Dinge anwendet und diskutiert. Der im Dialog auftretende Kratylos vertritt die These von der natürlichen Wortrichtigkeit. Für jedes Ding gebe es nur eine richtige Benennung, und zwar bei allen Völkern die gleiche (Cra. 383 a 4–b 2). Hermogenes dagegen behauptet, die Benennung der Dinge beruhe auf Gewohnheit und Verabredung. Platon prüft beide Thesen im Hinblick auf die Erkenntnisleistung der Sprache. Wenn Aristoteles die Bezeichnung «auf Übereinkunft» (κατὰ συνθήκην, De int. 2, 16 a 19) beruhen lässt, so greift er das alte Schlagwort auf, deutet es aber ganz anders. Er bezieht es nicht auf die Natur der Dinge, sondern der Laute. Denn die Wortformen sind für ihn nicht Symbole der Dinge, sondern Zeichen, die aus Affektionen der Seele herrühren. So wie das geschriebene Wort symbolhaft zum Zeichen des gesprochenen Wortes wird, ist das gesprochene Wort «Zeichen» für seelische Gedanken und Reaktionen. Die Frage nach der Wahrheit der Sprache wird auf dieser Ebene gar nicht gestellt. Dass zwischen das Ding (die Sache) und das Wort die Ebene der seelischen Eindrücke und Regungen gestellt wird, knüpft an Platons Vorstellung vom Denken als einem lautlosen Sprechen der Seele (*Theaetet* 189 E–190 A; *Sophistes* 263 E–264 A) an, aber in umgekehrter Richtung. Nicht die Sprache wird auf die seelischen Vorgänge bezogen, sondern diese vermitteln die Dinge hin zur sprachlichen Vermittlung.

Aristoteles fragt dann weiterhin, wann eine sprachliche Äußerung zum Bedeutungsträger wird, und findet die Antwort in der Verknüpfung von Nomen (genauer: «Nennwort») und Verb (genauer: «Aussagewort»[6]) als grundlegende Bestandteile eines einfachen Aussagesatzes (bzw. «Wortgefüges»). Ein solcher «Behauptungssatz» (λόγος ἀποφαντικός) kann wahr oder falsch sein; er kann bejahend oder verneinend sein. Er kann durch Bejahen oder Verneinen Wahres oder Falsches aussagen. Diese Eigenschaft kommt nur dem «Behauptungssatz» zu, nicht aber anderen Formen der Rede wie z.B. dem Gebet (oder «Bitte»; das Wort εὐχή bedeutet beides), welches ein Wortgefüge darstellt, dem es nicht zukommt, wahr oder falsch zu sein (De int. 4, 17 a 4). Nur angedeutet wird, dass es noch andere Formen der nicht-apophantischen Rede gibt, z.B. die dichterische Rede. Gegenstand der Untersuchung ist, wie Aristoteles ausdrücklich hervorhebt (De int. 4, 17 a 6), die apophantische Rede, die im Behauptungssatz ihren Ausdruck findet.

Damit greift Aristoteles auch in diesem Zusammenhang Diskussionen auf, die in der platonischen Akademie geführt wurden. Insbesondere ist auf den Dialog *Sophistes* zu verweisen. Platon erörtert darin in einem Exkurs (261 E–264 A) die Verbindungsmöglichkeiten von Wörtern zu Sätzen, in denen sich Urteil und Meinung ausdrücken. Jedes Urteil hat eine bestimmte Dualität; es kann wahr oder falsch sein und es liegt ihm eine Person oder ein Gegenstand zugrunde. Als Beispiel führt Platon an: «Theaitetos sitzt» und «Theaitetos fliegt». Beiden Sätzen liegt als Nomen Theaitetos zugrunde, nur ist der erste Satz wahr und der zweite (in einer Zeit vor einem Flugverkehr) falsch. Die falsche Rede ist die unrichtige Verbindung von Subjekt und Prädikat. Insoweit stimmt Aristoteles mit Platon überein. Platon aber hatte diese Analyse mit der Seinsproblematik verknüpft. Der falsche Satz stellt Nicht-Seiendes als Seiendes vor und insofern mündet die Erörterung in die den ganzen *Sophistes* beherrschende Frage nach der Relation von Sein und Nicht-Sein. Erneut sieht man, dass Aristoteles seine Analysen nicht als einsamer Denker vorträgt, sondern Diskussionen, die in der Akademie geführt wurden, aufgreift und dabei die Sachfragen aus der ontologischen Verklammerung herauslöst, in die sie bei Platon eingebettet waren. Es geht ihm allein um die logische Struktur der Sprache und ihrer Funktion.

Aus dem Befund, wonach jede Aussage im Rahmen der apophantischen Rede bejahend oder verneinend ist, gewinnt Aristoteles den Begriff der Kontradiktion (ἀντίφασις), die dann vorliegt, wenn die Aussagen einander entgegengesetzt sind in der Weise, dass dasselbe demselben Gegenstand zu- oder abgesprochen wird. Damit ist der Übergang zum zweiten Teil der Schrift gegeben, in dem Aristoteles verschiedene Formen der Kontradiktion diskutiert.

Aristoteles unterscheidet zunächst (in Kapitel 7) vier Klassen von Aussagepaaren, bei denen eines der beiden Glieder bejahend und das andere verneinend ist. Im Einzelnen untersucht Aristoteles sehr gedrängt und kompliziert die logischen Beziehungen, die zwischen einer allgemein (oder: universell)-bejahenden, einer allgemein-verneinenden, einer partikular-bejahenden und einer partikular-verneinenden Aussage bestehen.

Schließlich begibt sich Aristoteles auf das schwierige Gebiet der Modallogik. In dem in der Forschung überaus kontrovers diskutierten Kapitel 9[7] erörtert er die Frage, ob Aussagen über Ereignisse, die in der Zukunft sowohl eintreten als auch ausbleiben können, bereits in der Gegenwart als wahr oder falsch bezeichnet werden können, was Aristoteles verneint. Berühmt geworden ist das Beispiel von der Seeschlacht[8] für das Phänomen der contigentia futuri.

> Ich meine damit, dass es beispielsweise zwar notwendig ist, dass morgen eine Seeschlacht entweder stattfinden oder nicht stattfinden wird, dass es aber nicht notwendig ist, dass morgen eine Seeschlacht stattfindet, und auch nicht notwendig, dass morgen keine Seeschlacht stattfindet. Dass jedoch morgen eine Seeschlacht entweder stattfindet oder nicht stattfindet, ist notwendig (De int. 9, 19 a 29–32).

Das Beispiel scheint auf den ersten Blick banal zu sein. Es führt aber zu der Frage, ob und unter welchen logischen Prämissen künftiges Geschehen vorhersehbar ist oder nicht. Und Aristoteles ist daran interessiert, die Frage innerhalb seines logischen Systemzusammenhanges zu formaler Evidenz zu bringen. Eines der beiden im Verhältnis der Kontradiktion zueinander stehenden Glieder ist wahr oder falsch. Anders als bei Aussagen über vergangenes oder gegenwärtiges Geschehen zeigt sich erst in der Zukunft, welches der beiden Glieder wahr ist.

Am Schluss dieser im Ganzen doch recht komplizierten Schrift stehen Erörterungen über logische Relationen unterschiedlicher Art.

TOPIK

Warum diese umfangreiche, in acht Bücher eingeteilte Schrift *Topik* heißt, erfährt der Leser nicht gleich am Anfang.[9] Aristoteles kündigt zu Beginn sein Programm an:

> Die vorliegende Abhandlung verfolgt das Ziel, eine Methode zu finden, aufgrund derer wir in der Lage sein werden, über jedes vorgelegte Problem aus anerkannten Meinungen einen Schluss zu ziehen, und zwar so, dass wir, wenn wir ein Argument vertreten, nichts Widersprüchliches sagen (*Topik* I 1, 100 a 18–21).

Gleich darauf definiert Aristoteles den Syllogismus:

> Der Syllogismus ist also ein Argument, in dem, wenn etwas gesetzt wurde, sich etwas anderes als das Gesetzte mit Notwendigkeit durch das Gesetzte ergibt (*Topik* I 1, 100 a 25 f.).

Im Folgenden unterscheidet Aristoteles drei Arten von Syllogismen: den apodiktischen Syllogismus, der eine Deduktion aus ersten und wahren Sätzen darstellt (er wird in den *Ersten Analytiken* behandelt), den dialektischen Syllogismus (der Gegenstand der Untersuchung in der *To-*

pik ist) und den eristischen Syllogismus (der in den *Sophistischen Widerlegungen* behandelt wird).

Es geht also in der *Topik* um den dialektischen Syllogismus. Charakteristisch für ihn ist, dass seine Prämissen (Vordersätze) «aus anerkannten Meinungen» (ἐξ ἐνδόξων), nicht aus wissenschaftlichen Wahrheiten, bestehen. Damit strömt der ganze Bereich der Meinungen (δόξαι) ein, den Aristoteles ganz anders bewertet als Platon. Für Platon war die Meinung mit dem Scheinwissen verbunden, vor allem wenn sie sich als Wissen ausgibt. Sie muss einer Prüfung unterzogen und in ihrem Anspruch entlarvt werden. Für Aristoteles ist die «Meinung» etwas grundsätzlich Positives. Bei jeder Erörterung eines Problems geht er von den «Meinungen» anderer aus. Was alle meinen, kann nicht ganz falsch sein.[10] Ähnlich verhält es sich mit dem bei Platon und Aristoteles ganz unterschiedlichen Begriff der Dialektik. Für Platon ist die Dialektik die höchste Tätigkeit des Philosophen, der Weg zur Erkenntnis des Seins, der Ideen und Prinzipien. Aristoteles führt den Begriff Dialektik wieder auf seine ursprüngliche Bedeutung zurück als Kunst, ein Gespräch zu führen, und zwar über alle Themen. Die Dialektik ist also auf die gleiche Ebene bezogen wie die allgemein akzeptierten «Meinungen». Das bedeutet aber nicht etwa, dass die mit dem Syllogismus verbundenen logischen Operationen laxer zu handhaben wären. Ausdrücklich hebt Aristoteles hervor, dass die Conclusio sich «mit Notwendigkeit» aus den Prämissen ergeben müsse.

Nach der Erläuterung des Themas weist Aristoteles sogleich den Nutzen seiner Abhandlung (bzw. Vorlesung) auf. Den Nutzen dessen, was man zu bieten hat, aufzuweisen, steht in sophistischer Tradition. Es ist ein Stück ‹Werbung›; man wirbt für seine Sache durch den Nachweis des zu erwartenden Nutzens. Das ist im konkreten Fall Ausdruck der Konkurrenzsituation, in der sich Aristoteles in der Akademie befindet. Für diese in der Akademie sicher auch vorgetragene Abhandlung sieht er einen dreifachen Nutzen (*Topik* I 2): 1. für Übungszwecke, für eine intellektuelle «Gymnastik» (πρὸς γυμνασίαν, Top. I 2, 101 a 27); 2. «für die Begegnungen». Gemeint ist damit offenbar die Begegnung des Philosophen (oder eines Fachmannes) mit der Menge. Hierbei hilft das kunstgerechte Argumentieren im Sinne des dialektischen Syllogismus dazu, die undifferenzierten Meinungen zu sichten und so eine Verständigungsbasis herbeizuführen. 3. «für die philosophischen Wissenschaften». Das bezieht sich nicht auf die Dialektik im platonischen Sinne, sondern darauf, dass ein in der Methode der (aristotelischen) Dialektik in fachgerechtem Vorgehen Geschulter besser in der Lage ist, im Durchgang der Aporien (διαπορῆσαι) im Hinblick auf «beide Seiten» das Wahre und das Falsche zu erblicken. Aristoteles schwebt offenbar das vor, was er selbst im dritten Buch der *Metaphysik* in der antithetischen Behandlung von 15 nicht aufgelösten Aporien vorführt. Ausdrücklich betont er, dass eine solche Diskussion zwar fachgerecht, aber auf der Grundlage der anerkannten Meinungen zu führen sei.

Im weiteren Verlauf des ersten Buches der *Topik* erörtert Aristoteles die grundsätzlichen Elemente der Dialektik. Es sind zunächst die vier Praedicabilia, d.h. Prädikationstypen, die das Gerüst aller Sätze (Prämissen und Conclusio) bilden, die in einem dialektischen Syllogismus vorkommen. Es sind 1. die Definition, also die Begriffsbestimmung, «was es heißt, dies zu sein» (Top. I 5, 101 b 38); 2. «das Eigene» (ἴδιον). Gemeint ist die spezifische Eigentümlichkeit, die nicht zur eigentlichen Definition einer Sache gehört. Als Beispiel führt Aristoteles die Eigentümlichkeit des Menschen an, lesen und schreiben zu können. Es handelt sich dabei um ein relatives und zeitweiliges Merkmal. 3. die Gattung als das, was von verschiedenen Einzeldingen als gemeinsames Wesensmerkmal ausgesagt wird (Lebewesen als Gattung für Mensch und Tier); 4. Akzidenz (συμβεβηκός). Das ist das «Beiläufige», das kein Wesensmerkmal einer Sache darstellt, aber vorkommt, z.B. dass ein Mensch sitzt oder ob im Sinne eines Vergleichs etwas schöner als etwas anderes ist. Auch hier handelt sich um etwas, was zeitweilig und relativ zum Eigentümlichen steht.

Ein weiteres Element ist «das Identische» (I 7), das Aristoteles dreifach untergliedert, der Zahl, der Art oder der Gattung nach. Es ist deshalb von Bedeutung, weil im Zusammenhang des dialektischen Syllogismus die Definition mit dem Definierten identisch sein muss. Ferner werden noch die zehn Kategorien aufgeführt, die eine Sache in der kategorial differenzierten Aussage zu erfassen vermögen (I 9). Zum weiteren Rüstzeug des mit Hilfe des dialektischen Syllogismus Diskutierenden gehört die Kenntnis der «Induktion» (ἐπαγωγή) als «Aufstieg vom Besonderen zum Allgemeinen» (I 12), die also den umgekehrten Weg als den Schluss aus Prämissen bildet.

Schließlich behandelt Aristoteles noch die vier «Werkzeuge» (ὄργανα) zur Gewinnung von Schlüssen (I 13–17). Es sind dies 1. das Erfassen und Auswählen der Prämissen. Dabei ist darauf zu achten, dass man allgemein anerkannte oder häufig vorkommende Sätze als Prämissen verwendet. Diese kann man auch aus schriftlichen Quellen gewinnen und man könne sich daraus nach Sachgebieten (Ethik, Logik, Naturforschung) gegliederte Verzeichnisse anlegen (I 14, 105 b 12–29). Als Beispiele werden unter anderen genannt: Ist der Kosmos ewig oder nicht?

oder: Soll man eher den Eltern oder den Gesetzen gehorchen, wenn beide etwas Verschiedenes verlangen? Man sieht aus diesen Beispielen, dass es sich um Alternativen handelt, so dass die gewählte Prämisse (z.B. man soll den Eltern folgen) im dialektischen Gespräch bestritten werden kann. 2. Die Unterscheidung der mannigfaltigen Bedeutung der Wörter. Es ist dies ein Grundsatz der aristotelischen Philosophie im Ganzen, darauf zu achten, dass ein und dasselbe Wort in verschiedenen Kontexten verschiedene Bedeutungen haben kann, was vor allem aus den jeweiligen Gegensätzen hervorgeht. Der Gegensatz von «schön» bei einem Körper ist «hässlich», bei einem Haus(halt) «armselig». 3. Beachtung der Unterschiede innerhalb ein und derselben Gattung, z.B. innerhalb der Gattung «Tugenden» das unterschiedliche Verhältnis von Einzeltugenden wie Tapferkeit, Besonnenheit, Klugheit und Gerechtigkeit zueinander; 4. Beachtung der Ähnlichkeiten zwischen Dingen, die verschiedenen Gattungen angehören, zum Beispiel die Sehkraft der Augen ist ähnlich der Einsicht (νοῦς) in der Seele. Es ist die später in der *Metaphysik* (V 6, 1016 b 34ff.) näher ausgeführte Methode der Analogie zur Erfassung des Seienden. Für alle vier «Werkzeuge» weist Aristoteles deren Nutzen für die Dialektik (im aristotelischen Sinn) auf.

Erst im zweiten Buch taucht, zuerst eher beiläufig, das Wort «Topos» auf, das der ganzen Schrift den Namen gegeben hat. Eine gewisse Schwierigkeit besteht darin, dass Aristoteles den Begriff «Topos» nicht genau definiert. «Topos» heißt «Ort», «Platz». Diese wörtliche Wiedergabe klingt in unserem Wort «Allgemeinplatz» noch nach. Und so sind schon in der voraristotelischen Rhetorik Topoi «Allgemeinplätze», zumeist als vorformulierte Versatzstücke, z.B. in der Erregung von Mitleid, im Lob von Schönheit und Gesundheit, in der Versicherung der Schwierigkeit der Anklage usw. So sind die Topen der *Topik* nicht, und zwar deshalb nicht, weil die rhetorischen Topen situationsbezogen und daher in ihrem materialen Inhalt eingegrenzt sind, während die Topen der *Topik* Allgemeingültigkeit beanspruchen. Sie sind vielmehr ‹Regeln› im Sinne von Argumentationsanleitungen vorzugsweise, aber nicht ausschließlich zum Auffinden von Prämissen im Streitgespräch und mit dem Ziel, logische Fehler und Widersprüche zu vermeiden. Sie bestehen aus Hinweisen, Beispielen, Begriffsdifferenzierungen und werden oft eingeleitet mit Formeln wie: «man muss prüfen, ob», «man muss sehen, ob». In diesem Sinne führt Aristoteles im Hauptteil der *Topik* (Buch II–VII) über 300 Topen an, im Groben gegliedert nach den vier Prädikabilien, und zwar so, dass Buch II Topen im Bereiche der Akzidenz, Buch III ergänzend Topen auf dem Gebiet des Wünschenswerten, Buch IV im Bereich der Gattung, Buch V auf dem Gebiet der spezifischen Eigenart und die Bücher VI und VII im Bereich der Definition sich finden.

Wenigstens einige Beispiele seien aufgeführt. Es ist ein Topos (also eine Regel), beim Aufstellen einer Prämisse ein Wort in einen bekannteren Ausdruck umzuwandeln, also z.B. «genau» in «klar» oder «Vielgeschäftigkeit» in «Rastlosigkeit». Dieses (in der Übersetzung schwer wiederzugebende) Verfahren erleichtert sowohl das Aufstellen als auch das Bestreiten einer als Prämisse formulierten These (Top. II 4, 111 a 8–13). Alle Beispiele verweisen auf ein generelles Problem und wollen inkonsistente Zugeständnisse bei logisch korrektem Verfahren aufdecken. So werden zum Beispiel die Konsequenzen bedacht, die sich daraus ergeben, dass ein und dasselbe Wissen sich auf mehrere Wissensgegenstände bezieht. Es kann sich ein und dasselbe Wissen auf einen primären Gegenstand des Wissens oder auf eine konkrete Erscheinungsform durch Hinzutreten eines Akzidenz beziehen. So weiß man vom Dreieck «an sich», dass es eine bestimmte Winkelsumme hat, die zwei rechten Winkeln (also 180 Grad) entspricht. Von dem gleichseitigen Dreieck aber weiß man das nur akzidentiell, weil es dem gleichseitigen Dreieck zukommt, ein Dreieck zu sein, denn das gleichseitige Dreieck ist als «Akzidenz» eine modifizierte Erscheinungsform des Dreiecks «an sich» (II 3, 110 b 21–25). Hier, wie auch bei vielen anderen Beispielen sieht man, dass sich die Topen auch auf den Bereich der Wissenschaft beziehen, obwohl der dialektische Syllogismus das Streitgespräch im Rahmen der allgemein akzeptierten «Meinungen» zum Gegenstand hat. Eine Vielzahl derartigen Topen (die hier nicht alle aufgeführt werden können) füllt den großen Mittelteil der *Topik* aus.

Das abschließende achte Buch führt wieder auf die Disputation im Ganzen zurück. Aristoteles skizziert dabei kurz auch die Haltung des Philosophen im Streitgespräch:

> Den Philosophen und den, der für sich selber forscht, kümmert es nicht, wenn die Sätze, durch die der Syllogismus zustande kommt, zwar wahr und bekannt sind, aber der Antwortende sie nicht zugesteht, … aber vielleicht wird er sich doch darum bemühen, möglichst bekannte und mit einander in enger Verbindung stehende Axiome zum Ausgangspunkt zu nehmen (Top. VIII 1, 155 b 10–15).

Hier leuchtet in wenigen Worten die Gestalt des forschenden Philosophen auf, der über allem Schulstreit nicht den Sieg im Gespräch, sondern die Wahrheit sucht, wenn er auch im Gespräch auf der Ebene der Dialektik dem Diskussionspartner entgegenkommt. Denn im Streitgespräch soll man die Prämissen und Konklusionen nicht geradeheraus anbieten, unter Umständen sogar verbergen. Man soll gelegentlich Einwände gegen sich selbst erheben, dabei vorsichtig sein und auch nicht zu eifrig argumentieren (Top. VIII 1–3).

Ferner differenziert Aristoteles zwischen dem Streitgespräch und dem Gespräch zwischen Lehrenden und Lernenden. Denn die Ziele sind in beiden Fällen nicht die gleichen. Kein Lehrender versucht, etwas Falsches zu lehren, und der Lernende muss stets akzeptieren, was einleuchtend erscheint (Top. VIII 5, 159 a 26–30). Beim Streitgespräch hingegen rüstet sich der «Antwortende» von vornherein zum Gegenangriff. Hierbei geht Aristoteles von der Situation aus, dass das Streitgespräch zwischen zwei Teilnehmern stattfindet, einem «Fragenden» und einem «Antwortenden» (Top. VIII 4) oder einem Angreifer und einem Verteidiger. Der eine stellt die Prämissen auf, der andere muss durch Aufdeckung von Fehlern und Unstimmigkeiten das Inakzeptable zu widerlegen suchen (VIII 9). Was dabei im Einzelnen zu bedenken und zu beachten ist, wird ausführlich dargelegt. Dazu gehört, dass man einen Vorrat an Argumenten und Lehrsätzen durch Auswendiglernen zur Verfügung hat, um rasch und präzise argumentieren zu können (VIII 14, 163 b 17–20).

Obwohl Aristoteles zwischen philosophischer und dialektischer Argumentation differenziert, spiegeln doch die zahlreichen Einzelbestimmungen für den dialektischen Syllogismus die philosophischen Erörterungen der Akademie wider, wie denn die wissenschaftliche Syllogistik aus der dialektischen hervorgegangen ist. Entsprechend verwendet Aristoteles vielfach Beispiele, die mit seiner eigenen Sachposition zusammenhängen. So äußert er sich mehrfach über das Verhältnis von Ideen und Dingen, über das Verhältnis von Substanz und Akzidenz, über die Ewigkeit des Kosmos, über die Relation von Körper und Seele, über Gerechtigkeit, Freundschaft, Lust, Schmerz, gutes Leben und vieles Andere mehr, ohne dass es möglich wäre, aus der *Topik* die frühe Stufe einer Ethik herauszudestillieren.[11] Geradezu aufregend ist der vieldiskutierte Satz: «Auch der Gott und der Gute können das Schlechte tun» (IV 5, 126 a 34). Aristoteles will zeigen, was theoretisch möglich ist, aber nicht vorkommt, im Gegensatz dazu, was absolut unmöglich ist. Neben einer Anspielung auf Speusipps Lehre vom Ähnlichen (I 18, 108 b 7–10) sind auch zahlreiche sprachliche Reminiszenzen aus den platonischen Dialogen *Phaidros*, *Sophistes* und *Politikos* erkennbar. Und überhaupt steht das ganze Verfahren der sokratisch-platonischen Elenktik hinter den Erörterungen über den dialektischen Syllogismus. Denn dieses Verfahren besteht ja darin, den Gesprächspartner dazu zu bringen, einvernehmlich aufgestellten Prämissen zuzustimmen, um daraus eine Folgerung zu ziehen, mit der der Gesprächspartner sich in Widersprüche verwickelt und sich so als der Unterlegene im dialektischen Wettstreit erweist. Sokrates (in der Darstellung Platons) verfügt über eine Fülle von Argumentationsmustern, deren systematische Rückführung auf ein logisches Gerüst sich in der aristotelischen *Topik* manifestiert. Schließlich sieht Aristoteles in der Dialektik keine wertneutrale logische Akrobatik, sondern betont ausdrücklich den ethischen Aspekt:

> Das ist die wahrhaft gute Begabung, in der Lage zu sein, in richtiger Weise das Wahre zu wählen und das Falsche zu meiden, was eben die von Natur aus Begabten machen können. Denn wer mit rechter Liebe und rechtem Hass das Vorgetragene beurteilt, entscheidet richtig, was das Beste ist (Top. VIII 14, 163 b 13–16).

Das Gegenteil davon wird in den *Sophistischen Widerlegungen* dargestellt, die in einigen Handschriften als neuntes Buch der *Topik* fungieren und tatsächlich auch deren Fortsetzung sind. Hatte Aristoteles schon in der *Topik* (IV 5, 126 a 31) etwas maliziös die Sophisten in einem Atemzug mit Verleumdern und Dieben als diejenigen bezeichnet, die dazu fähig sind, heimlich fremden Besitz zu stehlen, so geht es jetzt um die missbräuchliche Verwendung des Schlussverfahrens durch die Sophisten. Sie besteht in der Verleitung zu unglaubwürdigen Behauptungen, zu Sprachfehlern und leerem Gerede sowie zu Trugschlüssen aller Art. Auf diese Weise wird der «eristische Syllogismus» gebildet, den Aristoteles schon zu Beginn der *Topik* genannt hatte (I 1, 101 a 3). Jetzt führt er aus, dass der Eristiker sich zum Dialektiker verhält wie der «Pseudograph» (der Zeichner falscher Figuren) zu dem Geometriker. Dieser geht von geometrischen Berechnungen aus, jener malt aufgrund allgemeiner Voraussetzungen, täuscht aber eine korrekte Zeichnung vor.

Das Schlusskapitel bezieht sich auf die *Topik* im Ganzen. Aristoteles sieht sich hier in einer besonderen Situation. In der Regel fußt man bei allen Errungenschaften auf den Vorarbeiten Früherer, die man dann weiterentwickelt. Von der hier dargestellten Lehre war aber bisher nicht etwa einiges schon bearbeitet, anderes noch nicht, sondern es war schlechthin gar nichts vorhanden (34, 183 b 34–36). Die Sophisten ließen lediglich Reden auswendig lernen; der Unterricht war kurz, eine wissenschaftliche Theorie lag nicht zugrunde. In der Syllogistik jedenfalls habe bislang die ganze Kunst darin bestanden, mit viel Aufwand von Zeit und Mühe planlos herumzusuchen. Aristoteles musste daher von Grund auf alles neu machen. Und so heißt es am Schluss, die Hörer (die ausdrücklich erwähnt werden) mögen mit den Mängeln seiner Theorie nachsichtig umgehen, für seine Errungenschaften aber auch sehr dankbar sein (34, 184 b 3–8).

Kein Zweifel: Aristoteles sucht – in der Akademie – Anerkennung für seine Leistung und die ist in der Tat gewaltig. Im Übrigen hat sich von der *Topik* aus ein ganz bestimmter Denk- und Argumentationsstil entwickelt, der in der problemorientierten Arbeitsweise des Aristoteles seinen Ausdruck findet, wie sie sich überall in den Pragmatien niederschlägt. Es ist das Verfahren, stets von den anerkannten «Meinungen» auszugehen, sie nicht zu verwerfen, sondern zu prüfen, um von da aus in die Problemerörterung einzudringen. Es ist auch die Kraft des Beispiels und des Einzelfalles, von der – insbesondere in der Ethik – eine offene, mit dem Ausdruck der Achtung vor dem Anderen und dem Respekt vor kollektiven Leistungen verbundene Einstellung zum Leben ausgeht.[12]

So hat denn das von Aristoteles ausgebildete topische Denken bis in die Gegenwart weit über Dialektik und Syllogistik hinaus in Bereichen wie Jurisprudenz, Politik und Poetik bis hin zu Heideggers «Topologie des Seins» eine enorme Bedeutung entfaltet, wobei allerdings Begriff und Sache von Topos und Topik starken Wandlungen unterworfen sind.

Die Analytiken

Die vier Bücher Analytiken sind in zwei Schriften in je zwei Büchern gegliedert, in die *Ersten Analytiken* (*Analytica Priora*) und die *Zweiten Analytiken* (*Analytica Posteriora*). Das gemeinsame Thema ist der wissenschaftliche Beweis. Dass und wie er in der Form des Syllogismus gefunden wird, ist in den *Ersten Analytiken* dargestellt. Die Darstellung eines korrekten Schlusses nennt Aristoteles «Analysis» (An. Pr. I 38, 49 a 19), daher kommt der Titel der Schrift.

Am Anfang der *Topik* hatte Aristoteles unter den verschiedenen Arten des Syllogismus auch den apodiktischen (beweisenden) Syllogismus erwähnt, der wissenschaftliches Denken strukturiert und der eine Deduktion aus wahren und ersten Sätzen darstellt. Seine Untersuchung in den *Analytiken* bildet aber keine bloße Ergänzung der *Topik*, sondern bedeutet etwas ganz Neues, obwohl die Definition des Syllogismus nahezu wörtlich die gleiche ist wie in der *Topik*, wie denn die frühere Schrift *Topik* auch keineswegs als überholt angesehen wird.

Im Unterschied zur *Topik* tritt aber jetzt das konkrete Anschauungsmaterial fast ganz zurück. Hatte Aristoteles in der *Topik* eine überaus große Zahl an Beispielen vor allem für die Bildung der Prämissen mit Hilfe der Topen angeführt, so bleibt die Mehrzahl der logischen Operationen jetzt fast ohne Beispiel. Dafür arbeitet Aristoteles in den *Analytiken* mit Symbolen, die durch Buchstaben bezeichnet werden. Das Beispiel tritt auch deshalb zurück, weil die mit Buchstaben markierten logischen Schritte Allgemeingültigkeit beanspruchen und nicht an Einzelfälle gebunden sind. Nur ganz gelegentlich werden einzelne Wörter wie «Mensch», «Tier», «Pferd» als Exempel benutzt. Aristoteles ist damit zum Erfinder der formalen Logik geworden und eben dies setzt dem unvorbereiteten Leser Grenzen im Direktverständnis. So kann es auch hier nur darum gehen, die Grundlinien zu skizzieren.[13]

Das erste Buch der *Analytica Priora* ist klar gegliedert. Nach einer Einleitung (Kap. 1–3) gibt Aristoteles einen Überblick über alle gültigen Syllogismen (Kap. 4–26). Darauf folgt eine Untersuchung im Hinblick auf die Anwendung der Kenntnisse über die Struktur der Syllogismen (unter Einschluss der ungültigen Syllogismen spricht man von «syllogistischen Modi») in Form von Regeln für das Auffinden der einzelnen Begriffe und Sätze (Kap. 27–31). Anschließend erörtert Aristoteles die Fragen der Rückführung vorliegender Argumente auf die Möglichkeit hin, sie in die Form eines gültigen Syllogismus zu bringen (Kap. 32–45). Das zweite Buch hat ergänzenden Charakter. Es enthält eine vertiefte Behandlung der Syllogismen und der Beweismöglichkeiten. Schluss- und Beweisfehler werden aufgezeigt; zusätzliche Elemente wie «Induktion», «Abduktion» sowie weitere Schlussformen (z.B. der «physiognomische Schluss») werden aufgeführt.

Aristoteles berücksichtigt ausschließlich Aussagesätze, die bejaht oder verneint werden können, nicht also Sätze, die den Charakter eines Gebetes oder eines Befehles haben. Man spricht dabei von assertorischer Logik. Sein Augenmerk gilt zunächst dem Begriff «Protasis» (πρότασις), womit die im Syllogismus als Prämisse verwendete Aussage gemeint ist. Noch einmal grenzt er sie von der dialektischen Protasis ab. Während diese dem Diskussionspartner gegenüber den Charakter von bestreitbaren Fragen haben, sind jene apodiktische Festlegungen. Für die Stringenz des Schlussverfahrens macht das aber keinen Unterschied. Sodann definiert Aristoteles den Begriff «Terminus» (ὅρος) als das, worin sich eine Aussage zerlegen lässt. Es ist das Subjekt (S) oder das Prädikat (P), verbunden mit der Kopula «ist» oder «ist nicht» zu einer Protasis, also S ist P oder S ist nicht P. Allerdings wählt Aristoteles (von wenigen Ausnahmen abgesehen) nicht die Formulierung S ist P, sondern P kommt S zu. Dadurch steht das Prädikat vor dem im Dativ stehenden Subjekt. Auf diese Weise ist der Syllogismus bzw. – unter Einschluss ungültiger Syllogismen – der «syllogistische Modus» nicht eine Abfolge von drei Sätzen, sondern ein zusammenhängender Satz. Ein Beispiel: Wenn alle Säugetiere lebendgebärend sind und alle Delphine Säugetiere sind, dann kommt allen Delphinen zu, lebendgebärend zu sein.

Aristoteles unterscheidet weiterhin zwischen vollkommenen und unvollkommenen Syllogismen. Vollkommen ist ein Schluss, der unmittelbar evident ist, während es bei den unvollkommenen Syllogismen weiterer Schritte bedarf, um den Sachverhalt evident zu machen (An. Pr. I 1, 24 b 22–26). Dabei muss der unvollkommene Schluss auf einen vollkommenen Schluss zurückgeführt werden. Dazu gibt es drei Möglichkeiten, 1. die Konversion, 2. die Reductio ad impossibile, 3. die Ekthesis. Die Konversion (An. Pr. I 2–3) ist die Umformung einer syllogistischen Aussage, eine Art ‹Rollentausch› zwischen Subjekt und Prädikat dergestalt, dass der Begriff, der die Rolle des Subjektes innehat, an die Stelle des Prädikats tritt oder umgekehrt. Aristoteles erörtert, bei welcher Art von Schlüssen dies möglich ist, und gibt dafür ins Einzelne gehende Regeln an. Bei der Reductio ad impossibile handelt es sich um den Nachweis eines Widerspruches bei gegenteiliger Annahme (Kap. I 7). Bei der seltener vorkommenden Ekthesis geht es um das Einsetzen eines Unterbegriffs.

Von entscheidender Bedeutung ist die Lehre von den syllogistischen Figuren (σχήματα), deren Kennzeichen die jeweilige Stellung des Mitteterminus (B) ist. Aristoteles kennt drei Figuren:

1. Figur: A x B & B x C → A x C
2. Figur: B x A & B x C → A x C
3. Figur: A x B & C x B → A x C

In der hier wiedergegebenen Schreibweise bedeutet x die Kopula («kommt zu»), & die Verbindung zwischen den beiden Prämissen, → die Conclusio. Selbstverständlich verwendet Aristoteles griechische Buchstabensymbole und stellt (wie schon bemerkt) das Prädikat vor das Subjekt. Die logische Verknüpfung der einzelnen Terme kann in vier verschiedenen Modi erfolgen, nämlich universal affirmativ (a), universal negativ (e), partikular affirmativ (i), partikular negativ (o). Diese Buchstaben sind den Vokalen der Merkverse «Barbara», «Celarent», «Darii», «Ferio» entnommen, die die mittelalterliche Logik ausgebildet hat. So ergeben sich für die erste Figur folgende Möglichkeiten:

Barbara	A a B	A kommt jedem B zu
	B a C	B kommt jedem C zu
	---------	--------------------------
	A a C	A kommt jedem C zu
Celarent	A e B	A kommt keinem B zu
	B a C	B kommt jedem C zu
	---------	--------------------------
	A e C	A kommt keinem C zu
Darii	A a B	A kommt jedem B zu
	B i C	B kommt irgendeinem C zu
	---------	----------------------------------
	A i C	A kommt irgendeinem C zu
Ferio	A e B	A kommt keinem B zu
	B i C	B kommt irgendeinem C zu
	----------	----------------------------------
	A o C	A kommt irgendeinem C nicht zu.

Dies sind nur die Kombinationsmöglichkeiten der ersten Figur, bei der der Mittelterm sowohl Subjekt als auch Prädikat sein kann. Ähnliches lässt sich für die zweite und dritte Figur anführen.[14] Warum Aristoteles eine vierte Figur (in der die Stellung des Mittelterms in der ersten und zweiten Prämisse umgekehrt wird) nicht erwähnt, ist unklar. Theophrast hat diese Figur nachgetragen.

Da Aristoteles aber nur drei Figuren im Blick hat, kann er die zweite Figur auch «die mittlere» nennen (An. Pr. I 7, 29 b 16). Die vollkommenen Syllogismen sind die der ersten Figur. Auf sie werden durch entsprechende Umformulierungen die unvollkommenen Syllogismen der zweiten und dritten Figur zurückgeführt. In den Modi der ersten Figur werden Gründe aufgezeigt und wissenschaftliche Beweise geführt, während in den beiden anderen Figuren teils keine positiven, teils keine allgemeinen Aussagen gemacht werden können.

Aristoteles hat die assertorische Logik dahingehend erweitert, dass er die vier Typen der syllogistischen Aussagen durch Modalausdrücke modifiziert. Während er die assertorische Syllogistik in An. Pr. I 4–7 behandelt, wendet er sich in den Kapiteln 8 bis 22 der Modallogik zu, um die er seine assertorische Logik ergänzt. Dabei geht es um die Frage, was sich ergibt, wenn die in Kap. 4–6 dargestellten gültigen Syllogismen modal modifiziert werden durch Ausdrücke, die eine Möglichkeit oder deren Verneinung anzeigen (möglich, vielleicht, zufällig, unmöglich). Die Möglichkeitssyllogistik (ab Kap. 14) untersucht Paare syllogistischer Prämissen, von denen in einer oder in beiden Prämissen Möglichkeitsaussagen auftreten. Um einen Eindruck von dem abstrakten Argumentationsstil des Aristoteles zu geben, sei ein Abschnitt (in der Übersetzung von Ebert/Nortmann) zitiert:

> Zuerst soll nun gezeigt werden, dass die verneinende Möglichkeitsaussage keineswegs konvertierbar ist, d.h. dass es, falls das A keinem B (zukommen) kann, keineswegs notwendig ist, dass auch das B keinem A (zukommen) kann. Dies sei nämlich vorausgesetzt, und es soll weiter das B keinem A zukommen. Da die bejahenden Möglichkeitsaussagen in die (entsprechenden) Verneinungen umformbar sind, und zwar sowohl die (diesen) konträr als auch die kontradiktorisch entgegengesetzten, und da weiter das B möglicherweise keinem A zukommt, ist folglich klar, dass es auch jedem B möglicherweise zukommen müsste. Doch dies ist falsch. Denn es ist nicht so, dass notwendigerweise, wenn das eine jedem anderen möglicherweise zukommt, auch dieses jenem (allgemein zukommen kann) – so dass die verneinende (Möglichkeitsaussage) nicht konvertierbar ist (An. Pr. I 17, 36 b 35–37 a 3).

Keineswegs erschöpft sich die aristotelische Syllogistik in der Ausarbeitung eines Beweisverfahrens, in dem aus bekannten Prämissen unbekannte Schlussfolgerungen gezogen werden. Der Denkprozess kann auch in die entgegengesetzte Richtung gehen, nämlich von einem gegebenen Schlusssatz als einer vorher bekannten Tatsache die passenden Prämissen aufzufinden, die dann die wissenschaftliche Erklärung für die schon vorher bekannte Tatsache bilden. Diesen umgekehrten Weg nennt Aristoteles in der *Topik* (I 12, 105 a 13 f.) «Epagoge» (ἐπαγωγή), «Induktion». Aristoteles entwirft indes keine zusammenhängende Theorie der Epagoge und verwendet diesen Begriff (auch in der verbalen Form) in den *Analytiken* (An. Pr. II 23, 68 b 15 ff.; An. Po. I 18, 81 a 38 ff.; II 19, 100 b 3) zudem im Sinne eines wörtlich verstandenen «Heranführens» genuiner Einzelfälle zur Gewinnung eines aktuellen Wissens um Einzelnes, das dann aber auch zur Einsicht in einen allgemeinen Zusammenhang führt. Aristoteles ist der Meinung, dass es im Bereich der Wissenschaften unbeweisbare Wahrheiten, formulierbar als evidente Prämissen, geben muss, die die menschliche Seele kraft einer ihr innewohnenden intuitiven Fähigkeit aus Einzelfällen zu erfassen in der Lage ist, wenn ein bestimmter Hinweis erfolgt. Eine so verstandene Induktion ist dann nicht eigentlich das Gegenstück des deduktiven syllogistischen Verfahrens, sondern ergänzt dieses, indem es die Voraussetzungen bewusst macht, unter denen die Syllogistik erst möglich ist und einsichtig wird.

Damit ist bereits der Grundgedanke der *Analytica Posteriora* genannt, die sich gleich am Anfang als Wissenschaftstheorie erweisen, bezogen auf das Wesen einer streng beweisenden Wissenschaft.[15]

> Jede Unterweisung und jedes verständige Erwerben von Wissen entsteht aus bereits vorhandener Kenntnis. Denn sowohl die mathematischen Kenntnisse wie die praktischen Wissensformen kommen auf diese Weise zustande ... Denn es ist notwendig, bereits von einigen Dingen im Voraus anzunehmen, dass sie sind, von anderen zu verstehen, was das Gesagte ist ... wie etwa von dem Umstand, dass man wahrheitsgemäß alles entweder bejaht oder verneint, dass es (das Bejahte oder Verneinte) ist; vom Dreieck, dass es dies (ein Dreieck) bezeichnet (An. Po. I 1, 71 a 1–16).

Es geht Aristoteles um die Möglichkeiten und Bedingungen von Wissen und Wissenschaft generell. Dazu gehört zum einen die Annahme von wahren, unmittelbar evidenten, unbeweisbaren Sätzen, aus denen auf dem Wege der Syllogistik wissenschaftlich gültige Schlüsse erzielt werden können, zum anderen um die methodisch abgesicherte, im Sinne eines Aufstiegs zu den Prinzipien verstandene Einsicht in die obersten Prinzipien. Indessen geht es in den *Analytica Posteriora* nicht in erster Linie um Methoden und Vorschriften zum Zweck der Gewinnung vorher unbekannter wissenschaftlicher Erkenntnisse, sondern um die wissenschaftliche Explikation bereits entdeckter und etablierter Resultate in einer syllogistisch einwandfreien Gestalt und Struktur. Axiom (ἀξίωμα, ἀξιοῦν) heißt in der *Topik* «Forderung» des Dialogpartners nach einer allgemein akzeptierten Grundlage einer Diskussion (Top. VIII 1, 156 a 23; 13, 163 a 3 ff.), während darunter in den *Analytica Posteriora* der wahre, selbstevidente, nicht weiter ableitbare Ausgangssatz der beweisenden Wissenschaft verstanden wird, so in erster Linie der Satz vom Widerspruch (P kann einem Subjekt nicht zugleich zukommen und nicht zukommen), der ihm als der sicherste aller Axiome gilt und den Aristoteles auch in der *Metaphysik* (Buch IV) in seinen logischen, kosmologischen und ontologischen Konsequenzen untersucht, ferner der Satz vom ausgeschlossenen Dritten.

Dabei orientiert sich Aristoteles im ersten Buch der *Analytica Posteriora* vornehmlich am Modell der Geometrie, während im zweiten Buch die Frage nach der Ursache im Bereich von Physik und Astronomie in zahlreichen, jetzt wieder verstärkt auftretenden Beispielen im Vordergrund steht.

War schon in der Topik die Sammlung des Materials und dessen Verarbeitung zu einer Analyse des dialektischen Syllogismus eine eindrucksvolle Leistung, so ist die Denkleistung des Aristoteles in den *Analytiken* geradezu ungeheuer. Sie zeigt sich vor allem in einem stupenden Grad an Abstraktion in dem Entwurf einer formalen und modalen Logik, die es so vorher nicht gegeben hat. Dass dazu Scharfsinn und blitzschnelles Erfassen eines logischen Sachverhaltes gehören, sagt Aristoteles selber (An. Po. I 34, 89 b 10).

Trotz dieses abstrakt konstruierten logischen Baus steht die Syllogistik im Diskussionszusammenhang der Akademie. Der Gedanke, dass jedes Wissen an vorangegangenes Wissen anknüpft, schließt sichtlich an die platonische, vor allem im Dialog *Menon* entfaltete Lehre von der Anamnesis («Wiedererinnerung») an. Die Kritik an der Methode der Dihairesis (An. Pr. I 31), wie sie Platon in den späten Dialogen *Sophistes* und *Politikos* sozusagen vor den Augen des Aristoteles entwickelt, trifft mitten in die akademischen Diskussionen. Unter Dihairesis versteht man eine Gliederung bzw. Untergliederung als Einteilung von Gattungen in Untergattungen, bis man keine Untergattungen mehr vornehmen kann. Auf diese Weise sollen z.B. «der Sophist» oder «der Politiker» bestimmt werden. Aristoteles kritisiert an Platon, dass es sich bei der Dihairesis – sofern man in ihr eine zum Syllogismus analoge Beweismethode sieht – um einen schwachen Syllogismus handelt, weil schon vorausgesetzt ist, was nachzuweisen ist, und weil dabei keine Widerlegungen möglich sind, der Nutzen also gering ist.

Aber auch die anderen Mitglieder der Akademie haben sich an den Diskussionen über die Fragen der Logik beteiligt. Von dem mit Aristoteles nahezu gleichaltrigen Herakleides Ponticus ist ein Schriftentitel *Axiom* überliefert, von Speusipp *Definitionen* (ὅροι), über deren Inhalt allerdings nichts bekannt ist, und von Xenokrates immerhin neun Bücher *Logische Erörterungen* (λογιστικά). Es zeigt sich auch hier, dass wir bei dem Verlust all dieser Schriften die akademischen Diskussionen nur unvollkommen überblicken können.

Auch im Peripatos sind im Anschluss an Aristoteles die logischen Probleme weiterdiskutiert worden. Wie eng dieser Anschluss war, sieht man daran, dass Theophrast dem aristotelischen System der drei logischen Figuren eine vierte hinzugefügt hat, die in der Form B a A & C a B → A a C das Spiegelbild der ersten Figur darstellt.

Offensichtlich hat Theophrast – zusammen mit Eudemos von Rhodos – auch die aristotelische Modallogik modifiziert, und zwar im Sinne einer Vereinfachung.[16] Die Aufnahme, Diskussion und Weiterentwicklung der aristotelischen Syllogistik in der megarisch-stoischen, der neuplatonischen, der mittelalterlich-scholastischen und schließlich der klassischen Logik sowie die Formen der modernen mathematischen Logik in Kürze nachzuzeichnen, ist ein im Grunde unmögliches Unterfangen. Ganz wenige Bemerkungen müssen genügen.[17]

Soweit aus den spärlichen Zeugnissen erkennbar, hat die stoische Logik in Auseinandersetzung mit der (wahrscheinlich durch Theophrast vermittelten) peripatetischen (also im Wesentlichen aristotelischen) Syllogistik eine eigenständige Aussagenlogik begründet. Namentlich Chrysipp hat, will man Diogenes Laertius glauben, in nicht weniger als 311 (!) Schriften allein zur Logik (von denen Diogenes Laertius VII 189–200 etwa 70 einzeln mit Titeln anführt) die Vielfalt der aristotelischen Syllogismen auf fünf evidente Figuren zurückgeführt und deren Verknüpfungsformen eingehend diskutiert. Eine explizite Auseinandersetzung mit den aristotelischen *Analytiken* konnte naturgemäß erst nach deren Bekanntwerden durch die Ausgabe des Andronikos von Rhodos stattfinden. Ein erstes Zeugnis dafür ist der Kommentar von Alexander von Aphrodisias (um 200 n. Chr.) zu den *Analytica Priora* (erhalten ist nur der Kommentar zum ersten Buch). Von da aus geht der Weg zu den Neuplatonikern, die die aristotelische mit der stoischen Aussagenlogik unter Einschluss platonischer Elemente verknüpft haben. Deren Arbeiten finden sich zusammengefasst in der *Eisagoge* des Porphyrios (2. Hälfte des 3. Jh.s n. Chr.). Dieses logische Elementarbuch hat namentlich durch die lateinische Übersetzung des Boethius (1. Hälfte des 6. Jh.s n. Chr.) im Mittelalter stark gewirkt. Diese vermeintliche Restauration der aristotelischen Logik, in der vor allem die *Kategorien* und *Hermeneutik* integriert waren, galt der Scholastik als *Logica vetus*. Zu ihr kam in der Hochscholastik eine sog. *Logica nova*, die auf lateinischen Übersetzungen der *Topik* und der *Analytiken* des Aristoteles basierte. Die wichtigsten Zeugnisse dafür sind die für Jahrhunderte maßgeblichen Werke *Summulae logicales* von Petrus Hispanus (ca. 1225–1277), dem späteren Papst Johannes XXI., und die *Summa logica* von Wilhelm von Ockham (ca. 1300–1350). Die weitere Entwicklung ist natürlich auch beeinflusst durch die mit den ersten Ausgaben im Druck nun allenthalben im Original zugänglichen Schriften des Aristoteles. Eine wichtige Etappe bildet dabei ein aus dem Geiste des Cartesianismus entworfenes, wiederum für Jahrhunderte einflussreiches Handbuch, die sog. Logik von Port-Royal, genauer: *La logique ou l'art de penser* von Antoine Arnauld und Pierre Nicole (1662), in der die Logik mit ihren Operationen des Begreifens, Urteilens, Schließens und Ordnens als reine, von allen für Aristoteles bedeutsamen Argumentationszusammenhängen losgelöste subjektive Grundoperationen des Verstandes angesehen wurden, entsprechend der durch Descartes eingeleiteten subjektiven Wende (cogito ergo sum). Zusammen mit der *Logica Hamburgensis* von Joachim Jungius (1635–1638) lebte so die Syllogistik des Aristoteles als Schule des Denkens fort, um bei Kant in eine Krise zu geraten. In dem Abschnitt über die *Grenzen der Logik* in der Vorrede zur 2. Auflage (1787) der *Kritik der reinen Vernunft* und in dem *Hauptstück Von dem Leitfaden der Entdeckung aller reinen Verstandesbegriffe* bemängelt Kant, die aristotelischen Kategorien seien «rhapsodistisch», aus einer auf gut Glück unternommenen Aufsuchung entstanden, und in der 1762 erschienenen Schrift *Die falsche Spitzfindigkeit der vier syllogistischen Figuren* wollte Kant einen Mangel an Systematik und ein Ungenügen der Syllogistik für die objektive Weltbeschreibung betonen. Die Wissenschaftslehre der Philosophen in der ersten Hälfte des 19. Jahrhunderts ist entsprechend in Ansatz und Methode von der aristotelischen Logik weit entfernt. Das gilt auch noch für die von Gottlob Frege begründete moderne mathematische Logik (*Begriffsschrift* 1879) mit der der Arithmetik nachgebildeten «Formensprache des reinen Denkens». Mit dem Erscheinen der grundlegenden Ausgabe («Akademie-Ausgabe») der Werke des Aristoteles durch Immanuel Bekker (1831) war inzwischen eine verlässliche Textbasis verfügbar, die die Möglichkeit der Rückbesinnung auf die aristotelische Logik eröffnete. Neben dem nun einsetzenden interpretatorischen Bemühen gibt es dann (ab ca. 1920) Konzeptionen einer mehrwertigen und einer operativen Logik, die im Grundgedanken wieder auf Aristoteles zurückführen.[18] Das gilt vor allem für die mehrwertige Logik von Jan Lucasiewiez (1876–1956), die von einer dreiwertigen Logik (wahr, neutral, falsch) ausgeht, und für die von Paul Lorenzen (1915–1994) in zahlreichen Arbeiten begründete operative Logik mit der Theorie des Kalküls, die Kurt Ebbinghaus (1964) wieder stärker an die aristotelische Syllogistik herangeführt hat. Eine so entwickelte dialogische Logik kommt der Eigenart der aristotelischen dialektischen Syllogistik als Entscheidungsverfahren in der wissenschaftlichen Problemerörterung wieder näher. Die spezifische Leistung des Aristoteles als des Begründers der abendländischen Logik wird in diesen modernen Ausprägungen einer Logik und auch in vielen intensiven Interpretationen der aristotelischen Syllogistik durch die Logikexperten unter den Philosophiehistorikern[19] eindrucksvoll sichtbar.

8.
Metaphysik – Erste Philosophie

Die Grundlagen

Die in 14 Bücher eingeteilte *Metaphysik* ist kein in sich geschlossenes, zusammenhängendes Werk. Auch der Begriff «Metaphysik» stammt nicht von Aristoteles. Vielmehr hat der erste Herausgeber des aristotelischen Werkes, Andronikos von Rhodos, mehrere Einzelabhandlungen aus dem Bereich, den Aristoteles «erste Philosophie» nennt (Met. VI 1, 1026 a 16; Phys. I 9, 191 a 36; II 2, 194 b 17), zusammengefasst und «Schriften nach der Physik» (τὰ μετὰ τὰ φυσικά) genannt, weil er diese Abhandlungen hinter die naturwissenschaftlichen Schriften gestellt hat. Die zunächst nur editionstechnische Bezeichnung des Titels ist dann bei den Aristoteleskommentatoren (zuerst belegt bei Simplikios im 6. Jh.) verstanden worden als ein Schriftenkomplex, der Themen behandelt, die «jenseits der Natur» liegen. Damit ist der Grund für die Benennung des Gebietes der Philosophie gelegt, das in das abendländische Denken unter dem Namen «Metaphysik» eingegangen ist.

Ein erster Überblick über die 14 Bücher zeigt, dass Andronikos nicht ungeschickt vorgegangen ist. Denn die ersten Bücher ΑΒΓ (= I, III, IV)[1] bilden eine Art Voruntersuchung über die «gesuchte Wissenschaft» (ἡ ἐπιζητουμένη ἐπιστήμη, III 1, 995 a 24), die dann später (VI 1, 1026 a 16) «erste Philosophie» genannt wird. Nach einer umfangreichen Doxographie (Buch I) formuliert Aristoteles 15 Aporien (Buch III) bezüglich der Wissenschaft vom Seienden, die nur vorläufig und ohne eindeutiges Ergebnis diskutiert werden entsprechend der Bedeutung, die Aristoteles der Aporie als Voraussetzung für Lösungen und Erkenntnisse beimisst. In Buch IV wird dann die Wissenschaft vom Seienden als Seiendem in den Blick genommen und von allen anderen Wissenschaften abgegrenzt, insofern es um «das Seiende als Seiendes» (ὄν ᾗ ὄν) geht. Zur Seinswissenschaft gehört aber auch eine Untersuchung der Axiome, insbesondere der Satz vom Widerspruch (eine Bezeichnung kann unmöglich gleichzeitig einer Sache zukommen und nicht zukommen) und der Satz vom ausgeschlossenen Dritten (eine Sache kann man behaupten oder bestreiten; tertium non datur). Es werden also die Grundvoraussetzungen des Denkens diskutiert. Das fünfte Buch (Δ) ist ein Lexikon der philosophischen Terminologie. Insgesamt 30 verschiedene Ausdrücke (Prinzip, Ursache, Notwendigkeit usw.) werden im Einzelnen bestimmt. In dem gewichtigen sechsten Buch (E) wird die Wissenschaft vom Seienden als solche vorgestellt. Die Bücher VII, VIII, IX (Z, H, Θ) bilden einen Block für sich. Es sind die sogenannten Substanzbücher, in denen die verschiedenen Bedeutungen von «Substanz» (das Allgemeine, Gattung, Substrat) analysiert werden. Das zehnte Buch (I) handelt über das «Eine» und verwandte Begriffe (Identität, Nichtidentität, Ähnlichkeit, Gegenteil). Das elfte Buch (K) mit der Erörterung von Grundproblemen der Ersten Philosophie gilt den meisten Forschern als eine nach-aristotelische Kompilation. Das berühmte zwölfte Buch (Λ) enthält die als Theologie verstandene Lehre vom Unbewegten Beweger. Die zusammenhängenden Bücher XIII und XIV (M, N) handeln von den Ideen, Ideenzahlen und Prinzipien mit ausführlicher Kritik an den entsprechenden pythagoreischen und akademischen Lehren.

Über die chronologische Abfolge der einzelnen Bücher der *Metaphysik* gibt es in der Forschung eine lebhafte Diskussion mit ganz unterschiedlichen Positionen, deren sachlicher Ertrag nicht so erheblich ist, wie man lange Zeit geglaubt hat.

Konzeptionen des Seins vor Aristoteles
(*Metaphysik* A)

Aristoteles beginnt nahezu jede Erörterung mit einer kritischen Musterung der bereits vorliegenden Meinungen zur gleichen Thematik. Die Frage nach dem Sein, die Platon als «Gigantenschlacht» (γιγαντομαχία) bezeichnet hat (*Sophistes* 246 A), betrifft das Zentrum jeder Philosophie und entsprechend hat Aristoteles der Darstellung der Ansichten Früherer in diesem Falle ein ganzes Buch gewidmet.[2]

An den Anfang stellt er die Untersuchung über die Meinungen der früheren Philosophen in den ersten drei einleitenden Kapiteln in einen weiten Horizont, mit den berühmten Worten gleich zu Beginn:

> Alle Menschen streben von Natur aus nach Wissen. Ein Zeichen dafür ist die Wertschätzung der Sinneswahrnehmungen. Denn auch abgesehen von ihrem Nutzen schätzt man sie um ihrer selbst willen, und vor allen anderen

> die Wahrnehmung mittels der Augen. Denn nicht nur, um zu handeln, sondern auch wenn wir nicht gerade handeln wollen, ziehen wir das Sehen sozusagen allen anderen (Wahrnehmungen) vor. Der Grund dafür ist, dass dieser Sinn uns am meisten Erkenntnis verschafft und viele Unterschiede offenbart (Met. I 1, 980 a 21–27).

Aristoteles geht auch hier von der Natürlichkeit aller Verhältnisse aus, wiederum in biologischer Betrachtungsweise, wie vor allem die Fortsetzung zeigt:

> Von Natur aus haben die Tiere sinnliche Wahrnehmung, aus der sinnlichen Wahrnehmung entsteht bei einigen Erinnerung, bei anderen nicht, und darum sind jene verständiger und gelehriger als die, die sich nicht erinnern können (Met. I 1, 980 a 27–b 2).

Nur der Mensch hat wirkliche Erfahrung und ist befähigt zu «Kunst» (τέχνη) und «Überlegung» (λογισμός). Es ist dies eine der zentralen Passagen über den aristotelischen Begriff der «Erfahrung». Erfahrung entsteht aus der Vielzahl von Erinnerungen an denselben Gegenstand und ist in gewisser Weise die Grundlage für Kunst und Wissenschaft, nur dass diese sich auf das Allgemeine beziehen, die Erfahrung aber auf das konkrete Einzelne. Zum Zwecke des Handelns ist sie von großem Wert und treffsicherer als ein bloßes Hantieren mit Begriffen, wie Aristoteles mit einem Seitenhieb auf Erscheinungen in der Akademie anmerkt (Met. I 1, 981 a 21). Und doch stehen «Kunst» (bzw. «Können») und Wissenschaft höher, weil sie die Ursachen und Gründe ermitteln. Höchst charakteristisch für das Verständnis von Wissenschaft ist die Bemerkung, dass sich diese im Unterschied zur bloßen Erfahrung lehren lassen muss (Met. I 1, 981 b 7–10). Forschung und Lehre gehören für Aristoteles zusammen. In der typisch griechischen Art, alle Errungenschaften auf einen «ersten Erfinder» zurückzuführen, geht Aristoteles davon aus, dass die Menschen zunächst nur im Horizont ihrer Sinneswahrnehmungen lebten, dann aber jemand eine Kunstfertigkeit «erfand», die zunächst auf die Befriedigung der notwendigen Bedürfnisse und später auch auf den Genuss des Lebens gerichtet war, während erst danach die reinen, zweckfreien Wissenschaften aufkamen, so die Mathematik bei den Ägyptern. Die Skala reicht vom erfahrenen Handwerker über den Fachmann im Bereiche des Wissens und entsprechend über die «hervorbringenden» zu den «theoretischen» Wissenschaften. Deren Ursachen und Prinzipien bilden das Thema der *Metaphysik*.

Das Wissen von diesen Prinzipien des Seins nennt Aristoteles «Sophia» (σοφία), was wir ganz unvollkommen mit «Weisheit» übersetzen. Aristoteles legt großen Wert darauf, dass es sich bei dieser «Weisheit» um ein Wissen von dem im höchsten Sinne Wissbaren handelt, und zwar um seiner selbst willen oberhalb der Welt der Zwecke und Handlungen.

Aber sie ist nicht losgelöst von dem Bereich des Handelns und des Veränderbaren, denn:

> Sie erkennt, weswegen jedes Einzelne zu tun ist, denn das ist das Gute in jedem Einzelfall und, aufs Ganze gesehen, das Beste in der ganzen Natur (Met. I 2, 982 b 5–7).

Dass diese «Weisheit» selber nicht auf Zwecke und Handlungen bezogen ist, belegt Aristoteles durch einen Rekurs auf die «ersten Philosophen», bei denen am Anfang ein bloßes Staunen (θαυμάζειν) stand.

> Denn weil sie staunten, beginnen die Menschen jetzt und begannen sie zuerst zu philosophieren, indem sie anfangs über die naheliegenden Seltsamkeiten staunten und dann in allmählichem Fortschritt sich auch über größere Dinge den Kopf zerbrachen, so über Erscheinungen an Mond, Sonne und den Gestirnen, und dann über die Entstehung des Alls (Met. I 2, 982 b 12–17).

Das ist deutlich eine Anspielung auf eine berühmte Stelle in Platons Dialog *Theaetet*:

> Wirklich, das ist es, was dem Philosophen widerfährt, das Staunen. Denn es gibt keinen anderen Ursprung der Philosophie als diesen (*Theaetet*, 155 D).

Dieses Staunen ist noch kein eigentliches Zweifeln, keine Selbstvergewisserung durch den Zweifel wie bei Descartes (dubito ergo sum, «ich zweifle, also bin ich»), sondern eine Verwunderung, die den Impuls auslöst, nach Erklärungen für etwas zu suchen, das im ersten Staunen unerklärlich scheint. Aristoteles stellt sich mit diesem Denkanstoß in die Tradition nicht nur Platons, sondern der Philosophie seit ihren Anfängen. Er sucht – und findet – eine Problemkontinuität von diesen Anfängen zu sich selbst.

Das zeigt sich besonders in der hier (Met. I 3) nur kurz, an anderer Stelle (*Physik* II 3, 194 a 16–195 b 30) ausführlicher dargelegten Lehre von den vier Ursachen. Aristoteles kennt vier Ursachen bzw. Prinzipien: 1. Die «Substanz» (οὐσία), die er auch mehrfach in seinem Werk «das, was es eigentlich ist» (τὸ τί ἦν εἶναι) nennt. Er verwendet dabei einen von ihm geschaffenen, in seinem Werk mehrfach (z.B. in Met. VII 1030 a 2 f.) verwendeten nahezu unübersetzbaren Kunstausdruck, der überaus kontrovers diskutiert und ganz verschieden mit «Wesens-was», «Wesensbegriff», «Was es heißt, dies zu sein», «das Was – zu sein – für etwas zu sein heißt», «Was es war zu sein» übersetzt wird, um nur einige Beispiele zu nennen.[3] Ich verstehe das Wort ἦν als ein sogenanntes definierendes Imperfekt und übersetze: «Das, was es eigentlich ist.» 2. Die Materie (ὕλη, Hyle); der Stoff, der allem «zugrunde liegt» (ὑποκείμενον), also die (später so genannte) causa materialis. 3. Der Ausgangspunkt der Bewegung (causa agens), der Anstoß, der einen Bewegungsimpuls auslöst. 4. Das «Worum – Willen» (οὗ ἕνεκα), wie es Aristoteles wiederum mit einem Kunstausdruck formuliert, der Zweck als das auslösende Moment, also als causa finalis umgekehrt gedacht wie das Prinzip der auslösenden Bewegung.

Aristoteles ist nun der Ansicht, dass es außer diesen vier Ursachen keine weiteren Ursachen und Prinzipien für alles Seiende gibt. Er kann auch darauf hinweisen, dass keiner der früheren Philosophen eine andere Ursache namhaft gemacht hat (Met. I 7, 988 b 18). Damit ist der Rahmen für die Musterung der vorliegenden Theorien über die Problematik des Seins gelegt.

Diese Musterung ist nun so angelegt, dass zunächst die Lehren der Früheren von den Anfängen bis zu Platon im Zusammenhang referiert (Met. I 3, 983 b 6 – 6, 988 a 17) und in einem zweiten Teil kritisiert werden (Met. I 7, 988 b 18 – 9, 993 a 10). Die ganze Darstellung hat man angesichts der trümmerhaften Überlieferung der Texte der sogenannten Vorsokratiker als Informationsquelle im Sinne einer Philosophiegeschichte verstanden. Das aber ist nur eingeschränkt möglich, weil Aristoteles anders gruppiert und argumentiert als in einer historisch orientierten Darstellung zu erwarten. Denn er hält sich an die vorangegangene Analyse der vier Ursachen und hebt eingangs hervor, dass von den «ersten Philosophen» die meisten nur die stoffartigen Ursachen als Prinzipien aller Dinge angesehen haben. Also werden diese «ersten Philosophen» danach befragt, ob sie eine oder mehrere Stoffursachen angenommen haben.

Gewichtig ist der Beginn mit Thales und seiner Lehre vom Wasser als Grundelement, zu der er durch Beobachtung gelangt sei, nicht durch poetische Spekulation wie die «ganz Alten» (Met. I 3, 983 b 27), die «den Okeanos und Tethys zu Vätern der Entstehung» (*Ilias* XIV 201) machten. Dieser merkwürdige Rückgriff auf «diejenigen, die sich mit göttlichen Dingen beschäftigten», der die Argumentation exkursartig durchbricht, verrät die Quelle des Aristoteles. Es ist eine Schrift des Sophisten Hippias, der im Gefolge Heraklits nachweisen wollte, dass «alles fließt» – so eben auch das Wasser –, und möglichst vielen Autoritäten dieses Dogma aufzubürden suchte.[4] Andere Vertreter des 6. und 5. Jahrhunderts von stoffartigen Prinzipien werden genannt (Anaximenes, Diogenes, Hippasos, Empedokles, auffallend kurz Parmenides), nicht Anaximander, dessen (angebliche) Lehre vom «Unbegrenzten» (ἄπειρον, Apeiron), wie Aristoteles sie verstand, auch nicht in diese Reihe passt, und schließlich wird Anaxagoras (ca. 500–428) wegen seiner Lehre vom Geist (νοῦς, Nus) als Ursache von aller Schönheit und Ordnung im Lebewesen wie in der Natur als «Nüchterner neben Schwätzern» gepriesen (Met. I 3, 948 b 17). Ähnlich verfährt Aristoteles mit denjenigen frühen Denkern, die zwei Grundprinzipien (rudimentär Hesiod, dann Empedokles, Leukipp und Demokrit) annahmen. Man sieht, dass diese sehr gedrängte Übersicht in Auswahl und Wertung alles Andere als eine Philosophiegeschichte ist. Das gilt auch für die etwas ausführlichere Charakterisierung der Pythagoreer und ihrer Lehre von den Zahlen als Elementen aller Dinge.

Von ungleich größerem Interesse ist das Referat der Lehre Platons (Met. I 6), weil Aristoteles hier über unmittelbarere Informationen verfügt als bei den frühen Philosophen. Er sieht die philosophische Entwicklung Platons sich in drei Stufen vollziehen. Am Anfang steht die Flusslehre Heraklits, die Platon durch den Heraklitschüler Kratylos von Jugend an vermittelt worden sei und an der Platon später insofern festgehalten habe, als er alle Sinnendinge in beständigem Fluss begriffen sah. Die zweite Stufe ist durch die Begegnung mit Sokrates bezeichnet und führt zur Annahme von festen Begriffen oberhalb der Sinnessphäre, die Platon zuerst Definitionen und dann «Ideen des Seienden» nannte, an der die Dinge der sinnlichen Wahrnehmung nur «Anteil» (κατὰ μέθεξιν, 987 b 12) haben. Dann sei Platon – in einer dritten Stufe – unter den Einfluss der Pythagoreer geraten, die alles Seiende als «Nachahmung der Zahlen» ansahen. Platon habe lediglich die Wörter verändert und statt «Nachahmung» «Anteil» und statt «Zahlen» «Ideen» gesetzt (I 6, 987 b 10–14). So habe er mit den Zahlen die Mathematik in sein Denken einbezogen, dabei aber – anders als die Pythagoreer – der Welt der Zahlen eine Mittelstellung zwischen den Ideen und der Sinnenwelt zugewiesen. Auf der anderen Seite aber habe Platon die Letztbegründung alles Seienden und auch der Ideen in Form von Ideenzahlen gegeben, nämlich durch die «Eins» und die «unbegrenzte Zwei», im Grunde also zwei Prinzipien angenommen.

Diesen viel diskutierten, in den Einzelheiten kompliziert formulierten Bericht wird man im Wesentlichen als zutreffend bezeichnen können, jedenfalls im Hinblick darauf, dass der Kontext allein die Frage nach den Ursachen und Prinzipien ist, mit einer gewichtigen Einschränkung allerdings. Der enorme Einfluss der Ontologie des Parmenides (1. Hälfte des 5. Jh.s) auf Platon bleibt gänzlich unberücksichtigt. Sollte Aristoteles wirklich «keine hinreichende Vorstellung» von der Lehre des Parmenides gehabt haben?[5] Auf der anderen Seite bestätigt der aristotelische Bericht eindeutig die (in der modernen Forschung umstrittene) Existenz einer aus den platonischen Dialogen nicht vollständig zu gewinnenden Prinzipienlehre (gipfelnd in den beiden Prinzipien «Eins» und «Unbestimmte Zwei»), die Platon in der Akademie mündlich vorgetragen und die Aristoteles in der verlorenen Schrift *Über das Gute* festgehalten hat.[6]

Als Resümee der gesamten Musterung der Lehren von den ersten Philosophen an hält Aristoteles fest, dass alle Früheren die vier Ursachen ganz unbestimmt nur eben geahnt, meist nur eine, gelegentlich zwei Ursachen namhaft gemacht und sich dabei in Widersprüche verwickelt hätten. Mit der Beschränkung auf nur eine oder mehrere stoffliche Ursachen könnten sie jedenfalls andere Ursachen wie den Ursprung der Bewegung nicht erklären.

Die Kritik der Lehre Platons weist einige Besonderheiten auf. Während Referat und Kritik der frühen Philosophen in einem ausgewogenen Verhältnis zueinander stehen, ist die Kritik der platonischen Lehre etwa dreimal so umfangreich wie das vorangegangene Referat. Aristoteles führt 23 Argumente gegen die Ideen- und Zahlenlehre ins Feld, die auch nicht alle aus dem Referat der Lehre erwachsen, sondern weit darüber hinausgehen.

Zur näheren Erklärung ist ein kleiner, aber folgenreicher Exkurs nötig, der unvermeidlich in philologische Details führt. Die Handschriften, auf die unser Text zurückgeht, lassen sich aufgrund ihrer Gemeinsamkeiten und Abhängigkeiten in zwei ‹Familien› (a und b) einteilen, wobei a in der Regel die ältere und bessere Überlieferung zu bieten scheint.[7] Im 9. Kapitel des ersten Buches der *Metaphysik* (A 9) weisen die beiden Handschriftengruppen an sechs Stellen immer die gleiche Differenz auf, die in der Verwendung der ersten (so Gruppe a) oder der dritten (so Gruppe b) Person für die Bezeichnung der kritisierten Lehre Platons besteht. Um es an zwei Beispielen zu verdeutlichen (in Klammern die b-Überlieferung): «Von den Beweisen, die wir (die sie) für die Existenz der Ideen führen, gibt es keine Evidenz» (990 b 8–11); oder: «Nach der Auffassung, wonach wir sagen (sie sagen), dass es Ideen gibt, müsste es Ideen nicht nur von Substanzen, sondern auch von vielem Anderen geben» (990 b 23 f.). Ähnlich bei einer Reihe weiterer Stellen. Mit der Verwendung der ersten Person bekennt sich Aristoteles, so scheint es, mit verschiedenen Verben («wir zeigen», «wir glauben», «wir sagen», «wir wollen», «wir beweisen») als Anhänger der platonischen Ideenlehre, die er doch gerade zu bekämpfen sich anschickt, und zwar grundsätzlich und ziemlich scharf. Er sagt nicht «wir haben geglaubt», nicht «wir haben gesagt», sondern «wir glauben», «wir sagen». Er verwendet durchweg Formen im Präsens. Die damit verbundenen Schwierigkeiten des Verständnisses verschärfen sich an einer Stelle, an der Aristoteles sich auf den platonischen Dialog *Phaidon* bezieht: «Im *Phaidon* sagen wir, dass die Ideen Ursache sowohl für das Sein wie für das Werden sind» (991 b 3 f.). Es heißt nicht etwa «lesen wir», sondern «sagen wir» (so in der Handschriftengruppe a). Kann man so über das Werk eines Anderen sprechen? Aristoteles hat doch nicht den *Phaidon* geschrieben! Gemeint wäre dann wohl: «Wir sagen, die Ideen sind Ursache von allem, wie es auch im *Phaidon* steht.» So hat Alexander von Aphrodisias den Satz aufgefasst. In der Handschriftengruppe b heißt es entsprechend: «Im *Phaidon* wird gesagt.» Im Übrigen steht bei den nahezu wörtlichen Wiederholungen der Ideenkritik im 13. Buch der *Metaphysik* (M 4–5) in einheitlicher Überlieferung aller Handschriften, bei denen im ersten Buch (A 9) die Handschriftengruppen zwischen der ersten und dritten Person schwanken, der Text in der dritten Person, also durchgängig: «sie sagen», «sie glauben» usw.

Alle neueren Ausgaben und Übersetzungen folgen dem Überlieferungsstrang, der in A 9 die erste Person (also: «wir sagen») bietet, mit Ausnahme der Bemerkung über den *Phaidon,* wo «wir sagen im *Phaidon»* als sprachlich nicht möglich zu sein scheint und daher in die Ausgaben auch nicht aufgenommen ist. Diese Inkonsequenz har Werner Jaeger in seinem letzten, unvollendet gebliebenen Aufsatz beseitigt, indem er auch dort die erste Person eingesetzt hat.[8]

Was hat Aristoteles an diesen Stellen geschrieben? «Wir» oder «Sie»? Dabei ist zu bedenken, dass Alexander von Aphrodisias (um 200 n. Chr.) bereits die «Wir-Version» kennt und zitiert, ohne sich näher mit dem Problem auseinanderzusetzen.[9] Sollte Aristoteles durchweg (also auch in A 9) die dritte Person («sie sagen») verwendet haben, so gibt es überhaupt keine Schwierigkeit des Verständnisses. Nur müsste dann angenommen werden, dass jemand noch vor 200 an all diesen Stellen die dritte in die erste Person verwandelt hat, wohl in der Absicht, Aristoteles möglichst eng der Lehre Platons anzunähern. Diese Änderung wäre dann in den Überlieferungsstrang a eingedrungen.

Hat Aristoteles selber in A 9 die erste Person benutzt, so gibt es mehrere Möglichkeiten der Deutung. Werner Jaeger hat seine Konzeption von der Entwicklung des Aristoteles an diesem Befund festgemacht. «Wir» sage Aristoteles im A 9, weil er selber die Ideenlehre vertreten hat, von der er sich dann gelöst hat, um später (in M 4–5) in größerer Distanz von den Vertretern der Ideenlehre in der dritten Person zu reden. Werner Jaeger denkt sich den Text des ersten Buches der *Metaphysik* vorgetragen in Assos, kurz nach dem Tode Platons als Ausdruck der Aporie, vor der Aristoteles jetzt gestanden habe. Aber vor wem? Vor Hermias, dem Platonfreund, vor Speusipp und Xenokrates, die längst eigene Wege gegangen sind? Das ist alles ganz unwahrscheinlich und wird auch heute so von niemandem mehr vertreten. Andere sehen in dem «Wir-Stil» lediglich die äußere Bekundung der institutionellen Schulzugehörigkeit zur platonischen Akademie, die später nicht mehr gegeben war, als Aristoteles das 13. Buch (M) der *Metaphysik* vor vermutlich einem ganz anderen Publikum vortrug. Etwas anders ist die Auffassung, Aristoteles habe im ersten Buch der *Metaphysik* als Einführung in eine «erste Philosophie» die Lehre Platons zunächst lediglich präsentieren (und dann auch kritisieren) wollen. Er habe vor einer der Akademie verbundenen Hörerschaft identitätsstiftend die erste Person benutzt, um seine Hörer Schritt für Schritt für sich zu gewinnen und um dann, nach der Errichtung einer alternativen Ontologie in M 4–5, zur Verwendung der dritten Person übergehen zu können.[10] Dann wäre das «Wir» in A 9 kein nur auf Aristoteles bezogener ‹Pluralis maiestatis› («Wir» als «Ich»), sondern ein integratives «Wir», das die Hörer einschließt. Damit kommt ein persuasiv-rhetorisches Moment ins Spiel. Aristoteles wollte die Hörer in der Akademie, vor denen er sprach und die die einzelnen Ideenbeweise natürlich kannten, in den Übergang zur Kritik mitnehmen. Nur so ließe sich die Schwierigkeit lösen, die bei einem ersten Lesen des Textes darin besteht, dass Aristoteles gleichzeitig die Ideenlehre vertreten und bekämpfen soll. Er solidarisiert sich mit seinen Hörern.

Wichtiger vielleicht ist etwas Anderes. Wenn Aristoteles die Kritik an der platonischen Lehre, wie er sie im ersten Buch der *Metaphysik* vorgetragen hat, im 13. Buch weitgehend wörtlich wiederholt, bedeutet das umgekehrt, dass ihm (als er vielleicht noch «wir» über die Platoniker sagen konnte) die Kritik in allen Einzelheiten schon feststand. Jedenfalls ist sie aus den in der Akademie geführten Diskussionen erwachsen. Dafür spricht auch die abkürzende Art des Zitierens von Argumenten, die in der Akademie bekannt waren, wie z.B. «das Argument aus den Wissenschaften» (990 b 12) oder «den dritten Menschen» (990 b 17), ohne dass mitgeteilt würde, worum es sich dabei näherhin handelt.

Wir können hier die komplizierte Argumentation nicht in allen Einzelheiten vorführen, sondern heben nur die Grundlinie hervor. Aristoteles kritisiert zunächst, dass die Annahme von Ideen eine unnötige Verdoppelung der Welt bedeuten würde, wenn es von jedem Einzelding eine gleichnamige Idee gäbe. Wenn es Ideen von allem gäbe, was Gegenstand einer Wissenschaft ist, dann müsste es auch Ideen von Relationen, von Negationen und von Vergangenem geben. Es ergäben sich so Ideen von Dingen, von denen die Platoniker (Aristoteles spricht hier meist im Plural) gar keine Ideen angenommen haben. Die Annahme derartiger Ideen führe aber zu Widersprüchen und Inkonsequenzen. Das Relative z.B. bedarf eines Bezugsobjektes und damit einer Substanz als Existenzgrundlage, von der allein es eine «Idee» geben könnte. Ganz unverständlich ist die stichwortartige Bemerkung: «Einige führen den dritten Menschen an» (I 9, 990 b 16). Gemeint ist damit ein in der Akademie in verschiedenen Varianten diskutiertes, von Aristoteles auch sonst (Met. VII 13, 1039 a 2; XI 1, 1059 b 8; Top. IX 178 b 36) erwähntes Argument. Aristoteles hat dieses Argument in seiner verlorenen Schrift *Über die Ideen* expliziert, die Alexander von Aphrodisias im 2. Jahrhundert n. Chr. in seinem Kommentar zum ersten Buch der aristotelischen *Metaphysik* noch vor sich hatte. Danach hat das Argument vom «dritten Menschen» mehrere, insbesondere zwei Varianten: 1. Neben dem Einzelmenschen und der Idee des Menschen muss es ein Drittes geben, einen alle Menschen umfassenden Allgemeinbegriff vom Menschen. 2. Der Mensch geht spazieren. Es geht aber nicht die Idee des Menschen spazieren, weil sie unwandelbar ist und auch nicht gerade ein Einzelmensch, weil wir dies nicht wissen. Der Einzelmensch ist von Fall zu Fall jeweils ein anderer. Das Wort «Mensch» bezieht sich sowohl auf den Einzelmenschen wie auf die Idee. Beides erfordert ein übergeordnetes Drittes, den «dritten Menschen», und dann wieder ein Viertes usw., so dass ein Regressus ad infinitum entsteht. Diese Variante wird auf den Sophisten Polyxenos (Schwager von Dionys II.) zurückgeführt.[11] Bei allen Varianten bedeutet das Argument vom «dritten Menschen» nicht eine positive Lehre, sondern eine absurde Konsequenz, die sich aus der Ideenlehre ergeben würde, also um ein Argument gegen die Ideenlehre. Platon kannte übrigens das Argument und diskutiert es im *Parmenides* (132 A) unter den Einwänden gegen eine für sich bestehende Begrifflichkeit. Im Ganzen sieht man, dass die Kritik der platonischen Lehre im ersten Buch der *Metaphysik* nicht nur aus den Diskussionen der Akademie erwächst, sondern auch in sie hineingesprochen ist, denn eine bloße Andeutung auf den «dritten Menschen» sollte ja sofort verstanden werden, auch wenn Aristoteles dies wohl mündlich näher ausgeführt haben wird. Insgesamt will Aristoteles zeigen, dass die Annahme von Ideen im Sinne Platons und seiner Anhänger zu Widersprüchen führt.

Gesetzt aber, es gäbe derartige Ideen, so argumentiert Aristoteles weiter, dann könnten sie nicht Ursache für Bewegung und Veränderung sein. Sie könnten auch nicht übersinnlich abgetrennte «Vorbilder» (Paradeigmata) für die einzelnen Dinge sein. Dann müsste der Mensch gleich durch drei Ideen bestimmt sein, durch den «Menschen an sich», durch die Idee «Lebewesen» und durch die Idee des «Zweifüßlers».

Im zweiten Teil der Kritik der platonischen Lehre setzt sich Aristoteles ausführlich mit der komplizierten Zahlen-Prinzipienlehre Platons auseinander. Sein Einwand lautet: Ideen können keine Zahlen sein, entstehe doch aus mehreren Zahlen eine Zahl, aber nicht aus mehreren Ideen eine Idee. Erst recht lehnt Aristoteles die Lehre Platons von den Ideenzahlen ab, die die Dimensionenfolge Punkt – Linie – Fläche – Raum als Prinzipien auch der Ideen begründen sollten. Hier werde Philosophie durch Mathematik ersetzt. Um die Substanzen der sichtbaren Dinge würden nur leere Worte gemacht.

In einer Schlussbemerkung urteilt Aristoteles ziemlich scharf, wenn er «die erste Philosophie» (hier zeitlich verstanden) in ihrer Anfangsphase ein «lallendes Gestammel» nennt, da sie die vier Ursachen nicht klar erfasst habe. Überhaupt sei es unmöglich, bei der Erforschung der Elemente des Seienden zu einem Ergebnis zu gelangen, wenn man nicht beachtet, dass «das Seiende in vielfacher Weise ausgesagt wird» (Met. I 9, 992 b 19). Damit ist das Grundprinzip der aristotelischen Ersten Philosophie genannt, das in den folgenden Büchern der *Metaphysik* eine zentrale Rolle spielen wird.

Die Wissenschaft vom Sein
(*Metaphysik* IV–VI)

> Es gibt eine Wissenschaft, die das Seiende, insofern es seiend ist, untersucht und was diesem (dem Seienden als Seienden) an sich zukommt. Diese Wissenschaft ist mit keiner der Einzelwissenschaften identisch. Denn keine andere Wissenschaft hat das Seiende als solches zum Gegenstand der Untersuchung. Vielmehr schneiden sie einen Teil davon (von der Seinswissenschaft) heraus und untersuchen, was sich für diesen Teil dann ergibt, so z.B. die mathematischen Wissenschaften (Met. IV 1, 1003 a 21–26).

Mit Emphase betont Aristoteles, dass es eine Wissenschaft vom Sein als solchem überhaupt gibt, offenbar gegen alles Relative in der Sophistik, gegen mythische Vorstellungen eines Weltschöpfers (Demiurgen), gegen die Vermischung der einzelnen Wissenschaften, auch der Mathematik, mit der Wissenschaft vom Sein. Die Wissenschaft von den Gründen und Prinzipien des Seins ist allen anderen Wissenschaften vorgeordnet. Ihr Objekt ist ein doppeltes. Sie untersucht einerseits im Sinne einer universalen Ontologie die allgemeinsten Strukturmerkmale und Prinzipien von allem, was ist, und bezieht sich andererseits auf das dem Sein nach Selbständige, das (von der Sinnenwelt) «Getrennte» (χωριστά), auf das Unveränderliche (ἀκίνητα). Zwischen beiden Zielsetzungen hat man in der Forschung lange Zeit einen Widerspruch gesehen. Die Konzeption, wonach die scharfe Trennung (Chorismos) der Sinnenwelt vom Bereich des Unveränderlichen, des reinen Seins, im Vordergrund steht, sei noch platonisch, sei eigentlich gar keine Metaphysik, während der Entwurf einer allgemeinen Seinswissenschaft die eigentlich aristotelische Lehre wiedergebe. Die Schwierigkeit jedoch hat Aristoteles selber gesehen:

> Man könnte die Frage aufwerfen, ob die erste Philosophie allgemein ist oder sich auf ein bestimmtes Gebiet und eine einzige Wesenheit bezieht ... Sie ist allgemein in dem Sinne, dass sie die Erste ist (Met. VI 1, 1026 a 23–30).

Aristoteles exemplifiziert dieses eigentümliche Verhältnis am Beispiel der Mathematik. Geometrie und Astronomie handeln jeweils von einzelnen Gebieten, Mathematik im Ganzen umfasst aber beide Gebiete. Es mag wohl sein, dass diese Begründung uns nicht ganz überzeugt, aber Aristoteles möchte beide Aspekte der Seinswissenschaft in eine «erste Philosophie» integrieren. Dies geschieht an verschiedenen Stellen der *Metaphysik* (IV 2; IX 1) durch die sog. Identitätsrelation (in der angelsächsischen Forschung: focal meaning), die als Beziehungs- und Ordnungsgefüge das einzelne Sein auf ein erstes Sein zurückführt, das zugleich Prinzip und Ursache für alle anderen Arten des Seins ist. Es liegt im Grunde die gleiche Struktur vor, die die Kategorienlehre bestimmt, wie denn auch der sprachliche und der sachliche Aspekt in der Seinslehre sich durchdringen. Aristoteles formuliert nicht: «Das Sein ist vielfältig», sondern: «Das Sein wird auf vielfältige Weise ausgesagt» (Met. I 9, 992 b 19; IV 2, 1003 b 32; VI 4, 1028 a 5; VII 1, 1028 a 10; XIV 2, 1089 a 7). Die Frage nach dem Sein erscheint im Horizont der Sprache.

Die «Vielfältigkeit», in der Aussagen über das Sein getroffen werden, bedeutet auch, dass es noch andere Wege zur Erfassung des Seins als die sogenannte Identitätsrelation (Reihung innerhalb der Seinsordnung) gibt, nämlich die Analogie als Einheit stiftende Instanz innerhalb der Mannigfaltigkeit des Seins und das aspektartige Interpretationsmittel, das in dem Begriffspaar «Möglichkeit» und «Wirklichkeit» steckt. Im Unterschied zur vertikalen Ausrichtung der Identitätsrelation bedeutet die Analogie eine Verknüpfung von gleichrangigen, aber verschiedenartigen Gliedern auf der horizontalen Ebene, während die Anwendung des Begriffspaares «Möglichkeit» und «Wirklichkeit» den Werdeprozess von Stoff zu Form und damit zum Sein im Sinne der Substanz anzeigt. Das aber wird näher erläutert in den sogenannten Substanzbüchern.

Die Substanzbücher
(*Metaphysik* VII–IX)

Diese Bücher bilden eine in sich geschlossene Einheit und werden allgemein als «Substanzbücher» bezeichnet.[12] Sie handeln also von der «Substanz» (οὐσία) und in immer neuen Anläufen wird die Substanz als vorrangig vor allem Anderen erwiesen. Unter Rückgriff auf die Formel: «Das Sein wird in vielfacher Weise ausgesagt» meint Aristoteles mit Substanz zunächst das konkrete Einzelding, von dem im Sinne der Kategorienlehre Aussagen gemacht werden. Er erweitert nun diesen Substanzbegriff in mehreren, sich partiell überlagernden Aspekten, und zwar in Auseinandersetzung mit anderen akademischen Lehren; Platon und Speusipp werden im siebten Buch der *Metaphysik* namentlich genannt (Met. VII 2, 1028 b 20; 22).

Aristoteles spricht von Substanz also in vielfacher Weise und unterscheidet dabei 1. das Wesen einer Sache, ausgedrückt in der für Wortbildungen aus substantivierten Verben für Aristoteles typischen Prägung «das, was es eigentlich ist, zu sein» (τὸ τί ἦν εἶναι), 2. das Allgemeine, 3. die Gattung, 4. das «Zugrundeliegende» (ὑποκείμενον, Met. VII 3, 1028 b 33–36). Aristoteles behandelt dann aber diese Erscheinungsformen der Substanz nicht in dieser Reihenfolge, sondern wendet sich zunächst dem «Zugrundeliegenden» zu. Es ist als «Substanz» das, was über dem Wechsel der verschiedenen Eigenschaften dauerhaft bleibt, was allem anderen «zugrundeliegt», ganz im Sinne der Kategorienlehre. Die Frage ist, was übrig bleibt, wenn man alle Eigenschaften wegnimmt. Da die bloße Negation von Eigenschaften keine Substanz konstituieren kann, bleibt bei immer weiterer Reduktion die reine Materie (ὕλη), *prima materia.* Aber diesen Gedanken verwirft Aristoteles gleich wieder («das ist unmöglich», VII 3, 1029 a 27), weil eine solche reine Materie unerkennbar wäre. So wendet er sich dem zu, was er «das, was es eigentlich ist, zu sein» (VII 4) nennt. Er meint damit den Wesenskern einer Einzelsubstanz.

Es ist die Form (εἶδος) einer Gattung (γένος), die dann vorliegt, wenn es als einzelnes Etwas (ὅπερ τόδε τι) Gegenstand einer begrifflichen Definition sein kann (Met. VII 4). Die kompliziert dargestellten Konsequenzen dieses Ansatzes münden in eine nicht minder schwierige Untersuchung über das Werden (Entstehen) von Dingen (Met. VII 7–9). Aristoteles unterscheidet zunächst Werden durch natürliches Wachstum, durch künstliche Hervorbringung und durch spontanes («automatisches») Entstehen. Über den ganzen Komplex handelt Aristoteles ausführlicher in der Schrift *Über Entstehen und Vergehen.* Hier, in der *Metaphysik*, kommt es ihm auf die Entstehung der einzelnen Substanz an, bei der, sofern es sich um natürliche Werdeprozesse handelt, eine qualitative Gleichheit von Erzeuger und Erzeugtem obwalten muss. Dieses Verhältnis bringt Aristoteles durch die formelhafte Wendung: «Ein Mensch zeugt einen Menschen» (Met. VII 8, 1033 b 33; auch Met. XII 3, 1070 b 33; XIV 5, 1092 a 16; mehrfach auch in der *Physik*) zum Ausdruck. «Denn in der Fortpflanzung der Lebewesen einer bestimmten Art spaltet sich der allgemeine Artbegriff in immer neue Individuen dieser Art auf und verwirklicht immer so sein wahres Wesen, nämlich seine zeitlose Allgemeinheit, und zwar mit einer Konstanz, wie sie nur in der Natur Wirklichkeit wird».[13] An diesem Beispiel wird deutlich, warum Aristoteles die platonische Idee ablehnt. Die «Form» (εἶδος) ist in der Realität gegenwärtig, in allem Lebendigen. Daher sind die «Substanzen» in der aristotelischen Konzeption keine platonischen

Ideen (Met. VII 14), wohl aber «erste Ursachen des Seins» (Met. VII 17, 1041 b 27) der Einzeldinge.

Während das achte Buch der *Metaphysik* den sinnlich wahrnehmbaren Substanzen mit Überschneidungen und Wiederholungen früherer Darlegungen gewidmet ist, enthält das neunte Buch die bedeutende Abhandlung über «Möglichkeit» (δύναμις, Dynamis) und «Wirklichkeit» (ἐνέργεια, Energeia Met. IX 1–9). Das Wort Dynamis heißt im voraristotelischen Sprachgebrauch «Kraft» und «Fähigkeit», während der Begriff «Energeia» eine vorher nicht belegte Wortschöpfung des Aristoteles ist. Mit diesem Begriffspaar hat Aristoteles ein weiteres Interpretationsmittel gewonnen, die Einheit des Seienden in seiner Mannigfaltigkeit aspektartig darzutun.

Dabei ist die «Möglichkeit» nicht als logische Modalität (im Sinne eines «Vielleicht») zu verstehen, sondern als eine ontologische Kategorie. Sie ist als das Noch-Nicht-Seiende von vornherein auf Verwirklichung angelegt; sie drängt gleichsam zur Verwirklichung und Bewegung. Jedes Werden ist eine Bewegung von dem der Möglichkeit nach Seienden zu dem der Wirklichkeit nach Seienden. Alle Werdeprozesse sind demnach zielgerichtet. Diese Zielgerichtetheit kommt auch darin zum Ausdruck, dass für «Wirklichkeit» auch Vollendetheit, «Entelechie», gesagt werden kann (Met. IX 8, 1050 a 23). «Wirklichkeit» ist dabei sowohl Verwirklichung als auch Verwirklichtsein eines zuvor nur Möglichen. Dem Begriffspaar «Möglichkeit» und «Wirklichkeit» entsprechen die Termini «Stoff», «Materie» (ὕλη, Hyle) und «Form» (εἶδος, Eidos). Für Aristoteles gibt es keine reine Materie unabhängig von jeder Formung.[14] Die Materie als Stoff ist immer auf Formung angelegt, sie drängt nach Formung, sie ist potentiell Form. Denn der Übergang von Möglichkeit zu Wirklichkeit wird dadurch vollzogen, dass in einem zielgerichteten Prozess aus Stoff Form wird bzw. gemacht wird. Die vier Ursachen und Prinzipien, die für Aristoteles als etwas nicht Ableitbares Ausgangspunkt und Grundlage der Seinslehre sind, stehen in Korrespondenz zu dem Strukturschema «Möglichkeit – Wirklichkeit» und «Stoff – Form», insofern die Formursache (causa formalis) das verwirklichte Sein, die Substanz als Form, die Stoffursache (causa materialis) den im Sinne der Möglichkeit nach Formung drängenden Stoff, die wirkende Ursache (causa efficiens) den Impuls, der den Formungsprozess des Stoffes einleitet, die Zweckursache (causa finalis) der Richtungssinn, der das Ziel der Verwirklichung des Möglichen darstellt, bezeichnen.

«Möglichkeit» und «Wirklichkeit» stehen dabei in Analogie zu «Stoff» und «Form». Die Analogie (Met. V 6, 1016 b 34 ff.; IX 6, 1048 a

35; XII 4–5) ist bei Aristoteles eine Proportionengleichung, so z. B.: Dynamis (Möglichkeit) ist das x, das sich zu Energeia (y) so wie der Schlafende (x 1) zum Wachenden (y 1) oder der Marmorblock (x 2) zur Bildsäule (y 2) verhält. Die Forderung lautet: «auf Grund der Analogie das Gemeinsame sehen».[15] Die Analogie ist neben der vertikal ausgerichteten ‹Identitätsrelation› auf der horizontalen Ebene ein aspektartiges Interpretationsmittel zur Erfassung des Seins, wobei beide Richtungen zwar nebeneinander stehen – die Annahme einer Entwicklung im aristotelischen Denken von der vertikalen, angeblich noch platonischen Ebene hin zur horizontalen Ebene der Analogie ist sehr problematisch –, aber nicht explizit miteinander verknüpft werden. Beide Komplexe und damit die ganze Frage nach dem Sein in allen Ausprägungen stehen im Horizont der akademischen Theorien und Diskussionen bei aller Kritik im Einzelnen.

Das wird auch deutlich in der Auffassung des Aristoteles, dass die Form und damit die Wirklichkeit früher als der Stoff und die Möglichkeit seien. Wir würden umgekehrt denken. Aus dem vorher vorhandenen Stoff wird später die Form, aus Holz ein Stuhl. Aber Aristoteles differenziert an verschiedenen Stellen seines Werkes (am ausführlichsten in *Metaphysik* V 11) zwischen mehreren Aspekten und Bedeutungen von «Früher» und «Später». Im Zusammenhang mit der Erörterung über «Möglichkeit» und «Wirklichkeit» führt Aristoteles die folgenden Argumente und Beispiele an (Met. IX 8–9): 1. Der Begriff (Logos) einer Sache geht dem Vermögen voraus. Man hat einen Begriff vom Haus, bevor man ein Haus bauen kann. 2. Die Fähigkeit, ein Haus zu bauen, wird aktiviert durch eine Tätigkeit und damit durch ein bestehendes Wirkliches. 3. Ein Zitherspieler besitzt das Vermögen, Zither zu spielen, weil er es durch aktives Spielen, also durch eine Tätigkeit, vorher gelernt hat. 4. Auch dem Sein nach existiert die Form vor der Möglichkeit. Der Mann als verwirklichte Form ist früher als das Kind, das das Vermögen hat, ein Mann zu werden. 5. Das Ewige ist früher als das Vergängliche. Nichts Ewiges ist nur der Möglichkeit nach ewig. Was nur möglicherweise ist, ist vergänglich. Man sieht, wie Aristoteles in der Auffassung von der Priorität der Form vor dem Stoff, der Wirklichkeit vor der Möglichkeit, mit Platon zwar übereinstimmt, dies aber durch einen anderen Bezug, auf einen konkreten, von der Welt des Sichtbaren nicht abgetrennten Substanzbegriff begründet.

Es ist für das Bewusstsein des Aristoteles von einer ‹Wertewelt› bezeichnend, dass er den Primat der Tätigkeit vor dem bloßen Vermögen auch im Kontext einer Metaphysik ethisch bewertet. Bei guten Zielen ist die Tätigkeit besser als das Vermögen, bei schlechten Zielen schlechter. Das bloße Vermögen kann zu einander entgegengesetzten Zielen führen. Der Arzt kann gesund, aber auch krank machen. Im ersteren Falle ist es besser, er tut dies auch. Hat er jedoch das Gegenteil im Sinne, ist es besser, er führt seine Fähigkeit dazu nicht aus. Beides gleichzeitig geht nicht. Hinter der nüchternen Diktion dieses Abschnittes (Met. IX 9, 1051 a 4–21) wird die ethische Relevanz der Aussage nur implizit sichtbar. Sie erinnert an den unheimlichen Satz: «Wer handeln kann, kann auch nicht handeln» (vgl. oben S. 82). Aufhorchen lassen die Worte:

> Es gibt das Schlechte nicht neben den Dingen. Denn das Schlechte ist seiner Natur nach später als das Vermögen dazu. Folglich ist es klar, dass es in den von Anfang an bestehenden und ewigen Dingen nichts Schlechtes gibt, nichts Verfehltes, nichts Verdorbenes. Denn auch die Verderbnis gehört zum Schlechten (IX 9, 1051 a 17–21).

Das Böse in der Welt ist keine metaphysische Kategorie, kein ‹Schicksal›, das unabänderlich hereinbrechen würde; es ist allein an menschliches Handeln gebunden.

Das Schlusskapitel (IX 10) der Substanzbücher erhält seine besondere Bedeutung durch den darin dargelegten Wahrheitsbegriff. Genauer gesagt sind es zwei Wahrheitsbegriffe, die Aristoteles nebeneinander stellt, nämlich einmal die «Wahrheit» als Verbindung von Zusammengehörigem und Trennung von Nichtzusammengehörigem, also als Urteilswahrheit, und zweitens als denkende Erfahrung des Seins, also als Ergebnis der Aktivierung des Denkvermögens. Das Verhältnis der beiden Wahrheitsbegriffe zueinander besteht darin, dass es im ersteren Fall um eine Verbindung (von verschiedenen Gliedern zu einem Satz), im zweiten Fall um Unverbundenes (Erfassung des Seins) geht. In beiden Fällen – und das ist das Beweisziel – geht es um die Priorität der Wirklichkeit vor der Möglichkeit. Nicht deshalb, weil unsere Meinung über einen Sachverhalt wahr ist, handelt es sich um einen wahren Sachverhalt, sondern weil wir einen Sachverhalt in logisch korrekter Zusammensetzung seiner Glieder benennen, sagen wir die Wahrheit. Diesen Wahrheitsbegriff hat man im Mittelalter «Übereinstimmung von Sache und Verstand» (adaequatio rei et mentis) genannt. Beim Erfassen des (unverbundenen) Seins (dem an zweiter Stelle genannten Wahrheitsbegriff also) kommt diesem die Priorität vor unserem Denkakt deshalb zu, weil es ewig besteht. Da gibt es auch keine Täuschung. Niemand kann behaupten, ein Dreieck sei kein Dreieck. Es gibt nur «Denken oder Nicht-Denken» (IX 10, 1051 b 31). Im ersten Fall handelt es sich um einen nachgeordneten, im zweiten Fall um einen übergeordneten Wahrheitsbegriff.

Der übergeordnete Wahrheitsbegriff ist der ältere. Wir fassen ihn in philosophischem Kontext zuerst im Lehrgedicht des Parmenides. Darin ist die Wahrheit das Sein als wahre Beschaffenheit des Seins selber. Ihr gegenüber steht die Welt des Scheins, der bloßen Meinung, in der wir reden und urteilen. Die Wahrheit ist die «Unverborgenheit» (ἀλήθεια im etymologischen Sinn) des Seins selber, wie es namentlich Heidegger neu ins Bewusstsein gebracht hat.[16] Der Begriff der Wahrheit sei, so Heidegger, in Jahrhunderten der philosophischen Tradition verdorben, indem man ihn an Sprache und Urteil, nicht an die Sache gebunden habe. Es ist das ganze Bemühen der Philosophie Heideggers, diesen ‹Verfall› rückgängig zu machen. Der ‹Verfall› beginnt nach Heidegger schon bei Platon. Zwar kennt auch Platon den Begriff «Wahrheit» als die «Unverborgenheit» oder besser: «Wirklichkeit» des Seins als Erkenntnisgegenstandes (Rep. VI 508 E),[17] aber in den Spätdialogen, insbesondere im *Sophistes*, wird der Wahrheitsbegriff im Kontext von Wahrheit und Falschheit als Eigenschaft von Urteilen benutzt. Also ist Aristoteles nicht der Erste, der den Wahrheitsbegriff von der strengen Bindung an das Sein gelöst hat, sondern er steht auch hier ganz in der Tradition Platons.[18] Doch wenn er dann von «Berühren» und «Benennen» der Wahrheit im Sinne der Wirklichkeit des Seins spricht (Met. IX 10, 1051 b 24), dann schließt er sich dem älteren (parmenideischen) Wahrheitsbegriff an, der auch ganz unreflektiert zugrunde liegt in der anfänglichen Ankündigung, Aristoteles wolle untersuchen, was die früheren Denker «über die Wahrheit», d.h. «über die Wirklichkeit des Seins» gesagt haben (Met. I 3, 983 b 3). Natürlich gibt es bei Aristoteles auch eine ganz umgangssprachliche Verwendung des Begriffes «Wahrheit» (ohne die Konnotation «Unverborgenheit») und schließlich die ethische Tugend der «Wahrhaftigkeit» (EN II 7, 1108 a 20), die mit demselben Wort «Aletheia» bezeichnet wird.

Der erste Beweger – Theologie (*Metaphysik* XII)

In dem programmatischen Anfangskapitel des sechsten Buches der *Metaphysik* hatte Aristoteles die theoretischen Wissenschaften eingeteilt in: Mathematik, Naturwissenschaft und «Theologik» (Met. VI 1, 1026 a 19).

Diese betrifft «die ehrwürdigste Gattung» des Seins. Von einer Sphäre des Göttlichen ist aber im weiteren Verlauf des sechsten Buches und auch in den «Substanzbüchern» kaum die Rede. Das hängt damit zusammen, dass Aristoteles in diesen Büchern den Aspekt der Seinslehre in den Vordergrund gestellt hat, der die «erste Philosophie» als allgemeine Seinslehre betrifft.

In dem berühmt gewordenen Buch *Lambda* (XII) wird nun – ein einziges Mal – die göttliche Sphäre des reinen Seins im Zusammenhang dargestellt.[19] Diese ‹Theologie des Seins› hat eine enorme Wirkung entfaltet, gerade auch in der christlichen Tradition des Mittelalters und der frühen Neuzeit. Dabei ist dieses Buch in großen Teilen von einem notizenhaften Stil geprägt, offenbar als Grundlage für den zusammenhängenden Lehrvortrag. Nur in dem siebenten Kapitel, in dem der Gottesbegriff eingeführt wird, spürt man in einer in den zentralen Passagen geradezu hymnischen Diktion auch einen literarischen Anspruch. Aber auch als Vortrag im Ganzen (wohl noch in der Akademie) muss diese ‹Theologie› sogleich sehr eindrucksvoll gewirkt haben.

Die Perspektive ist zunächst die der Physik, insofern der erste Teil des Buches (Kap. 1–6) von den wahrnehmbaren Substanzen handelt, und zwar relativ ausführlich, zuerst von den sinnlich wahrnehmbaren veränderlichen Substanzen (Kap. 1–5), dann von den sinnlich wahrnehmbaren ewigen Substanzen (Kap. 6), während der zweite Teil des Buches (Kap. 7–10) den intelligiblen ewigen Substanzen gewidmet ist. Die Theologie bekommt also einen physikalisch-ontologischen Unterbau. Denn das ist sofort klar: Die Untersuchung der wahrnehmbaren Substanzen, die sich wie eine komprimierte Zusammenfassung der Substanzontologie der «Substanzbücher» (Met. VII–IX) liest (wobei das chronologische Verhältnis offen bleibt), steht nicht um ihrer selbst willen da, sondern ist zielgerichtet und mündet in einem fortschreitenden Prozess der Reduktion hin zur obersten Instanz des Seins, zum «Ersten Beweger», genauer: zu einem «Ersten Bewegenden». Entsprechend stehen Begriff und Gedanke der Bewegung, der «Veränderung» (μεταβολή) im Vordergrund. Die Arten der Veränderung der Einzelsubstanz (Qualität, Quantität, Ortsbewegung) werden genannt, ein Substrat für jede Veränderung postuliert, der Übergang von Stoff zu Form als ein Prozess von Möglichkeit zu Wirklichkeit skizziert. Stoff und Form erscheinen dabei als Endpunkte von Veränderungsprozessen; letzte Form und letzte Materie entstehen nicht. Form, Stoff und deren «Beraubung» (Privation, z.B. Zerstörung) werden ebenso wie die «Analogie» als Aspekte des Seins behandelt – kurz: Alles klingt an, was in verschiedenen Zusammenhängen auch in anderen Büchern der *Metaphysik* ausgeführt ist.

Das Postulat eines selbst unbewegten Seins, das Ursache für alle Bewegung und Veränderung in der sinnlich wahrnehmbaren Welt ist, geht von dem Gedanken der Ewigkeit von Bewegung und Zeit aus. Bewegung als solche kann ebenso wie die Zeit nicht entstehen oder vergehen; beides war und ist immer, wie Aristoteles ausführlicher in der *Physik* darlegt. Die einzelne, wahrnehmbare Bewegung hat Anfang und Ende, aber es gibt *eine* wahrnehmbare und zugleich ewige Bewegung ohne Anfang und Ende, die Kreisbewegung. Da jede Bewegung an eine Substanz gebunden ist, ergibt sich, dass die ewige und nie aufhörende Kreisbewegung als diejenige der Planeten in Erscheinung tritt. Diese Sphäre nennt Aristoteles den «ersten Himmel» (Met. XII 7, 1072 a 23). Damit kommt eine kosmologische Komponente in den Gedankengang, und in der Tat ist die Ontologie des Aristoteles zugleich eine Kosmologie, wie denn auch die jetzt (Kap. 6) wieder auftauchende Auseinandersetzung mit den früheren Philosophen an deren kosmischen Konzeptionen orientiert ist. Dabei leugnet Aristoteles strikt gegen Platon (und Andere) die Möglichkeit einer ewigen Selbstbewegung. «Alles Bewegende wird von etwas bewegt», ist sein Grundsatz (Met. XII 8, 1073 a 26). Also muss auch der «erste Himmel» (nach dem kosmologischen Weltbild des Aristoteles) von etwas bewegt sein und das ist «der erste Beweger», «das erste Bewegende». Seine Eigenart ist durch das Fehlen aller Eigenschaften charakterisiert, die jeder anderen Form des Seins zukommt. Er ist unbewegt; jede Bewegung, auch die bloße Kreisbewegung, wäre Veränderung. Er steht nicht im Verhältnis von Möglichkeit und Wirklichkeit, er ist reine Wirklichkeit. Er ist also ewig, unbewegt, löst aber durch sein reines Dasein eine Bewegung aus «wie etwas, das man liebt», und «durch ein Bewegtes bewegt er alles Andere» (Met. XII 7, 1072 b 3). Dieses «Bewegte» ist der «erste Himmel». Die übrige Welt bewegt der erste Beweger also nur mittelbar. Aristoteles bezeichnet diesen ersten Beweger als «Denken» (νοῦς). Als reine Wirklichkeit muss er zudem tätig sein. Sein Wirken richtet sich auf das im höchsten Sinne Beste und das ist er selber. Also denkt er sich selber. Mit dem «Denken des Denkens» (νόησις νοήσεως) hat Aristoteles eine ‹Geistmetaphysik› konstituiert, die zugleich Theologie ist, denn dieses höchste Wesen wird «Gott» genannt.

> An einem solchen Prinzip hängt also der Himmel. Seine Lebensweise ist aber so, wie die beste es für uns auf kurze Zeit ist. Denn so lebt jenes Wesen immer, uns ist das nicht möglich. Seine Tätigkeit ist auch Lust und eben deshalb ist Wachen, Wahrnehmen, Denken am lustvollsten und dadurch dann Hoffnungen und Erinnerungen. Das Denken an sich geht auf das an sich Beste, und zwar das (Denken) im höchsten Maße auf das im höchsten Maße (Beste). Sich selbst also denkt das Denken im Erfassen des Denkbaren. Denn es wird Gegenstand des Denkens, indem es diesen (unmittelbar) berührt und (dabei) denkt, so dass Denken und Denkbares ein und dasselbe wird ... Wenn nun der Gott immer in einem so vortrefflichen Zustand sich befindet wie wir manchmal, dann ist das wunderbar, wenn aber in einem noch höheren Grade (im Verhältnis zum Menschen), dann ist es noch wunderbarer. So verhält es sich aber. Auch Leben kommt ihm ganz gewiss zu. Denn die Wirklichkeit des Denkens ist Leben, und jener (der Gott) ist diese Wirklichkeit. Denn die ihm zugehörige Wirklichkeit ist bestes und ewiges Leben. Wir sagen daher, dass der Gott das ewige, beste Lebewesen ist, so dass Leben und ununterbrochene und ewige Fortdauer dem Gott zukommt (XII 7, 1072 b 13–30).

Diese auch im Stil emphatisch überhöhte Passage hat man den «höchsten Punkt der antiken Philosophie» genannt (Oehler).

Suchen wir das Konzept noch etwas besser zu verstehen, so muss man von der Grundlage der ganzen Argumentation ausgehen, wonach Aristoteles drei verschiedene Arten von Substanzen unterscheidet, nämlich 1. die Einzelsubstanz, von der kategoriale Aussagen (Qualität und Quantität usw.) gemacht werden können, die im Spannungsfeld von Möglichkeit und Wirklichkeit innerhalb unserer Welt der sinnlichen Erfahrung steht und in der es die verschiedensten Arten von Bewegung und damit Veränderung gibt. Wie Aristoteles in der Schrift *Über den Himmel* näher ausführt (vgl. S. 274), reicht diese Sphäre von der Erde bis zum Mond; es ist die sublunare Sphäre. 2. Substanzen, die bewegt und wahrnehmbar, aber ewig sind, die Planeten, die an der Himmelschale kreisen, 3. den Unbewegten Beweger, der von allem sinnlich Wahrnehmbaren getrennt ist. Eine ähnliche Dreiteilung der Seinsbereiche findet sich auch bei Platon, Xenokrates und anderen Mitgliedern der Akademie. Sie beschreiben alle einen «Aufstieg» (Anodos) vom Vielen zum Einen. Auch dass das oberste Seinsprinzip «Gott» genannt wird, ist in der philosophischen Tradition seit Xenophanes vorgeprägt und findet sich explizit bei einigen der vorsokratischen Philosophen, auch bei Platon selbst und seinem Schüler Xenokrates. Das Gemeinsame dieser philosophischen Konzeptionen ist, dass entgegen den Gottesvorstellungen der Volksreligion und überhaupt jeder religiösen Erfahrung die

Existenz Gottes wissenschaftlich ableitbar ist, jeweils in unterschiedlichen Akzentuierungen. Der Gott des Aristoteles ist, obwohl als «Lebewesen» bezeichnet, keine Person, sondern ein Denkmodell, er ist kein Weltschöpfer, keine Macht des Schicksals; er ist ohne Materie. Obwohl sein Wesen reine Wirklichkeit ist, kümmert er sich um die Welt nicht, wie er auch seinerseits unbeeinflussbar ist, man kann keine Gebete an ihn richten. Dazu passt, dass Aristoteles immer die Form im Neutrum «das unbewegt Bewegende» benutzt, dieser «Gott» also entpersonalisiert erscheint. Aristoteles entwickelt dabei seine Theologie hinsichtlich der Argumentationsstruktur bei aller spezifischen Ausprägung im Rahmen eines Denkgehäuses, das Platon vorgegeben hat.[20]

Doch treten auch die fundamentalen Unterschiede deutlich hervor. Sie liegen sichtlich im kosmologischen Konzept. In einem seiner späteren Dialoge, im *Timaios*, vermutlich zeitnah zum 12. Buch der aristotelischen *Metaphysik*, hat Platon eine Kosmologie entwickelt, gegen die sich Aristoteles implizit, aber offenkundig absetzt. Für Platon gibt es einen Schöpfer der Welt, der wie ein Handwerker («Demiurg») die Welt gestaltet, als Abbild einer vollkommenen Idee. Dieser Schöpfer wird «Hersteller», «Vater des Alls» (*Timaios* 28 C) und «Gott» (30 A) genannt, die von ihm geschaffene Welt ein «Lebewesen» (30 B). In einem regelrechten Schöpfungsakt konstruiert dieser «Demiurg» das All aus mathematischen Gegebenheiten, aus einer Kugel und aus vier regelmäßigen Polyedern. Dabei schafft er auch eine dem Weltkörper eingebundene «Weltseele», und er schafft auch die Zeit als Abbild der Ewigkeit (37 C). Gestirne gelten als «Werkzeuge der Zeit», insofern sich durch sie die Planetenbahnen Jahr, Monat, Tag und Nacht messen lassen. Der Demiurg erschafft auch Götter, Lebewesen und Gestirne, die um ihre eigene Achse rotieren (40 A–C).

Diese wenigen Andeutungen über die komplexe Kosmologie Platons, von ihm selbst als «wahrscheinliche Rede» (29 D) bezeichnet – wir würden sagen: als Weltmodell[21] –, mögen zeigen, wogegen sich Aristoteles trotz der Übernahme einiger Vokabeln absetzt. Das aristotelische Konzept kennt keinen Schöpfungsakt, keine Mathematisierung kosmischer Prinzipien und natürlich auch keine Entstehung von Zeit und Bewegung. Als einen Nachklang platonischer Formulierung kann man allenfalls das ansehen, was Aristoteles über den unbewegten Beweger als «Lebewesen» ausführt. Doch beruht auch dies ganz auf Konsequenzen des aristotelischen Ansatzes. Es mag für uns eine seltsame Vorstellung sein, dass ein immaterielles sich selbst denkendes Denken ein Lebewesen sei, dessen einzige Tätigkeit als immerwährende «Schau» (θεωρία) das auch noch das «Lustvollste und Beste» sein soll (7, 1972 b 23). Aber Aristoteles will hier eine Analogie (mehr ist es nicht) zur höchsten menschlichen Tätigkeit, der theoretischen, d.h. auf die ewigen Objekte der Wissenschaft gerichteten «Theorie», herstellen, wie er sie im zehnten Buch der *Nikomachischen Ethik* beschrieben hat (vgl. S. 102). Doch trägt die Analogie nur im Grundsätzlichen, nicht in allen Einzelzügen. Wir denken ja nicht – wie der unbewegte Beweger – uns selbst, sondern Objekte der «Theoria». Unser Denken ist objektbezogen, nicht reflexiv.

Hatte Aristoteles in dem berühmten siebenten Kapitel des Buches *Lambda* der *Metaphysik* die Einzigartigkeit des einen Unbewegten Bewegers dargetan, so überrascht das achte Kapitel mit der Mitteilung, dass es nicht nur einen, sondern je nach astronomischer Berechnung 47 oder 55 erste, unbewegte Beweger gibt. Dieser Befund hat zu einer lebhaften Debatte darüber geführt, ob nicht die Denkinhalte des einen unbewegten Bewegers eben diese 47 oder 55 unbewegten Beweger sind, also ebenfalls ewige, immaterielle Substanzen, die der unbewegte Beweger im Durchgang durch seine Denkinhalte dann denken würde.[22]

Auf der anderen Seite wird in den letzten Kapiteln des Buches die Einzigartigkeit des höchsten Prinzips betont; die letzten Worte sind ein Homerzitat: «Nichts Gutes ist Vielherrschaft: einer soll Herr sein» (*Ilias* II 204). Ist damit die Annahme einer Vielzahl von mehreren unbewegten Bewegern vereinbar?

In dieser schwierigen und kontroversen Frage scheint mir die folgende Annahme die wahrscheinlichste zu sein: Aristoteles hat in der Akademie die Lehre des einen unbewegten Bewegers mit dem triumphierenden Schluss: «Einer muss Herrscher sein» vorgetragen. Dann haben ihm (so vermute ich) die anwesenden Astronomen gesagt: Dieses ganze Gebäude erklärt die faktischen Kreisbewegungen der Planeten nicht hinreichend. Daraufhin machte Aristoteles für die spätere schriftliche Ausarbeitung einen Nachtrag und das ist das achte Kapitel, das sich auch stilistisch vom notizenhaften Stil der anderen Kapitel des Buches unterscheidet.[23]

Das Kapitel unterbricht deutlich die Argumentation des ganzen Buches, steht aber nicht im Widerspruch zur Konzeption des einen unbewegten Bewegers. Das wird schon daran deutlich, dass Aristoteles zu Beginn die gesamte Bewegerlehre hin bis zum unbewegten Beweger kurz resümiert, um dann fortzufahren:

> Wir sehen, dass es außer dem einfachen Umlauf des Himmels, der, wie wir sagen, von der ersten und unbewegten Substanz in Bewegung gehalten wird, noch andere Umläufe gibt, die der Planeten, die ewig sind ... Daher muss auch jede dieser Bewegungen von einer an sich unbewegten und ewigen Substanz bewegt werden (Met. XII 8, 1073 a 28–34).

Die Lehre vom einen unbewegten Beweger wird demnach nicht ersetzt, sondern ergänzt durch die Annahme, dass es ebenso viele unbewegte Beweger geben muss wie die in Bewegung befindlichen Planetensysteme. Für die näheren Einzelheiten muss man, wie Aristoteles ausdrücklich anmerkt (1073 b 14), die Fachleute befragen. Diese Fachleute sind die renommiertesten Experten der Zeit, Eudoxos von Knidos und Kallippos. Eudoxos (ca. 400 – ca. 347), mit Platon befreundet, wenn auch nicht förmliches Akademiemitglied, von dem fast 20 Jahre jüngeren Aristoteles hoch geschätzt (vgl. S. 96), der bedeutendste Mathematiker und Astronom der Zeit, hat ein System von 27 konzentrischen Sphären entwickelt, wobei die (scheinbare) Bewegung der Planeten (einschließlich Sonne und Mond) durch die kombinierte gleichförmige Umdrehung einer Anzahl von Kugeln, insgesamt 27, erklärt wird, die in die Planeten eingelassen sind. Für die fünf Planeten nahm er je vier, für Sonne und Mond je drei Sphären an. Dabei soll jeweils die erste Sphäre den Tagesumlauf und die zweite die Jahresbahn bewirken. Die Berechnungen des Eudoxos sind in der Kombination von Empirie und Theoriebildung ein signifikantes Beispiel für seine Devise: «die Phänomene retten» (σώζειν τὰ φαινόμενα). Dem sehr viel jüngeren Kallippos (ca. 370–300) genügten die 27 ineinander geschachtelten Sphären des Eudoxos zu einer befriedigenden Erklärung der Himmelserscheinungen nicht. Er fügte sieben Sphären hinzu, je zwei für Sonne und Mond und je eine den übrigen Planeten. Aristoteles hat diese Modelle weiter differenziert, indem er zwischen den einzelnen Sphären zu deren Verbindung zusätzliche so genannte «rückläufige Sphären» (1074 a 12) annahm, so dass er insgesamt auf 55 Sphären kommt bzw. auf 47, falls man Sonne und Mond diesen rückläufigen Sphären nicht hinzufügen wollte. Entsprechend gibt es 47 oder 55 unbewegte Beweger insgesamt. Auch ohne die komplizierten Berechnungen im Einzelnen darzustellen (was hier viel zu weit führen würde) ist so viel klar: Diese 55 unbewegten Beweger sind deutlich unterschieden von dem einen unbewegten Beweger des Alls und diesem allem Anschein nach untergeordnet. Damit kann es kaum möglich sein, dass diese Beweger in ihrer Pluralität den Denkinhalt des einen unbewegten Bewegers ausmachen, wenn auch das Verhältnis dieser Beweger zum übergeordneten ersten Beweger aus dem Text nicht mit letzter Klarheit hervorgeht. Die Mehrzahl der Gründe spricht daher für die Annahme, dass Aristoteles mit der Konzeption vom «Denken des Denkens» einen rein reflexiven Grenzbegriff geschaffen hat, der folgerichtig aus der ganzen Konzeption des Seins hervorgeht.[24] Mit der Annahme von zusätzlichen 55 unbewegten Bewegern hat Aristoteles dann die gesamte transzendente Seinssphäre in einem physikalisch-astronomischen Beweisgang strukturiert und damit den Raum, den Platon mit der Lehre von den Ideen und den Ideenzahlen belegt hatte (darauf wird ausdrücklich am Beginn des achten Kapitels verwiesen, 1073 a 16–22), in die nachprüfbare Realität überführt. Gegenüber einer spekulativ angesetzten Dekade von Ideenzahlen (so bei Platon) beansprucht Aristoteles die Ermittlung der genauen Anzahl der transzendenten Wesenheiten unter Rückgriff auf Berechnungen von Fachwissenschaftlern.

Ideen und Zahlen – Mathematik
(*Metaphysik* XIII–XIV)

Die übrigen Bücher der *Metaphysik* haben nicht das gleiche Interesse bei Interpreten aus alter und neuer Zeit gefunden, weil in ihnen in mehrfachen Wiederholungen polemisch geführte interne Schuldiskussionen dominieren. Doch verdienen die beiden Schlussbücher der *Metaphysik* durchaus einige Aufmerksamkeit, weil darin Rang und Bedeutung der Mathematik in der Einschätzung durch Platon, seine Schüler und Aristoteles sichtbar werden.[25]

Das 13. Buch ist klar gegliedert. Nach einer Einleitung (Kap. 1) behandelt Aristoteles die mathematischen Gegenstände rein als solche (Kap. 2–3), dann die platonische Ideenlehre ohne Bezug auf die Zahlen (Kap. 4–5) und schließlich die Zahlen in ihrer Kombination mit Ideen und Prinzipien (Kap. 6–9, bis 1085 b 34). In einem Schlussteil (9, 1085 b 35–1086 a 20) werden alle vorliegenden Theorien über Zahlen als Prinzipien des Seins für falsch erklärt. Mit Kapitel 9, 1086 a 21 beginnt in teilweiser Wiederholung ein Neuansatz,[26] der zum 14. Buch überleitet, das noch einmal eine Kritik an den Theorien der Platoniker und Pythagoreer über die Prinzipien und das Mathematische enthält.

Angesichts der ungeheuren Bedeutung, die die Mathematik nicht nur für Platon, sondern für die Akademie insgesamt hatte, in der die berühmtesten Mathematiker ein und aus gingen, musste Aristoteles die mit der Mathematik gegebenen Fragen, besonders die nach dem Seinsstatus der Zahlen, nicht nur in gelegentlichen Bemerkungen, die sich in seinem Werk verstreut finden, sondern auch im Zusammenhang erörtern. Er beginnt damit – wohl auch angesichts des Ranges der Mathematik in der Akademie – sehr vorsichtig:

> Wir müssen zuerst die Ansichten der anderen Denker betrachten, damit wir, falls sie etwas nicht richtig sagen, wir nicht in denselben Ansichten befangen bleiben, und, falls eine Auffassung uns und ihnen gemeinsam ist, wir uns nicht für uns allein mit der Sache abmühen. Denn man muss zufrieden sein, wenn man einiges besser, anderes nicht schlechter darlegt (Met. XIII 1, 1076 a 15–17).

Mathematik hat es mit Zahlen zu tun. Dass diese existieren, ist evident. Entsprechend geht die Diskussion nicht um die Existenz der mathematischen Gegenstände überhaupt, sondern um die Art ihrer Existenz, um die Frage also, ob Zahlen den ontologischen Rang von Substanzen haben. Aristoteles will dabei alle denkbaren Varianten darlegen und so einen Rahmen schaffen, in den dann die vertretenen Auffassungen eingeordnet werden können.

Die Auseinandersetzung mit den mehrfach, aber immer anonym genannten «Mathematikern» (Kap. 2–3) führt zu dem Ergebnis, dass die mathematischen Gegenstände (Zahlen, geometrische Figuren, z.B. Dreiecke) weder *in* den Körpern sind noch «getrennt» von den Sinnendingen existieren. In unseren Körpern *sind* keine Zahlen oder Dreiecke; es können auch nicht zwei Körper am gleichen Ort sein.

Die Gegenstände der Mathematik existieren aber auch nicht als intelligible Substanzen. Es fehlt ihnen das Prinzip der Einheit und es ergäbe sich, wollte man sie als intelligible Substanzen ansehen, eine Häufung von Linien, Flächen usw. ohne erkennbares Prinzip. Wohl aber kann der Mathematiker – und das ist ein gravierender Unterschied – seine Objekte begrifflich so fassen, als seien sie von den Körpern getrennte Substanzen. Das Mathematische lässt sich von den Körpern «abstrahieren». Man kann z.B. an einer Mauer unter Absehung aller anderen Eigenarten der Mauer nur deren Länge in den Blick nehmen, so als hätte sie keine Breite. Man hat dies die Methode des «Wegnehmens» (αφαίϱεσις) oder – mit einem unschönen Ausdruck – die «Qua-Theorie» genannt.[27] Das können aber andere Wissenschaften auch; als Beispiele werden (Kap. 3) Medizin, Harmonik, Optik und Mechanik genannt, die jeweils nur einen Aspekt eines Objektes aus ihrem Gegenstand ‹herausnehmen› können. Umrisshaft wird deutlich, was die Mathematik für Aristoteles bedeutet. Sie ist eine unter mehreren Wissenschaften, ohne einen darüber hinausgehenden Seinsstatus zu besitzen. Keineswegs nimmt Aristoteles damit der Mathematik ihre Würde; er hebt sie sogar besonders hervor.

> Die hauptsächlichen Erscheinungsformen des Schönen sind Ordnung, Ebenmaß und Bestimmtheit. Das zeigen in höchstem Maße die mathematischen Wissenschaften. Und da dies – ich meine Ordnung und Bestimmtheit – sich als Ursache von Vielem erweist, ist klar, dass sie (die mathematischen Wissenschaften) in gewisser Weise auch von einer solchen Ursache, die als das Schöne wirkt, Aussagen machen (XIII 3, 1078 b 3–5).

Die anschließende Erörterung über die Entstehung der Ideenlehre und deren Kritik (Kap. 4–5) hat mit dem Thema «Mathematik» eigentlich nichts zu tun, wie Aristoteles selber sagt («ohne Verknüpfung mit der Natur der Zahlen», XIII 4, 1078 b 10). Dies mag ein Grund dafür sein, dass Aristoteles diesen ganzen Text nahezu wörtlich aus dem ersten Buch der *Metaphysik* (I 9) übernimmt, wo er seinen genuinen Platz hat. Zu den ganz kleinen Änderungen, die er jetzt vornimmt, gehört die Abwandlung der ersten in die dritte Person, wenn von den Vertretern der Ideenlehre die Rede ist («wir sagen» – «sie sagen», vgl. S. 215). Aristoteles betrachtet sich jetzt nicht mehr als Mitglied der Akademie. Er braucht aber diesen Text als Grundlage, aus der die akademische Zahlenlehre erwachsen ist, der er sich jetzt zuwendet. Dabei geht es immer um den ontologischen Rang der Zahlen, also darum, ob sie «erste Ursachen der seienden Dinge» (XIII 6, 1080 a 14) und damit von den Sinnendingen getrennt existierende Substanzen sein können, also auf einer Stufe mit den von Platon angenommenen Ideen stehen. Nach einer Übersicht über alle denkbaren Varianten (Kap. 6) erörtert Aristoteles drei zu seiner Zeit vertretene Möglichkeiten, Zahlen als selbständige Substanzen anzusehen. Dabei kommt eine wichtige Unterscheidung von zwei Arten von Zahlen ins Spiel, die Aristoteles in die Argumentation einbezieht, ohne sie voll zu erklären, weil er diese Differenzierung bei seinen Hörern und Lesern als bekannt voraussetzen konnte.

Während die Pythagoreer die Welt als aus den mathematischen Zahlen zusammengesetzt ansahen, hatte Platon (nach Aristoteles in einem späteren Stadium) die Ideenlehre mit den Zahlen in der Weise verknüpft, dass er neben den mathematischen Zahlen eine besondere Art von Zahlen vorsah, die er «Ideen-Zahlen» nannte. Sie gehen nur bis zur Zehnzahl und sind inoperabel, d.h. man kann mit ihnen keine mathematischen Operationen (Addition, Subtraktion usw.) ausführen. An der

Spitze stehen die «Eins» (ἕν) – von Aristoteles an vielen Stellen seines Werkes diskutiert – und die «Unbestimmte Zwei» (ἀόριστος δυάς, Met. XIII 7, 1081 a 15 und öfter) als Prinzipien der Einheit und der Vielheit, allem anderen Sein sowohl der (mathematischen) Zahlen als der Ideen übergeordnet. Diese Lehre ist (für uns) in den Dialogen nicht (allenfalls in wenigen Andeutungen) greifbar, aber durch Berichte verschiedener Autoren hinreichend gesichert.[28] Dabei sind diese «Ideen-Zahlen» (der Ausdruck ist zutreffender als «Idealzahlen») von Platon zugleich als Raumgrößen gedacht, und zwar im Sinne der Zuordnung der Dimensionenfolge Monas (Punkt), Linie, Breite, Tiefe zu den Zahlen 1, 2, 3 und 4. Diese Zahlen sind untereinander wesensmäßig verschieden und gegenseitig unvereinbar. Deshalb nennt Aristoteles, in der Formulierung wohl Platon folgend, die Ideenzahlen nicht zwei, drei, vier, sondern «Zweiheit», «Dreiheit», «Vierheit» (XIII 7, 1081 b 15–24).

Aristoteles kritisiert diese Lehre scharf; er nennt sie «absurd und erdichtet» (XIII 7, 1081 b 30) und weist in komplizierten Gedankengängen ihre Widersprüchlichkeit nach. Dabei geht Aristoteles davon aus, dass die «Ideen-Zahlen» selber «Ideen» (im Sinne Platons) sind, und kommt zu dem Schluss, dass diese Art Zahlen weder inoperabel noch operabel sind.

Anschließend geht Aristoteles auf die Auffassungen von zwei anderen Denkern ein, ohne deren Namen zu nennen. Nach der ersteren gibt es keine Differenzierung zwischen verschiedenen Arten von Zahlen, sondern nur die mathematischen Zahlen, denen aber gleichwohl eine «Eins an sich» als Seinsprinzip vorgeordnet ist (XIII 8, 1083 a 20–b 1). Es ist die Auffassung Speusipps, deren (leichte) Widerlegung nur wenige Zeilen in Anspruch nimmt. Wäre die «Eins» Prinzip, dann müsste sie inoperabel (im Sinne Platons sein) und könne nicht gleichzeitig als Anfang einer gewöhnlichen Zahlenreihe fungieren. In gewisser Weise wird Platon, der hier im ganzen Argumentationszusammenhang des 13. Buches der *Metaphysik* ein einziges Mal namentlich genannt ist (1083 a 32), gegen Speusipp ausgespielt.

Noch kürzer fasst sich Aristoteles bei der Erörterung einer dritten Lehre, die die «schwächste» sei (XIII 8, 1083 b 1–8). Das ist die Lehre des Xenokrates, nach der Ideen-Zahl und mathematische Zahl ohne eine übergeordnete Instanz ein und dasselbe seien. Diese Lehre müsse ganz besondere Voraussetzungen machen und würde damit die Argumentation in die Länge ziehen. Was damit gemeint ist, sagt Aristoteles nicht.[29] Er begnügt sich mit der Feststellung, dass diese Lehre die Nachteile der beiden vorangehenden vereine.

Mit XIII 9, 1086 a 22 beginnt ein neuer Lehrvortrag, der bis zum Ende des 14. Buches reicht. Die Themen sind die gleichen; es geht wiederum um die Kritik der Prinzipienlehre in ihrer Verknüpfung mit mathematischen Sachverhalten. Der Stil jedoch ist anders; die Sprache ist bildhafter und die Polemik beißender. «Die Darstellung ist durchgehend böswillig.»[30]

Bei diesen Diskussionen ist zu bedenken, dass es eigentlich nur nebenbei um Mathematik geht. Die Leitfrage ist die, ob und wie weit mathematische Gegenstände eine ontologische Relevanz haben. Daher äußert sich Aristoteles auch vorzugsweise zu den Ideen-Zahlen Platons, weniger zu dessen Auffassung über den mathematischen Bereich im herkömmlichen Sinne. Zieht man diesen in Betracht, so zeigt sich, dass die Meinungen beider Philosophen gar nicht so weit auseinander liegen. Platon hatte den Gegenständen der Mathematik eine Mittelstellung zwischen den sinnlichen Erscheinungen und den Ideen zugewiesen, weil – wie Aristoteles selber zutreffend referiert (Met. I 6, 987 b 14–18) – die mathematischen Gegenstände einerseits zeitlos gültig, dauernd vorhanden und ohne Bewegung seien und es andererseits vielerlei ähnliche Exemplare der gleichen Art gäbe. Das Mathematische erscheint so bei Platon einerseits den Ideen und andererseits den Erscheinungen zugehörig und doch von beiden Bereichen verschieden.[31] Aristoteles siedelt die Gegenstände der Mathematik ebenfalls in einem Mittelfeld an. Im Zuge der Einteilung der Wissenschaften (Met. VI 1) gehört sie zu den theoretischen Wissenschaften, die den praktischen überlegen sind. Sie ist jedoch der «ersten Philosophie» untergeordnet, weil sie sich «mit Gegenständen befasst, die zwar unbewegt sind, aber sich vielleicht doch in einem Stoff befinden» (Met. VI 1, 1026 a 14). Der Unterschied liegt in der Einbindung des mathematischen Bereichs in das philosophische Gesamtsystem. Daher nimmt für Aristoteles in einer ‹Metaphysik› die Auseinandersetzung mit den Ideen-Zahlen einen bedeutenderen Platz ein als die Erörterung über die rein mathematischen Sachverhalte.

Resümee und Ausblick

Die unter dem Titel *Metaphysik* zusammengefassten Schriften suchen unter verschiedenen Aspekten das «Seiende, insofern es Seiendes ist» näher zu bestimmen. Diese Schriften sind stilistisch ganz unterschiedlich. Neben notizenhaften Partien stehen stilistisch ausgefeilte Passagen, neben trockener Argumentation eine kräftige Bildersprache. Das fünfte Buch fällt als reines Begriffslexikon ganz aus dem Rahmen einer diskursiven Darstellung. Einen ungewöhnlich großen Raum nimmt die teils ruhige, teils polemisch zugespitzte Auseinandersetzung mit den Lehren Anderer, insbesondere Platons, ein. Überall ist zu spüren, dass die Seinskonzeptionen Platons und seiner Schüler das Gehäuse vorgeben, in dem Aristoteles seine «erste Philosophie» ansiedelt.

Es sind im Wesentlichen vier sich vielfach überschneidende und überlagernde Teilbereiche: 1. eine allgemeine Ontologie, die das Seiende als Seiendes erfasst, indem sie alle Ausprägungen von Sein auf ihre Verknüpfungen hin untersucht; 2. eine Theologie, die die Seinsweise der obersten ewigen Substanz in ihrer Beziehung zur bewegten Welt untersucht; 3. eine Prinzipienwissenschaft, die sich als Untersuchung der Gründe und Prinzipien des Seins versteht; 4. eine Substanzlehre, die den Seinscharakter der verschiedenen Substanzstufen erforscht und dabei die platonische Trennung (Chorismos) der intelligiblen von der Sinnenwelt durch Stufung und Reihung zu überwinden sucht.

Die Argumentationsstruktur weist sowohl eine vertikale wie eine horizontale Dimension auf. In vertikaler Hinsicht ist es die ‹Identitätsrelation›, die ein Beziehungs- und Ordnungsgefüge des Seienden auf ein «erstes Seiendes» zurückführt, und in horizontaler Hinsicht ist es vor allem das Modell der Analogie, das in der Strukturierung des Seins Verknüpfungen verschiedener Glieder herstellt, so zwischen den Seinsaspekten Stoff und Form als Möglichkeit und Wirklichkeit. Hinzu kommen die weiter nicht ableitbaren vier Ursachen, die mit dem Strukturschema: Möglichkeit – Wirklichkeit in Einklang stehen, insofern der Stoff die Materialursache, das verwirklichte Sein die Formalursache, der den Formungsprozess des Stoffes einleitende Impuls die Wirkursache und der Richtungssinn der Verwirklichung des Möglichen die Finalursache darstellt. Alle Aspekte sind vereint in dem Grundsatz: «Das Sein wird auf vielfältige Weise ausgesagt.»

Selbstverständlich sind die einzelnen Lehrvorgänge des Aristoteles zur Ersten Philosophie in der Akademie und – soweit es sich um die späteren Fassungen handelt – im Peripatos sogleich diskutiert worden. Chronologisch wäre es durchaus möglich, dass schon Xenokrates auf Aristoteles geantwortet hat, doch lässt sich dies in den Fragmenten nicht klar belegen.[32] Das ist jedoch der Fall bei Theophrast, dessen *Metaphysik*[33] eine vorsichtige Kritik an der Lehre vom Ersten Beweger erkennen lässt. Der komplizierte Text, den man früher wohl wegen seines geringen Umfanges (ca. 20 Druckseiten, also eine kleinere Papyrusrolle) «metaphysisches Bruchstück» genannt hat, ist ein Zeugnis von Aporie und Skepsis. Viele Gedanken werden in Frageform vorgeführt; immer wieder finden sich Formulierungen wie: «Man muss das noch weiter untersuchen»; «vielleicht verhält es sich auch anders» usw. In der Ablehnung der platonischen Lehre von den Ideenzahlen ist Theophrast sich mit Aristoteles einig. Eine kritische Bezugnahme auf die aristotelische Lehre vom unbewegten Beweger kann man wohl in den Worten erkennen: «Das Erste und Göttlichste will sicherlich, dass alles am besten ist. Das aber dürfte wohl etwas zu weit gehen und kann nicht gefordert werden» (6 a 1–3). Ähnlich steht es mit dem Satz: «Die Frage nach der Anzahl der Sphären verlangt ausführlichere Erklärung ihrer Ursache, nicht jedoch von den Astrologen» (5 a 21–23).

Die skeptische Haltung Theophrasts mit ihrer grundsätzlichen Aporetik bildet den Übergang zu einem Verzicht auf jegliche Transzendenz im nachtheophrastischen Peripatos. Metaphysische Fragen waren kein Gegenstand des Interesses mehr.

Erst als das Werk des Aristoteles mit der Ausgabe des Andronikos von Rhodos bekannt war, kam es mit den ersten *Metaphysik*-Kommentaren (Alexander von Aphrodisias, ca. 200 n. Chr.) zu einer Erneuerung der Ersten Philosophie, die – vermischt mit dem Gedankengut des Neuplatonismus – der scholastischen Philosophie des Hochmittelalters vermittelt wurde.[34] Dabei wurde vor allem die Theologie des Aristoteles für die Konzeption der verschiedenen Gottesbeweise verwertet und einem personalen Gottesverständnis angepasst.

Eine eingehendere Aristoteles-Rezeption erlaubten die seit dem 12. Jahrhundert erschienenen lateinischen Übersetzungen, wofür die *Metaphysica novae translationis* (1271) von Wilhelm von Moerbeke ein eindrucksvolles Zeugnis ist. Die Entwicklung der Metaphysik dieser Zeit im Ganzen vollzieht sich auf der Basis der aristotelischen Grundfrage nach dem eigentlich Seienden und seiner allgemeinen Bestimmung. Sie führt über Thomas von Aquin (1224–1274), der sich stark an die aristotelische Metaphysik als Wissenschaft «post physicam» anlehnt, Thomas von Yorks *Metaphysica* (um 1260), (Pseudo-)Robert Grossetestes *Summa Philosophiae* (um 1270) und weiter in einer Aristoteles-Renaissance des Humanismus (jetzt wird der griechische Text bekannt) bis hin zu den sowohl die scholastische wie die humanistische Tradition zusammenfassenden *Disputationes Metaphysicae* (1597) des Jesuiten Francisco Suarez, bis dann mit einem neuen, an Mathematik und Naturwissenschaften orientierten Methodenverständnis eines Francis Bacon

(1561–1626) und René Descartes (1596–1650) der wissenschaftliche Status einer Metaphysik fragwürdig wurde. Die umfassendste Systematisierung der gesamten Metaphysik-Tradition leistete im 18. Jahrhundert Christian Wolff in mehreren Werken, insbesondere in der *Philosophia prima sive Ontologia* (1730). Von da an kann von einer systematischen Weiterentwicklung der eigentlichen aristotelischen Metaphysik kaum mehr die Rede sein. Was fortan Metaphysik genannt wird, ist auch nur locker verbunden mit dem spezifischen Entwurf der aristotelischen *Metaphysik*, zumal deren kosmologische Komponente angesichts des neuen naturwissenschaftlichen Weltverständnisses längt obsolet geworden war. Folgenreich war dann die generelle Metaphysikkritik Kants, der in der *Kritik der reinen Vernunft* (1781) nur Gegenstände in Raum und Zeit als «Formen der Anschauung» zu Objekten menschlicher Erkenntnis deklariert hat. Gegen die Metaphysikfeindlichkeit verschiedener empiristischer und positivistischer Strömungen des 19. und beginnenden 20. Jahrhunderts haben vor allem Alfred North Whitehead (1861–1947) auf der Grundlage einer als Neuthomismus bezeichneten Rückkehr zu Thomas von Aquin und Nicolai Hartmann (1882–1950) auf verschiedene Weise die Metaphysik als philosophische Disziplin rehabilitiert. Hartmann, der auch eine eng an Aristoteles angelehnte *Ethik* (1928) verfasst hat, erweiterte die traditionelle «Gebiets-Metaphysik» und spekulative «Metaphysik» durch eine «Metaphysik der Probleme», mit der er die nie ganz durchdringbaren Grundbestände des Seins meint und dabei an die «große Kunst der Aporetik» des Aristoteles anknüpft (*Grundzüge einer Metaphysik der Erkenntnis*, 1921, 4 f.). Eine radikale Neubestimmung von Metaphysik als Ontologie unternimmt gleichzeitig Martin Heidegger, der die Frage nach dem Sinn von Sein im Horizont der Zeit neu stellt (*Sein und Zeit* 1927), dann aber (in der Vorlesung *Einführung in die Metaphysik* 1935) der traditionellen Metaphysik geradezu «Seinsvergessenheit» vorwirft, so dass die Frage nach dem Sinn von Sein neu zu stellen sei. Die kritische Diskussion über den ganzen Fragenkomplex, auch über die (gegen Heidegger gerichtete) Abhandlung von Rudolf Carnap *Die Überwindung der Metaphysik durch logische Analyse* (1931), ist seitdem Gegenstand nicht nur von philosophischer, sondern auch von theologischer Seite, so z.B. in dem Anspruch von Wolfhard Pannenberg, die Theologie habe «das Erbe der Metaphysik mitzuverwalten» (*Grundfragen systematischer Theologie*, 1971, 346). Das steht Aristoteles wieder ganz nahe.

9.
Physik – Zweite Philosophie

Die Grundlagen

Physik ist hier im umfassenden Sinn als Lehre von der Natur verstanden. Ihr wird als «Zweiter Philosophie» (*Metaphysik* VII 11, 1037 a 14–16) die Untersuchung der sinnlich wahrnehmbaren Substanzen zugewiesen. Dargestellt wird dies in den acht Büchern *Physik*, die jedoch kein kompositorisch durchgestaltetes Ganzes bilden. Zahlreiche Wiederholungen, insbesondere zu der zentralen Thematik der Bewegung, zeigen, dass verschiedene Einzelabhandlungen nachträglich zum Thema Physik zusammengestellt wurden.

Methodische Vorüberlegungen

Der eigentlichen, mit dem zweiten Buch der *Physik*[1] beginnenden Analyse der Grundbegriffe der Physik sind im ersten Buch methodische Überlegungen vorangestellt, die dann in eine Auseinandersetzung mit schon vorliegenden Ansichten münden, wie es Aristoteles auch sonst zu tun pflegt. Dabei geht es durchweg um «Prinzipien, Ursachen und Elemente» (so gleich am Anfang 184 a 11) im Sinne von Letztbegründungen, wie sie auch in der *Metaphysik* diskutiert werden. Dass die Frage nach den Prinzipien im Rahmen einer *Physik* zur Sprache kommt, hängt auch damit zusammen, dass die Prinzipien der älteren Denker (vor Parmenides) ihrerseits ‹materiehaft› konzipiert sind, also in den Bereich einer Physik fallen. Aristoteles ist geradezu bestrebt, den alten Naturbegriff im Sinne des natürlichen Werdens und Veränderns wiederherzustellen, allerdings auf einer ganz neuen Ebene, eingefügt in den Kontext der aristotelischen Seinslehre im Ganzen. Es zeigt sich auch hier, dass Fragestellung und Behandlungsart durch die philosophische Tradition vorgeprägt sind. Entsprechend ist die aristotelische *Physik* keine Experimentalphysik. Sie ist keine Abstraktion eines durch Beobachtung gewonnenen Erfahrungsmaterials, obwohl Aristoteles vor allem im Bereiche der Biologie durchaus mit Experimenten arbeitet. Auf der anderen Seite unterscheidet sie sich von den beiden anderen theoretischen Wissenschaften, der Mathematik und der reinen Ontologie (der «ersten Philosophie» also), dadurch, dass in ihr die allgemeinen Strukturen nur insoweit betrachtet werden, als sie sich im Material zeigen.

Zu den methodischen Vorüberlegungen gehört eine von Aristoteles auch an anderen Stellen seines Werkes (zum Beispiel am Anfang der *Analytica Posteriora*, I 2, 71 b 34) getroffene Unterscheidung zwischen dem «uns Einsichtigen» (γνώριμον, von manchen Interpreten mit «Bekannten» übersetzt) und Deutlichen und dem «an sich Bekannten» und «Deutlichen». Wir erfassen zuerst ein konkretes Einzelding inmitten einer Mannigfaltigkeit.

> Natürlicherweise geht der Weg methodisch von dem uns Einsichtigeren und Deutlicheren zu dem, was seinem Wesen nach das Deutlichere und Einsichtigere ist. Es fällt ja keineswegs das Einsichtige für uns mit dem Einsichtigen schlechthin zusammen. Daher muss man auf diese Weise von dem seinem Wesen nach noch Undeutlicheren, uns aber Deutlicherem zu dem seinem Wesen nach Deutlicheren und Einsichtigeren voranschreiten. Es ist ja das, was für uns zuerst klar und deutlich ist, in Wirklichkeit eine ungegliederte Mannigfaltigkeit. Erst später werden dann in der anschließenden Analyse die Elemente und Prinzipien fassbar (Phys. I 1, 184 a 16–23).

Aristoteles erläutert dies an dem Verhältnis von Wort und Sache.

> Die gleiche Sachlage haben wir auch im Verhältnis von Wort und Begriff. Das Wort Kreis etwa bedeutet irgendwie etwas Ganzes und zwar in noch ganz unbestimmter Weise, während seine Definition eine Unterscheidung bis in die Einzelheiten bringt. Die Kinder reden ja auch zuerst alle Männer mit «Vater» und alle Frauen mit «Mutter» an. Erst später können sie die beiden Eltern in ihrer Individualität erfassen (Phys. 1, 184 a 26–b 14).

Der Weg geht also vom konkreten, noch diffusen Einzelding (ein Kreis) zum definierten Allgemeinen (der Kreis). Das Wort als solches besagt noch nichts, erst die Definition bringt die Erkenntnis. Es ist der Weg, der vom diffusen Einzelnen zum definierten Allgemeinen einerseits und vom diffusen Allgemeinen zum definierten Einzelnen andererseits führt, jeweils in unterschiedlicher Richtung beschrieben. Das hängt zusammen mit der Denkfigur des «Früher» und «Später» in jeweiligem Bezug auf «uns» oder auf das «Wesen der Sache». Sie findet ihren Ausdruck auch in der Bezeichnung der ‹Metaphysik› als einer «ersten Philosophie» (zuerst der Sache nach, «für uns» später) und in der Konzeption eines «ersten Seienden».

Der ganze weitere Verlauf des ersten Buches der *Physik* gilt der Frage nach den Prinzipien für das Naturgeschehen. Damit sind Fragen berührt, die ihren ontologischen Rang in der «Ersten Philosophie» haben, bei deren Diskussion in der *Physik* jedoch die Darstellung in der *Metaphysik* nicht vorausgesetzt ist. Es geht jetzt auch nicht um die Prinzipien als solche, sondern um die Erkenntnis dessen, wofür die Prinzipien sind. Wie fast immer, so gewinnt Aristoteles auch hier seine Position aus der Diskussion schon vorhandener Meinungen, also der Prinzipien der früheren Denker. Er zählt alle möglichen Alternativen auf, also ob es nur ein oder mehrere Prinzipien gibt, ob eines oder mehrere veränderlich oder unveränderlich sind. Bei *einem* Prinzip, das unveränderlich ist und zugleich das ganze Sein umfasst (so bei Parmenides) unter dessen Annahme Bewegung generell geleugnet wird (Melissos), ist Naturwissenschaft überhaupt nicht möglich. Inkonsequenterweise setzt sich Aristoteles auch mit diesen Lehren auseinander, weil deren Prüfung «von philosophischem Interesse ist» (Phys. I 2, 185 a 20). So diskutiert er die Lehren von Parmenides, Melissos, dann die Auffassung der «Naturphilosophen» Anaximander, Anaxagoras und Empedokles.

Aristoteles' eigene Auffassung geht von einer Prinzipienpluralität aus. Alles Naturgeschehen, wie es sich im Horizont von Werden und Vergehen abspielt, setzt eine Pluralität von meist paarweise als Gegensätze auftretenden Prinzipien (Stoff – Form; Möglichkeit – Wirklichkeit usw.) voraus. Aristoteles arbeitet «mit einer Mehrheit von unverbundenen Prinzipiensystemen», weil es Aufgabe der Naturwissenschaft ist, eine gegebene Sache aus Prinzipien verständlich zu machen.[2] Prinzipien sind immer Prinzipien für etwas; sie können nicht mit der Sache, für die sie Prinzipien sind, zusammenfallen, wie es z.B. Parmenides angenommen hatte. Prinzipien sind auch nicht auseinander ableitbar und nicht auf ein Drittes zurückführbar. Wohl bedarf es aber eines Dritten, des «Zugrundeliegenden», an dem sich die als Gegensatzpaare konzipierten Prinzipien zeigen (Kap. 7). Schließlich grenzt Aristoteles seine Konzeption gegen die Prinzipienlehre Platons ab, auf den hier jedoch nicht mit namentlicher Nennung, sondern mit der typischen Form im ‹Plural des Zitats› («Andere meinen ...») verwiesen wird.

Grundbegriffe der Natur

Der Hauptteil der aristotelischen *Physik* (Buch II–VII) enthält eine Analyse des Naturgeschehens im Lichte dieser Grundbegriffe.

Der Naturbegriff selbst wird nicht bestimmt als allumfassender Inbegriff einer ‹Natur› im Ganzen, sondern zur Bezeichnung natürlicher Dinge in Abgrenzung gegen vom Menschen produzierte Artefakte.

> Von allen seienden Dingen sind die einen von Natur aus, die anderen aus anderen Ursachen. Von Natur aus sind die Lebewesen und ihre Glieder, die Pflanzen und die Elementarkörper wie Erde, Feuer, Luft und Wasser, denn wir sagen, dass diese Dinge von Natur aus sind. All diese Dinge unterscheiden sich aber von den nicht natürlichen Gebilden. Von den Ersteren hat jedes in sich selbst das Prinzip von Bewegung und Beharrung, die einen hinsichtlich des Ortes, die anderen hinsichtlich Wachsen und Abnehmen, noch andere hinsichtlich qualitativer Veränderung (Phys. II 1, 192 b 8–15).

Aristoteles geht also sogleich vom Charakter der Natürlichkeit des einzelnen Seienden (bzw. der Gattung) aus. Lebewesen können sich von sich aus im Raum bewegen, Pflanzen können wachsen und vergehen, natürliche Elemente können ihre Eigenschaften ändern; Wasser kann warm oder kalt werden. Dagegen stellt Aristoteles die von Menschen geschaffenen Produkte. Ein Bett, ein Mantel oder Ähnliches kann sich nicht von sich aus bewegen, wachsen usw. Oder umgekehrt: Lebewesen oder Elementarkörper werden nicht von Menschenhand geschaffen. Aristoteles begrenzt gegenüber dem den gesamten Kosmos umfassenden Naturbegriff der frühen Denker (der sogenannten Vorsokratiker) Natur und Natürlichkeit auf diejenige Sphäre des Seins, in der Bewegung und Veränderung stattfinden.[3] Im aristotelischen Werk wird das Wort «Natur» (φύσις) unter verschiedenen Aspekten untersucht[4], aber immer auf die sublunare Welt der Erscheinungen und Veränderungen bezogen.

Die *Physik* des Aristoteles hat es nun aber nicht nur mit den «natürlichen Dingen» zu tun, sondern mit allen Körpern, ihren Zuständen, Bewegungen und deren Prinzipien, welche die Bedingungen und Modalitäten der Veränderung begründen. Hier kommen wieder die vier Hauptursachen (Material, Wesen, Bewegungsursache, Zweck) ins Spiel (*Physik* II 3–9), die an verschiedenen Stellen des aristotelischen Werkes auftauchen (vgl. S. 213). Jede Bewegung und Veränderung vollzieht sich im Rahmen dieser vier Ursachen. Dabei meint die «Zweckursache», dass jede Bewegung und Veränderung zielgerichtet ist, sofern kein äußeres Hindernis vorliegt. Jede handwerkliche Produktion verfolgt ein Ziel; jedes Durchlaufen einer Strecke ist eine zielgerichtete Ortsbewegung. Dabei treten die vier Ursachen nicht zueinander in Konkurrenz, sondern ergänzen sich gegenseitig zu zielgerichteten Prozessen der Bewegung und Veränderung. Das ist der Kern der ‹Teleologie› des Aristoteles.

Sind demnach alle Prozesse in der Welt der Erscheinungen ‹teleologisch› orientiert, so erhebt sich die schwierige Frage, wie denn scheinbare Störungen der Teleologie, also ateleologisch verlaufende Prozesse wie blinde Automatik und wirkliche oder scheinbare Zufälle zu erklären sind (*Physik* II 4–6). Der Zufall ist für Aristoteles keine universelle Macht, sondern ereignet sich in der Welt des Handelns, wenn – bei positiver Konnotation des Wortes «Zufall» (τύχη) – ein Zweck beiläufig erreicht wird, der nicht intendiert war. Das von Aristoteles angeführte Beispiel verdeutlicht den Sachverhalt: Jemand ist auf den Markt gegangen und hat dort «zufällig» einen Schuldner getroffen, den zu treffen ihm sehr gelegen kam, mit dessen Anwesenheit auf dem Markt er aber nicht gerechnet hat (Phys. II 4, 196 a 1–5). Es handelt sich um den Zusammenfall eines durchaus zweckbestimmten Handelns (Gang auf den Markt) mit dem Erreichten eines zwar generell, aber nicht unter den gegebenen Umständen intendierten Zweckes (Treffen des Schuldners). Der Zufall nimmt damit den Charakter des Beiläufigen innerhalb eines insgesamt teleologischen Kontextes an. Der Zufall ist dabei keine Störung der Teleologie, welche die Möglichkeit beiläufiger Ursachen wie des Zufälligen offen lässt.[5]

Natürlich kennt Aristoteles auch den Zufall mit unglücklichem Ausgang. Er verweist auf den Sprachgebrauch, wonach wir sagen, wir hätten durch die Fügung des Zufalls Glück gehabt, wenn uns beinahe, aber nicht wirklich ein großes Unglück getroffen hätte, während wir andererseits Pech haben, wenn uns etwas Erfreuliches beinahe zuteil geworden wäre. Dabei unterlässt Aristoteles – im Hinblick auf seine Ethik – die Bemerkung nicht, dass diese Art «Glück» als ein aus der Regel fallendes Geschehen nicht beständig ist, nicht verwechselt werden darf mit der «Eudämonie» als Ziel der Verwirklichung des Menschen.

Eng verwandt mit dem Begriff «Zufall» (τύχη) ist der weitere, den «Zufall» einschließenden Begriff des (wörtlich) «Automatischen» (ταὐτόματον). Die Übersetzungen schwanken («das Spontane», «blinder Zufall»); wir übersetzen mit: «blinde Automatik». Der Unterschied zum

«Zufall» («Fügung») ist, dass dieser nur auf Wesen zutrifft, von denen man sagen kann, sie hätten Glück oder Unglück gehabt, während die «blinde Automatik» auf das Naturgeschehen bezogen ist.

Aristoteles hatte im Rahmen einer Physik Veranlassung, sich mit denjenigen früheren Denkern auseinanderzusetzen, die die Welt als ein Produkt reinen Zufalls oder blinder Automatik angesehen haben.

> Einige Philosophen geben als Ursache für dieses (sichtbare) Himmelsgebäude und für alle Welten überhaupt als Ursache einen blinden Automatismus an. So sei ganz zufällig von selbst der Urwirbel und jene Bewegung entstanden, die das Ganze der Welt ausdifferenziert und in die gegenwärtige Ordnung gebracht hat. Gerade das ist aber äußerst befremdlich: Während sie einerseits sagen, dass Tiere und Pflanzen weder ihre Existenz noch ihr Entstehen dem Zufall verdanken, ... behaupten sie andererseits, dass das Himmelsgebäude und (die Gestirne), die göttlichsten unter den sichtbaren Gebilden, aus blindem Automatismus entstanden seien (Phys. II 4, 196 a 24–34).

Aristoteles setzt sich hier mit Philosophen wie Empedokles, Anaxagoras und den Atomisten auseinander, die – so meint er – die Ordnung in der Welt der Erscheinungen zwar kennen und beschreiben, sie aber nicht hinreichend erklären können. Auf der anderen Seite grenzt er sich auch (hier implizit) gegen die Lehre Platons ab, der die Ordnung der Welt durch die Annahme eines Weltbaumeisters erklären wollte (vgl. S. 230). Für Aristoteles gibt es keine «hinter den natürlichen Dingen stehende planende Instanz»,[6] weil die Welt überhaupt nicht erschaffen, sondern ewig ist.

Diese Welt ist so eingerichtet, dass die Natur und das heißt: alle regulären Prozesse in der Natur zweckgerichtet sind. Dabei mag es nach unserem Verständnis von «Physik» merkwürdig sein, dass Aristoteles in die Betrachtung der Natur immer wieder die auf ein Ziel gerichtete menschliche Tätigkeit einbezieht. Seine Grundannahme ist, dass die Struktur menschlichen Herstellens sich völlig deckt mit der Struktur dessen, was die Natur produziert (Phys. II 8, 199 a 9–11). Wäre ein Haus ein Naturprodukt, so käme es auf demselben Wege zustande, als wäre es durch Menschenhand hergestellt. Wie der Hausbau auf eine Zweckursache zurückgeht – die Absicht ein Haus zu bauen –, so sind alle Produkte natürlicher Wesen ebenfalls final strukturiert. Aristoteles führt als Beispiele Ameisen, Spinnen und Schwalben an, die ihre Netze und Nester bauen, wie es die Menschen machen würden, doch ohne dass es dazu einer rationalen Planung oder eines vorangehenden Entschlusses bedurft hätte.

Ebenso gibt es bei den Pflanzen eine Finalität, nur ist sie nicht so ausgeprägt spürbar. In allen Fällen ist die Zweckgerichtetheit schon im Samen angelegt, der zur organischen Entfaltung führt, falls keine Störfaktoren eintreten. Alle Naturprozesse verlaufen mit «Notwendigkeit». Aristoteles unterscheidet zwei Bedeutungsnuancen von «Notwendigkeit», eine «Notwendigkeit schlechthin» und eine «bedingte Notwendigkeit» ἀνάγκη ἐξ ὑποθέσεως). Mit der «Notwendigkeit schlechthin» ist eine Naturkausalität gemeint, die Aristoteles auf den Bereich der Gestirne beschränkt, deren Umlauf nicht von weiteren Bedingungen abhängig ist. Die «bedingte Notwendigkeit» bedeutet die Unterordnung der Notwendigkeit unter ein Ziel (Telos). Jeder Werdeprozess ist zwar auf ein Material angewiesen (causa materialis), das aber ohne ein Telos nichts bewirkt. Aristoteles illustriert dies am Beispiel der Säge. Damit eine Säge wirksam werden kann, muss sie aus entsprechendem, hartem Material bestehen. Sie wirkt aber erst, wenn sie zur Erreichung eines Zieles angewendet wird. Dabei ist das Ziel ohne das Material nicht zu erreichen, aus dem allein aber ohne zielgerichtete Steuerung überhaupt nichts werden kann (*Physik* II 8). Das Material ist also als Voraussetzung notwendig.[7]

Bewegung

«Bewegung» ist als Grundphänomen der Natur der Schlüsselbegriff zum Verständnis der aristotelischen *Physik*.

> Wer die Bewegung nicht kennt, kennt die Natur nicht (Phys. III 1, 200 b 15–16).

Große Teile der aristotelischen Physik handeln von den Bewegungs- und Veränderungsprozessen in der Natur, in mehrfachen Wiederholungen und in Abgrenzung gegen andere Begriffe. Wir können hier nur das Wichtigste resümieren.

Sowohl der griechische Begriff «Kinesis» (κίνησις) wie das deutsche Wort «Bewegung» bezeichnen in allererster Linie die Ortsbewegung. In beiden Sprachen gibt es auch metaphorische Verwendungsweisen des Wortes «Bewegung», wie etwa politische Bewegung, innere Erregung usw. Spezifisch aristotelisch scheint aber die starke Ausweitung des Bewegungsbegriffes über die bloße Ortsbewegung hinaus zu sein. Denn Aristoteles schließt in diesen Begriff auch alle anderen Formen der Veränderung – also Entstehen und Vergehen, quantitative und qualitative Veränderungen wie Wachstum, Abnahme usw. – ein, so dass man verschiedentlich versucht hat, all diese Bedeutungsnuancen auch in einer adäquaten Übersetzung einzufangen. Die Übersetzung «Prozess» oder «Prozessualität» (so Hans Wagner 1967) hat sich jedoch nicht durchsetzen können, so dass es sich empfiehlt, bei «Bewegung» zu bleiben. Aristoteles brauchte jedenfalls einen einheitlichen Begriff zur Bezeichnung aller Veränderungsvorgänge, von denen wir nur einen Teil «Bewegung» zu nennen pflegen, vom einfachen Pflanzenwuchs über handwerkliche Vorgänge, unregelmäßige Bewegungen in der Atmosphäre bis hin zur Kreisbewegung der Gestirne und zum «unbewegten Beweger». Er hat sogar Phänomene des Lernens, Heilens, Reifens und Alterns als «Bewegungen» gefasst und in sein Modell von Bewegung einbezogen.

Aristoteles selber hat neben das Wort «Kinesis» gelegentlich den Begriff «Veränderung» (μεταβολή, metabole) gesetzt, um die Spannweite des Bewegungsbegriffes zu verdeutlichen (Phys. III 1, 201 a 2 und öfter). Ein relativ weit gefasster Bewegungsbegriff war auch durch die philosophische Tradition vorgeprägt, in der Aristoteles stand. Das Phänomen der Bewegung ist zum ersten Mal Gegenstand der Diskussion geworden bei Parmenides und seinen Schülern Zenon und Melissos, den sogenannten Eleaten, benannt nach dem Geburtsort von Parmenides und Zenon, der süditalischen Stadt Elea (Velia). Denn mit der Konzeption des einen, reinen Seins und der als bloßer Sinnestäuschung deklassierten Bewegung war eine provozierende Situation geschaffen, die sofort Widerspruch auslöste. Das führte dann zu den berühmt gewordenen zenonischen Paradoxien, wonach – um nur ein Beispiel zu nennen – der schnelle Läufer Achill die langsame Schildkröte nie einholen könne, wenn diese beim Start einen geringen Vorsprung hat, den der schnelle Läufer erst erreicht hat, wenn die Schildkröte erneut ein kleines Stück vorangekommen ist. Der entgegengesetzte Augenschein sei Sinnestäuschung. Aristoteles hat sich mit diesen Paradoxien im Zusammenhang mit der Frage, ob eine gerade Strecke ins Unendliche gehen kann, auseinandergesetzt.[8] Modell für das, was «Bewegung» heißt, ist hier zunächst das zielgerichtete Durchlaufen einer Strecke. Aber da es ja um Veränderungen schlechthin geht, ist die Ortsbewegung Exempel für jede Art von Bewegung gegenüber einem unveränderlichen Sein, wie es Parmenides konzipiert hatte. Zu einer gewissen Rehabilitierung des Begriffes der Bewegung im ontologischen Kontext gelangt dann Platon im Zuge der Lockerung der rigorosen Trennung von Sein- und Nicht-Sein bei Parmenides in einer Untersuchung der drei Begriffe Sein, Stillstand und Bewegung, wie man sie in dem späten Dialog *Sophistes* findet (254 B–259 C). Bewegung und Stillstand können sich nicht vermischen, aber beide vermischen sich mit dem Sein. Bewegung hat Anteil am Sein, aber auch am Nicht-Sein, ist also Sein und Nicht-Sein zugleich. So stellt es Platon dar.

Selbstverständlich hat Aristoteles einen ganz anderen Zugang zum Phänomen der Bewegung; er konnte aber in der Begrifflichkeit und in der philosophischen Diskussionslage an Platon anknüpfen, ohne allein mit der schroffen Zurückweisung von jeglicher Bewegung durch Parmenides konfrontiert gewesen zu sein.

Das Wichtigste an der aristotelischen Konzeption der Bewegung ist, dass es diese als etwas Abstraktes unabhängig von den einzelnen Dingen gar nicht gibt, sondern immer bezogen auf eine bewegte Sache (Phys. III 1, 200 b 33). Insofern ist Bewegung ein Relationsbegriff, nicht ein den Dingen übergeordneter Allgemeinbegriff. Die Bewegungsabläufe erklärt Aristoteles mit Hilfe seiner interpretatorischen Grundkonzeptionen, den einzelnen Kategorien, den vier Ursachen und vor allem dem Begriffspaar Möglichkeit und Wirklichkeit, das bei allen als «Bewegung» gefassten Änderungsprozessen zugrunde liegt. Bewegung in diesem weit gefassten Sinn heißt die Verwirklichung der Möglichkeit eines Dinges oder eines Lebewesens, das seinerseits potentiell schon Wirklichkeit ist. Am Beispiel des Hausbauens erläutert Aristoteles, dass die «Wirklichkeit» («Energeia») nicht etwa das fertige Haus ist, sondern der Vorgang des Hausbauens selbst, der «eine Art von Bewegung ist» (Phys. III 1, 201 b 14).

Neben diesen prinzipiellen Distinktionen (*Physik* III 1–3) ist das ganze fünfte Buch der *Physik* der detaillierten Erörterung verschiedener Arten von Bewegung und Veränderung gewidmet. Es geht um das Verhältnis von Beweger und Bewegtem, um Anfangs- und Endpunkt der Bewegung, um Einheitlichkeit und Uneinheitlichkeit von Bewegungsprozessen, um Gegensätzlichkeiten von Ruhe, Beharrung und Bewegung, um natürliche und unnatürliche Aufwärts- und Abwärtsbewegungen. Insgesamt gehört der Begriff der Bewegung entsprechend seiner zentralen Bedeutung für das Weltverständnis des Aristoteles zu den am ausführlichsten diskutierten Begriffen im Bereiche von Physik und Ontologie.

Das Unendliche

Das Ergebnis der relativ umfangreichen Abhandlung über das Unendliche (*Physik* III 4–8)[9] lässt sich in wenigen Worten zusammenfassen: Es gibt für Aristoteles das Unendliche als physikalische Größe nicht. Die Ausführlichkeit der Erörterung hängt mit der philosophischen Tradition zusammen. Denn seitdem Anaximander (ca. 610–547 v. Chr.) das Apeiron (das Unbegrenzte; das Unendliche) zum Weltprinzip erklärt hatte, spielen Begriff und Sache des Unendlichen in der Philosophie eine bedeutende Rolle, sei es bei den frühen Denkern als Unendlichkeit an einem Substrat (Wasser, Luft, Feuer) oder im Sinne unendlich vieler Urbestandteile (Anaxagoras, Atomisten), sei es als selbständige Größe bei den Pythagoreen oder als Prinzip der Vielheit bei Platon. Diese Thematik war für Aristoteles nicht nur eine philosophiehistorische, sondern eine aktuelle Angelegenheit, die voller Probleme steckt.

> Die Theorie des Unendlichen hat ihre Schwierigkeiten; man mag die Existenz eines Unendlichen annehmen oder nicht, sofort ergeben sich viele unangenehme Konsequenzen (Phys. III 4, 203 b 30–32).

Aristoteles lässt durchaus offen, ob es im Bereich der reinen Mathematik unendliche Größen gibt (Phys. III 5, 204 b 1); auch gesteht er die Möglichkeit zu, über jede angenommene Grenze hinaus zu denken. Man kann einen Menschen unendlich mal größer denken, als man selber ist. Nur existiert ein solcher Mensch nicht wirklich, sondern nur als bloße Denkmöglichkeit. Aristoteles begrenzt die Untersuchung auf die Frage, ob es das Unendliche im Bereich der Physik gibt. Da das Unendliche, wie im Falle der Bewegung, als Wesenheit für sich keine Existenz hat, geht es nur darum, ob es eine unendliche Größe als Substanz im Bereich der sinnlich wahrnehmbaren Welt gibt. Diese Frage wird verneint auf dem Hintergrund der aristotelischen Grundannahmen. Jeder Körper hat seinen bestimmten Ort, hat sein Oben und Unten, ist in Bewegung oder Ruhe. All das kann auf einen unendlich großen Körper nicht zutreffen. Unendlichkeit kommt keinem Ding als Eigenschaft zu. Unsere Welt stößt auch nicht an ein unendliches Universum, weil es für Aristoteles nur eine, von der Himmelschale mit den Planeten umschlossene Welt gibt und darüber hinaus nur den «ersten Beweger», mit dem Aristoteles den Gedanken des Unendlichen nicht verknüpft.

Und doch schließt Aristoteles nicht jegliche Unendlichkeit aus. Er nimmt sie an für die Zeit, die sonst Anfang und Ende haben müsste, und für die Zahl, die bei Ausschluss von Unendlichkeit eine endliche Zahlenreihe aufweisen müsste. Ferner nimmt er die unendliche Teilbarkeit von Größen, zum Beispiel einer Linie an, wenn auch nur theoretisch, nur der Möglichkeit nach. So gibt es für ihn eine «Unendlichkeit der Möglichkeit nach» (Phys. III 6, 206 a 18). Wie Aristoteles ausdrücklich anmerkt, handelt es sich dabei um einen anderen Möglichkeitsbegriff als dem, der nach Verwirklichung drängt. Es handelt sich vielmehr hier um eine Möglichkeit, die niemals Wirklichkeit werden kann. Es gibt keinen unendlich geteilten Körper im Modus der Wirklichkeit, aber er ist der Möglichkeit nach unendlich teilbar. Die Schwierigkeit des Verständnisses liegt darin, dass Aristoteles das Begriffspaar: Möglichkeit – Wirklichkeit hier zwar ausdrücklich einführt, aber in einem anderen Sinn gebraucht als sonst. Das Unendliche als reine Möglichkeit ist das Gegenteil von dem, was man sonst als das Unendliche angesehen hat.

> Es ergibt sich, dass das Unendliche (das Unbegrenzte) das Gegenteil von dem ist, als was es angesehen wird. Es ist nicht dasjenige, außerhalb dessen nichts mehr ist, sondern dasjenige, außerhalb dessen immer noch etwas ist (Phys. III 6, 207 a 1–3).

Das Unendliche ist also für Aristoteles nicht das Allumfassende, der Urgrund allen Werdens, sondern dasjenige, außerhalb dessen bei theoretisch unendlicher Teilbarkeit immer noch ein Weiteres ist, das weiter teilbar ist.

Das Ergebnis sollte nicht überschätzt werden. Es ist ein Kompromiss zwischen verschiedenen Positionen in einer lebhaften Diskussion. Und der Weg zur Infinitesimalmathematik (Algorithmen, unendliche Reihen) führt nicht von Aristoteles, sondern von dem berühmten Mathematiker Euklid (um 300 v. Chr.) über die Mathematik der Renaissance und von da weiter bis in die moderne Theorien zur Infinitesimalmathematik.

Raum und Ort

«Raum» ist eine physikalische Grundkategorie ersten Ranges. Die Existenz eines Raumes, in dem sich alle Dinge befinden, ist eine allgemeine Annahme, die sich bereits in vorphilosophischer Dichtung findet. Aristoteles selber zitiert Hesiod (*Theogonie* 116) mit dem Satz, dass zu allererst das «Chaos» als allumfassender Raum entstanden sei (Phys. IV 1, 208 b 31). Einen selbständig existierenden Raum sahen dann die Atomisten (Leukipp, Demokrit) vor, während im Weltschöpfungsmythos des platonischen *Timaios* ein «Chora» (χώρα) genannter Raum als das Allumfassende konzipiert ist, der neben dem intellegiblen Modell der Ideen und dem sinnlich wahrnehmbaren Abbild als ein Drittes eingeführt wird, das alles aufnimmt und allem Werdenden einen Sitz bietet (*Timaios* 48 E–53 C). Aristoteles kennt und zitiert diese Lehre (Phys. IV 2, 210 a 2), schiebt sie aber als inkonsequent beiseite.

Für Aristoteles gibt es einen für sich existenten Raum ebensowenig wie das Unendliche als selbstständig Existierendes. Anstelle eines allumfassenden Raumes setzt Aristoteles den «Ort» («Topos», τόπος). Gemeint ist damit der von einem Körper eingenommene ‹Platz›, der außerhalb und oberhalb der Dinge keine Existenz hat, der aber die Abgrenzung der Körper gegeneinander und deren spezifische Lage markiert. Der «Ort» ist so etwas wie ein mit einem bestimmten Inhalt (dem Körper) gefülltes Gefäß. Aristoteles nennt dies einen «eigenen Ort» (ἴδιος τόπος, Phys. IV 2, 209 a 33). Jeder Körper hat einen «natürlichen Ort», der durch den Richtungsgegensatz von Oben und Unten bestimmt ist. Leichte Körper streben nach oben und haben oben ihren «natürlichen Ort», schwere Körper entsprechend unten. Der einzelne Gegenstand kann seinen angestammten «Ort» verlassen, wenn er durch äußere Einwirkung in eine andere Richtung bewegt wird. Dann entsteht jedoch keineswegs etwas Leeres oder ein Hohlraum, sondern der freiwerdende Platz wird durch einen anderen Körper eingenommen, so dass eine Art Ortstausch stattfindet. Wasser und Luft wechseln ihre Orte; wo Wasser abläuft, strömt Luft ein.

Der «Ort» ist dabei die jeweilige Angrenzungsfläche des einzelnen Körpers. Von diesem «eigenen Ort» unterscheidet Aristoteles einen «allgemeinen Ort» (κοινὸς τόπος, Phys. IV 2, 209 a 31), in dem sich alle Körper befinden. Gemeint ist damit offenbar ein Universalort, den sich alle physikalischen Körper teilen. Damit kommt Aristoteles dem Gedanken eines allgemeinen physikalischen Raumes, wie er gewöhnlich angenommen wird, doch wieder sehr nahe. Der Unterschied liegt darin, dass dieser aristotelische Universalort lückenlos angefüllt ist mit den Einzelorten entsprechend der Bewegungsdynamik des Leichten nach oben und des Schweren nach unten, wobei die Erde als Weltmittelpunkt stets an ihrer Stelle bleibt und entsprechend die uns zugewandte Grenzfläche des rotierenden Himmelsystems die gleiche bleibt. So ist die Lehre vom «Topos» auch eine Konsequenz des geozentrischen, physikalisch strukturierten Weltbildes des Aristoteles. Aristoteles wollte die mathematische Idealität des abstrakten Raumes bei Platon in physikalische Realität umwandeln.

Die Beweisführung im Einzelnen ist verschlungen, immer wieder mit Polemik durchsetzt und nicht leicht nachvollziehbar. Unklar bleibt letztlich das Verhältnis von «Ort» und Körper. Wie kann ein «Ort» darin bestehen, lediglich die Grenzlinie eines Körpers zu einem anderen Körper zu bilden?[10]

Vacuum

Hier (*Physik* IV 6–9) setzt sich Aristoteles vor allem mit den Atomisten auseinander, bei denen die Annahme eines leeren Raumes ein wichtiges Moment ihrer Lehre darstellt. Diese Lehre, von Leukipp (um 500 v. Chr.) entwickelt und von Demokrit (ca. 460 – ca. 370) ausgebaut, bedeutet einen großen Fortschritt gegenüber den früheren Kosmologien, weil die Prinzipien des Seins nicht mehr an bestimmte Stoffe (Wasser, Luft, Feuer) gebunden sind, sondern in begrifflicher Abstraktion «Atome» heißen. Es gehört zu den unerklärbaren Merkwürdigkeiten, dass Name und Lehre Demokrits von Platon mit keinem Wort erwähnt werden. Platon muss Demokrit gekannt haben, ragt Demokrit doch in die Lebenszeit Platons hinein. Umso ausführlicher setzt sich Aristoteles an verschiedenen Stellen seines Werkes mit Demokrit und der atomistischen Lehre auseinander. In diesem Kontext hat er dazu wegen des atomistischen Lehrstücks vom leeren Raum konkreten Anlass.

Relativ leichtes Spiel hat Aristoteles mit der naiven und landläufigen Meinung, ein Gefäß sei leer, wenn aus ihm die Flüssigkeit entwichen ist. Auch wir sprechen ja unreflektiert darüber, dass dann das Gefäß «leer» sei. Etwas spöttisch, aber mit Recht, urteilt Aristoteles, man habe das für leer gehalten, was in Wahrheit voller Luft sei (Phys. IV 6, 213 a 31). So habe man nicht die Realität des Leeren, sondern der Luft nachgewiesen.

Ernsthafter ist die Auseinandersetzung mit denjenigen Anschauungen, die auf der Lehre der Atomisten beruhen, für die das Leere ein Raumstück bedeutet, in dem sich kein wahrnehmbarer Körper findet, auch keine Luft. Die Atomisten gingen davon aus, dass es eine Fülle unteilbarer Körper («Atome») gibt, zwischen denen leere Zwischenräume lägen. Anders glaubten sie, könnten Phänomene wie Verdünnung und Verdichtung, Wachstum und überhaupt Bewegung nicht erklärt werden. Das Leere sei dabei eine Lücke in der Körperwelt, in die hinein ein Körper ausgedehnt und überhaupt bewegt werden könne.

Die Diskussion über die Existenz des Leeren muss zur Zeit des Aristoteles aktuell gewesen sein. Darauf weisen auch Experimente, über die Aristoteles berichtet. So könne Wein, wenn er, von Fässern in Schläuche umgefüllt, weniger Platz einnehmen als vorher, an Volumen also verlieren, indem er durch Eindringen in Leerstellen komprimiert wird. Ähnlich steht es mit dem Gefäß, das mit Asche gefüllt ist und ebenso viel Wasser aufnehmen kann, als wäre es ‹leer›.

Selbstverständlich lehnt Aristoteles – mit nicht immer leicht durchschaubaren Argumenten – die Existenz eines leeren Raumes ab. Eine solche Annahme widerspräche allen Grundsätzen seiner Physik. Sie widerspräche vor allem den aristotelischen Bewegungsprinzipien. Diese sehen natürliche Bewegungen nach oben und unten vor, während der Raum der Atomisten rein mechanische Bewegungen und keine Zielrichtungen kennt, also «isotrop» ist. Schließlich gelangt Aristoteles zu der etwas spöttisch formulierten Feststellung, die Annahme des Leeren sei in Wirklichkeit eine «leere Annahme» (Phys. II 8, 216 a 26). Die Atomistik kennt keine Teleologie, keine zweckmäßige Einrichtung der Natur, kein immaterielles Seinsprinzip, nur Zusammenballungen von Atomen verschiedener Größe und Gestalt. Das Weltbild des Aristoteles ist von alledem das Gegenteil. Seine Konzeption von Bewegung, Wachstum, Zweckursache und Naturgeschehen im Ganzen erlaubt folgerichtig nicht die Annahme eines «leeren Raumes».

Aber das Problem war damit nicht ausgestanden. Das zweite Schulhaupt nach Aristoteles in der Leitung des Peripatos, Straton von Lampsakos (1. Hälfte des 3. Jh.s v. Chr.), hat, losgelöst von den übrigen Prinzipien der Atomisten, eine ganz eigentümliche Lehre von diskontinuierlichen leeren Räumen angenommen und darüber eine (verlorene) Schrift *Über das Leere* verfasst. Er ging davon aus, dass Sonnenstrahlen, aber auch Wärme, Kälte und Luft in andere Körper eindringen können, welche dann leere Hohlräume aufweisen müssten. Offenbar hat Straton in seiner Schrift das aristotelische Beispiel von dem Gefäß, das für Asche und Wasser zusammen ebenso viel Platz hat wie für jedes einzeln (Phys. IV 7, 214 b 5–10), aufgenommen, aber unaristotelisch umgebogen als Beleg für die Existenz leerer Hohlräume in den Körpern, hier: in der Asche.[11] Straton wurde «der Physiker» genannt, weil er auf jede Art metaphysischer Begründung verzichtete.

Zeit

Die komplizierte Abhandlung über die Zeit (*Physik* IV 10–14) hat von jeher die Aufmerksamkeit der Interpreten auf sich gezogen, ist doch die Zeit ein Kernstück jeglicher Physik. Ausgangspunkt ist die Frage, wie sich die Zeit zum Sein verhält.[12] *Sein und Zeit* ist der Titel des Hauptwerkes von Martin Heidegger (1927);[13] die Brisanz des Themas, inwieweit sich Seiendes in der Zeit zeigt, bleibt aktuell.

> Das eine Stück Zeit ist vorbei und ist nicht mehr, das andere kommt erst noch und ist noch nicht. Aus diesen Stücken besteht sowohl die unendliche als auch die jeweils herausgegriffene Zeit (Phys. IV 10, 217 b 33–218 a 2).

Aristoteles arbeitet offenbar mit zwei verschiedenen Zeitbegriffen, einmal der unendlichen, ewigen Zeit ohne Anfang und Ende und dann mit dem Zeitabschnitt als Grenze zwischen Vergangenheit und Gegenwart. Diesen Zeitabschnitt nennt er auch «das Jetzt» (τὸ νῦν).

Was nun das Wesen der Zeit betrifft, so findet Aristoteles in der Überlieferung keine klare Auskunft. Den älteren griechischen Denkern galt die Zeit als eine selbständige, überwirkliche Macht. Für Platon ist die Zeit zusammen mit dem Kosmos das Werk eines göttlichen Demiurgen, als Abbild einer Ewigkeit geschaffen (*Timaios* 37 C–39 D), ihrerseits ewig insofern, als sie, einmal geschaffen, unbegrenzt andauert. Aristoteles wendet sich gegen diese Vorstellungen ebenso wie gegen die Auffassung, die Zeit sei nichts anderes als die Himmelsrotation, und erst recht gegen Lehren (der Atomisten), wonach es mehrere Welten gäbe, was die Existenz mehrerer Zeiten zur Folge hätte. Für Aristoteles ist die Zeit ewig, ohne Anfang und Ende, aber unselbständig, aufs engste mit dem Begriff der Bewegung verknüpft, ohne mit diesem identisch zu sein. Seine Definition macht dies deutlich:

> Die Zeit ist die Zahl der Bewegung hinsichtlich des Früheren und des Späteren (Phys. IV 11, 219 b 1).

Das Wort «Zahl» bedeutet dabei nicht, dass die Zeit aus Zahleinheiten bestünde, sondern dass sie zählbar ist, und zwar durch den Menschen. Damit kommt ein subjektives Moment in den Zeitbegriff hinein. Ebenso wie es Bewegung nur an Dingen gibt, existiert die Zeit nur in Relation zum Menschen, der die Zeit als Folge von Minuten, Stunden und Tagen erfährt und seine Zeiterfahrung in Vergangenheit und Gegenwart projizieren kann. Die Zeit ist in der menschlichen Seele verankert. Der Mensch hat ein Zeitbewusstsein, mit dem er Veränderungen in der Welt der Wahrnehmungen bemerkt und in Form von Zahlen in der Zeit festhält.

Auf der anderen Seite gibt es in der Konzeption des Aristoteles die Zeit auch dann, wenn der Mensch sie nicht zählt. Aristoteles demonstriert dies anhand von Legenden über mythische Langschläfer. Sie knüpfen nach ihrem Aufwachen die dann eintretende Gegenwart unmittelbar an den zuletzt erlebten Zeitabschnitt an, indem sie die Zwischenzeit als in ihrem Bewusstsein nicht vorhanden sozusagen annullieren. Umgekehrt bleibt in wachem Zustand ein Zeitbewusstsein auch im Dunkeln und bei völligem Fehlen äußerer Eindrücke bestehen (Phys. IV 11, 218 b 21–219 a 5). Die Zeit ist zwar prinzipiell an den Menschen und sein Wahrnehmungsvermögen gebunden, nur wenn dieses vorübergehend aussetzt, fällt auch das Zeitbewusstsein aus, während die Zeit weiter existiert.

Von nicht geringer Bedeutung für die Zeittheorie des Aristoteles ist das, was er «das Jetzt» (τὸ νῦν) nennt (*Physik* IV 11 und VI 3). Das «Jetzt» ist wiederum nur in Relation zum Menschen möglich. Es ist ein von Menschen gemachter ‹Zeitschnitt›, um in dem fließenden Kontinuum der Zeit eine Zeitphase herauszuheben. Dazu braucht man zwei durch «das Jetzt» bezeichnete Zeitschnitte, jeweils für den Anfang und für das Ende einer Zeitphase. Aristoteles nennt «das Jetzt» eine «Grenze» (Phys. IV 10, 218 a 24) zwischen dem «Früheren» und dem «Späteren», zwischen Vergangenheit und Zukunft. «Das Jetzt» bezeichnet aber nicht eine diffuse Gegenwart, sondern präzise den Schnitt, der für einen Moment die Dinge, die im Fluss der Zeit in ständigem Werden und Vergehen begriffen sind, als das, was sie sind, erfahrbar macht.[14] In diesem Sinne ist das «Jetzt» eine Phasenbegrenzung. Mit dem «Jetzt» enthält die Zeit ein unteilbares Moment. Wäre das «Jetzt» teilbar, würden Vergangenheit und Gegenwart ineinander greifen und so ineinander übergehen. Das «Jetzt» ist aber keine Zeitstrecke, sondern nur der Schnitt als Grenze. Aristoteles hebt diesen terminologisch fixierten Gebrauch des Wortes «Jetzt» von der Verwendung des Ausdrucks im allgemeinen Sprachgebrauch ab, wonach man sagt: «Er wird jetzt kommen»; «er ist jetzt gekommen» (Phys. IV 13, 222 a 22). Man verwendet hier das Wort «Jetzt» zur Bezeichnung der Nähe zu einer Zeitspanne in Vergangenheit oder Zukunft. Deshalb kann man auch nicht sagen: Der troische Krieg ist jetzt gewesen, weil die Zeit zwar ein einziges Kontinuum ist, zum troischen Krieg aber zu weit entfernt ist, als dass man «jetzt» sagen könnte.

Auf der anderen Seite besteht die Zeit nicht aus einer bloßen Reihung von dauerlosen Jetztpunkten; die Zeit wäre dann eine ruckartige Bewegungsfolge. Sie ist nicht, wie Heidegger in Bezug auf die aristotelische Lehre meint, eine «freischwebende Jetztfolge», sondern ein phasenloses Bewegungskontinuum, aus dem der Mensch Zeitabschnitte von unterschiedlichem Umfang herausheben kann. Erst dadurch wird die Zeit messbar. Die Maßeinheit für die Zeit ist die Zahl und es ist eine wesentliche Leistung der Zahl, die Zeit messen zu können. Dieser Vorgang vollzieht sich in der menschlichen Seele, die auf diese Weise der Zeit zugeordnet ist. Die Zeit ist aber nicht der Bewusstseinsinhalt der Seele, denn die Zeit ist nicht in der Seele. Der Ablauf von Bewegungsphasen als Substrat der Zeit ist von der menschlichen Seele unabhängig. Aber erst durch die Tätigkeit der abzählenden Seele wird daraus wirkliche Zeit. Die Zahl hat dabei einen ganz anderen Charakter als in der platonischen Zahlenlehre. Sie ist keine ontologische Instanz in der Stufung des Seins, sondern ein Instrument, mit dem der Mensch sich die Welt erschließt, allerdings nur die Welt der Bewegung und Veränderung, während der Bereich des Ewigen sich der Zeit entzieht. Der «unbewegte Beweger» steht außerhalb von Raum und Zeit.

Die Lehre des Aristoteles von der Zeit ist ein integraler Bestandteil seiner Bewegungsphysik und aus dieser auch nicht ohne weiteres herauslösbar. So haben Speusipp und Xenokrates zwar an dem Bezug der Zeit zur Bewegung festgehalten, aber nicht an der Subjektivierung des Zeitbegriffes mit dem Moment des Zählens in der Seele. Die hellenistische Philosophie ging ganz andere Wege; die Stoa ersetzte in der Zeittheorie den Begriff der Zahl durch den des Intervalls; Epikur stand auch in der Zeittheorie in atomistischer Tradition (die ewige Zeit setzt die Atome in Bewegung, aber nicht den Kosmos), der Neuplatonismus begreift in der Nachfolge Platons die Zeit als Abbild der Ewigkeit. Von hier aus geht der Weg in die Zeittheorien des Mittelalters und der frühen Neuzeit.

Für die neuzeitlichen Zeitvorstellungen war lange Zeit normativ die Theorie Isaac Newtons (1643–1727) von der absoluten Zahl als mathematisches Gebilde ohne Bezug auf einen äußeren Gegenstand und unabhängig von jeglicher Rezeption. Das gilt auch noch für Kant, für den die «absolute, wirkliche mathematische Zeit» eine «reine Form der sinnlichen Anschauung» bedeutet. Erst die Relativitätstheorie Einsteins hat die absolut verstandene Zeit durch die Konzeption von der Veränderung der Zeitachse in Relation zum Bewegungssystem des Beobachters ins Wanken gebracht.

Bemerkenswert ist, dass zahlreiche philosophische Zeittheorien des 20. Jahrhunderts – im Unterschied zu Aristoteles – nicht auf dem Boden der zeitgenössischen naturwissenschaftlichen Erkenntnisse stehen. Das gilt zum Beispiel für Heidegger, der die Zeit einerseits nur im Gegenwärtigen als Horizont des Seins vorhanden sah, sie aber andererseits in ihrer Erscheinung in der Gegenwart als nur schwaches Abbild einer Ewigkeit, einer reinen Gegenwart, verstand, womit er sich – wie auch auf anderen Gebieten – stärker an Platon als an Aristoteles annäherte.

Das Phänomen der Zeit wird im Übrigen – ganz unaristotelisch – mit Erfahrungen und Visionen in Verbindung gebracht, die sich vom physikalischen Raum ganz lösen, und als «kulturelle Zeit», «Chronopathologie» zu Grenzerfahrungen, ja sogar zu einer Negativität der Zeiterfahrung (Gadamer) bis hin zu zeitlich fixierten Schreckensutopien (George Orwell) führen.[15]

Kontinuum

Während das fünfte Buch der *Physik* noch einmal von den verschiedenen Arten der Bewegung und Veränderung handelt (wir dürfen die Einzelheiten jetzt übergehen), ist das ganze sechste Buch dem Kontinuum (συνεχές) gewidmet. Aber auch dieser Begriff war schon vorbereitend geklärt worden und hängt aufs engste mit den Vorstellungen des Aristoteles von Zeit und insbesondere Bewegung zusammen. Der die ganze Debatte beherrschende Aspekt ist der der Teilbarkeit. Damit rührt Aristoteles an eine Thematik, die offenbar zu seiner Zeit lebhaft diskutiert wurde. Das zeigt auch eine unter dem Namen des Aristoteles überlieferte, aber sicher nicht von ihm selbst stammende Schrift *Über unteilbare Linien*, die sich durch eine ungewöhnlich scharfe Polemik auszeichnet. In der Tat gibt es mehrere philosophische Strömungen, gegen die sich Aristoteles in der *Physik* wendet. «Die Lehre von den ‹Atom-Linien› scheint in der platonischen Schule eine erhebliche Rolle gespielt zu haben; besonders Xenokrates hat nach Platon diese Theorie vertreten.»[16] Sie ist aber zunächst in der platonischen Ontologie im Zusammenhang mit der sogenannten Dimensionenfolge verankert, wonach Linien und Flächen als nicht kommensurabel und daher unteilbar angesehen werden, da diese Größen wesensmäßig verschieden sind.

Ebenso geht, wenn auch auf ganz anderer Ebene, die Lehre der Atomisten – wie schon der Name sagt – von der Unteilbarkeit kleinster Einheiten, eben der Atome, aus. Schließlich setzt sich Aristoteles mit den sogenannten zenonischen Paradoxien in einer Ausführlichkeit auseinander, die auch diese Diskussion als nach hundert Jahren noch aktuell erscheinen lässt. Die Auflösung dieser Paradoxien war offenbar noch für Aristoteles schwierig.

> Vier Argumentationen hinsichtlich der Bewegung hat Zenon aufgestellt, die denjenigen, die sie auflösen wollen, wirklich Bauchschmerzen (δυσκολίας) bereiten (Phys. VI 9, 239 b 9–11).

Die Widerlegung durch Aristoteles ist in der Tat so kompliziert formuliert, dass Hans Wagner in seinem repräsentativen Kommentar (1967, 639) bemerkt: «Viele und große Interpretationskunst von Anfang bis heute ist an diesen Abschnitt gewendet worden und doch ist nichts wirklich und allseits Befriedigendes dabei erzielt worden. Was mich angeht, so strecke ich nach dem Studium fremder Versuche und nach eigenen Versuchen rundweg die Waffen.» Nur wenige Bemerkungen müssen hier genügen. Die vier Argumente Zenons, die Aristoteles widerlegt, sind:

1. Der Läufer. Er kann das Ende einer Strecke in begrenzter Zeit nicht erreichen, da er bei einer Zweiteilung der Gesamtstrecke zunächst das Ende der ersten Teilstrecke, die Mitte also, erreichen muss. Dazu müsste er zuvor die Hälfte der Teilstrecke und dann die Hälfte der halbierten Teilstrecke usw. erreichen. Da es unbegrenzt viele Teilungen in Streckenabschnitte gibt, kann der Läufer das Ziel in begrenzter Zeit nicht erreichen.
2. Der Achilleus. Der schnellste Läufer kann das langsamste Lebewesen (Schildkröte) nicht überholen, sofern diese einen Vorsprung hat. Denn Achill muss erst den Punkt erreichen, von dem die Schildkröte gestartet ist, sodann den Punkt, den sie inzwischen erreicht hat und immer so weiter in stets kleineren Vorsprungsstrecken, die aber nie gegen Null tendieren.
3. Der ruhende Pfeil. Wenn ein Pfeil einen ihm genau gleich großen Raum einnimmt und die Zeit als eine Folge von Jetzt-Punkten angenommen wird, dann ruht der Pfeil im Augenblick eines Jetzt-Punktes.
4. Das Stadion. Zwei gleich große Gruppen von Körpern bewegen sich in einem Stadion aufeinander zu, die eine Gruppe vom Rand, die andere Gruppe von der Mitte des Stadions aus, und zwar mit

gleich großer Geschwindigkeit. Ob Zenon gemeint hat, dass sich die beiden Gruppen nach der gleichen Teilstreckentheorie wie bei den drei anderen Beispielen nie begegnen, wird aus dem Text des Aristoteles nicht deutlich, zumal Aristoteles eine dritte, ruhende Gruppe einführt. Der Text ist unklar.

Die Pointe bei Zenon ist jeweils die, dass der sichtbar im Lauf überholende Achill und der sichtbar fliegende Pfeil auf Sinnestäuschung basierten und es eine Bewegung überhaupt nicht gebe. Es ist erstaunlich, wie schwer Aristoteles die Widerlegung fällt. Sie erfolgt im Rekurs auf die Grundsätze der Zeit- und Bewegungsanschauung, also darauf, dass die Zeit keine Folge von Jetzt-Punkten, sondern ein fließendes Kontinuum sei, dass es das Unendliche im Raum nicht gebe, dass die Addition von Punkten keine Linie ergebe, dass in endlicher Zeit nur endlich viele Teilstrecken angenommen werden können.

Das Kontinuum ist in der wörtlichen Übersetzung des Wortes «Syneches» (συνεχές) ein «Zusammenhängendes», das weder Anfang noch Ende hat. Die Zeit ist ein Kontinuum, weil sie ewig und überall «kontinuierlich» ist. Man kann die Zeit nicht anhalten. Allenfalls fällt bei einzelnen Menschen zeitweilig das Zeitbewusstsein aus, aber die Zeit geht weiter. Bewegung insgesamt setzt das Kontinuum voraus, da sie in Ort und Zeit immer stattfindet. Man kann im Einzelnen einen bewegten Körper und damit die Bewegung anhalten, aber Ruhe an einem Körper gibt es nur bei potentieller Bewegung, wenn der Körper also auch wieder bewegt werden kann. Der Ruhezustand ist ein Korrelat zu Bewegung und Veränderung. Bewegung setzt Kontinuum voraus, weil sie sich in Ort und Zeit vollzieht.

Es ist übrigens bemerkenswert, dass Aristoteles mit seinen Anschauungen zu Zeit und Kontinuum keine eigentlich mathematische Strukturtheorie vorlegt (nur die Widerlegung der zenonischen Paradoxien erfolgt mit Hilfe mathematischer Symbole), sondern unmittelbar die Grundstruktur der anschaulichen Welt zu erfassen sucht.

Als Carl Friedrich von Weizsäcker nach eigener Bekundung erstmals in den fünfziger Jahren des 20. Jahrhunderts die *Physik* des Aristoteles gelesen hatte, fühlte er sich «glücklich über die aristotelische Auffassung des Kontinuums».[17] Es war die Zeit, in der Weizsäcker – zunächst noch in Göttingen, ab 1957 Professor für Philosophie an der Universität Hamburg – in regelmäßiger Diskussion über Platon und Aristoteles mit seinem Freund Georg Picht stand, dem Leiter des Platon-Archivs in Hinterzarten.[18] Weizsäcker hatte seine Erkenntnisse und Entdeckungen auf dem Gebiet der Physik schon hinter sich. Jetzt urteilt er: «Die Beschreibung, die Aristoteles von Kontinuum, Zeit und Bewegung gibt, ist besser begründet als die in der heutigen Physik übliche»[19] … «während die Infinitesimalmathematik mit dem Postulat aktualunabhängiger Mengen in der zweiten Hälfte des 19. Jahrhunderts zu der so viel schwerer zu rechtfertigenden Auffassung des Unendlichen übergegangen ist.»[20]

Und zu der Widerlegung der zenonischen Paradoxien durch Aristoteles bemerkt von Weizsäcker: «Kein Quantentheoretiker hätte das schöner sagen können.»

Die Brücke zum ersten Beweger

Das siebente Buch der *Physik* besteht aus verschiedenen, ursprünglich wohl unverbundenen Entwürfen zum Thema der Bewegung und Veränderung in der physikalischen Welt.[21] Neben den schon bekannten Grundsätzen wie: «Jeder bewegte Gegenstand wird von etwas bewegt» taucht der Begriff der Qualitätsveränderung» (ἀλλοίωσις) auf, dessen Eigenart und Grenzen erörtert werden. Dabei unterscheidet Aristoteles die «Qualitätsveränderung» bzw. das «Anderswerden» vom «Entstehen». Das Werden eines Menschen oder die Entstehung eines Hauses bedeuten kein «Anderswerden» des Menschen oder des Hauses. «Anders» wird immer nur der zugrundeliegende Stoff (Phys. VII 3). In der Diskussion über die Ewigkeit der Bewegung betont Aristoteles immer wieder polemisch – vor allem gegen Platon (z.B. *Phaidros* 245 C ff.) –, dass es keine Selbstbewegung gibt.

Wie aktuell die Debatte um Selbstbewegung und Fremdbewegung damals war, zeigt auch die Ausführlichkeit und Intensität, mit der Aristoteles die ja zu beobachtende (scheinbare) Selbstbewegung der Lebewesen erörtert. Bei den anorganischen Gegenständen ist deutlich, dass sie sich nicht von allein in Bewegung setzen können, sondern eines äußeren Anstoßes bedürfen. Anders bei den Lebewesen:

> Manchmal vollzieht sich in uns gar keine Bewegung, sondern wir sind in völliger Ruhe. Dann aber setzen wir uns mit einem Mal in Bewegung und der Anfang der Bewegung entspringt in uns und aus uns selbst, ohne dass von außen eine Bewegung verursacht wird. Wenn dies aber beim Lebewesen möglich sei, was hindert uns daran anzunehmen, dass das Gleiche auch in Bezug auf das Weltall eintreten könne? Denn wenn so etwas im Mikrokosmos eintritt, warum nicht auch im großen (Kosmos)? (Phys. VIII 2, 252 b 18–27)

Der Abschnitt ist auch deshalb interessant, weil mit der Nennung der Analogie von Mikrokosmos (ἐν μικρῷ κόσμῳ) und Weltall auf die entsprechende Konzeption verwiesen ist, die eine Generation vor Aristoteles Demokrit in einem Werk mit dem Titel: *Mikrokosmos* vertreten hat, nach dem der Mensch als Abbild des Weltalls eine genau entsprechende Welt im Kleinen darstellt. Aristoteles kombiniert diese Position mit der Auffassung Platons von der Selbstbewegung der Seele und tut sich sichtlich schwer mit der Widerlegung. Er erörtert das Verhältnis von Selbstbewegung und Fremdbewegung und kommt zu einem beide Bewegungsarten übergreifenden natürlichen Bewegungsprinzip, das allen Dingen – belebten wie leblosen – gemeinsam ist. Dabei wird die scheinbare Selbstbewegung der Lebewesen, die Aristoteles als beobachtbare Realität bis zu einem gewissen Grade anerkennt, letztlich auch auf einen äußeren Anstoß zurückgeführt derart, dass das scheinbar sich selbst bewegende Lebewesen in der Ruhestellung einen von außen gegebenen Impuls als «Möglichkeit» (der Bewegung) in sich trägt.

Wie Platon und Demokrit sucht auch Aristoteles die physikalisch-biologischen Einzelbewegungen mit dem kosmischen Bewegungssystem in Verbindung zu bringen. Dies geschieht aber nicht im Sinne einer vorgängigen Analogie zwischen Makro- und Mikrokosmos, sondern als logisches Postulat.

Will man in einer Kette oder Reihe von Gliedern, die sowohl bewegt sind als auch ein anderes bewegen, einen *regressus ad infinitum* (ein Zurückschreiten bis ins Unendliche) vermeiden, dann muss es ein «erstes Bewegendes» geben (Phys. VII 1, 342 a 53). Dieser Gedanke führt schließlich im achten und letzten Buch der *Physik* über die physikalische Welt der Bewegung und Veränderung hinaus in den metaphysischen Bereich, d.h. in die Zusammenhänge, die Aristoteles im zwölften Buch der *Metaphysik* dargestellt hat. Dabei vermeidet er es, den «ersten Beweger» hier «Gott» zu nennen und überhaupt seine transzendente Seinsweise näher zu charakterisieren. Nur dass er ohne Teile und ohne räumliche Ausdehnung ist, wird mitgeteilt. Aristoteles führt die Auseinandersetzung auf dem Boden der Physik, doch ist in der Sache die voll ausgebildete Lehre vom ersten, unbewegten Beweger im Hintergrund.

Für den Begriff der physikalischen Welt ist wichtig festzuhalten, dass der «erste Beweger» nicht zeitlich als ein «Erstes» verstanden werden darf. Aristoteles wird ja nicht müde, die Ewigkeit und damit Anfangslosigkeit der Bewegung zu betonen. Der Ausdruck «erster Beweger» ist also als vorrangig im ontologischen Sinn gemeint, von der nachrangig die ewige Kreisbewegung und von dieser alle anderen Formen der Bewegung und Veränderung abhängen (*Physik* VIII 5–10).

Resümee und Ausblicke

Überblickt man die acht Bücher *Physik*, so fällt zunächst auf, dass es sich nicht um ein Werk aus einem Guss handelt, sondern um verschiedene Entwürfe zum gleichen Thema in unterschiedlichem Grad der Ausarbeitung. Die so zusammengestellten Abhandlungen sind stärker als die meisten anderen Teile des Werkes von lebhafter, teils bissiger Polemik durchzogen. Diese Polemik ist Ausdruck der Aktualität der Auseinandersetzung, in die hinein Aristoteles mit erheblichem Argumentationsaufwand seine Lehre von den Grundlagen der Physik in sich widerspruchsfrei darstellt.

Wie stark Aristoteles inmitten einer lebhaften Diskussion sowohl in der Akademie als auch später im Peripatos stand, zeigen die Titel verlorener Schriften der anderen gleichzeitigen und etwas späteren Philosophen. Xenokrates hat eine in sechs Bücher eingeteilte *Physik* geschrieben; von Theophrast sind allein 19 Titel (verlorener) Schriften zur gleichen Thematik bekannt, darunter acht Bücher *Physik*, drei Bücher *Über Bewegung* und vor allem das große doxographische Werk *Lehrmeinungen der Physiker*, in dem die Lehren der früheren Denker über die Natur und ihre Prinzipien dargestellt waren. Theophrasts Nachfolger Straton trug den Beinamen «der Physiker». Er hat eine Reihe von Einzelschriften über Zeit, Bewegung und Vacuum geschrieben. Im Grunde sind es drei Konzeptionen, die damals in der Diskussion waren:

1. Die Atomtheorie Demokrits. Danach gibt es das Volle und das Leere. Das Leere ist als leerer Raum zu denken; das Volle sind die Atome, die den Raum als Teilvolumina anfüllen. Die Atome sind unentstanden und unvergänglich. Sie sind «unteilbar» (a-toma). Größe, Gestalt und Lage der Atome sind der zureichende Grund für die Erklärung allen Wandels der Erscheinungen.
2. Die Lehre Platons von der Mathematisierung der physikalischen Vorgänge (*Timaios* 47 E – 57 D). Platon knüpft an die Lehre von den vier Elementen Feuer, Wasser, Erde, Luft an, die aber nicht die letzten Grundelemente alles Seins sein können, sondern auf immaterielle geometrische Raumgebilde zurückgeführt werden, und zwar auf die fünf regulären Körper, die man die «platonischen» nennt, die aber von dem damals bedeutenden Mathematiker Theaetet, Mit-

glied der platonischen Akademie, stammen, nach dem der Dialog Platons *Theaetet* benannt ist. Im Einzelnen ist es so, dass das Tetraeder (Pyramide) Urbild für das Feuer, das Oktaeder (Doppelpyramide) Urbild für die Luft, das Ikosaeder mit seinen zwanzig Flächen Urbild für das Wasser, das Hexaeder (Kubus) Urbild für die Erde und das Dodekaeder mit seinen zwölf regelmäßigen Flächen als Kubus Urbild für die allumfassende Kugel des Fixsternhimmels darstellen.[22]

3. Die Lehre des Aristoteles von der Bewegung (Veränderung) der physikalischen Vorgänge in Zeit und Raum im Rahmen eines Kontinuum. Aristoteles lehnt sowohl die Atomtheorie Demokrits mit der Annahme eines leeren Raumes als auch die Mathematisierung der Physik durch Platon strikt ab.

Diese Grundkonzeptionen haben in vielfältiger Weise die Ausbildung der neuzeitlichen und der modernen Physik beeinflusst, teils direkt, teils indirekt über viele Zwischenquellen.[23] Dabei ist der ganz unterschiedliche Status der Texte zu bedenken. Das Werk Demokrits ging am Ende der Antike verloren. Seine Atomlehre konnte daher nur aus den kritischen Referaten des Aristoteles und auch der Kirchenväter, die diese Lehre als gottlos verurteilten, rezipiert werden. Die Konzeption Platons steht in einem Dialog und wird dort wie ein Mythos als «wahrscheinliche Rede» vorgetragen. Nur im Falle des Aristoteles liegt eine unmittelbare und zugleich argumentative Abhandlung vor. Von ihr haben die Grundbegriffe wie Zeit, Raum, Bewegung, Kontinuum Eingang in die moderne Physik gefunden. Aber natürlich sind die Errungenschaften der Physik unserer Zeit mit Quantenmechanik, Relativitätstheorie, Elementarteilchenphysik, Feldtheorie von Aristoteles weit entfernt, mit der Entdeckung der Fallgesetze, des Wellencharakters der Materie und der Annahme des leeren Raumes auch in deutlichem Widerspruch zur aristotelischen Lehre. Das von Aristoteles so vehement bekämpfte Vacuum hat ein riesiges Forschungsfeld eröffnet. Es gibt eine Zeitschrift «Vacuum in Forschung und Praxis», die sich als «einzige deutschsprachige Fachzeitschrift für alle Bereiche der Vacuumtechnologie» versteht. Dabei spielen Observationen und Experimente eine ungleich größere Rolle als bei Aristoteles. Doch kommt es immer wieder vor, dass auch moderne Physiker eine Theorie entwerfen, die erst nachträglich durch Observation bestätigt wird. Von Albert Einstein stammen die Sätze: «Erst die Theorie entscheidet, was beobachtet werden kann» und: «Ehe Sie die Theorie haben, wissen Sie gar nicht, welche Größen die beobachtbaren sind.»[24] Diese Durchdringung von Empirie mit Theorie könnte man wohl gut aristotelisch nennen.

Gegen Aristoteles hat die moderne Physik von Demokrit den Begriff des Atoms übernommen, aber gegen dessen Wortsinn («Unteilbares») als teilbar in kleinere und kleinste Elementarteilchen erwiesen. Und von Platon ist die Konzeption von Werner Heisenberg (Nobelpreisträger für Physik 1932) geprägt. Heisenberg unterschied – wie Platon – zwei Arten oder besser: Funktionen der Mathematik, zum einen die Mathematik als Werkzeug in der physikalischen Einzelforschung und andererseits die mathematischen Gebilde als immaterielle Wesenheiten und Letztbegründungen für die Ordnung der Wirklichkeit, wie sie bei Heisenberg in seiner berühmten «Weltformel» (1958) Ausdruck findet, die von der Zunft der Physiker indes nicht akzeptiert wurde. Heisenberg hat sich dabei immer wieder direkt auf Platon bezogen[25] und Carl Friedrich von Weizsäcker urteilt: «In Platons *Timaios* fand er (Heisenberg) eine Vorform der heutigen Bedeutung der Symmetrien in der mathematischen Physik.»[26] Für Heisenberg spielte dabei auch die künstlerische Schönheit des platonischen Dialoges eine Rolle, die ihm Sinnbild dafür war, dass auch in der Welt der Physik das Schöne das Wahre ist. Und schließlich stand ihm der Charakter des Denkmodells im platonischen Entwurf nahe. Führende Vertreter der theoretischen Physik erforschen nicht nur das Beobachtbare, sondern auch das Denkbare. Davon ist Aristoteles weit entfernt. Für ihn bezieht sich das physikalische Denken auf die in Begriffen geordnete Wirklichkeit des Beobachtbaren. Nur ist inzwischen das Feld der Observation mit der Folge neuer Theorien und einer starken Mathematisierung der Physik so stark ausgeweitet, dass trotz der Klärung der physikalischen Grundbegriffe aristotelische und moderne Positionen nirgends so weit voneinander entfernt sind wie auf dem Gebiet der Physik und natürlich auch der Kosmologie (vgl. dazu S. 294–296). Und doch war es Aristoteles, der eine Wissenschaft von der Physik überhaupt erst möglich gemacht hat.

10.
Kosmologie, Meteorologie, Elementenlehre, Chemie – die Erde im Mittelpunkt

Die Grundlagen

Diese Themen werden in einer Gruppe inhaltlich miteinander verflochtener Schriften dargestellt. Im Einzelnen: Die vier Bücher *Über den Himmel* bilden die Zusammenstellung von drei verschiedenen Traktaten. 1. Die Bücher I und II behandeln die Himmelskörper und die translunare Sphäre im Ganzen; 2. Buch III hat in inhaltlicher Überschneidung mit der *Physik* die sublunare Sphäre zum Inhalt; 3. Buch IV ist eine Abhandlung über die Begriffe «schwer» und «leicht» im Zusammenhang mit der Schichtung der Elemente. An den Schluss dieser Abhandlung knüpft die in zwei Bücher gegliederte Schrift *Über Entstehen und Vergehen* an. Die vier Bücher *Meteorologie* vereinen zwei ganz verschiedene Abhandlungen. Die Bücher I–III handeln über meteorologische Phänomene in der sublunaren Sphäre; Buch IV ist der ursprünglich selbständige chemische Traktat, der die Umwandlung von Stoffen durch die Primärqualitäten Warm, Kalt, Feucht, Trocken zum Inhalt hat. Der ganzen Gruppe von Schriften ist gemeinsam, dass sie keine eigentlichen Lehrvorträge sind, sondern Dokumente gelehrter Arbeit, die im Laufe der Zeit mehrere Revisionen erfahren haben. Das zeigt exemplarisch die weite Zeitspanne, die in der *Meteorologie* durch äußere Indizien angezeigt wird. In I 7, 345 a 1 wird das Archontat des Nikomachos (341/40) erwähnt, in III 1, 371 a 31 der Tempelbrand zu Ephesos (356); in III 2, 372 a 28 bemerkt Aristoteles, dass er «innerhalb von 50 Jahren» nur zweimal einen Mondregenbogen gesehen habe. Diese Bemerkung kann also nur in den letzten Lebensjahren des Aristoteles formuliert worden sein.

Eine kohärente Datierung auf einen begrenzten Zeitraum ist bei diesen Schriften nicht möglich.

Kosmologie

Merkwürdigerweise kommt das Wort «Kosmologie» weder bei Aristoteles noch überhaupt in der Antike vor, sondern erst vom 16. Jahrhundert an als Analogiebildung zu Astrologie.[1] Aristoteles verwendet das Wort «Astrologie» (ἀστρολογία, Phys. II 2, 193 b 26) oder Ausdrücke wie «das All» oder «die Natur des Alls» (*De caelo* I 2, 286 b 12 und öfter) zur Bezeichnung des Weltganzen. Wir würden die entsprechenden Darlegungen der Bücher I und II der Schrift *Über den Himmel* zur Astrophysik rechnen.

Ausgangspunkt der Erörterung in der Schrift *Über den Himmel*[2] ist der Begriff des Körpers. Der Körper ist im Unterschied zur bloßen Linie oder Fläche durch die Dreidimensionalität gekennzeichnet. Darüber hinaus gibt es keine weitere Größe und keine weitere Dimension. Für die Dreizahl beruft sich Aristoteles ausdrücklich auf die Tradition. Die Dreizahl repräsentiert in der Tat eine erste Pluralität – für die Zweizahl verfügt die griechische Sprache über die grammatische Form des Dual – und ein Ganzes mit Anfang, Mitte und Ende.

> Deshalb haben wir diese Zahl der Natur entnommen, als ob sie eines von deren Gesetzen wäre und wir bedienen uns ihrer bei der kultischen Verehrung der Götter (*De caelo* I 1, 268 a 1315).

Da sich Aristoteles außerdem auf die Bedeutung der Dreizahl bei den Pythagoreern (zur Bezeichnung des Alls) beruft, führt er drei Traditionsströme zugleich an: die Philosophie (Pythagoreer), die Naturgesetzlichkeit und die Religion, in der die Dreizahl bei Götteranrufungen, Libationen usw. eine Rolle spielt – ein Zeugnis für die Traditionsverbundenheit des Aristoteles. Sie kommt auch zum Ausdruck bei der Betrachtung der Himmelskörper und ihrer die Vollkommenheit des Universums ausdrückenden ewigen Kreisbewegung.

> Alle Menschen haben eine Vorstellung von Göttern, und alle, sowohl Barbaren als auch Hellenen, soweit sie überhaupt an Götter glauben, weisen dem Göttlichen den höchsten Ort zu. Offensichtlich denken sie sich das Unsterbliche (die Götter) mit dem Unsterblichen (dem Himmel) verbunden, und es könnte auch gar nicht anders sein. ... In all der vergangenen Zeit hat sich in der Überlieferung, die von Generation zu Generation weitergereicht worden ist, offenbar weder hinsichtlich der Gesamtheit des äußersten Himmels noch hinsichtlich irgendeines der ihm eigenen Teile etwas verändert. Man

muss es sich so denken, dass dieselben Ansichten nicht ein- oder zweimal, sondern unzählige Male auf uns kommen (*De caelo* I 3 270 b 5–21).

Diese Zwischenbemerkungen sind höchst aufschlussreich für das persönliche Wissenschaftsethos des Aristoteles. Aus nur wenigen Grundannahmen und in ständiger Auseinandersetzung mit seinen Vorgängern entwickelt Aristoteles im ersten Buch der Schrift *Über den Himmel* als Ergebnis die Ewigkeit, Vollkommenheit, Begrenztheit und Singularität des Universums.

Die Erörterung über natürliche Vorgänge basiert auch hier auf der Lehre von der Bewegung. Zugrunde liegen die beiden Formen der natürlichen Bewegung, die geradlinige und die kreisförmige Bewegung (*De caelo* I 2, 268 b 18). Zu diesen Formen der Bewegung werden Körper und Elemente in Beziehung gesetzt. Den einfachen Körpern kommt als natürliche, nicht gewaltsam gelenkte Bewegung entweder die geradlinige oder die kreisförmige Bewegung zu, während den zusammengesetzten Körpern eine gemischte Bewegung eigen ist. Unter den einfachen Körpern versteht Aristoteles vor allem die traditionellen Elemente Feuer, Wasser, Erde, Luft. Sie streben in natürlicher Bewegung zu ihrem «natürlichen Ort», teils nach oben, teils nach unten. Keines der vier Elemente aber vollzieht eine natürliche Kreisbewegung. Das tun jedoch die Himmelskörper. Die Kreisbewegung wird als die vollkommenere Bewegung angesehen: Sie allein ist ohne Anfang und Ende. Der Anfangs- und Endlosigkeit der Kreisbewegung korrespondiert die Anfangs- und Endlosigkeit der Gestirne und damit der Welt überhaupt.

Diese einfach nachzuvollziehende Konzeption führt zu zwei gewichtigen, von allen Theorien früherer Denker abweichenden Konsequenzen, die nur der aristotelischen Lehre eigen sind.

Erstens: Nahezu alle Kosmologen von den frühesten Zeiten an bis zu Platon und Speusipp sahen die Welt aus irgendwelchen Urbestandteilen oder aus dem Nichts als entstanden und zumeist auch wieder als vergänglich an. Das Wort ἀρχή (Arché) in seiner Doppelbedeutung von «Anfang» und «Prinzip» steht dafür. Als ganz inkonsequent empfand Aristoteles die Weltschöpfungstheorie im platonischen *Timaios*, wonach die Welt zwar ewig, aber doch einmal durch einen Weltschöpfer entstanden ist. Was ewig ist, kann nicht entstanden sein. Die aristotelische Konzeption von der Ewigkeit der Welt bedeutet einen Bruch mit einer über Jahrhunderte währenden Tradition.

Zweitens: Die meisten frühgriechischen Denker haben als letztes (dem ontologischen Rang nach: erstes) Prinzip eines, einige oder alle der vier Elemente Feuer, Wasser, Erde, Luft angesehen. Aus der aristotelischen Lehre von der Bewegung resultiert nun zwingend die Annahme eines fünften Elementes. Denn wenn die geradlinigen natürlichen Bewegungen in ihrer verschiedenen Richtungstendenz jeweils den vier Elementen zugeordnet sind und es eine höherrangige Kreisbewegung gibt, so muss diese einem Körper und damit einem Element zugeordnet werden, das jenseits der vier Elemente und deren Einflusssphäre liegt. Aristoteles nennt dieses fünfte Element «Aether» (αἰθήρ, *De caelo* I 3, 270 b 22). Hier konnte er an eine zu seiner Zeit im Gange befindliche Diskussion anknüpfen. Anaxagoras und die Atomisten hatten bereits hinter den stofflichen Elementen liegende Urbestandteile angenommen; Platon ging einen Schritt weiter, indem er diese Elemente auf mathematische Strukturen zurückführte (vgl. S. 263). Platon nahm fünf geometrische Körper an, von denen er vier zu den vier Elementen in Beziehung setzte, während das Dodekaeder zwar irgendwie dem Himmelsgewölbe zugeordnet wird, aber merkwürdig unbestimmt bleibt. Diese Lücke wird von den Schülern Platons (Speusipp, Xenokrates, Philippos von Opus) in ganz verschiedener Weise ausgefüllt. So ist in der pseudoplatonischen *Epinomis*, dem Anhang zu den platonischen *Gesetzen*, als deren Verfasser Philippos von Opus gilt, der Äther zwischen Feuer und Luft gestellt, während bei Xenokrates die Himmelskörper aus mehreren Stoffen zusammengesetzt sind, um nur diese Beispiele zu nennen. Bei Philippos erscheint zum ersten Mal der Ausdruck «fünftes Element» zur Bezeichnung des Äthers (981 C: πέμπτον δὲ αἰθέρα), aus dessen lateinsicher Übersetzung *quinta essentia* der umgangssprachlich geläufige Ausdruck «Quintessenz» abgeleitet ist.

Aristoteles vermeidet den Ausdruck «fünftes Element», wohl weil er den Eindruck nicht aufkommen lassen wollte, es stünde mit den anderen Elementen auf einer Stufe. Er verwendet Ausdrücke wie «erster Körper», «erstes Element», «der göttliche Körper». Denn er möchte den «Aether» gegen die anderen Elemente abgrenzen und ihm den Bereich der Gestirne zuweisen. Auf diese Weise gelingt ihm eine Scheidung zwischen einem sublunaren und einem translunaren Bereich. Die vier traditionellen Elemente haben ihren Platz in der Sphäre zwischen Erde und Mond. Hier vollziehen sich alle Auswirkungen der Elemente in der Natur, aller Wechsel von Warm, Kalt, Trocken, Feucht in der rhythmischen Ordnung allen Werdens und Vergehens und im biologischen Kreislauf der Natur. Durch diese Scheidung ist dann auch die Möglichkeit der Etablierung einer wissenschaftlichen Meteorologie gegeben, deren Gegenstand die Vorgänge der Natur im sublunaren Bereich sind.

Die translunare Ätherschicht

Vor allem aber kann auf diese Weise der Gestirnbereich der Ätherschicht von allen Vorgängen im sublunaren Bereich abgehoben werden. So werden die Gestirne und damit die ganze Ätherschicht in deutlichem Kontrast zum sublunaren Bereich als ungeworden, unvergänglich, weder quantitativer noch qualitativer Veränderung unterworfen, ewig, göttlich, gänzlich unaffizierbar genannt und in ihrem Seinsmodus über alles Irdische erhoben. Die Erhabenheit der Sterne wird so stark hervorgehoben, dass der Eindruck entsteht, sie würden in der Beschreibung des Aristoteles an Rang dem «Unbewegten Beweger» kaum nachstehen.

> Den Himmel und den oberen Ort haben die Alten den Göttern zugewiesen und zwar in der Meinung, dass nur er unsterblich sei. Die vorliegende Abhandlung zeigt nun, dass er unvergänglich und unentstanden und zudem keiner sterblichen Widrigkeit ausgesetzt ist, und dass er außerdem keine Mühsal erleidet, weil er keiner gewaltsamen Notwendigkeit bedarf, die ihn zurückhielte und an einer anderen Bewegung hinderte als der, die seiner natürlichen Anlage entspräche (*De caelo* II 1, 284 a 12–16).

Vom «Unbewegten Beweger» ist kaum die Rede, weil Aristoteles hier nicht metaphysisch, sondern physikalisch argumentiert. Es geht ihm um die Erklärung der translunaren Gestirnsphäre in Abgrenzung gegen die sublunare Welt des Werdens und Vergehens. Dass Aristoteles zur Zeit der Abfassung der *Physik* gleichwohl über die Konzeption eines ersten, unbewegten Bewegers verfügt, wird dadurch deutlich, dass dieser immerhin einmal erwähnt wird (*De caelo* II 6, 288 a 27–33). Auch hatte Aristoteles bei der näheren Bestimmung der Äthersphäre keine Veranlassung, sein Interpretationsmodell: «Möglichkeit – Wirklichkeit» anzuwenden, dessen Fehlen nicht so zu verstehen ist, als hätte er über dieses Argumentationsmittel noch gar nicht verfügt, wie man gemeint hat. Aristoteles arbeitet immer mit einer Pluralität von Prinzipien, die er jeweils dann anwendet, wenn es thematisch geboten ist.

Trotz der physikalischen Qualitätslosigkeit des Ätherraums erscheint die Äthersphäre durchaus gegliedert. Die Bestimmungen des Aristoteles muss man – auch auf dem Hintergrund der Theorien seiner Zeitgenossen – eigenartig, ja eigenwillig nennen. Aristoteles schreibt der Äthersphäre ein Oben und Unten, Rechts und Links, Vorn und Hinten zu, jeweils aus dem Blickwinkel des Menschen gesehen (*De caelo* II 2). Das

Universum bildet eine in zwei Pole eingespannte Kugel, und Aristoteles stellt sich vor, dass sich der Mensch auf der linken Seite der unteren Halbkugel (also dem Südpol näher als dem Nordpol) befindet. Die Kreisbewegung der Gestirne verläuft nach rechts, also im Uhrzeigersinn (*De caelo* II 2, 285 b 20), und das ist nach allgemein griechischer Auffassung die «ehrwürdigere Richtung» (*De caelo* II 5, 288 a 11), wobei die Rotation des Himmels in gleichmäßiger Geschwindigkeit erfolgt. Da die Kreisbewegung des Himmels ewig ist, hat sie natürlich auch keinen Anfang. Gleichwohl sieht Aristoteles hypothetisch einen Anfangspunkt der Bewegung vor, «von dem sie angefangen hätte, wenn sie überhaupt einmal angefangen hätte, und von wo die Bewegung wieder begönne, wenn sie aufhörte» (*De caelo* II 2, 285 b 7 f.). Das ist dort «wo die Gestirne aufgehen» (II 2, 285 b 18).

Während die Himmelsschale mit den Fixsternen diese gleichmäßige Rotation rechts herum vollzieht, führen die Planeten mehrere verschiedenartige ekliptische Bewegungen aus, teils mit, teils gegen die Bewegungsrichtung der Fixsternsphäre (*De caelo* II 12, 293 a 1). Die Sterne selbst haben allerdings keine Eigenbewegung. Sie sind vielmehr an Hochkugeln befestigt, in Kugelschalen eingebettet, durch die sie bewegt werden, und zwar so, dass die Sterne knaufartig über die sich bewegende Kugelschale herausragen (*De caelo* II 3–12). Höchst seltsam und wohl auch singulär ist die Auffassung des Aristoteles, dass wir die Sterne selber gar nicht sehen, sondern nur ein Leuchten und Glühen, das durch Reibungshitze infolge der raschen Bewegung der Sternsphäre entsteht. Die Luft wird an der Stelle, wo sie den Stern berührt, durch Reibung zum Glühen und Leuchten gebracht, ohne dass der Stern selbst hell ist oder wird.[3] Mit dieser eigenartigen Konstruktion wollte Aristoteles der sonst üblichen Auffassung von der feurigen Substanz der Gestirne entgehen, weil das Feuer als eines der vier Elemente nur in der sublunaren Sphäre seinen Platz hat. Und in der Tat lässt er die Gestirne aus Äther bestehen, aus dem gleichen Stoff also, aus dem die ganze translunare Sphäre besteht, wobei die Abgrenzung eines Sternes von seiner Umgebung unklar bleibt. Ganz inkonsequent und unerklärt bleibt aber die Annahme, Luft werde durch Reibung mit dem Gestirn erhitzt und zum Glühen gebracht, denn Luft, die in diesem Zusammenhang ausdrücklich erwähnt wird (*De caelo* II 7, 289 a 20; 29 f.), hat ja als eines der Elemente in der translunaren Schicht ebenso wenig zu suchen wie das Feuer. Hier liegt jedenfalls eine Inkonsequenz im System vor.

Diese Inkonsequenz wird dadurch gemildert, dass Aristoteles die Äthersphäre insgesamt nicht so homogen sein lässt, wie nach der prinzipiellen Einteilung zwischen einer sublunaren und translunaren Sphäre zu erwarten wäre. Offenbar gibt es gewisse Durchlässigkeiten oder zumindest einen Sog von der sublunaren Sphäre auf die unteren Schichten der translunaren Sphäre. Diese erscheint entsprechend gegliedert. Der «erste Himmel» kann als ontologisch höchstrangige Instanz unter den wahrnehmbaren Körpern mit einer einzigen vollkommenen Kreisbewegung viele Sterne zugleich in Bewegung setzen, während mit abnehmender Entfernung die Zahl der Bewegungen größer und die Umlaufbahnen ekliptischer werden. Durch diese Abstufungen in eher gleitenden Übergängen vermeidet Aristoteles einen strikten Chorismos, eine Trennung in zwei Welten. Mit dem Begriff der Bewegung kann er unbeschadet der Scheidung zwischen der sublunaren und der translunaren Sphäre die gesamte wahrnehmbare Welt als zusammengehörig, als Einheit der Natur, auffassen. Denn die zunehmende Unregelmäßigkeit und Unvollkommenheit – von Oben nach Unten betrachtet – schon im unteren Bereich der Äthersphäre setzt sich in der sublunaren Sphäre durch Uneinheitlichkeit und Unregelmäßigkeit der Bewegungen fort, bis schließlich der Erde infolge ihrer stärksten Entfernung vom Himmel jegliche Bewegung überhaupt abgesprochen wird (*De caelo* II 13–14). Ihre Kugelgestalt wird damit begründet, dass sie kein Organ zur Bewegung hat. Sie ruht also im Mittelpunkt. Damit sind wir im Zentrum des geozentrischen Weltbildes.

> Es trifft sich aber, dass die Mitte der Erde mit der Mitte des Alls identisch ist … So ist also offensichtlich, dass die Erde sich notwendig im Mittelpunkt befinden und unbewegt sein muss … Auch dass sie eine kugelförmige Gestalt besitzt, ist notwendig der Fall (*De caelo* II 14, 296 b 15–297 a 8).

Aristoteles hat sich die Sache nicht leicht gemacht. Gewiss, er konnte an die lange Tradition von den frühesten Denkern an mit der grundsätzlichen Bestimmung der Erde als unbewegt und im Mittelpunkt befindlich anknüpfen. Aber im Einzelnen setzt er sich ausführlich mit den Theorien der sogennaten Vorsokratiker, der Pythagoreer und Platons mit einer Intensität auseinander, die der Lesbarkeit des Textes nicht immer zuträglich ist. Vor allem lehnt er jede mathematische Begründung der kosmologischen Sachverhalte ab und versteht sein System als ein rein physikalisches. Über die Schwierigkeiten der Materie ist er sich im Klaren.

> Wir glauben nämlich, dass der Eifer eher als Zeichen von Bescheidenheit denn von Verwegenheit einzuschätzen sei, wenn jemand aus Wissensdurst in den Anlegenheiten, die uns die größten Schwierigkeiten bereiten, auch kleine Einsichten schätzt (*De caelo* II 12, 29 b 25–28).

> Es ist ehrenvoll, in diesen Fragen nach einem immer tieferen Verständnis zu streben, obgleich unsere Mittel bescheiden sind und wir so weit von den dortigen Verhältnissen entfernt sind (*De caelo* II 12, 292 a 14–17).

Die aristotelische Konzeption ist keine Spekulation von der Art, wie die frühen Kosmologen vorgegangen sind. Sie ist auch keine mathematische Konstruktion, wie sie die Pythagoreer und Platon vorgelegt haben. Sie gründet vielmehr auf Empirie. Aristoteles geht von den beobachtbaren Phänomenen aus, die er in wenige Grundkategorien einordnet, insbesondere in den zentralen Begriff der Bewegung in Verbindung mit dem teleologischen Gedanken. Es sind teils einfache Beobachtungen wie die der Fallrichtung und -geschwindigkeit von Gegenständen oder die unmittelbare, (scheinbar) evidente Anschauung bis hin zur Observation komplizierter astronomischer Sachverhalte.

> Wir sehen, dass der Himmel einen Kreislauf beschreibt und wir haben duch vernunftgemäße Überlegung festgesetzt, dass die kreisförmige Bewegung einem Körper eigen ist (*De caelo* I 5, 272 a 5–7).

> Die Beobachtung zeigt, dass der Mond kugelförmig ist, sonst würde er nicht, wenn er zu- oder abnimmt, die meiste Zeit eine sichelförmige oder gekrümmte Gestalt annehmen und einmal (im Monat) eine halbkreisförmige (*De caelo* II 11, 291 b 18–21).

> Wir haben beobachtet, wie der Mond, als er halbkreisförmig war, unter dem Planeten Mars vorüberzog und wie dieser von der dunklen Seite des Mars verhüllt wurde und auf der strahlenden und hellen Seite wieder auftauchte (*De caelo* II 12, 292 a 3–7).

Johannes Kepler hat als Datum dieses Ereignisses den 4. April 357 ermittelt,[4] als Aristoteles 27 Jahre alt war, schon zehn Jahre in der Akademie lebte und durch eigenständiges Philosophieren hervorgetreten war.

Das Bestreben, die Beobachtungen in kosmologische Kategorien und diese wieder in ein Gesamtsystem einzuordnen, geht so weit, dass Aristoteles einen Parallelismus zwischen den Aktivitäten der Gestirne und den Handlungen von Lebewesen, ja sogar Pflanzen einführt. Denn da Aristoteles die Gestirne als Lebewesen begreift, haben deren Bewegungen den Charakter von Handlungen «von solcher Art wie das Handeln von Lebewesen und Pflanzen» (*De caelo* II 12, 292 b 2). Der Mensch führt die meisten Handlungen aus, um an ein Ziel zu gelangen, die Tiere weniger, die Pflanzen kennen nur eine «Handlung», das Wachsen. Die Analogie zum kosmischen Bereich ist nicht ganz schlüssig. Die Erde ‹handelt› überhaupt nicht, weil sie kein eigenes Ziel hat, der erste Himmel erreicht sein Ziel durch eine einzige ‹Handlung›, die Planeten in offensichtlicher Analogie zum Menschen durch eine größere Zahl von Handlungen. Aristoteles ist dabei bestrebt, die Einheit der Natur durch auf- und absteigende Graduierungen, die man «scala naturae» nennt, systematisch zu begründen.

Schließlich war Aristoteles bestrebt, seine kosmologischen Grundsätze mit uralten Weisheiten der Ägypter und Babylonier (*De caelo* II 12, 292 b 8) und vorphilosophischen religiösen Überzeugungen (*De caelo* 3, 270 b 5–17) in Einklang zu bringen, um so in der Verschmelzung verschiedenartigster Erwägungen ein geschlossenes Ganzes vor Augen zu führen. Herausgekommen ist eine «einzigartige Mischung von Wahrheit und Irrtum» und zugleich eine «fesselnde Kreuzung von logischer Genauigkeit und religiösem Pathos».[5]

Die sublunaren Elemente (*De caelo* III)

Das dritte Buch der Schrift *Über den Himmel* schließt einerseits sinnvoll an die Behandlung der Himmelskörper in *De caelo* I und II an, war aber wohl ursprünglich ein selbständiger Traktat, der Zeichen der Unfertigkeit trägt, ganz von der Auseinandersetzung mit den Theorien der anderen Denker geprägt ist und die eigene Auffassung des Aristoteles nur andeutungsweise und unvollkommen erkennen lässt. Diese wird in der Schrift *Über Entstehen und Vergehen* deutlicher. Erneut wendet sich Aristoteles gegen alle Lehren, die nur ein oder eine unbegrenzte Zahl von Elementen vorsehen und insbesondere gegen Platons Rückführung der Elemente auf geometrische Figuren. Der Versuch, die einfachen Körper mit bestimmten Figuren zu verbinden, sei ganz unsinnig (*De caelo* III 8, 306 b 3). Wenn man beispielsweise das Feuer auf die Figur der Pyramide zurückführt, dann müsste, so bemerkt Aristoteles sarkastisch (De *caelo* III 8, 307 a 1–4), es durch seine Winkel wärmen und brennen. Da Platon alle Elemente auf geometrische Figuren zurückführt, müssten alle

Elemente wärmen und brennen, weil alle Figuren aus Winkeln bestehen. Dass eine solche Kritik der platonischen Theorie nicht gerecht wird, werden wohl auch die Hörer (oder Leser) des Traktates in der Akademie gespürt haben.

Aristoteles bestimmt das «Element» als das Produkt der Aufspaltung von Körpern, die ihrerseits nicht weiter in Körper unterteilt werden können (*De caelo* III 3, 302 a 16–20). Er erörtert den Übergang der Elemente ineinander und die Bedingungen dieses Überganges. Er lehnt die Annahmen nur eines oder unbegrenzt vieler Elemente ab und plädiert für eine Pluralität von Elementen, ohne hier zu sagen, wie viele es sind. Dass es die vier Elemente Feuer, Wasser, Erde, Luft sind, geht aus anderen Traktaten hervor. Einmal taucht der Begriff eines untersten Substrates als reiner Materie auf (*De caelo* III 8, 306 b 20), jedoch ohne nähere Erläuterung.

Das Schwere und das Leichte (*De caelo* IV)

Das Thema des vierten Buches der Schrift *Über den Himmel* ist eine kinetische Theorie der Elemente. Sie enthält zunächst die Bestimmung, dass es das Schwere und das Leichte sowohl im relativen wie im absoluten Sinne gibt. Dass es Gewichtsunterschiede zwischen den Körpern gibt, haben schon Andere bemerkt. Aristoteles nimmt aber für sich in Anspruch, die absolute Schwere und Leichte von Körpern bestimmen zu können. Das Schwere und das Leichte gibt es nicht für sich, sondern als Korrelate zu Körpern. Aristoteles geht nun davon aus, dass das Schwere eine zentripetale und das Leichte eine zentrifugale Tendenz hat. Feuer ist an jedem Ort leicht und vollzieht eine aufstrebende Bewegung. Die Erde ist überall schwer und tendiert nach unten. Die beiden übrigen Elemente, Luft und Wasser, liegen dazwischen. Diese beiden Elemente sind nur relativ schwer und leicht, schwerer und zugleich leichter als andere. Aristoteles gelangt so zu einer eigentümlichen Schichtentheorie mit vier vertikalen Schichten, die er wiederum in Auseinandersetzung mit Platon und den Atomisten entwickelt. Alle Körper streben in natürlicher, d.h. von außen nicht beeinflusster Bewegung zu ihrem «natürlichen Ort», wobei die Bewegung der Körper nicht durch ihre Gestalt, sondern durch ihre Geschwindigkeit bestimmt ist.

Im Einzelnen lässt Aristoteles Beobachtungen einfließen, etwa dass schwere Gegenstände wie Eisen und Blei auf dem Wasser schwimmen, wenn sie eine flache Oberfläche haben, während andere, die eine andere Form haben, z.B. eine Nadel, im Wasser versinken (*De caelo* IV 6, 313 a 15–21). Aristoteles löst das Problem durch die Überlegung, dass flachere Körper eine größere Wasserfläche bedecken und diese nicht zerteilen. Deshalb könne sich ein flacher Körper in der Luft nicht halten, weil diese leichter teilbar sei.

Trotz dieses Rekurses auf die Beobachtung hat die moderne Forschung die Schichtentheorie des Aristoteles als eine in der Sache unzutreffende, gewagte schematische Deduktion gekennzeichnet.[6]

Über Werden und Vergehen

Diese in zwei Bücher eingeteilte, in der Gedankenführung geschlossene und in der Argumentation stringente Schrift[7] knüpft unmittelbar an den Schluss der Schrift *Über den Himmel* an. Im ersten Buch werden die physikalischen Vorgänge des Entstehens und Vergehens untersucht, zunächst (Kap. 1–5) die Begriffe Entstehen und Vergehen selbst in Abgrenzung gegen andere Formen der Veränderung und dann (Kap. 6–10) die materiellen Bedingungen des Entstehens überhaupt. Im zweiten Buch steht dann der Begriff der Materie im Vordergrund.

Nach der (erneuten) Ablehnung der Auffassung Anderer (Empedokles, Atomisten) wirft Aristoteles eine «erstaunliche Aporie» (I 3, 371 b 18) auf, nämlich die, ob und wie ein einfaches Werden überhaupt existiert. Wir sagen: Es gibt ein Werden. Aber alles, was existiert, hat den Charakter einer Substanz. Ist Werden eine Substanz? Dann müsste es durch Kategorien wie Qualität, Quantität usw. beschreibbar sein. Oder ist das Werden der Möglichkeit nach ein Seiendes? Aristoteles löst das Problem durch die Auffassung, dass Werden und Vergehen eng aneinander gekoppelt sind, derart, dass das Werden eines Seienden mit dem Vergehen eines anderen Seienden verbunden ist und dass in diesem Wandel von Werden und Vergehen das Werden eine «Seinssteigerung» bedeutet.[8] Werden ist also der Weg zum Seienden.

Dabei ist Werden etwas anderes als bloße Veränderung (I 4, 319 b 6–320 a 6). Veränderung findet an einer bestehenden Substanz statt, von Werden spricht man, wenn bei einer Veränderung kein wahrnehmbarer Kern fortbesteht. Aber es gibt komplizierte Verschränkungen von Werden und Wandel (Kap. I 5), so etwa beim Wachstum eines Organismus.

Als Wachstum sieht Aristoteles eine Veränderung an, die nicht aus einem Stoff kommt, der einem anderen Körper innewohnt. Wachsen können nur Organismen, nicht Elemente wie Wasser und Luft und auch nicht Gegenstände. Da all diese Fragen bis in die kleinsten Einzelheiten in Auseinandersetzung mit den Theorien Anderer behandelt werden, muss angenommen werden, dass diese Art Detailarbeit in der Akademie (oder im Peripatos) auch sonst stattgefunden hat.

Die Frage nach den Ursachen von Werden und Vergehen führt zum Problem der Materie, d.h. der materiellen Bestandteile, die in Kontakt, Wechselwirkung (Tun – Leiden) und Mischung miteinander in Verbindung treten (Kap. 6–10). Deutlicher wird dies in der bedeutenden Abhandlung über die Materie (Buch II 1), die eigentlich der Erörterung des ersten Buches über die Modalitäten ihrer Wirkungsweise vorausgehen müsste.

Materie

Die Bestimmung dessen, was Aristoteles unter «Materie» versteht, ist schwierig und umstritten. Das Wort, das Aristoteles für «Materie» verwendet, heißt «Hyle» (ὕλη).[9] Es kommt von Homer an in der Literatur in der Bedeutung von «Holz», «Wald», «Reisig» vor. Noch bei Platon wird das Wort ausschließlich in dieser ursprünglichen Bedeutung verwendet. Erst in den akademischen Diskussionen zwischen Speusipp, Xenokrates und Aristoteles wird dieses Wort zu einem philosophischen Terminus. Wer von den Dreien als Erster diesen Schritt getan hat, wissen wir nicht. Der Sache nach gab es schon lange eine Diskussion über ein letztes (unterstes) Substrat, das allen Elementen zugrunde liegt. Im Weltschöpfungsmythos des platonischen *Timaios* ist es das ganz unbestimmt bleibende «All-Aufnehmende» (πανδεχές, pandeches, oder χώρα, chora, *Timaios* 50 E–52 C), dessen Bedeutung Aristoteles als unklar und inkonsequent kritisiert (De gen. et corr. II 1, 329 a 13–23). Aristoteles verwendet das Wort, das schon Cicero mit «materia» übersetzt hat, nicht im Sinne eines stofflichen Substrats, obwohl man doch bei dem Wort *materia* an konkretes «Material» denkt. Deutlich ist, dass die traditionellen vier Elemente nicht die letzten Einheiten sind, dass es vielmehr eine «erste Materie» (II 1, 329 a 23. 29 und öfter) geben müsse. Das Besondere der aristotelischen Theorie ist nun, dass es diese «erste Materie» nicht getrennt von den Elementen geben kann, nicht ablösbar von den Körpern, wie Aristoteles ja auch den allgemeinen Gegebenheiten wie Zeit und Bewegung keine ontologische Trennbarkeit zugesteht. Die in der Forschung umstrittene und von Aristoteles nicht eindeutig beantwortete Frage ist die, ob die «erste Materie» eine Substrateigenschaft als bloße Potentialität, ein bestimmter Körper zu sein, bedeutet, oder ob ihr eine spezifische Beschaffenheit zukommt. Als eine solche gestaltlose Materie ist das (unselbständige) Prinzip der Erhaltung von Kraft und Veränderung bei allen Körpern anzusehen.[10] Die Materie ist dann der Urgrund für das Gleichgewicht der Kräfte im physikalischen Geschehen. Sie ist gleichsam der Kitt, der alle Kräfte und Elemente zusammenhält, der Garant für alles Entstehen und Vergehen. Darin liegt die «Mächtigkeit der Materie» (Buchheim 2010, 456), wobei wir uns von dem lateinischen Begriff *materia* und dem daraus gebildeten Wort «Materie» lösen müssen, dessen Bedeutungsnuance doch etwas anders ist als die aristotelische «Hyle». Mit der Vorstellung von «Holz», etwa Holzverstrebungen zum Zusammenhalt von Teilen eines Körpers, kommt man der Konzeption des Aristoteles vielleicht etwas näher. Festzuhalten bleibt, dass es für Aristoteles eine reine, von den Dingen abgelöste Materie nicht gibt und sie, wenn es sie gäbe, unerkennbar wäre.[11] Materie gibt es also nur in den Körpern.

Für die «einfachen Körper» (die vier Elemente also) entwickelt Aristoteles im zweiten Buch der Schrift *Über Entstehen und Vergehen* eine eigenartige Schichtentheorie (II 2–11), die den sublunaren Raum in der Zuordnung der Elemente in den Grundqualitäten Kalt, Warm, Feucht, Trocken als jeweilige Gegensätze gliedert.

Die natürlichen Bewegungen im sublunaren Raum gehen entweder steigend nach oben oder fallend nach unten. Dies trifft zunächst zu auf Feuer als leichtes, zentrifugales, aufsteigendes Element und auf Erde als schweres, zentripetales, fallendes Element. Der sublunare Raum wird nun so eingeteilt, dass sich insgesamt vier vertikale Schichten ergeben, indem zwischen Feuer und Erde als relativ leichtes Element Luft und als relativ schweres Element Wasser gestellt werden. Diesen vier Elementen werden nun die vier Grundqualitäten zugeordnet und zwar so, dass jedes Element von je zwei der vier Grundqualitäten Trocken, Feucht, Kalt, Warm bestimmt ist, wobei jeweils ein Element dominant ist. Das ergibt sich aus den möglichen Paarungsverhältnissen der Grundqualitäten. Warm und Kalt können jeweils mit Trocken und Feucht verbunden werden, so dass sich folgende Entsprechungsverhältnisse zu den Elementen ergeben: Feuer ist mit Warm und Trocken, Luft mit Warm und Feucht, Wasser mit Kalt und Feucht, Erde mit Kalt und

Trocken verbunden. Unter den Grundqualitäten unterscheidet Aristoteles noch einmal zwischen zwei aktiven (ποιητικά), dem Warmen und dem Kalten, und zwei passiven (παθητικά), dem Trockenen und dem Feuchten.

Damit ist schon angedeutet, dass die Elemente und ihre Eigenschaften unter den realen Bedingungen des Lebens in der Welt nicht rein vorkommen, sondern nur in ständiger Mischung und Wandlung, wobei alle gemischten Körper stets alle vier Elemente enthalten. Aristoteles exemplifiziert das am Beispiel der Nahrung, die aus allen Elementen und Qualitäten besteht wie das Genährte. Selbst die Pflanzen werden nicht nur durch Wasser genährt, weil dem Wasser Erde (Dünger) beigemischt ist, weshalb «die Bauern ja auch Mischungen herstellen, um zu gießen» (II 8, 335 a 14).

Die ständigen Wandlungen der Elemente und Qualitäten vollziehen sich am leichtesten im Kreislauf (II 4, 331 b 4) in der Reihenfolge der jeweils benachbarten Elemente, zu denen es jeweils ein «Brückenprofil» (σύμβολον, Übersetzung von Buchheim) gibt, also eine jeweils zwei Elementen gemeinsame Qualität. So sind – unter den natürlichen, also nicht künstlich hergestellten Bedingungen – Luft und Feuer heiß, Feuer und Erde trocken, Erde und Wasser kalt, Wasser und Luft feucht. Auf diese Weise ergibt sich ein Kreislauf, bei dem die Wandlungen der Elemente ineinander den ewigen Kreislauf der Gestirne «nachahmen» (II 10, 337 a 3), wie Aristoteles hier durchaus im Sinne Platons bemerkt.

Damit kommt in den Schlusskapiteln der Schrift *Über Entstehen und Vergehen* (II 10–11) der Grundsatz der Teleologie wieder zur Geltung. Sie manifestiert sich in der Unablässigkeit des Werdens und in dem periodischen Wandel von Werden und Vergehen in der Natur. Die Periodizität ist für Aristoteles von entscheidender Bedeutung für die Ordnung von Natur und Mensch.

> Von daher haben sowohl die Zeiten wie auch die Lebensläufe eines jeden eine Zahl und werden durch sie bestimmt. Denn für alle Dinge gibt es eine Ordnung, und jede Zeit und jeder Lebenslauf wird durch eine Periode gemessen, nur nicht alle durch dieselbe, sondern die einen durch ein kürzere, die anderen durch eine längere. Denn für die einen ist das Jahr, für andere eine größere, für wieder andere eine kürzere Zeitspanne die Periode und damit das Maß (De gen. et corr. II 10, 336 b 9–15).

Verantwortlich dafür ist die Sonne, die auf diese Weise unter den Gestirnen eine besondere Bedeutung erhält, auch wenn sie entsprechend dem geozentrischen Weltbild nicht das Zentrum des Alls darstellt. Sie erzeugt durch ihr Nahekommen Werden und durch ihr Schwinden Vergehen, offenbar kraft der Wärmeeinstrahlung. Sie gliedert die Jahreszeiten und ist darüber hinaus durch ihren Umlauf Grundlage und Ursache für die Lebenszeiten der gesamten organischen und unorganischen Natur.[12] Aristoteles führt hier und an vielen anderen Stellen an, dass «die Natur» immer nach dem Besseren strebt und alles zum Besten einrichtet. Hier aber kommt überraschend Gott ins Spiel. Der Gedanke ist der, dass es von der translunaren Schicht an abwärts eine Abnahme an Sein gibt. Damit aber am Ende nicht ein leeres Nicht-Sein steht, hat «Gott» das Ganze aufgefüllt, indem er das unablässige Werden geschaffen hat (II 10, 336 b 27–33). Von welchem Gott ist hier die Rede? Vom unbewegten Beweger? Wohl kaum. Oder von einem platonischen Welteinrichter? Mir scheint, dass Aristoteles hier, aus der strengen Systematik heraustretend, sich gängiger und populärer Ausdrucksweise metaphorisch bedient. Aber es ist, streng genommen, ein Bruch im System. Denn Aristoteles sagt hier ausdrücklich, der Gott habe das ewige Werden «geschaffen» (ποιήσας). Das würde zu Platon passen, aber nicht zu seiner eigenen Konzeption. Diese Inkonsequenz müssen wir ihm zugestehen.

Meteorologie

Die Erde

Eine Meteorologie als Spezialwissenschaft hat Aristoteles überhaupt erst geschaffen.[13] Sie ist eine Konsequenz der Scheidung zwischen der translunaren und der sublunaren Sphäre. In der frühen ionischen Naturphilosophie waren «die Dinge in der Schwebe» (τὰ μετέωρα, ta meteora), alle physikalischen Vorgänge zwischen Himmel und Erde überhaupt, Himmelskunde und Wetterkunde gleichermaßen. Über einzelne Phänomene aus dem Bereich der Meteorologie haben auch die früheren Denker geschrieben; Aristoteles setzt sich mit ihnen in seiner *Meteorologie* ausführlich auseinander. Von Diogenes von Apollonia (Zeitgenosse des Sokrates) ist sogar ein Schriftentitel *Meteorologie*, aber nichts von deren Inhalt überliefert. Aristoteles spielt in seiner *Meteorologie* mehrfach auf Diogenes an, ohne dessen Namen zu nennen. Die entsprechenden Anspielungen (Meteor. II 1, 353 b 6; II 2, 354 b 33; 355 a 22) lassen aber erkennen, dass es sich vornehmlich um Vorgänge des von Diogenes angenommenen Grundprinzips «Luft» handelt. Eine durchgestaltete Meteorologie war diese Schrift wohl kaum.

Aristoteles jedenfalls schränkt den Geltungsbereich der Meteorologie auf den Bereich des sublunaren Raumes, also der Erdatmosphäre, ein. Meteorologie und Kosmologie sind demnach getrennte Bereiche. Zu dieser Trennung hat auch geführt, dass man inzwischen durch mathematische Berechnungen, wie sie in der Akademie von Eudoxos von Knidos, Philippos von Opus und anderen angestellt wurden, etwas genauere Vorstellungen von der Entfernung der Himmelskörper von der Erde und deren Abständen untereinander gewonnen hat. So kann Aristoteles sagen, es liegen «jetzt mathematische Beweise vor», die dazu zwingen die «kindische Auffassung» aufzugeben, die Himmelskörper seien klein, weil sie uns bei ihrem Vorüberziehen klein vorkommen (Meteor. I 2, 339 b 33–36). Der Entdeckung der Größe der Himmelskörper entspricht eine Relativierung der Anschauungen über den Umfang der Erde. Die Kugelgestalt der Erde, welche man zunächst nur als eine große Scheibe ansah, war zwar in der ersten Hälfte des 5. Jahrhunderts entdeckt worden, aber man hatte ganz übertriebene Vorstellungen von ihrer Größe im Verhältnis zu den Himmelskörpern. Noch Platon bezeichnet die Erde als «sehr groß» (*Phaidon* 109 A), von der wir wie Ameisen oder Frösche um einen Sumpf nur einen ganz kleinen Teil kennen. Dagegen Aristoteles:

> Ein bares Nichts sozusagen ist der Erdkörper – auf dem dann doch auch noch die ganze Wassermenge zusammengefasst ist – im Vergleich mit dem umgebenden All (Meteor. I 3, 340 a 7–9).

Es ist interessant zu sehen, wie Aristoteles, der allgemeinen Tradition folgend, an dem geozentrischen Weltbild festhält und doch die Erde selbst in ihrer zentralen Bedeutung ‹verkleinert›. Auf der anderen Seite wird die Erde auch wieder aufgewertet, weil Aristoteles in ihr die Ursache und den Ausgangspunkt der Schichtung des sublunaren Raumes sieht. Es ist die eigentümliche Lehre von der doppelten Ausdünstung (ἀναθυμίασις), die von der Erde ausgeht. Diese Lehre von der tellurischen Ausdünstung beansprucht Aristoteles als seine eigene Entdeckung. Sie kommt auch in seinen früheren physikalischen Schriften (noch) nicht vor. Die im ersten Buch der *Meteorologie* entwickelte Theorie ist die folgende. Es gibt eine trockene und eine feuchte Ausdünstung. Die trockene Ausdünstung ist eine warme Exhalation, die unter der Einwirkung der Sonne von der Erde zur obersten Schicht, also zum

Feuerelement, aufsteigt und dort einen leicht entzündbaren Stoff, eine Art Zunder (ὑπέκκαυμα) bildet. Die feuchte Ausdehnung ist ein Wasserdampf (ἀτμίς, atmis), der seine Wirksamkeit in der «für Luft und Wasser gemeinsamen Region» (Meteor. I 9, 346 b 18) entfaltet. Das Wort «Atmosphäre» kommt übrigens weder bei Aristoteles noch überhaupt in der antiken Literatur vor, obwohl es doch von dem Wort «Atmis» («Dampf») abgeleitet ist. Der Schichtung der Elemente kraft ihrer natürlichen Bewegungen wird durch diese Theorie eine Komponente hinzugefügt, durch die Aristoteles sich in der Lage sieht, alle meteorologischen Erscheinungen zu erklären.

Dieses Gerüst ist zugleich ein Spiegelbild der Konzeption vom «Ersten Beweger», projiziert auf den sublunaren Raum. Die Erde ist eine Art unbewegter Beweger von unten. Sie tut selber nichts, ist aber doch Ursache für Bewegungen und Vorgänge in der Atmosphäre. Dadurch wird aber die Grenze zwischen dem sublunaren und dem translunaren Raum aufgeweicht, denn Aristoteles erklärt innerhalb dieses theoretischen Gerüstes Phänomene, die eigentlich in die translunare Sphäre gehören (Meteore, Kometen, Sternschnuppen) als meteorologische Vorgänge in der Atmosphäre. Im Einzelnen geschieht dies in einer stupenden Mischung von scharfer Beobachtung und kühner Konstruktion.

Kometen

Die Untersuchung geht von oben nach unten in der Weise, dass die meteorologisch relevanten Probleme entsprechend der Schichtung der Elemente diskutiert werden, zuerst im oberen sublunaren Raum (in der Feuersphäre also) mit den Phänomenen Sternschnuppen, Kometen, Milchstraße (I 3–8), dann in der Luftregion mit Erscheinungen wie Wolken, Regen, Schnee, Winde (I 9–13), sodann die mit Wasser und Erde verbundenen Naturphänomene wie Meer, Erdbeben (II 1–3; 7–8) und schließlich Erscheinungen unterhalb der Erdoberfläche (I 13).

Hier einige Beispiele:

> Manchmal in klaren Nächten hat man den Anblick von mannigfachen Erscheinungen am Himmel, etwa von Klüften, Gruben und blutroten Stellen. Sie haben die gleiche Ursache. Es wurde ja klargestellt, dass die obere Luftschicht sich verdichten und Feuer fangen kann und dass die Entzündung manchmal den Eindruck einer Feuersbrunst, manchmal fliegender Fackeln und Sterne macht. Es ist auch gar nicht erstaunlich, wenn eben diese Luft,

> sich verdichtend, mannigfache Farben annimmt. Denn sowohl Licht, das durch ein dichteres Medium geschwächt hindurch scheint, als auch die reflektierende Luftschicht verursachen mannigfache Färbungen, vor allem Rot und Purpur (Meteor. I 5, 341 a 35–342 a 8).

Woran Aristoteles im Einzelnen gedacht hat, ist nicht eindeutig zu ermitteln. Entscheidend ist, dass siderische Phänomene heruntergestuft werden zu Vorgängen im sublunaren Raum, teils als reale Entzündung brennbaren Materials, teils als Feuerschein, der sich von oben her durch Luftmassen verschiedener Dichtigkeit zeigt. Auch Phänomene wie Kometen, Sternschnuppen und Milchstraße, so verschieden sie sind, werden auf die gleiche Ursache zurückgeführt, nämlich auf Reibungshitze in der oberen Schicht des sublunaren Raumes.

Zu Beobachtung und Systemkonstruktion tritt die Auseinandersetzung mit zeitgenössischer Forschung. Denn über alle diese Phänomene gab es damals eine lebhafte Auseinandersetzung. Besonders deutlich wird das an der Theorie der Kometen. Aristoteles setzt sich dabei mit Anaxagoras, Demokrit, Hippokrates von Chios (er war seinerzeit ein bekannter Mathematiker) und dessen Sohn Aischylos auseinander. Er erörtert das Verhältnis von Kometen zu Planeten, über den Kometenschweif, über die Himmelsrichtung, in der Kometen aufgehen und sichtbar werden. Manche Beobachtung, die er mitteilt, hat er selber gar nicht angestellt, zum Beispiel:

> Der große Komet zur Zeit des Erdbebens und der Flutwelle in Achaia ging im Westen auf; auch im Süden gab es schon viele Kometen. Unter dem Archontat des Eukles, Molons Sohn, zu Athen erschien um die Wintersonnenwende im Monat Gamelion (Januar/Februar) ein Komet im Norden (I 6, 343 b 2–7).

Dieses Ereignis, verbunden mit einer der größten Naturkatastrophen des Jahrhunderts, lässt sich datieren auf 373/372. Aristoteles war damals elf Jahre alt und nicht in Athen. Er konnte es nicht gesehen haben, aber er konnte einige Jahre später Augenzeugen befragen. Seine eigene Theorie, wonach Kometen durch Reibung in der oberen Schicht der trockenen, leicht entzündbaren Ausdünstung entstehen, ist trotz aller Beobachtungen eine reine Konsequenz seines Systems. Er trennt die Kometen streng von den Planeten und will nachweisen, dass Kometen oft als isolierte Erscheinungen auftreten, weil er nur so an der Scheidung zwischen sublunaren und translunaren Raum und der Schichtung der Elemente festhalten kann. Entsprechend kämen Kometen häufiger vor, wenn das Jahr trocken und windig ist, weil dann eine Entzündung in der Feuer- und Luftschicht eher eintritt. Aristoteles erwähnt dafür ein beobachtetes Ereignis, wonach zur Zeit eines großen Sturmes in Korinth für ein paar Tage ein vorher unbekannter Komet zu sehen gewesen ist. Das Ereignis («unter dem Archon Nikomachos») lässt sich auf 341/40 datieren. Wiederum war nicht Aristoteles selber der Beobachter; er hielt sich zu dieser Zeit als Erzieher Alexanders am makedonischen Hof auf. Die Kometentheorie des Aristoteles, wonach das Erscheinen von Kometen mit der Erdausdünstung zusammenhängt, ist über Jahrhunderte tradiert worden, bis der dänische Astronom Tycho Brahe im 16. Jahrhundert die Sternsubstanz der Kometen entdeckt hat.

Ganz ähnlich erklärt Aristoteles die Milchstraße als eine durch viele Sterne vermittelte Entzündung der Luft, also durch Herabstufung der Himmelsphänomene auf den sublunaren Raum. Dass es sich um eine Zusammenballung zahlloser Sterne handelt, ist eine Galilei (um 1600) zu verdankende Erkenntnis.

Die ungeheure Differenzierung dieser und ähnlicher Phänomene in der modernen Forschung lässt die Theorie des Aristoteles geradezu als primitiv, wenn nicht lächerlich erscheinen. Was wir heute daran für beachtenswert halten, ist nicht das Ergebnis, sondern die Intensität des Forschens in der Kombination von Beobachtung, Augenzeugenbefragung, Auseinandersetzung mit der damals relevanten Forschung und Einordnung in ein in sich widerspruchsfreies Gesamtsystem.

Niederschläge

Bei der Darstellung der meteorologischen Erscheinungen in den unteren Schichten des sublunaren Raumes (Meteor. I 9–III 1) trifft die Erklärung des Aristoteles viel öfter das Richtige, weil die Beobachtungen manifester und nachprüfbarer sind, wenn auch die Einordnung der Phänomene in das Gesamtsystem problematisch bleibt. Von der Breite der Forschung kann wohl schon eine bloße Aufzählung der behandelten Themen einen Eindruck vermitteln: Regen, Nebel, Wolken, Tau, Reif, Schnee, Hagel, Hydrologie der Erdoberfläche, periodischer Wechsel von Trockenheit und Feuchtigkeit auf der Erdoberfläche, Beschaffenheit des Meeres, Strömungen, Salzgehalt des Meeres, Winde, Windhose, Glutwind, Erdbeben, Blitz und Donner.

Die systematische Integration gelingt hier müheloser, so zum Beispiel bei der Erklärung der Niederschläge als Verdunstungsvorgänge, der Wolke als Verdichtung der Luft zu Wasser usw. Dabei gibt es zwischen einem Oben und einem Unten innerhalb einer Schicht oder im Verhältnis von Luft- und Wasserschicht analoge Vorgänge. Der Bildung des Schnees oben entspricht die des Reifs unten, der Bildung des Regens oben der des Taus unten (Meteor. I 11, 347 b 30–33). Hier bewährt sich die Schichtentheorie.

Große Mühe gibt sich Aristoteles mit der Erklärung des Hagels (I 12), weil hier ein paradoxes Phänomen vorliegt. Denn Hagel ist zu Eis gefrorenes Wasser, Hagelschlag kommt aber kaum im Winter vor. Und wie soll man sich den Gefriervorgang oben in der Luft vorstellen? Denn ein Gefrieren ist erst möglich, wenn Wasser da ist und Wasser kann sich doch nicht in der Luft in der Schwebe halten. Man spürt in der Darstellung des Aristoteles die schwer erklärbare Unheimlichkeit eines heftigen Hagelschlags.

> Man hat schon oftmals Hagelwolken beobachtet, die mit Getöse unmittelbar über die Erde dahinjagten, so dass, wer es hörte und sah, erschrak und etwas noch Unheimlicheres erwartete. Man hat aber auch schon Wolken gesehen, ohne dass ein Geräusch auftrat. Dann fällt manchmal starker Hagel mit unglaublich großen Körnern, die keine runde Form aufweisen. Ihr Fall dauerte nämlich nur kurze Zeit, weil die Eisbildung in Erdnähe geschah. Es muss die Bildung großer Hagelkörner von der eigentlichen Ursache des Gefrierens her kommen. Denn Hagel ist Eis, das kann jeder sehen, und groß sind diejenigen Hagelkörner, die keine regelmäßige runde Form haben. Das ist ein Zeichen für ihre Erdnähe; denn die Hagelkörner, die von weither kommen, bröckeln auf ihrem langen Flug ringsum ab und werden dadurch rund von Gestalt und kleiner von Umfang (Meteor. I 12, 348 a 24–37).

Aristoteles erklärt das Phänomen durch die eigentümliche Lehre von der Antiperistasis, auf die er auch in der *Physik* Bezug nimmt (Phys. IV 8, 215 a 15; VIII 10, 267 a 16). Dieser offenbar von Aristoteles geprägte Begriff (wörtlich: «gegenseitiges Herumstellen») meint, dass ein Stoff auf einen anderen einen solchen Druck ausübt, dass beide ihre Plätze tauschen. Für die Hagelbildung bedeutet dies konkret, dass Kälte innerhalb der Wolken durch Wärmeeinwirkung von außen sich zusammenzieht, wodurch Wasser zu Hagel wird, und zwar dann, wenn die Verfestigung sich zu schnell vollzieht, als dass das Wasser als Regen fallen könnte. Die Erklärung ist insofern richtig, als in der Tat Hagel durch unterkühltes Wasser in einer Gewitterzelle entsteht. Aristoteles sagt übrigens nichts über Hagelschäden, die heutzutage ganz im Vordergrund des Interesses stehen.

Historische Geologie

Weit über das Meteorologische im engeren Sinn hinaus geht die hochinteressante erdgeschichtliche Skizze (Meteor. I 14). Es ist ein Stück historischer Geologie, deren Parameter die Grundqualitäten Trocken, Feucht, Warm und Kalt sind. Auf sie werden die langfristigen Veränderungen der Erdoberfläche zurückgeführt. Aristoteles urteilt wiederum als Biologe, wenn er dem Erdinneren wie den Körpern von Lebewesen und den Pflanzen «Lebensblüte» (ἀκμή) und Alter zuschreibt (I 14, 351 a 27–29).

Er sieht darin eine «periodische Ordnung» (I 14, 351 a 26), deren Abläufe vor allem von der Sonneneinstrahlung bewirkt werden. Es sind nicht nur die kurzzeitig zu beobachtenden Gezeiten – Ebbe und Flut –, sondern langfristige Veränderungen von Festland und Meer, allmähliches Versiegen von Flüssen, Anschwemmungen, Überflutungen.

> Weil aber das ganze Naturgeschehen sich am Erdkörper nur langsam auswirkt und in Zeiträumen, die unserem Leben gegenüber riesig sind, kommt es eher zum Untergang und Verderben ganzer Völker, ehe eine Überlieferung von diesen Vorgängen zu uns gelangt, von ihrem Anfang und ihrem Ende. Das größte und rascheste Völkersterben verursachen die Kriege, sodann Seuchen und Hungersnöte (Meteor. I 14, 351 b 9–14).

Naturgeschehen und Menschheitsgeschichte werden miteinander in Beziehung gesetzt, aber so, dass sie disproportional zueinander verlaufen. Die Lebensdauer ganzer Völker ist zwar lang, aber nicht so lang wie die geologischen Veränderungen der Natur. So ist «Homer noch jung im Vergleich zu solchen Veränderungen» (I 14, 351 b 35). Aristoteles ist an dem allmählichen Prozess des Verfalls von Völkern und Naturgegebenheiten interessiert. Als ein Beispiel dafür führt er auch die allmähliche Abwanderung ganzer Bevölkerungsgruppen an, wenn der Boden durch Austrocknung die Menschen nicht mehr zu ernähren vermag. Dieser Prozess verläuft so langsam, dass er zunächst unbemerkt bleibt.

> Denn die einen verlassen das Land, die anderen halten so lange aus, bis der Boden überhaupt keinen Menschen mehr zu ernähren vermag. Man muss also mit großen Zeiträumen zwischen der ersten und der letzten Auswanderungswelle rechnen, so dass keine zusammenhängende Überlieferung bleibt, sondern noch zu Lebzeiten der letzten Siedler verlorengegangen ist (I 14, 351 b 17–22).

Aristoteles führt als Beispiel für einen solchen Wandel Argos und Mykene an. Zur Zeit des troischen Krieges sei das argivische Gebiet sumpfig gewesen und hätte nur wenige Menschen ernähren können, während Mykene fruchtbar und daher damals auch mächtiger gewesen sei. Jetzt hingegen sei es genau umgekehrt: Mykene ist völlig trocken geworden (wovon sich jeder Besucher auch heute überzeugen kann) das argivische Land aber anbaufähig und fruchtbar (wovon bis heute die blühende Argolis zeugt).

Nur in einer kurzen Andeutung geht Aristoteles auf die sogenannte deukalionische Sintflut ein (I 14, 352 a 34). Deukalion, Sohn des Prometheus, war der griechische Heros der Sintflut, die er mit einer selbstgebauten Arche überlebt hat. Daraus haben sich in der platonischen Akademie Katastrophentheorien (Kataklysmentheorien) entwickelt, auf die auch Platon eingeht (*Timaios* 22 A; *Gesetze* 677 A), die das relativ junge Alter der erst nach einer Sintflut entstandenen Griechen erklären sollen. Aristoteles bezieht sich darauf in der vor ihm angelegten (verlorenen) *Sammlung von Sprichwörtern* und erklärt diese als Überbleibsel von Philosophie aus einer früheren Menschheitsepoche. Der Gedanke des Abbruchs der Überlieferung «in schicksalsbedingten Zeitabständen» (I 14, 352 a 30) ist damit verwandt. So gehört dieses geologisch orientierte Kapitel zu den interessantesten Partien der Meteorologie.

Winde

Zum Kernbestand jeder Meteorologie gehört das Thema: Winde. Dazu gibt es seit Anaximander viele Theorien, zumal die Bedeutung der Winde im praktischen Leben der Griechen eine große Rolle spielt, insbesondere in der Seefahrt, aber auch in der Medizin, so in der hippokratischen Schrift *Über Winde (bzw. Luft), Wasser, Ortslagen*, in der der Einfluss der für bestimmte Gegenden typischen Winde auf die Gesundheit des Menschen untersucht wird. Die Abhandlung des Aristoteles (*Meteorologie* II 4–6) ist voll von treffenden Beobachtungen, die allerdings recht schematisch in die Systematik der doppelten Ausdünstung bzw. Verdampfung eingeordnet werden. Aristoteles erklärt die Entstehung der Winde durch die Annahme einer rauchartigen Verdampfung, die unter Einwirkung der Sonne von der Erde aufsteigt. Daneben ist für das Entstehen der Winde die feuchte und kalte Ausdünstung konstitutiv, die eine Ausscheidung des Wasserelementes bedeutet. Dieses Systemelement hat schon Theophrast in seiner (erhaltenen) Abhandlung *Über die Winde* zugunsten der Annahme einer direkten Einwirkung der Sonne und einer mechanistischeren Auffassung von der Bewegung der Luftmassen zurückgedrängt. Indessen dürfte Aristoteles der Erste gewesen sein, der eine sogenannte Windrose aufgestellt hat. Er hat dazu eine Zeichnung angefertigt (Meteor. II 363 a 27), die offenbar seinen Hörern vor Augen stand. Die Zeichnung enthielt einen in zwölf Abschnitte eingeteilten Kreis, in den im Uhrzeigersinn die einzelnen Winde vom Nordwind an entsprechend ihrer Windrichtung eingetragen waren. Derartige Windrosen wurden im Hellenismus beliebt; der Besucher der Altstadt (Plaka) Athens kann eine solche Windrose, projiziert auf den umlaufenden Fries des berühmten, aus dem 1. Jahrhundert n. Chr. stammenden «Turmes der Winde» sehen, wo acht Winde personifiziert durch Skulpturen dargestellt sind.

Erdbeben, Regenbogen

Von ähnlichem Gewicht ist die Abhandlung über das Erdbeben (Meteor. II 7–8), in der sich Aristoteles als kundiger Seismologe erweist, aber immer wieder als Biologe urteilt:

> Man muss sich das (Erdbeben) nach Analogie unseres menschlichen Körpers vorstellen. Wie hier die Kraft des eingeschlossenen Pneumas Zittern und Schüttelkrämpfe verursacht, so wirkt es in der Erde ähnlich, wie denn manche Erdbeben einem Zittern, manche einem Schütteln gleichen. Und wie es nach dem Wasserlassen häufig der Fall ist, dass eine Art von Zittern durch den Körper geht, weil dann nämlich von außen Luft unter Druck auf einmal in den Körper eintritt, so muss man es sich auch als Vorgang im Erdkörper denken (Meteor. II 8, 365 b 25).

Die Ursache von Erdbeben wird auf die gleiche Weise erklärt wie bei allen anderen meteorologischen Phänomenen, durch Ausdünstung, konkret durch das Eindringen von Ausdünstungen in das Erdinnere.

Aus der Fülle der weiteren, hier nicht in allen Einzelheiten zu besprechenden meteorologischen Erscheinungen ragt die Behandlung des Regenbogens (Meteor. III 4–5) heraus, weil sie Ansätze zu einer Farbenlehre enthält. Zunächst wird der Regenbogen als Reflexionserscheinung gedeutet. Wieder wird die Analogie zu den menschlichen Verhältnissen bemüht: Unser Sehen wird von jeder glatten Oberfläche, also auch von Luft und Wasser, reflektiert. Aristoteles führt als Beispiel an, dass ein Mensch mit schwachen Augen beim Laufen stets den Eindruck hat, es gehe ihm ein Schattenbild voraus. Das liege daran, dass sein Sehen auf Grund seines Augenleidens so schwach und matt sei, dass schon die umgebende Luft für ihn zum Spiegel werde. Beim Regenbogen sind es dann entfernte, verdichtete Luftmassen, die so wirken. So wird der Regenbogen als eine Brechung des Sehens hin zur Sonne gedeutet. Anlässlich der Beschreibung der Farben des Regenbogens, der sich in der Tat in einer den Spektralfarben ähnlichen Abfolge zeigt, erörtert Aristoteles bestimmte Grundsätze der Farbenlehre (III 4, 374 b 9), so zum Beispiel, dass Hell im Dunklen als Rot erscheint, Schwarz als Negationsfarbe aus dem Versagen unseres Gesichtssinnes resultiert, Rot sich je nach Sehvermögen in Grün oder Violett verwandeln kann, Rot neben Grün als orangefarben erscheint, der Eindruck von Farben in Geweben und Strickereien je nach Zusammenstellung variiert, zum Beispiel Purpurrot auf weißem oder schwarzem Wollstoff ganz verschieden wirkt, auch bei unterschiedlicher Beleuchtung, weshalb bei Lampenlicht arbeitende Weber sich schon des Öfteren in der Farbe geirrt haben.

Insgesamt, so dürfen wir auch ohne Erörterung aller Details festhalten, ist die *Meteorologie* in der Mischung von scharfsinnigster Beobachtung, Auseinandersetzung mit der Forschung in und außerhalb der Akademie und zu den Phänomenen nicht immer passenden Systemkonstanten eine hochinteressante, in den modernen Monographien über Aristoteles aus philosophischer Hand kaum beachtete Schrift.

CHEMIE
(*METEOR.* IV)

Das vierte Buch der Meteorologie war eine ursprünglich selbständige Abhandlung, die man seit der grundlegenden Untersuchung von Ingemar Düring (1944) den «chemischen Traktat» des Aristoteles nennt, insofern mit Recht, als es um die Umwandlung von Substanzen geht.[14]

Grundlage dieser Umwandlungen sind die vier Grundqualitäten Warm, Kalt, Trocken, Feucht, während die Elemente eine eher untergeordnete Rolle spielen. Thema dieses chemischen Traktates sind die sogenannten «Homoiomereme», also homogene Stoffe, die als chemische Verbindungen der vier Elemente auftreten. Homoiomereme sind demnach teils organische, teils anorganische Stoffe, die gleichsam in der Mitte stehen zwischen den reinen Elementen und Qualitäten einerseits und gestalteten, inhomogenen Einzelsubstanzen andererseits. Als Beispiele organischer Homoiomereme werden Knochen, Haare und Sehnen genannt (Meteor. IV, 12, 390 b 4), unter anorganischen Homoiomeremen kommen (im Text verstreut) vor: Milch, Soda, Säfte, Wein und alle Stoffe, die man kochen, sieden und garen kann, aber auch feste Stoffe wie Ton, Holz, Erz, die man durch Schmieden, Schmelzen, Spalten und Pressen bearbeiten kann.

Im Einzelnen wird die Veränderung oder Umwandlung dieser Stoffe durch Einwirkung der Grundqualitäten untersucht. Die Wirkung der Wärme ist ein Garmachen, gegliedert in Reifen, Sieden und Rösten. Aristoteles geht sehr ins Einzelne:

> Die Arbeit mit den Küchengeräten ist beim Rösten schwieriger als beim Sieden; es ist nämlich nicht leicht, das Innere und das Äußere gleichmäßig zu erhitzen. Stets dörrt ja, was dem Feuer näher ist, schneller, also auch vollständiger (IV 3, 381 a 30–32).

Berücksichtigt werden auch der halbgare Zustand einerseits und das Überhitzen, das ‹Verbraten› andererseits. Auch hier wird die Analogie zu den biologischen Vorgängen betont, wie denn der Ausdruck für Kochen, «Pepsis» (πέψις) eine große Rolle in der hippokratischen Medizin spielt.

> Es ist ja im organischen Körper die Verdauung der Nahrung einem Kochen gleich, da sie in einer feuchten und warmen Umgebung und unter dem Einfluss der Körperwärme stattfindet. Manche Verdauungsstörungen ähneln ja auch einem unvollständigen Garwerden (IV 381 b 7–9).

Das Gegenteil zu den Kochungsvorgängen ist die Verflüssigung des Trockenen und die Austrocknung des Feuchten mit der Folge von Fäulnis, Welken und Verwesen. Je nach den proportionalen Anteilen von Feuer, Wasser, Erde oder Luft ergeben sich durch Kochen, Sieden, Verdicken und Verdünnen usw. die unterschiedlichsten Produkte. Milch wird durch Verdünnung zu Molke, durch Verdickung zum Quark (IV 3, 381 a 8). Man kann unter Zusatz einer Feige geronnene Milch herstellen, Molke und Rahm trennen. Molke, einmal abgetrennt, kann nicht mehr verdicken, sondern verkocht wie Wasser (IV 7, 384 a 20–24). Eine besondere Schwierigkeit ergibt sich bei dem für den Griechen in alter und neuer Zeit so wichtigen Olivenöl, weil es weder von Kälte noch von Wärme verfestigt werden kann, wohl aber unter Einfluss beider Qualitäten verdickt wird. Als Ursache dafür wird angeführt, dass das Olivenöl von Luft erfüllt sei, weshalb es auf dem Wasser schwimme (IV 7, 21–25). Schließlich präsentiert Aristoteles eine Liste der Mittel, homogene Stoffe zu verändern. Die Möglichkeiten sind: Verfestigen, Schmelzen, Aufweichen, Wässern, Biegen, Brechen, Zersplittern, Einprägen, Formen, Pressen, Dehnen, Schmieden, Spalten, Kleben, Kneten, Verbrennen, Verdampfen (IV 8, 385 a 12–19). Für alle durch diese Mittel ausgelösten Vorgänge werden zahlreiche Beispiele angeführt, die bis in die letzten Einzelheiten gehen. So wird dargelegt, dass man Binsen und Weideruten biegen und wieder gerade strecken kann, was bei Ton und Stein nicht möglich ist, dass man Holz zerbrechen, aber nicht zertrümmern kann, dass man Schwämme und Wachs zusammendrücken kann, dass Leder, Sehnen und Teig dehnbare Stoffe sind, dass man Erz mit dem Hammer bearbeiten kann, dass Holz spaltbar ist, dass der Rubin feuerunempfindlich ist, dass Bernstein nicht schmelzbar ist usw.

Zum Schluss (IV 12) aber wird alles im Sinne der aristotelischen Teleologie zusammengeführt. All diese materiellen Dinge haben ihr eigentliches Sein nur kraft ihrer Funktion. Ein toter Mensch ist nur dem Namen nach ein Mensch, ebenso eine tote Hand, aber eine auch in Stein gemeißelte Flöte, weil in all diesen Fällen eine Ausübung der spezifischen Funktion nicht möglich ist. Eine Säge aus Holz ist keine, sondern nur eine Nachbildung. Alle homogenen Stoffe («Homöomerien») in der Natur verdanken ihre Entstehungsmöglichkeiten Wärme und Kälte sowie den durch sie ausgelösten Bewegungsimpulsen, aber nicht die daraus aufgebauten Körper. Eine Säge, eine Trinkschale, eine Kiste entstehen nicht so wie Erz und Silber, sondern durch menschliche Kunstfertigkeit. So triumphiert zum Schluss der Geist über die Materie.

Resümee und Ausblick

Nimmt man die Schriften *Über den Himmel* und *Meteorologie* zusammen in der Blick, so kann man nur bewundernd staunen, wie Aristoteles mit den in der *Physik* entwickelten Begriffen zu einer vollkommenen Durchdringung der Welt in ihren physikalischen Abläufen gelangt ist, und zwar von den erhabensten Bewegungen der Gestirnsphäre bis zu den kleinsten Alltagserscheinungen. Gelungen ist dies durch das Zusammenspiel mehrerer Faktoren. An erster Stelle steht die eigene scharfsinnige Beobachtung, sodann die Befragung von Augenzeugen über zurückliegende astronomische Ereignisse, ferner das ausgiebige Studium der vorliegenden, sich über einen Zeitraum von zweihundert Jahren erstreckenden Schriftquellen. Nicht nur für die frühere, sondern auch für die zeitgenössische Forschung zieht Aristoteles schriftliche Quellen heran, die ihm also auch in Form einer Bibliothek und vielleicht bis zu einen gewissen Grade als Privatbesitz zur Verfügung gestanden haben müssen. «Was im *Phaidon* (Platons) über die Flüsse und das Meer *geschrieben* steht, ist unmöglich», heißt es einmal bei der Behandlung der Flüsse (Meteor. II 2, 355 b 34). Nirgends wird erkennbar, ob Aristoteles in der Zeit seines Aufenthaltes in der Akademie bei Unklarheiten in platonischen Formulierungen, die er mehrfach beklagt hat, einfach zu Platon gegangen ist mit der Frage, wie eine Formulierung wohl gemeint sei. Und schließlich wird der Sinn der von Aristoteles verwendeten Grundbegriffe wie Bewegung, Qualitäten und Elemente in der lückenlosen Einordnung aller Phänomene in wenige Grundkategorien deutlich. Dass Aristoteles mit der Erklärung der Phänomene gerungen hat, spürt man allenthalben. Dies alles ereignet sich in der geistesgeschichtlich bedeutsamen Phase des Übergangs einer alle Gebiete umfassenden Philosophie zu einer Pluralität von Einzelwissenschaften. Für die frühen griechischen Denker gehörten die kosmologischen und meteorologischen Fragen zur Kernlehre ihrer Philosophie. Bei Platon sind die kosmologischen Themen untrennbar mit der philosophischen Ontologie verbunden. Für Aristoteles sind die Einzelphänomene noch in eine allgemeinen Philosophie von der Natur eingebunden, tendieren aber zu einer gewissen Selbständigkeit und einer Herausbildung von Spezialdisziplinen wie der Astronomie und der beschreibenden Erdkunde, als die sie in der Folgezeit in Erscheinung treten.

Die weitere Rezeption insbesondere der Kosmologie steht unter dem Vorzeichen, dass das geozentrische Weltbild des Aristoteles, das durch eine lange Tradition vorgegeben war, bekanntlich falsch ist.

Gern verweist man in diesem Zusammenhang auf die auch nicht zu bezweifelnde Tatsache, dass die Kirche noch lange an dem überkommenen Weltbild des Aristoteles festgehalten hatte und Galilei unter Androhung von Foltern der neuen, heliozentrischen Lehre auf den Knien habe abschwören müssen und schließlich am Ende der von der Inquisition gegen ihn angestrengten Gerichtsverhandlung am 26. Juni 1633 beim Verlassen des Klosters Santa Maria sopra Minerva gemurmelt haben soll: «Und sie bewegt sie doch» («Eppur si muove»).

Suchen wir ein etwas differenzierteres Bild zu gewinnen, so stoßen wir zunächst auf die schwer fassbare Gestalt des Aristarch von Samos, der gut zwei Generationen nach Aristoteles als Erster bereits ein heliozentrisches Weltbild entworfen hat. Aristarch (etwa 310–230) war Schüler des zweiten Schulhauptes des Peripatos nach Aristoteles, des Straton von Lampsakos. Er war Mitglied der aristotelischen Schule und ein angesehener Astronom, lebte indes meist in Alexandria und hatte keine allgemeinen philosophischen Interessen. Das einzige von ihm völlig erhaltene Werk ist eine relativ kurze Abhandlung *Über die Größen und Abstände der Sonne und des Mondes*, in der Aristarch die relativen Entfernungen und Durchmesser von Sonne, Erde und Mond zu bestimmen versuchte. Einen Hinweis auf das heliozentrische Weltbild enthält diese Schrift nicht. Aber dass Aristarch ein solches vertreten hat, ist einwandfrei bezeugt. Der nur etwa 25 Jahre jüngere, berühmt gewordene Mathematiker Archimedes hat eine (erhaltene) Schrift *Der Sandrechner* (*arenarius*, ψαμμίτης) verfasst. Sie enthält eine Untersuchung über die Möglichkeit riesig großer Zahlen – bis zur Zahl der Sandkörner in der Welt – mit der Möglichkeit, diese dekadisch zu formieren und in knapper Form niederzuschreiben. Dieses Werk widmete Archimedes, der in Sizilien lebte, dem Herrscher Gelon von Syrakus und in dem Widmungsbrief teilt er diesem mit, dass Aristarch zu der Auffassung gelangt sei, die Fixsterne und die Sonne seien unbeweglich und die Erde bewege sich um die Sonne (Ar. I 4–6). Das zweite Zeugnis steht bei dem Platoniker Plutarch (1. Jh. n. Chr.), in dessen Dialog *Das Mondgesicht* (*De facie in orbe lunae*). Plutarch will darin das sogenannte Mondgesicht, das was auf der uns zugewandten Seite des Mondes als Phänomen sichtbar ist, nicht durch allerlei mythische Geschichten, sondern physikalisch erklären. In diesem Dialog sagt der Pythagoreer Lucius zu dem Stoiker Pharnakes:

> Mein Lieber, verklage uns nur nicht vor Gericht wegen Gottlosigkeit, so wie (der Stoiker) Kleanthes meinte, die Hellenen müssten Aristarch von Samos wegen Gottlosigkeit vor Gericht stellen, weil er den Herd des Kosmos bewege. Denn Aristarch versuchte die Phänomene zu retten, indem er annahm, dass der Fixsternhimmel stillstehe, die Erde aber in einem schiefen Kreise umlaufe und sich dabei gleichzeitig um ihre eigene Achse drehe (Kap. 6, 922 f).[15]

Es ist dies nicht nur ein Zeugnis für die neue Lehre Aristarchs, sondern auch dafür, dass schon damals die Verfechter einer solchen Lehre mit einer Klage wegen Gottlosigkeit – hier durch den mit Aristarch gleichaltrigen Stoiker Kleanthes – bedroht wurden. Zu tief war das traditionelle Weltbild auch religiös verwurzelt. Das heliozentrische Weltbild hat sich also nicht durchsetzen können, war aber da. Einzig ein sonst unbekannter Seleukos von Seleukia aus Tigris, der einige Jahrzehnte nach Aristarch lebte, schloss sich dessen Lehre mit zusätzlichen Argumenten an. Plutarch berichtet, Aristarch habe seine Lehre nur als Hypothese vorgetragen, während Seleukos dazu Beweise geliefert habe. Einem weiteren Vordringen des heliozentrischen Systems stand dann die komplizierte, aber sehr einflussreiche Lehre des Ptolemaios im 2. Jh. n. Chr. entgegen, obgleich Ptolemaios keineswegs die aristotelische Konzeption völlig übernahm, sondern die Annahme von unbewegten Bewegern als Zweckursachen der Bewegung verwarf zugunsten eines diffizilen Systems von ungleichförmigen Bewegungen mit der kinematischen Epizyklentheorie, wonach die Planeten entlang eines kleineren ‹Nebenkreises› um einen größeren Kreis teils vorläufig, teils rückläufig in einer Schleifenbewegung um die Erde umlaufen.

So ist denn als der eigentliche Entdecker oder Wiederentdecker des heliozentrischen Weltbildes Nikolaus Kopernikus (1473–1543) anzusehen. Kopernikus, in dem relativ entlegenen Thorn geboren, in Bologna, Padua, Ferrara und Rom umfassend in Jura, Medizin, Mathematik und Astronomie ausgebildet, hat in seinem Werk *Commentarium de revolutionibus orbium coelestium* die tägliche Drehung der Erde um ihre Achse und den jährlichen Umlauf der Erde um die Sonne wissenschaftlich erwiesen. Er kannte seinen antiken Vorläufer Aristarch, den er auch zitiert, ist aber ganz unabhängig von ihm zu seinen Erkenntnissen gelangt, die er immer wieder als unfertig ansah, weshalb er die Veröffentlichung seines Werkes lange hinausschob, bis es schließlich in seinem Todesjahr 1543 erschien. Das Werk ist dem Papst Paul III. gewidmet und eben in dieser Widmung steht der Hinweis auf Aristarch.[16] Ohne sein Wissen hat der Theologe Andreas Osiander ein Vorwort hinzugefügt, in dem er die Lehre des Kopernikus nur als Hypothese hingestellt hat, so wie es Plutarch mit Aristarch getan hat. Das war gut gemeint, aber so nicht gewollt. Osiander wollte Kopernikus vor Angriffen der Kirche – auch Luther (1483–1546) konnte sich der neuen Lehre nicht anschließen – schützen, die – auch dank der Widmung an den Papst – gar nicht kamen, zumal Kopernikus stets in innerer Nähe zur Kirche, zum Teil in deren Diensten, gelebt hat. Erst im Jahre 1616 gelangte im Zusammenhang mit den Vorgängen um Galilei das Werk des Kopernikus auf den *Index librorum prohibitorum* (der verbotenen Bücher), und zwar bis zum Jahre 1757.

Inzwischen hatte der aus dem Umkreis des schwäbischen Protestantismus stammende Johannes Kepler (1571–1630), der als Student im Tübinger Stift (1589) mit der Lehre des Kopernikus vertraut wurde, die neue Lehre durch die Entdeckung der Gesetze der Planetenbewegungen weiter gefestigt. Möglichen Kontroversen ging er aus dem Wege. Als im Jahre 1598 in der Steiermark, wo Kepler als «Landschaftsmathematicus» angestellt war, die Religionsfreiheit aufgehoben wurde, ging er zu dem berühmten Physiker und Astronomen Tycho Brahe nach Prag als dessen Gehilfe.

So kam es zu einem offenen Bruch erst durch die Konfrontation Galileis mit der Kirche in der Auseinandersetzung mit dem alten, geozentrischen Weltbild, an der die Kirche unter Berufung auf Aristoteles festhielt, und der neuen, von Kopernikus begründeten Lehre. Auch Galileo Galilei (1564–1642), fast gleichaltrig mit Kepler, suchte den Konflikt mit der Kirche nicht. Aber anders als Kopernikus trat er durch eine größere Zahl von Schriften sogleich (ab 1606) an die Öffentlichkeit; die Gesamtausgabe seiner Werke umfasst 18 Bände. Er studierte die Schriften des Archimedes, entwickelte die berühmten Fallgesetze, konstruierte ein Fernrohr, gewann durch Beobachtung und Experiment eine Fülle neuer Einsichten, die er sogleich veröffentlichte, zum Teil in der Form des Dialoges, so im *Dialogo sopra i due massimi sistemi del mondo* (1632), der in populärer Darstellung eine dialogische Gegenüberstellung des neuen mit dem alten Weltbild enthält. In der literarischen Form des Dialoges konnte sich Galilei hinter den fiktiven Dialogpartnern verbergen und brauchte sich nicht im eigenen Namen zu exponieren. Dabei wird unter den drei Dialogpartnern der Vertreter der alten, aristotelisch-kopernikanischen Lehre, Simplicio, durchaus sympathisch charakterisiert. Er ist nicht starr, schwankt sogar, will die neue Lehre kennenlernen, bleibt aber mit abgewogenen Argumenten bei der alten Lehre. Der Name «Simplicio» verweist vielleicht auf den Platoniker Simplicius, der im 6. Jahrhundert n. Chr. einen (erhaltenen) Kommentar zur *Metaphysik* des Aristoteles verfasst hat. Hinsichtlich der Form des allerdings sehr umfangreichen Dialoges (ca. 500 Seiten) knüpft Galilei erkennbar an Platon an. Wie im platonischen *Sophistes* beginnt der Dialog mit dem Verweis auf eine «gestrige Unterredung», nimmt aber dann seinen Fortgang in einer sich (fiktiv) über vier Tage erstreckenden Diskussion. Dabei wollte er die Kirche nicht provozieren, sondern auf dem Boden der Wissenschaft überzeugen, wie er auch voller Bewunderung für Aristoteles war und noch lange nach dem Prozess als 78-jähriger in einem Brief aus dem Jahre 1640 der Überzeugung Ausdruck verlieh, Aristoteles würde zu seinen Anhängern gehören, sollte er auf die Welt zurückkehren können – womit er wohl recht hatte.[17]

Galilei war zudem in das höfische Ambiente seiner Zeit eingebunden.[18] Er war ferner mit dem Kardinal Barberini, dem späteren Papst Urban VIII., befreundet. Als Galilei im Jahre 1624 in Rom war, gewährte ihm sein Freund, seit einem Jahr Papst, sechs Audienzen und überschüttete ihn mit Geschenken.

Aber der Vatikan sprach nicht mit einer Stimme. In der Reaktion auf die Reformation war «durch die Jesuiten eine viel strengere Auffassung vom Gehorsam in die Kirche eingedrungen»[19] und so kam es zu dem legendären Prozess im Jahre 1633, dessen Vorgeschichte auf das Jahr 1616 zurückreicht, als die Kongregation des heiligen Officium Galilei ermahnt hatte, die neue Lehre nicht mehr öffentlich zu vertreten, woran sich Galilei nicht lange gehalten hat. Dieses weitgehend in Vergessenheit geratene Dekret tauchte jetzt auf, Galilei wurde mehrfach verhört, musste der kopernikanischen Lehre abschwören, wurde offiziell zu Kerkerhaft verurteilt, aber schon nach wenigen Tagen entlassen. Vom Papst begnadigt, konnte er in der Villa Medici eine Wohnung nehmen, seine Forschungen fortsetzen und schließlich im Jahre 1638 wieder in seine Villa bei Florenz zurückkehren.

Viele Einzelheiten sind umstritten, die Echtheit von Teilen des Prozessprotokolls wurde angezweifelt, bald begann die Legende zu wuchern. Der Prozess wurde zu einem Symbol für ein geistesgeschichtliches Ereignis ersten Ranges, für einen verzweifelten Kampf des Alten gegen das Neue. Das Verbot der Schriften des Kopernikus und Galileis, die dem Aristotelismus kirchlicher Observanz zuwiderliefen, galt bis 1757; Galileis *Dialogo sopra i due massimi sistemi del mondo* stand sogar bis 1822 auf dem Index der verbotenen Bücher. Und Bertolt Brecht lässt in der ersten, im dänischen Exil (1938–39) entstandenen Fassung des *Leben des Galilei* Galilei sagen: «Die (Autorität) des Aristoteles, der die Unwahrheit lehrte, dauerte zweitausend Jahre.» Dieses Drama gehört mit 230 Inszenierungen allein in der Zeit zwischen 1957 und 1981 zu den meist gespielten Stücken Brechts.[20] Es ist eines von vielen Zeugnissen für das anhaltende Interesse an dieser fundamentalen geistesgeschichtlichen Umbruchsituation. Die führenden Naturwissenschaftler aller Zeiten haben dabei Aristoteles, losgelöst von der ptolemäischen und christlichen Überformung, für seine grundlegende Leistung ihren Respekt gezollt, auch wenn diese unter einer durch Kopernikus, Kepler und Galilei überwundenen Grundhypothese stand.

11.
Psychologie –
die Seele als Vollendung des Körpers

Die Grundlagen

Unter «Psychologie» ist hier im wörtlichen Sinne «Seelenlehre» zu verstehen. Was die menschliche Seele ist und wie sie sich zum Körper verhält, haben die Griechen von Anfang zu ergründen versucht. Aristoteles hat zu diesem Themenbereich mehrere Schriften verfasst. Es handelt sich 1. um den Dialog *Eudemos*, der offensichtlich ein Gegenstück zu Platons *Phaidon* darstellte. Im Zentrum stand eine Diskussion um die Unsterblichkeit der Seele, und zwar in reicher Ausmalung auch mit mythischen Exempla. Eine volle Rekonstruktion ist wegen der fragmentarischen Überlieferung nicht möglich (vgl. S. 28).[1] 2. Die in drei Bücher eingeteilte Schrift *Über die Seele*, die nach einer ersten Fassung Zusätze und Ergänzungen (von Aristoteles selber) aufweist.[2] 3. Eine Gruppe von sieben kleinen Schriften: *Über die Sinneswahrnehmung und ihre Gegenstände; Über Gedächtnis und Erinnerung; Über Schlafen und Wachen; Über Träume; Über die Weissagung im Traum; Über Lang- und Kurzlebigkeit; Über Jugend und Alter, Leben und Tod; Atmung.* Diesen Schriften, die man unter dem Oberbegriff *Parva Naturalia* zusammenfasst, ist ein psycho-physischer Aspekt gemeinsam.[3]

Aristoteles hebt eingangs hervor, dass das Thema «Seele» zu den schwierigsten Problemen gehört. Entsprechend ist die Darstellung in der Schrift *Über die Seele* kompliziert und zugleich von kühler Distanz dem Leser gegenüber.

Seelenlehre vor Aristoteles

Das Wort «Seele» (ψυχή, psyche) kommt schon in den ältesten Zeugnissen der griechischen Literatur vor, in den homerischen Epen. Es meint dort den Lebenshauch, der den Sterbenden durch den Mund oder durch die Wunde verlässt. Für das, was wir seelisches Leben des lebendigen Menschen nennen, gebraucht Homer das Wort «Seele» nicht, sondern Ausdrücke wie «Herz», «Mut», «Sinn». Diese Begriffe sind weitgehend austauschbar; sie werden nicht nach Denken, Wollen, Fühlen differenziert.[4] Als Sitz eines solchen seelischen Lebens gilt dem frühen Epos das Zwerchfell. Die «Seele» wird erst zum Thema in dem Augenblick, in dem sie den Menschen verlässt. Dann «flattert die Seele wie ein Traumbild hin und her» (*Odyssee* XI 222), als ein ungreifbares Schattenbild, aber unter Beibehaltung der Individualität, im Unterschied zu den späteren Seelenwanderungstheorien bei Empedokles (5. Jh. v. Chr.) und den Pythagoreern. Mit dem Aufkommen der Philosophie wird der Begriff «Seele» mit konkretem Inhalt gefüllt. Im Einzelnen setzt sich Aristoteles in der Schrift *Über die Seele*, wie er es stets zu tun pflegt, mit den Auffassungen der frühen Denker auseinander. Er erwähnt unter anderen Thales, Anaximenes, Heraklit, Alkmaion und Demokrit und kritisiert, dass sie alle die Seele nach den drei Eigenschaften Bewegung, Wahrnehmung, Unkörperlichkeit bestimmen und dabei die Seele immer mit dem von ihnen angenommenen Urgrund allen Seins überhaupt identifizieren. So ist die Seele für Heraklit von feuriger Natur, für Demokrit eine Ansammlung runder, kleiner Atome und für die Pythagoreer Harmonie oder gar Zahl.

Erst in der Literatur der zweiten Hälfte des 5. Jahrhunderts v. Chr. entwickelt sich das Wort «Psyche» zum Inbegriff der Persönlichkeit des einzelnen Menschen. Die «Seele» bekommt jetzt eine ethische Qualität. Sie ist nicht nur das Organ für Wahrnehmung, Fühlen und Denken; sondern die Art, wie der Mensch wahrnimmt, fühlt oder denkt, hängt mit der Verfasstheit seiner Seele zusammen. Und die zu allen Zeiten gegebene Beeinflussbarkeit des Menschen wird als «Psychagogie», als «Seelenführung» gedeutet. Das ist vor allem eine Leistung der Sophisten. Namentlich Gorgias hat diesen Vorgang beschrieben und die Möglichkeit hervorgehoben, durch die Kraft des Wortes mittels der «Psychagogie» den Menschen sowohl zum Guten wie zum Schlechten führen zu können. Die Reaktion darauf ist das sokratische Postulat der «Sorge für die Seele», das Platon zur Grundlage seiner ganzen Ethik gemacht hat. Dabei differenziert er systematisch in verschiedene Seelenteile mit verschiedenen Funktionen im Bereich des Verstandes und der Emotionen; er benutzt Bilder wie das des geflügelten Seelengespanns, in dem ein Pferd nach oben, zum wahren Sein, das andere aber nach unten, zur Welt der Erscheinungen strebt (*Phaidros* 246 A-D), und vor allem ist ihm die namentlich im *Phaidon* entwickelte Lehre von der

Unsterblichkeit der Seele und deren ‹Einkerkerung› in den Körper das zentrale Modell für die Befindlichkeit des Menschen. Schließlich entwickelt Platon im *Timaios* die Konzeption einer Weltseele, die ihm Garant für die Ordnung und Harmonie des Kosmos ist.[5] Entsprechend siedelt Platon die Seele im Aufbau des Seins auf einer Stufe mit dem «Mathematischen» in dem Mittelbereich zwischen Ideen und Erscheinungen an.

Von den vielfältigen ontologischen und ethischen Facetten und Bezügen der Seelenlehre Platons ist im Rahmen der Diskussion der früheren Seelenlehren im ersten Buch der Schrift *Über die Seele* kaum die Rede. Aristoteles bezieht sich lediglich auf den *Timaios* und kritisiert vor allem Platons Lehre von der Selbstbewegung der Seele und die nach seiner Meinung ungeklärte Verbindung von Seele und Körper. Der Grund der thematischen Beschränkung in der Kritik liegt darin, dass Aristoteles in der Schrift *Über die Seele* programmatisch als «Naturforscher» (De an. I 1, 403 a 28–30) auftritt und die ethischen Aspekte einer Seelenlehre zunächst beiseitelegt.

Das Wesen der Seele und die Stufung der Seelenkräfte

Von der durchweg biologischen Betrachtungsweise ist auch die Definition der Seele geprägt, die Aristoteles gleich nach der kritischen Prüfung der früheren Theorien gibt.

> Die Seele ist die erste Erfüllung (Entelechie) eines natürlichen, mit Organen versehenen Körpers (De an. II 1, 412 b 5 f.).

An dieser knappen Definition ist sofort erkennbar, dass sie fest in dem Begriffssystem des Aristoteles verankert ist und allen Auffassungen, die von einem Antagonismus oder gar einer Trennung von Körper und Seele ausgehen, eine Absage erteilt. Körper und Seele gehören zusammen, weil die Seele das Prinzip alles Lebendigen ist. Diese Konzeption ist gegenüber allen früheren und mit Aristoteles gleichzeitigen Theorien radikal neu. Die Seele als Verwirklichung des Körpers, das wäre für Platon undenkbar. Allerdings trifft dies nicht auf jeden Körper zu, sondern nur auf den «natürlichen, mit Organen versehenen Körper», also auf Lebewesen, die Organe zur Betätigung von Lebensfunktionen haben, aber auch auf einige Pflanzen, die Nahrung aufnehmen können, wobei die Wurzel der Pflanze dem Munde des Lebewesens entspricht.

«Erste Erfüllung» des Körpers wird die Seele genannt, weil sie in der allgemeinsten Wesensbestimmung dadurch charakterisiert ist, dass sie die Verwirklichung der im Körper gegebenen Möglichkeiten als ein bloßes Haben darstellt, sich aber nicht immer in voller Betätigung befindet. Mit dem Dasein der Seele ist nicht nur Wachen, sondern auch Schlafen gegeben (De an. II 1, 412 a 22), und damit die «erste» (hier im Sinne der «untersten») Stufe in der Wesenserfüllung der Seele bezeichnet. Diese Definition der Seele wird als «allgemeinste Begriffsbestimmung» (De an. II 1, 412 a 5) bezeichnet, weil sie für weitere Differenzierungen offen ist. So entfällt bei den Pflanzen die Scheidung zwischen Wachen und Schlafen, aber gewisse seelische Funktionen von Lebewesen finden auch im Schlaf statt. Die Seele ist also Wesen und Begriff des Seins, die das Prinzip von Bewegung und Stillstand in sich hat. Sie ist «Entelechie» (eine sprachliche Neubildung des Aristoteles), weil in ihr der Körper sein «Ziel» («Telos»), seine Erfüllung, findet.

> Wie die Pupille und die Sehkraft zusammen die Augen sind, so sind Seele und Körper zusammen das Lebewesen (De an. II 1, 413 a 2).

Wenn «Seele» allem Lebendigen zukommt, so ist näher zu bestimmen, worin die Äußerungsformen des Lebendigen liegen. Aristoteles unterscheidet in: Denken, Wahrnehmung, Bewegung und Stillstand, Nahrungsaufnahme, Wachsen und Schwinden. Wenn auch nur eine dieser Komponenten vorliegt, spricht man von Lebendigem und daher von Seele. Entsprechend ergibt sich eine Stufung der Seelenkräfte in der Reihe: Pflanze – Tier – Mensch. Die «ernährende Seele» als unterste und allgemeine Seelenkraft kommt allem Lebendigen zu, ohne Verbindung mit den anderen Seelenkräften nur bei den Pflanzen. Nahrung bewirkt Wachstum, alles Lebendige wächst. Dabei sieht Aristoteles die Sache so, dass die Ernährung nicht allein Zufuhr von Materie ist, sondern ein Vorgang der Assimilierung des aufgenommenen Stoffes durch die dem Körper eigene Wärme, die den Verdauungsprozess in Gang setzt. Die natürlichste Leistung aller Lebewesen ist auch die Zeugung innerhalb der gleichen Gattung – ein Tier zeugt ein Tier, die Pflanze eine Pflanze (so wörtlich De an. II 4, 415 a 49) – und mit der so bewirkten ewigen Erhaltung der Gattung hat das Lebendige schon auf der untersten Stufe «am Ewigen und Göttlichen teil» (De an. II 4, 415 b 4).

Sinneswahrnehmungen als Aktivitäten der Seele (*De anima* II 5 – III 2)

Die nächste Stufe seelischer Aktivität ist durch Sinneswahrnehmung gegeben, über die sich Aristoteles ausführlich äußert. Im Unterschied zur pflanzlichen Seele besitzen alle Lebewesen ein Wahrnehmungsvermögen, das sich in einem Gegenüber von Wahrnehmung und wahrgenommenem Gegenstand verwirklicht. Die wahrnehmende Seele wird zunächst von dem wahrzunehmenden Gegenstand affiziert. Das Wahrnehmbare wirkt auf das Wahrnehmungsorgan ein, das dann in Aktion tritt, indem es die Möglichkeit zur Sinneswahrnehmung aktualisiert. Dieser Vorgang lässt sich weder als ein rein intellektueller noch als ein rein physiologischer beschreiben. Er ist beides. Dabei geht mit der Wahrnehmung ein Unterscheidungsvermögen, also eine intellektuelle Leistung, Hand in Hand. Aristoteles überwindet damit eine scharfe Trennung von Seelenteilen, wie sie Platon angenommen hatte.[6] Er unterscheidet drei Arten von Wahrnehmungsgegenständen, denen jeweils einzelne oder alle Wahrnehmungsorgane korrespondieren (De an. II 6, 418 a 8–27): 1. Das «eigentümlich Wahrnehmbare» (ἴδιον αἰσθητόν) ist das, was jeweils nur von einem einzelnen Wahrnehmungsorgan wahrgenommen werden kann. Mit dem Sehvermögen sieht man eine Farbe, aber eine Farbe kann man nicht hören. Mit dem Gehör vernimmt man einen Schall, den man aber nicht sehen kann. Hierbei ist auch eine Täuschung nicht möglich, jedenfalls grundsätzlich. Es ist eindeutig, dass man eine Farbe sieht bzw. sehen kann, täuschen kann man sich bei der Identifikation einer einzelnen Farbe. Es ist ebenso deutlich, dass man einen Schall vernimmt, strittig kann nur dessen Ursache, Intensität und Eigenart im Einzelnen sein. Wahrnehmung und Wahrnehmungsgegenstand verschmelzen ineinander. Einen Schall gibt es überhaupt nur insofern, als man ihn hört. 2. Das «gemeinsam Wahrnehmbare» (κοινὸν αἰσθητόν). Hier handelt es sich um Objekte, die von allen oder zumindest mehreren Organen wahrgenommen werden können. Aristoteles nennt als Beispiele: Bewegung, Stillstand, Zahl, Gestalt, Größe. Eine Bewegung kann man sowohl durch das Sehorgan wie durch den Tastsinn wahrnehmen, ebenso die Größe eines Gegenstandes. Hier ist Täuschung beispielsweise über Gestalt, Größe usw. möglich. 3. Das «nebenbei Wahrnehmbare» (τὸ κατὰ συμβεβηκὸς αἰσθητόν). Wir sehen einen Menschen mit einem bleichen Gesicht. Wir nehmen aber vor allem den Menschen wahr, seine Identität, seinen Körper. Das Bleiche in seinem

Gesicht nehmen wir nur «nebenbei» wahr, weil es auch nur eine beiläufige (akzidentielle) Eigenschaft des Menschen ist.

Die Analyse der einzelnen Sinnesorgane (II 7–11) beginnt mit dem Sehvermögen (II 7), das Aristoteles gleich zu Beginn der *Metaphysik* als die vorzüglichste und geradezu philosophische Wahrnehmungsform gepriesen hatte (vgl. S. 211). Alles, was wir durch Sehen wahrnehmen, so lautet seine Theorie, hat Farbe. Etwas völlig Farbloses kann gar nicht gesehen werden. Zum Sehen gehört aber außerdem Helligkeit. Im Dunkeln sind – wie das moderne Sprichwort sagt – alle Katzen grau. Die Helligkeit kommt aber durch Feuer in irgendeiner Form ins Bewusstsein. Aristoteles denkt wohl an die Sonne, ohne sie ausdrücklich zu erwähnen, natürlich auch an durch Lampen oder Kerzen künstlich entfachtes Feuer. Einiges sieht man aber, wie Aristoteles ausdrücklich hinzufügt, auch im Dunkeln: glühende und phosphoreszierende Körper. In jeden Fall aber sehen wir die Farbe nicht direkt. Drückt man einen Gegenstand unmittelbar vor das Auge, sieht man dessen Farbe nicht. Die Wahrnehmung vollzieht sich daher durch ein Medium, und zwar durch Luft oder Wasser dank deren Durchsichtigkeit und Leitfähigkeit.

In absteigender Linie wird als nächstes über Gehör, Geräusch und Stimme gehandelt (II 8). Das Wahrnehmungsobjekt des Gehörs ist der Schall, das Geräusch. Geräusch ist immer ein Geräusch von etwas an etwas. Wie beim Sehen ergibt sich auch das Geräusch durch ein Medium, durch die Luft, die in Bewegung gesetzt wird und an einem Gegenstand abprallt. Manche Gegenstände geben kein Geräusch von sich, wenn man gegen sie schlägt, zum Beispiel Wolle oder Schwämme; bei anderen ergibt sich eine Echowirkung. Schallerzeugend ist nur, was eine einheitliche Luftmasse zusammenhängend in Bewegung setzen kann. Die Luft als Medium zwischen Gehör und gehörtem Objekt transportiert den Schall in die Ohren, die ihrerseits mit dünner Luft so gefüllt sind, dass sie alle Geräuschunterschiede differenziert wahrnehmen können. Diese innere Luft ist in den Gehörgang «eingebaut» (ἐγκατῳκοδόμηται, 420 a 9), wie Aristoteles nach Analogie des Hausbaus formuliert. Neben vielen Einzelbeobachtungen erwähnt Aristoteles auch ein ständiges Brummen im Ohr wie das eines Hornes, womit er vielleicht den Tinnitus meint.

Jedes hörende Lebewesen kann auch selbst Geräusche von sich geben, sofern es Seele hat. Das Organ dazu ist die Stimme. Unbeseeltes hat keine Stimme. Die Stimme ist der Schall eines belebten Wesens. Auch viele, aber nicht alle Tiere haben eine Stimme. Aristoteles teilt mit, dass es im Fluss Acheloos Fische gibt, die mit den Kiemen Laute von sich geben. Das kann kaum eigene Beobachtung gewesen sein, fließt doch der Acheloos bei Ithaka ins Meer, wo Aristoteles wohl nie gewesen ist. Es handelt sich bei diesem Vorgang jedoch nicht um die Verlautbarung mittels einer Stimme, weil Fische keinen Kehlkopf haben, durch den das Geräusch der Stimme erzeugt wird. Bedingung dafür ist das Einatmen. «Die Natur» (II 8, 420 b 17) hat es so eingerichtet, dass die eingeatmete Luft einen doppelten Zweck erfüllt, einmal durch Anschlagen an die Luftröhre mittels des Kehlkopfes Laute hervorzubringen und gleichzeitig durch Atmung die innere Körperwärme zu stabilisieren. Nicht jeder Ton ist Ausdruck einer stimmlichen Artikulation, wie Husten oder Schnalzen mit der Zunge. Doch wenn das anschlagende Organ beseelt ist und eine bestimmte Vorstellung hat, dann formt sich der Laut zu der nur dem Menschen eigenen Sprache mit dem Ziel des «Gut-Seins» (τὸ εὖ, II 8, 420 b 20 und 22). Mit diesem einen, hier zweimal gebrauchten Wort «gut» wird wie mit einem Zipfel die ethisch-politische Wertewelt mit der «Eudaemonie» an der Spitze sichtbar, die Aristoteles sonst von der rein physiologischen Betrachtungsweise fernhält.

Über Geruch und den Gegenstand des Riechens (II 9) zu urteilen, findet Aristoteles schwerer, weil die Eigentümlichkeit des Geruchs nicht so offen zutage liegt wie der Schall beim Hören oder die Farbe beim Sehen. Hervorgehoben wird, dass die meisten Tiere besser riechen können als die Menschen, und zwar auch die Wassertiere, sofern sie ein- und ausatmen können, während Tast- und Geschmackssinn beim Menschen besser ausgebildet sind. Im Unterschied zum Tast- und Geschmackssinn ist das Riechen – wie Sehen und Hören – auf ein Medium, auf Luft oder Wasser, angewiesen. Man riecht einen Gegenstand, der nicht schon in uns selbst ist. Tiere riechen ihre Beute schon von weitem und differenzieren nach Gefährlichkeit und Ungefährlichkeit, der Mensch hingegen nach süß und bitter, fernerhin nach milde, scharf, stechend oder ölig.

Beim Schmecken (II 10) gibt es kein Medium zwischen Geschmacksorgan und Objekt des Schmeckens. Was man schmeckt, hat man auf der Zunge, also im Körper. Nicht alles Schmeckbare «schmeckt». Es gibt vor allem Getränke, die so widerwärtig sind, dass sie den Geschmackssinn zerstören können. Das Schmeckbare kann nie völlig trocken sein – dann würde man es nicht schmecken – sondern muss eine gewisse Feuchtigkeit in sich haben, wie auch die Zunge feucht sein muss. Ist sie trocken oder zu feucht, nimmt sie den Geschmack eines Körpers oder einer Flüssigkeit nicht wahr. Auch beim Tasten (II 11) erfolgt der Kontakt unmittelbar, ohne ein Medium wie bei Sehen und

Hören. Im Ganzen drückt sich Aristoteles bei der Analyse dieses (in der Reihenfolge) letzten Sinnesorgans recht umständlich aus, findet er doch Einzelheiten beim Tastsinn «bis jetzt unklar» (II 11, 423 a 12). Dazu gehört die Frage, wo das Wahrnehmungsvermögen beim Tasten zu lokalisieren ist. Die Antwort des Aristoteles: im Inneren des Körpers. Man tastet natürlich mit einem Teil der Körperoberfläche, mit Hand und Fuß vor allem. Der tastende Körperteil ist aber nur das Medium, durch das hindurch die Tastwahrnehmung erfolgt. Dabei darf das Organ beim Tasten weder zu kalt noch zu warm sein. Tastbar ist nicht ein Körper als solcher, sondern seine Eigenschaften, ob er warm, kalt, feucht oder trocken ist. Nicht tastbar ist, was keine oder eine geringe Menge an tastbarem Stoff hat wie z.B. Luft.

Die Untersuchung über die einzelnen Sinne zusammenfassend (II 12), legt Aristoteles dar, dass grundsätzlich die Wahrnehmung mit dem Wahrnehmungsorgan zusammenfällt, mit dem Unterschied, dass das Wahrnehmungsorgan (Auge, Nase, Zunge) eine körperliche Ausdehnung hat, die Wahrnehmung jedoch nicht. Das Wahrnehmungsorgan nimmt das Wahrnehmbare indes nicht unbegrenzt auf, sondern nach Maßgabe der ihm eigenen Form und Kraft. Übertreibungen im Wahrnehmen können das Wahrnehmungsorgan zerstören, wie wir es aus dem Vorgang der Blendung durch starke Sonneneinstrahlung kennen, um ein bei Aristoteles nicht vorkommendes Beispiel anzuführen, oder wenn Musikinstrumente zu laut ertönen und dann das Gehör schädigen können, wie es Aristoteles als Beispiel nennt (II 12, 424 a 32). Es gibt also eine Korrespondenz zwischen Wahrnehmung und Wahrnehmbarem im Sinne der für Aristoteles zentralen Lehre von der «Mitte». Ohne es näher auszuführen, setzt Aristoteles als Zentrum der Wahrnehmungsverarbeitung die Mitte des Körpers voraus, ausgestattet mit einer mittleren Körpertemperatur, aufgrund der wir als wärmer und kälter empfinden, was wärmer oder kälter als diese ist, wie denn auch die Gegenstände eine entsprechende Wahrnehmung am reinsten ermöglichen, die in Größe, Gestalt und Temperatur eine Mitte aufweisen. Pflanzen haben auch deshalb keine Sinneswahrnehmung, weil sie keine Mitte haben (II 12, 424 b 1).

Die mit den Vorstellungen von einer Körpermitte verbundenen Überlegungen führen zu der Annahme eines «gemeinsamen Wahrnehmungssinnes» (κοινὴ αἴσθησις, III 1, 425 a 27). Zwar leugnet Aristoteles entschieden die Existenz eines weiteren (sechsten) Sinnes, aber zur vollen Erklärung des Wahrnehmungsvorganges reicht ein einzelner Sinn doch nicht aus. Es gibt also die «gemeinsame Wahrnehmung», mit der wir die allgemeinen Eigenschaften wahrgenommener Objekte erfassen wie Bewegung, Ruhe, Einheit, Zahl, Zeit, Größe und Gestalt, die ein einzelner Sinn nur partiell und unvollkommen aufnimmt. Das Organ dieses gemeinsamen Sinnes ist das Herz, in das als ein Zentralorgan alle einzelnen Sinneswahrhmungen zusammenlaufen.

Was Aristoteles in der Schrift *Über die Seele* in bisweilen recht umständlichen Ausführungen zu explizieren sucht, wird in der den *Parva Naturalia* zugehörenden Schrift *Über die Sinneswahrnehmungen und ihre Gegenstände* in etwas eleganteren Formulierungen vertieft. Aristoteles sagt ausdrücklich, dass er dabei an die Ausführungen in der Schrift *Über die Seele* anknüpft (De sens. I, 436 a 1). Analysiert werden erneut, wiederum in Auseinandersetzung mit früheren Denkern (Empedokles, Demokrit, Platon), die einzelnen Sinne und ihre Funktionsweisen, mit zusätzlichen Überlegungen, so zum Beispiel, dass beim Wahrnehmungsvorgang nicht alle Teile des Wahrnehmungsorgans gleichzeitig affiziert werden, oder ob es möglich ist, dass zwei Dinge in ein und demselben Augenblick gleichzeitig wahrgenommen werden können oder nicht, oder ob die Töne einer Melodie uns gleichzeitig oder nicht gleichzeitig erreichen, und wo die Grenze zwischen Wahrnehmbarkeit und Nichtwahrnehmbarkeit liegt.

Das Vorstellungsvermögen
(*De anima* III 3)

Was hier mit «Vorstellungsvermögen» übersetzt ist, heißt im griechischen Text «Phantasia» (φαντασία). Es ist aber etwas anderes als bloße «Phantasie», denn es handelt sich nicht um ein im imaginären Raum schwebendes Phantasiegebilde, sondern um eine seelische Aktivität, die ohne eine Wahrnehmung nicht entstehen kann. Aber sie ist nicht an eine gleichzeitige und unmittelbare Wahrnehmung gebunden, setzt aber eine vorangegangene Wahrnehmung voraus. Die «Phantasie» ist in der Skala der seelischen Funktionen nach den verschiedenen Arten der Sinneswahrnehmung die nächsthöhere Stufe, über den Sinneswahrnehmungen, aber unter dem Denkvermögen. Wahrnehmungen sind immer wahr, Vorstellungen aber in der Mehrzahl falsch (De an. III 3, 428 a 12; b 17 ff.). Bei der Wahrnehmung ergibt sich die Möglichkeit eines Irrtums erst durch die Verarbeitung des unmittelbar Empfundenen durch den «gemeinsamen Sinn», aber als solche ist die Wahrnehmung wahr.

Das Vorstellungsvermögen jedoch tritt in Abwesenheit des wahrgenommenen Objekts in Kraft und unterliegt daher im stärkeren Maße der Täuschung. Aristoteles definiert die «Vorstellung» als «eine Bewegung, die von der verwirklichten Wahrnehmung ausgeht» (De an. III 3, 429 a 2), die also eine früher aktuell vollzogene Wahrnehmung voraussetzt. Frühere, durch Sinneswahrnehmungen gewonnene Erfahrungen werden gespeichert und im Akt der «Vorstellung» reaktiviert, und zwar in Projektionen auf Vergangenheit oder Zukunft. Das Vorstellungsvermögen ist in der Lage, früher vollzogene Wahrnehmungen zu neuen Kontexten zusammenzusetzen.[7] Dann können Träume und Erinnerungen wirklich zu ‹Phantasien› werden. Aristoteles kennt viele Erscheinungsformen von Vorstellungen, unter denen Traum und Erinnerung eine besondere Rolle spielen (vgl. S. 309 f.; 311–313). Im Unterschied zur «Meinung» (δόξα) ist das «Vorstellungsvermögen» auch nicht mit dem Anspruch auf Richtigkeit verbunden (De an. III 3, 428 a 18 ff.). Viele Menschen handeln nach bloßen Vorstellungen, wenn die Vernunft durch Leidenschaft oder Krankheit verhüllt ist (De an. III 3, 429 a 7).

Die denkende Seele
(*De anima* III 4–8)

Im Aufbau der verschiedenen Seelenvermögen steht an letzter und oberster Stelle die denkende Seele, die ausdrücklich als «Seelenteil» bezeichnet wird. Ob sie (von allem Körperlichen) «abtrennbar» ist – räumlich oder gedanklich – will Aristoteles zunächst offen lassen. Aristoteles ist bestrebt, diesen Seelenteil in seiner Struktur in Analogie zu setzen mit den Verhältnissen bei den Sinnesorganen. So wie die Wahrnehmung durch das Wahrnehmbare affiziert wird, müsse es auch beim Denken im Verhältnis zu den Denkinhalten sein. Der Unterschied besteht aber darin, dass das Denken «alles denkt» (De an. III 4, 429 a 18) und selber immateriell ist. Das Denken hat nicht Auge, Nase, Zunge, Hände wie die einzelnen Sinnesorgane. Sonst müsste die denkende Seele Eigenschaften wie warm und kalt haben, was natürlich nicht der Fall ist. Sinnesorgane gibt es auch, wenn sie, wie z.B. im Schlaf, keinen Wahrnehmungsakt vollziehen. Die denkende Seele konstituiert sich aber erst im Vorgang des Denkens. Sie nimmt daher auch nichts Materielles auf, sondern nur die «Form» (εἶδος, eidos), also nicht einen Menschen, sondern den Menschen schlechthin als Gattung oder in seiner

Begrifflichkeit. Dabei ist dann auch kein Irrtum möglich. Irrtum kann erst in der Zusammensetzung einzelner Denkinhalte entstehen.

Ist schon diese Skizze ein nicht leicht zu gewinnendes Abstrakt, so sind die weiteren Darlegungen des Aristoteles überaus kompliziert und Gegenstand alter und neuer Kontroversen. Willy Theiler bemerkt in seinem Kommentar (143): «Es gibt kein Stück der antiken Philosophie, das wie die halbe Seite dieses Kapitels (III 5) eine solche Masse an Erklärungen hervorgerufen hat.» In der Tat ist die andeutende, gelegentlich verschiedene Möglichkeiten nur abwägende Darstellungsart hier recht kompliziert. Die Schwierigkeit einer verständlichen Vermittlung des von Aristoteles Gemeinten beginnt mit der Übersetzung des Wortes «Nous» (νοῦς), das je nach Aspekt als «Geist», «Denken», «Verstand», «Erkennen», «Intellekt» wiedergegeben werden kann. Deutlich wird, dass Aristoteles verschiedene Ebenen und Aspekte des «Nous» unterscheidet, nämlich einen «rezeptiven Nous» (νοῦς παθητικός, De an. III 5, 430 a 24) und einen Nous, «der alles wirkt» (ὁ πάντα ποιεῖ, III 5, 430 a 15); den Ausdruck «wirkender Nous» (νοῦς ποιητικός) vermeidet er. Es handelt sich dabei nicht um verschiedene Seelenteile, sondern um Funktionen ein und desselben «Nous». Offensichtlich sucht Aristoteles eine Analogie zu den Verhältnissen bei der Sinneswahrnehmung. Das Wahrnehmen ist ja auch zunächst ein Aufnehmen der Wahrnehmungsgegenstände. Der weitere Vorgang ist dann der, dass die denkende Seele bzw. das Denken (νοῦς) die aufgenommenen Objekte von ihrer Materialität trennt und dann nur noch als reine Form in sich hat. Was der «wirkende Nous» (also «Geist», «Denken») dann macht, deutet Aristoteles nur durch einen knappen Vergleich an. Er wirkt «wie eine gewisse Beschaffenheit (ἕξις, Theiler übersetzt: «Kraft») gleichsam wie das Licht» (De an. III 5, 430 a 15). Denn, so führt Aristoteles fort, die Helligkeit macht die möglichen zu wirklichen Farben. Man hat an das berühmte Sonnengleichnis in Platons *Staat* (VI 508 A–509 B) gedacht, worin die Sonne als Symbol für die Erkenntnis der Idee des Guten und damit für das Sein aller seienden Dinge figuriert.[8] Ähnlich macht der «wirkende Geist» die aufgenommenen Denkinhalte als das bewusst, was sie sind. Der «wirkende Nous» steht damit zum «rezeptiven Nous» im Verhältnis von Wirklichkeit und Möglichkeit. Der «rezeptive Nous», der «bald denkt, bald nicht denkt», ist als das individuelle Denkvermögen des einzelnen Menschen vergänglich (De an. III 430 a 22–25). Der «wirkende Nous» stellt als reine Aktualität das Prinzip für die Tätigkeit des Denkens überhaupt dar. Abstrahiert von allem Materiellen ist mit der reinen Aktualität damit zugleich Ewigkeit, Unvergänglichkeit, Abtrennbarkeit vom vergänglichen Körper gegeben. Es ist aber nicht so, dass es sich bei dem «rezeptiven Nous» und dem «wirkenden Nous» um zwei verschiedene Seelenvermögen handelte. Der «wirkende Nous» ist die Aktualisierung des «rezeptiven Nous». So wie im Bereich der Sinneswahrnehmungen der «gemeinsame Sinn» auch wahrnimmt, dass man wahrnimmt, wird beim abstrakten Denken «Denkendes und Gedachtes identisch» (De an. III 4, 430 a 4), der Gedanke also nicht trennbar vom Denken. Aristoteles kommt mit diesen Überlegungen in die Nähe dessen, was er im zwölften Buch der *Metaphysik* über das Denken des Denkens ausgeführt hat (vgl. S. 228). Aber im Rahmen seiner weitgehend biologisch angelegten Psychologie hält er kosmologische oder theologische Fragestellungen fern. Etwas anders steht es mit den ethischen Implikationen. Da die Tätigkeit der Seele, soweit sie über die bloß ernährende, auch den Tieren eigene Funktion hinausgeht, sich in Handlungen manifestiert, kommt mit der am Schluss der Schrift *Über die Seele* aufgeworfenen Frage nach den Bewegungsimpulsen der ethisch relevante Begriff der Handlung auf. Aristoteles unterscheidet dabei zwischen einer theoretischen, nicht auf Zwecke gerichteten und einer praktischen Vernunft, die einen Zweck verfolgt, den man erstrebt. Entsprechend erscheinen das Denken und das Streben als die eine Bewegung der Seele auslösenden Momente, genauer gesagt: der Gegenstand des Denkens und Strebens als Ausgangspunkt für das Denken selbst. Aristoteles fasst nun Denken und Streben als einen einheitlichen Prozess auf, der sich nicht in verschiedene Vermögen zergliedern lässt. Bei diesem einheitlichen Prozess steht am Anfang das Streben, das dann zu vernünftigen Handlungen führen kann. Das Denken im Sinne der praktischen Vernunft kann nicht ohne das Streben in Gang kommen, so dass der gemeinsame Ausgangspunkt das Streben ist.[9] Das Strebungsvermögen ist allen Menschen von Natur eigen, wie Aristoteles am Anfang der *Metaphysik* dargelegt hatte (vgl. S. 210). Mit der Bemerkung, erstrebt werde das im Handeln verwirklichbare Gute (De an. III 10, 433 a 29), wird die ethische Perspektive sichtbar, aber nicht weiter verfolgt.

PARVA NATURALIA

Wir fügen hier die Behandlung der unter der Bezeichnung *Parva Naturalia* zusammengefassten kleineren Schriften an, die psychologische und naturwissenschaftliche Aspekte vereinen. Ob es sich um ursprünglich selbständige kleine Traktate oder ein zusammenhängende Schrift in lockerer Themenfolge handelt, ist schwer zu entscheiden. Der Text in seiner jetzigen Form gibt sich als ein Ganzes mit Übergangsformeln von Thema zu Thema («Als nächstes müssen wir das Thema X behandeln» oder ähnlich). Diese Schriften (oder Schriftenteile) haben als durchgängiges Thema das menschliche Leben in all seinen Äußerungen zum Inhalt. Sie sind ansprechender und auch anmutiger geschrieben als die Schrift *Über die Seele* und daher vielleicht auch für ein weiteres Publikum gedacht. Während die Schrift *Über die Sinneswahrnehmung und ihre Gegenstände* weitgehend wiederholt, was auch in der größeren Schrift *Über die Seele* zu lesen ist, enthalten die anderen Schriften neue, hochinteressante Themen, die sich in den Rahmen der aristotelischen Biologie und Psychologie einfügen.

Über Gedächtnis und Erinnerung

Der Traktat ist klar in zwei Kapitel gegliedert: 1. Gedächtnis, 2. Erinnerung.[10] Aristoteles beginnt mit der Bemerkung, dass Gedächtnis und Erinnerung nicht identisch, sondern zwei verschiedene Erscheinungsweisen sind, denen auch verschiedene Menschentypen korrespondieren. Die Unterschiedlichkeit hervorzuheben, ist auf der Grundlage des griechischen Textes noch dringlicher, weil die beiden Worte, die wir mit «Gedächtnis» und «Erinnerung» übersetzen, im Wortkörper sich nur durch eine Vorsilbe unterscheiden (μνήμη, mneme = «Gedächtnis» – ἀνάμνησις, anamnesis = «Erinnerung»). Entsprechend haben beide Erscheinungen auch Gemeinsamkeiten. Beide richten sich auf die Vergangenheit, beide sind mit einem Zeitbewusstsein verbunden, beide sind auf den Seelenteil bezogen, in dem das Zeitempfinden angesiedelt ist, auf die wahrnehmende Seele. Die Unterschiede findet Aristoteles an verschiedenen Menschentypen unterschiedlich ausgeprägt. Schwerfälligere Menschen haben ein besseres Gedächtnis, aufgewecktere und gelehrige Menschen ein besseres Erinnerungsvermögen. Ferner: Ganz alte und ganz junge Menschen haben kein gutes Gedächtnis. Die Begründung ist eine physiologische, für die Aristoteles ein Bild gebraucht, das von Platon (*Theaetet* 191 C) stammt, der es im gleichen Zusammenhang verwendet. Es ist das Bild von der Wachstafel, die in der Seele ist und auf die ein Siegel gedrückt wird, das eine Prägung hinterlässt, die dann wie ein Bild im Gedächtnis haften bleibt. Bei jungen Menschen ist die Wachstafel noch zu weich und bei alten Menschen schon zu hart, um eine klare Prägung und damit ein gutes Gedächtnis zu ermöglichen.

Der Wahrnehmungseindruck kann sich nicht richtig festsetzen. Aristoteles geht stark von der Bildhaftigkeit des Wahrnehmungsgegenstandes aus und differenziert weiter. Wenn ich ein Bild gesehen habe, kann ich das Bild als Bild im Gedächtnis haben, aber auch nur die Person, die auf dem Bild dargestellt ist, die ich leibhaftig nie gesehen habe.

Dass die Erinnerung vom Gedächtnis nicht grundverschieden, sondern mit einer Reihe gemeinsamer Merkmale verbunden ist, gesteht Aristoteles durchaus zu. Das Gedächtnis hat sich aus Erfahrungsinhalten in der Vergangenheit aufgebaut. Man hat es als Besitz. Die Erinnerung dagegen ist die Betätigung des Gedächtnisses, das man hat. Die Erinnerung ist eine Art Abrufen des im Gedächtnis Gespeicherten. Sie ist als die höhere Form nur dem Menschen eigen, während Aristoteles auch einigen Tieren Gedächtnis zugesteht.

Als scharfer Beobachter auch des Alltagslebens erwähnt Aristoteles zwei gegensätzliche, auch uns geläufige Erfahrungen. Trotz großer Denkanstrengung versagt manchmal die Erinnerung an ein Wort oder einen Namen, der uns kurze Zeit später ohne Bemühung wieder einfällt. Als Mittel dagegen hält Aristoteles mnemotechnische Hilfsmittel bereit. Es gibt aber auch die unerwünschte Erinnerung, die wir alle kennen. Man hat unentwegt Zitate, Namen oder Melodien auf den Lippen, die man nicht los wird.

Schlafen und Wachen

Auch Schlafen und Wachen sind psycho-physische Vorgänge. Sie gehören zu jedem Lebewesen. Auch Fische und Insekten, überhaupt alle Lebewesen, die Augen haben, schlafen. Aber kein Lebewesen schläft immer oder ist immer wach. Pflanzen schlafen nicht, da sie das «gemeinsame Wahrnehmungsvermögen» nicht haben. Dieser Wahrnehmungssinn ist im Schlaf nicht in Funktion. Er muss aber vorhanden sein, weil Schlafen und Wachen sich einander bedingen. Der Schlaf bedeutet aber nicht die bloße Funktionsabwesenheit der Sinneswahrnehmung. Das träfe auch auf Ohnmacht oder Erstickungsanfälle zu.

Aristoteles erklärt den Schlaf und dabei besonders den Prozess des Einschlafens mit Kategorien, die aus der hippokratischen Medizin stammen.[11] Namentlich die hippokratische Schrift *Über das Herz* scheint Aristoteles gekannt zu haben. Mit ihr hat er die Auffassung gemeinsam, dass das Herz das Zentralorgan des Körpers und damit der Wahrnehmung sei. Im wachen Zustand nimmt der Mensch Nahrung zu sich, die er in einem Prozess der «Kochung» verdaut und in Blut verwandelt, das durch die Adern strömt und eine Erwärmung bewirkt. Die Wärme in Form von warmen Ausdünstungen strebt nach oben, ändert dann aber «wie eine Flutwelle» die Richtung, wird abgekühlt und kehrt sich nach unten. In diesem Prozess tritt der Schlaf ein, wenn die Wärme nach oben gestiegen ist. Da dies bei Kindern in stärkerem Maße der Fall ist, schlafen sie besser und länger. Aristoteles erwähnt auch mehrere Schlafmittel, die den gleichen Effekt bewirken, und Rotwein, der viel Luft in sich habe, die dann im Körper erwärmt werde und nach oben steige. Das gleiche ergibt sich auch bei Fieberkranken, bei extremer körperlicher Anstrengung und nach Mahlzeiten. In all diesen Fällen sind nach oben steigende warme Ausdünstungen die Ursache für einen tiefen Schlaf.

Träume und Weissagungen im Schlaf

Diese beiden kleinen Schriften gehören zusammen und behandeln das Phänomen des Traums unter verschiedenen Perspektiven.[12] Der Traum, der als Phänomen auch heutzutage höchstes Interesse erregt, spielt sowohl in der altorientalischen als auch in der griechischen Gesellschaft und Literatur eine enorme Rolle. Der Traum galt nicht nur als gottgesandt, sondern enthielt auch konkrete Handlungsanweisungen, die von einer Gottheit ausgehen. Der Traum, den Zeus in der *Ilias* dem Agamemnon sendet (*Ilias* II 6–34), setzt die ganze Handlung des Epos in Gang. Die griechische Tragödie ist voll von bedeutungsvollen Träumen.[13] Schon in den altorientalischen Gesellschaften gab es professionelle Traumdeuter, bei den Griechen war es zuerst der Sophist Antiphon, der ein (verlorenes) Buch *Über Traumdeutung* geschrieben hat. Traumdeutungen als solche gab es natürlich immer. Cicero erwähnt in seiner Schrift *Über die Wahrsagung* (*De divinatione*, hier: I 39–69) unter vielen anderen Träumen den Traum des Sokrates im platonischen *Kriton* (44 AB) und denjenigen des Eudemos im gleichnamigen Dialog des Aristoteles. Xenophon soll seine Träume aufgezeichnet haben. Alexander habe, so wird berichtet, auf seinen Feldzügen Traumdeuter in seinem Stab mit sich geführt haben.

Von einem Traumspezialisten namens Artemidor von Ephesos (ca. 100 n. Chr.) ist ein in fünf Bücher eingeteiltes Traumbuch *Oneirokritikon* erhalten, das in einer systematischen Gliederung Tausende von Träumen, Traumsymbolen und Traumdeutungen enthält.

Eine systematische Analyse des Traumes auf physiologischer Grundlage findet sich zuerst bei dem (mit Hippokrates selbst nicht identischen) Autor des vierten Buches der hippokratischen Schrift *Über die Lebensweise*. Der Autor nutzt in einer umfassenden Systematik Träume für eine medizinische Diagnostik.[14] Denn im Schlaf zeigt die Seele krankhafte Zustände des Körpers durch Träume an. Als Trauminhalte werden hauptsächlich Naturerscheinungen genannt (Gestirne, Bodenbeschaffenheit, Bäume, Seen, Flüsse, Meer), aber auch Menschen (nackt, in unsauberer Kleidung, als Diebe) sowie schreckerregende Gestalten. Gedeutet werden dieses Träume als Symptome von Stoffwechselerkrankungen, die entsprechend auch behandelt werden können.

Aristoteles ist an Träumen im Einzelnen überhaupt nicht interessiert, sondern nur am Traum abstrakt als rein physiologischem Phänomen. Er erkennt wohl an, dass der Traum ein Mittel zur Erkennung von Krankheiten sein kann, verweist aber auf «tüchtige Ärzte» (463 a 5), deren Meinung man sich anschließen müsse. Wahrscheinlich kannte er die Abhandlung des hippokratischen Arztes in der Schrift *Über die Lebensweise*.

Aristoteles erklärt den Traum ganz analog zum Schlaf. Für beide Phänomene ist das gleiche Wahrnehmungsorgan zuständig. Es gibt nämlich im Schlaf auch Vorstellungsbilder, die nicht den Charakter eines Traumes haben. Der Traum wird erklärt als Resterzeugnis einer Wahrnehmung, wenn die Wahrnehmungstätigkeit schon aufgehört hat. Es sind vom Tage übrig gebliebene Bewegungsimpulse, die im Schlaf weiterwirken und in Form von Blutwallungen Träume erzeugen. Aristoteles illustriert diesen Vorgang durch eine Fülle von Beobachtungen aller Art. Träume sind wie kleine Wirbel, die von Flüssen weitertransportiert werden; es sind Restphänomene, ähnlich wie wir glauben, eine Farbe noch zu sehen, wenn sie uns zuvor dicht vor Augen gehalten wurde, oder wenn Helligkeit nachwirkt, nachdem wir grellem Licht ausgesetzt waren, oder wenn wir einen oder gar zwei Finger noch zu sehen meinen, wenn er uns auf das Auge gedrückt wurde. Man glaubt, etwas zu sehen oder – als Nachhall überlauter Geräusche – zu hören, was vom Gesichts- oder Gehörsinn noch zufließt. Der Traum ist dabei eine falsche Kombination von Wahrnehmungen deren Gegenstände noch über die tatsächliche Wahrnehmung hinaus haften bleiben. Ob und wann der Mensch Träume hat, hängt ganz von seiner physiologischen Grundlage ab, von den Ausdünstungen, die in die obere Körperregion fließen und wieder herabfließen. Ist diese Bewegung heftig, erscheint kein Traum. Deshalb träumen manche Menschen nie, manche erst in vorgerücktem Alter.

Die kleine Abhandlung *Über Weissagungen im Schlaf* war nie eine selbständige Schrift, sondern bildete von Anfang an ein zusammenhängendes Ganzes mit den Darlegungen über den Schlaf und über die Träume. Mit «Weissagungen» sind hier übrigens nicht Aussagen von Wahrsagern gemeint, sondern ein angebliches Hellsehen der Träumenden selber, «Traumgesichte», wie wir heute sagen. Aristoteles lehnt derartige, noch dazu als angeblich göttlich eingegebene Weissagungen strikt ab. Gehen sie in Erfüllung, so ist es Zufall. Viele Träume gehen ja auch nicht in Erfüllung. Und generell tritt nicht alles ein, was bevorzustehen scheint. Das nachträgliche Deuten von klaren Traumbildern sei jedem möglich, der die verwirrten und verzerrten Abbilder zu unterscheiden vermag. Insgesamt sucht Aristoteles die enorme Bedeutung, die Träume und Wahrsagungen im kollektiven Bewusstsein der Griechen haben, auf Randphänomene herabzustufen. Dass das alles von der Traumdeutung der modernen Psychoanalyse weit entfernt ist, dürfte klar sein. Immerhin kann angemerkt werden, dass Sigmund Freud in seiner Traumtheorie den Traum als «Tagesrest» verstanden hat, hierin mit Aristoteles übereinstimmend.[15]

Über Länge und Kürze des Lebens

Auch die Frage nach Länge und Kürze des Lebens wird auf rein physiologische Faktoren, vor allem auf die vier Grundqualitäten Wärme, Kälte, Feuchtigkeit und Trockenheit und deren Verhältnis zueinander zurückgeführt. Jeder anthropologische Aspekt, wie er sich über Reflexionen über Lebensalter und Lebensabschnitte besonders in der frühgriechischen Lyrik findet,[16] bleibt unerörtert. Einige in dieser Schrift eingangs gestellte Fragen werden übrigens nicht beantwortet, zum Beispiel warum Pferde nicht so lange leben wie Menschen, obwohl sie größer sind, oder ob Lang- oder Kurzlebigkeit beim Menschen mit einer gesunden oder kranken Natur zusammenhängen. Im Allgemeinen aber gilt: Große Lebewesen leben länger als kleine; manche Insekten nur einen Tag, Elefanten am längsten. Die Lebenslänge ist abhängig von der im Körper vorhandenen Feuchtigkeit und deren Erwärmung. Menschen in warmen Zonen sind langlebiger als in kalten Zonen. Selbst kleine Tiere wie Schlangen, Eidechsen und Tiere mit Schuppenpanzer leben relativ lange, weil sie sich ständig in Wärme aufhalten. Insgesamt spielt im Hinblick auf Wärme und Feuchtigkeit auch die Nahrungsaufnahme eine wichtige Rolle. Am langlebigsten sind Bäume. Aristoteles erklärt dies mit einem alternierenden Erneuerungsprozess. Immer wieder sterben Zweige ab, denen neue Schösslinge nachwachsen. Aristoteles hat die ganze Natur im Blick.

Über Jugend und Alter, Leben und Tod

Der Titel der kleinen Schrift verspricht mehr als im Text gegeben wird. Denn von Jugend und Alter ist überhaupt nicht die Rede, nur von Leben und Tod.[17] Wieder ist die gesamte lebendige Natur im Blick. Am Anfang steht die Frage nach dem Sitz des Wahrnehmungsvermögens und des Organs für die Nahrungsaufnahme im Körper. Alle Lebewesen verfügen über drei lebensnotwendige Teile, über einen nahrungsaufnehmenden, einen mittleren und einen nahrungsausscheidenden Teil. Der Sitz der «ernährenden Seele» ist der mittlere Teil. Hier befindet sich auch das Herz als Zentralorgan aller Sinne und als Quelle der Lebenswärme. Die ganze aristotelische Philosophie der «Mitte» klingt hier an. Der Mensch kann an den Gliedmaßen amputiert sein, aber ohne Herz kann er nicht leben. Bei den Pflanzen ist es umgekehrt. Sie gewinnen die Nahrung von unten, aus der Erde. Dass der Mensch in der Anordnung von Oben, Mitte und Unten höher steht als Pflanzen und niedere Tiere wird mit seinem aufrechten Gang in Verbindung gebracht. Der Tod ist wie das Verlöschen des Feuers. Es gibt zwei Möglichkeiten: Feuer kann verglimmen – das wäre die Analogie zum natürlichen Tod, Feuer kann auch ausgelöscht werden – dem entspricht ein von außen herbeigeführter Tod. Dem Verlöschen des Feuers entspricht das Aufhören der Lebenswärme.

Die Atmung

In dieser relativ ausführlich gehaltenen Schrift wird das Problem der Atmung umfassend dargestellt, auch wieder in Auseinandersetzungen mit früheren Denkern, denen Aristoteles vorwirft, «keine Ahnung von Anatomie» zu haben (471 b 24) und auch nicht zu begreifen, dass die Natur alles um eines Zweckes willen einrichtet. Besonders heftig ist die Kritik an der Atmungslehre Platons (*Timaios* 79 A–E), wonach das Ein- und Ausatmen eine Art Kreislauf ist, in dem die ausgeatmete Luft die äußere Luft vor sich her stößt, die dann wieder eingeatmet wird. Aristoteles sieht darin eher eine «zufällige» Erklärung für Vorgänge, die doch für Leben und Tod entscheidend sind (472 b 26–28). Durch die Darstellung der Ablehnung der Atmungslehre des Empedokles ist immerhin ein längeres Fragment aus dem Lehrgedicht (B 100) erhalten, berühmte Verse über die Hautatmung, in deren hochpoetischer Schilderung Aristoteles jedoch jegliche Differenzierung vermisst. Aristoteles selber geht davon aus, dass alle Lebewesen ein Quantum von Luft als beseelendem Lebenshauch in sich tragen, der nicht erst durch die Atmung in den Körper gelangt ist. Die Luft erwärmt sich kraft der dem Körper eigenen Wärme und hat ihren Sitz in der Lunge. Das Funktionieren und damit das Leben des Organismus wird dann durch den Vorgang des Atmens geregelt. Alle Lebewesen, die eine Lunge haben, atmen. Tiere mit einer blutlosen oder schwammigen Lunge wie Frösche und Schildkröten können längere Zeit unter Wasser bleiben, weil sie nicht so stark von Luftzufuhr abhängig sind. Fische, die keine Lunge haben, vollziehen mit den Kiemen einen der Atmung analogen Vorgang, indem sie eine Kühlung durch Wasser bewirken. Kein Tier hat beide Organe. Alle höher entwickelten Lebewesen und vor allem der Mensch haben ein Luft- und eine Speiseröhre, deren Eingang für beide der Mund ist. Aristoteles erörtert differenziert, bei welchen Tieren dies nicht oder nur eingeschränkt der Fall ist und hebt hervor, dass Delphine und Wale, die er also mit Recht nicht als Fische ansieht, eine Lunge haben, aber im Wasser leben können, weil sie ein Rohr haben, durch das sie mitgeschlucktes Wasser ausstoßen können. Schließlich erörtert Aristoteles verschiedene Arten des Todes und führt aus, dass atmende Tiere im Wasser, Fische dagegen in der Luft ersticken. Geburt, Leben und Tod sind abhängig von Erwärmung und Abkühlung der Körperwärme, die durch die Atmung reguliert wird. Auf die Veränderung der Körperwärme reagiert das Herz. Das Schlagen des Herzens ist eine Gegenreaktion auf die Konzentration von Kälte und steigert sich bei Krankheiten oder Angstzuständen in Form von heftigem Herzklopfen, während der Puls als Zeichen der Verdampfung der im Körper erhitzten Flüssigkeit angesehen wird.

Das Problem der Atmung und damit das dem Körper innewohnende oder zugeführte Pneuma haben den Peripatos, die Schule der Aristoteles, und vor allem die hellenistischen Ärzte weiterhin intensiv beschäftigt.[18] Aristoteles ist sich sehr wohl bewusst, dass er sich insbesondere in der Schrift *Über die Atmung* auf dem Grenzgebiet zwischen Naturwissenschaft und Medizin bewegt:

> Sich über die Ursachen von Gesundheit und Krankheit zu äußern, ist nicht nur Sache des Arztes, sondern auch des Naturwissenschaftlers (Naturphilosophen), insofern von Ursachen die Rede ist ... Dass beider Arbeit bis zu einem gewissen Grade parallel geht, zeigt die Erfahrung. Denn alle Ärzte, die auf sich halten und ihren Beruf ernstnehmen, äußern sich auch über die Natur und nehmen für sich in Anspruch, von dorther ihre Prinzipien zu holen. Und von den Naturforschern landen die Ausgezeichnetsten geradewegs bei den Prinzipien der Medizin (De resp. 21, 480 b 27–30).

Resümee und Ausklang

Die aristotelische Psychologie als Seelenlehre ist eine ganz eigenständige Konzeption, die weder Vorgänger noch eigentliche Nachfolger hat. Aristoteles stand unter dem Eindruck der ungeheuren Bedeutung, die Platon der Seele in Ethik und Ontologie zugemessen hatte. Damit standen die Probleme der Unsterblichkeit der Seele, des Dualismus von Seele und Körper, die Abwertung des Körpers gegenüber der Seele im Vordergrund.

Da musste es wie ein Befreiungsschlag wirken, diese Kluft zu überbrücken, Körper und Seele wieder zusammenzuführen, die Seele als «Entelechie» des Körpers zu bezeichnen, die starre Einteilung in Seelenteile zu überwinden. Im Groben unterscheidet auch Aristoteles mit der Gliederung in ernährende, wahrnehmende und denkende Seele wie Platon drei Seelenteile, doch kommt es ihm nicht auf die Trennung von Teilen, sondern auf die Betonung eines großen Bewegungszusammenhanges an, in dem die Seele den Körper zu dem macht, was er eigentlich ist. Über die Einteilung in Seelenteile und ihre Abtrennbarkeit vom Körper äußert sich Aristoteles eher beiläufig und gelegentlich etwas abschätzig. So gebe es eigentlich unendlich viele Seelenteile und nicht nur zwei oder drei (De an. III 9, 432 a 23–b 7), nur dürfe man sie nicht auseinanderreißen. Einige Teile jedoch könne man auch vom Körper abtrennen, sofern sie zur Entelechie des Körpers nichts beitragen (De an. II 1, 413 a 6–8). Für diejenigen, die Seelenteile unterscheiden wollen, gibt es eine ganze Menge von Teilen (De an. III 10, 433 b 1–3). Ob eine eventuelle Abtrennbarkeit von einzelnen Seelenteilen nur gedanklich oder auch hinsichtlich ihrer Lokalisierung möglich sei, habe seine Schwierigkeiten (De an. II 2, 413 b 14–17). Im Ganzen aber schiebt Aristoteles diesen Komplex beiseite, während er im Bereich der Ethik durchaus im Anschluss an Platon mit Seelenteilen operiert (vgl. S. 76).

Dafür strömt eine Fülle von biologischen Beobachtungen über Ernährung, Wachstum, Prozesse des Organismus ein, die mit anatomischen Kenntnissen verarbeitet werden. Dadurch wird aber die aristotelische Seelenlehre nicht etwa zu einer reinen Biologie oder Anatomie. Vielmehr werden Beobachtung, Auseinandersetzung mit den Auffassungen früherer Denker und Einordnung des Materials in die Begrifflichkeit (Materie, Form, Möglichkeit, Wirklichkeit, Entelechie, Streben, Denken) eigenschmolzen und so zu einem einmaligen philosophischen Konzept, mit dessen Explikation es sich Aristoteles nicht leicht gemacht hat. Stil und Argumentationsweise sind in der Schrift *Über die Seele* mitunter so verschlungen und kompliziert, dass man sich kaum vorstellen kann, die Grundlage sei eine Vorlesung gewesen, wie es zum Beispiel bei der *Nikomachischen Ethik* evident der Fall ist.

Unter den gleichzeitigen und nachfolgenden Philosophen scheint sich Speusipp überhaupt nicht für die Fragen der Psychologie interessiert zu haben. Xenokrates reduziert die Psychologie auf eine Bewegungslehre im Rahmen der Physik. Theophrast hat mehrere Werke über die Seele, über die Wahrnehmung und vier Bücher allein *Über das Leben* geschrieben, nur wissen wir über deren Inhalte fast nichts. Die aristotelische Konzeption hat auch in der Folgezeit weder direkt noch indirekt gewirkt,[19] jedenfalls nicht auf die hellenistischen Philosophiesysteme, in denen die Seelenlehre im Kontext der Affektenlehre reflektiert wurde. Sowohl bei Epikur als auch in der Stoa galt die Seele als körperlich, bei Epikur aus Atomen zusammengesetzt, in der Stoa als Pneuma, das beim Tode aus der Seele austritt und sich verflüchtigt. Für Epikur war die Psychologie ein Mittel zur Überwindung der Furcht; die Stoa differenzierte in acht Seelenteile – alles weit entfernt von Aristoteles. Im Neuplatonismus schließlich steht in der Tradition Platons wieder der Dualismus zwischen einem «unvernünftigen» und einem «göttlichen» Seelenteil im Vordergrund. Plotin polemisiert explizit gegen die aristotelische Auffassung, die Seele sei die «Form» (εἶδος) des Körpers, sie sei vielmehr von einfacher Natur, nicht Form von etwas (*Enneade* IV 7). Die einzelne Seele, vom Körperlichen ganz getrennt, sei eine «sich selbst konstituierende Substanz».[20]

Der weitere Weg der Seele durch die Jahrhunderte bis hin zur Entdeckung des Unbewussten, zur empirischen Psychologie und zur Substitution der «Seele» durch das «Ich» kann hier nicht weiterverfolgt werden.[21] Was von Aristoteles bleibt, ist bei aller Differenzierung von Psychologie und Physiologie ein sich auch im Alltag bestätigendes «Zutrauen in die Realität unserer Erfahrungen»,[22] in die prinzipielle Richtigkeit unserer Wahrnehmungen und unseres Denkvermögens als Grundlage einer allgemeinen Verständigung.

12.
Biologie – Der Sekretär der Natur

Die Grundlagen

Die biologischen Schriften machen mehr als ein Viertel des gesamten aristotelischen Werkes aus. Die ungeheure Menge der mitgeteilten Beobachtungen, deren Beschreibung und Einordnung übertrifft alles Vergleichbare in den anderen Schriften. Im Einzelnen handelt es sich um: 1. Vier Bücher *Über die Teile der Lebewesen* (*De partibus animalium*), von denen das erste Buch eine einleitende Methodenschrift über die Biologie im Ganzen darstellt, dem mit den Büchern II–IV eine Untersuchung der Elementarkräfte, Substanzen und Organe der Lebewesen folgt. 2. Die *Tierkunde* (*Historia animalium*) als die umfangreichste Schrift des *Corpus Aristotelicum*. Sie ist aber keine ursprüngliche Einheit, sondern Ergebnis der Redaktion des Andronikos von Rhodos aus dem einheitlichen Komplex der Bücher I bis VI, dem wahrscheinlich unechten Buch VII über Zeugung und Entwicklung des Menschen, der ursprünglich selbständigen Abhandlung der Bücher VIII und IX über Leben und Verhalten der Tiere und schließlich dem wohl unechten Buch X über die Unfruchtbarkeit beim Menschen. Der gesamte Text ist in den besten Handschriften in der Abfolge I bis VI, VIII und IX, VII, X überliefert; die Umstellung in die Reihenfolge, in der wir das Werk in unseren Ausgaben lesen, ist erst durch Theodorus Gaza (1398–1475) erfolgt.[1] Das Werk im Ganzen ist nicht in einem Zug entstanden; Aristoteles hat immer wieder daran gearbeitet, wohl auch parallel mit der Schrift *Über die Teile der Tiere*, zumal sich die Themen überschneiden. Im Grundbestand ist die *Historia animalium* vor der Schrift *Über die Teile der Lebewesen* entstanden. Hinzu kommen 3. die in fünf Bücher eingeteilte Schrift *Über die Entstehung der Lebewesen* sowie 4. die kürzeren Abhandlungen *Über die Fortbewegung der Lebewesen* und *Über die Bewegung der Lebewesen*.

Der ganze Themenkomplex ist in der modernen Aristotelesforschung lange Zeit ungebührlich vernachlässigt worden. In dem seinerzeit epochalen Aristotelesbuch von Werner Jaeger (1923) kommen diese Schriften überhaupt nicht vor und die Arbeiten aus philosophischer

Hand sind naturgemäß an anderen Problemen der aristotelischen Philosophie interessiert. Nur Ingemar Düring (1966) hatte den biologischen Schriften einen angemessenen Raum gegeben. Neuerdings ist die aristotelische Biologie und ihre Integration in die philosophische Systematik gründlich erforscht vor allem durch Wolfgang Kullmann und seine Schüler,[2] aber auch in der angelsächsischen Forschung (Balme, Gotthelf).

Die Teile der Lebewesen

Methode

(*De partibus animalium* I)

> Bei jeder theoretischen Einsicht und bei jedem Forschungsgebiet, mag es banaler oder angesehener sein, gibt es offensichtlich zwei verschiedene Weisen, darüber zu verfügen, von denen man die eine wissenschaftliche Sachkenntnis nennt, die andere eine Art Bildung. Für den Gebildeten ist es nämlich charakteristisch, treffsicher beurteilen zu können, was der Vortragende gut oder nicht gut darstellt. Dies gilt, so glauben wir, für den vollkommen Gebildeten, und Gebildetsein bedeutet, in der beschriebenen Weise urteilen zu können. Nur besitzt dieser (der vollkommen Gebildete), wie wir annehmen, als Einzelner ein Urteil über alle Gebiete, während der andere (der hier Gemeinte) ein Urteil über einen abgegrenzten Bereich hat. Es gibt nämlich auch denjenigen, der in derselben Weise (wie der allgemein Gebildete) in einem Teilbereich gebildet ist (De part. an. I 1, 639 a 1–12).

In dieser etwas kompliziert formulierten Einleitung unterscheidet Aristoteles zwischen verschiedenen Möglichkeiten, sich zu einem bestimmten Wissensgebiet zu verhalten. Neben dem Sach- und Fachkenner, dem Wissenschaftler also, gibt es zwei Arten von «Gebildeten», den allgemein Gebildeten, wie auch wir von «Allgemeinbildung» sprechen, und den Gebildeten auf einem bestimmten Gebiet, den Amateurbiologen zum Beispiel. Von einem Amateur im landläufigen Sinn unterscheidet sich aber der für ein bestimmtes Gebiet Gebildete durch die Erfüllung ganz konkreter Forderungen, die Aristoteles an ihn stellt. Er muss in das Fachgebiet soweit eingedrungen sein, dass er methodische Grundfragen richtig beantworten kann. Er muss die Darlegungen eines Vortragenden angemessen einordnen können. Das bedeutet im Einzelnen die richtigen Fragestellungen zu erkennen, die Exaktheit der Beweisführung einzuschätzen, methodisch sachgerecht zu unterscheiden, ob man – im Falle der Biologie – die Untersuchung im Hinblick auf die einzelnen Gattungen der Lebewesen oder die allen Lebewesen gemeinsamen Merkmale wie Schlaf, Atmung, Wachstum, Tod führt. Der so Gebildete hat noch vor der in der Einzelanalyse zu findenden Richtigkeit einer Aussage ein methodisches Wissen, wie man an die Sache herangeht. Die Begriffe Bildung und Methode gehören zusammen, und es ist erstaunlich, dass sich der große Gräzist Werner Jaeger in seinem weit verbreiteten, dreibändigen Werk *Paideia* diese spezifisch aristotelische Konzeption von «Bildung» (παιδεία, paideia) entgehen ließ, offenbar weil sie so ganz verschieden ist von der auf das transzendente Sein gerichteten «Paideia» des Philosophen in der Konzeption Platons einerseits und der seit der Sophistik verbreiteten Vorstellung einer Allgemeinbildung, kraft derer jeder über alles mitreden kann, andererseits.

Insgesamt sind es elf Vorfragen, deren Klärung der so «Gebildete» zu leisten hat. Es handelt sich dabei um Grundsätze der aristotelischen Philosophie wie den Vorrang der Finalursache vor der Bewegungsursache, des Seins vor der Entstehung, der Seele vor dem Körper, der Form vor der Materie. Das bedeutet aber nicht, dass der «Gebildete» ein allgemeines philosophisches Vorwissen haben müsse. Vielmehr soll er in das Fachgebiet, konkret: in die Zoologie, so weit eingearbeitet sein, dass er die Relevanz dieser Vorfragen in ihrer Anwendung auf die zoologischen Phänomene angemessen beurteilen kann. Zugleich zeigt sich, dass Aristoteles selber die Fülle des Stoffes in das Gerüst seiner philosophischen Grundsätze einordnet und interpretiert.

Die homogenen Teile der Lebewesen

(*De partibus animalium* II 1–9)

Alle Teile der Lebewesen werden in ihren Bestandteilen auf die primären Qualitäten Warm, Kalt, Trocken, Feucht zurückgeführt. Aus ihnen ergeben sich in weiterer Differenzierung Schwere, Leichtigkeit, Dichte, Lockerheit, Rauheit, Glätte als Eigenschaften von Körpern. Dabei sind die Qualitäten Warm und Kalt aktive Wirkkräfte, die eine formende Wirkung auf die passiven Qualitäten Trocken und Feucht als erwärmende und abkühlende Kräfte ausüben.[3] Aristoteles belässt es aber nicht bei der bloßen Aufzählung eines Viererschemas, sondern analysiert verschiedene Aspekte einer jeden Grundqualität. So unterscheidet er, um nur dieses Beispiel zu nennen, sechs unterschiedliche Aspekte der Wärme, nämlich 1. das, was relativ wärmer ist als etwas Anderes; 2. was beim Berühren schmerzhaft heiß empfunden wird; 3. was stärker das Schmelzbare und Brennbare zum Schmelzen und Brennen bringt; 4. die warme Substanz, die in größerem Maße als eine andere Substanz vorhanden ist; 5. was weniger schnell als eine andere Substanz abkühlt und 6. umgekehrt was sich schneller erwärmt als eine andere Substanz. Wärme ist demnach keine objektiv messbare Größe, sondern von der Wahrnehmung dessen, was als warm empfunden wird, abhängig. Das gilt natürlich auch für die anderen Elementarqualitäten.

Hinsichtlich der Teile der Lebewesen unterscheidet Aristoteles zwischen homogenen und inhomogenen Bestandteilen. Die homogenen Teile sind diejenigen, die allen oder doch den meisten Lebewesen als eine Art Gewebe von unterschiedlicher Härte, Feuchtigkeit, Wärme und Kälte gemeinsam sind. Die homogenen Teile sind um der inhomogenen Stoffe willen da. Diese sind Körperteile, mit denen Funktionen ausgeübt werden, also Auge, Nase, Gesicht, Finger, Arm usw. Um diese Funktionen ausüben zu können, müssen homogene Stoffe in unterschiedlicher Form vorhanden sein. Aristoteles führt das Beispiel der Hand an. Die Hand muss zugleich drücken und greifen können, wofür sie sich unterschiedlicher homogener Teile bedient, die jeweils nur eine einzelne Eigenschaft besitzen.

Zu den homogenen Teilen zählt Aristoteles: Blut, Fett, Knochenmark, Gehirn, Fleisch (Muskeln), Knochen, Haut, Sehnen, Adern, Haare, Samen, Nägel, Knorpel, Zähne, Blase sowie für einige Tiere Gräten, Schalen, Krallen, Hufe, Hörner, Schnäbel, Federn. Sie werden im Einzelnen in ihrem Bezug zu den Grundqualitäten analysiert, und zwar in subtiler Differenzierung. So unterscheidet Aristoteles die Eigenschaften des Blutes danach, ob das Blut im Körper oder außerhalb des Körpers ist. Im Körper ist es warm und flüssig, außerhalb des Körpers wird es kalt und durch Gerinnung trocken, allerdings nur bei Lebewesen, die Fasern im Blut haben. Bei Hirschen und Rehen ist das nicht der Fall, weshalb deren Blut nicht gerinnt. Mit diesen medizinisch-biologischen Analysen wird aber auch die psychisch-emotionale Komponente verbunden. So wird die furchtsame Natur damit erklärt, dass in ihr das Blut dünn und wässerig ist und daher schneller abkühlt. Deshalb gelten auch blutlose Tiere als furchtsam; sie werden, wenn sie erschreckt werden, unbeweglich, können sogar ihre Farbe wechseln, wie ja auch der Mensch vor Schrecken bleich werden kann. Umgekehrt kann Wärme im Blut zu Zorn führen. Dann finden im Blut wahre «Dampfbäder» (II 3, 651 a 2) statt, deren Folge heftige Zornesausbrüche sind. Ferner untersucht Aristoteles das Verhältnis von Blut zu Fett (Schmalz und Talg). Die Fettstoffe werden erklärt als Produkt eines Kochungsprozesses im Blut infolge überreichlicher Ernährung, die ihrerseits zu Blutarmut führt, weil zu viel Blut «verkocht» ist. Aristoteles leitet daraus ab, dass allzu fette Lebewesen schneller altern und früher unfruchtbar werden können. Wir würden diese anschaulich und richtig beschriebenen Phänomene mit der Annahme von Gefäßverengungen und -erweiterungen erklären. Den Blutkreislauf hatte Aristoteles noch nicht entdeckt, sondern erst William Harvey in seinen *Prelectiones Anatomiae Universalis* (1616).

Von eher wissenschaftsgeschichtlichem Interesse sind die Ausführungen über das Gehirn (II 7), weil sie im Wesentlichen falsch sind. Das hängt damit zusammen, dass Aristoteles nicht das Gehirn, sondern das Herz als Zentralorgan angesehen hat. Entsprechend weist er dem Gehirn auch eine ganz andere Funktion zu, nämlich die einer Abkühlung der vom Herzen ausgehenden Wärme zu einer maßvollen, idealen Temperatur. Der für Aristoteles wichtige, von der hippokratischen Medizin übernommene Maßgedanke spielt dabei eine Rolle. Das Gehirn sieht Aristoteles nicht nur als den kältesten Körperteil, sondern auch als völlig blutleer an. Im Einzelnen stellt sich Aristoteles den Kühlungsvorgang so vor, dass die vom Herzen ausgehenden Adernstränge – die «große Ader» und die Aorta – in die das Hirn umschließende Hirnhaut münden und vom Gehirn abgekühlt werden. Dabei steigt die natürliche Wärme von der Körpermitte her durch ihre eigene Bewegung nach oben. Unterbleibt jedoch der Kühlungsvorgang, können Krankheit, Wahnsinn und Tod die Folge sein. Ferner sieht Aristoteles das Gehirn als Regulativ für Schlafen und Wachen an. Die Abkühlung der Blutzufuhr vom Gehirn verursacht das Einschlafen. Da die Wärme nach unten zieht, lässt man «den Kopf hängen», kann sich nicht mehr aufrecht halten und schläft ein. Besonders paradox ist, dass Aristoteles jede Verbindung des Gehirns mit den Sinneswahrnehmungen oder gar der Intelligenz leugnet, gleichwohl aber – fälschlich – dem Menschen unter allen Lebewesen das größte Gehirn im Verhältnis zu seiner Größe zugesteht – den Männern ein noch größeres Gehirn als den Frauen – und sogar den aufrechten Gang des Menschen mit dem perfekten Kühlungsmechanismus eines großen Gehirns zu erklären sucht, ohne diese Vorgänge an dieser Stelle ethisch zu bewerten.

Mit der Untersuchung über Fleisch (II 8) und Knochen (II 9) kommen gegenüber dem Blut und Gehirn festere homogene Teile zur Sprache, aber in sich gegliedert in das (relativ) weiche Fleisch und die harten

Knochen. Mit «Fleisch» ist das Gewebe gemeint, das beim Menschen zwischen Haut und Knochen liegt. Die Knochen haben die Funktion, das Fleisch und dabei auch die Muskeln zu schützen, das mit feinen, faserigen Bändern an den Knochen haftet, die auf diese Weise dem Fleisch eine Stütze bieten. Aristoteles stellt eine besondere Beziehung zwischen dem Fleisch und dem Tastsinn her, der beim Menschen besonders ausgeprägt ist und dem in dieser Hinsicht ein (nicht näher erklärter) Vorzug gegenüber den übrigen Sinnesorganen zugesprochen wird. Wieder argumentiert Aristoteles im Sinne einer vergleichenden Anatomie. So weist er darauf hin, dass bei den Krustentieren im Unterschied zum Menschen das Fleisch innen und das Harte außen ist, während bei Insekten Hartes und Weiches überhaupt nicht getrennt sind, weil sie eine Körpersubstanz haben, die härter als Fleisch, aber weicher als Knochen ist. Das Fleisch ist der wesentliche Bestandteil des Körpers, ohne Fleisch kein Körper (De part. an. II 8, 653 b 21). Magert der Körper infolge unzureichender Ernährung ab, werden die Adern und Sehnen sichtbar, während bei Überernährung Fleisch zu Fett wird mit entsprechenden Folgen für die Gesundheit.

In dem Kapitel über die Knochen fällt besonders die Betonung der Zweckgerichtetheit des Körperbaus auf, als Teilerscheinung der zweckgerichteten Einrichtung der ganzen Natur. Knochen und Adern haben jeweils einen Ausgangspunkt; bei den Adern ist es das Herz, bei den Knochen die Wirbelsäule. Sie garantiert die Längserstreckung und gerade Haltung, während die Gelenkknochen Beugung und Streckung ermöglichen, wobei Aristoteles Einzelheiten wie Gelenkpfanne und Sprunggelenk genau beschreibt. Er sieht das Knochengerüst wie das Kernstück eines von künstlerischer Hand verfertigten Körpers aus Ton, wobei der Künstler zunächst ein Gerüst einzieht, um das herum er alle anderen Bestandteile des Körpers modelliert. Alles ist zweckmäßig eingerichtet: Die Rippen sind Schutz und Stütze für die um das Herz sich befindenden Eingeweide. Die Tatsache, dass die Bauchgegend ohne Knochen ist, ermöglicht ein schmerzloses Anschwellen bei Nahrungsaufnahme und beim Wachsen des Embryos während der Schwangerschaft. Alles hat Sinn und Ziel im Ganzen der Natur.

Die medizinischen Grundlagen waren Aristoteles weitgehend durch die hippokratischen Schriften vorgegeben,[4] nicht aber die auf Observation und Sektion beruhenden unzähligen Bemerkungen über Fische, Vögel, Schildkröten, Insekten, Löwen, Rehe, Hirsche und Delphine, für die als lebendgebärende, blutführende Tiere Aristoteles eine erkennbare Vorliebe hat.

Kopf und Hals – Äussere Teile der blutführenden Lebewesen
(*De partibus animalium* II 10 – III 3)

Aristoteles behandelt in diesen Kapiteln in vergleichender Anatomie Kopf, Ohren, Augen, Augenlider, Haare, Augenbrauen, Nase, Lippen, Zunge, Zähne, Mund, Schnabel, Hörner, Hals. In den biologischen Schriften des Aristoteles wird an verschiedenen Stellen in der Betonung der Vorrangstellung des Menschen vor allen anderen Lebewesen, wenn auch nur andeutungsweise, ein ethischer Aspekt sichtbar.

> Die Wesen, die zusätzlich zum Leben Wahrnehmung besitzen, haben eine vielfältigere Gestalt, und von diesen einige in höherem Maße als andere, und eine noch mannigfaltigere (Gestalt) haben diejenigen Lebewesen, denen die Natur nicht nur am Leben, sondern auch am guten Leben einen Anteil gegeben hat. So aber ist das Geschlecht der Menschen. Von den uns bekannten Lebewesen hat es allein oder doch am meisten von allen Anteil am Göttlichen … Allein bei diesem Lebewesen verhalten sich die naturgemäßen Teile auch naturgemäß, denn dessen oberer Teil ist auf den oberen Teil des Alls gerichtet. Als einziges Lebewesen ist nämlich der Mensch aufrecht gehend (II 10, 656 a 4–14).

Mit dem «guten Leben» ist nicht etwa nur die Realisierung der biologischen Möglichkeiten gemeint, sondern das richtige Leben im ethischen Sinne, die Eudaemonie als spezifisch menschliches Glück. Und der «Anteil am Göttlichen» weist auf die Aktivität des menschlichen Geistes in der Annäherung an die göttliche Vernunft, wie dies im zwölften Buch der *Metaphysik* dargestellt ist (vgl. S. 228). Der aufrechte Gang, mit dem Kopf zum oberen Teil des Alls gerichtet, weist dem Menschen seinen Platz im Kosmos an entsprechend dem kosmomorphen, von räumlichen Vorstellungen geprägten Weltbild des Aristoteles.[5] Mehr als diese knappen Andeutungen macht Aristoteles an dieser Stelle nicht, will er doch grundsätzlich die verschiedenen Wissensgebiete für sich getrennt darstellen – «Pragmatientrennung» ist das Schlagwort dafür. Aber durch diese blitzartig eingestreuten Hinweise macht Aristoteles die Vernetzung der Teilbereiche zu einem hinter den Einzelanalysen stehenden Ganzen erkennbar. Dabei geht er mit großer Vorsicht vor. Formulierungen wie «von den uns bekannten Lebewesen» und «am meisten von allen» beschränken die Aussage auf den Erfahrungshorizont.

Von «gut» ist aber auch innerhalb einer rein biologischen Betrachtungsweise die Rede. So hat die Natur die Sinnesorgane «gut angeordnet» (II 10, 656 b 28), das Gehör in Gestalt der Ohren in der Mitte der beiden Kopfseiten, weil man so von allen Seiten hört, nicht nur geradeaus. Aristoteles sieht den Körper grundsätzlich geteilt in eine rechte und eine linke Hälfte. Entsprechend dieser bilateralen Struktur sind die Sinnesorgane zweigeteilt vorhanden, bei Augen, Ohren und auch bei der Nase mit doppelten Löchern und Kanälen ist das offenkundig, bei der Zunge weniger. Indes gibt es einige Tiere (Eidechsen, Schlangen, Frösche) mit gespaltener Zunge; beim Menschen hat man an die Mittelrinne des Zungenrückens gedacht, die aber von Aristoteles nicht ausdrücklich genannt wird. Manche Tiere, so beobachtet Aristoteles, haben abstehende Ohren (Vierfüßler), manche (Vögel) gar keine, sondern nur Gehörgänge.

Bei der Behandlung der Augen ist Aristoteles besonders an Eigenart und Funktion der Augenlider interessiert. Beim Menschen und den Säugetieren ist die Haut um die Pupille dünn, um die Sehschärfe zu garantieren. Deshalb braucht das Auge zum Schutz die Augenlider, mit denen das Auge aber auch blinzeln kann. Die Wimpern auf den Augenlidern dienen dem Schutz gegen herabkommende Feuchtigkeit. Aristoteles untersucht die unterschiedliche Struktur der Augenlider beim Menschen und insbesondere bei Vögeln und erörtert, dass und warum Fische und Insekten keine Augenlider haben.

Bei dem Bestreben, in vergleichender Anatomie synoptisch möglichst alle Erscheinungen der Menschen- und Tierwelt in den Griff zu bekommen, achtet Aristoteles auch immer wieder auf das Außergewöhnliche, das Singuläre, das später zu der eigenen Literaturgattung der *Mirabilia* geworden ist. Im Zusammenhang mit der Erörterung der Struktur der Nase kommt Aristoteles mit sichtlichem Staunen auf den Elephanten zu sprechen (De part. an. II 14, 658 b 33–659 a 35), dessen Nase die Form eines Rüssels hat. Das gegenüber anderen Lebewesen Paradoxe ist, was der Elephant mit dem Riechorgan außer dem Riechen alles machen kann: Er kann damit feste und flüssige Nahrung zum Mund führen; er kann mit dem Rüssel Bäume umschlingen und sogar ausreißen; er benutzt den Rüssel, als wäre er ein Arm. Der Elephant, dessen außerordentliche Größe und Kraft Aristoteles hervorhebt, wird sogleich systematisch in die Tierwelt eingeordnet: Er ist zugleich Sumpf- und Landtier; als Landtier ist er ein blutführendes Tier und muss atmen, lebendgebären, als Sumpftier braucht er den Rüssel, wie Taucher eine Luftröhre benutzen, um mit der herausragenden Nase atmen zu können. Er kann im Unterschied zu anderen Lebewesen die Nase auch drehen, was deshalb sinnvoll ist, weil wegen seiner Größe und Schwere die Beine zur Fortbewegung oder auch nur zum Umdrehen und überhaupt zu einem raschen Ortswechsel untauglich sind. Der Rüssel ist also ein Kompensationskörperteil, weil er einen Teil der sonst von den Füßen geleisteten Funktionen übernimmt. Wiederum hebt Aristoteles hervor, dass die «Natur» (II 16, 659 a 21) das so eingerichtet hat. Ob er jemals einen Elephanten gesehen hat? Zoologische Gärten gab es noch nicht. Die Schilderung klingt nach Autopsie, aber Aristoteles ist ein Meister der anschaulichen Darstellung auch dort, wo er sich nur auf Berichte stützen kann. Dabei sucht er je nach Befund Gruppen von Tieren systematisch zusammenzufassen, die bestimmte Merkmale gemeinsam haben, so zum Beispiel Vögel, Schlangen und blutführende eierlegende Vierfüßer, die keine deutlich ausgeprägten Nasen haben. Ursache ist wiederum die «Natur» (II 16, 659 b 6), konkret: die natürliche Beschaffenheit der Vögel, die zur Verteidigung und Ernährung einen großen Schnabel und aus Gründen des Gesamtgewichtes nur einen kleinen Kopf haben, in dem eine ausgeprägte Nase keinen Platz hat, wobei die Geruchsgänge dann im Schnabel sitzen. Immer wieder wird auch der Mensch in die Untersuchung einbezogen und in kontrastierenden oder integrierenden Bezug zur Tierwelt gesetzt, so auch bei der natürlichen Beschaffenheit von Lippe, Zunge und Zähnen, deren Zusammenwirken auch die durch die Stimme gebildete Sprache ermöglicht. Ebenso kann die Lage, Struktur und Größe der Zunge Ursache für Stottern und Lispeln sein.

Aber auch bei einer Reihe von Tieren trägt die Zunge zur Stimmbildung bei. Kleinere Vögel können viele Stimmen produzieren und gebrauchen die Zunge auch zur Verständigung untereinander. Die Frage, woher Aristoteles bei der Beschreibung von Tieren, die er kaum gesehen haben kann, seine Informationen hat, stellt sich erneut bei der Beschreibung des Krokodils. Sicher kannte er die Bemerkung Herodots (II 68, 3), dass das Krokodil die untere Kinnlade nicht bewege, sondern die obere Kinnlade nach unten klappe, aber keine Zunge habe. Doch Aristoteles weist nach, dass das Krokodil sehr wohl eine Zunge hat, die mit dem Unterkiefer nur zusammengewachsen ist, und dass Ober- und Unterkiefer umgekehrt angeordnet sind, wobei beim Öffnen des Maules der Unterkiefer weitgehend in seiner Position verbleibt. Diese vielleicht eben nur mittelbaren Beobachtungen hat die moderne Zoologie weitgehend bestätigt.[6] Anderes hat er wohl selber erfahren, so den Mückenstich, der dadurch erklärt wird, dass die Stechmücken anstelle der

Zunge einen Stechrüssel besitzen, der die Haut des Menschen und anderer Lebewesen durchstechen kann.

Besonders bei dem Thema Zähne (De part. an. III 1, 661 a 34–662 b 22) wird die zweckmäßige Einrichtung durch die «Natur» (in diesem Kapitel dreimal erwähnt) deutlich. Beim Menschen, den Aristoteles mit Zähnen gut ausgestattet findet, dienen die Schneidezähne der Zerteilung, die Backenzähne dem Zermalmen der Nahrung, das gesamte Gebiss aber auch zum artikulierten Sprechen, während einige Tiere die Zähne auch als Waffen benutzen, weshalb die Schweine hauerartige Zähne haben, andere Tiere als Zähne Stachel, Hauer und Hörner, die Fische scharfe Sägezähne, weil sie im Wasser die Nahrung schnell zerteilen müssen, damit nicht Wasser in den Magen fließt. Bezeichnend für die Denkweise des Aristoteles ist die Bemerkung, «die Natur» würde nur diejenigen Lebewesen mit Körperteilen als Waffen ausstatten, die sie auch gebrauchen können.

Die inneren Teile der blutführenden Lebewesen
(*De partibus animalium* III 4–IV 4)

Für die Analyse des Aristoteles ist der menschliche Körper das Modell, dessen Beschreibung er vom Kopf an abwärts vornimmt. Dabei sind es die im Inneren des Körpers befindlichen, also unsichtbaren Teile, die im Einzelnen analysiert werden. Es sind: Herz, Blutgefäße, Lunge, Leber, Milz, Blase, Nieren, Zwerchfell, Eingeweide, Magen, Gedärme, Gallenblase, Gekröse. Wir können nicht alle Einzelheiten besprechen, zumal die Methode immer die gleiche ist. Die einzelnen Teile werden hinsichtlich ihrer Größe, Lage und Funktion genau analysiert auf der Basis eines riesigen Beobachtungsmaterials, und dann eingeordnet in die Grundkategorien der aristotelischen Philosophie insgesamt. Nur auf einige Auffälligkeiten sei hingewiesen.

Deutlich ist diese Verfahrensweise bei der Untersuchung des Herzens (III 4), das Aristoteles als das Zentralorgan, als Sitz von Empfindungen und Emotionen ansieht. Dass es ungefähr in der Mitte des Körpers sitzt, bringt Aristoteles mit der – von seiner Ethik her bekannten – Philosophie der Mitte in Verbindung. An den wertvolleren Stellen habe die Natur das Wertvollere eingerichtet und das sei eben die Mitte, in der das Herz lokalisiert sei (III 4, 665 b 20). Und in der Mitte des Herzens ist das Blut am reinsten. Dass das Herz beim Menschen nicht genau in der Mitte liegt, sondern nach links verschoben erscheint, wird damit erklärt, dass das Herz zusätzlich die Funktion hat, die beim Menschen besonders kalte linke Körperhälfte zu erwärmen. Ausdrücklich hebt Aristoteles hervor, dass physiologische Tatbestände wie Größe und Härte des Herzens sich «auf die Charaktere» (πρὸς τὰ ἤθη, II 4, 667 a 13) auswirken, wie ja auch wir von einem «harten Herzen» sprechen. Nach Meinung des Aristoteles haben unsensible Lebewesen ein hartes, sensiblere ein weiches Herz, wobei er hinzufügt, dass Lebewesen mit im Verhältnis zu ihrer Körpergröße großen Herzen furchtsamer sind und dann aus Furcht auch aggressiv werden können. Interessant ist die Reihe der dafür angeführten Beispiele: Hase, Hirsch, Maus, Hyäne, Esel, Leopard, Wiesel (III 4, 667 a 21), von denen wir doch wohl nur einige als bösartig ansehen möchten. Die zentrale Bedeutung des Herzens sieht Aristoteles auch darin, dass es als einziges Organ keine schweren Leiden (gemeint sind: Krankheiten) verträgt. Denn wenn das zentrale Organ zerstört ist, können die anderen, vom Herzen abhängigen Organe nicht gesund bleiben. Schwere Herzkrankheiten führen also immer zum Tod, während andere Organe wie Nieren, Leber, Lunge ohne letale Konsequenzen voller Steine, Geschwülste und Geschwüre sein können. Als Beweis führt Aristoteles die geschlachteten, besonders gesunden Opfertiere an, bei denen keinerlei Beeinträchtigungen des Herzens beobachtet werden konnten. Die ‹Reinheit des Herzens› – von der wir auch symbolisch sprechen – ist also lebenswichtig.

Immer sind die Vergleiche bei Aristoteles interessant. Den Fluss der Adern von einer zentralen Stelle (vom Herzen) vergleicht er mit Wasserleitungen in Gärten, die von einem einzigen Ausgangspunkt in viele Kanäle geleitet werden, um sich überallhin zu verteilen (so etwas gab es also),[7] aber auch mit den kleinen Adern, die man bei Wein- und Feigenblättern beobachtet, zumal wenn diese trocken werden (III 4, 668 a 14–23).

Wiederholt kommt auch die anthropologische Komponente zur Sprache, so wenn bei der Behandlung der Lunge in ihrer Funktion für das Atmen nur beim Menschen Herzklopfen auftritt, «weil er allein sich Hoffnungen macht und in Erwartung der Zukunft lebt» (III 4, 669 a 20), also einen Zeitsinn hat. Man spürt in dieser Formulierung etwas den Menschen Auszeichnendes, während bei Platon die Dämpfung von Hoffnung und Erwartung durch eine Verminderung des Herzklopfens erzielt werden soll, indem der Mensch durch die Lunge kalte Luft einatmet (*Timaios* 70 C) und damit die Leidenschaften zügeln kann. Grundsätzlich stimmt aber Aristoteles mit Platon darin überein, die Einrichtung von Organen und Teilen des Körpers mit dem seelischen Haushalt des Menschen in Beziehung zu setzen, nur dass bei Aristoteles die Tierwelt einbezogen und die Untersuchung viel stärker biologisch orientiert ist. Aber auch Platon hatte im Zusammenhang des Weltschöpfungsmythos im *Timaios* bereits Herz, Lunge, Leber, Milz, Gedärme, Knochen, Fleisch und Sehnen in die Darstellung einbezogen. Es zeigt sich immer mehr, dass der *Timaios* sowohl in der kosmologischen wie in der biologischen Thematik der Referenztext für Aristoteles ist, den er mit den einschlägigen Aussagen der hippokratischen Schriften verbunden hat.[8] Dabei hat sich Aristoteles über alle Kautelen Platons hinsichtlich des mythischen und nur wahrscheinlichen Charakters seiner Darlegungen hinweggesetzt und den Text Platons wörtlich genommen. Es scheint dies das in der Akademie übliche Verfahren gewesen zu sein; Xenokrates hat seine systematische Kosmologie und Psychologie ebenfalls, sogar etwas enger, in ständigem Bezug zum *Timaios* entwickelt.

Wir können hier nicht alle teils richtigen, teils falschen Angaben des Aristoteles über die einzelnen Organe aufführen, die sehr ins Einzelne gehen, zum Beispiel, dass Insekten, Fische und Schildkröten keine Blase, Robben kein großes Nierenbecken und in bestimmten Gegenden Hasen zwei Lebern hätten. Doch auf einige für das Ganze der aristotelischen Zoologie charakteristische Bestimmungen sei hingewiesen.

Aristoteles geht davon aus, dass der Körper des Menschen, aber auch der meisten Tiere zweigeteilt ist. Entsprechend der kosmologischen Denkweise des Aristoteles gibt es im Makrokosmos wie im Mikrokosmos ein «Oben» und «Unten», ein «Vorne» und «Hinten», ein «Rechts» und «Links» (III 7, 669 b 20–22). Grundsätzlich ist das Denken des Aristoteles von räumlichen Vorstellungen geprägt. Er sieht den Körper als zweigeteilt an, aber auf ein einheitliches Zentrum hin orientiert. Dieses Zentrum ist das Herz, das Aristoteles die «Akropolis des Körpers» nennt, die die «Feuerquelle der Natur des Lebewesens» beschützt (III 7, 670 a 25–27). Fast alle Organe sind doppelt vorhanden oder zweigeteilt. So haben Herz und Gehirn je eine rechte und eine linke Kammer; es gibt zwei Nieren, während Leber und Milz so korrespondieren, als seien sie ein Doppelorgan rechts und links, verantwortlich für Transport und Ausscheidung der Nahrung. Einen engen Zusammenhang zwischen Leber und Milz hatte auch Platon im *Timaios* (72 C) angenommen mit einer Begründung, die Aristoteles nicht übernommen hat, aus gutem Grunde. Denn Platon hat der porösen Milz die Funktion zugedacht, wie mit einem Schwamm die Leber blank zu putzen – denn blank muss sie als Sitz der Wahrsagung sein. Aristoteles hielt nicht viel von Wahrsagern und hat diese ganze religiöse Komponente von seiner Naturlehre und übrigens auch von der Ethik ferngehalten.

Eine Verbindung zwischen einer physiologischen und einer psychologischen Komponente sieht Aristoteles indes in dem Phänomen des Lachens, auf das er im Zusammenhang mit der Untersuchung des Zwerchfells zu sprechen kommt.[9] Der Abschnitt (III 10, 673 a 3–32) ist nicht leicht zu verstehen und meint offenbar Folgendes: Das Zwerchfell besteht in der Mitte aus einer dünnen Membrane, die sich schnell erwärmen lässt. Ein Wärmeschub dorthin kann beim Menschen durch Kitzeln vornehmlich unter der Achselhöhle ausgelöst werden, und zwar nur beim Menschen wegen seiner überaus dünnen Haut. Nur der Mensch also ist kitzelig und nur der Mensch kann lachen, kein Tier. Das Auslösen des Lachreizes erfolgt vom Zwerchfell her und hat außerdem einen mentalen Effekt, denn es beeinflusst unser Denken, auch wenn wir dies gar nicht wollen. Es kann Verstand und Wahrnehmung verwirren oder in eine andere Richtung lenken. Wer lacht, macht zugleich eine Veränderung des Denkens durch. Dass das Zwerchfell die Lachmuskeln reizen kann, belegt Aristoteles mit Erfahrungen, die man im Kriege mit Verwundeten in der Zwerchfellgegend gemacht hat, die infolge der plötzlich entstehenden Wärme am Zwerchfell lachen, obwohl es wirklich nichts zum Lachen gibt. Für das auch aus modernen Kriegssituationen bekannte Phänomen beruft sich Aristoteles auf die Aussage «glaubwürdiger Zeugen», während es in den hippokratischen *Epidemien* (VII 121 = V 466, 13–16 Littré) konkret mit Name und Ort beschrieben ist. Es handelt sich dabei um das Verziehen der Gesichtsmuskulatur infolge eines Starrkrampfes. Hingegen hält Aristoteles Berichte, wonach ein vom Körper abgeschnittener Kopf noch reden könne, für unglaubhaft. Aber er hält es doch für nötig, derartige Geschichten, die er erkundet hat, in seine Naturlehre einzuflechten.

Die Teile der blutlosen Tiere

(*De partibus animalium* IV 5–9)

In dem Bestreben, die Teile aller Lebewesen möglichst umfassend darzustellen, wendet sich Aristoteles anschließend den blutlosen Tieren zu, und zwar im Einzelnen Insekten, Schaltieren (Muscheln, Schnecken, Seeigeln), den sogenannten Crustaceen (Langusten, Krebsen, Hummern, Garnelen, Krabben) und den Cephalopoden (Weichtieren).

Was Aristoteles in diesen Kapiteln an Beobachtungsmaterial zusammengetragen hat, übertrifft alles bisher Betrachtete, zumal die Eigenart der Teile dieser Tiere der Beobachtung weit weniger zugänglich ist, als es bei den größeren und wohl auch vertrauteren blutführenden Tieren der Fall ist. Zunächst weist Aristoteles darauf hin, dass die blutlosen Tiere die «Natur» («Physis»; Kullmann übersetzt: «Organstruktur») der blutführenden Lebewesen nicht haben (III 5, 678 a 28). Sie haben kein Blut, keine ausgeprägten Organe, sie atmen nicht. Sie haben Wahrnehmungsfähigkeit und damit ein dem Herzen analoges Teil, aber kein richtiges Herz, weil sie auch keine Adern haben. Und sie haben alle der Nahrungsaufnahme dienenden Teile. Sie haben keine Zunge, aber etwas Fleischiges, das der Zunge analog ist. Einige dieser Tiere wie Meeresschnecken und Krebse verfügen über zwei Zähne, Seeigel sogar über fünf, aber kein organisch strukturiertes Gebiss, wie es den blutführenden Tieren eigen ist. Aristoteles ist durchweg bemüht, die blutleeren Tiere, die er insgesamt als kalt und furchtsam bezeichnet, im Aufbau der Natur als unter den Bluttieren stehend zu erweisen. Das zeigt sich insbesondere bei den untersten Gattungen, bei den Seeigeln und Schwämmen, die sich nur wenig von den Pflanzen unterscheiden. «Die Natur», wie es abermals heißt, «schreitet kontinuierlich von den leblosen Dingen zu den Lebewesen» (III 5, 681 a 12). Diese untersten Lebewesen haben mit den Pflanzen ihre sessive (an einem Ort verharrende) Lebensweise gemeinsam; sie besitzen keine Wahrnehmung und leben so, als ob sie Pflanzen wären. Bei Seescheiden und ähnlichen Gebilden «ist nicht deutlich, in welche Gruppe man sie einordnen soll» (III 5, 681 a 28). Dass der Grenzbereich in der Welt des Lebendigen durch das kontinuierliche Voranschreiten der Natur nicht scharf erkennbar ist, entspricht einer Grundüberzeugung des Aristoteles (so auch Hist. an. VIII 1, 588 b 4). Aber in der Sache sind die Hauptstadien im Aufbau der natürlichen Dinge: Leblos, Pflanze, Tier, Mensch klar gegeneinander gegliedert.[10]

Am Schluss der Schrift *Über die Teile der Lebewesen* stehen einige Kapitel (IV 10–14) über die äußeren Teile der blutführenden Lebewesen, in Fortsetzung der Erörterung von III 3. Mit dieser wohl von Aristoteles selber stammenden Disposition wird die ganze Erörterung durch die äußeren Teile im Sinne einer Ringkomposition eingerahmt. Es geht also jetzt vom Hals (der in III 3 behandelt worden war) abwärts zu Rumpf, Vordergliedmaßen mit Armgelenken, Ellenbogen, Brust, Bauch bis zu den Füßen, und zwar zunächst bei den Lebendgebärenden (IV 10) und schließlich ähnlich bei den blutführenden eierlegenden Tieren

(IV 11–14), wobei Aristoteles im Einzelnen auf Reptilien, Vögel, Fische, Robben, Fledermäuse und den Vogel Strauß eingeht. Wieder wird der Mensch besonders herausgehoben und sein (schon erwähnter) aufrechter Gang jetzt damit in Verbindung gebracht, dass er verhältnismäßig die größten Füße hat, um sicher aufrecht stehen zu können.

HISTORIA ANIMALIUM

Der Titel dieser umfangreichen Schrift[11] meint nicht eine «Geschichte der Lebewesen»; vielmehr ist das Wort «Historia» hier in der alten und ursprünglichen Bedeutung «Erkundung» verwendet. In der Tat handelt es sich um eine «Erkundung» riesigen Ausmaßes, um eine Faktensammlung, deren Material Aristoteles zu einem großen Teil auch für die Schrift *Über die Teile der Tiere*, in geringerem Ausmaß für die Schrift *Über die Entstehung der Lebewesen* und für Teile der *Parva Naturalia* verwendet hat. Da die Schnittmenge gemeinsamer Themen zwischen der *Historia animalium* und der Schrift *Über die Teile der Lebewesen* beträchtlich ist, muss hier ein etwas kürzerer Überblick über die *Historia animalium* genügen.

Wir haben allerdings keine reine Faktensammlung vor uns, sondern ein das Material gliederndes Konzept, das von dem der Schrift *Über die Teile der Lebewesen* zugrundeliegenden durchaus abweicht.[12] Die Disposition der Bücher I bis VI, die ein zusammenhängendes Ganzes bilden, ist so gestaltet, dass der Mensch hinsichtlich seiner Anatomie, Physiologie und biologischen Funktion den Ausgangspunkt bildet (Buch I) und von da die Untersuchung schrittweise bis zu den unvollkommensten Organismen geführt wird (bis V 15), um dann in einem großen Bogen wieder bis zu den lebendgebärenden Säugetieren voranzuschreiten.[13] Der Mensch ist durchweg Maßstab, an dem die einzelnen Merkmale aller Tiere gemessen werden. So werden im ersten Buch ähnlich wie in der Schrift *Über die Teile der Lebewesen* zunächst die äußeren und dann die inneren Teile des Menschen vom Kopf bis zum Fuß untersucht, woran sich dann eine umfassende Analyse der inhomogenen, äußeren und inneren Teile erst der blutführenden und dann der blutlosen Tiere anschließt. Es fällt auf, dass nicht nur Erscheinungen der beobachtbaren Umwelt zur Sprache kommen, sondern die entlegensten Auffälligkeiten der Tierwelt, für deren Kenntnis Aristoteles auf Informanten angewiesen war. Mochte er den Zahnwechsel bei Hunden (II 2) noch beobachtet haben, so liegen die Zunge des Elephanten (II 6), der Körperbau des ägyptischen Flusspferdes, aber wohl auch Affen (II 8–9), Krokodile (II 10) und das Chamaileon (II 11; wahrscheinlich späterer Zusatz) außerhalb der Autopsie.

Eine eingehende Erörterung aller Details würde mehrere Bände füllen, weshalb eine bloße Aufzählung der behandelten Themen genügen muss, um einen Eindruck von der akribischen Forschertätigkeit des Aristoteles zu vermitteln. Allein die Liste der in Struktur und Funktion behandelten Tiere ist lang. Es sind (in Auswahl): alle Insekten, Spinnen, Vögel (Geier, Schwalben, Adler, Raben, Krähen, Kuckuck, Tauben, Habicht), Krustentiere (Langusten, Hummer, Garnelen, Krabben), Schaltiere (Schnecken, Muscheln, Krebse, Seeigel), Kerbtiere (Würmer, Maden, Schmetterlinge, Käfer, Fliegen), Bienen, Wespen, Hummeln, Spinnen, Heuschrecken, Zikaden, Läuse, Flöhe, Wanzen, Motten, Fische (Haie, Thunfische, Aal), dann die Säugetiere (Pferde, Kühe, Stuten, Stiere, Eber, Hunde, Schweine, Schafe, Ziegen, Esel, Maulesel, Wildschweine, Hirsche, Bären, Stachelschweine, Löwen, Hyänen, Fuchs, Katzen, Ratten, Mäuse), schließlich die ‹exotischen› Tiere wie Elephant, Krokodil, Chamaileon und Schlangen aller Art. Insgesamt erwähnt Aristoteles 581 Tierarten und 212 Ortsnamen als Aufenthaltsorte von Tieren.[14] Es ist die ganz eigene Leistung des Aristoteles, dieses riesige Material nicht nur gesammelt und in vergleichender Anatomie beschrieben, sondern auch durch eine einleuchtende Klassifikation geordnet zu haben.

Als Einteilungsprinzip fand Aristoteles in der Akademie die Dihairesis (Zergliederung) vor. Es ist dies eine in den Dialogen *Sophistes* und *Politikos* von Platon geübte, aber darüber hinaus in der Akademie weit verbreitete Methode, in dichotomischen Schritten vom Allgemeinsten zum Speziellen zu gelangen. Diese Methode konnte auf die gesamte materielle und geistige Welt Anwendung finden, und offenbar hat Speusipp in seinem (verlorenen) Werk *Homoia* (Ὅμοια, Ähnlichkeiten) dieses immer nur in Zweierschritten vertikal verlaufende Einteilungsmodell auch zur Grundlage biologischer Klassifizierung gemacht. Aristoteles lehnt dieses Modell als unorganisch ab (De part. an. I 2–3) und fordert eine Einteilung der Lebewesen nach natürlichen Gattungen und deren Bestimmung nicht nur durch ein Merkmal – wie bei der Dihairesis –, sondern durch viele Merkmale. Das bedeutet zunächst eine erste Klassifikation in zwei große Hauptgruppen, in die der blutführenden und die der blutlosen Tiere. Dies entspricht weitgehend der modernen Einteilung in Vertebraten (Wirbeltiere) und Invertebraten. Diese beiden Klassen sind dann in Gattungen untergliedert, nämlich die blutführenden Lebewesen in Säugetiere, wobei der Mensch als Referenzgröße eine eigene Gattung darstellt, und Eier legende Vierfüßler; die blutlosen Tiere in Weichtiere, Krustentiere, Schaltiere. Zwischen den «großen Gattungen» und der einzelnen Spezies gibt es keine starre Systematik, sondern Untergliederungen, die je nach ihrer Funktion (Lebensgewohnheiten, Aufenthaltsort, Fortpflanzungsweise) auch wechseln können. Wichtig ist für Aristoteles eine vergleichende Morphologie der Lebewesen, wofür er verschiedene Kriterien an der Hand hat, so das einer abnehmenden Gleichheit und zunehmenden Verschiedenheit von Merkmalen (Farbe, Gestalt) von Lebewesen der gleichen Gattung oder das Mehr oder Weniger (Größenunterschiede von Körpern und Körperteilen, Lebenszeit usw.), das der Analogie zwischen Körperteilen bei verschiedenen Gattungen (Knochen – Gräten; Federn – Schuppen).

Angesichts der ungeheuren Materialfülle ist es unmöglich ausgiebige Erörterungen darüber anzustellen, wie Aristoteles im Detail verfahren ist, zumal zahlreiche Themen der *Historia animalium* auch in *Über die Teile der Tiere* und in *Über die Zeugung der Tiere* behandelt werden. Aber auch das Thema: Schlafen und Wachen kommt erneut zur Sprache. Dabei geht es nicht um die Erklärung des Schlafes überhaupt (wie in der Schrift *Über den Schlaf*), sondern über die Art und Weise des Schlafens von Tieren. Während Aristoteles für viele zoologische Phänomene (ägyptisches Nilpferd, Flusskrokodile, Elephanten) auf schriftliche oder mündliche Informationen angewiesen war, kann er sich für das Schlafen der Tiere auf eigene Wahrnehmung (κατὰ τὴν αἴσθησιν) berufen (Hist. an. IV 10, 536 b 24–537 b 20). So beobachtet er, dass alle blutführenden Tiere mit geschlossenen Augenlidern schlafen. Auch schlafen die eierlegenden Tiere, ferner Fische, überhaupt Wassertiere, selbst wenn sie keine Augenlider besitzen und daher nur einen leichten Schlaf haben. Weil sie, wie alle Lebewesen, meist nachts schlafen, werfen die Fischer ihre Netze bei Nacht aus. Über die Beobachtung hinaus geht die Mitteilung, dass nicht nur Menschen träumen, sondern auch alle lebendgebärenden Vierfüßler. Aristoteles führt als Beispiele Pferd, Hund, Rind, Schafe und Ziegen an, wobei er es offen lässt, ob auch eierlegende Tiere träumen. Da er den Traum als ein rein physiologisches Phänomen ansieht (vgl. S. 311), kann er die gleichen Vorgänge, die bei den Menschen zum Traum führen, auf Tiere übertragen. Aber natürlich träumen am meisten die Menschen, jedoch erst mit dem vierten oder fünften Lebensjahr. Bei ganz alten Menschen sei es vorgekommen, dass Träume eine so starke Veränderung des Organismus bewirken, dass eine schwere Krankheit oder Tod die Folge war (IV 10, 537 b 18–20).

Ein besonders interessantes Beispiel für die akribische Detailforschung ist der «glatte Hai» (γαλεὸς λεῖος, galeos leios, Mustelus laevis), über den sich Aristoteles in der *Historia animalium* VI 10, 565 b 1–17 äußert.[15] Er gehört zur Gattung der eierlegenden Lebewesen (Ovipara), weist aber Besonderheiten auf. Sie bestehen darin, dass er einen Dottersack in der Mitte zwischen den beiden Hälften der Gebärmutter hat, wie es auch bei den Hundshaien der Fall ist. Die Eier gelangen dann um die beiden Hälften der Gebärmutter herum nach unten. Die Jungen werden aber geboren mit dem Nabel an der Gebärmutter, so dass, wenn der Dottersack verbraucht ist, der Embryo an der Nabelschnur angebunden ist wie bei den Vierfüßlern. Diese Kombination von Dottersackplazenta und Viviparie ist für den «glatten Hai» charakteristisch. Der Befund, der wohl nur durch Sektion ermittelt werden konnte, ist erst im 19. Jahrhundert wiederentdeckt und als richtig bestätigt worden.[16] Es ist dies ein Beispiel von Tausenden ähnlicher Analysen, deren Leistung nahezu unfassbar ist.

Dabei geht der Blick des Aristoteles weit über die anatomischen und morphologischen Gegebenheiten hinaus. So erwähnt er wiederholt Krankheiten von Lebewesen, die sich bei Vögeln in der Unordnung des Gefieders bemerkbar machen (VIII 18, 601 b 6–8), während er bei bestimmten Fischen Erblindung unter Einfluss von Kälte (VIII 19, 602 a 9), bei Thunfischen und Schwertfischen Würmer (VIII 19, 602 a 26) diagnostiziert. Überhaupt gelten ihm Fische als besonders wetterabhängig. Aber auch über Fischfang äußert sich Aristoteles ausführlich (VIII 20), um schließlich die spezifischen Krankheiten auch zahlreicher anderer Tiere zu erörtern (VIII 18–24). Ebenso interessieren ihn Tierfreund- und -feindschaften (IX 1), ferner Charaktereigenarten wie zum Beispiel die Dummheit des Schafes, die Aristoteles nicht ohne einen gewissen Humor beschreibt.

> Das Schaf ist, wie man allgemein sagt, einfältig und dumm. Denn es ist unter allen Vierfüßlern das minderwertigste Tier. Ohne jedes Ziel laufen sie in einsame Gegenden, gehen oft bei Unwetter aus ihren Ställen, und wenn sie von Schneegestöber überfallen werden, wollen sie nicht fortgehen, bis der Hirte sie forttreibt. Sich selbst überlassen gehen sie zugrunde, wenn die Hirten nicht Widder herbeibringen; dann laufen sie diesen nach (Hist. an. IX 3, 610 b 22–28).

Eine Reihe von Themen, insbesondere diejenigen, die Zeugung und Entwicklung der Menschen betreffen (Hist. an. VII), wird ausführlich auch in der Schrift *Über die Entstehung der Lebewesen* behandelt, der wir uns jetzt zuwenden.

Über die Entstehung der Lebewesen

Diese immerhin fünf Bücher umfassende Schrift enthält mehr als der Titel ahnen lässt. Ein über alle Einzelfragen zur Zeugung und Entstehung von Lebewesen hinaus durchgehendes Thema ist das der Geschlechterdifferenzierung, das auch heute besonderes Interesse in Anspruch nehmen kann.[17] Denn ohne die Differenzierung und das Zusammenwirken der Geschlechter gibt es kein Leben. Entsprechend weist Aristoteles sowohl dem männlichen wie dem weiblichen Geschlecht den Charakter eines «Prinzips» (ἀρχή, arché) zu. Das männliche Geschlecht ist Träger des Bewegungs- und Zeugungsprinzips; das weibliche Geschlecht verkörpert das Stoffprinzip (De gen. an. I 1–2). Damit ist aber zugleich eine Wertung im Sinne der Form (εἶδος, eidos) – Stoff (ὕλη, hyle)-Relation verbunden: Das Männliche gilt als das Bessere. Aristoteles knüpft an uralte mythische Vorstellungen an, wonach Himmel und Sonne «Zeugende» und «Väter» genannt werden, die Erde als Aufnehmende dagegen «Mutter».

Doch erwähnt er dies nur im Vergleich (I 2, 716 a 17), denn das Entscheidende ist die biologische Fundierung der Geschlechterdifferenz, und zwar nicht nur des Menschen, sondern aller Lebewesen. Das eigentliche Ziel ist die Fortpflanzung, die dadurch eingeleitet wird, dass der männliche Samen als gestaltendes Prinzip in den weiblichen Uterus als die rein aufnehmende Komponente gelangt. Der Samen besteht aus dem Überschuss blutartiger Nahrung. Aristoteles vertritt also eine «hämatogene Samenlehre»; die ältere Pangenesislehre (Zeugungsstoff aus allen Körperteilen) lehnt er ab (I 17). Im Zuge der Nahrungsaufnahme bildet sich durch Teilhabe an der Wärme im Körper beim männlichen Geschlecht der Samen, beim weiblichen Geschlecht infolge eines Unvermögens (ἀδυναμία, adynamia, De gen. an. IV 1, 765 b 9), die Nahrung zum Samen zu verkochen, Menstrualblut. Der Grund dafür ist die geringere Wärme des weiblichen Geschlechts. Die aristotelische Grundkategorie der Wärme und Kälte findet auch hier ihre Anwendung. Durch den Anteil an der Wärme im Embryo entscheiden sich entsprechend auch das Geschlecht des gezeugten Geschöpfs und die Ähnlichkeit zwischen Eltern und Nachkommen. Die Geschlechterdifferenz in ihrer biologischen Begründung und Wertung macht sich in allen Bereichen bemerkbar. Das Durchschlagen oder Verschwinden von elterlichen oder großelterlichen Eigenschaften werden nach dem Wärmegrad des fötalen Stoffes erklärt (IV 3); ebenso Geburtsfehler und Missgeburten (IV 4). Die Männchen haben natürliche «Waffen» (Hist. an. IV 11, 538 b 15–27), während den Weibchen die Brutpflege obliegt; die männlichen Lebewesen haben ein größeres Gehirn (De part. an. II 7, 653 a 29); der Samen ist Träger der Seele. Diese Wertungen entsprechen ganz der Rolle, die Aristoteles den beiden Geschlechtern im ethisch-politischen Bereich zuweist. Die Tugenden des Mannes sind anders geartet als die der Frau, und zwar sieht Aristoteles die gleichen Tugenden wie Besonnenheit und Tapferkeit bei Mann und Frau jeweils unterschiedlich ausgeprägt. Ein Mann würde noch als feige erscheinen, wenn er so tapfer wäre wie eine tapfere Frau, und eine Frau würde noch als geschwätzig gelten, wenn sie so besonnen wäre wie ein tüchtiger Mann (*Politik* III 4, 1277 b 20–25). Bei diesem Beispiel ist als Hintergrund nicht das Bild der geschwätzigen, sondern der schweigenden Frau gedacht. Derartige Vorstellungen sind in der rechtlichen und sozialen Tradition vorgegeben, in der Aristoteles lebt. Das Besondere ist die lückenlose, bis in alle Einzelheiten gehende biologische und damit dem Anspruch nach wissenschaftliche Begründung von Gegebenheiten, die sich bis in den politisch-sozialen Raum auswirken. In der *Politik* wird immer wieder betont, dass diese Verhältnisse «von Natur aus» so sind. Was das bedeutet, erfährt man in der Schrift *Von der Erzeugung des Lebewesen* im Einzelnen. Da findet man denn auch für die Geschlechterdifferenzierung eine übergreifende teleologische Erklärung (De gen. an. II 1). Die Frage, warum es überhaupt das Männliche und das Weibliche gibt, wird in geradezu kosmische Zusammenhänge eingebettet, in der die Begriffe «Notwendigkeit», «erster Beweger», «Materie» aufgeboten werden (De gen. an. II 1, 731 b 21). In einer Kette von Gliedern wird das jeweils Bessere herausgestellt.

> Besser ist die Seele als der Körper, das Beseelte als das Unbeseelte, Sein als Nichtsein, Leben als Nicht-Leben und aus all diesen Ursachen gibt es die Entstehung von Lebewesen (II 1, 731 b 28–32).

Da das Ewige besser ist als das Vergängliche, das einzelne Lebewesen aber vergänglich ist, kommt durch Zeugung innerhalb der gleichen Gattung – die Formel: «Ein Mensch zeugt einen Menschen» steht im

Hintergrund – eben nur der Gattung Unvergänglichkeit zu. Die Kette dessen, was besser als ein anderer ist, wird weitergeführt:

> Da besser und seiner Natur nach göttlicher die Ursache der ersten Bewegung ist, insofern in ihr Begriff und Form der Materie steckt, ist es besser, dass das Stärkere vom Schwächeren getrennt ist. Deshalb ist, soweit und worin es möglich ist, das Männliche vom Weiblichen getrennt. Denn besser und göttlicher ist der Ursprung der Bewegung, die dem Männlichen unter den Geschöpfen innewohnt. Das Weibliche aber ist das, was Materie hat. Für die Bewerkstelligung der Zeugung kommt aber das Männliche mit dem Weiblichen zusammen und vermischt sich. Denn das ist beiden gemeinsam (II 1, 732 a 3–11).

Wir mögen über diese Argumentation erstaunt und befremdet sein; sie ist aber eine in sich durchdachte Konzeption, die den Vorgang des Lebens in die Zweckgerichtetheit der Natur konsequent einzuordnen sucht. Wiederholt hat man Platons angeblich modernere Auffassung von einer scheinbaren Gleichberechtigung der Frau als Vergleich herangezogen. Platon hatte in seinem utopischen Staatsentwurf (*Politeia* V 425 E–457 B) die gleiche Erziehung und damit politische Aufgabe von Mann und Frau gefordert. Aber Platon hat eine solche partielle Aufhebung der Geschlechterdifferenz auf den Stand der «Wächter» im Staat beschränkt, auf eine biologische oder an den gesellschaftlichen Realitäten orientierte Begründung der Geschlechterdifferenz aber weitgehend verzichtet und damit auf einer ganz anderen Ebene als Aristoteles argumentiert, was einen unmittelbaren Vergleich kaum zulässt.

Überhaupt ist die Schrift *Über die Zeugung der Lebewesen* dadurch gekennzeichnet, dass die große Zahl an Einzelerklärungen noch stärker als in der zeitlich vorangehenden ‹Schwesterschrift› *Historia animalium* auf die Prinzipien der Naturlehre im Allgemeinen zurückgeführt wird. Gleichwohl sollen auch hier einige Beispiele für Einzelanalysen genannt werden.

Im Zusammenhang mit der Untersuchung über die Schaltiere (III 11) kommt Aristoteles auf das Problem der spontanen Entstehung von Lebewesen ohne erkennbare Zeugung zu sprechen. Er führt aus, dass unter dem Einfluss der Sonne, warmer Winde, überhaupt von Wärme und Feuchtigkeit aus Schlamm, Abfällen, Schweiß und Fäulnisprodukten ganze Gruppen niederer Tiere wie Würmer, Insekten, Flöhe, Wanzen, Läuse, Milben, Krebse und bestimmte Arten von Schnecken wie von selbst «spontan» entstehen. Es sind durchweg kleine Tiere, die in der ‹Stufenleiter der Natur› auf der untersten Stufe stehen. Alltägliche

Beobachtungen, wie sie in einer Welt ohne Mikroskope oder andere Geräte von Fischern, Jägern, Landwirten gemacht werden, können das bestätigen. Aristoteles selber berichtet, dass bei der vor Rhodos ankernden Flotte irdene Gefäße ins Wasser geworfen worden seien, bei denen sich nach einiger Zeit (wohl an Essensresten) ein schaumiger Schlamm angesetzt habe, aus dem sich Organismen gebildet hätten, die keinen Zeugungsstoff abgesondert hätten (III 11, 763 a 30–34). Zu ähnlichem Ergebnis seien Einwohner von Chios gelangt, die auf der Nachbarinsel Lesbos Muscheln in klares Meerwasser bei gleichmäßiger Strömung ausgesetzt hätten. Da seien diese Tiere zwar gewachsen, hätten sich aber nicht vermehrt (III 11, 763 b 1–4), so dass also kein Zeugungsvorgang stattgefunden habe. Aristoteles, der diese Vorgänge auf Lesbos wohl selber beobachtet hat, schließt daraus, dass diese Tiere «spontan», «automatisch» (ἀπὸ ταὐτομάτου, apo tautomatou) in einer anderen (schlammigen) Umgebung entstanden sein. Missverständlich hat sich für diesen Vorgang das zuerst von Friedrich Wilhelm Schelling (1775–1854) benutzte Wort «Urzeugung» eingebürgert.[18] Denn eine «Urzeugung» meint eigentlich eine allererste Entstehung allen Lebens aus ungeformter Materie, wie es die frühen griechischen Denker seit Anaximander (ca. 610 – ca. 547) auch angenommen haben, nicht aber Aristoteles, für den es Leben im ewigen Kosmos schon immer gab. Korrekter wäre es daher, das, was Aristoteles im Blick hat, nur «spontane Entstehung» zu nennen. Eine Generation nach Aristoteles hat man allerdings die sich ständig wiederholende spontane Entstehung von Lebewesen mit einer anfänglichen kosmischen Urzeugung in Analogie gesetzt.[19]

Zu den schwierigsten und umstrittensten biologischen Einzelfragen gehört die Entstehung und Fortpflanzung der Bienen, die Aristoteles in den beiden großen biologischen Schriften untersucht.[20] Umstritten war vor allem die Entstehung der Bienen generell, ob sie sich überhaupt paaren und selber Brut erzeugen oder ob sie diese von bestimmten Blüten oder vom Ölbaum holen, ob sich die Drohnenbrut im Bienenstock befindet oder ob eine regelrechte Begattung stattfindet (Hist. an. V 21, 553 a 17–25). Aristoteles sucht den richtigen Befund in einer Kombination von Empirie und Abwägen logischer Wahrscheinlichkeiten. Einerseits befragt er Imker (De gen. an. III 10, 760 a 3), andererseits weist er die Theorie, dass Bienen fremden, von einem anderen Tier stammenden Samen holen, der nicht zur Nahrung dient, als unlogisch zurück. Insgesamt unterscheidet Aristoteles drei Gruppen von Bienen: 1. die «Könige», «Anführer», 2. die «Arbeiterbienen», 3. die «Drohnen». Dabei würden die «Könige» ohne Paarung sich selber und die Arbeiterbienen zeugen, während die «Arbeiterbienen» die «Drohnen» zeugen, die ihrerseits nicht selber zeugen und überhaupt untätig blieben. Die «Arbeiterbienen» hätten – entgegen landläufiger Meinung auch damals – sowohl männliche als auch weibliche Eigenschaften in sich. Aristoteles sieht in der Abfolge, wonach die Könige sich selbst und ein verwandtes Genos, die Arbeiterbienen nur sich selbst und die Drohnen überhaupt nicht zeugen, eine natürliche Ordnung gewahrt (De gen. an. III 10, 760 a 31), die zu seinen Grundprinzipien gehört. Vorsichtigerweise fügt er hinzu, dass noch nicht alle Fakten hinreichend bekannt seien und mit der empirischen Beobachtung übereinstimmen müssten (De gen. an. III 10, 760 b 27–34). Die eigenartigen Zeugungsvorgänge bei den Bienen begründet Aristoteles damit, dass sie überhaupt «ein außerordentliches und eigenes Völkchen sind» (De gen. an. 760 a 4–6), ohne etwa ihre sozialen Funktionen (Arbeitsteilung, Brutpflege, Könige bleiben im Stock) mit Formen menschlicher Gesellschaft in Analogie zu setzen. Das Thema «Bienen» war eben auch für sich von ähnlich fundamentaler, für die Griechen lebenswichtiger Bedeutung wie das der Olivenbäume. Honig, dessen Gewinnung, Geschmacksarten und Verdickung Aristoteles beschreibt (Hist. an. V 22, 553 b 28–554 a 21), gehörte zu den Grundnahrungsmitteln der Griechen. Man muss nur einmal auf der Insel Thassos mit intakter Vegetation gewesen sein, um die Allgegenwärtigkeit der Bienen zu spüren.

Die aristotelische Erklärung der Eigenart der Bienen ist nicht richtig. Das gilt vor allem für die irrige Auffassung, die «Arbeiterbienen» wie die «Drohnen» seien geschlechtsneutral. In der Tat begatten die männlichen Drohnen die weiblichen Bienen, aber außerhalb des Stockes auf einem sogenannten «Hochzeitsflug». Im Übrigen sind die Paarungsprobleme bei den heute sehr viel differenzierteren Bienenarten und Unterarten äußerst komplex.[21]

Die Vererbungslehre im Ganzen (De gen. an. IV 3–4) beruht auf dem Prinzip der Prävalenz des Männlichen. Über die Erblichkeit von Merkmalen und Eigenschaften fand Aristoteles schon eine lebhafte Diskussion vor, seitdem Alkmaion von Korinth (um 500 v. Chr.) die Zeugung der Nachkommen durch das Zusammenwirken eines männlichen und eines weiblichen Samens zu erklären suchte. Andere – wie Anaxagoras und Demokrit – vertraten eine Präformationslehre, wonach alle Körperteile bereits im Samen (Sperma) vorgeprägt seien. Aristoteles hat all diese Lehren verworfen und durch eine Vererbungskinetik ersetzt, wonach der Mann mittels seines Samens Form und Bewegungsimpuls auf die flüssige Materie der Frau überträgt. Je nach dem dabei auftretenden Wärmegrad entstehen dann männliche oder weibliche Nachkommen, und zwar im Sinne einer Epigenese, wonach die verschiedenen Organe sich nacheinander ausbilden. Da der männliche Samen unendlich viele Bewegungsimpulse vermittelt, werden nur einige davon bei den unmittelbaren Nachkommen verwirklicht, während andere zunächst unverwirklicht als Anlagen vererbt werden und dann eine Generation später durchschlagen. Aristoteles kann so Ähnlichkeiten über mehrere Generationen und überhaupt Unregelmäßigkeit im Auftreten von Merkmalen bei nahen Verwandten erklären. Das alles ist weit entfernt von den ‹Mendelschen Gesetzen›, die der Mönch Gregor Mendel als Ergebnis seiner Kreuzungsversuche 1866 publiziert hat, und von modernen Vererbungstheorien, wenngleich es auf dem Gebiet der Embryologie und der Entwicklung der Lebewesen als epigenetischem Prozess Konvergenzen zwischen Aristoteles mit der Experimentalbiologie der ersten Hälfte des 20. Jahrhunderts gibt.[22]

Eine bemerkenswerte Entdeckung ist Aristoteles mit der Beschreibung und Einordnung der Sekundärqualitäten gelungen, die im fünften Buch der Schrift *Über die Entstehung der Lebewesen* behandelt werden.[23] Selbst in der aristotelischen Konzeption, nach der von der Natur alles mit Notwendigkeit sinnvoll und zweckmäßig eingerichtet ist, gibt es bei Mensch und Tier Erscheinungen, die zufällig und nicht zweckgestaltet sind. So hat das Auge seinen Sinn und Zweck, aber nicht die Augenfarbe, ebenso die Haare, aber nicht die spezifische Haarfarbe, die sich noch dazu im Verlaufe des Lebens verändert. Um auch diese sekundären Qualitäten in den übergeordneten Zusammenhang des Naturgeschehens einzuordnen, differenziert Aristoteles seinen Begriff von Notwendigkeit in der Weise, dass dabei weder eine schlechthinnige noch eine hypothetische, sondern eine akzidentielle Notwendigkeit vorliege. Es ist notwendig, dass das Auge eine Farbe hat, aber welche, ist im Bereich der Akzidentiellen. Im Übrigen ist Aristoteles im weiteren Verlauf des Buches an bestimmten Grenzsituationen interessiert, die nur locker mit den sekundären Qualitäten verbunden sind. Ein Beispiel dafür ist die unterschiedliche Schlafdauer im Laufe eines Lebens. Neugeborene schlafen die meiste Zeit, in der sie fast das Leben einer Pflanze führen, aber dann eben auch wieder aufwachen. Die Bildung, Formung der Zähne (scharf, stumpf, Vorderzähne, Backenzähne) sowie den Zahnwechsel (De gen. an. V 8) bringt Aristoteles allerdings nicht explizit mit den Sekundärqualitäten in Verbindung.

Über die Fortbewegung der Lebewesen

In dieser Spezialabhandlung,[24] die man als eine thematische Ergänzung zu den großen biologischen Schriften ansehen kann, untersucht Aristoteles mit geradezu mikroskopischer Genauigkeit die Funktionen der Fortbewegungsglieder bei Tier und Mensch. Obwohl die Untersuchung sehr ins technische Detail geht, wird sie doch gleich zu Beginn (Kap. 2) auf die Grundsätze zurückgeführt, die für die Naturforschung des Aristoteles im Ganzen von fundamentaler Bedeutung sind, dass nämlich die Natur nichts umsonst ins Werk setzt, sondern immer das für das Wesen einer jeden Tiergattung beste (704 b 13–17). Auf diesem Hintergrund werden die unterschiedliche Zahl der Fortbewegungsglieder und die verschiedenen Arten der Fortbewegung untersucht. Differenziert wird zwischen Laufen und Springen, zwischen einem aktiven – sich bewegenden – und einem passiven – ruhenden – Körperteil, zwischen zweifüßigen, vierfüßigen, vielfüßigen und fußlosen Lebewesen im Hinblick auf ihre Fortbewegung. Als Ausgangspunkt der Bewegung sieht Aristoteles bei allen Lebewesen die rechte, seiner Meinung nach «bessere» Hälfte an. Insbesondere beim Menschen sei die linke Hälfte unbeweglicher, während die rechte Seite «besonders geschickt» sei (4, 706 a 22). Ferner präzisiert Aristoteles die Art des Auftretens mit dem Fuß zum Zweck der Ortsbewegung dahingehend, dass der Mensch nicht mit dem ganzen Fuß, sondern nur mit einem Teil auftritt, den er mit einem aus der Sprache der Mathematik entlehnten Ausdruck «Punkt» (σημεῖον, semeion) nennt. Wichtig sind ihm auch die Koordinaten: Oben, Unten, Vorn und Hinten. Kein Lebewesen vollzieht eine natürliche Bewegung nach hinten. Die Fortbewegung der blutführenden Tiere auf vier Füßen bzw. «Punkten» ist ein zusammenhängendes Ganzes. Teilt man ein solches Tier, können die Teile keinen Moment leben oder sich bewegen, während blutlose und vierfüßige Tiere sich auch in Teilen noch eine gewisse Zeit fortbewegen können (7, 707 b 6). Ausführlich werden Beugung und Krümmung bei Schulter und Hüfte auf rechter und linker Seite beim Vorgang des Gehens analysiert. Tiere, die Füße haben, besitzen stets eine gerade Zahl von Füßen, weil nur so eine natürliche Fortbewegung möglich ist. Mit einem Fuß oder drei Füßen kann kein Lebewesen gehen. Aber es gibt natürlich Tiere ohne Füße wie Schlangen und Aale, während die meisten Fische Flossen anstelle von Füßen haben. Tiere ohne Füße bewegen sich durch wiederholte Krümmungen des Körpers in Wellenlinien vorwärts. Ein besonderes Problem stellen die Vögel dar, die sowohl gehen als auch fliegen können. Bei ihnen stehen Flügel und Beine in einer Wechselwirkung. Sie könnten weder fliegen, wenn ihre Beine entfernt würden, noch gehen, wenn ihre Flügel entfernt würden (10, 709 b 25). Fliegen sie, so benutzen sie den Schwanz zur Steuerung wie das Steuerruder bei Schiffen. Interessant ist ein Vergleich zwischen Mensch und Vogel (Kap. 11). Der Mensch hat als einziges Lebewesen deshalb eine aufrechte Haltung, weil seine Beine am längsten und kräftigsten sind, während bei den Vögeln das Gewicht hinten ist und sie eigentlich nach hinten umkippen müssten – so wie man Pferde aus Bronze mit erhobenen Vorderfüßen herstellt – hätten sie nicht starke, wie zwei Oberschenkel aussehende Hüften. Schließlich erörtert Aristoteles bis in die kleinsten Einzelheiten den Beugungsmechanismus der Fortbewegungsorgane bei Mensch und Tier in ihrer Funktion bei Gehen, Fliegen und Schwimmen.

Über die Bewegung der Lebewesen

Die kleine Schrift ist sehr viel weniger an den technischen Einzelheiten orientiert als diejenige über die Fortbewegung der Lebewesen, denn sie verbindet Biologie, Bewegungslehre, auch im kosmischen Sinn, mit Psychologie. Da sie zahlreiche Hinweise auf andere Schriften enthält, kann sie als die späteste der biologischen Abhandlungen gelten, in der die Fülle des in den anderen Schriften ausgebreiteten Materials in einen übergreifenden Zusammenhang eingeordnet ist. Zwar ist der Ausgangspunkt der Argumentation die Fortbewegung der Lebewesen, doch geht es um das Phänomen der Bewegung überhaupt und generell. Aristoteles führt zunächst aus, dass bei der Fortbewegung der Lebewesen jeweils ein Teil des Körpers in Ruhe sein muss, und zwar der Punkt, an dem die Glieder gekrümmt werden, nämlich der Ellenbogen, wenn der Unterarm bewegt wird, die Schulter, wenn der ganze Arm bewegt wird. Analog dazu muss es auch außerhalb des Lebewesens etwas geben, was unbewegt ist, wie überhaupt jegliche Bewegung aus Ruhe hervorgeht. Damit kommt der unbewegte Beweger (vgl. S. 226 ff.) ins Spiel, den als letzte kosmische Instanz Aristoteles in den naturwissenschaftlichen Schriften auffallend zurückgehalten hatte, der aber doch immer präsent ist. In der Zusammenfassung, in der es um den Bewegungsmechanismus aller Lebewesen insgesamt geht, hat Aristoteles die Eigenbewegung der Lebewesen in das kosmische Bewegungssystem eingeordnet, zumal er die Vorgänge der Nerven- und Muskelphysiologie noch nicht kennen konnte.

In der Tat ist die Ruhe, die Voraussetzung und Ursprung der Bewegung von Lebewesen ist, wenigstens partiell mit dem kosmischen unbewegten Beweger vergleichbar. Denn auch die «Ruhe» ist ein unkörperliches, ausdehnungsloses Moment, das durch sein bloßes Dasein Bewegung verursacht, also letzte Ursache für alle Bewegung ist, mag auch die Übertragung des kosmischen in das physikalische System nicht ganz ohne Probleme sein. Bei der Erörterung der Wirkungsweise des unbewegten Bewegers (Kap. 3–4) wendet sich Aristoteles gegen zwei alternative Konzepte, deren Verfechter wir jedoch nicht mehr ermitteln können. Die erste Auffassung geht davon aus, dass das All von zwei Polen bewegt wird, was Aristoteles unter Hinweis auf die Einzigartigkeit des unbewegten Bewegers ablehnt. Die zweite Auffassung will die Bewegungsursache mit Rekurs auf den Mythos von Atlas erklären, wonach Atlas mit den Füßen auf der Erde steht und das Himmelsgewölbe trägt, also eine Achse darstellt, um den sich der Himmel mit den beiden Polen dreht. Aristoteles wendet dagegen ein, dass bei einem solchen Verfahren das Beharrungsvermögen der (seiner Meinung nach) unbewegten Erde zu gering wäre.[25] Dies alles zu erörtern, wäre für die bloße Erklärung der Fortbewegung von Lebewesen nicht nötig, aber Aristoteles stellt das Einzelphänomen in den großen Zusammenhang von Bewegung überhaupt. Ebenso wiederholt er die Grundsätze seiner Seelenlehre im Hinblick auf den Bewegungsimpuls, den die Seele bei Vernunft und beim Streben als die beiden Instanzen empfängt, auf denen alle Vorstellungen, Überlegungen und Entscheidungen basieren. Interessant ist die Erklärung des Bewegungsmechanismus im Körper durch den Nachvollzug eines praktischen Syllogismus, wie ihn Aristoteles entwickelt hat. Nimmt man als die beiden Prämissen a) jeder Mensch muss gehen, b) man ist ein Mensch, so fängt man als Folgerung sofort an zu gehen. Wenn man umgekehrt als Prämissen formuliert, a) zum gegenwärtigen Zeitpunkt darf kein Mensch gehen, b) man selbst ist ein Mensch, so verharrt man als Folgerung sogleich in Ruhe. Oder: Ich muss ein Gut schaffen. Ein Haus ist ein Gut; sofort baut man ein Haus. Logik und Psychologie werden zusammengedacht. Man mag zweifeln, ob das in jedem Fall stimmt, aber Aristoteles will damit den physikalischen Vorgang erläutern, der vom Streben und Denken zum Handeln führt, und wie dabei kleine Impulse als Ausgangspunkte der Bewegung sogleich große Veränderungen im Körper nach sich ziehen, indem Sehnen und Knochen in Bewegung gesetzt werden und der Wärmehaushalt im Körper sich verändert.

Denn Wärme und Kälte sind Faktoren, die bei der Umsetzung von physischen Vorgängen in Bewegungsimpulse in einer psycho-physischen Gesamtbetrachtung eine große Rolle spielen.[26] Aristoteles führt als Beispiele Kühnheit, Furcht und sexuelle Erregung an, die die Körpertemperatur verändern und damit auch einzelne Körperorgane weicher oder härter machen können (8, 702 a 3–28), wenn auch bei geringfügigen Anlässen unbemerkt. Die von Aristoteles in seiner Seelenlehre zugrunde gelegte Verknüpfung von Seele und Körper findet hier ihre handgreifliche Anwendung.

Diese psycho-physische Gesamtkonzeption wird dann (Kap. 10) erweitert durch die eigentümliche Lehre von «angeborenen Pneuma» (πνεῦμα σύμφυτον, pneuma symphyton).[27] Gemeint ist damit, dass alle Lebewesen im Unterschied zu leblosen Gegenständen ein gewisses Maß von angeborenem, beseelendem Lebenshauch in sich haben, der nicht von außen, etwa durch Atmung, allererst in den Organismus eingedrungen ist, sondern dem Embryo vom Mutterleib her eingepflanzt ist. Dieses Pneuma ist, so die Lehre des Aristoteles, in der Lage, die von der Seele ausgehenden Bewegungsimpulse aufzunehmen und an die zu bewegenden Körperteile weiterzuleiten. Wie dies geschieht, sagt Aristoteles nicht, wie auch unklar bleibt, ob und wie sich das Moment des «Strebens» als Glied der Bewegungskette in diese Konzeption einfügen lässt.[28] Jedenfalls hat Aristoteles mit Begriff und Sache des «angeborenen Pneumas» stark auf die hellenistische Medizin bis hin zu den «Pneumatikern» als Ärzteschule gewirkt.[29] Am Schluss der kleinen Schrift macht Aristoteles deutlich, dass der Mensch sich in seiner psycho-physischen Organisation doch als «politisches Wesen» ansieht, und zwar auch in seinem Inneren. Denn er ist «wie eine gut regierte Stadt» (10, 703 a 31) eingerichtet, die keines Alleinherrschers bedarf, sondern in der jeder Teil, Seele und Körper, seine Aufgaben erfüllt wie ein guter Bürger.

Resümee und Ausblick

In der antiken biographischen Tradition erscheint Aristoteles als der «Sekretär der Natur, der sein Schreibrohr in die Vernunft eintaucht».[30] Dieses schöne Dictum trifft vor allem auf die aristotelische Biologie zu. Sie ist eine einzigartige Synthese von Beobachtungen, die Aristoteles teils selber angestellt hat, teils sich von Jägern, Fischern, Imkern, Tierärzten, Tierzüchtern und Köchen berichten ließ, von Experimenten

(Tiersektionen), vom Aufgreifen früherer Forschungstraditionen (Anaxagoras, Demokrit, hippokratische Schriften) mit philosophischen Kategorien und Konzepten, die weitgehend schon vorlagen, als Aristoteles begann, das immer weiter wachsende Material zu ordnen und in Schrift und Wort (Lehrvorträge) darzustellen. Am Anfang der *Meteorologie* (I 1, 339 a 5–9) hatte Aristoteles angekündigt, er wolle «nach der Darstellung von Kosmologie und Meteorologie untersuchen, ob sich auf der gegebenen Grundlage eine Erörterung über Tiere und Pflanzen, allgemein und speziell, geben lässt». Dann werde, so fügt Aristoteles hinzu, sein «ursprünglicher Plan seine völlige Verwirklichung gefunden haben». Der Plan bestand also darin, auf der gleichen methodischen Grundlage alle Erscheinungen der Natur wissenschaftlich zu behandeln. Auf dem Gebiet der Biologie hat er dies selber für den Bereich der Zoologie geleistet, während er in offensichtlich geplanter Arbeitsteilung die Darstellung der Botanik seinem Freund und Schüler Theophrast überlassen hat. Denn dessen umfangreiche Werke über die Pflanzen – *Pflanzenkunde* (*Historia plantarum*) und *Über die Ursache der Pflanzen* (*De causis plantarum*) – sind genauso gegliedert wie die beiden großen zoologischen Schriften, nämlich in einen empirisch-phänomenologischen (*Historia plantarum*) und einen stärker ätiologisch orientierten Teil (*De partibus plantarum*).[31]

Aristoteles hat mit seiner Leistung die Wissenschaft von der Biologie begründet und in vollem Umfang als eigenständige Disziplin dargestellt, die er aber gleichzeitig mit den Grundprinzipien seiner Philosophie deutet und in sein gesamtes Weltbild einordnet, wodurch Wissenschaft zugleich zu einem Teilbereich der Philosophie wird. Dabei hat er überall Theorie und Tatbestand in eine widerspruchsfreie Übereinstimmung zu bringen gesucht. Es sind verschiedene, aspektartig ineinandergreifende begriffliche Instrumentarien und Grundüberzeugungen, die Aristoteles als Ordnungsfaktoren für das Erfahrungsmaterial auf dem Gebiet der Biologie benutzt. Dazu gehört vor allem die Auffassung von der Ewigkeit der Arten und Gattungen, entsprechend der Lehre von der Ewigkeit des Kosmos. Mit der knappen Formel: «Ein Mensch zeugt einen Menschen» bezeichnet Aristoteles die ewige Reproduktion und Konstanz der Gattungen. Immer wieder betont er, dass dabei die Natur nichts Vergebliches und Überflüssiges schafft, sondern alles sinnvoll und zweckgerichtet einrichtet. In dieser Überzeugung drückt sich die viel diskutierte ‹Teleologie› des Aristoteles aus. Sie meint die Gesetzlichkeit der natürlichen Werdeprozesse, nicht aber einen metaphysisch begründeten Gesamtzweck der Natur.[32]

Ein weiteres gliederndes Ordnungselement liegt in der Vorstellung von der ‹Stufenleiter der Natur› *(scala naturae)* vor, deren Anwendung Aristoteles beschreibt, für die er aber keinen übergeordneten Terminus zur Verfügung hat. Sie meint eine jeweils fortschreitende Differenzierung, mit der zugleich eine Werteskala verbunden ist, die vom Unvollkommenen zum Vollkommenen führt. Das betrifft zunächst die Einteilung in die Hauptgruppen: leblose Dinge – Pflanzen – Tier – Mensch. Innerhalb dieser Gruppen gibt es dann weitere Differenzierungen, so in der Abstufung von spontaner Entstehung über die jeweils nächsthöheren Gattungen von Tieren mit Larvenbildung, sodann zu den eierlegenden Tieren und weiter über die lebend gebärenden Tiere zum Menschen. Dabei ist diese Skala für Aristoteles ein Kontinuum mit gleitenden Übergängen. Bestimmte Tiere wie Schwämme, Seescheiden, Seeanemonen stehen an der Grenze zur Pflanze; der Vogel Strauß hat Merkmale eines Vogels und eines Vierfüßlers (De part. an. IV 14, 697 b 1 ff.), der Affe hat auf der Vorderseite menschenähnliche Züge, auch wenn er zu den Vierfüßlern zählt (Hist. an. II 8, 502 a 16). Auch hinsichtlich der Bildung von Organen, der Sinneswahrnehmungen und der Zeugungsvorgänge gliedert Aristoteles das Material in Abstufungen, die durch einen wachsenden Grad an Differenzierung und Vollkommenheit gekennzeichnet sind.

Ein weiteres Kriterium für die Differenzierung der Lebewesen ist die Lebenswärme. Unter den aus den vier Grundelementen Feuer, Wasser, Erde, Luft abgeleiteten Grundqualitäten Wärme, Kälte, Trockenheit, Feuchtigkeit wird der Wärme als Lebenswärme eine ordnende Funktion zugemessen. Je wärmer das Blut eines Lebewesens ist, desto höher steht es (De gen. an. II 1, 732 b 33 ff.). Die vollendetsten Lebewesen haben viel Eigenwärme und Feuchtigkeit, Vögel und Reptilien sind warm und trocken, Knospelfische und Schlangen kalt und feucht, Fische und Krebstiere kalt und trocken, während die Insekten hinsichtlich aller vier Grundqualitäten auf der untersten Stufe stehen. Aus dem Anteil an Körperwärme erklärt Aristoteles auch die verschiedenen Zeugungsarten: Insekten bringen nur Maden hervor, kalte und trockene Tiere Eier, die noch wachsen müssen, während wärmere Tiere voll ausgebildete Eier legen. Die wärmsten Lebewesen gebären lebendige, voll entwickelte Junge. Aus der Körperwärme wird auch die Körperhaltung abgeleitet. Die innere Wärme hebt den Körper, so dass der Mensch aufrecht gehen kann, bei abnehmender Wärme und Zunahme des Erdelementes werden die Körper der Tiere kleiner, vielfüßig und schließlich fußlos, auf der niedrigsten Stufe die Schalentiere, die «den Kopf nach unten tragen» (De part. an. IV 7, 683 b 18). Auch hinsichtlich der Lebensweise ergibt sich eine ähnliche Abstufung. Die niederen Tiere sind nur zur Fortpflanzung da, auf den jeweils höheren Stufen ist die Lebensweise durch Begattungslust, Brutpflege und Liebe zu den Jungen gekennzeichnet; noch höhere Tiere leben in Gemeinschaft, wobei der Mensch naturgegeben ein «gutes Leben» führen kann (De part. an. II 10, 656 a 1–11).

Die Stufenordnung der Natur findet als Gliederungselement der Tierwelt ihren prägnanten Ausdruck; sie ist aber eingebettet in eine Stufung des gesamten Seins, nach unten in die Pflanzenwelt und die anorganischen Stoffe (De part. an. II 1), nach oben in die Schichtung der Elemente im sublunaren Raum und darüber hinaus in den Anteil, den der Mensch in seiner aufrechten Haltung an der göttlichen Sphäre hat (De part. an. II 10). Mit diesen methodischen Instrumentarien verbindet Aristoteles die durchgängigen Prinzipien wie Stoff und Form, Potentialität und Aktualität auch auf dem Gebiet der Biologie.

In der Anwendung philosophischer Kriterien auf das zoologische Material hat Aristoteles oft Richtiges gesehen, manchmal eine unzutreffende Deutung gegeben, teils vorschnell, teils in langer Überlegung. Seine ‹Fehler› auf dem Hintergrund moderner und hochentwickelter Biologie aufzuzählen, gibt wenig Sinn. Wenn Wolfgang Kullmann formuliert, es sei «Aristoteles aus der Geschichte der Biologie nicht wegzudenken»[33], so ist zunächst damit gemeint, dass Aristoteles als Erster eine systematische Bestandsaufnahme der gesamten organischen und unorganischen Natur durchgeführt hat. Er hat in der kausalen, funktionalen und materiellen Erklärung der Lebewesen eine Terminologie geschaffen und der Biologie der Neuzeit vermacht. Er hat darin – abgesehen von der Darstellung der Botanik durch seinen Schüler Theophrast – weder Vorgänger noch Nachfolger gehabt. Das gilt für hellenistische Exzerptensammlungen, aber auch für ein so bedeutendes Werk wie die *Naturalis historia* des älteren Plinius (24–79 n. Chr.), dessen Naturkunde in fleißiger Kompilation sich in Lebenskunde verwandelt und so zur Popularisierung und damit zur Verbreitung in der späteren Antike und in der Renaissance beigetragen hat.

Vom Standpunkt der modernen Naturwissenschaft ist die aristotelische Biologie vielfach als überholt angesehen worden, nicht nur angesichts der Fülle neu entdeckten Materials, sondern auch in der Denkstruktur. Insbesondere ist ein Aristoteles unterstellter Finalismus und Vitalismus als Erklärungsprinzip verworfen worden, wobei oft nicht erkannt wurde, dass Aristoteles einen Finalismus nur im Sinne einer eingeschränkten Teleologie vertreten hat, und zwar so, wie es die moderne Biologie «Teleonomie» (Prozesse, die aus ihren Strukturen selbst erkärbar sind) nennt.

In diesem Sinne ist nun auch wieder eine gewisse Konvergenz zwischen aristotelischer und moderner Biologie feststellbar, wie sie sich in der Auffassung von der Entwicklung epigenetischer Prozesse im Bereich der Embryologie und Genetik zeigt, die Aristoteles als einen allmählichen Herstellungsprozess nach Analogie handwerklicher Tätigkeit erklärt. Insbesondere das Modell von Jacques Monod (1910–1976) von der Entstehung autonomer Reproduktionen invarianter (sich nicht verändernder) Objekte (z.B. Lebewesen) mit teleonomischem Apparat ist für diese Konvergenz in Anspruch genommen worden. Wolfgang Kullmann hat es so formuliert: «Aristoteles' Anschauungen stimmen ... mit der entscheidenden These der modernen Molekularbiologie zusammen, dass – in der Sprache Monods formuliert – die invariante Reproduktion der Arten aufgrund teleonomischer Information nach streng kausalen, technischen, genauer: nach chemischen Gesetzmäßigkeiten abläuft. Durch die Entdeckung der unterschiedlichen Funktion der Nukleinsäuren einerseits, die die genetische Invarianz verbürgen, und der Proteine, die für die teleonomischen Strukturen verantwortlich sind, andererseits, erweist sich, dass die aristotelische Vorstellung einer programmierten zielgerichteten Epigenesis in ihrem wesentlichen Kern der Realität näher kommt als manche andere Theorie neueren Datums.»[34]

13.
Stationen der Rezeption

Die Wirkung des Aristoteles auf die gesamte Philosophie und Wissenschaft nicht nur des Abendlandes, sondern auch im islamisch-arabischen Bereich ist so gewaltig, dass hier nur wenige Stationen der Rezeption kurz skizziert werden können.[1]

Als Aristoteles starb, hinterließ er in Athen einen eher lockeren Schulverband, denn er konnte, wie schon erwähnt, als Metoeke keinen Grundbesitz tätigen. Die Schule im juristischen Sinn hat erst der Nachfolger Theophrast gegründet. Zwar war auch er Metoeke, doch erhielt er eine Sondergenehmigung des Statthalters von Athen, Demetrios von Phaleron, und erwarb ein Grundstück auf dem großen, dem Apollon Lykeios («Wolfsabwehrer») gewidmeten Areal. Deshalb hieß die Schule zunächst auch Lykeion; erst später hat sich die Bezeichnung Peripatos durchgesetzt. Das Wort Peripatos hieß ursprünglich «Spaziergang», dann «Wandelhalle», schließlich ganz allgemein «Philosophenschule», bis es sich exklusiv als Bezeichnung für die Schule des Aristoteles durchsetzte. Denn aus der Sicht seiner Schüler galt Aristoteles als Gründer der Schule.

Unter Theophrast blühte die Schule. Allein Theophrast soll zweitausend Schüler gehabt haben. Er war auch der Einzige, der auf allen Gebieten der Philosophie tätig war und ein Werk hinterlassen hat, das sich an Umfang mit dem des Aristoteles messen konnte. Seine Leistung auf dem Gebiet der Botanik ist ebenso bahnbrechend wie die des Aristoteles in der Zoologie. Seine Schrift *Charaktere* (Darstellung von 30 Charaktertypen) ist berühmt geworden. Theophrast ist bis heute unterschätzt, weil von seinem riesigen Werk – bei Diogenes Laertius sind 220 Schriftentitel aufgeführt – nur ein kleiner Teil erhalten blieb. Dieser Teil lässt aber die Grundzüge seiner Philosophie erkennen.

Theophrast war vor allem auf dem Gebiet der Ontologie ein Zweifler. Seine kurz gefasste *Metaphysik* ist von Fragen und Aporien durchzogen, die vor allem die metaphysische Begründung des Naturgeschehens betrifft. Das gilt besonders für die aristotelische Konzeption vom ersten unbewegten Beweger und damit überhaupt für eine teleologische Verankerung des Naturgeschehens. Er sagt: «Man muss versuchen, eine

Grenze zu finden» für das teleologische Prinzip in der Natur (*Metaphysik* 11 b 25–27). Hand in Hand mit einem Abbau der metaphysischen Komponente vollzieht sich eine fortschreitende Spezialisierung und eine Desintegration von einzelnen Gebieten der Philosophie und Wissenschaft. Zwar hat Theophrast eine (verlorene) *Physik* in acht Büchern geschrieben, aber daneben stehen zahlreiche Spezialschriften über die Elemente, über das Feuer, über das Wasser, über Winde, über den sizilischen Krater, über Luft und Himmelserscheinungen und Vieles mehr und insbesondere eine große Doxographie mit einer umfassenden Darstellung der Lehren der früheren Naturphilosophen. Ähnlich ist es auf anderen Gebieten der Philosophie, so im Bereich der Ethik, wo es Spezialschriften über die Tugenden, über Affekte, über das Glück, über Reichtum, Alter, Freundschaft, Lust, Schmeichelei, Trunkenheit und Kindeserziehung gibt. Themen, die bei Aristoteles Teile eines übergeordneten Kontextes sind, verselbständigen sich.

Diese Desintegration mit dem gleichzeitigen Abbau der metaphysischen Komponente setzt sich bei Theophrasts Nachfolger in der Leitung des Peripatos, bei Straton von Lampsakos (ca. 340–270), fort, dem später der Beiname «der Physiker» beigelegt wurde, weil er eine Physik ohne Metaphysik bei gleichzeitiger Aufnahme atomistischer Anschauungen vertreten hat. Sein Nachfolger Lykon (ca. 300–226), der 44 Jahre lang die Schule geleitet hat, pflegte eine großzügige Geselligkeit und einen ausgelassenen Lebensgenuss. Mit ihm begann der philosophische Niedergang des Peripatos, dessen Vertreter sich vornehmlich anderen Bereichen wie Biographien von Dichtern, Musiktheorie und Kulturgeschichte widmeten.

Dabei muss man bedenken, dass das Werk des Aristoteles nur eingeschränkt zur Verfügung stand, weil seine Bibliothek in den Keller des Neleus in Skepsis verschwand (vgl. S. 64), wenngleich einige Exemplare auch in Athen im Umlauf waren. Aber man hatte die Dialoge und andere, nicht zum Corpus der Lehrschriften gehörende Traktate wie den *Protreptikos*, der als Mahnschrift für die Beschäftigung mit der Philosophie zum Vorbild von Ciceros *Hortensius* wurde. Im Übrigen sind mit der Belagerung Athens durch den römischen Feldherrn Sulla (86 v. Chr.) die Haine sowohl der Akademie wie des Peripatos verwüstet und das Holz der Bäume für Kriegsmaschinen verwendet worden. Im Zuge dieser Verwüstung hat Sulla dann neben anderen Kunstschätzen auch die Bibliothek des Aristoteles nach Rom schaffen lassen, wo dann nach einer längeren Vorbereitungszeit die Ausgabe des Andronikos von Rhodos entstand (vgl. S. 64). Jetzt wurden die Lehrschriften allgemein bekannt und für eine wirkliche Auseinandersetzung zugänglich, während die Dialoge und die übrigen exoterischen Schriften in den Hintergrund traten, aber bis ins 5. Jahrhundert noch gelesen und zur Erklärung der Pragmatien ergänzend herangezogen wurden.

Die Rezeption des Aristoteles bis an die Schwelle der Neuzeit vollzieht sich nun in drei verschiedenen Traditionsströmen, in der griechischen, der arabischen und der lateinischen Tradition.

Die griechische Tradition

Mit der Ausgabe des Andronikos war also eine ganz neue Situation geschaffen. Jetzt hatte man den wahren Aristoteles, der alsbald Gegenstand von Auseinandersetzungen und Kommentaren wurde. Dabei ereignet sich die Auseinandersetzung zu einem guten Teil in den Kommentaren. Das Meiste davon ist verloren. Was erhalten ist, hat die Preußische Akademie der Wissenschaften zu Berlin unter dem Titel *Commentaria in Aristotelem Graeca* in 23 Bänden innerhalb von 15 Jahren (1882–1907) mit elf Herausgebern mustergültig ediert.[2] Dieses Corpus enthält die Kommentare von 13 Autoren vom 2. bis zum 7. Jahrhundert. Es ist damit ein Spiegelbild des Aristotelismus über nahezu 500 Jahre. Kommentiert werden viele, aber nicht alle Schriften des Aristoteles. Im Vordergrund stehen die logischen Schriften, insbesondere die *Kategorien*. Da macht sich bemerkbar, dass die Anordnung dieser Schriften in der Ausgabe des Andronikos dazu geführt hat, in ihnen die logische Vorschule zum Erfassen der Philosophie insgesamt zu sehen. Kommentiert werden aber auch die Schriften, in denen das ‹Weltbild› des Aristoteles erkennbar ist, also *Physik* und *Metaphysik*, ferner die Seelenschriften *(Über die Seele, Parva naturalia)*, seltener die *Nikomachische Ethik*, überhaupt nicht die beiden anderen *Ethiken* und die *Politik*. Hervorzuheben ist, dass die meisten Kommentatoren die exoterischen Schriften des Aristoteles, also vor allem die Dialoge, noch kannten und auch zitierten. So ist uns eine ganze Reihe von Fragmenten verlorener Schriften durch Zitate in den Kommentaren zu den Lehrschriften überliefert. Noch wichtiger ist, dass die Kommentare im Horizont der Philosophie ihrer Zeit stehen,[3] vor allem im Kontext eines wieder erstarkenden Platonismus, der in die mit Plotin (204–270 n. Chr.) beginnende Epoche mündet, die man «Neuplatonismus» nennt. Je nach philosophischem Standpunkt eines Kommentators wird Aristoteles von Platon scharf abgegrenzt oder mit ihm harmonisiert oder so verknüpft, dass die logischen Schriften des Aristoteles die Vorstufe zu den als höherrangig angesehenen Dialogen Platons (vor allem *Phaidon*, *Symposion* und *Parmenides*) darstellen. Die Akademie konnte sich auch institutionell als Schule neu konstituieren, nicht mehr auf dem ursprünglichen Gelände, jedoch im Hause eines reichen Sponsors gegenüber dem Südabhang der Akropolis, etwa da, wo heute das neue Akropolis-Museum steht.[4] Der Peripatos hingegen existierte als fester Schulverband nicht mehr. Wohl aber gab es einzelne Aristoteliker, die sich als Angehörige des Peripatos verstanden. Von ihnen stammen die ersten Kommentare und Schriften zu Aristoteles.

Am Anfang steht die Abgrenzung. Das neu gewonnene Werk wurde systematisiert und gegen andere Schulen abgegrenzt. So entstehen noch vor der eigentlichen Kommentatorentätigkeit einzelne Exegesen wie der *Abriss der aristotelischen Ethik* des Areios Didymos (spätes 1. Jh. v. Chr.) und eine mindestens 13 Bücher umfassende Darstellung der Philosophie des Aristoteles des Nikolaos von Damakus (ca. 64 v. Chr. – ca. 30 n. Chr.), von der nur ein kurzer Auszug in einer syrischen Übersetzung erhalten ist.

In diesen Zusammenhang gehört auch die kleine (sieben Kapitel umfassende) unter dem Namen des Aristoteles überlieferte, in der Ausgabe des Andronikos nicht enthaltene und nach übereinstimmender Meinung der Forschung unechte Schrift *Über den Kosmos*.[5] Es handelt sich um eine im Geiste und in der Sprache des Aristoteles geschriebene Abhandlung über die Äther- und Luftsphäre sowie die Erdregion, gipfelnd in einem platonisch gefärbten Hymnus auf die Weltgottheit als Ursache und Garant für die Ordnung und Ewigkeit des Kosmos. Diese Schrift gewann bald beträchtliches Ansehen, Apuleius (2. Jh. n. Chr.) hat sie ins Lateinische übersetzt. Sie galt dem Hochmittelalter bis in die Neuzeit hinein als echte und gültige Darstellung der aristotelischen Kosmologie, bis zuerst Erasmus von Rotterdam die heute allgemein akzeptierte Unechtheit der Schrift erwiesen hat. Sie ist aber ein interessantes Zeugnis für die erste Phase der Aristoteles-Rezeption, die durch die Ausgabe des Andronikos ausgelöst wurde.

Umgekehrt verfasste in der ersten Hälfte des 2. Jahrhunderts n. Chr. ein gewisser Attikos eine Kampfschrift gegen Aristoteles unter dem Titel *Über den Gegensatz zwischen Platon und Aristoteles*,[6] in der er das Denken des Aristoteles als «niedrig und verfehlt» ansah. Seine Ethik sei banal und dürftig. Aristoteles sei wie ein verschlagenes und schlaues Tier, das gleichwohl niemals imstande sei, jenen hohen Felsen zu erklimmen, auf dem Platon gelassen sitze.

Um die gleiche Zeit sind die ersten eigentlichen Aristoteleskommentare entstanden, in einer ersten Phase von Aristotelikern, unter denen Alexander von Aphrodisias, der unter Mark Aurel einen für ihn in Athen eingerichteten Lehrstuhl für peripatetische Philosophie innehatte (um 200 n. Chr.), an Niveau und Zuverlässigkeit – trotz einiger Abweichungen von der Lehre des Aristoteles – bei weitem hervorragt. Sein riesiges Kommentarwerk ist nur teilweise erhalten; auch in eigenen philosophischen Werken geht er vielfach auf Aristoteles zurück.

Bald darauf findet man als Autoren von Kommentaren zu Aristoteles vorwiegend Platoniker. Dass fortan die Auseinandersetzungen mit Aristoteles von Seiten der Platoniker geführt werden, hängt auch damit zusammen, dass die platonische Akademie sich im 2. Jahrhundert n. Chr. als Schulverband mit eigenem Gebäude neu konstituieren konnte. Das Selbstverständnis dieses ‹Neuplatonismus› bildetet sich in der Auseinandersetzung mit dem Werk des Aristoteles. Plotin (204–270 n. Chr.), der Archeget dieses Platonismus, sah in Aristoteles «seinen bedeutsamsten philosophischen Opponenten, dessen Positionen er ernsthaft untersucht, aber in der Regel letztendlich ablehnen muss».[7] So lehnt Plotin den aristotelischen Substanzbegriff und die Auffassung der Seele als Entelechie des Körpers ab und insistiert in allen Fällen auf dem Primat des Immateriellen, der Trennung von Geist und Körper im Sinne Platons.

Sein Schüler Porphyrios (ca. 234–304 n. Chr.), der erste Platoniker, der Kommentare zu einzelnen Schriften des Aristoteles verfasst hat, leitete indessen eine Harmonisierung zwischen Platon und Aristoteles ein. Seine Einleitung zu den aristotelischen *Kategorien* ist berühmt geworden und war auch durch Übersetzungen ins Lateinische, Syrische, Arabische und Armenische weit verbreitet. Und in der Tat konnte eine Einleitung gerade zu dieser Schrift als Interpretationsmittel für jede Philosophie nutzbar gemacht werden. Porphyrios soll auch – die Bezeugung ist nicht ganz sicher – ein (verlorenes) Werk in sieben Büchern darüber geschrieben haben, *dass die Lehre Platons und Aristoteles' ein und dieselbe sei*.

Für die Tendenz zur Harmonisierung zwischen Platon und Aristoteles ist besonders charakteristisch der *Protreptikos* des Neuplatonikers Jamblichos (ca. 245–320 n. Chr.). Dieser *Protreptikos* ist Bestandteil eines nur zum Teil erhaltenen, zehn Bücher umfassenden Werkes über die Lehren der Pythagoreer. Darin exzerpiert Jamblichos umfangreiche Partien aus dem *Protreptikos* des Aristoteles, die er durch noch umfangreichere Exzerpte aus verschiedenen Dialogen Platons einrahmt, so dass das Ganze als eine in sich geschlossene, widerspruchsfreie Mahnschrift zur Beschäftigung mit der Philosophie erscheint.[8] Von einer derartigen Verschmelzung platonischer mit aristotelischer Lehre sind denn auch spätere Aristoteleskommentatoren wie Themistios (Mitte des 4. Jh.s n. Chr.) und Simplikios (6. Jh. n. Chr.) geprägt.

Im Übrigen hat die Schließung der platonischen Akademie durch Kaiser Iustinian im Jahre 529 nicht zu einem abrupten Ende der Kommentartätigkeit geführt, nur verlagerte sich diese von Athen weg in neue Zentren wie Konstantinopel, Alexandria, Antiochia und später Bagdad. Hinzu kam die Begegnung aristotelischen Denkens mit dem Christentum. Sie vollzog sich in der Schule von Alexandria, in der Christen in die platonische und aristotelische Philosophie eingeführt wurden. Die in diesem Zusammenhang entstandenen Kommentare von Asklepios, Philoponos, Elias, Olympiodoros und Stephanos (5.–6. Jh. n. Chr.), die zum Teil untereinander abhängig sind, bilden eine bedeutende Brücke zwischen heidnischer und christlicher Philosophie.

Natürlich ist Aristoteles auch in Konstantinopel (Byzanz) heimisch geworden, und zwar auch wiederum im Zusammenhang von Kontroversen um die Bevorzugung Platons vor Aristoteles oder umgekehrt.[9] Besonders intensiv wurden diese Diskussionen in der im 11. Jahrhundert gegründeten Akademie von Konstantinopel ausgetragen. Darin war Michael Psellos die überragende Gestalt; sein Kommentar zur aristotelischen *Physik* war bahnbrechend. Kommentare und Kompendien entstanden bis ins 14. Jahrhundert. Handschriften wurden gesammelt und abgeschrieben bis zur Eroberung der Stadt im Jahre 1453 durch die Osmanen. Dieser Traditionsstrom ist deshalb so bedeutend, weil die byzantinischen Gelehrten auf der Flucht bis nach Norditalien zahlreiche Handschriften vieler griechischer Autoren mitnahmen, die dann in weiteren Abschriften mit der bald einsetzenden Buchdruckerkunst die Grundlagen unserer Ausgaben bildeten.

Die arabische Tradition

Neben die Kommentare treten die Übersetzungen. Was wir den «Nahen Osten» nennen, war – zumindest für die Oberschicht – ein griechisch geprägter Kulturraum. Doch ergab sich alsbald das Bedürfnis nach Übersetzungen in die einheimischen Sprachen. So entstanden Übersetzungen aristotelischer Schriften ins Syrische, Hebräische, Armenische und vor allem ins Arabische. Für die Geschichte der Rezeption des Aristoteles ist die arabische Tradition von großer Bedeutung. Als die Araber um die Mitte des 7. Jahrhunderts Ägypten und Syrien eroberten, haben sie die griechische Kultur, die sie dort antrafen, nicht beseitigt, sondern sich durch Übersetzungen anverwandelt. Übersetzt wurden, teilweise auf dem Weg über das Syrische als Zwischenquelle, im Laufe der Zeit alle Schriften des Aristoteles (außer der *Politik*), aber auch die zentralen Werke griechischer Wissenschaft (Hippokrates, Galen, Euklid, Ptolemaios).[10] An Aristoteles war man besonders interessiert, weil man in seinem Werk die Summe des griechischen Denkens sah – nicht zu Unrecht. Aristoteles bot einen Rahmen, in den auch die philosophischen Dispute der eigenen Zeit eingefügt werden konnten. So ist es kein Zufall, dass zuerst die *Topik* und die *Physik* übersetzt wurden; die *Topik* versprach Argumentationshilfen für die eigenen theologischen Kontroversen, die *Physik* bot das Weltbild, das man sich zu eigen machte. Ihren Höhepunkt fand die Übersetzertätigkeit in Hunain ibn Ishaq (im Abendland Johannitius genannt), der als Haupt einer um 830 in Bagdad offiziell eingerichteten Übersetzerakademie ältere Übersetzungen revidierte, neue hinzufügte und unablässig griechische Handschriften der Werke des Aristoteles als Grundlage für die Übersetzung aufspürte.

Der erste arabische Aristoteliker war Ishaq al Kindi (800–873), der in seiner Schrift *Über die erste Philosophie* eine Philosophie als Stufengang entwarf, die sich stark an Aristoteles orientierte. Eine Generation später hat Al Farabi (ca. 870–950) in seinem *Buch der Buchstaben* eine Entwicklung der Philosophie bei den Griechen entworfen, die in ihrer Systematisierung zur Wissenschaft in Aristoteles gipfelt, dessen Philosophie er in einer eigenen Schrift behandelt und mit neuplatonischen Vorstellungen verbunden hat. Ganz für sich steht der persische Arzt und Philosoph Avicenna (Ibn Sina, 980–1037), der nicht in Bagdad wirkte, sondern nach einem unsteten Leben in Isphahan (im Iran), wo er auch als praktischer Arzt tätig war. Seine umfangreichen Kommentare zu Aristoteles haben durch ihre Übersetzungen ins Lateinische stark gewirkt. Avicenna hatte versucht, die aristotelische Lehre von der Ewigkeit der Welt mit dem Schöpfungsgedanken des Koran in Übereinstimmung zu bringen. Er hatte damit ein Problem aufgegriffen, das für die Bedeutung des Aristoteles im Mittelalter und in der frühen Neuzeit wichtig werden sollte.

Im Mittelpunkt stand die Tätigkeit des Übersetzens. Die arabischen Übersetzungen sind auch deshalb bis heute wertvoll, weil sie zumeist auf griechische Handschriften zurückgehen, die älter als die uns erhaltenen Codices sind und so zur Konstituierung des griechischen Textes beitragen können. Mit der Übersetzung nahezu aller Schriften des Aristoteles war der Höhepunkt der Aktivitäten in der gelehrten Übersetzerakademie in Bagdad schon überschritten, als im Jahre 1055 Bagdad von den türkischen Seldschuken erobert wurde. Die Epoche der innerislamischen Aristotelesrenaissance ging damit zu Ende.

Die islamischen Gelehrten wandten sich nach Westen, zum Teil nach Sizilien – die Insel war schon seit dem 9. Jahrhundert von Arabern besetzt –, zum größeren Teil in die südspanische Stadt Cordoba, die nach wechselvoller Geschichte Sitz eines Kalifen wurde. Cordoba war damals mit einer halben Million Einwohner eine der größten Städte der Welt, in der Christen, Juden und Muslime friedlich miteinander lebten. Hier gründeten die Auswanderer eine Bibliothek, die etwa 400 000 Buchrollen umfasste, darunter die arabischen Aristoteles-Übersetzungen. Unter den zahlreichen arabischen Gelehrten, die in Cordoba wirkten, ist der alle überragende Arzt, Mathematiker, Astronom und eben auch Philosoph Averroës (Ibn Ruschd, 1126–1198) zu nennen. Dieser erstaunliche Mann ist in Cordoba geboren und aufgewachsen; er hat dort studiert, aber kein Griechisch gelernt und doch die zuverlässigsten Aristoteleskommentare auf der Grundlage der arabischen Übersetzungen geschrieben. Das hängt damit zusammen, dass er weder neuplatonische Gedanken noch Elemente des Koran in Aristoteles hineingetragen und auch keine Synthese zwischen ihnen versucht hat. Vielmehr wollte Averroës Aristoteles von derartigen Überformungen befreien und die Texte in kritischer Analyse möglichst unverändert darstellen. Der Inhalt des Koran dagegen galt ihm als eine allegorische Form der Wahrheit, die in ihrer reinen Form nur mittels der Philosophie gefunden werden könne. Diese wissenschaftliche Haltung den Texten gegenüber, verbunden mit einem rückhaltlosen Bekenntnis zu Aristoteles, führte zu mit der aristotelischen Philosophie konformen Annahmen nicht nur von der Ewigkeit des Kosmos, sondern auch der Sterblichkeit der einzelnen menschlichen Seele. Über Aristoteles hinaus ging jedoch die Annahme einer allen Menschen gemeinsamen Vernunftseele. Die Kommentare und Schriften des Averroës sind bald ins Lateinische übersetzt worden, nicht ohne heftigen Widerspruch seitens der Kirche hervorzurufen. Gleichwohl war die Wirkung des Averroës Jahrhunderte lang in Gestalt der lateinischen Übersetzungen außerordentlich stark.

Im Zusammenhang mit der arabischen Tradition sind einige Schriften entstanden, die dem Aristoteles zugeschrieben wurden und auch lange Zeit als aristotelisch galten. Dazu gehört das *Buch von den Gründen* (*liber de causis*), das in einer arabischen Fassung vorliegt, die im 11. Jahrhundert ins Lateinische übersetzt wurde, von Albertus Magnus als echt unter die Schriften des Aristoteles aufgenommen wurde, in Wirklichkeit aber auf eine Schrift des Neuplatonikers Proklos (412–485 n. Chr.) zurückgeht. Die Schrift handelt vom ewigen Sein und von der Denkkraft als Leistung der Seele. Viel gelesen wurde das *Buch vom Apfel* (*liber de pomo*), ein Dialog, der der Schlussszene von Platons *Phaidon* nachgebildet ist. Aristoteles liegt auf dem Sterbebett mit einem Apfel als Lebenssymbol in der Hand, spricht mit letzter Kraft von den Wandlungen des Lebens und preist das der Forschung und damit der Theorie geweihte Leben. Die Schrift war gegen Ende des 10. Jahrhunderts in einer (verlorenen) arabischen Version verbreitet, die dann ins Hebräische und schließlich unter König Manfred von Sizilien kurz nach 1250 ins Lateinische übersetzt wurde. Sie wurde viel gelesen und in alten Ausgaben dem Werk des Aristoteles vorangestellt. Ganz verschlungen sind die Wege, die eine relativ kurze (in der Ausgabe von Bekker 15 Seiten) dem Aristoteles zugeschriebene Schrift *Über Pflanzen* genommen hat. Der in der Bekkerschen Aristoteles-Ausgabe enthaltene griechische Text täuscht. Es ist eine Rückübersetzung aus einer lateinischen Übersetzung von Alfred von Sareshel (Ende des 12. Jh.s), die ihrerseits auf einen (im 19. Jh. noch unbekannten) arabischen Text zurückgeht, der eine Übersetzung von Hunain ibn Ishaq aus einer syrischen Fassung darstellt, der letztlich der griechische Text zugrunde liegt. Dabei handelt es sich aber nicht um eine Schrift des Aristoteles, sondern des Nikolaos von Damaskus (ca. 64 v. Chr. – ca. 5 n. Chr.), der frühperipatetisches Material benutzt hat.[11]

Die lateinische Tradition

Die Rezeption des Aristoteles im lateinischen Gewand kam nur sehr zögernd in Gang. Cicero hat die Ausgabe des Andronikos nicht mehr erlebt, Seneca war stark von der stoischen Philosophie geprägt und danach war der Platonismus die beherrschende philosophische Macht. Es kommt hinzu, dass der gebildete Bürger des Imperium Romanum die Werke des Aristoteles auch im Original lesen konnte. Ein Grammatiker und Rhetor des 4. Jahrhunderts, Marius Victorinus, immerhin der Lehrer Augustins, hat als Erster die *Kategorien* und die *Hermeneutik*, also Schriften des sogenannten *Organon*, ins Lateinische übersetzt. Aber auch für Augustin selbst war in der Hinwendung zum Christentum die Auseinandersetzung mit Platon wichtiger als mit Aristoteles.

Eine wirkliche Rezeption des Aristoteles ist dann erst bei Boethius (480–524) zu beobachten, allerdings mehr in der Absicht als in der Verwirklichung. Boethius wollte die Werke Platons und des Aristoteles insgesamt durch Übersetzungen und Kommentare der römischen Kultur eingliedern.[12] Er vertrat die im Neuplatonismus gängige Position, Platon und Aristoteles harmonisierend in Übereinstimmung zu bringen. Sein Plan ist aber nur ganz unvollkommen zur Ausführung gelangt, denn er hat nur das *Organon* (ohne die *Zweiten Analytiken*) übersetzt, wovon überhaupt nur die Übersetzungen der *Kategorien* und der *Hermeneutik* bekannt geworden sind.[13] Diese Beschränkung hat politische Gründe. Denn Boethius war durchaus politisch aktiv; im Jahre 510 bekleidete er das Konsulat (ohne den in diesem Doppelamt sonst üblichen Kollegen). In den Spannungen zwischen dem in Ravenna regierenden Gotenkönig Theoderich und den Bestrebungen zur Wiederherstellung des Imperium in Rom geriet er in den Verdacht einer Verschwörung gegen Theoderich, wurde inhaftiert und im Alter von nur 44 Jahren hingerichtet. In der Gefängniszelle schrieb er sein wirkungsmächtigstes Buch *Consolatio philosophiae* (*Trost der Philosophie*), in dem er auch Motive und Passagen aus dem *Protreptikos* des Aristoteles verarbeitet hat. Das war aber doch etwas ganz Anderes, ein Dialog, in dem die Philosophia höchstpersönlich als Figur auftritt, um Trost zu spenden. Hätte Boethius seine Absicht verwirklichen können, alle Schriften des Aristoteles zu übersetzen, wäre der syrisch-arabischen und auch der byzantinischen Tradition für das Eindringen des Aristoteles in die Welt des europäischen Mittelalters eine weit geringere Rolle zugekommen. So beschränkte sich seine Wirkung auf die Übersetzungen der *Kategorien*, der *Hermeneutik* und der porphyrianischen *Eisagoge* (vgl. S. 355), die zusammen als *Logica vetus* zur Verfügung standen.

In der Folgezeit bis etwa um die Mitte des 14. Jahrhunderts entstanden immer neue Übersetzungen, Kommentierungen, Zusammenfassungen und Systematisierungen in rascher Folge. Eine herausragende Rolle spielte dabei das Kloster Mont Saint-Michel in der Normandie,[14] wo man schon im 10. Jahrhundert mit Übersetzungen der griechischen Schriften des Aristoteles ins Lateinische begann und vor allem Jakob von Venedig ab 1127 der bedeutendste Übersetzer war, etwa zeitgleich mit den arabischen Übersetzern in Cordoba, nur eben in der Übersetzung ins Lateinische ohne den Umweg über das Arabische.

Aristoteles wurde der Philosoph schlechthin, war aber nicht unumstritten. Namentlich die Kirche richtete scharfe Angriffe gegen Aristoteles, weil einige seiner Lehren mit den Dogmen der Kirche unvereinbar schienen. Das betrifft vor allem den Gottesbegriff im Sinne eines unbewegten Bewegers, der in das Weltgeschehen nicht eingreift, welcher dem Schöpfungsgedanken zuwiderläuft, und dann die mit den kirchlichen Anschauungen unvereinbare Leugnung der Sterblichkeit der individuellen Seele. Im Grunde standen schon die arabischen Aristoteliker im Hinblick auf den Koran vor dem gleichen Problem, das sich jetzt auf der Ebene des Christentums wiederholte. So wurden in der Zeit von 1150 bis 1250 teils Aristoteles im Ganzen, teils die christlichen Glaubenssätzen widerstreitenden Teile seines Werkes mit Verboten belegt. Gelehrte wurden exkommuniziert, aristotelische Schriften wurden verbrannt.[15] Es bedurfte eines sich über einen längeren Zeitraum erstreckenden Prozesses der Umorientierung und auch Umdeutung, um die Lehren des Aristoteles mit denen der Kirche kompatibel zu machen. Sowohl in der Adaptation als auch im Widerspruch erwies sich Aristoteles als die zentrale Gestalt, auf die sich alle Diskussionen der Gelehrten bezogen. Statt vieler Namen sei hier nur die überragende Gestalt des Wilhelm von Moerbeke (ca. 1215–1286) genannt, der als Dominikanermönch und später Bischof von Korinth – in der Diaspora also – vorhandene Übersetzungen revidierte und als einer der wenigen Kenner der griechischen Sprache zuverlässige eigene Übersetzungen herstellte.

Selbstverständlich haben sich auch die beiden großen Philosophen Albertus Magnus (1193–1280) und sein Schüler Thomas von Aquin (1224–1274) auf ihre Weise mit Aristoteles auseinandergesetzt, beide jedoch ohne gründliche Kenntnis des Griechischen. Beide waren Dominikaner; Albertus hatte in Paris studiert und wirkte dann in Köln bei der Gründung einer Hochschule für die Mitglieder des Ordens. In diesem Zusammenhang verfasste er Paraphrasen zu allen Schriften des Aristoteles auf der Grundlage der zuverlässigen lateinischen Übersetzungen Moerbekes. Albert hat kein philosophisches System hinterlassen, aber methodisch den Grundsatz der Trennung von Glauben und Wissenschaft vertreten, in der die Vernunft ihr natürliches Recht hat. Damit bahnt sich ein neues Verhältnis der Kirche zu Aristoteles an, der nicht nur mit dem *Organon* als Vorschule des Denkens, sondern jetzt in seiner ganzen Breite mit allen Schriften akzeptiert wird. Die völlige Aussöhnung und weitgehende Verschmelzung der aristotelischen Philosophie mit dem christlichen Denken ist die Leistung des Thomas von Aquin, der zwar keine Aristoteleskommentare geschrieben hat, aber in verschiedenen Schriften (*De ente et essentia, Summa theologiae, De veritate* u.a.) ganz explizit auf dem Boden des Aristoteles steht. Thomas hat auch die ethisch-politischen Schriften des Aristoteles einbezogen, sich über Gesetz und Recht geäußert, auch über die Sklaverei, die er als eine Folge des Sündenfalls erklärt. Selbst die aristotelische Gotteslehre wird integriert, indem sie im Sinne einer Analogie (*analogia entis*) der Offenbarungstheologie vorgeordnet aufgenommen wird. Die *interpretatio christiana* findet bei Thomas ihre Vollendung. Damit hat sich das Blatt gewendet. War Aristoteles ursprünglich – von den logischen Schriften abgesehen – der Kirche suspekt gewesen, so wurden fortan diejenigen unliebsam, die das Weltbild des Aristoteles zu erschüttern suchten; Galilei ist das prominenteste Beispiel dafür (vgl. S. 292–296).

Bei alledem ist zu bedenken, dass Aristoteles nicht nur im stillen Klosterleben tradiert wurde, sondern vor allem in der Öffentlichkeit der Domschulen und der mittelalterlichen Universitäten. Um 1000 n. Chr. wurde die Schule von Chartre gegründet, im Laufe der Zeit mit einer hervorragenden Bibliothek ausgestattet und neben der Pariser Artistenfakultät ein Zentrum aristotelischer Studien. Hier wie in den als Vorschule zur Ausbildung von Theologen, Juristen und Medizinern eingerichteten Artistenfakultäten wurden die «sieben freien Künste» (septem artes liberales: Grammatik, Rhetorik, Dialektik, Astronomie, Arithmetik, Geometrie, Musik) gelehrt, deren erster Teil aus dem trivium Grammatik, Rhetorik, Dialektik bestand. Hier war Aristoteles – neben Cicero und Porphyrios – mit den *Kategorien* und der *Hermeneutik* immer präsent, dann aber auch, als im Verlaufe des 13. Jahrhunderts Naturwissenschaft, Ethik und Metaphysik dem Lehrplan hinzugefügt wurden.[16] Namentlich in der Pariser Artistenfakultät gab es erbitterte Kontroversen um Aristoteles, die phasenweise zum Verbot von Vorlesungen über die *naturalis philosophia* des Aristoteles führten.

Diese lebendige, im Lichte der Öffentlichkeit geführte Auseinandersetzung mit dem Werk des Aristoteles hatte mit der in einer *interpretatio christiana* herbeigeführten Synthese von Aristoteles und kirchlichen Dogmen durch Thomas von Aquin ihren Höhepunkt erreicht. Einen begeisternden Ausdruck fand die Anerkennung und auch Verehrung des Aristoteles gegen Ende dieser Epoche des lebendigen Aristotelismus durch Dante (1265–1321), der es in seiner *Divina commedia* in der Begegnung mit Aristoteles im *Inferno* (IV 131) so formulierte (hier wiedergegeben in der deutschen Übersetzung): «Ich sah dort den Meister derer, die wissen (vidi 'l maestro di color che sanno), umgeben von einem Kreis von Philosophen, bewundert und verehrt von allen.» Dante wusste, wovon er sprach. In seinem Werk finden sich mehr als 300 Aristoteleszitate.

Danach erstarrte der scholastische Aristotelismus in den eingefahrenen Bahnen, um erst in der Renaissance mit der Erfindung der Buchdruckerkunst und den ersten Ausgaben wieder Gegenstand lebhafter Auseinandersetzung zu werden.

Neuzeit

Mit der an der Schwelle zur Neuzeit stehenden Epoche, die man mit dem vieldeutigen Begriff «Renaissance» belegt hat, ändern sich die Formen und Inhalte der Aristoteles-Rezeption fundamental. Verschiedene Momente kommen gleichzeitig zusammen. Die Eroberung Konstantinopels durch die Türken im Jahre 1453 führte zu einer Emigration griechischer Gelehrter mit wichtigen Handschriften vor allem nach Norditalien, insbesondere nach Venedig, wo dann auch dank der inzwischen erfundenen und über Jahrzehnte bereits über die ersten Inkunabeldrucke (Wiegendrucke) hinaus verfeinerten Kunst des Buchdruckens durch den Gelehrten (grammaticus) und zugleich auch ‹Unternehmer› Aldus Manutius die erste gedruckte Gesamtausgabe (editio princeps) 1495–1498 erschien (vgl. S. 65). Es folgten weitere Ausgaben und Teilausgaben, so dass die Auseinandersetzung mit Aristoteles sich nicht mehr an lateinischen Übersetzungen und scholastischen Kommentaren, sondern am griechischen Text selber orientieren konnte, zumal allenthalben auch die Kenntnis des Griechischen zunahm. Auch wirkten die Gelehrten, die sich mit den neu gewonnenen Texten beschäftigten, nicht mehr allein in Klöstern und an Klosterschulen, sondern an den neu gegründeten Universitäten, an Akademien – von der Mitte des 15. bis zum Ende des 16. Jahrhunderts entstanden in Europa etwa 400 Akademien der verschiedensten Richtungen –, an Fürstenhöfen, oder es waren von Mäzenen alimentierte Privatgelehrte, die über Aristoteles forschten.

Hinzu kommt, dass nicht mehr nur Aristoteles im Mittelpunkt des Interesses stand. Der Renaissance-Humanismus ruhte auf einer viel breiteren Basis antiker Texte, unter denen Cicero eine gewichtige Rolle spielte, insbesondere aber Platon. Die Aufwertung Platons bei gleichzeitiger Zurücksetzung des Aristoteles begann schon bei Petrarca (1304–1374), für den Platon der «göttliche Philosoph» (divinus philosophus) schlechthin war.[17] Petrarca besaß mehrere Platon-Codices, die er indes nicht lesen konnte, weil er des Griechischen nicht mächtig war. Er orientierte sich an lateinischen Übersetzungen, die ihm eine hinreichende Vorstellung von der Kraft der platonischen Philosophie vermittelten, mit der er sich von den Erstarrungen der Scholastik lösen wollte.

Die eigentlich zentrale Gestalt für die Platonrezeption der Renaissance aber war Marsilio Ficino (1433–1499), der die Dialoge Platons edierte, kommentierte und übersetzte, teilweise sogar ins Italienische. Ficino gründete 1490 für sich und seine Freunde eine *Accademia Platonica* als Ort des freien Gedankenaustausches, des lebendigen Philosophierens im Nachvollzug des platonischen Dialoges, der auch als literarische Form neue Beachtung fand. Man begeisterte sich für den platonischen Eros als Symbol für das fortwährende Suchen nach einer im Jenseits angesiedelten Wahrheit. Aristoteles wurde nicht völlig verworfen, aber doch unter Platon gestellt, als ein für die Regionen des Diesseits zuständiger Systematiker. Kurz nach dem Tode Ficinos zeigt Raffaels Fresco *Die Schule von Athen* (1510) beide Philosophen nebeneinander, Platon mit dem *Timaios* – mit dessen Weltschöpfungsmythos sich Aristoteles immer wieder auseinandergesetzt hat – in der linken Hand, die rechte Hand ausgestreckt zum Himmel weisend, während Aristoteles die dem innerweltlichen praktischen Leben verpflichtete *Nikomachische Ethik* in der linken Hand hält. Entsprechend weist die rechte Hand horizontal auf die Welt, in der wir leben. Sichtlich hatte Goethe bei seiner Charakterisierung der beiden Philosophen das Gemälde Raffaels vor Augen, wenn es in der *Geschichte der Farbenlehre* heißt: «Er (Platon) bewegt sich nach der Höhe, mit Sehnsucht, seines Ursprungs wieder theilhaftig zu werden ... Aristoteles hingegen steht zu der Welt wie ein Mann, ein baumeisterlicher. Er ist nun einmal hier und soll hier wirken und schaffen.»

In Raffaels Fresco wird auch sichtbar, dass das Interesse an Aristoteles sich nunmehr nicht allein auf die logischen Schriften und die *Physik* konzentrierte, sondern auch die gesamte praktische Philosophie sowie *Rhetorik* und *Poetik* einbezog. Gerade die *Poetik* fand besonderes Interesse, weil Kunst, freie Rede und Poesie zu dem Emanzipierungsprozess von den überkommenen Bindungen beitrugen. Auch darin wurde Aristoteles durch Platon überhöht. Die platonische Lehre von der göttlichen Begeisterung des Dichters (ἐνθουσιασμός, Enthusiasmus) als eines inspirierten Künstlers wurde der aristotelischen Lehre von der Dichtung implantiert. Die *Poetik* von Marco Girolamo Vida (1520) ist das erste Beispiel für eine Reihe von Renaissance-Poetiken, die auf ihre Weise Zeugnis für das Selbstbewusstsein der Epoche ablegen. Daneben findet auch die *Nikomachische Ethik* starke Beachtung. Eine um 1500 entstandene Prachthandschrift, die der Herzog von Atri herstellen ließ, kann ein Beispiel für den Kontext geben, in dem man damals die *Ethik* las. Die Handschrift enthält wunderbare, kolorierte Abbildungen der

Allegorie der Seele, der Vernunft, einzelner Tugenden, aber auch bei Aristoteles gar nicht vorkommender mythischer Allegorien wie Daedalus und Ikarus, einzelner Götter wie Herakles und Poseidon.[18]

Etwa gleichzeitig werden die ersten Ansätze einer neuen, messenden und experimentierenden Physik ausgebildet, die sich zuerst als Physik der Erde und der Himmelskörper verstand und mit Kopernikus (1473–1543) über Kepler (1571–1630) zu Galilei (1564–1642) das geozentrische Weltbild zu erschüttern vermochte, an dem die Kirche unter Berufung auf Aristoteles weiterhin zäh festhielt (vgl. S. 292–296). Entsprechend zwiespältig fällt das Urteil über Aristoteles im aufkommenden Protestantismus aus. So hat denn Martin Luther (1483–1546) in seiner Schrift *An den Christlichen Adel deutscher Nation* von 1519 empfohlen, dass für eine Reformation die metaphysischen und physikalischen Schriften des Aristoteles «gantz wurden abthan», während er sich zugleich für die Beibehaltung der logischen, rhetorischen und poetologischen Schriften im akademischen Unterricht aussprach.[19] Aber auch auf dem Gebiet der Physik selbst gab es unter den Kritikern des aristotelischen Weltbildes Stimmen, die dafür plädierten, Aristoteles nicht an zeitbedingt falschen Ergebnissen, sondern am Forschergeist zu messen. Galilei selbst hat sich in diesem Sinne geäußert und mehr als ein Jahrhundert später, als die Errungenschaften der neuen Physik sich längst durchgesetzt hatten, formuliert Leibniz in Briefen an seinen Lehrer Jakob Thomasius aus den Jahren 1668 bis 1670: «Eine solche (d.h. neue, nach den Gesetzen des menschlichen Geistes geformte) Philosophie wird keinen Bruch mit Aristoteles bedeuten. Denn viele Forscher … haben schon gezeigt, dass Aristoteles von den Rauchschleiern der Scholastik verdunkelt worden ist und dass der echte Aristoteles in einer höchst merklichen Weise mit Galilei, Bacon, Gassendi, Hobbes, Cartesius und Bigby übereinstimmt … Was Aristoteles von Form, Stoff, Privation, Natur, Ort, dem Unendlichen, Zeit und Bewegung sagt, das ist zum Teil vollkommen wahr. … Aristoteles steht da als ein genialer Denker, der in den meisten Fällen recht behält, obgleich wir weitergekommen sind.»[20]

Die weitere Wirkung des aristotelischen Werkes ist vielfältig, verschlungen und entfaltet sich in den verschiedenen Sachgebieten weitgehend getrennt. Die Verfasser von Poetiken sind nicht an der Metaphysik interessiert und umgekehrt. Die Stationen der Rezeption sind daher in diesem Buch jeweils am Ende der einzelnen Kapitel skizziert. Das soll hier nicht wiederholt oder vertieft werden.

Festzuhalten bleibt, dass nach den großen Systemen des deutschen Idealismus – von denen Hegel der aristotelischen Philosophie relativ am nächsten steht – mit der grundlegenden Ausgabe von Immanuel Bekker (1831), die Hegel (1770–1831) gerade noch erlebt hat, Aristoteles zur historischen Größe und nun verstärkt auch zum Gegenstand der Erforschung seitens einer modernen klassischen Altertumswissenschaft wurde, von der Textkritik bis zur Interpretation. Dabei greifen oft Philologie und Philosophie in Personalunion ineinander. Gelehrte wie Christian August Brandis (1790–1867), Friedrich Adolf Trendelenburg (1802–1872), Eduard Zeller (1814–1905) und andere vereinen philologische mit philosophischer oder philosophiehistorischer Kompetenz. Bei Brandis und Zeller ist die Darstellung des Aristoteles eingebettet in große Werke zur Geschichte der Philosophie, Trendelenburg hat die Schrift *Über die Seele* neu ediert und eine *Geschichte der Kategorienlehre* (1846) verfasst. Sein jüngerer Freund Franz Brentano (1842–1926), Nobelpreisträger des Jahres 1908, hat die Arbeiten auf beiden Gebieten durch seine Schriften *Von der mannigfachen Bedeutung des Seienden nach Aristoteles* (1862) und *Die Psychologie des Aristoteles, insbesondere seine Lehre vom nous poieticus nebst einer Beilage über das Wirken des Aristotelischen Gottes* (1867), die dann eingebettet erscheint in eine zweibändige *Psychologie vom empirischen Standpunkte* (1874), fortgeführt. Diese einzelnen Studien zu Aristoteles mündeten schließlich in das Buch *Aristoteles und seine Weltanschauung* (1911). Wir haben mit diesen wenigen Beispielen einer ganzen Reihe von in Stil und Niveau vergleichbaren Arbeiten eine Durchdringung von Philologie und Philosophie vor uns, in der das aristotelische Werk als System, getragen von einer «Weltanschauung», gesehen wird. Das System als eine Summe von Ordnungsprinzipien sollte den sich verselbständigenden Einzelwissenschaften Halt und Einheit vermitteln. Die alle Teilbereiche durchwehende «Weltanschauung» sollte der im Zuge der Industrialisierung aufkommenden Entseelung und Mechanisierung der Wissenschaften einschließlich der Jurisprudenz entgegenwirken.

Erst auf diesem Hintergrund wird die Intention des seinerzeit epochemachenden Aristoteles-Buches von Werner Jaeger (1923) erkennbar. Jaeger wollte die abermals scholastische Vorstellung von einem geschlossenen System aufbrechen, indem er die sogenannten «Pragmatien» als «Lehrschriften» verstand, die aus dem lebendigen Schulbetrieb in Akademie und Peripatos erwachsen sind und dabei verschiedene Stadien im Denken und Darstellen des Aristoteles repräsentieren. Das Zauberwort heißt «Entwicklung», von der – auf Aristoteles bezogen – «jedenfalls fast niemand etwas weiß» (Jaeger, 2). Dabei ist es natürlich klar, dass ein Denker wie Aristoteles sich entwickelt. Mit seinem Eintritt in die Akademie war er den von Platon und seinen Schülern ausgehenden Themen und Problemen ausgesetzt, mit denen er sich auseinanderzusetzen hatte. Ebenso deutlich ist eine fortschreitende Distanzierung von den platonischen Positionen, die Aufnahme und Verarbeitung neuer Anregungen vor allem auf dem Gebiet der Naturwissenschaft bis hin zu dem Plan, alle Erscheinungen der Natur wissenschaftlich darzustellen. Aber bei Jaeger erscheint der Entwicklungsgedanke emphatisch überhöht und sachlich überstrapaziert. Ein Beispiel: «Dem Erlebnis der Welt Platons an dem an ihr vollzogenen Durchbruch zu sich selbst verdankt er (Aristoteles) die wunderbar gesteigerte Bogenspannung des Intellektes, deren elastische Schnellkraft sein Denken trotz der spezifischen Verschiedenheit zwischen seiner begrenzten und Platons unbegrenzter Genialität zu einer fortgeschrittenen Stufe macht, von der herabzusteigen von nun an so viel heißt wie: das Rad der Ananke rückwärts drehen» (9). Konkret ist die Rekonstruktion einer «Urethik» und «Urmetaphysik» mit der Annahme einer im Laufe des Lebens linear fortschreitenden Entfernung von Platon problematisch, weil die für eine erste Entwicklungsstufe angenommenen Dialoge verloren sind und bei den Lehrschriften, die nur ganz selten äußere Datierungsmöglichkeiten bieten, je nach Verwendung mit Nachträgen und Zusätzen zu rechnen ist, was zur Annahme von frühen und späten Schichten innerhalb ein und desselben Werkes geführt hat. Damit haben sich im Gefolge Jaegers Generationen von Philologen beschäftigt, in begrenztem Umfang auch mit Erfolg, der jedoch nicht immer im rechten Verhältnis zum Aufwand steht, und mit der Gefahr, die Sache, um die es geht, in ihrer Kontinuität aus den Augen zu verlieren.

Dass nahezu gleichzeitig mit Jaegers einflussreichem Buch Martin Heidegger (1889–1976) seine erste Marburger Vorlesung (Wintersemester 1923/24) über die *Rhetorik* des Aristoteles hielt und dann von dem fundamentalen Werk *Sein und Zeit* (1927) an sich immer wieder mit Aristoteles auseinandergesetzt hat, blieb von der Philologie lange Zeit unbemerkt (und umgekehrt). Doch ist neuerdings wieder ein fruchtbares Miteinander von Philologen und Philosophen, insbesondere Philosophiehistorikern, in der Bemühung um Aristoteles erkennbar. Das hängt wohl auch damit zusammen, dass Aristoteles von der Mitte des 20. Jahrhunderts an in den verschiedensten Bereichen eine neue Aktualität gewann, so in der Rehabilitierung der praktischen Philosophie durch Joachim Ritter und seine Münsteraner Schule, in der Wiedergewinnung einer an Aristoteles orientierten Rhetorik, in der Aktualität der Dichtungstheorie, in den aristotelischen Einflüssen auf eine mathematische Logik, ja sogar auf dem Gebiet der Zoologie, wo sich neuerdings Konvergenzen zwischen Einzelaspekten aristotelischer Theorie mit modernen Entdeckungen vor allem auf dem Gebiet der Embryologie und Genetik zeigen. Die Einzelheiten sind jeweils am Schluss der entsprechenden Kapitel dieses Buches skizziert.

Dass Aristoteles aktuell ist, zeigt die Fülle und Lebendigkeit der gegenwärtigen Aristotelesforschung. Die Aktualität manifestiert sich nicht in erster Linie an der Übernahme einzelner Lehrmeinungen, sondern in der Fruchtbarkeit der Fragestellungen und Lösungsmodelle. Sie zeigt sich vor allem darin, dass unser Denken bis heute durch die Begriffe des Aristoteles im Sinne von wissenschaftlichen Ordnungsbegriffen geprägt ist. Das betrifft die Einteilung der Wissenschaften in theoretische, praktische und poietische Zweige, ferner die Grundbegriffe wie Kategorie, Allgemeines – Konkretes, Substanz, Materie, Zeit, Raum, Prinzip, Wesen, Potentialität – Aktualität, Gattung, Prämisse, Beweis, Hypothese, Politik, Verfassung, Bürger, um nur einige Beispiele zu nennen.[21] Dabei geht es nicht um den einzelnen Begriff – die meisten davon hat Aristoteles auch gar nicht erfunden –, sondern um die Begrifflichkeit als ein Netzwerk des Denkens, das auch noch unser Verhältnis zur Welt bestimmt. Das ist angesichts von Welterklärungsmodellen ganz anderer Kulturen nicht selbstverständlich, sondern in einem langen Aneignungsprozess historisch gewachsen.

Seit seiner ersten Rezeption stand und steht Aristoteles immer in Konkurrenz zu Platon. Physiker wie Werner Heisenberg und Carl Friedrich von Weizsäcker knüpfen für den philosophischen Urgrund ihrer Forschungen eher an Platon als an Aristoteles an (vgl. S. 265). Gewiss hat Platon die wissenschaftlichen Erkenntnisse seiner Zeit selektiv aufgenommen und in seine Philosophie intergriert, aber nicht als strenge Wissenschaft, sondern als ein «umfassendes Gemälde der Welt»[22], das seine Relevanz erst durch die Fundierung in den mathematischen Strukturen erhält. Auch hat Platon die Einzelwissenschaften in der Akademie auf den verschiedensten Gebieten gefördert. Aber erst Aristoteles hat sie als Wissenschaften in systematischer Verankerung insgesamt etabliert. Seine Wisenschaftsnähe bewahrt sein Werk auch vor irrationalen Umdeutungen – die scholastisch-kirchliche Überformung ist Vergangenheit. Die Dialoge Platons, in denen die Fiktionalität der Aussage immer wieder an Unsagbares stößt, stehen jedoch bis in die Gegenwart in der Gefahr einer wissenschaftsfernen, quasi-religiösen Überhöhung, wie in neuerer Zeit das Beispiel des Georgekreises zeigt.[23] Das Werk des Aristoteles dagegen ist das des gesunden Menschenverstandes, gepaart mit dem Ethos des ernsten Forschers.

Anhang

Anmerkungen

Literaturangaben nur mit Verfasser und Erscheinungsjahr beziehen sich auf das Literaturverzeichnis des jeweils dazugehörenden Kapitels. Literaturangaben mit Kurztitel beziehen sich auf andere Kapitel im Literaturverzeichnis, in den meisten Fällen auf die Rubrik «Allgemeines». Vollständige Literaturangaben in den Anmerkungen erscheinen im Literaturverzeichnis nicht, da sie nur einmal vorkommen und Einzelaspekte betreffen.

1. Leben

1 Erschöpfende, aber sehr unübersichtliche Darstellung des ganzen biographischen Materials bei Ingemar Düring 1957.

2 Zu den Einzelheiten vgl. Konstantinos Sismanides 2003.

3 Die Texte bei Thukydides IV 85, 2; V 6,1.

4 Zu den Einzelheiten vgl. Michael Zahrnt 1971.

5 Vgl. Jionnis Touratsoglou, Makedonien – Geschichte, Monumente und Museen, Athen 1995; Demetrios Pantermalis, Alexander the Great, New York 2004. Seit 2009 gibt es in Pella ein Museum.

6 Vgl. Zahrnt 1971, 80 ff.

7 Am Beispiel der Argolis sind mit archäologischer Akribie (Auffinden der Wagenspuren, Wegebefestigungen usw.) die Straßensysteme untersucht von Klaus Tausend, Verkehrswege der Argolis, Stuttgart 2006.

8 Vgl. Heiner Knell 2000.

9 Einzelnachweise bei Flashar, Die Poetik des Aristoteles, 1984. Vgl. auch Walter Burkert, Aristoteles im Theater. Zur Datierung des 3. Buches der Rhetorik und der Poetik, in: Museum Helveticum 32, 1975, 67–72. Zur Tragödie des 4. Jahrhunderts grundlegend G. Xanthakis-Karamanos, Studies in fourth century tragedy, Athen 1980.

10 Zum Verhältnis Akademos (Hekademos) – Akademeia vgl. Carl Werner Müller, Kimon und der Akademie-Park. Zum Epigramm Anthologia Palatina 6, 144, 3 f., in: C.W.M., Nachlese, New York 2009, 61–75 (ursprünglich 2007).

11 Vgl. Wolfram Hoepfner 2002, 56–62.

12 Diogenes Laertius III 1, 46 und Philodem, Papyrus Herc., cod. 5, 25–6,20 (= Konrad Gaiser 1988, 439). Nur mit acht der dort aufgeführten 17 bzw. 19 Namen können wir eine Anschauung verbinden.

13 Hermann Diels, Über Platons Nachtuhr, in: Sitzungsber. der Preuß. Akad. d. Wiss., Berlin 1915, 824–830; Nachdruck in H. D., Antike Technik, Berlin, 2. Aufl. 1920, 198–203. Albert Einstein, Erklärung der Perihelbewegung des

Merkur aus der allgemeinen Relativitätstheorie, in dem gleichen Band der Sitzungsberichte gleich anschließend 831–839.

14 Zusammenstellung der Zeugnisse bei H. Jackson 1920.

15 Die grundlegenden Arbeiten sind: Hans (Joachim) Krämer, Arete bei Platon und Aristoteles 1959 und Konrad Gaiser, Platons ungeschriebene Lehre 1963.

16 Die Zeugnisse und ihre Kommentierung bei Hellmut Flashar, in: Werke 20 I, 2006, 36–39 und 147–152. Zur kritischen Rezeption der platonischen Prinzipienlehre bei Speusipp, Xenokrates und später bei Polemon (dem Nachfolger des Xenokrates in der Leitung der Akademie) vgl. John Dillon, The heirs of Plato. A study of the Old Academy (347–274 BC), Oxford 2003.

17 So noch Wolfgang Detel, Aristoteles 2005, 7 f.

18 So Michael Erler, Platon, 223–231 mit Diskussion aller Probleme.

19 Cicero, Epist. ad fam. I 9, 23; ad Atticum IV 6, 2 und XIII 19, 4.

20 Übersetzung und Kommentierung der Fragmente zu den Dialogen bei Hellmut Flashar, in: Werke 20 I, 2006.

21 Vgl. Übersetzung und Kommentar von Barbara Breitenberger, in: Werke 20 I, 2006.

22 So Konrad Gaiser 1985.

23 Vgl. Barbara Breitenberger, in: Werke 20 I, 2006, 293–298; 332–346.

24 Grundlegend und überzeugend in der kritischen Analyse Kai Trampedach 1994.

25 Die Aussagen über die historischen Verhältnisse bleiben auch dann relevant, wenn die bis heute umstrittene Echtheit des *7. Briefes* in Zweifel gezogen ist. Mit Recht halten Trampedach 1994, 255 und Erler, Platon 2007, 315 die Entscheidung offen.

26 Zu den politischen Motiven und Aktivitäten erhellend Trampedach 1994, 108–122.

27 Trampedach 1994, 122.

28 So Luciano Canfora, Ach, Aristoteles! 2000. Ähnlich schon Anton-Hermann Chroust 1973, I 155.

29 Skeptisch Trampedach 1994, 50 f. Weitere Zeugnisse über die Zerstörung Stageiras bei Düring 1957, 290.

30 Die mit dem *Protreptikos* verbundenen Probleme sind äußerst kompliziert und kontrovers sowohl hinsichtlich der Textkonstituierung als auch der Datierung. Texte und Kommentierung bei Hellmut Flashar, in: Werke 20 I, 2006, 50–72; 167–197. Eine Datierung auf die Zeit des zweiten athenischen Aufenthaltes des Aristoteles sucht Gerhard Schneeweiß, Aristoteles, Protreptikos, Darmstadt 2005 und ders. in: Gymnasion 117, 2010, 531–555 plausibel zu machen.

31 Alle Zeugnisse bei Düring 1957, hier: S. 319. Die ausführlichste Darstellung bei Aelian, *Variae historiae* III 19.

32 So Andrew Ford, Aristotle as Poet, Oxford 2011, IX, der den Kommentar von Breitenberger (Anm. 33) leider nicht kennt. Ob die Dichtungen von Aristoteles zwei Papyrusrollen gefüllt hätten, beibt Spekulation. Erhalten sind 28 Verse aus vier Gedichten. Ausführliche Analyse bei Ford.

33 Übersetzung und Kommentar bei Barbara Breitenberger, in: Werke 20 I, 2006, 322 und 430–432. Die einzig sinnvolle Textänderung ist die des überlieferten

ἱδρύσατο («er hat gestiftet») in ἱδρύσαο («du hast gestiftet»). Damit ist Eudemos der Stifter.

34 Klärend Trampedach 1994, 66–79.

35 Werner Jaeger, Aristoteles 1923, 113.

36 Diogenes Laertius V 11.

37 Konrad Gaiser 1988, 380–386.

38 Der zuerst 1907 veröffentlichte Papyrus ist Teil eines Kommentares zu den Reden 9–11 und 13 des Demosthenes durch den gelehrten Grammatiker Didymos aus Alexandria im 1. Jh. n. Chr. Text bei Gaiser 1988, 380.

39 Werner Jaeger 1923, 116.

40 Übersetzung und Kommentar durch Flashar, in: Werke 20 I, 2006, 23–36; 131–146. Platons Tod erwähnt in Frgm. 34 R^3.

41 Im Text ist hinter μικρόν (= ein wenig) ein Wort ausgefallen, das eine geringe Abweichung von der Zahl 37 bezeichnen muss.

42 Testimonium 10a bei Düring 1957, 267.

43 Text bei Düring 1957, 273 f.

44 Düring 1957, 266 f.

45 Übersetzung und Kommentar bei Barbara Breitenberger, in: Werke 20 I, 2006, 322; 434: «Unsicher ist jedoch, ob es sich bei den Versen tatsächlich um eine originale Inschrift oder um ein rein literarisches konzipiertes Epigramm handelt.»

46 Vgl. Konrad Gaiser 1985, 3. Dort auch alle Nachweise zu dem «Assischen Stein».

47 Vgl. Ingemar Düring 1957, 510.

48 Vgl. Wolfgang Kullmann, Aristoteles und die moderne Wissenschaft 2007, 131 f.

49 Die Zeugnisse bei Düring 1957, 284–299.

50 Otfried Höffe, Aristoteles 1996, 18.

51 Anton Hermann Chroust 1973, I 131.

52 Vgl. Barbara Breitenberger, in: Werke 20 I, 2006, 305–321; 369–430.

53 Ingemar Düring 1957, 291.

54 Vgl. Hellmut Flashar in: Werke 20 I, 2006, 90–92; 224–226.

55 Text bei Düring 1957, 274, aus dem sog. Didymos-Papyrus; vgl. Anm. 38.

56 Text in: Sylloge Inscriptionum Graecarum Nr. 275, ed. Dittenberger, 3. Aufl. 1915 und bei Düring 1957, 339. Übersetzung und Kommentar bei Martin Hose, in: Werke 20 III, 2002, 266–269.

57 Aelian, Variae historiae XIV 1. Text auch bei Düring 1957, 411.

58 Vgl. Dittenberger 1915, 450; Hose 2002, 267.

59 Diogenes Laertius V 26.

60 Überblick bei Hellmut Flashar, Aristoteles 2004, 269 f.

61 Übersetzung und Kommentar bei Mortimer Chambers, in: Werke 10 I, 1990.

62 Erschöpfend (aber hymnisch überhöht) Werner Jaeger, Demosthenes, Berlin 1939.

63 Text bei Düring 1957, 259 und Gaiser 1988, 193.

64 Die Zeugnisse bei Düring 1957, 337 in dem Abschnitt Aristotle's library.

65 So Düring 1957, 338.

66 Diogenes Laertius V 37.

67 Wolfram Hoepfner 2002, 62. Dort auch Abbildung des Ausgrabungsfeldes.

68 Näheres bei Birgit Hintzen-Bohlen, Die Kulturpolitik des Euboulos und des Lykurg, Berlin 1997.

69 Pausanias I 29, 10. Ähnlich Plutarch, Moralia 841 C.

70 Es handelt sich um den sog. *Anonymus Londinensis*, einen in der British Library in London aufbewahrten Papyrus aus der ersten Hälfte des 2. Jh. n. Chr., dessen Mittelteil auf den Aristotelesschüler Menon zurückgeht. Überblick über die Problematik bei Hellmut Flashar, Anonymus Londinensis in: Karl-Heinz Leven (Hg.), Antike Medizin, München 2005, 51–54.

71 Frgm. 668 R^3.

72 Vgl. Ingemar Düring, Aristoteles 1966, 25.

73 Zu diesen auch inschriftlich und literarisch gut belegten Vorgängen vgl. Martin Pazdera, Getreide für Griechenland, Berlin 2006, 263–279.

74 Diogenes Laertius V 5 und *Vita Marciana* 184–191; dazu Olof Gigon 1962, 75.

75 Die Texte finden sich bei Düring 1957, 341 f. Hinzu kommt *Vita Marciana* 185.

76 Die Zeugnisse bei Düring 1957, 345–348.

77 *Vita Marciana* 15. Zu Nikanor vgl. Olof Gigon 1962, 30 f. Düring 1957, 63 bezweifelt die Adoption.

78 Bezeugt bei Sextus Empiricus, adv. Math. I 258. Vgl. dazu Gigon 1962, 32.

2. *Werk*

1 Überblick bei Flashar, Aristoteles 2004, 178–182; ferner: Hermann Funke 1997. Auf die komplizierten Probleme der Schriftenverzeichnisse (es gibt drei verschiedene Werklisten aus späterer Zeit, die auf hellenistische Quellen zurückgehen) kann hier nicht eingegangen werden. Grundlegend war Paul Moraux 1951.

2 Plutarch, *Vita Sullae 26*. Oliver Primavesi 2007 hat in einem scharfsinnigen Beitrag anhand der Methode der Buchzählung bei in mehreren Büchern eingeteilten Schriften abzugrenzen gesucht, welche Schriften im Keller von Skepsis lagerten, nämlich diejenigen, die in den Handschriften nach dem älteren, bald nach Aristoteles aufgegebenen System der Verwendung von Ordnungsbuchstaben (entsprechend unseren a, b, c) im Unterschied zur Verwendung von Buchstaben als Ziffern (entsprechend unseren 1, 2, 3) geordnet waren, wie sie die hellenistischen Schriftenverzeichnisse aufweisen. Da die meisten der uns erhaltenen Schriften nach dem älteren System eingeteilt waren, ist die Kellergeschichte im Kern bestätigt.

3 Die Auffassung von Jonathan Barnes 1997, Andronikos habe «not much» getan und die Aristoteles-Renaissance vom 1. Jh. n. Chr. an sei von ihm unabhängig, kann nicht überzeugen.

4 Diese Einteilung ist bezeugt bei Porphyrios, *Vita Plotini* 24, der sich bei der Ordnung und Herausgabe der Schriften seines Lehrers Plotin die Aristoteles-Edition des Andronikos zum Vorbild nahm.

5 Auf Initiative von Paul Moraux ist an der Freien Universität Berlin 1965 ein *Aristoteles-Archiv* gegründet worden, das ein Zentrum in der Sammlung und (bis heute nicht abgeschlossenen) Auswertung der Handschriften darstellt.

6 Zu den Einzelheiten vgl. Martin Sicherl 1976.

7 Vgl. Wilt Aden Schröder, Immanuel Bekker, in: Annette Bartschki/Colin King

(Hg.), Die modernen Väter der Antike. Die Entwicklung der Altertumswissenschaft an Akademie und Universität im Berlin des 19. Jahrhunderts, Berlin 2009, 329–365.

3. Ethik

1 Vgl. Friedrich Buddensiek 1999.
2 Lesenswert noch immer Eduard Schwartz, Ethik der Griechen, Stuttgart 1951. Für die delphische Ethik in der Verbindung von Selbsterkenntnis und Frömmigkeit instruktiv Bettina Fröhlich, Zur Einheit von Einsicht, Tugend und Glück in der delphischen Ethik, in: Bochumer Philosophisches Jahrbuch 14, 2011, 1–33.
3 Grundlegend Krämer, Arete 1959. Vgl. auch Erler, Platon 2007, 430–448.
4 Otfried Höffe, Ethik als praktische Philosophie – Methodische Überlegungen, in: O.H. 1995, 13–35.
5 Vgl. Hellmut Flashar, in: Höffe (Hg.) 1995, 63–82. Die im Textteil gegebenen Übersetzungen lehnen sich (wenn nicht anders angegeben) mit Modifikation an die Übersetzung von Dirlmeier (1956) an.
6 Seltsamerweise ist die *Eudemische Ethik* von diesem Ringen um die Begrifflichkeit frei. Die Tabelle wird aufgeführt und nüchtern erläutert. Es gibt keinerlei Suchen oder Schwanken. Es ist dies einer der Gründe, die mich entgegen der communis opinio an der Echtheit der *Eudemischen Ethik* zweifeln lässt.
7 Vgl. Christof Rapp, Freiwilligkeit, Entscheidung, Verantwortlichkeit, in: Höffe (Hg.) 1995, 109–133.
8 Höffe, Aristoteles 1996, 225.
9 Werner Jaeger 1931. Einleuchtend Maria Liatsi 2011, 43–60 mit dem Nachweis von Megalopsychia als Inbegriff aller ethischen Tugenden.
10 Vgl. Günther Bien, Gerechtigkeit bei Aristoteles, in: Höffe (Hg.) 1995, 135–164.
11 Wahrscheinlich hat Aristoteles sich mit der platonischen Gerechtigkeitskonzeption in seinem vier Bücher umfassenden Dialog *Über die Gerechtigkeit* auseinandergesetzt, nur ist davon nahezu nichts erhalten. Vgl. Flashar, in: Werke 20 I, 2006, 80–83; 209–213.
12 Vgl. Johannes Stroux, Römische Rechtswissenschaft und Rhetorik, Potsdam 1949, 7–80.
13 Vgl. Theodor Ebert, Phronesis. Anmerkungen zu einem Begriff der aristotelischen Ethik (VI 5 und 8–13), in: Höffe (Hg.) 1995, 165–185. Ferner: Flashar 1989.
14 *Phaidon* 79 D, *Staat* VI 505 B 10 und öfter. In rein theoretischem Sinn bei Aristoteles *Topik* VIII 14, 163 b 9 f.; EE I 1, 1214 a 32 f. und öfter.
15 *Symposion* 209 A.
16 Vgl. Dorothea Frede, Auf Taubenfüßen, in: Corcilius/Rapp (Hg.) 2008, 105–121.
17 I 1, 1095 a 10; I 6, 1098 a 7; II 2, 1103 b 32; II 6, 1107 a 7; III 8, 1114 b 29; III 15, 1119 a 20; III 15, 1119 b 15–18; IV 2, 1120 a 25; IV 5, 1122 b 29; V 15, 1138 a 10; VI 1, 1138 b 20; VI 1, 1138 b 33; VI 4, 1140 a 10; V 5, 1140 b 20.
18 Kenntnis über dieses Seminar verdanke ich persönlicher Mitteilung von Hans-Georg Gadamer, die noch über das hinausgeht, was Gadamer in seinen Erinnerungen (Gesammelte Werke III 1987, 199–200) publiziert hat.

19 So hat es später (1927) Heidegger in Sein und Zeit erläutert (269–280 in der 6. Auflage Tübingen 1949). Vgl. dazu Franco Volpi: «Das ist das Gewissen!» Heidegger interpretiert die Phronesis (*Ethica Nicomachea* VI 5), in: Michael Steinmann (Hg.), Heidegger und die Griechen, Frankfurt 2007, 167–180. Volpi nennt Heideggers «spektakulären Alleingang» eine «raubgierige Aneignung des philosophischen Gedankengutes» (des Aristoteles). Vgl. ferner Alfred Denker u.a. (Hg.), Heidegger und Aristoteles, Freiburg 2007 (Heidegger-Jahrbuch 3) und darin bes. den Beitrag von Günter Figal, Heidegger als Aristoteliker (53–76).

20 Veröffentlicht von Hans-Ulrich Lessing, in: Dilthey-Jahrbuch, 1989, 237–269.

21 Wahrheit und Methode, Tübingen 1960, 4. Aufl. 1975, 297, Anm. 2.

22 Die lebhafte Kritik an der Hermeneutik-Konzeption Gadamers wird am radikalsten geführt von Hans Krämer, Kritik der Hermeneutik, München 2007.

23 Doch vgl. Natali (Hg.) 2009; Klaus Corcilius, Akrasie bei Aristoteles: Die erste Aporie, in: Corcilius/Rapp (Hg.) 2008, 143–172.

24 Das Bild von der Unbeherrschtheit, die das Wissen wie einen Sklaven umherschleppt (VI 3, 1145 b 24), stammt aus Platon, *Protagoras* 352 C 1.

25 Corcilius/Rapp (Hg.) 2008, 148.

26 Minutiöse Analysen in dem Sammelband von Natali 2009.

27 Dabei ist zu bedenken, dass der Text in den Handschriften P und C der EE nicht ausgeschrieben, sondern durch das sog. «incipit» nur angekündigt ist, während die Handschrift L den Text gleichlautend mit EN V–VII gibt. Ob dieser Befund so zu erklären ist, dass die entsprechenden Bücher in der EE verlorengegangen sind und dann nachträglich der Text von EN eingeschoben worden ist, wird kontrovers diskutiert.

28 Vgl. Godo Lieberg 1958; ders., Die Stellung der griechischen Philosophie zur Lust, in: Gymnasium 66, 1959, 128–137; Friedo Rieken, Wert und Wesen der Lust (EN VII 12–15 und X 1–5), in: Höffe (Hg.) 1995, 207–228.

29 Vgl. Erler 2007, 253–263; Grundlegend Dorothea Frede, Platon. Philebos. Übersetzung und Kommentar, Göttingen 1997. Ansprechende Darstellung der verschiedenen Lusttheorien bei Wolfgang Rother 2010.

30 Rother 2010, 23.

31 Vgl. Anthony W. Price, Friendship, in: Höffe (Hg.) 1995, 229–251; Nathalie von Siemens 2007.

32 Zu den Einzelheiten vgl. Michael Erler, Epikur, in: Grundriss der Geschichte der Philosophie der Antike 4, 1994, 166 f.

33 George Steiner, Warum Denken traurig macht, Frankfurt 2006.

34 Vgl. Wolfgang Kullmann, Theoretische und politische Lebensform (X 6–9), in: Höffe (Hg.) 1995, 253–276.

35 Bien 1973, 143.

36 Zur Diskussion dieser Frage mit Literatur vgl. Christof Rapp, Aristoteles 2001, 3. Aufl. 2007, 189.

37 Frgm. 25 (Wehrli).

38 Die Bemerkung ist seltsam, selbst wenn man annähme, Aristoteles hätte die Behandlung der platonischen *Gesetze* auf das zweite Buch der *Politik* beschränken wollen. Den Ausdruck «die Früheren» auf vorplatonische Denker zu beziehen (so Dirlmeier 1956, 605), kann nicht überzeugen.

39 Aristoteles verwendet den Ausdruck «ethische Erörterungen» (ἠθικοὶ λόγοι) oder nur «Ethisches» zur Bezeichnung der Ethik (*Politik* IV 12, 1282 b 20; *Politik* II 1, 1261 a 31 und öfter).

40 Eindringliche Interpretation dieses Zusammenhanges bei Bien 1973.

41 Zum Stand der Diskussion vgl. Buddensiek 2012, der mit Recht an der Auffassung festhält, mit dem Gott der *Eudemischen Ethik* sei der kosmische Gott, nicht der «Gott in uns» gemeint.

4. Politik

1 Zu den Fragen der Datierung und zur Einzelerklärung vgl. die umfassenden Kommentare von Schütrumpf, in: Werke 9 I–IV, 1991–2005. Die Textzitate sind seiner Übersetzung angelehnt. Wertvolle Anmerkungen von Olof Gigon in seiner Übersetzung von 1971 und von Wolfgang Kullmann in der Neuausgabe (1994) der Übersetzung von Franz Susemihl (1879).

2 Vgl. Günther Bien/Hannah Rabe, «Haus», in: Historisches Wörterbuch der Philosophie 3, 1974, 1007–1020.

3 Schütrumpf, in: Werke 9 I, 1991, 199.

4 Düring, Aristoteles 1966, 505: «Es ist verwunderlich, dass ein Mann, der an der Schwelle einer neuen Zeit lebte, … seinen Blick so einseitig auf die kleine griechische Polis richtete.»

5 Diesen Aspekt hat besonders hervorgehoben Wolfgang Kullmann, Aristoteles 1998, 335–363. Hier auch alle Einzelbelege.

6 τὰ ἔθνη allgemein (von Susemihl, Gigon, Schütrumpf) übersetzt mit «Barbarenvölker» oder «barbarische Völker», was so nicht im Text steht. Aber in der Tat verwendet Aristoteles das Wort ἔθνος in der Regel im Sinne von «außergriechischem Volksstamm». In Pol. VII 7, 1327 b 23 sind mit τὰ ἔθνη alle Völkerschaften der gesamten bewohnten Erde gemeint.

7 Vgl. Georg Korth, Zur Etymologie des Wortes ‹Slavus› (Sklave), in: Glotta 48, 1970, 145–153, der die ältere Deutung widerlegt, wonach das Wort von «slawus» als Bezeichnung slawischer Kriegsgefangener abzuleiten sei.

8 Hilfreich zum Verständnis der aristotelischen Theorie ist das Kap. «Stellung der Sklaven» bei Kullmann, Aristoteles 1998, 366–382.

9 Höffe, Aristoteles 1996, 249.

10 Die Literatur zur antiken Sklaverei ist unübersehbar. Die Datenbank zu Erforschung der antiken Sklaverei der Mainzer Akademie der Wissenschaften enthält für den Zeitraum von 1970–2000 5635 Arbeiten.

11 Kullmann, Aristoteles 1998, 233.

12 Vgl. Felix Heinimann, Nomos und Physis, Basel 1945, 2. Aufl. Darmstadt 1965.

13 Vgl. Egon Flaig, Weltgeschichte der Sklaverei, München 2009.

14 Diese Kapitel werden von den meisten, insbesondere den von der Philosophie her kommenden Autoren von Büchern (auch einführenden Charakters) über Aristoteles übergangen. Eine Ausnahme bilden die vorzüglichen Ausführungen bei Bien, Grundlegung 1973, 273–313. Überblick über das ökonomische Denken von der frühgriechischen Dichtung an bei Renate Zoepffel, Aristoteles, Oikonomika, in: Werke 10 II, 2006, 49–370.

15 Im Jahre 1924 hatte (nicht unberührt vom Zeitgeist der zwanziger Jahre) Bernhard Laum sein Buch: Heiliges Geld. Eine historische Untersuchung über den sakralen Ursprung des Geldes veröffentlicht, ohne allgemeine Zustimmung zu finden. Laum rekurrierte u.a. auf normierte Opfergaben als allgemeine Wertmesser. Vgl. dazu Andreas Wittenburg, Bernhard Laum und der sakrale Ursprung des Geldes, in: Hellmut Flashar (Hg.), Altertumswissenschaft in den 20er Jahren, Stuttgart 1995, 259–274. Laums Beitrag: Kein Giroverkehr bei athenischen Banken, in: Philologische Wochenschrift 1922, 427–432 dürfte wieder aktuell geworden sein. Zur Thematik im Ganzen vgl. Sitta von Reden, Money in Classical Antiquity, Cambridge 2010.

16 Die von Platon aufgegriffene und ausgestaltete Anekdote hat Hans Blumenberg, Das Lachen der Thrakerin, Frankfurt 1987 in weite philosophische Horizonte gesteckt. Die aristotelische Gegenanekdote erwähnt er nur kurz (24–27) mit dem nicht überzeugenden Argument, Aristoteles habe den platonischen *Theaetet* und mithin die Anekdote vom Brunnenfall des Thales gar nicht gekannt; «nicht immer lesen Schüler das, was ihre Lehrer geschrieben haben» (25). Selbstverständlich hat Aristoteles alles gelesen, was Platon geschrieben hat. Auf den *Theaetet* nimmt er mehrfach ausdrücklich Bezug: Met. III 5, 1010 b 12; Topik IV 2, 122 b 26; De anima III 3, 428 a 24.

17 Bien, Grundlegung 1973, 275.

18 Bien, Grundlegung 1973, 277.

19 Vgl. dazu Wolfram Hoepfner, Architektur und Demokratie – Wohnen in der klassischen Polis, in: Hellmut Flashar (Hg.), Auseinandersetzungen mit der Antike, Bamberg 1990, 31–60.

20 Zu den Wandlungen des Ökonomiebegriffs vgl. H. Rabe/K. Lichtblau, Ökonomie, in: Historisches Wörterbuch der Philosophie 6, 1984, 1149–1173.

21 Vgl. Hans-Joachim Gehrke, Bemerkungen zu Hippodamos von Milet, in: W. Schuller et alii (Hg.), Demokratie und Architektur. Wohnen in der klassischen Polis II, Berlin 1989, 58–63. Einwände dagegen bei Schütrumpf in: Werke 9 II 1991, 263.

22 Vgl. das Kapitel: Bauten, die eine bessere Welt abbilden, architektonische Utopien bei Ernst Bloch, Das Prinzip Hoffnung II, Frankfurt 1959, 819–872 (über Hippodamos 864).

23 Vgl. Bien, Grundlegung 1973, 336.

24 Vgl. Bringmann, Die Verfassungsdebatte 1974, 266–279.

25 Einzelanalyse bei Alfred Heuß, Aristoteles als Theoretiker des Totalitarismus, in: Antike und Abendland 17, 1971, 1–44.

26 Dass diese Mittelschicht in den Polisgesellschaften schwer zu fassen ist, zeigt Aloys Winterling, «Arme» und «Reiche», in: Saeculum 44, 1993, 179–205.

27 Christoph Eucken, Der aristotel. Demokratiebegriff und sein hist. Umfeld, in: Günther Patzig (Hg.), Aristoteles, Politica, Göttingen 1990, 277–291, hier: 291.

28 Schütrumpf, in: Werke 6 IV, 2005, 596.

29 Überblick bei Schütrumpf, in: Werke 6 IV, 2005, 652–667. Der zuerst von Sauppe vorgeschlagenen und von Schütrumpf aufgenommenen Konjektur πρακτικά für das einhellig überlieferte καθαρτικά (1342 a 15) möchte ich mich nicht anschließen.

30 Zu den Einzelheiten vgl. Hellmut Flashar, Die musikalische und die poetische Katharsis, in: Martin Vöhler/Bernd Seidensticker (Hg.), Katharsiskonzeptionen vor Aristoteles, Berlin 2007, 173–179.

31 Vgl. Jean Bollack, Ein Mensch zwischen zwei Welten: Der Philologe Jacob Bernays, Göttingen 2009 (mit Vorwort von Renate Schlesier); Kap. III: Die Kraft des Schauspiels.

32 Tiefdringende Analyse bei Karlfried Gründer, Jacob Bernays und der Streit um die Katharsis, in: Hans Barion et alii (Hg.), Epirrhosis, Festgabe für Carl Schmitt, Berlin 1968, 495–528.

33 Näheres bei Volker Langholf, Die «kathartische Methode». Klassische Philologie, literarische Tradition und Wissenschaftsgeschichte in der Frühgeschichte der Psychoanalyse, in: Medizinhistorisches Journal 25, 1990, 5–39. Ferner: Matthias Luserke (Hg.), Die aristotelische Katharsis. Dokumente ihrer Deutung im 19. Jahrhundert, Hildesheim 1991.

34 Bien, Grundlegung 1973, 346.

35 Joachim Ritter, 1998; zu Leo Strauss vgl. Heinrich Meier, Carl Schmitt, Leo Strauss und «Der Begriff des Politischen», Stuttgart 1998. Ferner: Gesammelte Schriften von Leo Strauss, hg. von Heinrich Meier I–IV 1996–2011; Eric Voegelin, VII 1–10, 2006.

36 Martha Nussbaum, Gerechtigkeit oder Das gute Leben, Frankfurt a. M 1999 (ursprünglich englisch 1988).

37 Vgl. z.B. Günther Bien (Hg.), Die Frage nach dem Glück, Stuttgart 1978; Heinrich Meier (Hg.), Über das Glück, in: Veröffentlichungen der Carl Friedrich von Siemens Stiftung 10, 2008.

38 Tiefdringende Analyse durch Hans Krämer, Integrative Ethik, Frankfurt 1992.

5. *Rhetorik*

1 Grundlegend sind die Übersetzung und ausführliche Kommentierung von Christof Rapp, in: Werke 4 I–II, 2002. 2002.

2 Glänzend geschriebener Überblick über die rhetorische Kultur der Antike bei Wilfried Stroh 2009.

3 Einzelheiten bei Rapp, in: Werke 4 I–II, 2002, dessen 1000 Seiten umfassender Kommentar für eine einlässliche Beschäftigung mit der *Rhetorik* stets heranzuziehen ist.

4 Antje Hellwig 1973, 175.

5 Weiteres Material bei Rapp, in: Werke 4 II, 2002, 704 f. Zu verweisen wäre auch auf die ps.-hippokratische Schrift *Über die Siebenzahl* mit der Einteilung in sieben Lebensabschnitte (Kap. 5).

6 Vgl. Rapp, in: Werke 4 II, 2002, 231–243.

7 Im Verzeichnis der Schriften des Aristoteles bei Diogenes Laertius V 24 ist unter Nr. 87 eine gesonderte Schrift unter dem Titel: *Über die Redeweise* (περὶ λέξεως) aufgeführt. Das ist das dritte Buch der *Rhetorik*.

8 Dazu gehört vor allem der Hinweis auf den zu dieser Zeit wirkenden Schauspieler Theodoros mit seiner durchdringenden Stimme, die Aristoteles im Theater gehört hat, vgl. Walter Burkert 1975.

9 Vgl. dazu Johan Schloemann 2000 und 2001.

10 Vgl. dazu auch Wolfgang Kullmann, Ansätze einer Kommunikationstheorie in der *Rhetorik*, in: W. K., Aristoteles 1998, 449–458. Anders als Kullmann (455) möchte ich daran festhalten, dass die *Rhetorik* nicht ein lediglich zur Lektüre bestimmtes Lehrbuch darstellt, sondern mit der Lehrtätigkeit zusammenhängt und von Aristoteles mehrfach (mit späteren Ergänzungen) vorgetragen worden ist; so auch Rapp, in: Werke 4 I, 2002, 178 f. Dafür spricht auch das gerade in der *Rhetorik* gehäufte Auftreten der 2. Person Singularis (neun Stellen, aufgeführt bei Rapp, in: Werke 4 II, 2002, 743) als Anrede (an den Hörer) und natürlich der Schluss: «Ich habe gesprochen. Ihr habt gehört. Ihr wisst Bescheid, nun urteilt.» (III 19, 1420 a 7) als Anspielung auf den Schluss der Rede des Lysias, «Gegen Eratosthenes» (12, 100). Mündliche Kommunikation ist also vorausgesetzt, und zwar nicht nur für das dritte Buch.

11 Dass der Verfall der Beredsamkeit (aus dem Orator wird der Declamator) sehr viel differenzierter zu sehen ist und auf mehrere Gründe zurückzuführen ist, zeigt Stroh 2009, 408–411.

12 Für die Nachwirkung der aristotelischen Rhetorik bis in die Gegenwart ist sehr instruktiv der Sammelband von Joachim Knape/Thomas Schirren (Hg.), Aristotelische Rhetorik-Tradition, Tübingen 2005. Beispiele moderner Rhetorik in lebendiger Darstellung bei Stroh 2009, 515–520.

6. Poetik

1 Übersetzung und ausführliche Kommentierung bei Barbara Breitenberger, in: Werke 20 I, 2006, 295–321; 332–346.

2 Neueste Ausgabe von Richard Janko, Philodemus, *On Poems*, book 3–4 with the fragments of Aristotle's *On Poets*, Oxford 2010.

3 Richard Janko, Aristotle on comedy: towards a reconstruction of Poetics II, London 1984.

4 Vgl. Hellmut Flashar, Der Dialog *Ion* als Zeugnis platonischer Philosophie, Berlin 1958.

5 Die Belege bei Wolfgang Schadewaldt, Die Gestalt des homerischen Sängers, in: W.S., Von Homers Welt und Werk, 3. Auflage, Stuttgart 1959, 54–86. Vgl. auch Herwig Maehler, Die Auffassung des Dichterberufs im frühen Griechentum bis zur Zeit Pindars, Göttingen 1963.

6 Auf den schwierigen Komplex der Auseinandersetzung Platons mit der Dichtung kann hier nicht eingegangen werden. Vgl. Stefan Büttner, Die Literaturtheorie bei Platon und ihre anthropologische Begründung, Tübingen 2000; Hartmut Westermann, Die Intention des Dichters und die Zwecke der Interpreten. Zu Theorie und Praxis der Dichterauslegung in den platonischen Dialogen, Berlin 2002.

7 Grundlegend ist jetzt die Übersetzung und monumentale Kommentierung von Arbogast Schmitt 2008. Ergänzend Otfried Höffe (Hg.) 2009. Sehr nützlich ist die zweisprachige Ausgabe mit Anmerkungen von Manfred Fuhrmann, Stuttgart 1982. Wichtig auch sein Buch: Die Dichtungstheorie der Antike, Darmstadt 1973, in der 2. Auflage (1972) leider ohne das Kapitel über die Wirkungsgeschichte.

8 Schmitt, in: Werke 5, 2008, 239.

9 Edition der Fragmente bei Martin L. West, Iambi et elegi Graeci ante Alexandrum cantati, Oxford 1999.

10 Jürgen Leonhardt, Phalloslied und Dithyrambos, Abh. d. Heidelberger Akad. d. Wiss., phil.-hist. Kl. 1991, 4 bezieht im Text des Aristoteles das Phalloslied (bzw. dessen Vorsänger) auf die Tragödie und den Dithyrambos auf die Komödie, was kaum Nachfolge gefunden hat. Ausführliche Kritik bei Harald Patzer, in: Gnomon 67, 1995, 289–310. Zum ganzen Kapitel klärend Oliver Primavesi, Zur Genealogie der Poesie (Kap. 4), in: Höffe (Hg.) 2009, 47–67.

11 Der Terminus für den Vorsänger ist «Exarchon» bzw. «Exarchos», schon bei Homer belegt (*Ilias* XXIV, 721), bezogen auf den Dithyrambos bei Archilochos, Frgm. B 77 und öfter. Zur Geschichte der Gattung vgl. Bernhard Zimmermann, Dithyrambos, Göttingen 1989.

12 Primavesi, in: Höffe (Hg.) 2009, 60.

13 Primavesi, in: Höffe (Hg.) 2009, 61–64.

14 Max Pohlenz, Die griechische Tragödie, Göttingen 1930, 2. Aufl. 1954, 490.

15 Vgl. die Einleitung des Sammelbandes von Martin Voehler/Bernd Seidensticker (Hg.), Katharsiskonzeptionen vor Aristoteles, Berlin 2007. Umfangreiches Material bei Brigitte Kappl, Aristoteles in der Dichtungstheorie des Cinquecento, Berlin 2006. Vgl. auch Bernhard Huss, Die Katharsis, Jean Racine und das Problem einer ‹tragischen Reinigung› bei Hofe, in: Philologie im Netz 49, 2009, 35–55.

16 Die Abhandlung von Raumer ist abgedruckt in dem verdienstvollen Sammelband von Luserke 1991, dort: 1–68.

17 Wolfgang Schadewaldt 1955, 129–171. (Mehrfach nachgedruckt, auch bei Luserke 1991, 246–288.)

18 Vgl. Viviane Cessi 1987 und jetzt vor allem Arbogast Schmitt, in Werke 5, 2008, 333–348. Ehrenrettung für Lessing bei Arnd Kerkheker, Furcht und Mitleid, in: Rheinisches Museum 134, 1991, 288–310.

19 Dass der Katharsis-Begriff und sein Anwendungsbereich in der *Poetik* gegenüber der *Politik* weiterentwickelt ist, habe ich darzustellen versucht in: Die musikalische und die poetische Katharsis, in: Martin Voehler/Bernd Seidensticker (Hg.), Katharsiskonzeptionen vor Aristoteles, Berlin 2007, 173–179.

20 Ulrich von Wilamowitz-Möllendorff, Einleitung in die griechische Tragödie I, Berlin 1895, Nachdruck Darmstadt 1959, 110 f.

21 Wolfgang Schadewaldt, in: Luserke 1991, 279.

22 Schmitt, in: Werke 2008, 387. Zum Handlungsbegriff klärend Richard Kannicht 1976, 326–335.

23 Vgl. Michael Lurje, Die Suche nach der Schuld, München/Leipzig 2004 (wissenschaftsgeschichtlich orientiert). Klärend Eckard Lefèvre, Die Unfähigkeit, sich zu erkennen, Leiden 2001, zur Hamartia 6–11.

24 Das Verhältnis zwischen der Tragödientheorie und den erhaltenen Tragödien hat Werner Söffing 1981 eingehend untersucht.

25 Rhetorik I 13, 1373 b 9–12; I 15, 1375 a 34; III 16, 1417 a 29; III 17, 1418 b 32.

26 Vgl. Benedetto Marzullo, Die visuelle Dimension des Theaters bei Aristoteles, in: Philologus 124, 1980, 189–200.

27 Ich habe meine Auffassung über das Verhältnis von aristotelischer Tragödientheorie (einschließlich die Katharsislehre) und Tragödie mehrfach dargelegt, und zwar 1956, 12–48 und 1984, 1–23. Ferner in: Aristoteles und die Tragödie der Klassik, in: Egert Pöhlmann/Werner Gauer (Hg.), Griechische Klassik, Nürnberg 1994, 17–24. Nachdruck in H.F., Spectra (Classica Monacensia 29), Tübingen 2004, 31–41; und: Die *Poetik* des Aristoteles und die griechische Tragödie (nicht identisch mit dem zuvor genannten Aufsatz gleichen Titels), in: Hellmut Flashar (Hg.), Tragödie. Idee und Transformation, Stuttgart/Leipzig 1997, 50–64. Nachdruck in: Spectra, 43–59.

28 Für die weiteren Zusammenhänge vgl. Wolfram Ax, Laut, Stimme und Sprache, Göttingen 1986.

29 Vgl. Wolfgang Kullmann, Die Quellen der *Ilias*, Wiesbaden 1960 (Hermes-Einzelschriften 14).

30 Vgl. Ernst-Richard Schwinge, Aristoteles und die Gattungsdifferenz von Epos und Drama, in: Poetica 22, 1990, 1–20. Severin Koster, Antike Epostheorien, Wiesbaden 1970.

31 Die Einzelheiten bei Barbara Breitenberger, in: Werke 20 I, 2006, 305–321.

32 Zur Wandlung des Mimesis-Begriffes vgl. Andreas Kablitz, Mimesis versus Repräsentation, in: Höffe (Hg.) 2009, 215–232.

33 Grundlegend Max Kommerell 1940.

34 Zu den Einzelheiten vgl. Hellmut Flashar, Aristoteles und Brecht, in: Poetica 6, 1974, 17–37; Nachdruck in H.F., Eidola, Amsterdam 1989, 179–199. Ergänzend und modifizierend Gustav Adolf Seeck, Aristotelische und Brechtsche Theatertheorie, in: Gymnasium 83, 1976, 389–404.

35 Hiltunen sieht in der Katharsis das «charakteristische Vergnügen» und formuliert zutreffend: «Aristoteles wollte einfach sagen, dass eine Handlung auf eine solche Weise konstruiert sein muss, dass sie möglichst viel Mitleid und Furcht weckt. Von diesen Emotionen hat das Stück den Zuschauer dann auf eine Weise zu befreien, die Vergnügen erzeugt. Das ist die Katharsis» (47). Hiltunen analysiert mit den Kategorien des Aristoteles u.a. einige Erfolgsfilme aus Hollywood wie: *Auf der Flucht* (*The Fugitive*); *Ghost* (*Nachricht von Sam*); *Sie küssten und sie schlugen ihn* sowie den schwedischen Film *Fanny und Alexander* von Ingmar Bergman.

7. *Logik*

1 Grundlegend sind die Übersetzung und Kommentierung der *Kategorien* durch Klaus Oehler, in: Werke 1 I, 1984. Zur Kategorie «Haben» und ihrer geistesgeschichtlichen Relevanz mit vielen erhellenden Beispielen aus der Literatur aller Zeiten vgl. jetzt Harald Weinrich, Über das Haben, München 2012.

2 Das Verb κατηγορεῖσθαι kommt in verschiedenen Formen im Sinne von «Aussage von etwas» mehrfach in den Kategorien vor, z.B. 3, 1 b 10–12. Das Substantiv κατηγορία 5, 3 a 36; 8, 10 b19.

3 Ausführliche Darstellung der Wirkungsgeschichte bei Oehler, in: Werke 1 I, 1984, 43–96.

4 Zu Peirce vgl. Klaus Oehler, Sachen und Zeichen, Frankfurt a.M. 1995, bes. das

Kapitel: Über die Abgrenzung von Eigenschaften in der Peirceschen Kategorientheorie. Für alles Weitere vgl. den Artikel (mehrerer Autoren) «Kategorie», in: Historisches Wörterbuch der Philosophie 4, 1976, 714–780.

5 Grundlegend sind die Übersetzung und Kommentierung durch Hermann Weidemann, in: Werke 1 II, 1994. Die Zitate im Text sind seiner Übersetzung angelehnt.

6 Weidemann 1994, 158 weist darauf hin, dass die verbreitete Übersetzung mit «Nomen» und «Verb» zu eng ist, weil auch Adjektive als Prädikate fungieren können.

7 Der Kommentar von Weidemann allein zu diesem Kapitel umfasst 100 Seiten.

8 Herausragend aus der Fülle der Literatur: Dorothea Frede 1970.

9 Das hängt vielleicht damit zusammen, dass das erste Buch (wie das achte) erst nach den Büchern II–VII geschrieben worden sein dürfte. Zur *Topik* im Ganzen ist hilfreich die mit Einleitung und Anmerkungen versehene Übersetzung von Tim Wagner und Christof Rapp, Stuttgart 2004.

10 Vgl. Klaus Oehler, Der Consensus omnium als Kriterium der Wahrheit in der antiken Philosophie und in der Patristik, in: Antike und Abendland 10, 1961, 103–129.

11 Das hatte einst Hans von Arnim 1927 versucht.

12 Vgl. dazu besonders Zumsteg 1989.

13 Grundlegend jetzt die Übersetzung mit erschöpfendem (700 Seiten umfassenden) Kommentar von Thomas Ebert und Ulrich Nortmann, in: Werke 3 I, 2007, allerdings nur des ersten Buches. Dort auch alle weitere Literatur, die im Folgenden nicht im Einzelnen genannt ist.

14 Übersicht über alle Möglichkeiten bei Ebert/Nortmann 2007, 897–906.

15 Grundlegend sind Übersetzung und umfangreicher Kommentar von Wolfgang Detel, in: Werke 3 II, 1993 in zwei Bänden, mit ausführlicher Darlegung aller logischen Details.

16 Einzelheiten in der Edition von Andreas Graeser, Die logischen Fragmente des Theophrast, Berlin 1973.

17 Ausführliche Darstellung der Überlieferungs- und Wirkungsgeschichte der *Ersten Analytiken* bei Ebert/Nortmann, in: Werke 3 I, 2007, 116–176 (bis 1831). Wertvoll auch Pirmin Stekeler-Weithofer, Grundprobleme der Logik, Berlin 1986.

18 Überblick über die mehrwertige und die operative Logik in dem auch im Ganzen informativen Artikel «Logik» im Historischen Wörterbuch der Philosophie, Bd. 5, 1980, 358–482, über mehrwertige, dialogische und operative Logik 442–462 (G. von Kempski).

19 Alles Nähere bei Ebert/Nortmann 2007.

8. Metaphysik

1 Für die einzelnen Bücher der *Metaphysik* wird in der Forschung durchweg die Buchstabenzählung (Met. A usw.) verwendet. Eine Schwierigkeit besteht darin, dass zwischen die Bücher A und B als α das sog. «Alpha elatton» («Kleinalpha») nachträglich gestellt wurde und so in den Handschriften steht. Nach einer

Scholiennotiz zum Codex E stammt dieses Buch nicht von Aristoteles, sondern von dessen Schüler Pasikles von Rhodos. Vgl. dazu Thomas Szlezák, Alpha elatton. Einheit und Einordnung in die *Metaphysik*, in: Paul Moraux/Jürgen Wiesner (Hg.), Zweifelhaftes im Corpus Aristotelicum (10. Symposion Aristotelicum), Berlin 1983, 221–259. Es handelt sich um eine kurze Einführung in das Studium der Philosophie. Bei der Verwendung der Zahlzeichen für die Bücher der *Metaphysik* ist zu beachten, dass dann das Buch B = III, Γ = IV usw. ist.

2 Zum ganzen Buch vgl. Steel 2012. Der Band enthält ausführliche Interpretationen zu jedem Kapitel und eine Edition des Textes von Oliver Primavesi auf der Grundlage neuer Handschriftenkollationen.

3 Übersicht bei Szlezák (Übersetzung) 2003, XXIX; Analyse bei Hermann Weidemann, Zum Begriff des ti ên einai (Z 4), in: Rapp (Hg.) 1996, 75–101.

4 Für die weiteren Zusammenhänge vgl. Andreas Patzer, Der Sophist Hippias als Philosophiehistoriker, Freiburg/München 1986.

5 Krämer, Arete 1959, 531.

6 Zu der Schrift *Über das Gute* vgl. Flashar, in: Werke 20 I, 36–39; 147–152.

7 Oliver Primavesi hat in: Steel 2012 die Überlieferung von Met. A untersucht und den Text aufgrund neuer Handschriftenkollationen ediert. Seine Ergebnisse sind hier zugrunde gelegt. Weiterhin von gültiger Bedeutung bleibt D. Harlfinger, Zur Überlieferungsgeschichte der Metaphysik, in: Aubenque 1979, 7–36.

8 So in Werner Jaeger, «We say in the Phaedo», in: Harry Austryn Wolfson Jubilee Volume I, Jerusalem 1965, 407–421 (freundlicher Hinweis von O. Primavesi). In seiner Ausgabe der *Metaphysik* hatte Jaeger noch die dritte Person im Text gelassen, aber im textkritischen Apparat auf die Version mit der ersten Person hingewiesen und hinzugefügt «an recte?»

9 CIA I 106, 6 ff. Alexander fügt lediglich hinzu, Aristoteles zitiere die Lehre Platons, «als sei es seine eigene».

10 Das ist die Position von Primavesi, in: Steel 2012, 413.

11 Vgl. Andreas Graeser, Der dritte Mensch des Polyxenos, in: Museum Helveticum 31, 1974, 140–143.

12 Instruktiv Christof Rapp 1996. Dort weitere Literatur zum Buch Z (= VII). Wichtig: Frede/Patzig 1988, ferner Detel 2001 – Übersetzung mit umfangreichen (600 S.!) Erläuterungen.

13 Klaus Oehler, Ein Mensch zeugt einen Menschen, in: K.O., Antike Philosophie und Byzantinisches Mittelalter, München 1969, 95–145, hier: 127 (ursprünglich 1962).

14 Für alle Fragen, die mit dem Begriff der Materie zu tun haben, ist grundlegend das monumentale Werk von Heinz Happ, Hyle, Berlin 1971.

15 Zur textkritischen Schwierigkeit der Stelle (1048 a 37) vgl. die Anmerkung 5 S. 158 in der Übersetzung von Szlezák 2003.

16 Martin Heidegger, Platons Lehre von der Wahrheit, Bern 1947. Vgl. dazu Holger Helting, ΑΛΗΘΕΙΑ, in: Hans-Joachim Günther/Antoinios Rengakos (Hg.), Heidegger und die Antike, München 2006 (Zetemata 126), 47–61.

17 Vgl. die ausführlichen Darlegungen von Jan Szaif, Platons Begrifff der Wahrheit, München 1996, der gegen Heideggers Deutung der Wahrheit als «Unverborgenheit» den Begriff «Wirklichkeit» (als «Wirklichkeit des Seins») einführt

mit dem Argument, im griechischen Sprachgebrauch sei die etymologische Wurzel des Wortes (A-letheia = «Unverborgenheit») seit dem 4. Jahrhundert nicht mehr bewusst gewesen. Völlige Ablehnung des Begriffs «Wahrheit» als «Unverborgenheit» bei Paul Friedländer, Aletheia, in: P.F., Platon I, 2. Auflage, Berlin 1954, 233–248. Zur weiteren Entwicklung der Wahrheitsbegriffes vgl. Jan Szaif (u.a.), Wahrheit, in: Historisches Wörterbuch der Philosophie 12, 2004, 48–169.

18 Zum Wahrheitsbegriff bei Aristoteles vgl. Ernst Tugendhat, Der Wahrheitsbegriff bei Aristoteles, in: E.T., Philosophische Aufsätze, Frankfurt a.M. 1992, 161–176.

19 Wichtig sind die Arbeiten von Klaus Oehler 1987 und schon die Dissertation: Die Lehre vom noetischen und dianoetischen Denken bei Platon und Aristoteles, München 1962, 2. Aufl. Hamburg 1985, 186–212. Ferner: Frede/Charles 2000. Zweisprachige Ausgabe mit Kommentar von Michael Bordt, Darmstadt 2006.

20 Wie stark das aristotelische Konzept eine Alternative zu vergleichbaren Modellen in der Akademie ist, hat Hans (Joachim) Krämer, Arete 1959, gezeigt.

21 Zu den Einzelheiten vgl. Wolfgang Schadewaldt, Das Weltmodell der Griechen, in: W.S., Hellas und Hesperien, 2. Aufl. Zürich 1970, I 601–625. Ähnlich der Schöpfungsmythos im *Politikos* 268 D – 274 D.

22 Das ist die Position von Hans (Joachim) Krämer, Grundfragen der aristotelischen Theologie, in: Theologie und Philosophie 44, 1969, 363–382; 481–505. Die Gegenposition bei Oehler (Anm. 19).

23 Werner Jaeger, Aristoteles 1923, 366–392 hatte richtig erkannt, dass das achte Kapitel ein späterer Zusatz ist, daraus aber inakzeptable entwicklungsgeschichtliche Folgerungen gezogen («Dokument aus der Zeit des Zweifels», «Auslieferung der Metaphysik an die Fachwissenschaft»).

24 So Oehler (Anm. 19).

25 Wertvoll Annas 1976 und der Sammelband Graeser (Hg.) 1987. Zur Gesamtproblematik vgl. Gyburg Radke, Die Theorie der Zahl im Platonismus, Tübingen/Basel 2003.

26 Diesen Einschnitt hat Werner Jaeger, Aristoteles 1923, 183–199 erkannt mit allerdings hypothetischen entwicklungsgeschichtlichen Folgerungen.

27 Julia Annas, Die Gegenstände der Mathematik bei Aristoteles, in: Graeser (Hg.) 1987, 131–147. Das Beispiel von der Mauer steht in Fragment 29 R^3 = 149, 2 Gigon (aus der Schrift *Über das Gute*).

28 Für die Einzelheiten vgl. Konrad Gaiser, Platons ungeschriebene Lehre 1963.

29 Näheres bei Detlef Thiel, Die Philosophie des Xenokrates im Kontext der Alten Akademie, München 2006.

30 Ingemar Düring, Aristoteles 1966, 260. Kurze Analyse des Buches bei Düring 254–260.

31 Zu dem ganzen Komplex am ausführlichsten Konrad Gaiser, Platons ungeschriebene Lehre 1963, bes. das Kapitel: Die ontologische Mittelstellung der ‹Mathematica› und die Seele (89–106).

32 Wohl ist das zu den platonischen und aristotelischen Lehren alternative System des Xenokrates hinreichend erkennbar, nur bleibt die Frage offen, ob etwas davon die Antwort auf Aristoteles sein kann.

33 Neue Editionen mit Übersetzungen und Kommentaren: André Laks/Glenn Most, Paris 1993; Jörn Henrich, München/Leipzig 2000; Dimitri Gutas, Leiden 2010. Text, deutsche Übersetzung und umfangreiche Einleitung bei G. Damschen/D. Kaegi/E. Rudolph, Theophrast, *Metaphysik*, Hamburg 2012. Umstritten ist, ob die kleine Schrift Theophrasts überhaupt erst nach dem Tode des Aristoteles verfasst worden ist oder ob umgekehrt das 12. Buch der *Metaphysik* eine Antwort auf Theophrast darstellt (was mir unwahrscheinlich erscheint).

34 Eine ausführliche Darstellung der Geschichte der Metaphysik findet man im Historischen Wörterbuch der Philosophie, Basel 5, 1980, 1186–1294 (verschiedene Autoren). Hier muss die kurze Skizze genügen.

9. Physik

1 Die Übersetzung von Hans Wagner, in: Werke 11, Berlin 1967 (2. Aufl. 1972) ist sehr eigenwillig. Der Kommentar ist wertvoll, aber kritisch zu benutzen.

2 Wieland 1962 (1992), 58. Zum ganzen Buch vgl. Fritsche 1986 und vor allem die minutiöse Analyse von Horstschäfer 1998.

3 Zur Geschichte des Wortes «Physis» vgl. Harald Patzer, Physis. Grundlegung einer Geschichte des Wortes, Stuttgart 1993 (Sitzungsber. der Wiss. Gesellsch. Frankfurt a.M. 30, 6).

4 In dem ‹Lexikon› der philosophischen Begriffe *Metaphysik V* unterscheidet Aristoteles folgende Bedeutungen des Wortes «Physis»: das organische Wachstum; die Quelle allen Wachsens; der Grundbestandteil eines Dinges, z.B. die «Natur» eines Standbildes; die natürlichen Elemente wie Feuer, Erde, Luft, Wasser (Met. V 4).

5 So die überzeugende Interpretation von Wieland 1962 (1992), 257–261.

6 Wieland 1962 (1992), 273.

7 Vgl. Happ, Hyle 1971, 721–724.

8 So *Physik* VI 2 und VIII 8; dazu Schramm 1962.

9 Vgl. Kurt von Fritz, Das ΑΠΕΙΡΟΝ bei Aristoteles, in: K.v.F., Grundprobleme der Geschichte der antiken Wissenschaft, Berlin 1971, 677–700.

10 Ausführliche und kritische Analyse bei Zekl 1990.

11 Der Text steht in den gegen Mitte des 3. Jahrhunderts entstanden ps.-aristotelischen *Problemata Physica* XXV 8; Quelle ist Stratons verlorene Schrift *Über das Leere*. Vgl. die Einzelnachweise bei Flashar, in: Werke 19, 1962, 668.

12 Vgl. Rudolph (Hg.) 1988; Wolfgang Kullmann, Konstanten und Varianten antiker Zeitauffassung, in: W.K., Philosophie und Wissenschaft in der Antike, Stuttgart 2010, 223–246.

13 Vgl. auch Martin Heidegger, Die Grundprobleme der Phänomenologie (1927), in: Gesammelte Werke 24, 1975, 369 und 371.

14 Überzeugend dargelegt von Glenn W. Most, Ein Problem der aristotelischen Zeitabhandlung, in: Rudolph (Hg.) 1988, 11–25.

15 Alles Nähere in dem umfassenden Artikel (mehrerer Autoren) «Zeit», in: Historisches Wörterbuch der Philosophie 12, 2004, 1186–1262. Sehr instruktiv Ernst A. Schmidt, Platons Zeittheorie, Frankfurt 2012 mit Erörterung der verschiedenen Zeittheorien von Homer bis in die Spätantike.

16 So Konrad Gaiser, Platons ungeschriebene Lehre, Stuttgart 1963, 158.

17 Carl Friedrich von Weizsäcker, Das Kontinuum, in: Rudolph (Hg.) 1988, 144–167, hier: 165.

18 Ich war seinerzeit wissenschaftlicher Mitarbeiter am Platon-Archiv und teilweise Zeuge der Begegnungen.

19 Bei Rudolph (Hg.) 1988, 145.

20 Carl Friedrich von Weizsäcker, Möglichkeit und Bewegung. Eine Notiz zur aristotelischen *Physik*, in: E. Fries (Hg.), Festschrift für Joseph Klein, Göttingen 1967, 73–84; Nachdruck in: C. F. v. W., Die Einheit der Natur, München 1971, 428–440.

21 Zu den komplizierten Einzelproblemen vgl Manuwald 1971.

22 Vgl. Wolfgang Schadewaldt, Das Welt-Modell der Griechen, in: W. S., Hellas und Hesperien, 2. Aufl. Zürich 1970, 601–625.

23 Die Entwicklung der modernen Physik kann hier natürlich nicht dargestellt werden. Einen stark subjektiv geprägten Überblick bietet Carl Friedrich von Weizsäcker, Große Physiker, München 1999 (Zusammenstellung von Vorträgen).

24 Zitiert nach Weizsäcker, Große Physiker 1999, 276 und 322.

25 So in Werner Heisenberg, Schritte über Grenzen, München 1971, 4. Auflage 1977 und: Der Teil und das Ganze, München 1987, 4. Auflage 2006 und in: Elementarteilchen und Platonische Philosophie, in: W. H., Gesammelte Werke, Abteilung C. III München 1985, 321–334.

26 Weizsäcker, Große Physiker 1999, 310.

10. Kosmologie, Meteorologie, Elementenlehre, Chemie

1 Vgl. Christian Wildberg, in: Christof Rapp/Klaus Corcilius (Hg.), Aristoteles-Handbuch, Stuttgart 2011, 84 und 259. Zur Entwicklung des Begriffes Kosmos vgl. Jula Kerschensteiner, Kosmos, München 1962 (Zetemata 30).

2 Übersetzung mit ausführlichem Kommentar durch Alberto Jori, in: Werke 12, 2009. An diese Übersetzung sind die Textbeispiele angelehnt. Vgl. auch Alan Bowen/Christian Wildberg (Hg.), New Perspectives on Aristotle's *De caelo*, Leiden 2009.

3 Eingehende Analyse des ganzen Zusammenhanges bei Heinz Happ, Hyle 1971, 474–503.

4 Astronomica Nova, Prag 1609, 323. Vgl. dazu Jori 2009, 455.

5 Jori 2009, 332.

6 Vgl. außer dem Kommentar von Jori besonders Gustav Adolf Seeck 1964.

7 Übersetzung und erschöpfender Kommentar jetzt bei Thomas Buchheim, in: Werke 12, 2010.

8 So Buchheim 2010, 131–135.

9 Am ausführlichsten und instruktivsten diskutiert bei Happ 1971.

10 So Buchheim 2010, 135–147, dem ich weitgehend folge.

11 Zu unterscheiden von dem hier entwickelten Materiebegriff ist die Verwendung des Wortes ὕλη als «Stoff» zur Bezeichnung des Seinsprinzips der frühen griechischen Denker (Met. I 3, 983 b 7). Hier ist ὕλη der Oberbegriff der Elemente Feuer, Wasser, Erde, Luft.

12 Zur Bedeutung der Sonne bei Aristoteles vgl. Happ 1971, 505–512.

13 Übersetzung mit Kommentar von Hans Strohm, in: Werke 12, 1970. An diese Übersetzung sind die Textbeispiele angelehnt. Relativ ausführliche Behandlung der Meteorologie bei Düring 1966, 385–399. Bei Strohm findet man auch die zu Einzelaspekten noch sehr wertvolle ältere Literatur. Für Diogenes von Apollonia ist ein Titel *Meteorologie* überliefert, über dessen Inhalt wir nichts wissen. Vermutlich hat er einzelne Phänomene beschrieben, die mit seinem Prinzip «Luft» zusammenhängen. Eine durchgestaltete Meteorologie war es wohl nicht.

14 Ingemar Düring, Aristotle's chemical treatise, Göteburg 1944; Heinz Happ, Der chemische Traktat des Aristoteles, in: Synusia, Festgabe für Wolfgang Schadewaldt, Pfullingen 1965, 289–322, wiederaufgenommen in: Happ, Hyle 1971, 520–551. Wichtig auch das Kapitel «Gewebe und Organe» bei Wolfgang Kullmann 1998, 176–201. Die Echtheit von *Meteorologie* IV war und ist umstritten, doch sprechen Stil und Ethos des Buches für die Echtheit; inhaltliche Widersprüche sind nicht überzeugend vorgebracht worden. Cristina Viano (Hg.), Aristoteles Chemicus, St. Augustin 2002 enthält Beiträge zur antiken und mittelalterlichen Rezeption von Meteor. IV.

15 Zu den Einzelheiten vgl. Beate Noack, Aristarch von Samos, Wiesbaden 1992. Instruktiv auch der Überblick bei Jori 2009, 304–316.

16 Kopernikus konnte sich dabei nicht auf Archimedes berufen, dessen Werk erst 1544 erstmals im Druck erschien, wohl aber auf Plutarch, dessen Werk von der Renaissance bis zum Ausgang des 18. Jahrhunderts viel gelesen wurde.

17 «che se Aristotele tornasse al mondo, egli riceverebbe me tra i suoi seguaci» (zitiert nach Thomas Ricklin, in: Aristoteles-Handbuch 2011, 437).

18 Vgl. Mario Biagiolli, Galilei – der Höfling, Frankfurt a.M. 1999. Ferner: Ursula Schmidt, Wie wissenschaftliche Revolutionen zustande kommen, Würzburg 2010.

19 Carl Friedrich von Weizsäcker, Große Physiker, München 1999, 115.

20 Alle Einzelnachweise bei Werner Hecht (Hg.), Brechts *Leben des Galilei*, Frankfurt a.M. 1981. Brecht hat sich ausgiebig von Physikern beraten lassen, im dänischen Exil für die erste Fassung 1938 von Niels Bohr, in den USA für die zweite (von der ersten erheblich abweichende) Fassung 1943 von Schülern Albert Einsteins. Diese «Berliner Fassung» ist zuerst 1957 aufgeführt worden.

11. Psychologie

1 Zu den Einzelheiten vgl. Hellmut Flashar, in: Werke 20 I, 2006, 41–49 (Übersetzung); 155–166 (Kommentar). Es gibt nur fünf sichere Fragmente.

2 Übersetzung und Kommentar von Willy Theiler, in: Werke 13, 1959 (mehrere Nachdrucke, zuletzt 1994; erneuerungsbedürftig). Fortlaufender Kommentar bei Polansky 2007. Eindringende Analysen auch bei Corcilius 2008.

3 Deutsche Übersetzung von Egon Dönt 1997.

4 Vgl. Thomas Jahn, Zum Wortfeld ‹Seele – Geist› in der Sprache Homers, München 1987; Jan Bremmer, The early Greek conception of soul, Princeton 1983;

Arbogast Schmitt, Selbständigkeit und Abhängigkeit menschlichen Handelns bei Homer, Mainz 1990 (besonders das Kapitel IV: Zum Prinzip der Einheit der Seele bei Homer).

5 Zu den Einzelheiten vgl. Michael Erler, Platon 2007 in dem Kapitel: Seelenlehre 375–390.

6 Zum Folgenden vgl. Viviana Cessi, Erkennen und Handeln in der Theorie des Tragischen bei Aristoteles, Frankfurt a.M. 1987. Dort 49–103 über die aristotelische Wahrnehmungslehre. Ferner: Bernard 1988.

7 Corcilius 2008, 212–215.

8 Horn 1994, 103.

9 Vgl. die Analyse bei Corcilius 2008, 243–371.

10 Übersetzung und Kommentar von Richard A. King, in: Werke 14 II, 2004.

11 Näheres bei Oser-Grothe 2004.

12 Übersetzung und Kommentar von Philip van der Eijk, in: Werke 14 III, 1994.

13 Vgl. Georges Devereux, Träume in der griechischen Tragödie, Frankfurt 1985 (ursprünglich englisch Oxford 1975).

14 Näheres bei Maria Liatsi, Zur Funktion des Traumes in der antiken Medizin (Hippokrates, *De victu* IV), in: Antike Naturwissenschaft und ihre Rezeption 12, Trier 2002, 7–21.

15 Belege und Näheres im Artikel «Traum» von P. Muckel im Historischen Wörterbuch der Philosophie 10, 1998, 1462–1474, hier: 1466.

16 Vgl. Wolfgang Schadewaldt, Lebenszeit und Greisenalter im frühen Griechentum, in: W.S., Hellas und Hesperien, 2. Aufl. Zürich 1979, 109–127 (ursprünglich 1933).

17 Zur Thematik im Ganzen vgl. Richard A. King, Aristotle on life and death, London 2001 und King, The concept of life and the life-cycle in *De juventute*, in: Sabine Föllinger (Hg.) 2010, 171–187.

18 Vgl. Werner Jaeger, Das Pneuma im Lykeion, in: Hermes 48, 1913, 29–74; Nachdruck in: W. J., Scripta Minora, Rom 1960, 57–102. Die unter dem Namen des Aristoteles überlieferte Schrift *Über das Pneuma* gilt als unecht.

19 Der Sammelband von Gerd van Riel 2009 enthält entgegen dem Titel keine Beiträge zur Rezeption der aristotelischen Seelenlehre.

20 Vgl. Werner Beierwaltes, Denken des Einen, Frankfurt 1985, bes. das Kapitel: Das Eine und die Seele (281–295).

21 Überblick im Artikel «Seele» im Historischen Wörterbuch der Philosophie 9, 1995, 2–89.

22 Dorothea Frede, Aristoteles über Leib und Seele, in: Thomas Buchheim (u.a.) (Hg.), Kann man heute noch etwas anfangen mit Aristoteles?, Hamburg 2003, 85–109, hier: 106.

12. Biologie

1 Vgl. für die Einzelheiten Friederike Berger 2005.

2 Wolfgang Kullmann, Wissenschaft und Methode, Berlin 1974; ausgebaut und integriert in Kullmann, *Über die Teile der Lebewesen*, in: Werke 17 I, 2007. Dort im Literaturverzeichnis auch alle anderen einschlägigen Arbeiten. Die im Textteil

gegebenen Übersetzungen lehnen sich an die Übersetzung von Kullmann an. Wichtig u.a. auch Wolfgang Kullmann/Sabine Föllinger (Hg.) 1997; ferner Wolfgang Kullmann, Aristoteles und die moderne Wissenschaft, Stuttgart 1998.

3 Darstellung des ganzen Komplexes durch Jochen Althoff 1992.

4 Zu den Einzelheiten vgl. Carolin Oser-Grote, Aristoteles und das Corpus Hippocraticum, Stuttgart 2004 mit anschaulicher Gegenüberstellung der hippokratischen und der aristotelischen Aussagen.

5 Zu der bedeutenden Entwicklungsgeschichte dieser Konzeption vgl. Kurt Bayertz, Der aufrechte Gang, München 2012.

6 Für die Einzelheiten vgl. Wolfgang Kullmann, Die Beschreibung des Krokodils in Aristoteles' Zoologie, in: Antike Naturwissenschaft und ihre Rezeption 10, 2000, 83–96.

7 Vgl. Maureen Caroll-Spillecke, Kepos – der antike griechische Garten, München 1989.

8 Vgl. Wolfgang Kullmann, Der platonische *Timaios* und die Methode der aristotelischen Biologie, in: Studia Platonica (Festschrift H. Gundert), Amsterdam 1974, 139–163.

9 Vgl. Wolfgang Kullmann, Die antiken Philosophen und das Lachen, in: Siegfried Jäkel/Asko Timonen (Hg.), Laughter down the centuries II, Turku 1995, 79–98. Ferner Oser-Grote 2004, 209–212.

10 Näheres bei Wolfgang Kullmann, Übergang zwischen Unbeseeltheit und Leben bei Aristoteles, in: Sabine Föllinger (Hg.), Was ist ‹Leben›?, Stuttgart 2010, 115–135.

11 Eine deutsche Übersetzung ist ein dringendes Desiderat. Für die Bücher I und II jetzt Übersetzung und ausführlicher Kommentar von Stefan Zierlein, in: Werke 16 I 1–2, 2012. Nützlich noch immer Hermann Aubert/Friedrich Wimmer, Aristoteles' *Thierkunde*, Leipzig 1866 (deutsche Übersetzung mit ertragreichem Sachkommentar).

12 Vgl. die Gegenüberstellung bei Kullmann, in: Werke 17 I, 2007, 187–192.

13 Vgl. Düring, Aristoteles 1966, 507.

14 Vgl. Düring, Aristoteles 1966, 525 f.

15 Vgl. dazu Kullmann, in: Werke 17 I, 2007, 613 f.

16 Johannes Müller, Über den glatten Hai des Aristoteles und über die Verschiedenheiten unter den Haifischen und Rochen in der Entwicklung der Eier, in: Abh. d. Akad. d. Wiss. Berlin 1840, 187–257. Vgl. dazu Wilhelm Haberling, Der glatte Hai des Aristoteles. Briefe von Johannes Müller über seine Wiederauffindung an Wilhelm Karl Hartwig Peters 1839–1840, Leipzig 1924, hier: 207 f. Müller, Professor für Physiologie und Anatomie an der Berliner Universität, ging bei einem längeren Aufenthalt in Paris jeden Morgen auf den Fischmarkt, auf der Suche nach neuen Fischarten.

17 Grundlegend dazu Sabine Föllinger 1996. Nützlich immer noch Erna Lesky, Die Zeugungs- und Vererbungslehren der Antike und ihr Nachwirken, Mainz 1951.

18 Philosophie der Offenbarung, in: Sämmtliche Werke II 3, Stuttgart 1858, 325.

19 So in den unechten, unter dem Namen des Aristoteles überlieferten *Problemata Physica* X 13 und X 65. Zu den Einzelheiten vgl. Hellmut Flashar, Urzeugung

und/oder spontane Entstehung, in: Sabine Föllinger (Hg.), Was ist ‹Leben›?, Stuttgart 2010, 331–337.

20 Mustergültig untersucht von Sabine Föllinger, Die aristotelische Forschung zur Fortpflanzung und Geschlechtsbestimmung der Bienen, in: Wolfgang Kullmann/Sabine Föllinger, Aristotelische Biologie, Stuttgart 1997, 375–385.

21 Vgl. dazu Föllinger 383 f. und Karl Weiß, Bienen und Bienenvölker, München 1997.

22 Vgl. Wolfgang Kullmann 1979.

23 Das Buch ist wahrscheinlich ursprünglich selbständig gewesen und enthält Notizen, die über die eigentliche Fragestellung hinausgehen. Gründlicher Kommentar von Maria Liatsi 2000.

24 Übersetzung mit Kommentar der beiden Schriften *Über die Bewegung der Lebewesen* und *Über die Fortbewegung der Lebewesen* durch Jutta Kollesch, in: Werke 17 II und III, Berlin 1985.

25 Ablehnung der Atlas-Theorie auch in *Physik* II 1, 284 a 19 und *Metaphysik* V 23, 1023 a 20.

26 Vgl. dazu generell Althoff 1992.

27 Vgl. Werner Jaeger, Das Pneuma im Lykeion, in: Hermes 48, 1913, 29–74; Nachdruck in: W.J., Scripta Minora, Rom 1960, 57–102. Die unter dem Namen des Aristoteles überlieferte Schrift *Über das Pneuma* stammt aus dem 3. Jh. v. Chr.

28 Jutta Kollesch 1985, 58 f. sieht das abstrakte Streben durch die körperliche Substanz des angeborenen Pneuma «ersetzt».

29 Zur raschen Information vgl. die Stichworte «Pneuma» und «Pneumatiker» in: Karl-Heinz Leven (Hg.), Antike Medizin, München 2005, 718 f.

30 Eusebius, *Preparatio evangelica* 15, 809 C; Suda s.v. Aristoteles A 3931.

31 Die Arbeitsteilung ist nicht strikt vollzogen worden. Theophrast hat auch zoologische Schriften verfasst, und zwar Spezialabhandlungen über neidische Tiere, über Tiere, die ihre Farbe wechseln, über Tiere, die im Hinterhalt liegen, und vor allem eine Schrift *Über Verstand und Ethos der Tiere*, die sein über Aristoteles hinausgehendes tierpsychologisches Interesse zeigt. Leider ist vom Inhalt dieser Schriften fast nichts überliefert. Umgekehrt ist im Verzeichnis der Schriften des Aristoteles Nr. 108 ein Werktitel *Über Pflanzen* in zwei Büchern überliefert, von dem nichts erhalten ist. Die erhaltene, unter dem Namen des Aristoteles überlieferte, kurze Schrift *Über Pflanzen* ist unecht (vgl. S. 359).

32 Auf diese auf die natürlichen Werdeprozesse gerichtete Teleologie, in der die Natur ihre Ressourcen zweckmäßig verteilt, hat vor allem Wolfgang Kullmann in verschiedenen Arbeiten immer wieder hingewiesen.

33 Kullmann, Aristoteles und die moderne Wissenschaft 1998, 306.

34 Kullmann 1979, 61.

13. Rezeption

1 Ausführlich zur Rezeption ist der Artikel «Wirkung» (mehrerer Autoren) in Christof Rapp/Klaus Corcilius (Hg.), Aristoteles-Handbuch 2011. Wichtig und informativ weiterhin Ingemar Düring 1954.

2 Einzelne Kommentare sind auch ins Englische übersetzt, Übersicht bei Flashar, Aristoteles 2004, 211 f.

3 Wichtigste Literatur zur ersten Epoche der Kommentierung: Paul Moraux II 1984 und III 2001; Gottschalk 1987. Zur Kommentartätigkeit im Ganzen ausführlich: Sorabji 2004.

4 Marinus, *Vita Procli* 29 mit topographischen Angaben.

5 Deutsche Übersetzung und philosophiegeschichtliche Einordnung durch Hans Strohm, in: Werke 12, II *Über die Welt*, 1970.

6 Die Schrift ist nur teilweise erhalten durch Zitate des Bischofs Eusebios von Caesarea, *Praeparatio Evangelica* 15, 3 ff. Deutsche Übersetzung von Olof Gigon, in: O.G., Aristoteles, Einführungsschriften, Zürich 1961, 293–321.

7 Jan Opsomer, in: Christof Rapp/Klaus Corcilius (Hg.), Aristoteles-Handbuch 2011, 411.

8 Zu den Einzelheiten vgl. Hellmut Flashar, Platon und Aristoteles im *Protreptikos* des Jamblichos, in: Archiv für Geschichte der Philosophie 47, 1965, 53–79; Nachdrucke in: Paul Moraux (Hg.), Frühschriften des Aristoteles, Darmstadt 1975, 247–269 und in H.F., Eidola, Amsterdam 1989, 297–323.

9 Zu den Einzelheiten vgl. Klaus Oehler 1964, 133–146, ferner: Benakis 1961 und 1962.

10 Aus der Fülle der Literatur sei im Hinblick auf Aristoteles herausgehoben Peters 1968; Gutas 1998. Zum Wert der arabischen Überlieferung für die Textkonstitution vgl. Ernst A. Schmidt/Manfred Uhlmann 2012 (über zwei Übersetzungen der *Nikomachischen Ethik*) und Uhlmann 2011 und 2012. Grundlegend jetzt Ulrich Rudolph, Philosophie in der islamischen Welt I, Basel 2012 (Überweg).

11 Mustergültige Edition aller Fassungen mit Klärung der Abhängigkeitsverhältnisse durch H. J. Drossaart Lulofs 1989.

12 Über Leben und Wirken des Boethius vgl. den Sammelband von Manfred Fuhrmann/Joachim Gruber (Hg.), Boethius, Darmstadt 1984.

13 Analog zu den *Commentaria in Aristotelem Graeca* gibt es seit 1939 den *Aristoteles Latinus* (später: *Corpus Philosophorum Medii Aevi*). Erschienen sind bisher 19 Bände, beginnend mit den Übersetzungen des Boethius.

14 Vgl. dazu Gouguenheim 2011.

15 Eine Liste derartiger Maßnahmen findet sich bei Düring 1954, im Nachdruck 1968, 300.

16 Vgl. Wolfgang Kullmann, Aristoteles und die moderne Wissenschaft, Stuttgart 1998, 21–23.

17 Zu den Einzelheiten vgl. Clemens Zintzen, Petrarcas Platonismus, in: C.Z., Ausgewählte kleine Schriften, Hildesheim 2000, 357–376.

18 Vgl. Otto Mazel, Der Aristoteles des Herzogs von Atri, Graz 1988.

19 Luther, in: Werke, Weimar 1888, Bd. 6, 404–469, hier: 457. Zitiert bei Thomas Ricklin, in: Christof Rapp/Klaus Corcilius (Hg.), Aristoteles-Handbuch 2011, 440. Vgl. ferner E.W. Kohls, Luthers Verhältnis zu Aristoteles, Thomas und Erasmus, in: Theologische Zeitschrift 31, 1975, 289–301.

20 In: Leibniz, Sämtliche Schriften und Briefe, herausgegeben von der Preuß. Akad. d. Wiss. II 1, Berlin 1926, 10 ff. Zitiert auch bei Düring 1954 (im Nachdruck von 1958, 312).

21 Vgl. Wolfgang Kullmann, Aristoteles und die moderne Wissenschaft, Stuttgart 1998, 21–34.

22 So Herwig Görgemanns, Biologie bei Platon, in: Georg Wöhrle (Hg.), Biologie, Stuttgart 1999, 74–88, hier: 76.

23 Vgl. Ulrich Raulff, Kreis ohne Meister. Stefan Georges Nachleben, München 2009 mit ausführlicher Darstellung der Bedeutung Platons für den Georgekreis. Das Wort Aristoteles kommt in diesem Buch nicht vor.

Literaturhinweise

Ein erschöpfendes Literaturverzeichnis kann hier nicht gegeben werden; es würde die Dimensionen dieses Buches sprengen. Für die Literatur bis 2004 darf ich auf die ausführlichen Angaben in meiner Darstellung des Aristoteles in: Grundriss der Geschichte der Philosophie. Die Philosophie der Antike 3, 2. Aufl. Basel 2004 verweisen. Hier müssen einige Hinweise genügen.

Die immer noch maßgebende Gesamtausgabe ist diejenige von Immanuel Bekker, Berlin 1831–1870, nach der auch zitiert wird. Die Fragmente werden zitiert nach Valentin Rose, Aristotelis qui ferebantur librorum fragmenta, Leipzig 1886, Nachdruck Stuttgart 1967 (als: R^3). Die Neubearbeitung von Band III der Bekkerschen Ausgabe (Fragmente) durch Olof Gigon (1987) hat die handliche Ausgabe von Rose nicht ganz ersetzen können.

Die einzige vollständige deutsche Übersetzung ist diejenige von Paul Gohlke in 16 Bänden (1952–1972), eine achtungsgebietende Einzelleistung, die sich im Ganzen, weil nicht immer fehlerfrei, in der Aristotelesforschung allerdings kaum durchgesetzt hat. Zuverlässig sind ausnahmslos die bisher erschienenen Bände in: Ernst Grumach (1956–1967)/Hellmut Flashar (1967–2008)/Christof Rapp (seit 2009), Aristoteles. Werke in deutscher Übersetzung, jeweils mit ausführlichen Kommentaren (Berlin 1956 ff.). Abgekürzt zitiert mit: Werke. Eine Übersetzung (verschiedener Autoren) aller Schriften ins Englische findet man in: The complete works of Aristotle. The revised Oxford translation, ed. Jonathan Barnes, 2. Auflage, Princeton 1984.

Zu Beginn eines jeden Kapitels werden jeweils eine (gelegentlich auch zwei) Ausgabe(n) und Übersetzung(en) genannt, die als maßgebend bezeichnet werden können.

Nur vereinzelt und ergänzungsweise in den Anmerkungen genannte Literatur erscheint in der folgenden Liste nicht, wohl aber wird die wichtigste Literatur zur weiteren Orientierung genannt. Bei den Ortsangaben wird im Falle von Verlagen mit mehreren Orten nur der erste Ort angegeben.

Die Literaturhinweise sind analog zu den Kapiteln im Haupttext angeordnet. Angaben nur mit Namen des Autors und Jahreszahl in den Anmerkungen verweisen auf das sachlich jeweils entsprechende Kapitel.

I. Allgemeines

Ackrill, J. L., Aristotle – The Philosopher, Oxford 1981; deutsch 1985 (Taschenbuch).

Barnes, J., Aristotle, Oxford 1982, 11. Aufl. 1996; deutsch 1991 (Taschenbuch).

Buchheim, Th., Aristoteles, Freiburg 1999 (Taschenbuch).

Buchheim, Th./Flashar, H./King, R. (Hg.), Kann man heute noch etwas anfangen mit Aristoteles?, Hamburg 2003 (Beiträge verschiedener Autoren).
Canfora, L., Ach Aristoteles! Anleitung zum Umgang mit Philosophen, Hamburg 2000.
Detel, W., Aristoteles, Leipzig 2005 (Taschenbuch).
Düring, I., Aristoteles. Darstellung und Interpretation seines Denkens, Heidelberg 1966 – grundlegend.
Erler, M., Platon, in: Grundriss der Geschichte der Philosophie, Philosophie der Antike (Überweg), Bd. 2/2, Basel 2007.
Flashar, H., Aristoteles: in: Grundriss der Geschichte der Philosophie. Die Philosophie der Antike (Überweg), Bd. 3, Basel 1983, 175–457, 2. Aufl. 2004, 169–492.
Gaiser, K., Platons ungeschriebene Lehre, Stuttgart 1963.
Gerson, L. P. (Hg.), Aristotle: critical assessments I–IV, London 1999 (vier Sammelbände verschiedener Autoren).
Höffe, O., Aristoteles, München 1996, 3. Aufl. 2006 (Taschenbuch).
Höffe, O. (Hg.), Aristoteles-Lexikon, Stuttgart 2005.
Höffe, O. (Hg.), Aristoteles: Die Hauptwerke. Ein Lesebuch, Tübingen 2009.
Jaeger, W., Aristoteles. Grundlegung einer Geschichte seiner Entwicklung, Berlin 1923, 2. Aufl. 1955.
Jori, A., Aristotele, Milano 2003.
Krämer, H., Arete bei Platon und Aristoteles, Heidelberg 1959, 2. Aufl. Amsterdam 1967.
Kullmann, W., Aristoteles und die moderne Wissenschaft, Stuttgart 1998.
Moraux, P. (Hg.), Aristoteles in der neueren Forschung, Darmstadt 1968 (Sammelband).
Moraux, P./Wiesner, J., Zweifelhaftes im Corpus Aristotelicum, Berlin 1983 (Sammelband).
Mueller-Goldingen, Ch. Aristoteles: eine Einführung in sein philosophisches Werk, Hildesheim 2003.
Rapp, Ch., Aristoteles. Zur Einführung, Hamburg 2001 (Taschenbuch).
Wiesner, J. (Hg.), Aristoteles I: Werk und Wirkung. Paul Moraux gewidmet, Berlin 1985 (Sammelband).

II. Leben, historischer Hintergrund

Chroust, A.-H., Aristotle, New light on his life and on some of his lost works, 2. Bde., London 1973.
Düring, I., Aristotle in the ancient biographical tradition, Göteborg 1957 – Edition und Kommentar der Viten und der Schriftenverzeichnisse. Grundlegend.
Gaiser, K., Theophrast in Assos, Abh. d. Heidelberger Akad. d. Wiss. 3, 1985.
Gaiser, K., Philodems Adademica: Die Berichte über Platon und die Alte Akademie in zwei herculanensischen Papyri, Stuttgart 1988.
Gigon, O., Interpretationen zu den antiken Aristoteles-Viten, in: Museum Helveticum 15, 1958, 147–193.
Gigon, O., Vita Aristotelis Marciana, Berlin 1962 (Edition mit reichem Kommentar).
Hoepfner, W., Antike Bibliotheken, Mainz 2002.

Jackson, H., Aristotle's lecture room, in: Journal of Philosophy 33, 1920, 191–200.
Knell, H., Athen im 4. Jahrhundert v. Chr. – eine Stadt verändert ihr Gesicht, Darmstadt 2000.
Trampedach, K., Platon, die Akademie und die zeitgenössische Politik, Stuttgart 1994.
Sismanides, K., Das antike Stagira, Athen 2003.
Zahrnt, M., Olynth und die Chalkidier, München 1971.

Das Werk und seine Überlieferung

Barnes, J., Aristotle, in: Barnes, J./Grange, B. (Hg.), Philosophia togata II, Oxford 1997, 1–69.
Funke, H., Aristoteles. Schicksal einer Überlieferung. Vom Manuskript zur Editio Princeps, Frankfurt 1997.
Moraux, P., Les listes anciennes des ouvrages d'Aristote, Louvain 1951.
Moraux, P. (und andere), Aristoteles-Archiv, Berlin 1971 (= Pressedienst der Freien Universität Berlin, Nr. 2, 1971).
Primavesi, O., Ein Blick in den Stollen von Skepsis: Vier Kapitel zur frühen Überlieferung des Corpus Aristotelicum, in: Philologus 151, 2007, 51–77.
Sicherl, M., Handschriftliche Vorlagen der Editio princeps des Aristoteles, Abh. d. Akad. d. Wiss. 8, Mainz 1976.

Es gibt zahlreiche Untersuchungen zur Überlieferung einzelner Schriften, für die auf Flashar, Aristoteles, 2004, 416 f. verwiesen sei.

Ethik

Text: EN: Bywater, F., Oxford 1894, Nachdruck 1970.
EE: Walzer, R., Oxford 1991.
MM: Susemihl, F., Leipzig 1883.

Übersetzungen aller drei Ethiken mit Kommentaren durch F. Dirlmeier, in: Werke 6–8, 1956–1962 (mehrere Nachdrucke). Die Übersetzung der EN auch als Reclam-Taschenbuch 1969 (mit Anmerkungen von E.A. Schmidt).

Barnes, J./Schofield, M./Sorabji, R. (Hg.), Articles on Aristotle II: Ethics and Politics, London 1977.
Bien, G., Die Grundlegung der politischen Philosophie bei Aristoteles, Freiburg 1973, 3. Aufl. 1985.
Buddensiek, F., Die Theorie des Glücks in Aristoteles' Eudemischer Ethik, Göttingen 1999.
Buddensiek, F., Contemplation and service of the God: the standards of external goods, in: Bochumer Philosophisches Jahrbuch für Antike und Mittelalter 14, 2011, 103–124.
Corcilius, K./Rapp, Ch. (Hg.), Beiträge zur aristotelischen Handlungstheorie, Stuttgart 2008.
Flashar, H., Die Kritik der platonischen Ideenlehre in der Ethik des Aristoteles, in:

Flashar, H./Gaiser, K. (Hg.), Synusia, Festgabe für W. Schadewaldt, Pfullingen 1965, 223–246. Nachdrucke in: H.F., Eidola, Amsterdam 1989, 247–270; Höffe, O. (Hg.) 1995, 63–82. Übers. ins Englische in: Barnes J./Schofield, M./Sorabji, R. (Hg.) 1977, 1–16.

Flashar, H., Beobachtungen und Überlegungen zum VI. Buch der Nikomachischen Ethik des Aristoteles, in: Wiesner, J., Aristoteles I 1985, 366–375, Nachdruck in H. F., Eidola, Amsterdam 1989, 289–296.

Frede, D., Auf Taubenfüßen, in: Corcilius/Rapp (Hg.) 2008, 105–121.

Jaeger, W., Der Großgesinnte, in: Die Antike 7, 1931, 97–105. Nachdruck in: W. J., Humanistische Reden und Vorträge, Berlin 1960, 186–194.

Höffe, O. (Hg.), Die Nikomachische Ethik, Berlin 1995 (Sammelband. Zahlreiche wichtige Beiträge).

Krämer, H., Integrative Ethik, Frankfurt 1992.

Liatsi, M., Aspekte der Megalopsychia bei Aristoteles (EN IV 3), in: Rheinisches Museum 154, 2011, 43–60.

Lieberg, G., Die Lehre von der Lust in den Ethiken des Aristoteles, München 1958 (Zetemata 19).

Miller, J. (Hg.), Aristotle's Nicomachean Ethics. A critical guide, Cambridge 2011 (Sammelband).

Moraux, P./Harlfinger, D. (Hg.), Untersuchungen zur Eudemischen Ethik, Berlin 1971 (Sammelband).

Mueller-Goldingen, Ch. (Hg.), Schriften zur aristotelischen Ethik, Hildesheim 1988 (Sammelband).

Natali, C. (Hg.), Aristotle's Nicomachean Ethics, Book VII, Oxford 2009 (Symposion Aristotelicum 2004) (Sammelband).

Reeve, C. D. C., Action, contemplation and happiness. An essay on Aristotle, London 2012.

Roche, T. D. (Hg.), Aristotle's Ethics, Memphis 1988 (Sammelband).

Rorty, A. O. (Hg.), Essays on Aristotle's Ethics, London 1979 (Sammelband).

Rother, W., Lust. Perspektiven von Platon bis Freud, Basel 2010. (Über Aristoteles 23–38.)

Seif, K. Ph., Das Problem der Willensfreiheit in der Nikomachischen Ethik des Aristoteles, in: Jahrbuch für Theologie und Philosophie 54, 1979, 542–581.

von Siemens, N., Aristoteles über die Freundschaft, Freiburg 2007.

Wolf, U., Aristoteles' Nikomachische Ethik, Darmstadt 2002.

Politik

Ausgaben: Ross, W. D., Oxford 1957, Nachdruck 1962; Dreizehnter, A., München 1970.

Übersetzungen: Gigon, O., Zürich 1995, 2. erweiterte Auflage 1971 (mit reichhaltigen Anmerkungen); Schütrumpf, F., Werke 9 I–IV, 1991–2005 (mit umfassenden Kommentaren).

Aubenque, P. (Hg.), Aristote, Politique: Études sur la Politique d'Aristote, Paris 1993 (Sammelband).

Bringmann, K., Die Verfassungsdebatte bei Herodot III 80–82 und Dareius' Aufstieg zur Königsmacht, in: Hermes 104, 1974, 266–279.
Braun, E., Aristoteles über Bürger- und Menschentugend. Zu Politica III 4 und 5, Wien 1967.
Frank, F., Untersuchungen zu den Politica des Aristoteles, Frankfurt 1999.
Höffe, O. (Hg.), Aristoteles, Politik, Berlin 2001 (Sammelband).
Horn, Ch./Neschke-Hentschke, A. (Hg.), Politischer Aristotelismus, Stuttgart 2008 (Sammelband).
Keyt, D./Miller, F. (Hg.), A companion to Aristotle's Politics, Oxford 1991 (Sammelband).
Nussbaum, M. C., Gerechtigkeit oder das gute Leben, Frankfurt a.M. 1991.
Ritter, J., Metaphysik und Politik. Studien zu Aristoteles und Hegel, Frankfurt a.M. 1969.
Schütrumpf, E., Die Analyse der Polis durch Aristoteles, Amsterdam 1980.
Stark, R. (Hg.), La Politique d'Aristote, Genève 1965 (Sammelband).
Steinmetz, P. (Hg.), Schriften zu den Politica des Aristoteles, Hildesheim 1973 (Sammelband).
Sternberger, D., Drei Wurzeln der Politik, Frankfurt a.M. 1978.
Sternberger, D., Der Staat des Aristoteles und der moderne Verfassungsstaat, in: Flashar, H. (Hg.), Auseinandersetzungen mit der Antike, Bamberg 1990, 11–30.
Strauss, L., The city and man, Chicago 1964.
Swanson, J./Corbin, D., Aristotle's Politics. A reader's guide, London 2009.
Voegelin, E., Ordnung und Geschichte, Bd. VII: Aristoteles, München 2011. – Ursprünglich englisch: Order and History.
Weber-Schäfer, P., Einführung in die antike politische Theorie, 2 Bände, Darmstadt 1976. (Über Aristoteles Bd. II 37–62.)

Rhetorik

Text: Kassel, R., Berlin 1976.
Übersetzung: Rapp, Ch., in: Werke 4 I–II, 2002.

Buchheim, V., Untersuchungen zur Theorie des Genos Epideiktikon von Gorgias bis Aristoteles, München 1960.
Burkert, W., Aristoteles im Theater: Zur Datierung des 3. Buches der Rhetorik und der Poetik, in: Museum Helveticum 32, 1975, 67–72.
Dilcher, R., Die Einheit der aristotelischen Rhetorik, in: Antike und Abendland 47, 2001, 66–83.
Eggs, E., Die Rhetorik des Aristoteles: ein Beispiel zur Theorie der Alltagsargumentation und zur Syntax von komplexen Sätzen, Frankfurt a.M. 1984.
Erickson, K. V. (Hg.), Aristotle: the classical heritage of Rhetoric, Metuchen, N.J. 1974 (Sammelband).
Fortenbaugh, W., On the composition of Aristotle's Rhetoric, in: Mueller-Goldingen, Ch./Sier, K. (Hg.), Lenaika. Festschr. C.W. Müller, Stuttgart 1996, 165–188.
Furley, D.J./Nehamas, A. (Hg.), Aristotle's Rhetoric: Philosophical essays, Princeton 1994 (Sammelband).

Grimaldi, W., Aristotle, Rhetoric I. A commentary, New York 1980.
Hellwig, A., Untersuchung zur Theorie der Rhetorik bei Platon und Aristoteles, Göttingen 1973.
Knape, J./Schirren, Th. (Hg.), Aristotelische Rhetorik-Tradition, Stuttgart 2005 (Sammelband).
König, J., Einführung in das Studium des Aristoteles anhand einer Interpretation seiner Schrift Über die Rhetorik, Freiburg 2002.
Kopperschmidt, J., Rhetorik. Einführung in die Theorie der persuasiven Kommunikation, Stuttgart 1973.
Rorty, A. D. (Hg.), Essays on Aristotle's Rhetoric, Berkeley 1996 (Sammelband).
Schloemann, J., Spontaner und überarbeiteter Vortrag, in: Philologus 144, 2000, 306–316.
Schloemann, J., Freie Rede im demokratischen Athen zwischen Schriftlichkeit und Improvisation, Berlin 2001.
Sprute, J., Aristoteles' Theorie rhetorischer Argumentation, in: Gymnasium 88, 1981, 254–273.
Sprute, J., Die Enthymentheorie der aristotelischen Rhetorik, Göttingen 1982.
Stroh, W., Die Macht der Rede, Berlin 2009.
Ueding, G., Einführung in die Rhetorik, Stuttgart 1976.
Wörner, M. H., Das Ethische in der Rhetorik des Aristoteles, Freiburg 1990.

Poetik

Text: Kassel, R., Oxford 1965; Halliwell, St., Oxford 1987.
Übersetzungen: Fuhrmann, M., München 1976 (zusammen mit dem griechischen Text, Stuttgart 1982); Schmitt, A., in: Werke 5, 2008.

Andersen, O./Haarberg, J. (Hg.), Making sense of Aristotle: Essays in Poetics (Sammelband).
Bernays, J., Zwei Abhandlungen über die aristotelische Theorie des Dramas, Berlin 1880.
Bremer, J. M., Hamartia. Tragic error in the poetics of Aristotle and the Greek tragedy, Amsterdam 1969, Nachdruck Darmstadt 1968.
Cessi, V., Erkennen und Handeln in der Theorie des Tragischen bei Aristoteles, Frankfurt a.M. 1987.
Flashar, H., Die medizinischen Grundlagen der Lehre von der Wirkung der Dichtung in der griechischen Poetik, in: Hermes 84, 1956, 12–48. Nachdruck in: H.F., Eidola, Amsterdam 1989, 109–145.
Flashar, H./Maurer, K. (Hg.), Dramentheorie – Handlungstheorie, in: Poetica 8, 1976, 321–460 (Vorlagen und Diskussionsbeiträge u.a. zur aristotelischen Poetik).
Flashar, H., Die Poetik des Aristoteles und die griechische Tragödie, in: Poetica 16, 1984, 1–23. Nachdruck in: H.F., Eidola, Amsterdam 1989, 147–178.
Halliwell, St., Aristotle's Poetics. A study of philosophical criticism, London 1986, 2. Aufl. 1998.
Hiltunen, A., Aristoteles in Hollywood, Bergisch-Gladbach 2001. Ursprünglich finnisch: Aristoteles Holliwoudissa. Auch ins Englische übersetzt.

Höffe, O. (Hg.), Aristoteles. Politik, Berlin 2009 (Sammelband).

Kannicht, R., Handlung als Grundbegriff der aristotelischen Theorie des Dramas, in: Poetica 8, 1976, 326–335.

Kommerell, M., Lessing und Aristoteles, Frankfurt a.M. 1940, 2. Aufl. 1984.

Luserke, M. (Hg.), Die Aristotelische Katharsis. Dokumente ihrer Deutung im 19. und 20. Jahrhundert, Hildesheim 1991 (Sammelband).

Pohlenz, M., Furcht und Mitleid? Ein Nachwort, in: Hermes 84, 1956, 49–74.

Schadewaldt, W., Furcht und Mitleid? Zur Deutung des aristotelischen Tragödiensatzes, in: Hermes 83, 1955, 129–171, Nachdruck in: W.S., Hellas und Hesperien, 2. Aufl. Zürich 1970, 194–236.

Schwinge, E. R., Aristoteles und die Gattungsdifferenz von Epos und Drama, in: Poetica 12, 1970, 1–20.

Söffing, W., Deskriptive und normative Bestimmungen in der Poetik des Aristoteles, Amsterdam 1981.

Zierl, A., Affekte in der Tragödie. Orestie, Oidipus Tyrannos und die Poetik des Aristoteles, Berlin 1994.

Logik

Text:

Kategorien und Hermeneutik: Minio-Paluello, L., Oxford 1949, Nachdruck 1961.

Topik und Sophistische Widerlegungen: Ross, W. D., Oxford 1958, Nachdruck 1970.

Analytica Priora und Posteriora: Ross, W. D. (Praefatio von Minio-Paluello), Oxford 1968.

Übersetzungen:

Kategorien	Oehler, K., in: Werke I, 1984, 3. Aufl. 1997.
Hermeneutik	Weidemann, H., in: Werke 1 II, 1994, 2. Aufl. 2002.
Topik	Rapp, Ch./Wagner T., Stuttgart 2004 (Reclam Taschenbuch).
Analytica Priora, Buch I	Ebert, Th./Nortmann, U., in: Werke 3 I, 2007.
Analytica Priora, Buch I und II	Rolfes, E., Leipzig 1922, Nachdruck 1948 (Übersetzung des ganzen Organon).
Analytica Priora, Buch I	Striker, G., New York 2009 (Übersetzung ins Englische).
Analytica Posteriora	Detel, W., in: Werke 3 II, 1993.
Sophistische Widerlegungen	Rolfes, E., Leipzig 1922, Nachdruck 1948.

Kategorien

Aubenque, P. (Hg.), Concepts et categories dans la pensée antique, Paris 1980 (Sammelband).

von Fritz, K., Der Ursprung der aristotelischen Kategorienlehre, in: Archiv f. Gesch. d. Philosophie 40, 1931, 449–496. Nachdruck in: K.v.F., Schriften zur griechischen Logik II, Stuttgart 1978, 9–51.

Mann, W. R., The discovery of things: Aristotle's Categories and the context, Princeton 2000.

Patzig, G., Bemerkungen zu den Kategorien des Aristoteles, in: Scheibe E./Süssmann, G. (Hg.), Einheit und Vielheit, Festschr. C.F. von Weizsäcker, Göttingen 1973.

Vollrath, E., Studien zur Kategorienlehre des Aristoteles, Ratingen 1969.

Hermeneutik

Anscombe, G. E. M., Aristotle and the sea battle, in: Mind 65, 1956, 1–15. Deutsch in Hager, F.-P. (Hg.), Logik und Erkenntnislehre des Aristoteles, Darmstadt 1972, 211–231.

Brandt, R., Die aristotelische Urteilslehre, Marburg 1965.

Frede, D., Aristoteles und die Seeschlacht, Göttingen 1970.

Frede, D., The sea-battle reconsidered, in: Oxford Studies in Ancient philosophy 3, 1985, 45–56.

Hafemann, B., Indefinite Aussagen und das kontingente Zukünftige, in: Philosophiegeschichte und logische Analyse 2, 1998, 109–137.

Topik

von Arnim, H., Das Ethische in Aristoteles' Topik, Wien 1927 (Sitzungsb. d. Wiener Akad. d. Wiss. 205/4).

Baeumer, M. L. (Hg.), Toposforschung, Darmstadt 1973 (Sammelband).

Braun, E., Zur Einheit der aristotelischen Topik, Köln 1959.

Hambruch, E., Logische Regeln der platonischen Schule in der Aristotelischen Topik, Berlin 1904, Nachdruck New York 1976.

Nguemning, A., Untersuchungen zur Topik des Aristoteles mit besonderer Berücksichtigung der Regeln, Verfahren und Ratschläge zur Bildung von Definitionen, Frankfurt a. M. 1990.

Owen, G. E. L. (Hg.), Aristotle on dialectic: The Topics, Oxford 1968 (Sammelband).

Primavesi, O., Die aristotelische Topik. Ein Interpretationsmodell und seine Erprobung am Beispiel von Topik B, München 1996.

Primavesi, O., Dialektik und Gespräch bei Aristoteles, in: Hempfer, K. W./Traninger, A. (Hg.), Der Dialog im Diskursfeld seiner Zeit, Stuttgart 2010, 47–73.

Rapp, Ch., Topos und Syllogismus in Aristoteles' Topik, in: Schirren/Ueding 2000, 15–35.

Reinhardt, T., Das Buch E der aristotelischen Topik, Göttingen 2000.

Schirren, Th./Ueding, G. (Hg.), Topik und Rhetorik, Tübingen 2000 (Sammelband).

Schramm, M., Die Prinzipien der aristotelischen Topik, Leipzig 2004.

Zumsteg, G., Wahrheit und Volksmeinung. Zur Entstehung und Bedeutung der aristotelischen Topik, Bern 1989.

Die Analytiken

Becker, A., Die aristotelische Theorie der Möglichkeitsschlüsse. Eine logisch-philologische Untersuchung der Kapitel 13–22 von Aristoteles' Analytica Priora I, Berlin 1933.

Berti, E. (Hg.), Aristotle on science. The Posterior Analytics, Padua 1981 (Sammelband).

Buddensiek, F. (Hg.), Die Modallogik des Aristoteles in den Analytica Priora A, Hildesheim 1994 (Sammelband).

Ebbinghaus, K., Ein formales Modell der Syllogistik des Aristoteles, Göttingen 1964.

Nortmann, U., Modale Syllogismen, mögliche Welten, Essentialismus. Eine Analyse der aristotelischen Modallogik, Berlin 1996.

Patzig, G., Die aristotelische Syllogistik. Logisch-philosophische Untersuchungen über das Buch A der Ersten Analytiken, Göttingen 1959, 3. Aufl. 1969.

Schmidt, H. J., Die modale Syllogistik des Aristoteles, Paderborn 2000.

Stekla, H., Der regressus ad infinitum bei Aristoteles, Meisenheim 1970.

Wieland, W., Die aristotelische Theorie der Konversion von Modalaussagen, in: Phronesis 25, 1980, 109–116. Vgl. auch Wieland in: Archiv f. Gesch. d. Philosophie 54, 1972, 229– 237 und 58, 1976, 1–9.

Zur aristotelischen Logik im Ganzen

Avgelis, N./Peonidis, F. (Hg.), Aristotle on logic, language and science, Thessaloniki 1998 (Sammelband).

Hager, F.-P. (Hg.), Logik und Erkenntnislehre des Aristoteles, Darmstadt 1972 (Sammelband).

Menne, A./Öffenberger, N. (Hg.), Über den Folgerungsbegriff, Hildesheim 1982, 2. Aufl. 1995 (Sammelband).

Menne, A./Öffenberger, N. (Hg.), Modallogik und Mehrwertigkeit, Hildesheim 1988 (Sammelband).

Öffenberger, N./Skarica, M. (Hg.), Beiträge zum Satz vom Widerspruch und zur aristotelischen Prädikationstheorie, Hildesheim 2000 (Sammelband).

Steckelen-Weithofer, P., Grundprobleme der Logik, Berlin 1956.

Metaphysik

Text: Jaeger, W., Oxford 1957.
Übersetzung: Szlezák, Th., Berlin 2003.

Teilübersetzungen (z. T. mit Kommentaren):
Annas, J., Book M and N, Oxford 1976; Detel, W., Buch VII und VIII, Frankfurt a.M. 2001 (mit umfangreichen Erläuterungen); Frede, M./Patzig, G., Buch VII, München 1988, Gadamer, H.-G., Buch 12, Frankfurt 1948, 3. Aufl. 1976.

Aubenque, P., (Hg.), Études sur la Métaphysique d'Aristote, Paris 1979 (Sammelband).

Beere, J., Doing and Being. An interpretation of Aristotle's Metaphysics Theta, Oxford 2009.

Bordt, M., Aristoteles, Metaphysik XII, Darmstadt 2006.

Bostock, D., Aristotle, Metaphysica, books Z and H, Oxford 1994.

Crubellier, M./Laks, A. (Hg.), Aristotle's Metaphysics Beta, Oxford 2009 (Sammelband).

Frede, M./Charles, D. (Hg.), Aristotle's Metaphysics Lamda, Oxford 2000 (Sammelband).

Graeser, A. (Hg.), Mathematics and metaphysics in Aristotle, Bern 1987 (Sammelband).

Happ, H., Hyle. Studien zum aristotelischen Materie-Begriff, Berlin 1971.

Krämer, H. J., Der Ursprung der Geistmetaphysik, Amsterdam 1964.

Nortmann, U., Allgemeinheit und Individualität. Die Verschiedenartigkeit der Formen in Metaphysik Z, Paderborn 1997.

Oehler, K., Antike Philosophie und byzantinisches Mittelalter, München 1969. Darin mehrere Arbeiten zur Metaphysik, insbesondere zum 12. Buch.

Oehler, K., Der unbewegte Beweger des Aristoteles, Frankfurt a.M. 1987.

Owens, J., The doctrine of being in Aristotelian Metaphysics, Toronto 1951, 3. Aufl. 1978.

Patzig, G., Theologie und Ontologie in der Metaphysik des Aristoteles, in: Kant-Studien 52, 1960/61, 185–205.

Rapp, Ch., Aristoteles, Metaphysik. Die Substanzbücher (ZHΘ), Berlin 1996 (Sammelband).

Reale, G., Il concetto di Filosofia Prima e l'unità della Metafisica di Aristotele, Milano 1961, 6. Aufl. 1994.

Steel, C. (Hg.), Aristotle's Metaphysics Alpha, Oxford 2012 (Sammelband. Darin auch: Edition des Textes von O. Primavesi auf der Grundlage neuer Handschriftenkollationen).

Tugendhat, E., TI KATA TINOΣ, Freiburg 1958, 5. Aufl. 2003.

Physik

Text: Ross, W. D., Oxford 1950 (zahlreiche Nachdrucke).
Pellegrin, P., Paris 2000.

Übersetzung: Wagner, H., in: Werke 11, 1967.
Zekl, H. G., Hamburg 1987–88.

Conen, P. F., Die Zeittheorie des Aristoteles, München 1964.

Düring, I. (Hg.), Naturphilosophie bei Aristoteles und Theophrast, Heidelberg 1969 (Sammelband).

Fritsche, J., Methode und Beweisziel im ersten Buch der Physikvorlesung des Aristoteles, Frankfurt a.M. 1986.

Horstschäfer, T. M., Über Prinzipien. Eine Untersuchung zur methodischen und inhaltlichen Geschlossenheit des ersten Buches der Physik des Aristoteles, Berlin 1998.

Manuwald, B., Das Buch H der aristotelischen Physik, Meisenheim 1971.

Rudolph, E. (Hg.), Zeit, Bewegung, Handlung. Studien zur Zeitabhandlung des Aristoteles, Stuttgart 1988 (Sammelband).

Schoedel, P., Aristoteles' Widerlegungen der Zenonischen Bewegungsparadoxien, Göttingen 1976.

Schramm, M., Die Bedeutung der Bewegungslehre des Aristoteles für seine beiden Lösungen der zenonischen Paradoxien, Frankfurt a.M. 1962.

Seeck, G. A. (Hg.), Die Naturphilosophie des Aristoteles, Darmstadt 1975 (Sammelband).

Seeck, G. A., Zeit als Zahl bei Aristoteles, in: Rheinisches Museum 130, 1987, 107–124.

Weizsäcker, C. F., Die Einheit der Natur, München 1971.

Wieland, W., Die aristotelische Physik, Göttingen 1962, 3. Aufl. 1992.

Zekl, H. G., Topos. Die aristotelische Lehre vom Raum, Hamburg 1990.

Kosmologie, Meteorologie

Über den Himmel

Text: Moraux, P., Paris 1965.
Jori, A., Mailand 1999, Nachdruck 2002.
Übersetzung: Jori, A., in: Werke 12 III, 2009.

Meteorologie

Text: Louis, P., Paris 1982.
Übersetzung: Strohm, H., in: Werke 12 I, 1970, Nachdruck 1984.

Bowen, A./Wildberg, C. (Hg.), New Perspectives on Aristotle's De caelo, Leiden 2009 (Sammelband).

Düring, I., Aristotle's chemical treatise, Göteburg 1944.

Happ, H., Der chemische Traktat des Aristoteles, in: Synusia, Festgabe für W. Schadewaldt, Pfullingen 1965, 289–322.

Jori, A., Der Kosmos als Lebewesen, in: Antike Naturwissenschaft und ihre Rezeption 12, 2002, 223–235.

Moraux, P., Quinta essentia, in: Pauly/Wissowa, Realencyclopädie (RE) 47/24, 1963, 1171–1263.

Seeck, F., Über die Elemente in der Kosmologie des Aristoteles, München 1964.

Solmsen, F., Aristotle's system of the physical world, Ithaka 1960.

Viano, C. (Hg.), Aristoteles chemicus, St. Augustin 2002.

Psychologie

Über die Seele (De anima)

Text: Ross, W. D., Oxford 1961 (Nachdrucke).
Übersetzung: Theiler, W., in: Werke 13, 1959.
Seidl, H., Hamburg 1995 (griechisch-deutsch, mit Einleitung und Kommentar).

Parva Naturalia

Text: Ross, W. D., Oxford 1955 (Nachdrucke).
Übersetzung: Dönt, E., Stuttgart 1997.
van der Eijk, Ph., in: Werke 14 III, 1991 (*Träume* und *Weissagung im Traum*).
King, R., in: Werke 14 II, 2004 (*Gedächtnis und Erinnerung*).

Barnes, J./Schofield, M./Sorabji, R. (Hg.), Articles on Aristotle IV: Psychology and Aesthetics, London 1966.

Bernard, W., Rezeptivität und Spontaneität der Wahrnehmung bei Aristoteles, Baden-Baden 1988.

Busche, H., Die Seele als System. Aristoteles' Wissenschaft von der Psyche, Hamburg 2001.

Cessi, V., Erkennen und Handeln in der Theorie des Tragischen bei Aristoteles, Frankfurt a.M. 1987 (enthält Analyse der aristotelischen Wahrnehmungslehre).

Corcilius, K., Streben und Bewegen. Aristoteles' Theorie der animalischen Ortsbewegung, Berlin 2008.

Danieli, M., Zum Problem der Traditionsaneignung bei Aristoteles, untersucht am Beispiel von De anima I, Königstein 1984.

Durrant, M. (Hg.), Aristotle's De anima in focus, London 1993 (Sammelband).

Föllinger, S. (Hg.), Was ist ‹Leben›?, Stuttgart 2010 (Sammelband).

Fortenbaugh, W., Aristotle on emotion, London 1975.

Frede, D., Aristoteles über Leib und Seele, in: Buchheim, Th./Flashar, H./King, R. (Hg.), Kann man heute noch etwas anfangen mit Aristoteles?, Hamburg 2003, 85–109.

Horn, H. J., Studien zum dritten Buch der aristotelischen Schrift De anima, Göttingen 1994.

Hüni, H., Wahrnehmungswirklichkeit bei Aristoteles, Würzburg 1992.

Hübner, J., Die aristotelische Konzeption der Seele als Aktivität in De anima II 1, in: Archiv für Geschichte der Philosophie 81, 1999, 1–32.

King, R., Aristotle on life and death, London 2001.

Lloyd, G./Owen, G. (Hg.), Aristotle on mind and the senses, Cambridge 1978 (Sammelband).

Notstein, R., Seele und Wahrnehmung. Eine Einführung in das zweite Buch des aristotelischen Werkes De anima, Regensburg 1998.

Nussbaum, M./Oksenberg, A. (Hg.), Essays on Aristotle's De anima, Oxford 1992 (Sammelband).

Oser-Grothe, C., Aristoteles und das Corpus Hippocraticum, Stuttgart 2004.

Picht, G., Aristoteles, De anima, Stuttgart 1987, 2. Aufl. 1992 (Heidelberger Vorlesung).

Polansky, R., Aristotle's De anima, Cambridge 2007 (Fortlaufender Kommentar).

van Riel, G. (Hg.), Ancient perspectives on Aristotle's De anima, Leuven 2009 (Sammelband).

Welsch, W., Aisthesis. Grundzüge und Perspektiven der aristotelischen Sinneslehre, Stuttgart 1987.

Wiesner, J., Aristoteles über das Wesen der Erinnerung. Eine Analyse von De memoria 2, in: Holzhausen, J. (Hg.), ψυχή – Seele – anima, Festschrift für Karin Alt, Stuttgart 1998, 121–131.

Biologie

Über die Teile der Lebewesen

Text: Louis, P., Paris 1956, 3. Aufl. 1993.

Übersetzung: Kullmann, W., in: Werke 17 I, 2007.

Tierkunde

Text: Balme, D./Gotthelf, A., Cambridge 2002.

Übersetzung: Neuere deutsche Übersetzung nur für Buch I und II von Zierlein, St., in: Werke 16 I 1–2, 2012.

Über die Fortbewegung der Lebewesen

Text: Preuss, A., Hildesheim 1981 (mit engl. Übersetzung).

Übersetzung: Kollesch, J., in: Werke 17 III, 1985.

Über die Bewegung der Lebewesen

Text: Nussbaum, M., Princeton 1978 (mit engl. Übersetzung).
Primavesi, O., Hamburg 2012.

Übersetzung: Corcilius, K., Hamburg 2012 (im gleichen Band wie Primavesi 2012).
Kollesch, J., in: Werke 17 II, 1985.

Althoff, J., Warm, Kalt, Flüssig und Fest bei Aristoteles, Stuttgart 1992.

Balme, D., Aristotle, Historia animalium book ten, in: Wiesner, J. (Hg.), Aristoteles I, Berlin 1985, 191–216.

Berger, F., Die Textgeschichte der Historia animalium des Aristoteles, Wiesbaden 2005.

Düring, I., Aristotle's De partibus animalium. Critical and literary commentaries, Göteborg 1943.

Föllinger, S., Differenz und Gleichheit. Das Geschlechterverhältnis in der Sicht griechischer Philosophen des 4.–1. Jh. v. Chr., Stuttgart 1996.

Föllinger, S., Die aristotelische Forschung zur Fortpflanzung und Geschlechtbestimmung der Bienen, in: Kullmann, W./Föllinger, S. (Hg.) 1997, 375–385.

Gotthelf, A. (Hg.), Aristotle on nature and living things (Festschrift D. M. Balme), Pittsburg 1985.

Gotthelf, A., (Hg.), Philosophical issues in Aristotle's biology, Cambridge 1987 (Sammelband).

Hirschberger, M., Aristoteles' Einteilung der Lebewesen in Bluttiere und Nicht-Bluttiere im Lichte der modernen Biologie, in: Antike Naturwissenschaft und ihre Rezeption XI, Trier 2001, 61–71.

Krämer, K. J., Grundbegriffe akademischer Dialektik in den biologischen Schriften von Aristoteles und Theophrast, in: Rheinisches Museum für Philologie 111, 1968, 293–333.

Kullmann, W., Wissenschaft und Methode. Interpretationen zur aristotelischen Theorie der Naturwissenschaften, Berlin 1974.

Kullmann, W., Der platonische Timaios und die Methode der aristotelischen Biologie, in: Studia Platonica (Festschrift H. Gundert), Amsterdam 1974, 139–163.

Kullmann, W., Die Teleologie in der aristotelischen Biologie. Aristoteles als Zoologe, Embryologe und Genetiker, Sitzungsb. d. Heidelberger Akad. d. Wiss. 1979.

Kullmann, W./Föllinger, S. (Hg.), Aristotelische Biologie: Intentionen, Methoden, Ergebnisse, Stuttgart 1997 (Sammelband).

Kullmann, W., Evolutionsbiologische Vorstellungen bei Aristoteles, in: Hingst, K.-M./Liatsi, M. (Hg.), Pragmata (Festschrift K. Oehler), Tübingen 2008, 73–83.

Kullmann, W., Philosophie und Wissenschaft in Aristoteles' Biologie, in: Damschen, G./Enshat, A./Vigo, G. (Hg.), Platon und Aristoteles – sub ratione veritatis (Festschrift W. Wieland), Göttingen 2003, 231–242.

Liatsi, M., Aristoteles. De generatione animalium, Buch V. Einleitung und Kommentar, Trier 2000.

Nussbaum, M., Aristotle's De motu animalium, Cambridge Mass. 1975.

Preuss, A., Science and philosophy in Aristotle's biological works, Hildesheim 1975.

Seidl, H., Beiträge zu Aristoteles' Naturphilosophie, Amsterdam 1995.

Wöhrle, G., Theophrasts Methode in seinen botanischen Schriften, Amsterdam 1985.

Wöhrle, G., Aristoteles' biologische Schriften heute lesen?, in: Günther, H. Ch./Rengakos, A. (Hg.), Beiträge zur antiken Philosophie (Festschrift W. Kullmann), Stuttgart 1997, 232–244.

Rezeption

Die Literatur zur Nachwirkung von Teilbereichen ist im Literaturverzeichnis zu den einzelnen Sachgebieten genannt.

Benakis, L., Studien zu den Aristoteles-Kommentaren des Michael Psellos, in: Archiv f. Gesch. d. Philosophie 41, 1961, 215–238; 42, 1962, 33–61.

Bosley, R. (Hg.), Aristotle and his medieval interpreters, Calgary 1991 (Sammelband).

Brentano, F., Aristoteles und seine Weltanschauung, Leipzig 1911.

Drossaart Lulofs, H. J., Nicolaus Damascenus De plantis, Amsterdam 1989.

Düring, J., Von Aristoteles bis Leibniz, in: Antike und Abendland 4, 1954, 118–154. Nachdruck in: Moraux, P., Aristoteles in der neueren Forschung, Darmstadt 1958, 250–313.

Endress, G./Aertsen, J. (Hg.), Averroes and the Aristotelian tradition, Leiden 1999 (Sammelband).

Flashar, H., Platon und Aristoteles im Protreptikos des Jamblichos, in: Archiv f. Gesch. d. Philosophie 47, 1965, 53–79. Nachdruck in: Moraux, P., Frühschriften des Aristoteles, Darmstadt 1975, 247–269 und in: H.F., Eidola, Amsterdam 1989, 297–323.

Gigon, O., Cicero und Aristoteles, in: Hermes 87, 1959, 305–325. Nachdruck in: O.G., Studien zur antiken Philosophie, Berlin 1972, 305–325.

Gottschalk, H. B., Aristotelian philosophy in the Roman world from the time of Cicero to the end of the second century A.D., in: Haase, W./Temporini, H. (Hg.), Aufstieg und Niedergang der römischen Welt 36, 2, Berlin 1987, 1079–1174.

Gouguenheim, S., Aristote au Mont Saint-Michel, Paris 2008; deutsch: Darmstadt 2011.

Gutas, D., Greek wisdom literature in Arabic tradition, New Haven 1975.

Gutas, D., Avicenna and the Aristotelian tradition, Leiden 1985.

Gutas, D., Greek thought, Arabic culture, London 1998.

Moraux, P., Der Aristotelismus bei den Griechen, 3 Bde., Berlin 1973–2001.

Oehler, K., Aristoteles in Byzanz, in: Greek, Roman, Byzantine Studies 5, 1964, 133–146. Nachdruck in: K.O., Antike Philosophie und byzantinisches Mittelalter, München 1969, 272–286.

Peters, F. E., Aristotle and the Arabs, New York 1968.

Sadler, T., Heidegger and Aristotle, London 1996.

Schmidt, E. A./Uhlmann, F., Aristoteles in Fes. Abh. d. Heidelberger Akad. d. Wiss. 49/12, 2012.

Seidl, H., Aristoteles und der Ausgang der antiken Philosophie, Berlin 1984.

Sorabji, R. (Hg.), Aristotle transformed. The ancient commentators and their influence, London 1990 (Sammelband).

Szlezák, Th., Platon und Aristoteles in der Nuslehre Plotins, Basel 1979.

Uhlmann, M., Die Nikomachische Ethik des Aristoteles in arabischer Übersetzung, Wiesbaden I 2011, II 2012.

Walzer, R., Greek into Arabic, Oxford 1962.

Wiesner, J. (Hg.), Aristoteles. Werk und Wirkung II: Kommentierung, Überlieferung, Nachleben, Berlin 1987 (Sammelband).

Zimmermann, A., Aristotelisches Erbe im arabisch-lateinischen Mittelalter: Übersetzungen, Kommentare, Interpretationen, Berlin 1986.

Bildnachweis

Abb. 1, 2:	Archiv Autor
Abb. 3, 4, 5, 6, 7, 9:	Photos: Stefan von der Lahr, München
Abb. 8, 10:	Aus Antike Bibliotheken, hrsg. v. Wolfram Hoepfner, Mainz 2002, Abb. 74, 75, 77, 80 (mit freundlicher Genehmigung von Wolfram Hoepfner, Berlin)
Karte:	Peter Palm, Berlin

Personenregister

Nicht aufgenommen sind Autoren moderner Aristoteles-Forschung.

Ortsregister